# 新MHK轻松过

## 阅读理解教程

郭风岚 主编

张 倩 编著

二级

北京语言大学出版社
BEIJING LANGUAGE AND CULTURE UNIVERSITY PRESS

图书在版编目（CIP）数据

新 MHK 轻松过（二级）阅读理解教程 / 郭风岚主编；张倩编著．-- 北京 ：北京语言大学出版社，2020.11（2021.3重印）

ISBN 978-7-5619-5757-8

Ⅰ．①新… Ⅱ．①郭… ②张… Ⅲ．①汉语－阅读教学－少数民族教育－水平考试－教材 Ⅳ．① H194

中国版本图书馆 CIP 数据核字（2020）第 184697 号

# 新 MHK 轻松过（二级）阅读理解教程

XIN MHK QINGSONG GUO (ER JI) YUEDU LIJIE JIAOCHENG

排版制作：北京创艺涵文化发展有限公司
责任印制：武晓东

出版发行：北京语言大学出版社
社　　址：北京市海淀区学院路 15 号，100083
网　　址：www.blcup.com
电子信箱：service@blcup.com
电　　话：编辑部　8610-82303390
　　　　　国内发行　8610-82303650/3591/3648
　　　　　海外发行　8610-82303365/3080/3668
　　　　　北语书店　8610-82303653
　　　　　网购咨询　8610-82303908
印　　刷：北京鑫丰华彩印有限公司

版　　次：2020 年 11 月第 1 版　　印　　次：2021 年 3 月第 2 次印刷
开　　本：889 毫米 × 1194 毫米　1/16　　印　　张：11.5
字　　数：217 千字
定　　价：36.00 元

PRINTED IN CHINA

# 前言

自2002年出版第一本MHK图书——《MHK大纲（三级）》以来，伴随着MHK考试推行范围的扩大，北京语言大学出版社（以下简称“北语社”）的MHK图书出版也走过了18年的历程。这18年中，北语社一系列MHK图书帮助一届届学子顺利通过了考试，提高了国家通用语言文字水平。

社会的发展日新月异，新事物、新理念层出不穷，新的MHK大纲也应运而生。北语社与时俱进，依据新考试大纲，推出了大型MHK图书系列——“新MHK轻松过”系列。本系列图书体系清晰，品类齐全：既有依据新教学理念编写的考教结合类教材，又有高质量的试卷合辑；既有对考生宏观的考试指导，又有微观的试题解析。可以说，本系列图书满足了考生的各方面需求。

**“新MHK轻松过”系列图书架构**

| 级别 | 考试教程 | | | | 分项分类练习 | 附答案详解的模拟试题 | 模拟试卷合辑＊ |
|---|---|---|---|---|---|---|---|
| 一级 | 听力理解教程 | 阅读理解教程 | 书面表达教程 | 口语考试教程 | 全项一本通 | 模拟试题及详解 | 模拟题集 |
| 二级 | 听力理解教程 | 阅读理解教程 | 书面表达教程 | 口语考试教程 | 全项一本通 | 模拟试题及详解 | 模拟题集 |
| 三级 | 听力理解教程 | 阅读理解教程 | 书面表达教程 | 口语考试教程 | 全项一本通 | 模拟试题及详解 | 模拟题集 |
| 四级 | 听力理解教程 | 阅读理解教程 | 读后写教程 | 口语考试教程 | 全项一本通 | 模拟试题及详解 | 模拟题集 |

＊每个级别的模拟试卷合辑均有多册，按1、2、3、4排序。

**“新MHK轻松过”系列特色**

❶新大纲，新题型，新语料

本系列所有图书都是依照新大纲编写的，语料涉及的词汇全面覆盖新大纲词汇表，试题按照新大纲样卷中的题型编排，语料反映最新的社会发展状况。一切都力图体现一个“新”字。

❷灵活搭配，自由组合，全方位提升

本系列每个级别都包含四类图书，一类一功能，互为补充。考生可以按照图书功能依次使用各册图书，也可以根据自己的语言水平灵活选用。可先使用考试教程，夯实基础；然后进行分项分类练习，逐项巩固；最后使用模拟题集熟悉考试流程，为正式考试做准备。也可以直接使用附答案详解的模拟试题或模拟试卷合辑，先进行考前演练，从中找差距，再针对自己的弱项使用考试教程进行提升。总之，灵活选用本系列图书，可全方位提升考生的应考能力和语言水平。

③ 好教，好用，配套齐全

本系列图书作者在深入研究新旧两版大纲的基础上，逐个分析考点，逐条讲练应试策略，力求有用、适用、好用。其中配有录音的分册，考生扫描二维码可随时听配套录音。考试教程配有教案、课件，供教师教学时参考。

## 关于"新 MHK 轻松过（二级）考试教程"套系

"新 MHK 轻松过（二级）考试教程"套系涵盖新 MHK（二级）听、读、写、说四方面的考试内容，包括四个分册:《新 MHK 轻松过（二级）听力理解教程》《新 MHK 轻松过（二级）阅读理解教程》《新 MHK 轻松过（二级）书面表达教程》和《新 MHK 轻松过（二级）口语考试教程》。本套系由教学经验丰富、熟悉 MHK 的一线教师精心编写而成。编写组召开数次会议，反复讨论丛书的编写原则、体例、内容等等，严格按照《MHK 大纲（二级）》(修订版）的要求编写。具体说来，本套系有以下几个特点：

① 编写体例实用

本着好教好学、科学实用的原则，"新 MHK 轻松过（二级）考试教程"套系每一分册在体例上都体现了共性和个性相结合的设计思路，既能让考生了解新 MHK（二级）考试各部分试题的内在关系，又能准确把握各类试题的考点和应对策略。

② 例题讲解详细

为让考生更好地掌握答题策略与方法，各分册相应的单元里都设置了一定量的例题，每一例题都附有详细的解说，便于考生抓住规律，举一反三。

③ 试题命制科学

各分册试题的语料来源广泛，取材于各类图书、网络资料等；语料题材多样，既保证选材的广泛性，又注意贴近考生日常学习生活及社会交往活动；命题严谨科学，命题点能够覆盖语料的主干内容，选项设置科学合理。

④ 使用方便

各分册内容包括考点、答题策略与方法、自测练习等，既适合教师课堂教学，也适合考生自学。根据需要，一些章节中还针对考点设置了"小贴士"或"知识库"，将重要语言知识或常识进行归纳概括，方便教学或自学。

## 本册使用建议

❶ 给教师的建议

教师使用本书时，请先仔细了解新 MHK（二级）考试的内容、目标、试卷结构及特点等，然后梳理出阅读理解分测验的考点和题型，有目标、有重点、有计划地备课。

在课堂上，建议教师先介绍新 MHK（二级）考试并讲解其中阅读理解分测验的题型、试题数量、考试要求等，然后对考生进行摸底检测。根据检测结果，了解考生存在的问题，然后再进入考点讲解。讲解后即让考生做例题自测，教师根据例题自测结果，归纳考生出现的问题，并重点讲解考生重复出错的部分，进一步强化有关考点的答题策略。每一节的练习，建议让考生课后反复自我训练，提高其应考能力。

第五单元的计时训练旨在综合考查考生专项学习与练习后的掌握情况，查漏补缺。几套计时训练题，建议一部分在课上进行实战模拟，另一部分留给考生独立完成。

❷ 给考生的建议

考生如果将此书用于自学，建议先阅读第一单元第一节，了解新 MHK（二级）考试与阅读理解分测验，然后按规定的时间做一遍第一单元第二节的摸底检测。完成检测后，对照答案看看自己在哪些方面存在不足。之后，根据个人情况有针对性地进行专项考点的学习和练习，特别要注意掌握每一考点的特点和答题策略。

阅读成绩不太理想的考生，平时除多积累词语、增加阅读量以更好地领会阅读材料的主要内容和中心意思外，还需要进行有针对性的学习，加大阅读理解的训练量。由于阅读理解重在考查考生的阅读速度和对阅读材料的理解能力，所以，考生要特别重视在规定时间内正确完成阅读理解题的练习，多读多练，善于总结，考试时也就胜券在握了。

在具体训练时，面对试题，注意先快速读一遍材料，了解材料的主要内容及观点，然后认真看问题，之后再回到阅读材料中进行核实确认，以保证答案的准确性。

在本系列图书编写过程中，我们从国内出版的各种报纸、杂志以及网络上选用了一些语料，并对语料做了适当改写，在此，我们向原作者表示诚挚的感谢！由于种种客观原因，目前我们无法与所有语料的原作者一一取得联系，希望原作者看到本系列图书后尽快与我们联系，我们将按照有关规定支付稿酬。

最后，希望本系列图书给广大考生带来新颖的理念、便捷的体验、立竿见影的实效。祝愿广大考生使用本系列图书后，在MHK考试中都取得理想的成绩，切实提高国家通用语言文字水平！

# 目录

第一单元

# 认识新 MHK（二级）阅读理解

**单元简介**

本单元旨在帮助考生了解新 MHK（二级）阅读理解分测验的题型、试题数量、考试要求等。此外，本单元还提供了一份阅读理解模拟试题，用于对考生的摸底检测，帮助考生发现不足，以便之后更有针对性地进行专项考点的学习和训练。

# 第一节　阅读理解介绍

## 试卷说明

新 MHK（二级）阅读理解部分主要考查考生的阅读速度和对阅读材料的理解能力，要求考生能根据阅读需要适当运用阅读策略。题型、题量、分值及考试时长如下表所示：

表 1-1　新 MHK（二级）阅读理解分测验基本情况

| | 题型 | 题量 | 分值 | 考试时长 |
|---|---|---|---|---|
| 阅读理解 | 第一部分　选词填空 | 15 | 100 | 40 分钟 |
| | 第二部分　短文理解 | 25 | | |

新 MHK（二级）阅读理解分测验共 40 题，答题时间为 40 分钟，满分 100 分。这部分试题包括题材、体裁、语体、长度不同的语言材料。语料选自各种报纸、杂志，内容覆盖社会文化、日常生活、科普常识、人物活动、地理环境等不同领域。

新 MHK（二级）阅读理解分测验由两部分试题组成。

第一部分（15 题）：在这部分试题中，每一题都是一个句子，句子中有一个或两个空，四个选择项分别是一个或两个词语，要求考生从中挑选最适合填入空中的一项。具体说来，第 36 ～ 45 题是每题一个空，第 46 ～ 50 题是每题两个空。

第二部分（25 题）：在这部分试题中，共有 7 篇阅读材料，每篇阅读材料之后会提出 3 ～ 4 个问题。每个问题有四个选择项，考生应从中选出最恰当的答案。

## 考试要求

新 MHK（二级）阅读理解分测验对考生的具体要求包括：

1. 能把握词语在句子中的含义和用法；

2. 能正确辨别和理解句意；

3. 能联系阅读材料的上下文，理解文中关键词语或句子的意思；

4. 能根据需要获取阅读材料的细节性信息；

5. 能基本领会阅读材料的主要内容和中心意思；

6. 能领会作者的观点、态度、情感、意图、倾向等。

新 MHK（二级）考试考查考生是否能够用国家通用语处理关于家庭、学校、社会和自然等方面的话题，处理比较复杂的多种形式的语言材料，并进行语言实践，以适应高中阶段课程的学习。考生应注重平时的阅读积累，包括基础语言知识的积累、阅读理解常用策略与技巧的训练、文体辨识与分析的学习、文章赏析与评价能力的培养等。

# 第二节 摸底检测

## 第一部分

（15题，15分钟）

说明：36～50题，每一个句子中有一个或两个空儿，请你从所给的四个备选答案中挑选一个最适合填入空儿中的答案，并在代表正确答案的字母上画一横道。

36. 他________知道自己不对，却故意这样做。

**A** 明明

**B** 偏偏

**C** 简直

**D** 格外

37. 我们要________自己的身体，无论多忙也要注意休息。

**A** 舍得

**B** 奉献

**C** 饲养

**D** 爱惜

38. 近些年，很多城市开通了高速铁路，轨道交通事业得到了________的发展。

**A** 灿烂

**B** 昌盛

**C** 蓬勃

**D** 富裕

39. 这幅画中，马的头部画得太大了，和身体不太成________。

**A** 比例

**B** 比较

**C** 长处

**D** 长短

40. 他为人________，看到有的孩子上不起学，会毫不犹豫地捐款。

**A** 强盛

**B** 激动

**C** 慷慨

**D** 廉洁

41. 事情发生得很突然，他________没反应过来。

**A** 一时

**B** 一向

**C** 一再

**D** 一心

42. 跑了一天也没找到要买的东西，时间________浪费了。

A 一一

B 整整

C 纷纷

D 白白

43. 职员们提出了几个很好的建议，经理决定________。

A 参谋

B 采纳

C 裁决

D 部署

44. 这是一个重要的选择，我建议你不要________做出决定。

A 轻易

B 再三

C 稍微

D 早晚

45. 他们在室内公共场所抽烟是不对的，应该________。

A 征服

B 嘱咐

C 鞭策

D 制止

46. 这件事________最后是不是能够成功，我________想尝试一下。

A 无论　都

B 只要　就

C 既然　就

D 只有　才

47. ________房间设计得不太好，但我们好好________一下还是很不错的。

A 假如　保管

B 尽管　布置

C 由于　包装

D 不论　化妆

48. 开车一定要________，________关注周围路况。

A 谨慎　时时

B 熟练　陆续

C 郑重　率先

D 稳定　通常

49. 他们通过________的调查，得出了令人信服的________。

A 显然　现实

B 有效　效果

C 细致　结论

D 广泛　证据

50. 这个孩子实在是太________了，让父母非常________。

A 善良　不像话

B 积极　受不了

C 懂事　爱面子

D 调皮　伤脑筋

## 第二部分

（25 题，25 分钟）

说明：51 ～ 75 题，每段文字后都有若干个问题，每个问题都有 **A B C D** 四个备选答案，请你阅读后根据每题的要求选出最恰当的答案，并在代表正确答案的字母上画一横道。

51 ～ 53

东汉末年，曹操在和袁绍作战时，一度处于不利地位，曹操军中许多部下对取得胜利没有信心，不少人偷偷和袁绍联络，以备曹操失败后自己还有个出路。

后来，曹操经过官渡之战打败了袁绍，从袁绍那里查获了一些书信，曹操看也不看，就让人烧毁了。有人问曹操，为什么不查清楚当时是哪些人和袁绍勾结？曹操回答："这些跟我打仗的人谁没有家庭、儿女？谁在绝望时都会想办法找出路。当时，连我自己也没有信心一定能取胜，何况他们？所以，不要去追问了。"

【51】曹操军中许多部下和袁绍联络，是因为他们：

**A** 以前是袁绍的部下

**B** 不相信曹操能获胜

**C** 想了解袁绍军队的情况

**D** 认为袁绍是一位好将军

【52】曹操为什么要烧毁查获的书信？

**A** 对背叛他的人感到绝望

**B** 没有时间处理那些书信

**C** 理解写信人当时的想法

**D** 已经知道谁背叛了自己

【53】这个故事主要想告诉我们：

**A** 要多替别人考虑

**B** 别偷看别人的信

**C** 办法总比困难多

**D** 成功最需要自信

54 ～ 56

有人对 4000 多种花的颜色进行统计，发现黑色花只有很少几种，而且还不是纯正的黑色，只是蓝紫偏黑。科学家认为，黑色花稀少主要与太阳光有关。我们知道，太阳光是由七种光组成的，七种光的光波长短不同，所含热量也不同：红、橙、黄光波长，含热量多；青、蓝、紫光波短，含热量少。花的各部分中，花瓣最柔嫩，易受高温的伤害，所以它们一般吸收含热量较少的蓝、紫光，而将红、橙光反射出去，这就是红、橙、黄花较多的原因。而黑色吸收了全部七色光波，这就导致黑色花很难生存，因此黑色花极少。此外，黑色花少见还可能与昆虫有关。黑色花很难吸引昆虫帮它传播花粉，所以在自然选择中就逐渐被淘汰了。

【54】根据本文，黑色花少的主要原因是：

**A** 生存环境极其艰难

**B** 容易受到害虫侵害

**C** 花朵不能吸收黑色光波

**D** 容易受到太阳光的伤害

【55】花瓣一般吸收什么光？

**A** 七色光

**B** 蓝、紫光

**C** 光波长的光

**D** 热量较高的光

【56】自然界中黑色花很少，本文提到了几个原因？

**A** 一个

**B** 两个

**C** 三个

**D** 四个

57 ～ 59

战国时期，有个郑国人想买一双新鞋子。去集市之前，这个人找来一小段绳子，用它比着自己的脚量好长短，就高高兴兴地出门了。

这个人在鞋摊上选了半天，终于看到一双满意的鞋子。他正准备掏出那段绳子，用事先量好的尺寸来比一比新鞋的大小时，才发现绳子忘记带来了。于是他连忙对鞋摊的老板说：“对不起，我把尺寸忘在家里了，等我回家取来尺寸再买吧。”眼看天色渐晚，他以最快的速度回到家中，拿了绳子又急急忙忙赶往集市。但是，卖鞋的人已经收摊走了，鞋子没买成。

这个人失望地回到家里，邻居问他发生了什么事，他把经过讲了一遍。邻居听后，问道："你买鞋时为什么不用自己的脚穿一下，试试鞋的大小呢？"他回答说："那可不成，量的尺寸才可靠，我只相信我亲自量好的尺寸，不相信我的脚。"

【57】第一次去集市，郑国人没买到鞋的原因是：

**A** 没选到喜欢的

**B** 试的鞋都不合适

**C** 忘拿量鞋的绳子了

**D** 没有事先量好尺寸

【58】第二次去集市，郑国人没买到鞋的原因是：

**A** 卖鞋的人走了

**B** 不相信自己的脚

**C** 尺寸落在了家中

**D** 喜欢的鞋子已卖完

【59】这个故事主要告诉我们：

**A** 做事情应当预先做好准备

**B** 决定了的事情就不要犹豫

**C** 应当从实际出发，灵活处理

**D** 想要有所收获就要大胆尝试

60 ～ 63

从前，有个人到别人家里做客，看到主人家灶上的烟囱是直的，旁边堆了很多柴草。客人告诉主人："烟囱要改曲，柴草需移去，否则将来可能会有火灾。"主人听后没有任何表示。不久，主人家果然失火，四周的邻居赶紧跑来救火，最后火被扑灭了。于是主人烹羊宰牛，宴请四邻，以感谢他们救火的功劳，但并没有请当初那个提出建议的人。

有人对主人说："如果当初听了那位客人的话，今天你也不用准备筵席，而且也不会有火灾的损失。现在论功行赏，原先给你建议的人没有被感恩，而救火的人却是座上客，真是很奇怪的事呢！"主人顿时醒悟，赶紧去邀请当初给予建议的那个客人来吃酒。

如今，多数人认为，能够解决企业经营过程中各种麻烦问题的人就是优秀的管理者。其实，防患于未然更胜于治乱于已成。因此，企业问题的预防者其实比企业问题的解决者更值得尊敬。

【60】主人家的房子存在什么问题？

**A** 烟囱位置不对

**B** 使用木材过多

**C** 存在火灾隐患

**D** 房屋摆设杂乱

【61】对于客人提出的建议，主人最初：

**A** 对他表示感谢

**B** 并没有当回事

**C** 很重视他的话

**D** 拒绝他的建议

【62】邻居如何看待主人宴请四邻的做法？

**A** 称赞做法合理

**B** 认为造成了资源浪费

**C** 认为没必要感谢邻居

**D** 觉得应该感谢最初提议者

【63】本文主要告诉我们：

**A** 要心存感恩

**B** 预防重于治理

**C** 好邻居的重要性

**D** 家装防火的隐患

64 ～ 67

相传“茶圣”陆羽在少年时代遇到了一位老婆婆，她教会陆羽许多煮茶的方法与技巧，并以茶为例教他读书和做人的道理。陆羽由此与茶结缘，走上了学茶、研究茶的道路。

陆羽著有《茶经》一书，是我国乃至世界上现存最早、最全面的介绍茶叶的作品。《茶经》全书不过 7000 余字，却花费了他 26 年的时间。为保证书中观点的准确性，他把自己当成一位茶农，克服重重困难，坚持到各地考察。他在茶学领域的钻研精神打动了很多人，也因此受到大家的敬重。

有一次，一位官员与陆羽在扬子江边同行，官员听陆羽说扬子江中心的南零水煮茶非常好，便派人去取水。手下的人取水回来时不小心洒了一半，就取了一些岸边的江水。陆羽尝了一口说，此水不是南零水。官员再次派人去江中心取水，这次陆羽尝后才微笑点头。官员对陆羽高超的品茶鉴水技艺惊叹不已，从此陆羽的名气更大了。

【64】陆羽是从什么时候开始研究茶的？

A 从小就研究

B 跟老婆婆学习之后

C 认识各种茶叶以后

D 决定写《茶经》之后

【65】关于《茶经》，下面说法正确的是：

A 共计 26 万字

B 是老婆婆写的

C 创作此书总共花了 7 年时间

D 是我国现存第一部茶叶专著

【66】根据第二段可知，陆羽：

A 写书缺乏经验

B 成了一位茶农

C 对地理很有研究

D 是刻苦敬业的人

【67】陆羽第二次品尝的扬子江水：

A 是在江岸边取的

B 是真正的南零水

C 被人弄洒了一半

D 是他亲自去取的

68 ～ 71

随着秋冬季天气转凉，我们发现道路旁的树木会穿上白色的“长袜”，这是树木被涂上了一种叫树木涂白剂的涂料。这可不是为了美观而给树木打的粉底，而是为它们准备的防护层。天冷的时候，不仅人的皮肤容易干燥开裂，在露天经受风吹日晒的树皮也容易出现裂痕。树干一般是深色的，日晒后升温较快，但夜间温度低，在温度波动下也就容易开裂。这些裂缝会给病虫害可乘之机，病菌、害虫侵害树木，会使树木生病。

涂白剂的主要成分是石灰、混合硫黄，具有杀灭病菌、害虫的作用。在白天，白色涂层还能有效反射阳光，缓解昼夜温差对树木造成的影响，预防开裂；而在夜晚，白色的反光效果也能防止行人误撞树干。此外，在日照、温度变化剧烈的大陆性气候地区，涂白可以减弱树木地上部分对太阳辐射热的吸收，从而延迟树木萌芽。值得注意的是，涂白剂并非油漆，如果使用油漆，不仅不能保护树木，还会阻碍植物细胞呼吸，对树木造成伤害。

【68】树木涂白剂的主要作用是：

A 美化环境

B 提醒路人

C 杀灭病菌害虫

D 帮助植物细胞呼吸

【69】涂白剂为什么设计成白色？

A 有利于树木生长

B 促进植物伤口愈合

C 是害虫反感的颜色

D 缓解昼夜温差的影响

【70】关于树木涂白剂，下面说法正确的是：

A 属于油漆的一种

B 与粉底成分一致

C 一年四季都应该使用

D 石灰是其主要成分之一

【71】根据本文，下面说法正确的是：

A 涂白剂具有保暖功效

B 涂白剂能延缓植物萌芽

C 石灰会对树木造成一定伤害

D 湿润地区的树木不用刷涂白剂

72 ～ 75

《少年时》究竟是怎样的一本书？跟其他的科普读物有什么区别呢？一般的科普读物在讲一个主题的时候，通常是介绍跟这个主题有关的内容，但不一定是这个主题或这个学科最关键的部分。如果你对这个学科一点儿都不了解，那么从读物中获得的知识就会比较片面，甚至会影响你的判断。

《少年时》从整个学科的价值出发进行讲解，便于少年读者了解每个学科的发展过程。其主题十分广泛，包括科学、生命教育、文学、经济、英语等，并构建了自己的学科树。该书关注的是学科发展过程中的真实片段，如科学家、艺术家、人文学者的思路，创业者的创新故事，而不是课堂上一个个需要背诵的概念或一个个研究结果。内容的逻辑性强，却又不失趣味性。少年读者可充分利用碎片时间，锻炼思维逻辑，养成思考式阅读习惯，像科学家一样思考。

《少年时》的作者来自世界各地，都是各个领域前沿的科学家、设计师、艺术家等。他们有自己的特长，对自己学科的了解更加深入，也更能把握学科的发展方向。无论是最前沿的科学技术，还是最复杂的知识结构，他们都能从简单的途径找到本质和核心，欣赏它们的美，体会它们对于人类文明的作用。

【72】与《少年时》相比，一般的科普读物：

A 作者不够专业

B 学科知识太复杂

C 部分内容不太适合少年读者

D 不太注重学科发展过程的介绍

【73】关于《少年时》，下面说法正确的是：

A 帮读者建立了学科树

B 主题广泛但内容枯燥

C 注重介绍各学科的研究成果

D 以科学家的故事为主要内容

【74】根据本文，《少年时》的作者：

A 把简单的知识变得复杂

B 是国内很优秀的科学家

C 都是各学科领域的专家

D 对前沿科技的介绍不多

【75】本文主要介绍了：

A 怎样编写科普读物

B 优秀科普读物的特点

C《少年时》的主要特点

D《少年时》的作者群体

第二单元

# 基础知识介绍

### 单元简介

本单元为考生详细梳理、系统总结新MHK（二级）阅读理解分测验各考点，帮助考生准确把握考点，提高应试水平。

针对“选词填空”这一题型，本单元第一、二、三节帮助考生准确把握新MHK（二级）大纲词汇表中名词、动词、形容词等实词的词义，熟练掌握词汇表中副词、介词、连词等虚词的用法，熟记重点短语。

理解句子是理解段落的基础。本单元第四节帮助考生掌握常用特殊句式的结构、意义与用法，有效提高句段理解能力。

每节内容包括备考重点与难点、知识库、专项训练三个板块。“备考重点与难点”简单介绍该知识点的内容、语用特点、注意事项等，帮助考生明确备考方向；“知识库”简要归纳与考点相关的重要知识，为考生备考打下坚实基础；“专项训练”为考生提供具有针对性的练习题，供考生进一步操练巩固。

# 第一节　实词

## 备考重点与难点

词通常分为实词和虚词两大类。实词表示事物的概念与特征、处所、时间、动作、行为、变化、性质、数量等，包括名词、动词、形容词、数词、量词、代词等。各主要实词词类、意义与例词如下：

表 2-1　主要实词词类、意义与例词

| 词类 | 意义 | 例词 |
| --- | --- | --- |
| 名词 | 表示人、事物、时间、处所、方位等 | 学生、春天、学校 |
| 动词 | 表示行为、动作、状态 | 表扬、说、休息 |
| 形容词 | 表示事物的性质、状态、特征、关系 | 红、努力、健康 |
| 数词 | 表示数量、次序 | 十、第十 |
| 量词 | 表示人、事物或动作的数量单位 | 位、件、次 |
| 代词 | 代替人或事物的名称 | 他、谁、这 |

词汇量是评价阅读水平的标准之一。具备大纲要求的词汇量才能更好地理解句意，进而把握文章内容。其中，实词备考的重点在于牢记二级大纲词汇表中实词的词义及其搭配，准确把握词语在句子中的含义与用法，为理解句意打下坚实的基础。

新 MHK（二级）阅读理解分测验的选词填空部分，涉及实词词义及搭配的考题占相当大的比重。例如新 MHK（二级）大纲样卷第 38 题：

【38】如果没有________的意志，他是无法取得今天这样的成就的。

**A** 薄弱　　**B** 纯洁　　**C** 坚决　　**D** 顽强

本题正确答案是 D。主要考查考生能否正确理解句意及把握形容词“顽强”的意义和用法。根据题干中的“如果”一词可知，前半句是假设，后半句是结果。题干空白处要求填的是能够修饰“意志”的褒义词，选项 D“顽强”最恰当。选项 A“薄弱”可以修饰“意志”，但它是贬义词，不符合后半句中“取得今天这样的成就”所表达的好的结果，而选项 B、C 均不能和“意志”搭配。

实词具有实在的词汇意义和语法意义，这对考生的记忆与掌握是有利的。有的词具有多个义项，既有基本义又有引申义，考生应准确记忆大纲要求掌握的实词义项，并能够根据构词特点、词语搭配、实际语境等做出正确判断。

实词搭配是备考的重点与难点。通常根据词语意义及语言习惯来考虑搭配是否得当：一要判断词语适用于说什么人、事物或情况，与所搭配的词语在意义上能不能联系、配合，例如“富饶”一般用来形容土地或地区，可以说“富饶的祖国”，但不能说“富饶的家庭”；二要符合语言习惯，例如一般说“年龄大”，不说“年龄老”。

## • 知识库

从词类的角度看，阅读理解分测验对实词的考查重点包括名词、动词、形容词这几类词的词义及搭配。本节“知识库”选取新 MHK（二级）考试大纲词汇表中部分重点实词，给出常见搭配，供考生进行学习积累。

### 形容词与名词搭配

这里列出的形容词与名词的搭配形式包括两类：一类是定语与中心语搭配，两者是修饰与被修饰的关系，比如“寒冷的天气”“优美的风景”；一类是主语与谓语搭配，主语是被陈述对象，谓语是对主语的陈述，比如“天气寒冷”“风景优美”。

表 2-2　形容词与名词的常见搭配

| 形容词 | 与名词的常见搭配 |
| --- | --- |
| 安定 | 安定的生活　安定的情绪　生活安定　情绪安定 |
| 安慰 | 安慰的话语 |
| 霸道 | 霸道的行为　行为霸道 |
| 保守 | 保守的思想　保守的做法　思想保守　做法保守 |
| 悲观 | 悲观的心态　悲观情绪　心态悲观 |
| 必然 | 必然结果 |
| 必要 | 必要条件　必要步骤 |
| 薄弱 | 薄弱环节　基础薄弱　意识薄弱 |
| 残酷 | 残酷的现实　残酷的战争　现实残酷　战争残酷 |
| 残忍 | 残忍的手段　手段残忍　生性残忍 |
| 惭愧 | 惭愧的心情 |
| 灿烂 | 灿烂的文明　阳光灿烂　笑容灿烂 |
| 草率 | 草率的决定　草率的想法　决定草率　想法草率 |
| 昌盛 | 国家昌盛 |
| 畅通 | 畅通的道路　道路畅通　信号畅通 |
| 沉默 | 沉默的性格　性格沉默 |
| 诚恳 | 诚恳的态度　态度诚恳 |
| 粗鲁 | 粗鲁的态度　粗鲁的言语　态度粗鲁　言语粗鲁 |
| 典型 | 典型特点　典型人物　人物典型 |
| 恶劣 | 恶劣的天气　恶劣的态度　天气恶劣　态度恶劣 |
| 发达 | 发达的经济　发达地区　经济发达　信息发达 |
| 烦闷 | 烦闷的心情　心情烦闷 |
| 繁荣 | 繁荣的经济　经济繁荣 |
| 肥沃 | 肥沃的土地　土地肥沃 |
| 芬芳 | 芬芳的花朵　花朵芬芳 |
| 疯狂 | 疯狂的球迷　疯狂的车手 |
| 锋利 | 锋利的刀剑　锋利的语言 |

续表

| 形容词 | 与名词的常见搭配 |
| --- | --- |
| 腐败 | 腐败行为　行为腐败 |
| 腐朽 | 腐朽的思想　腐朽的制度　思想腐朽　制度腐朽 |
| 附属 | 附属部门 |
| 富饶 | 富饶的国家　富饶的土地　土地富饶 |
| 富裕 | 富裕的国家　富裕的家庭　家庭富裕 |
| 干燥 | 干燥的空气　干燥的气候　空气干燥　气候干燥 |
| 高尚 | 高尚的品德　高尚的行为　品德高尚　行为高尚 |
| 恭敬 | 恭敬的态度　态度恭敬 |
| 光辉 | 光辉形象 |
| 广泛 | 广泛的兴趣　兴趣广泛　用途广泛 |
| 含糊 | 言语含糊　声音含糊　态度含糊 |
| 浩大 | 浩大的工程　工程浩大 |
| 合法 | 合法生意　合法行为　行为合法 |
| 合格 | 合格的医生　合格的产品　产品合格 |
| 和睦 | 和睦的家庭　家庭和睦 |
| 宏伟 | 宏伟的建筑　宏伟计划　建筑宏伟 |
| 糊涂 | 糊涂的人　糊涂的决定　脑子糊涂 |
| 荒唐 | 荒唐的想法　荒唐的行为　想法荒唐　行为荒唐 |
| 辉煌 | 辉煌的成就　辉煌的历史　辉煌的纪录　辉煌的成绩 |
| 混乱 | 混乱的思维　混乱的逻辑　思维混乱　逻辑混乱 |
| 活泼 | 活泼的性格　活泼的孩子　活泼的形式　性格活泼　形式活泼 |
| 活跃 | 活跃的气氛　气氛活跃 |
| 激动 | 激动的心情　激动的时刻　心情激动 |
| 急躁 | 急躁的性格　急躁的情绪　性格急躁　情绪急躁 |
| 寂寞 | 寂寞的感觉　寂寞的人 |
| 尖锐 | 尖锐的问题　尖锐的态度 |
| 坚固 | 坚固的城墙　坚固的建筑 |
| 狡猾 | 狡猾的人　狡猾的方法　狡猾的性格　性格狡猾 |

续表

| 形容词 | 与名词的常见搭配 |
|---|---|
| 紧俏 | 紧俏的商品　商品紧俏 |
| 谨慎 | 谨慎的人　谨慎的性格　谨慎的行为　性格谨慎　行为谨慎 |
| 均匀 | 颜色均匀 |
| 慷慨 | 慷慨的人　慷慨的心 |
| 可贵 | 可贵的品质　品质可贵 |
| 恐怖 | 恐怖事件　恐怖电影 |
| 恐惧 | 恐惧的样子　恐惧的心理 |
| 枯燥 | 枯燥的生活　枯燥的练习　生活枯燥　练习枯燥 |
| 宽敞 | 宽敞的房间　宽敞的大厅　房间宽敞　大厅宽敞 |
| 宽阔 | 宽阔的马路　宽阔的场地　马路宽阔　场地宽阔 |
| 牢固 | 牢固的地位　牢固的结构　牢固的关系　结构牢固 |
| 辽阔 | 辽阔的土地　辽阔的草原　土地辽阔　草原辽阔 |
| 隆重 | 隆重的典礼　隆重的仪式 |
| 茫茫 | 茫茫大海　茫茫大漠　茫茫云海 |
| 矛盾 | 矛盾心理 |
| 茂密 | 茂密的森林　森林茂密 |
| 茂盛 | 茂盛的森林　森林茂盛　草木茂盛 |
| 猛烈 | 猛烈的炮火　炮火猛烈　雨势猛烈 |
| 敏感 | 敏感的人　敏感话题　话题敏感　内心敏感 |
| 敏捷 | 敏捷的动作　动作敏捷 |
| 模糊 | 模糊的印象　印象模糊 |
| 浓厚 | 浓厚的兴趣　兴趣浓厚 |
| 偶尔 | 偶尔的事 |
| 偶然 | 偶然现象　偶然事故 |
| 蓬勃 | 蓬勃的景象 |
| 片面 | 片面的观点　片面的认识　观点片面　认识片面 |
| 贫困 | 贫困地区　贫困家庭　家庭贫困 |
| 频繁 | 灾害频繁 |

续表

| 形容词 | 与名词的常见搭配 |
| --- | --- |
| 平衡 | 心理平衡　收支平衡 |
| 迫切 | 迫切的心情　迫切需求　心情迫切 |
| 朴素 | 朴素的人　朴素的打扮　朴素的风格　打扮朴素　风格朴素 |
| 恰当 | 恰当的比喻　恰当的语言　比喻恰当 |
| 强盛 | 强盛的国家　国家强盛 |
| 巧妙 | 巧妙的方法　方法巧妙 |
| 勤奋 | 勤奋的学生 |
| 勤俭 | 勤俭的人　勤俭的习惯　勤俭的美德 |
| 勤劳 | 勤劳的人　勤劳的美德 |
| 清晰 | 清晰的印象　清晰的画面　印象清晰　画面清晰 |
| 清醒 | 清醒的头脑　清醒的状态　头脑清醒 |
| 确切 | 确切时间　确切消息　消息确切 |
| 确凿 | 确凿证据　证据确凿 |
| 热烈 | 热烈的气氛　热烈的掌声　气氛热烈　掌声热烈 |
| 人造 | 人造材料　人造卫星 |
| 仁慈 | 仁慈的人　内心仁慈 |
| 锐利 | 锐利的目光　目光锐利 |
| 善良 | 善良的人　善良的心　内心善良 |
| 神圣 | 神圣的职业　神圣的地方 |
| 慎重 | 慎重的决定 |
| 舒畅 | 心情舒畅 |
| 踏实 | 踏实的感觉　踏实的作风　作风踏实 |
| 调皮 | 调皮的孩子　调皮的样子 |
| 通顺 | 语句通顺　文章通顺 |
| 通俗 | 通俗的语言　通俗小说　通俗文学 |
| 统一 | 统一的服装　统一的意见　服装统一　意见统一 |
| 透明 | 透明玻璃 |
| 稳当 | 稳当人 |

续表

| 形容词 | 与名词的常见搭配 |
|---|---|
| 稳定 | 稳定的生活　稳定的物价　稳定的工作　生活稳定　物价稳定　工作稳定 |
| 稳妥 | 稳妥的办法　办法稳妥 |
| 无耻 | 无耻的人　无耻的行为 |
| 稀罕 | 稀罕的宝贝　稀罕事　稀罕物 |
| 细致 | 细致的人　细致的工作　工作细致 |
| 消极 | 消极的想法　消极的人　消极态度　想法消极　态度消极 |
| 兴旺 | 生意兴旺　人丁兴旺 |
| 凶恶 | 凶恶的样子　外表凶恶 |
| 虚伪 | 虚伪的人　虚伪的笑容　笑容虚伪 |
| 虚心 | 虚心的人　虚心的态度 |
| 徐徐 | 徐徐的风 |
| 严厉 | 严厉的人　严厉的态度　态度严厉 |
| 严密 | 严密的计划　计划严密　逻辑严密 |
| 严肃 | 严肃的人　严肃的态度　态度严肃 |
| 永恒 | 永恒的主题　永恒的爱 |
| 优惠 | 优惠的价格　优惠活动　价格优惠 |
| 幽默 | 幽默的人　幽默的话语 |
| 悠久 | 悠久的历史　历史悠久 |
| 犹豫 | 犹豫的态度　态度犹豫 |
| 有限 | 有限的时间　有限的资金　时间有限　资金有限 |
| 幼稚 | 幼稚的想法　幼稚的行为　想法幼稚　行为幼稚 |
| 愚蠢 | 愚蠢的想法　愚蠢的人　想法愚蠢 |
| 冤枉 | 冤枉钱 |
| 扎实 | 扎实的基础　基础扎实 |
| 振奋 | 心情振奋 |
| 郑重 | 郑重的态度　态度郑重 |
| 壮丽 | 壮丽的景色　壮丽的河山 |
| 卓越 | 卓越的人才　卓越的成就　成就卓越 |

## 动宾搭配

动宾搭配是需重点掌握的考点之一。动词表示动作行为，宾语是被动作支配的部分，表示“做什么”“是什么”。宾语一般由名词充当，部分动词、形容词也可以做宾语，例如“得到提高”中的“提高”，“觉得热”中的“热”。

备考时，考生应熟记新 MHK（二级）大纲词汇表中常用动词与名词的意义，平时也应有意识地储备尽量多的动宾搭配，这样才能在考试时快速准确地判断出正确答案。

表 2-3　常见动宾搭配

| 动词 | 常见动宾搭配 |
|---|---|
| 爱惜 | 爱惜身体　爱惜 +［物件］ |
| 安定 | 安定人心 |
| 安慰 | 安慰 +［人］ |
| 安置 | 安置员工　安置行李 |
| 摆脱 | 摆脱困境　摆脱烦恼　摆脱压力 |
| 办理 | 办理手续　办理护照 |
| 扮演 | 扮演角色 |
| 包含 | 包含内容　包含意思 |
| 包围 | 包围 +［人］　包围 +［处所］ |
| 包装 | 包装礼物　包装演员 |
| 保管 | 保管财物 |
| 保守 | 保守秘密 |
| 保障 | 保障（生命或财产）安全　保障权利 |
| 报道 | 报道新闻 |
| 抱怨 | 抱怨 +［人］　抱怨 +［事］ |
| 暴露 | 暴露身份　暴露目标 |
| 爆发 | 爆发战争　爆发流行病 |
| 背叛 | 背叛国家　背叛朋友 |

续表

| 动词 | 常见动宾搭配 |
| --- | --- |
| 编辑 | 编辑书稿 |
| 鞭策 | 鞭策+[人] |
| 贬低 | 贬低+[人]　贬低（某人的）成就　贬低人格 |
| 辨别 | 辨别是非　辨别善恶　辨别正误 |
| 辩论 | 辩论问题 |
| 表明 | 表明身份　表明观点　表明立场 |
| 驳斥 | 驳斥观点　驳斥+[人] |
| 补偿 | 补偿损失　补偿+[人] |
| 布置 | 布置房间　布置会场　布置工作　布置任务 |
| 部署 | 部署工作　部署计划 |
| 裁决 | 裁决案件 |
| 采纳 | 采纳建议　采纳意见 |
| 操纵 | 操纵比赛　操纵市场 |
| 陈列 | 陈列文物　陈列标本 |
| 承担 | 承担任务　承担工作 |
| 惩罚 | 惩罚+[人] |
| 冲破 | 冲破阻碍　冲破防线 |
| 处分 | 处分+[人] |
| 储蓄 | 储蓄力量　储蓄钱财 |
| 传递 | 传递消息　传递正能量 |
| 传染 | 传染疾病 |
| 伺候 | 伺候+[人] |
| 刺激 | 刺激经济　刺激食欲 |
| 促进 | 促进发展　促进生长　促进了解 |
| 摧毁 | 摧毁意志　摧毁+[建筑] |
| 搭配 | 搭配词语　搭配服装 |

续表

| 动词 | 常见动宾搭配 |
| --- | --- |
| 打搅 | 打搅 +［人］ |
| 逮捕 | 逮捕嫌疑犯 |
| 耽误 | 耽误时间　耽误比赛　耽误工作 |
| 导致 | 导致 +［后果］ |
| 盗窃 | 盗窃钱财 |
| 悼念 | 悼念亲人　悼念 +［人］ |
| 得罪 | 得罪 +［人］ |
| 抵抗 | 抵抗诱惑　抵抗侵略 |
| 颠倒 | 颠倒黑白　颠倒日夜　颠倒是非 |
| 奠定 | 奠定基础 |
| 调动 | 调动工作　调动积极性 |
| 叮嘱 | 叮嘱 +［人］ |
| 动员 | 动员 +［人］ |
| 堵塞 | 堵塞交通　堵塞河道 |
| 杜绝 | 杜绝后患　杜绝犯罪　杜绝浪费 |
| 兑换 | 兑换外币 |
| 发表 | 发表意见　发表演说　发表观点 |
| 繁殖 | 繁殖后代　繁殖细菌 |
| 反抗 | 反抗压迫　反抗暴力 |
| 反映 | 反映问题 |
| 防守 | 防守阵地 |
| 防治 | 防治疾病 |
| 妨碍 | 妨碍公务　妨碍工作 |
| 放弃 | 放弃机会　放弃希望　放弃 +［人］ |
| 放松 | 放松身心　放松警惕 |
| 放映 | 放映电影 |

续表

| 动词 | 常见动宾搭配 |
| --- | --- |
| 分辨 | 分辨色彩　分辨是非 |
| 分裂 | 分裂国家　分裂集体 |
| 分散 | 分散注意力　分散目标 |
| 分享 | 分享喜悦　分享快乐　分享成果　分享财富 |
| 吩咐 | 吩咐 +［人］ |
| 封锁 | 封锁消息　封锁道路 |
| 讽刺 | 讽刺 +［现象］ 讽刺 +［人］ |
| 奉献 | 奉献青春　奉献生命 |
| 否认 | 否认事实 |
| 俘虏 | 俘虏敌人 |
| 负担 | 负担 +［费用］ |
| 干扰 | 干扰信号　干扰 +［人］ |
| 干涉 | 干涉（某人的）自由　干涉（某人的）生活 |
| 公布 | 公布结果　公布消息 |
| 攻击 | 攻击 +［人］ 攻击（某人的）弱点 |
| 供应 | 供应产品 |
| 巩固 | 巩固地位　巩固基础 |
| 勾结 | 勾结敌人　勾结坏人 |
| 辜负 | 辜负（某人的）希望　辜负（某人的）信任 |
| 鼓励 | 鼓励 +［人］ 鼓励 +［事］ |
| 鼓舞 | 鼓舞人心 |
| 观测 | 观测天气　观测地形 |
| 管教 | 管教孩子　管教 +［人］ |
| 贯彻 | 贯彻思想　贯彻政策 |
| 灌溉 | 灌溉土地 |
| 怀念 | 怀念 +［人］ 怀念时光 |

续表

| 动词 | 常见动宾搭配 |
| --- | --- |
| 怀疑 | 怀疑＋［人］　怀疑（某人的）身份 |
| 回避 | 回避问题　回避矛盾　回避＋［人］ |
| 毁坏 | 毁坏公物　毁坏（某人的）名声 |
| 汇报 | 汇报工作 |
| 讥笑 | 讥笑＋［人］ |
| 激发 | 激发斗志 |
| 嫉妒 | 嫉妒＋［人］ |
| 给予 | 给予帮助　给予奖励 |
| 记载 | 记载＋［人］　记载＋［事迹］ |
| 忌妒 | 忌妒＋［人］ |
| 继承 | 继承传统　继承遗产 |
| 寄托 | 寄托思念　寄托希望 |
| 加快 | 加快速度　加快步伐 |
| 加重 | 加重负担　加重污染 |
| 歼灭 | 歼灭敌人 |
| 检讨 | 检讨自己　检讨错误 |
| 坚定 | 坚定信念　坚定信心 |
| 奖励 | 奖励＋［人］　奖励财物 |
| 禁止 | 禁止违法行为 |
| 警告 | 警告＋［人］ |
| 警惕 | 警惕＋［人］　警惕＋［事］ |
| 纠正 | 纠正错误 |
| 捐献 | 捐献财物　捐献身体器官 |
| 开垦 | 开垦土地　开垦荒山 |
| 开辟 | 开辟市场　开辟新领域 |
| 考验 | 考验＋［人］　考验意志力 |

续表

| 动词 | 常见动宾搭配 |
|---|---|
| 控制 | 控制数量　控制 +［人］　控制感情 |
| 滥用 | 滥用药物 |
| 联络 | 联络朋友 |
| 垄断 | 垄断市场　垄断资本 |
| 掠夺 | 掠夺资源　掠夺土地 |
| 埋怨 | 埋怨 +［人］ |
| 满怀 | 满怀信心　满怀希望 |
| 满腔 | 满腔热血　满腔怒火 |
| 迷惑 | 迷惑 +［人］ |
| 勉励 | 勉励 +［人］ |
| 描写 | 描写风景　描写人物 |
| 模仿 | 模仿 +［人］ |
| 抹杀 | 抹杀功绩　抹杀成绩　抹杀功劳　抹杀事实 |
| 谋求 | 谋求利益　谋求合作　谋求发展 |
| 扭转 | 扭转局势　扭转局面 |
| 拍摄 | 拍摄电影　拍摄广告 |
| 排练 | 排练节目 |
| 排列 | 排列顺序 |
| 派遣 | 派遣代表　派遣人员　派遣大使 |
| 攀登 | 攀登高峰 |
| 判断 | 判断正误　判断是非 |
| 赔偿 | 赔偿损失　赔偿费用 |
| 佩服 | 佩服 +［人］ |
| 批判 | 批判 +［人］　批判观点 |
| 批准 | 批准申请 |
| 聘请 | 聘请 +［人］ |
| 评审 | 评审论文　评审作品 |

续表

| 动词 | 常见动宾搭配 |
| --- | --- |
| 欺负 | 欺负＋［人］ |
| 欺骗 | 欺骗＋［人］ |
| 启发 | 启发＋［人］　启发思路 |
| 迁就 | 迁就＋［人］ |
| 强调 | 强调重点 |
| 侵犯 | 侵犯权利　侵犯＋［人］　侵犯＋［国家］ |
| 侵害 | 侵害＋［人］　侵害生命　侵害利益　侵害权利　侵害权益 |
| 侵略 | 侵略＋［国家］ |
| 驱逐 | 驱逐＋［人］ |
| 劝阻 | 劝阻＋［人］ |
| 认可 | 认可＋［人］　认可（某人的）行为 |
| 删 | 删记录　删文件 |
| 申报 | 申报项目　申报所得税 |
| 审查 | 审查项目　审查＋［人］　审查＋［单位或机构］ |
| 省略 | 省略文字 |
| 收集 | 收集邮票　收集标本　收集＋［物件］ |
| 束缚 | 束缚身心　束缚手脚　束缚＋［人］ |
| 树立 | 树立榜样 |
| 率领 | 率领＋［人］　率领军队 |
| 思索 | 思索问题　思索人生 |
| 搜查 | 搜查枪支　搜查＋［处所］ |
| 搜集 | 搜集证据　搜集证物　搜集标本 |
| 探索 | 探索新领域 |
| 提倡 | 提倡节俭　提倡健身　提倡正能量的活动 |
| 体会 | 体会……含义　体会人生 |
| 体现 | 体现……精神　体现……思想 |
| 偷窃 | 偷窃财物 |

续表

| 动词 | 常见动宾搭配 |
|---|---|
| 推荐 | 推荐+[人]　推荐+[事物] |
| 挽救 | 挽救生命　挽救+[人] |
| 违背 | 违背意愿　违背命令 |
| 违反 | 违反法律　违反常规 |
| 维持 | 维持秩序　维持状态 |
| 维护 | 维护利益　维护权益　维护+[人] |
| 畏惧 | 畏惧+[人]　畏惧困难　畏惧挑战 |
| 慰问 | 慰问+[人] |
| 污蔑 | 污蔑+[人] |
| 侮辱 | 侮辱+[人] |
| 牺牲 | 牺牲生命　牺牲时间　牺牲+[人] |
| 袭击 | 袭击+[人]　袭击+[军队] |
| 掀起 | 掀起风浪　掀起热潮 |
| 限制 | 限制自由　限制+[人] |
| 羡慕 | 羡慕+[人]　羡慕……生活方式 |
| 享受 | 享受生活　享受幸福 |
| 象征 | 象征光明　象征美好 |
| 消耗 | 消耗能源　消耗体力 |
| 消化 | 消化食物　消化知识 |
| 孝顺 | 孝顺长辈　孝顺父母 |
| 信赖 | 信赖+[人]　信赖+[品牌] |
| 叙述 | 叙述事情　叙述经过 |
| 延长 | 延长时间　延长路程 |
| 掩盖 | 掩盖事实　掩盖错误 |
| 演奏 | 演奏乐曲　演奏乐器 |
| 厌倦 | 厌倦生活　厌倦人生 |
| 冶炼 | 冶炼金属 |

续表

| 动词 | 常见动宾搭配 |
|---|---|
| 抑制 | 抑制欲望　抑制数量增长 |
| 隐藏 | 隐藏秘密　隐藏目的 |
| 应酬 | 应酬客人 |
| 应付 | 应付＋[人]　应付工作 |
| 诱导 | 诱导消费者　诱导观众 |
| 预防 | 预防疾病　预防灾害 |
| 冤枉 | 冤枉好人 |
| 责备 | 责备＋[人] |
| 振奋 | 振奋人心　振奋精神 |
| 争夺 | 争夺权力　争夺冠军 |
| 征服 | 征服＋[人]　征服＋[国家] |
| 支配 | 支配金钱　支配时间 |
| 执行 | 执行计划　执行政策　执行命令 |
| 指引 | 指引方向　指引正确的道路 |
| 制止 | 制止行为　制止＋[人] |
| 主持 | 主持晚会　主持节目 |
| 嘱咐 | 嘱咐＋[人] |
| 转播 | 转播新闻　转播比赛 |
| 装饰 | 装饰房间 |
| 装卸 | 装卸货物 |
| 追逐 | 追逐梦想　追逐名利　追逐野兽 |
| 阻碍 | 阻碍交通　阻碍发展 |
| 阻挠 | 阻挠＋[人] |
| 阻止 | 阻止＋[人]　阻止＋[行为] |
| 遵守 | 遵守法律　遵守规则　遵守秩序 |
| 遵循 | 遵循规律　遵循指示　遵循原则 |

## 专项训练

### 一、请将左右两边搭配恰当的词语连起来。

| | |
|---|---|
| 谨慎的 | 经济 |
| 紧俏的 | 家庭 |
| 繁荣的 | 基础 |
| 和睦的 | 商品 |
| 扎实的 | 行为 |

| | |
|---|---|
| 信号 | 诚恳 |
| 国家 | 畅通 |
| 态度 | 广泛 |
| 应用 | 活跃 |
| 气氛 | 昌盛 |

| | |
|---|---|
| 执行 | 行为 |
| 制止 | 消息 |
| 传递 | 青春 |
| 奉献 | 疾病 |
| 预防 | 政策 |

| | |
|---|---|
| 畏惧 | 财物 |
| 束缚 | 权利 |
| 保管 | 困难 |
| 消耗 | 身心 |
| 侵犯 | 能源 |

### 二、请选择最恰当的词语填在横线上。

仁慈　　慎重　　确凿　　均匀　　稳妥

1. 全家人认真讨论后做出了＿＿＿＿＿的决定。
2. 我们得想一个＿＿＿＿＿的办法，让双方都满意。
3. 老人内心＿＿＿＿＿，默默地帮助了很多陌生人。
4. 这幅画构图很好，但颜色不太＿＿＿＿＿。
5. 警方有＿＿＿＿＿的证据证明他就是作案人。

必然　　敏捷　　荒唐　　郑重　　迫切

6. 学校了解了学生们最＿＿＿＿＿的需求，一定会想办法去满足。
7. 他以前是短跑运动员，动作十分＿＿＿＿＿。
8. 小孩子的思维与大人不同，有时会有一些大人看来比较＿＿＿＿＿的想法。
9. 两队实力相差太大，甲队输球是＿＿＿＿＿的结果。

10. 这次作为学生代表上台发言，他态度十分__________。

分辨　　分散　　公布　　寄托　　聘请

11. 外面的噪声并没有__________考生们的注意力。

12. 学校__________了几位专家做校外指导。

13. 刚出生的婴儿，眼睛还不能__________各种各样的色彩。

14. 这本书__________了作家对亲人的思念。

15. 主教练向媒体__________了参加世界杯的队员名单。

追逐　　探索　　遵循　　叙述　　违背

16. 他不想__________自己的意愿，选择不喜欢的工作。

17. 长大后依然能__________儿时的梦想是一件幸福的事情。

18. 你把事情的经过详细__________一遍吧，我帮你分析分析。

19. 健身要采用正确的方法，__________运动规律。

20. 还有很多科学领域是未知的，值得人类不断__________。

# 第二节　虚词

## 备考重点与难点

虚词用于表示实词之间的关系，表达语法意义或者语气，包括副词、介词、连词、助词、感叹词、拟声词等。各主要虚词词类、意义与例词如下：

表 2-4　主要虚词词类、意义与例词

| 词类 | 意义 | 例词 |
|---|---|---|
| 副词 | 修饰限制动词、形容词、其他副词或者全句，表示程度、范围、方式、时间、地点、语气等 | 非常、都、曾经 |
| 介词 | 用在代词、名词或名词短语前，构成介宾结构，可表示时间、处所、方式、原因、目的、对象等 | 从、在、按照、把、为、比 |
| 连词 | 用来连接词、短语或句子，表示某种逻辑关系 | 因为……所以……、不但……而且……、虽然……但是……、从而、何况、万一 |
| 助词 | 附着在其他词或句子上，起辅助作用，表示时态、结构关系或语气 | 了、着、过、的、地、得、吗、吧 |
| 感叹词 | 说话时表达情感或表示应答的词 | 啊、哇、呀 |
| 拟声词 | 也叫象声词，是模拟事物或自然界声音的词 | 咯咯、咕咕、哗啦 |

### 副词

掌握副词的意义和用法要注意以下几点：

1. 应在具体的语境中理解副词词义。有的副词在不同的语境中表达的意义不同，例如“才”在下面两个例句中的意义就不同：

他才三岁就会背诵唐诗了。

他三岁才会背诵唐诗。

第一个例句中，“才”用在“三岁”前边，强调年龄小，本句想要表达的是三岁会背唐诗是很早的。第二个例句中，“才”用在“三岁”后边，强调年龄大，本句想要表达的是三岁会背唐诗已经很晚了。

2. 同一小类的副词，意义和用法不一定相同，有的差别明显，而有的差别较小，容易混淆。下面举例进行具体说明。

【必定 / 一定】

都表示坚决或确定。但“必定”所表示的肯定，要根据客观规律来判断；而“一定”所表示的肯定既可以依据客观规律，又可以表示人的意志、愿望或命令的语气。例如：

他得到消息，必定会来。

我一定会努力的。

【从来 / 向来】

都表示“从过去到现在”的意思。

“从来”语气比较强，多用于否定句，很少用于肯定句。例如：

我从来没去过那儿。

他从来不吃甜食。

“向来”语气较轻，用在肯定句或否定句中均可。例如：

他向来做事认真。

他向来不说谎。

【处处 / 到处】

都可以表示“每个地方”的意思，此时可以互换使用。例如：

夏天的时候，海滩上处处 / 到处都是人。

“处处”还有“每个方面”的意思，而“到处”没有这个用法。例如：

他处处为家人着想。

【到底 / 究竟】

第一，都可用在不含“吗”的疑问句中表示追问，加强语气。例如：

他到底 / 究竟打算怎么做？

第二，都含有“毕竟”的意思，可用在陈述句中，表示强调说明。例如：

他到底/究竟还是年龄小，不能完全理解父母的想法。

"到底"还表示经过种种曲折最后出现某种结果，"究竟"没有这个用法。例如：

虽然过程很艰辛，我们到底还是成功了。

【始终/一直】

都表示从开始到结束，动作或状态不变。一般来说，用"始终"的地方都可以用"一直"，但用"一直"的地方不一定都可以用"始终"替换。

第一，"一直"修饰的动词或形容词后面可以有时间词，但"始终"不可以。例如：

雨一直下了一个晚上。

第二，"一直"可以表示朝着某个方向不变，而"始终"没有这个用法。例如：

沿着这条路一直走就到了。

第三，"始终"用于从过去到现在的时间，但不用于将来；而"一直"还可以用于将来。例如：

我们去了几次，始终没见到他。

以后他会一直跟我们合作。

【逐步/逐渐】

都可以用来描述事物形成、发展的过程。有时可互换。例如：

甲队经过3个月的集中训练后，与乙队的实力差距正逐步/逐渐缩小。

这家网络平台的影响力在逐步/逐渐扩大。

二者的区别在于："逐步"常指人的思想、行为分阶段地、有步骤地进行，而"逐渐"强调变化是自然发生的、连续的。例如：

这个项目问题比较多，我们得逐步解决。

最近天气逐渐热起来了。

## 介词

介词的作用是引出与动作相关的对象以及处所、时间等。大部分介词是从动词演变来的，比如"在""给""到""跟""比"等。介词不单用，一般用在名词、代词或名词性短语前，和这些词组成介宾短语，表示对象、时间、处所、目的、原因、方式等。例如：

表示对象：老师向同学们介绍了考试说明。

表示时间：从昨天晚上到现在他什么东西也没吃。

表示处所：他喜欢在海边散步。

表示目的：他一直在为实现梦想而努力。

表示原因：他因病请了几天假。

表示方式：请按照要求完成作文。

介宾短语可以用来修饰动词或形容词。例如：

这个任务由你负责。

今天比昨天热。

介宾短语加“的”后，可以修饰名词。例如：

老师让我们写一篇关于亲情的作文。

通常考题不会单独考查介词，而是通过介词与宾语的搭配或介宾短语与其后动词或形容词的搭配进行综合考查。考生应掌握新 MHK（二级）大纲词汇表中所列的介词，包括用法、介宾搭配、介宾短语与动词或形容词的常见搭配等，答题时能够结合介宾短语的逻辑关系及语境判断出正确答案。其中，熟记介宾常见搭配是解题的关键。

## 连词

连词用来连接词与词、短语与短语或句子与句子，表示某种逻辑关系，不能单用。

掌握连词的用法应注意：

第一，部分连词出现的位置相对固定。有的连词多在前一分句里出现，例如“虽然”“要是”“如果”“假使”“即使”“既然”“不但”“无论”“不管”等；有的连词多在后一分句里出现，例如“但是”“可是”“所以”“然而”“而且”“否则”“何况”等。但也有一些特殊情况。

多出现在后一分句中的连词，有时可以在一句话的开头出现，主要是在对话中。例如：

A：这种苹果看上去很红。

B：可是味道有点儿酸。

还有一种特殊情况是倒装句。例如：

我明天一定会去长城，要是不下雨的话。

第二，连词与句子成分的相对位置也有讲究。

有的连词只能在主语前面出现。例如：

她不但漂亮，而且她还很善良。（不能说“她不但漂亮，她而且还很善良”）

幸亏出门早，否则我们就迟到了。（不能说“我们否则就迟到了”）

有的连词既可以出现在主语前，又可以出现在主语后、谓语前。例如：

如果你没时间，我们可以下周见面。/ 你如果没时间，我们可以下周见面。

虽然这儿的菜有点儿贵，但是味道很好。/ 这儿的菜虽然有点儿贵，但是味道很好。

即使我们不同意，他也会这么做。/ 我们即使不同意，他也会这么做。

需要注意的是：用在前一分句的连词，往往既能出现在主语前，也能出现在主语后；而用在后一分句的连词，大都只能在主语前出现。如果前后两个分句主语相同，前一分句的连词用在主语后比较常见；如果主语不同，前一分句的连词放在主语前比较常见。

第三，有些连词词义相近，但又有区别，有必要进行细致的辨析。例如以下几组：

【并 / 而 / 和】

继承并发扬　　讨论问题并制订计划

细腻而柔软　　少而精

老师和学生　　你们和我们　　碧蓝的大海和金色的沙滩

"并"一般用来连接两个动词或者动词性短语，"而"一般用来连接两个形容词，"和"一般用来连接两个名词、代词或者名词性短语。

【而 / 而且】

细腻而 / 而且柔软

很细腻而且很柔软（不能说"很细腻而很柔软"）

哥哥很外向而弟弟很内向。（这个句子中"而"表示转折）

连接两个形容词时，如果形容词前有副词修饰，就不能用"而"；此外，"而"连接两个成分时还可以表示转折。

【但是 / 可是 / 然而】

他年龄不大，但是思想比较成熟。

我想跟爸爸一起去公园，可是下雨了。

比赛输了，然而我们并没有输掉信心。

"但是""可是""然而"都表示转折。"但是"可用于口语和书面语，语气较重。前一分句常有"虽然""尽管"等词跟它呼应，后面则常有"还""都""也""仍然"等词跟它搭配。"但是"连接的两个分句中，重点在后一分句。

"可是"的用法跟"但是"相同，多用于口语，语气较弱。"可是"连接的两个分句中，重点不一定在后一分句。

“然而”多用于书面语，语气较强。前一分句提出肯定的事实，后一分句的开头用“然而”表示转折；前一分句不一定有“虽然”“尽管”等词跟它搭配。

【（之）所以 / 因此】

因为是海滨城市，所以这里夏天有些湿热。

他之所以能成功，是因为坚持梦想，不放弃。

我没看这部电影，因此不发表意见。

“所以”“因此”都可以用在后一分句，表示结果或结论。

“所以”只起连接分句的作用，表示前后的因果关系。“所以”出现在前一分句时，常用“之所以……，是因为……”的句式；用在后一分句时，前一分句常有“因为”“由于”与它搭配。

“因此”多用于书面语，侧重说明事情的原因，常和“由于”搭配使用。

【既然 / 因为】

既然你身体不舒服，就不要出去了。

因为生病，他请了几天假。

“既然”用在前一分句，后一分句中常有“就”“也”“还”等词配合使用。“既然”连接的两个分句中，重点在后一分句，表示以前一分句提出的事实为依据应得出的结论，或基于前一分句提出的建议应该怎么做。“因为”则主要强调事情的原因。

【因为 / 由于】

因为天气不好，（所以）比赛推迟了。

比赛推迟了，因为天气不好。

由于天气不好，（因此）比赛推迟了。

“因为”“由于”都表示原因和理由，有时可互换。

“因为”可以用于口语和书面语，常和“所以”搭配使用。可以用在前一分句，也可以用在后一分句。

“由于”多用在书面语中，除了“所以”以外，还可以和“因此”“因而”搭配使用。“由于”只用在前一分句，不用在后一分句。

【只要 / 只有】

只要有时间，他就陪着家人。

只有通过考试，他才能从事这项工作。

“只要”“只有”都可以表示某种条件。

“只要”表示有充足的条件，但不排除其他条件，含有“假设”的意思，后面常有“就”“都”“总”等词跟它搭配。

“只有”排除了其他条件，表示唯一的条件，语气较重，常用来限定范围，后边有“才”和它搭配。

【不管/尽管】

不管你同不同意，我都不会改变主意。

尽管遇到了很多困难，我们还是成功了。

“不管”常用在前一分句，表示条件关系，表示在任何情况下，结果都不会改变。后面常跟着“什么”“如何”“怎么”“谁”“多”等疑问代词，与“都”“也”构成“不管……都/也……”的句式。

“尽管”常用在前一分句，表示转折关系，先承认某个事实，再指出另一种情况，常跟“这样”“那样”搭配使用，后一分句常跟有“但是”“可是”“然而”“却”“还是”等词。

【要不（然）/要不是】

快走吧，要不（然）该来不及了。

明天吃饺子吧，要不（然）就吃包子。

要不是走得早，我们就来不及了。

“要不（然）”常用在后一分句开头，表示如果不发生前面说的事情或采取某种行动，就会出现后面的情况。常与“的话”构成“要不然的话”结构，意思相当于“否则”。另外，“要不（然）”还可以表示选择。

“要不是”用在前一个分句开头，表示如果没有某种原因，就会出现后一分句所说的结果。

## 知识库

表 2-5　常用副词分类及例词

| 副词种类 | 例词 |
| --- | --- |
| 表示程度 | 稍微、略、才、十分、很、非常、挺、总、最、格外、极、绝对、极其、极端 |

续表

| 副词种类 | 例词 |
| --- | --- |
| 表示范围 | 都、大都、大多、大致、多半、总、共、总共、全、全部、只、光、仅、仅仅、不止、从头、单独、凡是 |
| 表示时间、频率 | 常、通常、经常、时常、偶尔、再三、早晚、已经、曾经、刚、刚刚、正、正在、才、就、就要、将、将要、即、即将、一时、随时、按期、屡次、率先、往往、一直、始终、从来、向来、至今 |
| 表示肯定、否定 | 必、必须、必定、一定、必然、准、的确、不、没、非、别 |
| 表示情态、方式 | 忽然、仿佛、赶忙、陆续、接连、恰好、恰巧、轻易、瞎、险、拼命、一口气、照常、照样、逐步、逐渐、亲自、亲眼、狠、猛、竭力 |
| 表示语气 | 毕竟、偏、偏偏、明明、难道、决、反正、也许、大约、大概、果然、究竟、到底、倒、却、白白、不免、反而、干脆、高低、好歹、何必、宁可、幸亏、整整 |
| 表示地点 | 处处、到处、随地、当面 |

表 2-6　常见介宾搭配

| 介词 | 常见介宾搭配 | 参考例句 |
| --- | --- | --- |
| 按 / 按照 | 按 / 按照……规定 / 法律 / 传统 / 要求 | 按照我国的传统，过生日要吃生日面。 |
| 把 / 将 | 把 / 将 +［受事］ | 请把 / 将这段话翻译一下。 |
| 被 / 给 / 叫 / 让 | 被 / 给 / 叫 / 让 +［施事］ | 我被她的问题问住了。 |
| 奔（bèn） | 奔 +［方向 / 人 / 事物］ | 他奔那个方向去了。 |
| 比 | A 比 B | 在我的老家，足球比篮球更受欢迎。 |
| 朝 | 朝 +［方向 / 人 / 事物］ | 他朝我点了点头。 |
| 趁 | 趁 +［时间点 / 机会］ | 趁时间还早，我们抓紧休息一下。<br>趁你还没走，咱们先聊聊班会的事。 |
| 冲（chòng） | 冲 +［方向 / 人 / 事物］ | 别冲家人发脾气。 |
| 除 / 除了 | 除 / 除了 +［人 / 事物］（以外） | 除了读书（以外），我还喜欢运动、旅行。 |
| 从 | 从 +［时间 / 地点］ | 我从图书馆借回几本书。 |

续表

| 介词 | 常见介宾搭配 | 参考例句 |
|---|---|---|
| 打 | 打 +［地点 / 方向］ | 打北边来了一辆出租车。 |
| 当 | 当（着）+［时间 / 处所］ | 当我到家的时候，妈妈已经回来了。<br>当着大家的面，你把话说清楚吧。 |
| 对 | 对 +［人 / 事物］ | 我对他不太了解。<br>我对科幻片很感兴趣。 |
| 对于 | 对于 +［人 / 事物］ | 对于这部电影，大家的看法不一样。 |
| 给 | 给 +［人 / 事物］ | 请给我们介绍一下故宫的历史。 |
| 赶 | 赶 +［时间］ | 赶你长大了，就会明白长辈的话。 |
| 根据 | 根据 +［事物 / 事实 / 行为］ | 根据天气预报，明天会有大暴雨。 |
| 跟 / 和 / 同 / 与 | 跟 / 和 / 同 / 与 +［人 / 事物］ | 老师同大家一起讨论。 |
| 管 | 作用与“把”相近：<br>管 +［人 / 事物］ | 青岛人管游泳叫“洗海澡”。 |
|  | 作用跟“向”相近：<br>管 +［人 / 事物］ | 他管我要了几本语法书。 |
| 关于 | 关于 +［人 / 事物］ | 关于这本新书，网上评论很多。 |
| 归 | 用来引出某方面的负责人 | 这个项目不归我管。 |
| 就 | 引进要说明的对象或范围 | 就年龄而论，他已经是成人了。 |
| 临 | 意思是“临近，临到”：<br>临……前 / 的时候 | 妈妈每天临睡前给孩子讲故事。<br>他临走的时候打了一个电话。 |
| 论 | 表示从某个方面来说 | 论年龄，他是我们当中最年长的。 |
|  | 表示以某一计量单位为标准：<br>论 +［量词］ | 这些水果论个儿卖。 |

续表

| 介词 | 常见介宾搭配 | 参考例句 |
| --- | --- | --- |
| 拿 | 相当于“用”：<br>拿 +［动作或行为所凭借的工具、材料或方法等］ | 两个队比赛要拿实力说话。 |
| | 相当于“把”：<br>拿 +［处置的对象］ | 他十八岁了，不要拿他当小孩儿了。 |
| | 用于举例 | 我们家人都爱喝茶，拿奶奶来说，每天都少不了一壶茶。 |
| 凭 | 意思是“凭借、根据”：<br>凭 +［依据］ | 这个问题应该做实证研究，不能仅凭经验判断。 |
| 如 | 相当于“按照、依照” | 如前所述，这项任务十分艰巨。 |
| 替 | 相当于“为、给”：<br>替 +［人 / 机构 / 动物］ | 他替我们队夺得了第一枚奖牌。 |
| 通过 | 通过 +［方式 / 途径 / 手段］ | 他们通过拼搏赢得了比赛的胜利。 |
| 往 | 往 +［方向 / 地方］ | 这些书是要往外地寄的。 |
| 为 | 为 +［人 / 事物］ | 大家为他庆祝生日。 |
| 问 | 相当于“向”，表示方向、对象 | 他问我借了几本书。 |
| 依据 | 依据 +［前提或基础］ | 依据专家的鉴定，这是汉代的东西。 |
| 以 | 意思是“把、拿、用” | 他认为应当以德服人。 |
| 因 | 因 +［原因］ | 他因病没来上课。 |
| 用 | 用 +［工具 / 媒介］ | 人们现在习惯用微信聊天儿。 |
| 由 | 由 +［施事］ | 这本书由王教授翻译。 |
| 有关 | 有关 +［人 / 事物］ | 有关这里的一切，他都很熟悉。 |
| 照 | 表示方向，相当于“朝、向” | 照着这个方向走到头就能看到了。 |
| | 意思是“按照、依照” | 这个菜你照我说的做，一定能做好。 |
| 自 | 相当于“从”：<br>自 +［时间］ | 自古以来，勤劳节俭都是我们的美德。 |

表 2-7　常用连词分类及例词

| 逻辑关系 | 例词 |
| --- | --- |
| 并列关系 | 和、跟、与、同、及、以及、既、而、同时 |
| 承接关系 | 就、便、则、而、于是、然后、此外、另外、那、总之 |
| 递进关系 | 不但、不仅、不光、不只、而且、何况、并且、且、甚至、从而 |
| 选择关系 | 或、或者、还是、要不、就是 |
| 因果关系 | 因为、因、由于、既然、那么、原来、所以、因此、因而、结果、以致、以至 |
| 转折关系 | 虽然、尽管、但是、但、可是、可、不过、只是、然而、而、不料、相反、无奈 |
| 假设关系 | 如果、要是、若、假如、假若、假使、倘若、要不是、万一 |
| 让步关系 | 就是、即使、哪怕 |
| 目的关系 | 以 |
| 条件关系 | 不管、不论、无论、只要、只有、除非、否则、不然 |

## 专项训练

**一、请选择恰当的副词填在横线上。**

处处　　到处

1. 他十分热心，__________帮助新来的同事。

2. 校园里__________都干干净净的。

从来　　向来

3. 他__________坚持锻炼身体。

4. 他__________不喜欢看这类电视节目。

必定　　一定

5. 你明天__________得来啊！

6. 艺术创作一旦离开了人民，__________一事无成。

到底　　究竟

7. 他考虑再三，_________还是选择了留在这个公司工作。

8. 这部电影_________想表达什么？

始终　　一直

9. 不管遇到什么困难，父母将_________支持你、鼓励你。

10. 这么多年过去了，这个地方_________保持着当年的样子。

**二、请选择恰当的介词填在横线上。**

凭　　通过　　依据　　论　　归

1. 这方面的问题_________财务部门负责。

2. 会议_________大多数人的意见做出了最后的决定。

3. 这场演出是_________票入场的。

4._________多次调查，事情终于查清楚了。

5._________工作经验，谁也没有他丰富。

根据　　对于　　趁　　由　　以

6. 这项任务_________小王负责。

7._________大家没注意，他悄悄地走了。

8._________他的实力，他肯定能赢得这场比赛。

9._________有关规定，这条路白天禁止货车通行。

10._________这件事，他没有发表任何意见。

**三、请选择恰当的连词填在横线上。**

1. 我没想好是今天去_________明天去。（还是 / 或者）

2. 除非他有急事，_________他不会不来。（则 / 否则）

3. 到了那儿马上给家里打个电话，_________父母会担心的。（不然 / 虽然）

4._________天气寒冷，他还是坚持每天跑步。（不管 / 尽管）

5. 今天这条路堵车严重，_________路上发生了一起交通事故。（由于 / 因为）

6. ________知己知彼，才能百战百胜。（只要 / 只有）

7. 他的房间总是收拾得干净________整洁。（和 / 而）

8. 山西人喜欢吃酸的，________四川人喜欢吃辣的。（而 / 而且）

9. 他已经决定了，________我们劝也没有用。（即使 / 假使）

10. ________大家意见一致，我们就开始工作吧。（既然 / 因为）

# 第三节 短语

## 备考重点与难点

新 MHK（二级）阅读理解分测验中，短语是考点之一。从考试大纲来看，样卷中阅读理解分测验第一部分的最后一题是对短语的考查，要求考生能够根据前后两个分句的句意及逻辑关系，选出适合的短语。此外，第二部分短文阅读中也会涉及短语的理解。

短语虽然由词组合而成，但其意思往往不等于两个或几个词的意思直接相加。常考查的短语包括惯用语、成语、凝固成词的动补短语等。其中，惯用语是一种习用的固定词组，以多音节为主，结构比较灵活，一般通过比喻等方法表达强烈的修辞色彩，如“碰钉子”用来比喻遭到拒绝。成语多是从古代相承沿用下来的，源于一个故事或典故，有固定的结构形式，表示一定的意义，多为四字，如“朝三暮四”比喻变化多端，反复无常。还有一些凝固成词的动补短语，如“看得起”表示看重、重视，“看不起”表示轻视。这类短语结构已经定型，意义凝固，具有熟语性，常作为一个整体来使用。如果在不了解这些短语确切含义的情况下，从字面上进行解释，很容易望文生义。

考生应在日常学习和阅读过程中注意积累并牢记常用短语的含义与用法，能够辨析其语义、色彩义，并掌握其使用语境。

例如新 MHK（二级）大纲样卷第 50 题：

【50】你不要这么________，事情________就如你想的那么糟糕。

**A** 乐观　差不多

**B** 消极　少不了

**C** 悲观　不见得

**D** 积极　怪不得

本题正确答案是 C。本题主要考查考生能否掌握“悲观”“不见得”在句子中的含义和用法。题干要表达的意思是“不要悲观消极，事情不一定那么糟糕”。选项 A“乐观”与题干“如你想的那么糟糕”所表达的意思矛盾；选项 B 中“少不了”的意思是“不可缺少，免不了”，用在这里与句意不符；选项 D 中“怪不得”表示突然明白过来，用在此处也与句意不符。只有选项 C 恰当。

## 知识库

表 2-8 常用短语

| 短语 | 语义 | 例句 |
|---|---|---|
| 爱面子 | 说话、办事过于考虑情面，怕损害自己的体面，怕被人看不起 | 他因爱面子而不想开口求人。<br>他爱面子，听不得批评。 |
| 不得了 | 表示程度深 | 这儿的冬天冷得不得了。 |
| | 表示情况严重 | 不得了了！那边着火了！ |
| 不见得 | 不一定 | 双方实力接近，我们队不见得能赢。 |
| 不像话 | 言行不合理 | 对长辈不礼貌太不像话！ |
| | 坏得没法儿形容 | 这条街道脏得不像话。 |
| 不在乎 | 不放在心上 | 小文不在乎别人怎么看他。 |
| 川流不息 | 形容行人、车马等像流水一样连续不断 | 这是个热门景点，旺季时游人川流不息。 |
| 怪不得 | 表示明白了原因，对发生的某种情况就不觉得奇怪 | 怪不得他这么熟悉这儿，原来小时候他在这里生活过。 |
| | 不能责备 | 这件事是我的错，怪不得别人。 |
| 看不起 | 轻视 | 他自认为优秀，看不起别人。 |
| 看得起 | 看重；重视 | 他自认为优秀，看得起的人不多。 |
| 来不及 | 因时间短促，无法赶上或顾到 | 刘老师走得匆忙，来不及跟大家告别。 |
| 来得及 | 还有时间，能赶上或顾到 | 时间还早，现在出发来得及。 |
| 了不起 | 不平凡，优点突出，让人敬佩 | 古人靠双手双肩修建了长城，实在了不起。 |
| | 重大；严重 | 他经历过大风大浪，这点儿困难没什么了不起的。 |
| 慢条斯理 | 形容动作缓慢，不慌不忙 | 老王说话总是慢条斯理的。 |
| 碰钉子 | 比喻遭到拒绝 | 他四处求人办事，但屡屡碰钉子。 |
| 伤脑筋 | 形容办事难，费心思 | 换工作的事让他很伤脑筋。 |
| 少不了 | 不可缺少，不会缺少 | 学校只要有球赛，参加者一定少不了他。 |
| | 免不了，不可避免 | 工作上的事，以后少不了要麻烦你。 |

续表

| 短语 | 语义 | 例句 |
| --- | --- | --- |
| 同甘共苦 | 有福一起享，有困难一起承担 | 他们是同甘共苦的兄弟。 |
| 无论如何 | 不管怎么样 | 我无论如何也不会放弃梦想。 |
| 无所谓 | 不在乎；没什么关系 | 大家都很重视这场比赛，而他却是一副无所谓的样子。 |
|  | 说不上 | 每个人的性格都不同，无所谓好不好。 |
| 有的是 | 强调数量多 | 琳琳家里有的是书，像个小图书馆。 |
| 朝三暮四 | 比喻善变，反复无常 | 做学问要找到自己的兴趣点，不应朝三暮四。 |

## 专项训练

**请选择恰当的词语填在横线上。**

爱面子　　不得了　　不见得　　不像话　　不在乎

1. 他始终坚持自己的观点，_________别人的看法。
2. 李磊十分_________，不要当面批评他。
3. 天气干燥要注意防火，万一失火可_________。
4. 这个对老人大喊大叫的孩子太_________了。
5. 虽然我们的实力比他们强一些，但也_________能赢。

怪不得　　看得起　　看不起　　有的是　　来不及

6. 我明天很早就要出发，_________跟你告别了。
7. 只要你多动动脑筋，办法_________。
8. 原来王阿姨在这里生活了五年，_________她对这个城市这么熟悉。
9. 这个故事告诉我们每个人都有长处，不要_________任何人。
10. 他这个人很骄傲，_________的人不多。

了不起　　碰钉子　　少不了　　伤脑筋　　无所谓

11. 阿玉很少向别人寻求帮助，因为担心_________。

12. 这个问题至今未找到解决的办法，真是__________。

13. 他喜欢热闹，这样的晚会肯定__________他。

14. 大家都很担心他，而他自己却一副__________的样子。

15. 童童这么小就能解出这么复杂的数学题，真__________！

川流不息　　慢条斯理　　同甘共苦　　无论如何　　朝三暮四

16. 他不是__________的人，自己感兴趣的事情他都会坚持做下去。

17. 他们是十几年的战友，是曾经__________的兄弟。

18. 上下班高峰时间，这条路上的车辆__________。

19. 尽管他年龄小，但是性格沉稳，说话总是__________的。

20. 既然你接受了这项任务，就__________也要完成。

# 第四节 常用句式

## 备考重点与难点

语言中，不同的句式所表达的意思也会有差异，如连动句、兼语句、存现句、反问句、“把”字句、“被”字句、紧缩句等。掌握这些常用句式的特点与用法，对理解句意进而把握段落大意至关重要。

例如新 MHK（二级）大纲样卷第 73 题：

去年我买了个新手机，就把以前的旧手机给我奶奶用了。奶奶是从旧社会过来的人，没读过什么书。她拿到手机以后喜欢得不得了，嚷着叫我教她怎么用。在我耐心教过许多次以后终于会用了，当然，只能拨打电话。这没学会倒好，一学会我就“惨”了。奶奶动不动就打电话给我，有时我在开会，或者在上课，甚至是半夜在睡觉。

【73】为什么说奶奶学会打电话，“我”就“惨”了？

**A** 她打电话不分时间

**B** 她给很多人打过电话

**C** 她不肯给“我”打电话

**D** 她总让“我”教她用手机

本题正确答案是 A。本题主要考查考生的细节查找能力以及联系上下文理解句子意思的能力。看到试题后，考生应依据题干内容，先在文中对应找到“这没学会倒好，一学会我就‘惨’了”这一关键句子。“一……就……”的句式是表示条件、结果关系的紧缩句，题干针对“惨”这一结果提问原因，可以从句子前后查找有效信息。再看语料可以发现，这句话后面描述了“奶奶动不动就打电话给我”的情况，解释“惨”的原因。因此只有选项 A 正确，选项 B、C、D 均不符合文章意思。

## 知识库

### 连动句

连动句中有两个或两个以上动词短语共同做谓语，可表达方式和目的、原因和结果、先和后等语义，动词短语的顺序不能颠倒。

表 2-9　连动句常见结构及例句

| 常见结构 | 例句 |
| --- | --- |
| 主语 + 来 / 去……+ 动 2 | 他来北京看望老朋友。 |
| 主语 + 有 / 没有 + 宾 1+ 动 2（+ 宾 2） | 我们有信心赢得比赛。 |
| 主语 + 动 1（+ 宾 1）+ 动 2（+ 宾 2） | 他拿起杯子品了一口茶。 |
| 主语 + 动 1（+ 宾 1）+ 不 + 动 2 | 她关上门不出来。 |

## 兼语句

兼语句的谓语由动宾短语套接主谓短语构成，前面动词的宾语是后面主谓短语的主语。兼语句多有使令义。

表 2-10　兼语句常见结构及例句

| 常见结构 | 例句 |
| --- | --- |
| 主语 + 使令义动词 + 人 + 动词短语<br>【常用的使令义动词：请、叫、让、派、催、逼、求、托、命令、动员、发动、鼓励、号召、禁止、组织】 | 我请朋友教我弹琴。<br>老师鼓励大家积极参加比赛。<br>学校组织同学们去郊游。 |
| 主语 + 表示赞许或责备的动词 + 人 + 动词短语<br>【常用的表示赞许或责备的动词：爱、恨、骂、气、嫌、笑、感谢、称赞、喜欢、表扬、埋怨、责备、担心】 | 我很感谢你帮助我。<br>大家嫌他不懂礼貌。<br>大家称赞他乐于助人。 |
| 主语 + 表示称说或选定意义的动词 + 人 + 动词短语<br>【常用的表示称说或选定意义的动词：称、说、认、选、选举、选择】 | 我认您做我的师傅吧！ |
| （主语 +）有 / 轮到 + 人 + 动词短语 | 我有位同学很爱看球赛。<br>现在轮到你讲故事了。 |

## 存现句

存现句表示某处所存在、出现或消失某人或物。

表 2-11　存现句常见结构及例句

| 常见结构 | 例句 |
| --- | --- |
| 处所 + 表示存在意义的动词（+ 着 / 了）+ 人或事物<br>【常用的表示存在意义的动词：有、挂、摆、放、刻、插、堆】 | 院子里有两棵杏树。<br>桌子上摆着全家人的合影。<br>墙上挂了几幅画。 |
| 处所 + 表示出现、消失意义的动词（+ 了）+ 人或事物<br>【常用的表示出现、消失意义的动词：出现、来、去、走、丢、死】 | 店里来了一位客人。<br>村里丢了两只鸡。 |

## 反问句

反问句用疑问的句式表达肯定或否定的语气。反问句不需要回答，答案就在句中。以否定形式出现的反问句表达肯定的内容，以肯定形式出现的反问句表达否定的内容。语气比一般陈述句强烈得多，可表达强调，有时有一定的攻击性。

表 2-12　反问句常见结构及例句

| 常见结构 | 例句 |
| --- | --- |
| 难道 / 难不成 + 主语 + 谓语（+ 吗）？ | 难道你不知道这件事吗？ |
| 主语 + 哪儿 / 哪里 / 怎么 + 谓语（+ 呢）？ | 放在你桌上的书，我哪里敢看呢？<br>你怎么能这样做？ |

## “把”字句

“把”字句用介词“把、将”引出受事，表达某动作行为对受事的影响结果或处置方式。

表 2-13　“把”字句常见结构及例句

| 常见结构 | 例句 |
| --- | --- |
| 施事 + 把 / 将 + 受事 + 动词 + 其他成分 | 我将小时候的照片做成了电子相册。<br>他把钥匙放在桌子上了。 |

## “被”字句

“被”字句用介词“被、给、叫、让”引出施事，强调受事所受动作、行为的影响；或单用“被、给、叫、让”表示被动。

表 2-14 “被”字句常见结构及例句

| 常见结构 | 例句 |
|---|---|
| 受事 + 被 / 给 / 叫 / 让（+ 施事）+ 动词 + 其他成分 | 那个杯子被他摔碎了。<br>他被评为“世界足球先生”。 |

## 紧缩句

紧缩句大部分由复句紧缩而成，短小精练，常用于口语。句中一般有表示条件、假设等关系的关联词，大都是起关联作用的副词。

表 2-15 紧缩句常见结构及例句

| 常见结构 | 例句 |
|---|---|
| 不……不…… | 他们不打不相识。 |
| 越……越…… | 你越着急越找不到。 |
| 一……就…… | 我一下课就去找你。 |
| （不）……也…… | 不问我也知道你怎么想。 |
| 再……也…… | 再忙也要抽空陪伴家人。 |
| ……才…… | 爱拼才会赢。 |

## 专项训练

**一、请判断对下列句子的解释是否正确（对的打“√”，错的打“×”）。**

1. 难道我愿意放弃这次机会吗？

——意思是我其实不想放弃这次机会。 （ ）

2. 他心爱的音乐盒让妹妹摔坏了。

——意思是他把妹妹的音乐盒摔坏了。 （ ）

3. 不了解不知道，这个姑娘原来从小就这么优秀。

——意思是我不了解也不知道这个姑娘从小就很优秀。 （ ）

4. 看他高兴的样子，不问也知道他喜欢的球队赢了。

——意思是从他高兴的样子就可以知道他喜欢的球队赢了。 （ ）

5. 他把自己关在房间里不出来。

——意思是他不出来是因为让人关在房间里了。 （ ）

6. 一听到这首歌他就会回想起自己的少年时代。

——意思是他喜欢一边听这首歌一边回想自己的少年时代。 （ ）

7. 越是寒冷，梅花开得越是美丽。

——意思是天气寒冷的时候梅花开得最美丽。 （ ）

8. 你怎么能不搞清楚事情的前因后果就批评他呢？

——意思是你批评他之前，应该先问问他发生了什么事情。 （ ）

9. 再生气也不要说伤害别人的话。

——意思是下次生气的时候不要说伤害别人的话。 （ ）

10. 社区的工作人员组织居民参加了植树活动。

——意思是在社区工作人员的组织下，居民们参加了植树活动。 （ ）

## 二、请用括号中所给的句式改写句子。

1. 遇到困难时不要慌张，如果太慌张的话就更想不出解决办法了。

（越……越……）

2. 昆明四季如春，因此人们叫它“春城”。

（“被”字句）

3. 我即使没看使用说明，也知道这个游戏机如何使用。

（不……也……）

4. 这个任务我还没完成，经理催我了。

（兼语句）

5. 他下午去学校，说好了和朋友一起踢球。
（连动句）

6. 他周末收拾了房间，现在房间干干净净、整整齐齐的。
（“把”字句）

7. 我每次吃辣的，胃都会不舒服。
（一……就……）

8. 突然刮起了大风，天空乌云密布，像是要下暴雨了。
（反问句）

9. 守门员把那个必进的球扑出来了。
（“被”字句）

10. 无论遇到多大的困难，都不要轻易放弃。
（再……也……）

# 第三单元

# 选词填空

**单元简介**

本单元采用讲练结合的形式，为考生详细介绍新 MHK（二级）阅读理解分测验中第一部分——选词填空类试题的应考策略。本单元从考题类型的角度出发划分为三节，分别介绍近义词辨析题型、关联词题型和理解句意题型这三种题型的解题技巧。

每节内容包括题型说明及例题解析、解题策略与微技巧、专项训练三个板块。另外，有的章节还配有“知识库”来帮助考生拓展相关考点的知识。本单元的练习题既包括大纲样卷题型，也包括针对各考点的多样化练习题型，既能够训练考生很好地应对选词填空题型，又可以让考生多方位地感知知识点。

# 第一节　近义词辨析题型

## • 题型说明及例题解析

在新 MHK（二级）阅读理解分测验的第一部分——选词填空类试题中，近义词辨析是常考查的重要考点之一。考生应在正确理解句意的基础上，准确辨析几个选项的异同，以提高答题的正确率。

下面以新 MHK（二级）大纲样卷中的相关题目为例做出简要说明。

【39】每次看到很精彩的地方，我都会在书上面做一个________。

**A** 标语　　**B** 标记　　**C** 指示　　**D** 指标

本题正确答案是 B。本题主要考查考生能否掌握词语在句子中的含义和用法。本句的意思是，“我”看书的时候会在书上做记号。空白处需填入一个与“记号”同义的名词。从选项来看，四个选项都可以做名词，而且在意义上也有一定的相似之处。选项 A、B 和选项 C、D 分别含有相同的语素“标”和“指”，容易混淆。准确把握这四个词的词义和用法，就能发现选项 B“标记”与“记号”同义，填入此处最恰当。而“标语”“指示”都不可以做在书上，“指标”一般不与“做”搭配。

【42】她________会在早上 7 点出门。

**A** 早晚　　**B** 再三　　**C** 通常　　**D** 时常

本题正确答案是 C。本题主要考查考生能否正确理解句意及掌握副词“通常”的意义和用法。本句的意思是，没有特殊情况的话，她每天都会早上 7 点出门。空白处想表达一种“一般情况”的意思。从选项来看，四个选项均为表示时间频率的副词，容易混淆。具体分析后可以发现，选项 A 表示“最终”，选项 B 表示“多次”，选项 D 表示“经常”，均不能表示“一般情况下”。

## 解题策略与微技巧

### 自测题

**请选择恰当的词语填空。**

第一组：保护　保卫

（1）他以后打算参军，成为一名__________国家的军人。

（2）越来越多的人认识到__________环境的重要性。

第二组：战争　战斗

（3）这场__________给多国人民带来了沉重的灾难。

（4）这场__________不到两天就结束了，但是双方伤亡惨重。

第三组：差距　差异

（5）南方和北方在气候、饮食等方面存在着__________。

（6）这是一支年轻的球队，跟高水平球队__________比较大。

第四组：讨厌　厌恶

（7）他非常__________那些不讲信用的人。

（8）他比较__________这种连日阴雨的天气。

第五组：发扬　发挥

（9）本场比赛中，核心队员__________了重要作用。

（10）队员们__________拼搏精神，最终赢了这场比赛。

第六组：突然　忽然

（11）刘老师调走的消息很__________，大家都没有心理准备。

（12）刚才天气还很好，现在却__________下起雨来了。

第七组：只　仅

（13）本届世界杯他_________获得一粒进球。

（14）这届世界杯他_________进了一个球。

第八组：成果　后果　结果

（15）本次展览展出的是这个领域中的最新研究_________。

（16）这个看似很小的失误造成了非常严重的_________。

（17）体检的_________下周可以取。

## 近义词辨析方法

近义词是指词汇意义相同或相近的词语。辨析一组近义词，通常从词义、用法和色彩义这三个方面来对比异同。

第一，词义方面。

（1）适用的对象和情况不同。例如：

保护　保卫

越来越多的人认识到保护环境的重要性。

他以后打算参军，成为一名保卫国家的军人。

“保护”和“保卫”都有使某人或某物不受伤害的意思。“保护”的对象是一般的事物，如“保护家人”“保护动物”等；“保卫”的对象是具有重大意义的事物，如“保卫国家”。

（2）词义范围大小不同。例如：

战争　战斗

这场战争给多国人民带来了沉重的灾难。

这场战斗不到两天就结束了，但是双方伤亡惨重。

“战争”范围大（参与的国家或地区多）、规模大、时间长，而“战斗”范围小、规模小、时间短。

（3）语义重点不同。例如：

差距　差异

这是一支年轻的球队，跟高水平球队差距比较大。

南方和北方在气候、饮食等方面存在着差异。

“差距”是指事物间差别的大小，也指跟某种标准或要求距离的大小；而“差异”指差别、不同之处。

（4）词义的轻重程度不同。例如：

讨厌　厌恶

他比较讨厌这种连日阴雨的天气。

他非常厌恶那些不讲信用的人。

“讨厌”指不喜欢，程度较轻；而“厌恶”指讨厌、憎恶，程度要比“讨厌”重得多。

第二，用法方面。

（1）词语搭配不同。例如：

发扬　发挥

队员们发扬拼搏精神，最终赢了这场比赛。

本场比赛中，核心队员发挥了重要作用。

“发扬”是指宣扬并使其发展，常跟“传统”“精神”等词搭配；而“发挥”是指把潜能充分表现出来或把隐含的内容、道理充分表达出来，也指在原有基础上有所发展，常跟“作用”“力量”“积极性”“创造性”等词搭配。

（2）词性和语法功能不同。例如：

突然　忽然

刘老师调走的消息很突然，大家都没有心理准备。

刚才天气还很好，现在却突然/忽然下起雨来了。

“突然”是形容词，“忽然”是副词，二者都可以充当状语修饰动词。此外，“突然”还可以充当定语和谓语，比如可以说“突然事件”“一个突然的决定”“这个决定很突然”。

第三，色彩义方面。

词语的色彩义是指词语在固有的词汇意义之外，由于人们的主观态度而产生的一些附加意义，包括感情色彩、语体色彩等。词语按语体色彩可分为口语词和书面语词；词语按感情色彩可分为褒义词、中性词、贬义词，主要表达喜爱或憎恶、肯定或否定、赞扬或贬低等情感。例如：

只　仅

这届世界杯他只进了一个球。（口语词）

本届世界杯他仅获得一粒进球。（书面语词）

成果　后果　结果

本次展览展出的是这个领域中的最新研究成果。（褒义词）

这个看似很小的失误造成了非常严重的后果。（贬义词）

体检的结果下周可以取。（中性词）

## 知识库

近义词辨析的关键在于平时的学习与积累。本书第二单元介绍了部分常用虚词的异同，下面的知识库结合例句介绍新 MHK（二级）大纲词汇表中常用实词的异同。

表 3-1 常用实词辨析

| 近义词 | 辨析 | 例句 |
|---|---|---|
| 保存<br>保留 | 动词，都有“保护、收存”的意思，有时可以互换。<br>区别：<br>【保存】强调使事物继续存在，不受损失或不发生变化。对象多为具体的事物。<br>【保留】(1) 强调留着原来的事物，使它不变，对象可以是具体的，也可以是抽象的。(2) 留下，不拿出来。 | 为了保存实力，他调整战术，开始变攻为守。<br>美好的时光会永久地保留在我的记忆里。<br>有意见大家尽管提出来，不要保留。 |
| 保护<br>维护 | 动词，都含有“尽力照顾，使不受损害”的意思，有时可以互换。<br>区别：<br>【保护】着重于爱惜、护卫，对象一般比较具体，可以是人，也可以是物。宾语多是代表人或事物的名词或代词。<br>【维护】着重于护卫，使免受破坏，对象多为抽象的、范围较大的事物。 | 她是家里的小公主，被父母保护得很好。<br>人们越来越重视环境保护问题。<br>维护社会的公共秩序是每个公民的责任与义务。 |
| 表达<br>表示 | 动词，都表示把某种含义显示出来，让别人知道。<br>区别：<br>【表达】指用语言或文字把自己的思想、感情说出来或写出来，宾语一般是名词。<br>【表示】(1) 除了可以用语言文字以外，还可以用行为动作或意见、态度等让别人知道。宾语可以是名词、动词或动词短语。(2) 事物或现象本身显出某种意义。 | 他用诗歌表达自己的情感。<br>班里来了新同学，大家都鼓掌表示欢迎。<br>灯亮着就表示家里有人。 |

续表

| 近义词 | 辨析 | 例句 |
|---|---|---|
| 充分<br>充足 | 形容词，都有“足够、不缺乏”的意思。<br>区别：<br>【充分】表示程度高，多用于抽象事物。<br>【充足】表示数量足，多用于比较具体的事物。 | 对于这场比赛，我们做了充分的准备。<br>这里光照和水分都很充足，树木长得很好。 |
| 重复<br>反复 | 动词，都表示不止一次。<br>区别：<br>【重复】一般指按照原样再做一次，还指主观有意识地去做相同的事情。<br>【反复】不一定按照原样，往往是为了更深入；可能是有意识的，也可能是无意识的，可以说“反反复复”。 | 大家可能没有听清楚，我再重复一遍。<br>这个问题我们反复讨论了几次，希望能找到最好的解决办法。<br>他意识有些混乱，嘴里反反复复地说同一句话。 |
| 反应<br>反映 | 都可以做动词。<br>区别：<br>【反应】做名词时，指某件事所引起的行动、态度或看法；做动词时，指身体受到刺激而发生相应的变化，不能带宾语。<br>【反映】指把客观事物表现出来，可以带宾语。 | 他问了一个问题，大家都没反应。<br>有些人吃这种食物会有不良反应。<br>这部电影反映了二十世纪八十年代年轻人的理想与追求。 |
| 改进<br>改善 | 动词，都表示改变原有的情况，使之更好。<br>区别：<br>【改进】指改变旧的情况，使之有所进步，对象可以是具体的或抽象的。<br>【改善】指改变原来不太好的状况，使之令人满意，对象多是抽象事物。 | 他改进学习方法后，成绩提高了。<br>这里的生活环境得到了改善。 |

续表

| 近义词 | 辨析 | 例句 |
|---|---|---|
| 鼓励<br>鼓舞 | 动词，都有“使人振奋，让人继续努力”的意思。<br>区别：<br>【鼓励】指在特定目标下，一方对另一方的激发、勉励，希望对方从事某种活动。既可以用于好的方面，也可以用于不好的方面。<br>【鼓舞】指使振作起来，增强信心或勇气，不一定有具体的目标。只用于好的方面。 | 大家鼓励他参加比赛。<br>不能鼓励这种不友好的行为。<br>他获得了冠军，这个消息真是鼓舞人心。 |
| 广泛<br>普遍 | 形容词，都指方面多、范围广。<br>区别：<br>【广泛】主要指范围大。<br>【普遍】主要指很全面，具有共同性、一般性。 | 他爱好广泛，什么都喜欢尝试。<br>明天，我省各地区普遍有大到暴雨。 |
| 害怕<br>畏惧 | 动词，都有“感到恐惧、惊慌”的意思。<br>区别：<br>【害怕】指遇到困难或危险时心中极度紧张和不安。<br>【畏惧】害怕，不敢面对，程度更深，语体较正式。 | 这条山路很陡，我有点儿害怕。<br>面对困难不要畏惧，应当勇敢面对。 |
| 含糊<br>模糊 | 都有“不清楚”的意思，都可以做形容词。<br>区别：<br>【含糊】形容词。(1)(态度、话语等)不明确、不清晰；(2)(说话、做事等)不认真、马虎；(3)犹豫、胆小，多用于否定句。<br>【模糊】(1)形容词，一般指形象不清楚，印象或记忆不分明。(2)动词，意思是使模糊。 | 他说得十分含糊，大家不明白他到底是怎么想的。<br>这是件大事，不能含糊。<br>你说你不怕，到时候你可别含糊。<br>二十年没见，我对他的记忆已经有点儿模糊了。<br>他感动得哭了，泪水模糊了双眼。 |

续表

| 近义词 | 辨析 | 例句 |
|---|---|---|
| 坚定<br>坚决 | 都有“不改变”的意思，都可以做形容词。<br>区别：<br>【坚定】(1) 形容词，表示立场、主张、意志等不动摇，后边加“地”可以跟动词。(2) 动词，表示“使……坚定”。<br>【坚决】形容词，表示态度、行动不犹豫，常与“支持”“拥护”“主张”“反对”等词搭配使用；后面可直接加动词。 | 对于革命胜利，红军始终有着坚定的信念。<br>他坚定地站在了我们这一方。<br>这场胜利坚定了我们夺取最后总冠军的信心。<br>我们坚决反对这种浪费的行为。 |
| 具备<br>具有 | 动词，都可以表示“有”。<br>区别：<br>【具备】除了表示“有”，还含有“齐备”的意思。<br>【具有】一般指原来就有的。后面的宾语常是抽象的事物。 | 运动员应具备良好的心理素质。<br>书法具有很高的艺术价值。 |
| 临时<br>暂时 | 都有“时间短”的意思，都可以做形容词。<br>区别：<br>【临时】(1) 形容词，表示非正式的、短时间的。(2) 副词，表示事情将要发生的时候。<br>【暂时】形容词，表示短时间的。 | 刚到这儿工作，他找了个临时住处。<br>临时接到公司的通知，我下周得去上海开会。<br>困难是暂时的，情况一定会好起来。 |
| 缺乏<br>缺少 | 动词，都可以表示应该有而没有或者不足。<br>区别：<br>【缺乏】强调少或没有，多用于“经验”“能力”“知识”“信心”等抽象的事物。<br>【缺少】多指人或事物的数量不足，多用于具体事物。 | 刚毕业的学生虽然缺乏一些工作经验，但是很有工作热情。<br>这个项目缺少资金支持。 |

续表

| 近义词 | 辨析 | 例句 |
|---|---|---|
| 使用<br>应用 | 动词，都有“用”的意思。<br>区别：<br>【使用】多用于具体的人和事物。<br>【应用】多用于抽象的事物，有时也用于工具、药物、武器等具体事物，但不用于人。 | 公司应合理使用人才和资金。<br>这种新技术已经应用到生产中了。 |
| 增加<br>增长 | 动词，都有“加多”的意思。<br>区别：<br>【增加】指在原有的基础上加多，着重指数量增多，可用于人或事物，抽象事物或具体事物均可，适用的范围比较大。反义词为“减少”。<br>【增长】指数量加多、程度提高，多用于抽象事物，较少用于具体事物，不能用于人，适用的范围较小。反义词为“下降”。 | 这家超市的商品种类增加了。<br>我们学校的学生数量由 1000 人增加到了 1500 人。<br>这次旅行让大家增长了见识。<br>近年来这个地区的经济不断增长。 |

## 专项训练

**一、请选择与宾语搭配最恰当的动词填在横线上。**

1. 保护　保卫

__________祖国　　__________眼睛

2. 改进　改善

__________生活　　__________方法

3. 增加　增长

__________才干　　__________品种

4. 缺乏　缺少

__________信心　　__________雨水

5. 发挥　发扬

__________特长　　__________传统

二、请选择最恰当的词语填在句中的横线上。

1. 不要草率地做决定，不然可能会造成严重的________。（成果　后果）

2. 这座城市________利用了自己的地理优势，经济迅速发展了起来。（充分　充足）

3. 上下班高峰时段，学校附近有志愿者帮助交警________交通秩序。（保护　维护）

4. 村民们向县长________村里的情况。（反应　反映）

5. 面对大家的追问，他显得很不情愿，回答得十分________。（含糊　模糊）

6. 物体遇热体积会膨胀，这是一种________现象。（广泛　普遍）

7. 在饮食习惯方面，南北________很明显。（差距　差异）

8. 这家公司________了生产技术，产品质量得到了很大提高。（改进　改善）

9. 他因为________管理能力而没有被选上。（缺乏　缺少）

10. 经过________实验，科学家终于找到了问题的答案。（重复　反复）

# 第二节 关联词题型

## 题型说明及例题解析

关联词不是一个词类，主要由连词充当，也可以由副词、固定词组等充当。关联词把两个或两个以上在意义上有密切联系的分句组合在一起，构成复句，分句间的关系一般包括并列关系、承接关系、递进关系、选择关系、转折关系、因果关系、条件关系、假设关系、目的关系、让步关系等。

掌握关联词对理解句意乃至段落大意至关重要。关联词是新MHK（二级）阅读理解分测验第一部分——选词填空类试题的重要考点之一，题型包括两种：第一种是直接考关联词，即根据句意选择一组恰当的关联词填入前后两分句中，或者给其中一个分句填上关联词。应对这类考题，考生应牢记大纲词表中关联词的搭配，注重分析两个分句之间的逻辑关系，以确定符合题意的关联词。下面以新MHK（二级）大纲样卷中的相关题目为例做简要说明。

【46】________有一线希望，我们________会付出百分之百的努力。

**A** 只有　才

**B** 尽管　也

**C** 无论　都

**D** 只要　就

本题正确答案是D。本题主要考查考生能否正确理解句意及掌握关联词“只要……就……”的意义与用法。题干想表达的是一种条件关系，并且是一种“如果有前者，就会有后者”的假设情况，因此填入“只要……就……”恰当，选项D正确。选项A、C也是表示条件关系的关联词，但前者表示唯一条件，后者表示在任何条件下都会产生某种结果，均不符合题意；选项B是表示转折关系的关联词，不符合题意。

【47】计划________制订得再好，在________的过程中也可能会发生变化。

**A** 不管　调查

**B** 既然　实践

**C** 无论　贯彻

**D** 即使　执行

本题正确答案是D。本题主要考查考生能否正确理解句意及掌握关联词“即使……也……”与动词“执行”的意义与用法。题干想表达的是一种让步关系，并且前一分句的关联词必须能与“也”搭配。四个选项中，只有“即使”可以表示假设的让步，并能与“也”搭配。后一分句中填“执行”

可与前面的“计划”搭配。因此选项 D 符合题意。

第二种题型不直接考关联词，但题干中的关联词往往是理解句意的关键所在。例如新 MHK（二级）大纲样卷第 37 题：

【37】没人会看不起你，除非你________自己。

A 爱惜

B 感激

C 欺负

D 轻视

本题正确答案是 D。本题主要考查考生能否正确理解句意及掌握动词“轻视”的意义和用法。具体来讲，本题中考生只有理解连词“除非”的意思才能够正确理解句意。“除非”作为连词表示唯一的条件，常跟“否则”“不然”“才”等词语搭配使用。本句的意思是说“除非你自己看不起自己，否则没有人会看不起你”。理解了这句话的意思，考生就能明白应当在四个选项中选出与“看不起”意义相近的一项，故选项 D“轻视”符合题意。

针对这类考题，考生要准确掌握大纲词表中关联词的词义，以及由关联词构成的复句的语义关系与语义重心，巧借题干中出现的关联词进行解题。

## • 解题策略与微技巧

### 判断分句间的关系

首先，可以从题干入手。分析题干中前后分句的句意，确定其语义关系的类别。例如：

【1】这件事________最后是不是能够成功，我________想尝试一下。

A 无论　都

B 只要　就

C 既然　就

D 只有　才

本题正确答案是 A。前后两个分句“最后是不是能够成功”“我……想尝试一下”构成了条件关系，属于条件句中的无条件句，即在任何条件下都会产生某种结果。由此我们可以判断只有选项 A 符合题意。选项 B、D 是特定条件句；选项 C 不是条件关系，是因果关系的一种。

再如：

【2】________房间设计得不太好，但我们好好________一下还是很不错的。

A 假如　保管

B 尽管　布置

C 由于　包装

D 不论　化妆

本题正确答案是B。题干中前一分句对房间设计的评价是“不太好”，后一分句是“很不错”，前后语义相反，构成了转折关系，从后一分句的关联词“但”上也可以确认这一点，因此只有“尽管”符合题意。后一空填入“布置”，与“房间”搭配恰当。因此只有选项B正确。

其次，可以从选项入手。关联词一般成对使用，浏览选项可以先排除搭配不当的选项，接着将其他选项一一代入题干，用排除法选出正确答案。例如：

【3】________有多忙，他________坚持每天去健身。

A 既然　就

B 不论　就

C 不管　都

D 虽然　都

本题正确答案是C。浏览选项可以发现，选项B、D关联词搭配错误，可以首先排除。选项A表示的是因果关系，放在题干中全句逻辑关系混乱，因此可以排除。选项C表示条件关系，放在题干中语义通顺，因此只有选项C正确。

最后，填入关联词后通读一遍题干的句子，检查句子是否通顺、符合逻辑，以及填入关联词后句子所表达的意思是否与无关联词时一致。

另外，在平时阅读过程中考生应有意识地积累关联词例句，分析分句间的语义关系，将每种类型的关联词典型例句记录下来，这样做有助于培养语感，能够大大提高解题效率。

## 辨析关联词

1. 表示并列、承接、递进关系的关联词

辨析的关键在于分析前后两个分句的地位是不是同等的，是否可以互换。

并列复句的两个分句地位是平等的，可以互换。例如：

旅行既可以令我们增长见识，也可以让我们有机会品尝各地美食。

旅行既可以让我们有机会品尝各地美食，也可以令我们增长见识。

承接复句的两个分句表示连续发生的事情或动作，分句有先后顺序，不可以互换。例如：

每个人都应该有梦想，而梦想需要我们为之不懈努力。

递进复句的两个分句，后一分句的意思更进一步，重点表达的是后一分句的意思。例如：

他不但会唱歌，而且唱得非常好。

2. “不但 / 不仅……而且……”与“……而且……”

第一个分句用不用“不但 / 不仅”等关联词，整个复句所表达的意思是有细微的差别的。例如：

他不但 / 不仅会唱歌，而且也会跳舞。

他会唱歌，而且也会跳舞。

用“不但 / 不仅”时，说话者的目的在于抛开前一个分句的意思，因为前一分句的意思可能是双方已经知道的，后一分句才是说话者想要突出表达的。不用“不但 / 不仅”时，两个分句的意思是说话者都要表达的，不过更强调后一分句的意思。

3. “因为……所以……”与“既然……就……”

因果复句分两类：一类是说明性的，一类是推断性的。

说明性因果复句中的偏句说明原因，正句说明这个原因产生的结果，常用的关联词有“因为……所以……”“由于……因此……”“因而”“以至”“以致”等。说明性因果复句中的两个分句可以同时用关联词，也可以只在一个分句中使用关联词，还可以两个分句都不用关联词。其中“以致”多用于结果不好的情况。

推断性因果复句中的偏句表示原因，正句表示由这个原因做出的推断，常用的关联词是“既然……就……”。

说明性因果复句与推断性因果复句的区别是：

第一，说明性因果复句的正句说的是已经实现的事实，而推断性因果复句的正句说的是还没有实现或者不清楚是否实现的情况。例如：

因为下大雨，比赛不能进行了。（正句已经是事实）

既然下大雨，比赛就不能进行了吧。（正句表示推断的情况）

第二，说明性因果复句中，表原因的分句对听话人来说不是已知的信息；而推断性因果复句中，表原因的分句对听话人和说话人双方来说都是已经知道的信息，说话人由这个信息推出后面的结论。例如：

A：你昨天怎么没来上课？

B：因为胃疼，所以我去医院了。

A：我有点儿胃疼。

B：既然你胃疼，那么就回去休息吧。

## 掌握关联词的位置

1. 连词

连词既可以放在主语前，也可以放在主语后。

当两个分句主语相同时，连词一般在主语后。这时主语一般也是句子的话题，起连接作用。例如：

小李不但很聪明，而且很勤奋。

当两个分句的主语不同时，前一分句的连词一般要放在主语前。例如：

不但孩子喜欢这部小说，而且大人们也很爱看。

后一分句的连词一定要放在主语前。例如：

因为刚下过雨，所以地上有些湿。

2. 起关联作用的副词

能起关联作用的副词主要有“才”“都”“就”“也”“却”“越”等，它们一般要放在主语的后面。除了“越”以外，一般用在后一分句。例如：

如果下个月有时间，我就去南方旅行。

只有通过这个考试，你才能申请这个职位。

解题过程中，关联词的位置也能够起到提示作用。如果要求填入关联词的横线出现在主语前，就能推断出需要填入的是连词，不是副词，也就可以在解题时首先排除关联词是副词的选项。

## 知识库

下面列出新 MHK（二级）大纲词汇表中重点关联词的搭配与参考例句。考生可结合参考例句牢记关联词的含义、搭配、语义关系与用法。

### 并列关系

在表示并列关系的复句中，各分句分别叙述或描写几种情况、几件有联系的事情或一件事情的几个方面。

表 3-2　并列关系关联词及例句

| 关联词 | 例句 |
| --- | --- |
| 既……也 / 又……<br>一边……一边……<br>一面……一面…… | 学习既需要有合理的计划，也需要我们付出努力。<br>她一边唱歌，一边跳舞。<br>球迷们一面看球赛，一面七嘴八舌地议论着。 |
| ……以及…… | 说明书里介绍了产品特点、使用方法以及清洗的注意事项。 |
| ……同时…… | 这是一种有趣的职业，同时也是一种很辛苦的工作。 |

## 承接关系

在表示承接关系的复句中，各分句依次叙述连续发生的几个动作或几件事情，各分句的先后次序是一定的，不可颠倒。关联词大多用在后一分句。

表 3-3　承接关系关联词及例句

| 关联词 | 例句 |
| --- | --- |
| ……便 / 就 / 则…… | 你想到什么，便 / 就放手去做吧。 |
| ……而…… | 每个人都应该有梦想，而梦想需要我们为之不懈努力。 |
| （先）……然后 / 随后…… | 我们先商量一下，然后告诉你我们的决定。 |
| ……于是…… | 山上突然下起雨来，于是人们纷纷躲进附近的亭子里。 |
| ……此外 / 另外…… | 他平时爱喝绿茶和红茶，此外也喝一点儿乌龙茶。 |

## 递进关系

在表示递进关系的复句中，后一分句比前一分句表示的意思更进一层。

表 3-4　递进关系关联词及例句

| 关联词 | 例句 |
| --- | --- |
| 不但/不仅/不只/不光……，而且/并且/甚至/还/也…… | 这本书不但有趣，还让人深思。<br>他不仅平时加班，甚至周末也要工作。<br>他获得了冠军，并且赢得了对手的尊重。 |
| ……何况…… | 这个游乐园大人都喜欢，何况小孩儿呢？ |

## 选择关系

在表示选择关系的复句中，有两个或两个以上的分句分别说出几件事情或几种情况，从而做出选择。

表 3-5　选择关系关联词及例句

| 关联词 | 例句 |
| --- | --- |
| （是）……还是…… | 读文科还是读理科，我还没决定。 |
| ……或/或者…… | 读文科或者读理科都很好。 |
| 不是……就是…… | 周末他不是出去郊游，就是在家看书。 |
| 宁可……也不…… | 他宁可失去这个工作机会，也不想对不起朋友。 |

## 因果关系

在表示因果关系的复句中，两个分句分别表示原因和结果。

表 3-6　因果关系关联词及例句

| 关联词 | 例句 |
| --- | --- |
| 因为……所以…… | 因为下雨，所以比赛推迟了。 |
| （由于）……因此/因而…… | 由于大家反对，因此我们放弃了这个计划。 |

续表

| 关联词 | 例句 |
|---|---|
| 由于……（就）…… | 由于时间有限，今天我们就讨论到这里。 |
| ……是由于…… | 老师今天批评我是由于我没完成作业。 |
| ……结果…… | 他昨天淋了雨，结果感冒了。 |
| （由于）……以致…… | 这次考试我没有认真准备，以致有一科不及格。 |
| ……果然…… | 他从小立志当音乐家，如今果然成了一位小提琴手。 |
| ……从而…… | 这座城市定期举办环保公益活动，从而大大增强了市民的环保意识。 |
| 既然……，那么 / 就 / 只有 / 只好…… | 既然你不舒服，就早点儿回家休息吧。 |

## 转折关系

在表示转折关系的复句中，偏句叙述一个事实，而正句说的是相反或者部分相反的事实。

表 3-7 转折关系关联词及例句

| 关联词 | 例句 |
|---|---|
| 尽管……然而 / 但（是）/ 可（是）/ 不过 / 还是…… | 尽管天气很冷，但这没有阻挡冬泳爱好者的热情。 |
| 虽然……但（是）/ 可（是）…… | 他虽然年龄不大，但是知识面非常广。 |
| ……不过 / 只是 / 就是…… | 他这个人很正直，就是脾气大。 |
| ……而…… | 哥哥很外向，而弟弟有点儿内向。 |
| ……不料…… | 刚才天气还很好，不料突然下起了雨。 |
| ……无奈…… | 我们很想赢得比赛，无奈和对方实力差距太大。 |
| ……相反…… | 这两种药一起吃不会让你好得更快，相反会对身体有害。 |

## 条件关系

在表示条件关系的复句中，偏句表示条件，正句表示结果。这类句子分为两类：一类是由特定条件产生某种结果，另一类表示在任何条件下都会产生某种结果。

表 3-8　条件关系关联词及例句

| 类别 | 关联词 | 例句 |
|---|---|---|
| 特定条件句 | 只要……就…… | 只要是历史方面的书，他就买。 |
| | 只有……才…… | 学习外语，只有多听多说，才能学好。 |
| | 除非……才…… | 除非你教我打乒乓球，我才陪你去爬山。 |
| | ……除非…… | 若要人不知，除非己莫为。 |
| | 除非……否则 / 不然…… | 一个人除非自己有信心，否则 / 不然无法带给别人信心。 |
| 无条件句 | 不管……都…… | 不管什么水果，他都爱吃。 |
| | 无论 / 不论……都 / 也…… | 无论多难，我们都要坚持下去。 |

## 假设关系

在表示假设关系的复句中，偏句提出一种假设，正句说出在这种情况下会出现的结果。

表 3-9　假设关系关联词及例句

| 关联词 | 例句 |
|---|---|
| 要是 / 如果 / 若 / 假如 / 假若 / 假使 / 倘若……那 / 那么 / 就…… | 假如我是科学家，那么我最想研究航天技术。 |
| ……万一…… | 旅行时随身带把伞，万一遇到雨，也不会淋着。 |
| 要不是……就…… | 要不是他帮我，这个问题就不会这么快解决。 |

## 目的关系

在表示目的关系的复句中，偏句表示目的，正句表示为达到这个目的采取的行动。

表 3-10　目的关系关联词及例句

| 关联词 | 例句 |
|---|---|
| 为 / 为了…… | 为了赢得比赛，他们刻苦训练。 |
| ……以（便）…… | 他习惯做读书笔记，以便日后查找知识点。 |

## 让步关系

在表示让步关系的复句中，偏句承认某种事实，做出让步，正句从相反的方面说出正面的意思。

表 3-11　让步关系关联词及例句

| 关联词 | 例句 |
|---|---|
| 就是 / 即使 / 哪怕……也…… | 就是粗茶淡饭，也能过得开心。<br>这么多工作，即使我们不眠不休，也不可能做完。<br>工作中哪怕是很小的错误，也可能造成很大的损失。 |

## • 专项训练

**一、请选择最恰当的关联词填在横线上。**

既然……就……　　因为……所以……　　除非……否则……

只要……就……　　只有……才……

1. ________太阳离地球太远了，________我们并不会感到它有那么热。
2. 这项技术并不难，________认真学习，大家________能掌握。
3. ________照顾好自己，________有能力照顾好家人。
4. ________这个题大家都有疑问，老师________再讲一遍。
5. ________满足所有的条件，________不可以报名参加比赛。

不管……都…… 尽管……还是…… 要是……就……

宁可……也…… 即使……也……

6. ________已经没有希望获胜，他们________没有放弃比赛，一直在拼。

7. 过马路时________多等几分钟，________不要抢一秒钟。

8. 他是个慢性子，________天塌下来，他________不会着急。

9. ________遇到多大的困难，他________要试一试。

10. ________明天不下雨，我________和你去打篮球。

**二、请使用恰当的关联词连接下面的句子。**

1.（1）地球上有氧气。（2）地球上有生命。

2.（1）数学是一门科学。（2）数学是一门艺术。

3.（1）学习不是一朝一夕的事情。（2）学习是一生的事业。

4.（1）他工作很忙。（2）他总是抽时间陪伴家人。

5.（1）孩子们在堆雪人。（2）孩子们在打雪仗。

6.（1）老师不在教室。（2）同学们很安静。

7.（1）我们应该付出努力。（2）不努力不可能有收获。

8.（1）你承认他的批评是对的。（2）你应该虚心接受。

9.（1）我们转换一下思路。（2）我们或许能找到新的方法。

10.（1）周末我们可以去公园看花。（2）周末我们也可以去海边散步。

# 第三节　理解句意题型

## 题型说明及例题解析

能正确辨别和理解句意是新 MHK（二级）大纲对阅读能力的具体要求之一。阅读理解分测验的第一部分——选词填空类试题的考点涵盖多类词语，但归根结底是考查考生能否准确理解句意。考生只有正确把握句意才能选出正确的词语。例如新 MHK（二级）大纲样卷第 38 题和第 44 题：

【38】这么好的机会，你竟然不考虑考虑就放弃了，会不会太__________了？

**A** 草率

**B** 粗心

**C** 激动

**D** 忙碌

本题正确答案是 A。本题主要考查考生能否正确理解句意及掌握形容词“草率”的意义和用法。理解了“好的机会”“不考虑考虑就放弃了”的意思，就能判断出空白处想表达的是“做事不慎重”的意思。选项 A“草率”符合题意，选项 B、C、D 均不能表示“不慎重”。

【44】这件事发生得太突然了，她__________无法接受。

**A** 明明

**B** 一时

**C** 坚定

**D** 向来

本题正确答案是 B。本题主要考查考生能否正确理解句意及掌握副词“一时”的意义和用法。理解前半句“这件事发生得太突然了”的意思，就能够判断出空白处需填入一个表示“短时间内”的词语。选项 B“一时”符合题意，选项 A“明明”表示显然如此或确实，选项 C“坚定”形容立场、主张、意志等不动摇，选项 D“向来”表示从过去到现在。

应对这种类型的考题，理解句中关键词语的意思、了解句子各部分的语义关系、了解整句话的意思及句子所表达的思想感情是解题的关键。

## • 解题策略与微技巧

### 识别句中关键词

句子中的关键词有时会影响到整句的意义和语气。因此，识别并掌握这些关键词是理解全句句意的关键。语气副词、多义词、关联词、常用短语等往往是句中的关键词。答题时应准确找出关键词，把握关键词词义及搭配，并结合具体语境准确理解词义。

关联词、常用短语前面已经做过介绍，下面将对语气副词、多义词进行具体说明。

语气副词对句意的表达往往起着关键性的作用。常用语气副词有“简直”“明明”“难道”“究竟”“到底”等。理解常用语气副词的含义和用法，能够帮助考生更快更准确地解题。例如：

【1】他明明知道自己不对，却还__________这样做。

**A** 故意

**B** 轻易

**C** 努力

**D** 自觉

本题正确答案是A。前一分句中的“明明”表示显然如此或确实，语气较强烈，后一分句意思往往转折。这个副词是理解句意的关键。这句话的意思是说“他显然知道自己是不对的，但还是有意识地这样做了”。根据句意，空白处填入“故意”最恰当，“故意”表示有意识地这样做，与“明明”相呼应。

有些词语具有多个意思，在不同的语境中表达相应的意思。这类词也往往是句子的关键词。根据具体语境及词语搭配判断多义词在句中的具体含义，是理解句意的关键。例如：

【2】生活中总背负着一些包袱，会让人生变得__________。

**A** 疲劳

**B** 简单

**C** 苦短

**D** 艰难

本题正确答案是D。前一分句中的“包袱”是个多义词：（1）包衣服等用的布；（2）用布包起来的包儿；（3）比喻某种负担；（4）相声、快书等曲艺中的笑料。显然，“包袱”在这句话中指的是“负担”。理解了“包袱”的意思，就抓住了解题的关键所在。题干所要表达的意思是“生活中负担太重会让人生变得不容易”，故空白处填入“艰难”最恰当。

另外，词语的感情色彩也是考生把握句意的关键因素之一。一些带有褒义或贬义感情色彩的词语往往是句中的关键词。准确识别并理解这类词语有助于理解句意、把握整句话的感情色彩。例如：

【3】一些心存不善的人在搞阴谋，不断地＿＿＿＿＿他。

A 诬蔑

B 判断

C 称赞

D 支持

本题正确答案是A。前一分句中的关键词“心存不善”“阴谋”都是贬义词，由此判断后一分句中的动词也应该是一个具有消极意义的词语。选项A“诬蔑”的意思是歪曲事实，败坏他人的名誉，含有贬义的感情色彩，与前一分句的关键词相呼应。因此选项A符合题意。选项B、D是中性词，选项C是褒义词，都与前一分句的感情色彩不符。

## 分析长句结构

当遇到长难句，无法准确把握句意时，可以通过提取句子主干的方法来帮助理解句意。例如：

【4】我校将从这学期开始给予家庭困难学生更多的＿＿＿＿＿。

A 效果

B 关注

C 价值

D 制度

本题正确答案是B。题干句子成分较多，不好理解，可以先分析句子结构，尝试使用提取句子主干的方法进行简化。动词和形容词往往承载着句子的主要信息。这个长句中出现的动词有“开始”“给予”，其中“开始”与前面的介宾结构一起做状语，因此“给予”是这个句子中的主要动词。这个句子的主干部分是：

我校给予学生＿＿＿＿＿。

空白处填入的词语应该既能够与“给予”搭配，也能够被“更多的”所修饰，故选项B“关注”最恰当：既可以说“给予关注”，也能说“更多的关注”。

## 专项训练

**一、请圈出句子中的关键词，并选择最恰当的词语填在横线上。**

例：生活中总背负着一些(包袱)，会让人生变得<u>艰难</u>。（艰难 / 顺利）

1. 这个孩子挺鬼，做事十分__________。（愚蠢 / 机灵）

2. 如果这个工作不适合我，我宁可__________。（坚持 / 放弃）

3. 昨天碰了个大钉子，我被他一口__________了。（拒绝 / 接受）

4. 做事情不能轻易放弃，不然很难__________。（失败 / 成功）

5. 一些商家的广告滥用成语，影响__________。（恶劣 / 良好）

6. 他真了不起，竟然接连__________了三个世界冠军。（获得 / 失去）

7. 除非有__________情况，否则下周的会议必须准时参加。（一般 / 特殊）

8. 公司的各项规定都十分透明，没有__________什么。（隐藏 / 公开）

9. 经过讨论，大家基本达成了一致意见，但他偏偏要__________。（同意 / 反对）

10. 这个故事讲的是古时候有一个人横行乡里，最后遭到了应有的__________。（惩罚 / 奖励）

**二、请提取下列长句的主干成分。**

例：我校将从下学期开始给予家庭困难学生更多的关注。

→ 我校给予学生关注。

1. 许多白天聚在一起非常活跃的小鱼晚上却分散开来。

2. 这里每年三四月份举办的花展都能吸引来自全国各地的游客。

3. 这款太阳能眼镜能够在遮挡阳光的同时为你提供一些能量。

4. 人类所需要的许多营养来自每日食用的各种蔬菜。

5. 候鸟排成“V”字形后可以充分利用邻近者扇动翅膀时产生的上升气流飞行。

## 第四单元

# 短文阅读

**单元简介**

短文阅读是新 MHK（二级）阅读理解分测验的重要组成部分。本单元采用讲练结合的方式，为考生详细介绍新 MHK（二级）阅读理解分测验的第二部分——短文阅读的应考策略。本单元从考题类型的角度出发分成四节，分别介绍以下四种题型的解题技巧：领会主要内容和中心意思的题型，获取细节性信息的题型，领会作者观点、态度的题型，理解文中关键词语含义的题型。

每节内容包括题型说明及例题解析、解题策略与微技巧、专项训练三个板块，旨在帮助考生理清短文阅读的解题思路、丰富应试策略与技巧，有效提高考生在短文阅读部分的解题效率。

# 第一节　领会主要内容和中心意思的题型

## 题型说明及例题解析

根据新 MHK（二级）大纲，能基本领会阅读材料的主要内容和中心意思是阅读理解分测验的短文阅读部分对考生的技能要求之一。

一篇文章是围绕某个中心展开叙述、议论或说明的。文章的主要内容和中心意思往往体现在全文的主题句和段落中心句中。因此，抓住文章的主题句和中心句就能够很好地领会文章的主要内容和中心意思，顺利找到相关问题的答案。

下面以新 MHK（二级）大纲样卷中的试题为例进行具体说明。

研究表明，如果不运动的人们能动起来的话，每年有超过 530 万例死亡是可以避免的。如果人们每周能有 150 分钟或更久的中等强度运动，如快步走的话，那么结果会大不相同。

现代生活给我们带来的是每天机械的工作和久坐。我们经常开车出行，玩儿游戏和看电视等坐着的活动也日益流行。有研究者发现，全球 42% 的成年人每天有 4 小时都是坐着的，三分之二的青少年每天看 2 个小时电视，并且中间不休息。研究者认为，爱不爱运动虽然是一个习惯问题，但更重要的是要创造一个更好的运动环境。像奥运会这样的体育赛事，关系着国家荣誉，也能激发人们对运动的兴趣。我们应该做的是，从学校开始，不仅培养体育尖子，而且更应该鼓励所有的青少年参与到体育运动中来。这样，大家在以后的生活中就都能享受到运动带来的好处。

【71】这篇文章主要讲的是：

**A** 青少年应该多运动

**B** 运动与健康的关系

**C** 吸烟与疾病的关系

**D** 奥运会与大众体育

本题正确答案是B。本题主要考查考生能否领会阅读材料的主要内容和中心意思。文章第一句提到“研究表明，如果不运动的人们能动起来的话，每年有超过530万例死亡是可以避免的”，这句话是文章的主题句，意思是运动对人的健康有益。后文内容围绕这一主题展开，由此可以看出文章介绍的是运动与健康的关系，并呼吁大家一起来加强运动。因此，选项B“运动与健康的关系”最恰当。选项A不够全面，选项C、D均不是文章的主要内容。

有个跨国公司，从世界各地招了10个副总裁。上任前，公司把他们送到一个偏僻的小岛上，接受培训。他们被带到了一个封闭的屋子里，留给他们的是一个绝对自由的任务：随便聊聊。

他们都是优秀的人才，很快便彼此熟悉起来，交谈渐渐深入。不久，他们便因为在政治和经济上的见解不同而产生了严重的矛盾。由于他们地位相当，又都很有学问，因此谁也不服谁，吵得天翻地覆。

之后，培训员让他们做了一个投票实验：每个人都必须按照讨厌的程度，将在场的所有人排序，包括自己在内。不可思议的事情发生了，最让人讨厌、最不受人喜欢的，竟有两人：一个是刚才说话最多、争吵最凶的，一个是自始至终均保持微笑和沉默的。

说话最多、争吵最凶的人固然会让人觉得厌恶，但仅仅微笑、绝对沉默，并不能代表你是友好和谦虚的，只能让人觉得你是因为毫无见解才无话可说，这同样是得不到大家认可的。

【63】最适合做这篇文章题目的是：

**A** 竞争带来矛盾

**B** 真理越辩越明

**C** 微笑使人自信

**D** 沉默并非是金

本题正确答案是D。本题主要考查考生能否领会阅读材料的主要内容和中心意思。文章最后一段告诉我们一个道理：仅仅微笑、绝对沉默，同样也是得不到大家认可的。因此，选项D“沉默并非是金”符合文章的中心意思，适合做本文的标题。选项A、B、C都与文章主题无关。

从以上两题可以看出，抓住主题句对领会阅读材料的主要内容和中心意思至关重要。因此，对考生来说，了解全文主题句、段落中心句的特点及其在文章中的分布情况，就能迅速找到主题句和中心句，并据此更准确地把握文章的主旨。

## 解题策略与微技巧

### 熟悉常见提问方式

在应对短文阅读部分的试题时，考生应先迅速地看一遍短文后的试题，然后带着问题开始阅读，这样在阅读短文时可以做到心中有数。第一遍阅读短文时通常不要求精细深入，只要抓住了文章的主题句、中心句，就可以正确解答领会主要内容和中心意思的题型了。

领会主要内容和中心意思的题型有以下几种常见的提问方式：

本文主要讲的是：……

最适合做本文标题的是：……

本文主要说明了什么道理？

本文主要告诉我们：……

从这篇文章中，我们能得到什么启示？

本文建议我们：……

### 定位主题句、中心句的位置

文章的主题句位置不固定，可以出现在全文的首段、尾段或中间段落。

有的文章采用先总后分的结构，先提出观点，后文进一步说明事理或证明观点。这类文章的主题句往往在首段出现。

有的文章采用先分后总的结构，事实或现象在前，结论在后。这类文章的主题句往往在尾段出现。

有的文章先引出话题，然后表达主题，再进行解释。这类文章的主题句往往位于中间段落。

如果文章没有主题句，可以抓住每个段落的中心句，依据文中的事实、细节、观点，归纳概括出文章的主要内容和中心意思。每段的中心句常为每段的首句或尾句。

### 重点关注关键词句

体现文章主要内容或中心意思的语句中往往会有几个关键词，抓住这些关键词可以帮助考生进一步把握文章主旨。有的文章中会先后出现一些意义相似的句子，常常是作者换一种说法重复同样的意思，这些语句往往也是文章强调的重点内容。

此外，文章的主要内容和中心意思有时还会出现在文章中人物表达观点、结论的语句中。考生在阅读过程中可以重点关注反问句、强调句、比喻句，以及出现在冒号、破折号前后的句子。

### 根据文章体裁特点领会主旨

新 MHK（二级）阅读理解分测验的短文阅读试题包括体裁、题材、语体不同的语言材料，考生可以根据不同文章体裁的特点，把握文章的主要内容和中心意思。

记叙类文章的主要内容可以概括为“何人何时在何地做何事”。阅读这类文章时，应快速通读全文，把握记叙文的基本要素：人物、时间、地点、事件。作者通过写人或叙述事件所表达出来的观点、认识或情感往往就是文章主旨。

有些记叙文中会融入作者的议论，这时，围绕故事发表议论的语句就是这类文章的中心，尤其是文章末尾的议论，考生需要重点关注。有时段与段之间也会出现作者的议论，既可以表达观点又可以将上下文联系起来。总之，抓住此类文章中议论性的语句有助于考生准确地领会文章主旨。

阅读说明文时，应明确文章所介绍的事物特征或说明的道理。事物的特征或说明的道理就是文章的主要内容和中心意思。相关的语句通常会出现在首段或尾段。

阅读议论文时，要能够区别文章的论点与论据，注意抓住作者的中心论点。文章的中心论点往往就是议论性文章的主旨，通常也会出现在首段或尾段，特别是首句和尾句。

## 专项训练

七夕节又叫乞巧节，起初的七夕节并不是为了纪念牛郎织女的爱情，而是为了纪念织女。织女是一个美丽聪明、心灵手巧的仙女，被视为纺织女神，是古代女子崇敬的对象。每到七月初七，凡间女子便会向她乞求智慧和巧艺。这一天，最普遍的风俗就是女子会在夜晚进行各种乞巧活动。乞巧的方式大多是姑娘们做些小物品，比谁的手最灵巧。七夕乞巧的食品以“巧果”最为出名。巧果也叫“乞巧果子”，主要由油、面、糖、蜜等材料做成。手巧的女子还会做出各种与七夕传说有关的花样。

【1】本文主要讲的是：

**A** 中国神话故事

**B** 七夕节的由来

**C** 中国传统节日

**D** 七夕节的习俗

雾，尤其是大雾，对人体健康有许多不利影响。雾是由一颗颗小水滴组成的，就像人打喷嚏喷出的微小飞沫一样，而许多传染病的病菌都是通过空气中的飞沫传播的，有些病菌可以浮游在雾中，所以雾是许多传染病的媒介。大雾时，空气相对湿度过大，这会影响人体内分泌腺的正常分泌，使人无故感到疲劳，情绪烦闷，脾气也容易变得急躁。有关研究表明，大雾对许多慢性病病人有不良影响。另外，在城市中，清晨有雾时，地面气温下降，空气中的污染物不能向高空扩散，反而趋于回落，这时，近地层空气中的污染物浓度达到最大。因此，大雾时尽量不要外出。

【2】短文建议人们：

**A** 了解大雾引发的疾病

**B** 大雾时尽量避免外出

**C** 了解雾是由什么组成的

**D** 把雾看作一种空气污染

我们知道，航空器是在大气层中飞行的，工作高度有限。现代飞机最大飞行高度也就距离地面 30 多千米，即使以后上升高度有所提高，也离不开大气层。而航天器冲出大气层后，要在近于真空的宇宙空间以类似自然天体的运动规律飞行，其飞行轨道的近地点高度至少在 100 千米以上。为保证航天器不掉落至地球，它们都是以非常大的速度在太空飞行的。而现代飞机最大速度却只有音速的三倍多，且是军用飞机，客机都是以亚音速飞行的。在动力装置方面，航空器用吸气发动机提供推力，吸收空气中的氧气做氧化剂，本身只带燃烧剂；而航天器用火箭发动机提供推力，既带燃烧剂又带氧化剂。

【3】本文主要告诉我们：

**A** 飞行器的航空环境

**B** 飞行器飞行的原因

**C** 航空器和航天器的区别

**D** 航空航天事业的新发展

许多人已经把左脑控制右半身、右脑控制左半身作为常识记了下来。根据经验也能知道，如果人的右脑受损，则左半身无法自如活动。但原因是什么，却很少有人知道。

原来，大脑发出的命令要想传达到肌肉，需要通过运动神经中转。而这些神经有的以身体的中轴线为界交叉。研究人员指出，苍蝇、鱼也和人一样，运动神经会在身体中轴线交叉一回。

鱼如果被刺激左侧身体，就会紧绷右侧身体并逃跑。这在身体内部表现为：左侧身体的刺激随脊椎骨传递，经由交叉一次的神经传递到右侧的运动神经，从而使得右侧肌肉收缩。研究人员说："为了在紧急情况下逃跑，这样的神经交叉是合理的。"

【4】本文主要讲的是：

**A** 左脑与右脑如何分工

**B** 运动神经如何发出指令

**C** 为什么右脑控制左半身

**D** 人类神经与动物神经的区别

古人说"民以食为天"，对人们来说，吃饭是最重要的事情。中国有五千多年的历史，有丰富的饮食文化，吃饭时有很多规矩。

很多人一起吃饭时，先请客人或年长者入座；客人一般会等主人安排后再入座，主人一般请贵宾坐在他的右手边。开始吃饭时，一般会请客人或年长者先动筷子；每上一道新菜，也会先请客人或年长者品尝；有时主人会为客人夹菜，放在客人的盘子里，这表示对客人的热情招待。吃饭时不能用筷子敲碗、盘子等餐具；筷子也不可以竖着插在米饭里。通常嘴里有食物时不讲话；同样，如果别人嘴里有食物也不要去跟人讲话。要慢慢地品尝每一道菜，如果菜只上了一半，客人就说吃饱了，这是不礼貌的。吃完饭以后，客人一般会向主人说几句感谢的话。

【5】最适合做本文标题的是：

**A** 中国人的礼貌

**B** 中国人的情谊

**C** 中国人吃的规矩

**D** 中国人的饮食特色

大部分螃蟹都是横着走路的，这是为什么呢？我们知道，许多动物都是依靠地磁场来判断方向的，特别是对洄游、迁徙性动物来说，地磁场起了很大的作用。但是地磁场不是固定不变的，研究表明，在地球形成后的漫长岁月中，地磁南北极已经发生了多次倒转。地磁南北极的倒转使许多生物无法适应，甚至走向灭绝。螃蟹是一种古老的洄游性动物，它的内耳有定向小磁体，对地磁非常敏感。由于地磁场的倒转，螃蟹体内的小磁体失去了原来的定向作用。为了使自己在地磁场的倒转中生存下来，螃蟹采取"以不变应万变"的做法，干脆不前进也不后退，而是横着走。从生物学的角度来看，螃蟹的胸部左右比前后宽，八只步足伸展在身体两侧，且它的前足关节只能向下弯曲，这些身体特征也使得螃蟹只能横着走。

【6】本文主要讲的是：

A 地磁场的变化

B 螃蟹的身体特征

C 螃蟹横行的原因

D 螃蟹如何辨方向

西汉初年有一个叫季布的人，为人很讲信用，只要是他答应的事，无论有多困难，他都会想尽一切方法办到。当时还流传着一句谚语："得黄金百，不如得季布一诺。"意思是说得到一百两黄金，也不如得到季布的一个承诺。

刘邦打败项羽当了皇帝后，开始搜捕项羽的部下。季布曾是项羽的得力干将，所以刘邦下令，谁能将季布送到官府，就赏他一千两黄金。但是，季布讲信用，人们宁愿冒着危险为他提供藏身之所，也不愿意为赏赐的一千两黄金而背叛他。

有个姓周的人秘密地将季布送到一户人家保护起来。不仅如此，他还专门到洛阳去找汝阴侯夏侯婴，请他解救季布。夏侯婴从小与刘邦很亲近，后来为刘邦建立汉朝立下了汗马功劳。他也很欣赏季布的信义，便在刘邦面前为季布说情，终于使刘邦不再搜捕季布。不久，刘邦还任命季布做了官。

【7】本文主要说明了什么道理？

A 真正的朋友值千金

B 友谊对个人发展有利

C 讲信用的人往往深得人心

D 遇到困难应当向他人求助

利用音乐治疗心理和生理疾病的方式已经日益被现代人接受。音乐治疗师正是利用音乐对情绪的影响力来改变人的情绪，最终改变人的认知的。但他们并不是简单地给被治疗者播放一些轻松美妙的音乐，让痛苦的情绪得到缓解。相反，音乐治疗师会大量使用悲伤、痛苦、愤怒和充满矛盾情感的音乐来激发被治疗者的各种情绪体验，帮助他们尽可能地把消极情绪表达、发泄出来。当消极的情绪发泄到一定程度时，人内心深处的积极力量就会开始抬头，这时音乐治疗师就会开始使用积极的音乐，以支持和强化被治疗者内心的积极情绪，最终帮助他们摆脱痛苦或困境。

对被治疗者来说，这是一个重新面对自己内心的情感世界、重新认识自己并走向成熟的过程。在美的音乐的感染下，被治疗者通常会在性格上变得更加开朗和自信，在人格上更加成熟，并获得一种精神上新生的体验。

【8】本文主要讲的是：

A 音乐疗法及其作用

B 音乐对人类的意义

C 心理疾病产生的原因

D 音乐治疗师如何工作

大教育家孔子在周游列国时，有一次在去往东方的路上遇到两个正在争论的小孩儿，于是便上前问道："小朋友，你们在争论什么呢？"

其中一个小孩儿说道："我认为太阳刚出来的时候离我们近一些，中午时离我们远些。"另一个小孩儿的看法正好相反，他说："我认为太阳刚升起来时远些，中午时才近些。"先说的小孩儿反驳说："太阳刚出来时大得像车盖，到了中午，就只有盘子那么大了。这不是近的东西看起来大，而远的东西看起来小的道理吗？"另一个小孩儿自然也有很好的理由，他说："太阳刚升起来时天气微凉，到了中午，太阳又像火球一样晒得人热烘烘的。这不正是远的物体让人感到凉，而近的物体使人觉得热的道理吗？"

两个小孩儿想请孔子来做"裁判"，判定谁是谁非，可这个问题却把能言善辩的孔老先生也难住了。因为当时自然科学还不发达，孔子很难说明两个小孩儿所说理由的片面性，也就不能判断他们谁是谁非了。孔子哑口无言，两个小孩儿笑了起来，说："谁说你知识渊博，无所不知？你也有不懂的地方啊！"

【9】从这篇文章中我们能得到什么启示？

A 人生有限，知识无限

B 遇到难题要冷静分析

C 小孩子看问题比较片面

D 自然界是不断发展变化的

# 第二节　获取细节性信息的题型

## • 题型说明及例题解析

根据新 MHK（二级）大纲，能根据需要获取阅读材料中的细节性信息是阅读理解分测验的短文阅读部分对考生的技能要求之一。

短文阅读中，获取细节性信息题型占绝大多数。考生在获取细节性信息题型上作答的正确率将会对短文阅读部分的得分产生重要影响。这类细节题通常是就文章中的某一词语、句子、段落或某一细节进行提问。

下面以新 MHK（二级）大纲样卷中的试题为例进行具体说明。

冬天最冷的时候，我每天带女儿坐公交车去图书馆，既可以看书学知识，又能取暖。每天女儿都特意带上一元钱，绕路去图书馆附近的一个卖报老人手里买一份报纸。女儿说："天这么冷，我多买一份报纸，老人就可以早点儿回家休息了。"我说："那你多给他几份报纸的钱就是了，不用每天都绕路。"女儿说："不行，那样太伤人自尊了。"我说："你就说你没有零钱，让他不用找了。"女儿说："那和给钱有什么区别？我特意拿一元钱，就是让他不用摘掉手套找零钱，不会冻到手。"看着女儿的小脸，我感觉春风正在一步步走来。

【51】冬天"我"为什么带女儿去图书馆？

A 取暖

B 买书

C 买报纸

D 步行锻炼

本题正确答案是 A。本题主要考查考生能否根据需要获取阅读材料中的关键细节性信息。题干就"带女儿去图书馆"的原因进行提问，从文中可知，"冬天最冷的时候，我每天带女儿坐公交车去图书馆，既可以看书学知识，又能取暖。"因此，选项 A"取暖"符合题意，选项 B、C、D 均不是去图书馆的原因。

在人多拥挤的场合，容易出现踩踏等意外事故，所以我们应该做好自我保护。进入公共场所要先注意安全通道、安全出口的位置，这样在发生事故后能及时找到最近的安全出口。应尽量避免到拥挤的人群中，不得已时也要走在人流的边缘。遭遇拥挤的人流时，行走、站立要稳，不要使身体向前倾，也不要蹲下。即使鞋子被踩掉了，也不要忙着弯腰提鞋或系鞋带。

应顺着人流走，千万不可逆着人流前进，否则，很容易被人流推倒。当发现自己前面有人突然摔倒了，要马上停下脚步，同时大声呼救，提醒后面的人不要向前靠近。如有可能，要抓住一样牢固的东西，例如栏杆之类，等人群过去后，迅速地离开现场。

在拥挤的人群中，左手握拳，右手握住左手手腕，双肘撑开平放胸前，易形成一定空间保证呼吸。如果被推倒，要想办法靠近墙壁。如果无法及时站起身，就面向墙壁，身体缩成球状，双手十指交叉，放在脖子后面，以保护身体最容易受伤的部位。

【65】当前面有人摔倒时，应该：

**A** 继续前进

**B** 尽快离开

**C** 蹲下来帮助他

**D** 提醒后面的人

本题正确答案是D。本题主要考查考生能否根据需要获取阅读材料中的细节性信息。题干中“摔倒”是关键词，可以借用关键词定位相关的细节信息。我们可以在文中找到“摔倒”一词所在的句子：“当发现自己前面有人突然摔倒了，要马上停下脚步，同时大声呼救，提醒后面的人不要向前靠近。”由此可知，选项D“提醒后面的人”符合题意，选项A、B、C均是错误做法。

## 解题策略与微技巧

获取细节性信息题型主要考查考生对阅读材料中细节内容的寻找、定位能力。因此，在应对这类题型时，考生不需要通读全文，应学会采用相应的阅读方式及阅读技巧在文章中快速、准确地定位相关信息。新MHK（二级）阅读理解分测验中，短文阅读部分绝大多数题目的解答都要借助信息查找的方式来完成。

### 熟悉常见提问方式

1. 常以疑问词进行提问

细节题多以“谁”“什么”“为什么”“怎么样”“如何”等疑问词进行提问，或者要求考生将题干部分的信息补充完整。提问的重点通常是具体的人物行为、事物细节或事件发生的时间、地点、原因、方式等。

鹦鹉为什么具有学舌的本领呢？人和哺乳动物发声是用声带，它位于气管上端的喉头处。鸟类则不然，它的发声器叫鸣管，位于气管与支气管的交界处，一般由几个气管膨大变形后与其相邻的几对变形的支气管共同构成。鸟类的舌根非常发达，舌头富于肉质，特别圆滑，肥厚且柔软，前端细长呈月形，犹如人舌，转动灵活。有了这些优越的生理条件，鹦鹉就能惟妙惟肖地模仿人类说话，发出一些简单、准确、清晰的音节。此外，在鸟类学话前给它们进行小手术，如进行捻舌等，可以使鸟类学会更多、更复杂的语言。

【1】鹦鹉的发声器是什么？

**A** 声带

**B** 舌头

**C** 鸣管

**D** 喉头

本题正确答案是C。本题主要考查考生能否根据需要获取阅读材料中的细节性信息。题干中“鹦鹉”“发声器”是关键词，可以据此到文章中定位相关信息——“鸟类则不然，它的发声器叫鸣管”，由此可知，选项C是正确答案。

【2】鸟类学话前进行捻舌是为了：

**A** 使它能够发声

**B** 使它叫得更加动听

**C** 使其舌头能够灵活转动

**D** 使它学会更复杂的语言

本题正确答案是D。主要考查考生能否根据需要获取阅读材料中的细节性信息。根据关键词“捻舌”“是为了”可知，题干主要是针对鸟类捻舌的原因进行提问。依据关键词在文章中查找定位，可以找到相关语句“如进行捻舌等，可以使鸟类学会更多、更复杂的语言”。因此，选项D符合题意。

2. 要求找出正确的一项

有些细节题的选项分别给出四处不同的细节描述，让考生通过信息查找来判断选项的正误。这类细节题，多以“根据本文，下面哪项是正确的？”“关于……，下面哪项正确？”等方式进行提问。

肥皂是由天然原料脂肪再加上碱制成的。肥皂使用后的残余物很快就可由微生物分解。所以肥皂在生产和使用过程中，对环境的影响是轻微的。与肥皂相比，洗涤剂对环境的影响较大。合成洗涤剂的生产过程中会产生大量的废水和废气。此外，含磷洗衣粉中的磷酸盐会刺激水中的水藻，使其过量增长，水藻过多会造成水中氧气短缺，以致水域里的鱼虾因为无力与水藻争氧而死亡。

【3】关于洗涤剂，下面哪项是正确的？

**A** 不含有机物质

**B** 比肥皂更环保

**C** 由天然原料制成

**D** 制造过程污染环境

本题正确答案是 D。本题主要考查考生能否根据需要获取阅读材料中的细节性信息。文中提到了肥皂和洗涤剂这两种清洁用品，而题干中的关键词是“洗涤剂”。查找关于洗涤剂的表述：“与肥皂相比，洗涤剂对环境的影响较大。合成洗涤剂的生产过程中会产生大量的废水和废气。”由此可知，洗涤剂的生产制造过程会污染环境，因此选项 D 是正确的。

## 采用合适的阅读方法

第一遍通常采用略读的方法，迅速地看一遍文章，以把握文章主要内容和中心意思。在解答细节性信息题时不需要再通读全文，可采用边读边做题的方式：阅读题干后，根据关键词在文章中找到相应段落，迅速准确地定位与关键词相关的语句，获取有效信息，以便顺利地选出正确答案。

答题时，有的细节题是可以在文章中直接找到答案的，考生可果断地选出正确答案；有的细节题无法在文章中找到关于选项的直接描述，考生需要通过一定的归纳和推理才能做出判断。如果遇到难以决断的题目，也可以采用排除法来做题。

## 了解试题选项的特点

1. 正确选项

有的正确选项跟文章表述完全一致。如本节第 1 题可以直接在文章中找到“鸟类则不然，它的发声器叫鸣管”，因此正确答案是 C“鸣管”。

有的正确选项是把文章语句的意思换了一种方式来表达。如第 3 题的正确选项 D“制造过程污染环境”与文章中的描述“合成洗涤剂的生产过程中会产生大量的废水和废气”意思一致。

如果四个选项中有两个选项意义相反，这时需要重点关注，正确答案往往是其中之一。如第 3 题中选项 B“比肥皂更环保”和选项 D“制造过程污染环境”分别从正反两方面来描述洗涤剂，根据文章相关内容可以判断选项 D 是正确答案。

2. 干扰选项

有的干扰选项是无法从文章中找到的，也不能根据文章推断得出，这类干扰选项比较容易被排除。

有的干扰选项能够在文章中找到相关信息，但它是由文章中多种信息拼接在一起形成的。这类选项要格外注意，因为内容似是而非，拼接后的信息往往是错误的，或者文章叙述的对象和题干中提到的对象不一致。如第 3 题，选项 C“由天然原料制成”说的是文中的“肥皂”，并不是题干要求的关于“洗涤剂”的说法。

有的干扰选项可凭常识排除。例如样卷第 65 题中选项 A“继续前进”不是发生踩踏等意外事故时的正确做法，考生可以通过常识排除。

值得注意的是，判断干扰选项时，应时刻依据文章作答，不能凭自己的想法进行判断。例如样卷第 65 题提问“当前面有人摔倒时，应该：”，其中选项 C 是“蹲下来帮助他”。如果考生加入自己的主观看法，可能会认为应该第一时间蹲下来帮助摔倒的人，但通过阅读文章可知，正确做法是“要马上停下脚步，同时大声呼救，提醒后面的人不要向前靠近”，与考生的主观看法恰恰相反。

## • 专项训练

人们在谈到小熊猫时，通常会联想到大熊猫，它们不仅名称相近，而且有很多共同的特点——头骨短而粗壮，颧骨强大，牙齿的构造十分相似，足适合攀爬，掌下多毛，体毛较粗，内脏构造相近，以多纤维的植物等作为食物。因此它们很容易被认为是亲缘关系接近的动物。其实，小熊猫和大熊猫的亲缘关系相距较远，在分类上也并不属于同一科，大熊猫属于大熊猫科，而小熊猫则属于浣熊科。

【1】关于大熊猫和小熊猫，下面哪项是正确的？

**A** 同属于一科

**B** 亲缘关系接近

**C** 生活环境差不多

**D** 部分身体构造相近

向日葵为什么总是向着太阳？那是因为向日葵的茎部含有一种奇妙的植物生长素。这种生长素非常怕光，一遇到光线照射，它就会躲到背光的一面去，同时它还会刺激背光一面的细胞迅速繁殖。所以，背光的一面就比向光的一面生长得快，这使向日葵产生了向光性弯曲。

【2】向日葵总是向着太阳是因为：

**A** 含有的植物生长素喜光

**B** 背光一侧细胞生长迅速

**C** 花盘需要进行光合作用

**D** 需要多吸收光能和热能

华罗庚是一位靠刻苦自学成才的数学家。他初中毕业后开始自学高中课程，先用慢功夫打好基础，再逐步加快进度，用五六年时间才自学完高中课程。因为学得扎实，他到清华大学后不久就开始听研究生课程了。华罗庚的读书方法与众不同，他每看一本书，不是一上来就从头到尾地去读，而是先闭目沉思：如果这个题目由我来做，会如何解答？经过一段时间的思考后，他再打开书本。如果书中内容与自己的猜想一致，他便不继续读了；如果与自己的猜想不同，他就认真地阅读那些新颖、独到的观点。华罗庚的这种读书方法不仅节省了阅读时间，而且锻炼了自己的思维能力。

【3】根据本文可知，华罗庚读书：

**A** 很不仔细

**B** 速度很慢

**C** 很重视思考

**D** 从头读到尾

北京 798 艺术区位于北京市朝阳区酒仙桥大山子地区，北京七星华电科技集团所属的大院之中。艺术区的名字沿用了北京国营电子工业老厂区的名称。现在，“798”也指代这一艺术区引申出的一种文化概念，以及时尚的居住与工作方式。

【4】798 艺术区原本是：

**A** 老厂区

**B** 艺术馆

**C** 科技集团

**D** 名人住宅

【5】关于 798 艺术区的得名，下面哪项是正确的？

**A** 由艺术工作者命名

**B** 受到时尚潮流的启发

**C** 沿用老工业厂区的旧称

**D** 是为了展现一种文化概念

要想泡好一杯茶或一壶茶，首先要掌握茶叶用量。每次茶叶用多少，并没有统一的标准，主要根据茶叶种类、茶具大小以及饮用者的饮用习惯而定。一般冲泡红茶或绿茶，茶与水的比例大致为 1∶50～1∶60，即每杯放 3 克左右的干茶，加入沸水 150～200 毫升。如果饮用普洱茶，就应该每杯放 5～10 克的干茶。而泡乌龙茶时，每次投入量应几乎为茶壶容积的二分之一甚至更多。

【6】用200毫升的水冲泡绿茶，放多少茶叶比较好？

A 3克

B 5克

C 7克

D 10克

【7】根据本文，泡什么茶时茶叶用量最多？

A 绿茶

B 红茶

C 乌龙茶

D 普洱茶

人们常说夏天要多喝水，可是过量饮水会使人体盐分流失，造成细胞水肿，出现头昏眼花、虚弱无力、心跳加快等症状，严重时甚至会导致昏迷，也就是人们所说的“水中毒”。

要避免水中毒，必须掌握好喝水的技巧。一要少量多次饮水。口渴时不能一次猛喝，应分多次饮用，每次喝少量的水，以利于人体吸收。建议每次饮用100～150毫升，间隔时间为半个小时。二要避免喝冰水。夏季气温高，人的体温也较高，喝下大量冷饮容易引起消化系统疾病，最好不要喝5摄氏度以下的饮品。三要及时补充盐分。这主要针对的是进行剧烈运动的人或长时间从事高温作业的人，可以在500毫升饮用水里加上1克盐，适时饮用，以补充人体因大量排汗而带走的无机盐。

【8】过量饮水为什么会引起水中毒？

A 盐分过度流失

B 对胃造成刺激

C 加重心脏负担

D 刺激消化系统

【9】根据本文，怎样喝水比较科学？

A 一次喝500毫升盐水

B 等到口渴的时候再喝水

C 两次喝水间隔一个小时

D 不要喝5摄氏度以下的水

# 第三节　领会作者观点、态度的题型

## 题型说明及例题解析

根据新 MHK（二级）大纲，能领会作者的观点、态度、情感、意图、倾向等是阅读理解分测验短文阅读部分对考生的要求之一，也就是要求考生能够透过阅读材料表面的文字信息进行分析、逻辑判断及推测。

考生在解答这类试题时应当力求忠于原文，从作者的角度去理解和分析，而不是将自己的看法和观点代入其中。考生应在备考过程中有意识地增强语言理解能力，提高分析、判断和推理能力，领会作者的观点、态度、情感、意图、倾向等。例如新 MHK（二级）大纲样卷中的语料：

研究表明，如果不运动的人们能动起来的话，每年有超过 530 万例死亡是可以避免的。如果人们每周能有 150 分钟或更久的中等强度运动，如快步走的话，那么结果会大不相同。

现代生活给我们带来的是每天机械的工作和久坐。我们经常开车出行，玩儿游戏和看电视等坐着的活动也日益流行。有研究者发现，全球 42% 的成年人每天有 4 小时都是坐着的，三分之二的青少年每天看 2 个小时电视，并且中间不休息。研究者认为，爱不爱运动虽然是一个习惯问题，但更重要的是要创造一个更好的运动环境。像奥运会这样的体育赛事，关系着国家荣誉，也可能激发人们对运动的兴趣。我们应该做的是，从学校开始，不仅培养体育尖子，而且更应该鼓励所有的青少年参与到体育运动中来。这样，大家在以后的生活中就都能享受到运动带来的好处。

样卷中的第 70 题题干是“研究者认为，应该：”，将此题稍作修改，就能成为领会作者观点、态度的题型。

【1】作者认为，应该：

**A** 强化运动意识

**B** 举办体育赛事

**C** 培养体育人才

**D** 多建运动场所

本题正确答案是 A。本题主要考查的是考生能否领会作者的观点。文章主要是呼吁大家加强运动，并创造一个更好的运动环境。选项 A“强化运动意识”和作者的观点一致，符合题意。选项 B、C、D 均与作者的观点不符。

## 解题策略与微技巧

### 熟悉常见提问方式

领会作者观点、态度的题型有以下几种常见的提问方式：

本文作者所持的观点是：……

下面哪种说法是本文作者支持 / 反对的？

关于……，作者认为：……

作者对……的态度是：……

作者……时的心情如何？

文中谈到……是为了：……

作者……的目的是：……

### 抓住关键词

这类题型有些与全文主旨有关，有些是针对文中的细节进行提问的，但核心是考查作者的观点、态度等，与文中人物的观点、态度可能相同也可能不同。解题的关键在于抓住题干及文章中的关键词。首先应明确题干中提问的主体与对象；然后回到文章中查找相关信息，抓住那些具有褒义或贬义感情色彩的关键词，题目所问的观点、态度、情感、意图、倾向等往往隐含在其中；最后，对比选项与文章中相关语句的语义，正确答案应该是感情色彩与文章一致的那一项。解题时要注意，不可以将自己的观点、态度等主观情感代入其中。例如：

微信先是占用了人们空闲时的零碎时间，然后又在不知不觉中肢解了人们的大块时间。据调查，有人每天要刷 20 次以上的朋友圈，倘若翻看一次朋友圈需要 5 分钟左右的时间，那每天大概会有 100 分钟都用于刷朋友圈了。这些时间总是在人们不经意间白白溜走了。这种零碎时间的消耗就像是细菌繁殖、病毒传播、蜘蛛结网，是一个经年累月的过程，而当你意识到有危险的时候，已经无法反抗……

【2】作者对微信持什么态度？

**A** 鼓励

**B** 怀疑

**C** 否定

**D** 中立

本题正确答案是C。本题主要考查的是考生能否领会作者的态度、倾向。文章主要是对微信占用人们时间的评价。文中可以找到很多含有消极意义的词语，例如“肢解”“白白”“溜”“细菌繁殖”“病毒传播”“危险”等，由此可以看出作者对微信持消极否定的态度。选项C“否定”符合题意。

### 重点分析特殊句式

语言中的一些特殊句式，特别是反问句、强调句等，以及一些使用了关联词或修辞手法的句子，往往会表达作者的情感倾向。认真分析其句意，可以通过表面文字捕捉到作者想要表达的深层含义。例如：

我们常常会羡慕别人所拥有的一切，而忘记了自己生活的美好。看到别人的成功，我们会羡慕，会幻想那个人要是自己该多好。但与其羡慕别人，活在别人的光环下，不如做好自己，释放自己的光彩。

【3】根据本文，作者认为：

**A** 成功值得羡慕

**B** 应该做好自己

**C** 向优秀的人学习

**D** 要让别人羡慕自己

本题正确答案是B。本题主要考查的是考生能否领会作者的观点。文章中“与其……不如……”这一复句表示选择，常用来表达说话人的观点、态度、情感、意图、倾向等，重点强调的是后半句。选项B“应该做好自己”和文章中“不如做好自己，释放自己的光彩”所表达的意思一致。

## 专项训练

诗人屈原幼年时家乡连年发生饥荒，很多人沿街乞讨，他看到不禁伤心落泪。一天，屈原家门前的大石头缝里突然流出了雪白的大米，百姓们纷纷拿来碗、布袋等接米背回家。不久，屈原的父亲发现家中粮仓内的大米越来越少，感到很奇怪。一天夜里，他发现屈原正往外背米，就叫住了他，一问才知道原来是屈原把家里的米灌进了石缝里。父亲没有责备屈原，只是对他说：“咱们家的米救不了多少百姓，如果你长大后做了官，把楚国管理好，天下的百姓就都有饭吃啦！”自此，屈原勤奋学习，名气越来越大。后来楚王得知他很有才能，便封他为官，让他管理国家大事。屈原为国为民尽心尽力，真正实现了由小善向大善的转变。

【1】作者认为屈原：

**A** 心中有老百姓

**B** 不如父亲善良

**C** 还应该有大善

**D** 不该要小聪明

一家建筑公司的经理忽然收到了一份购买小白鼠的账单，不由得感到奇怪。他问那位提供账单的职员为什么要买两只小白鼠，职员答道："上周咱们公司去修的那座老房子要安装新电线，需要我们把电线穿过一根 10 米长、但直径只有 5 厘米的管道，而且管道是隐藏在砖石里的，还弯了 4 个弯。怎么把电线穿过去呢？我想到一个办法，就是把电线绑在公鼠身上并把它放在管道的一端，把母鼠放在管道的另一端，并逗它吱吱叫。公鼠听到母鼠的叫声，就会沿着管道跑去找它，那么公鼠身上的电线也就穿过了整个管道。"经理听后，称赞这位职员做事很有头脑。

【2】对于这位职员，作者的态度是：

**A** 鼓励

**B** 批评

**C** 赞扬

**D** 讽刺

春秋战国时期，耕柱子是墨子最得意的学生之一。不过，他总是受到墨子的责骂。有一次，墨子又责备了耕柱子。耕柱子觉得自己非常委屈，因为在众多学生之中，大家都公认他是最优秀的人，但他又常常遭到老师的指责，这让他很没面子。

一天，耕柱子问墨子："老师，难道在您的学生中我竟如此差劲吗？为什么我时常遭到您的责骂？"墨子听后，心平气和地问道："假如我现在要上太行山，依你看，我应该用鞭子赶一匹良马来拉车，还是用鞭子赶一头老牛来拉车？"耕柱子回答说："再笨的人也知道要赶良马来拉车。"墨子又问："那么，为什么不赶老牛呢？"耕柱子回答说："理由非常简单，因为良马足以担负重任。"墨子说："你答得一点儿也没有错。我之所以时常责备你，也是因为你能够担负重任，值得我一再教导你。"

好的老师，不一定是一直夸奖你的那一个。

【3】作者讲这个故事主要是想讨论：

**A** 教育方法

**B** 师生关系

C 同学关系

D 情绪管理

【4】下面哪一项是作者想告诉我们的？

A 责骂比夸奖更有效果

B 不要太在乎别人的评价

C 耕柱子是最优秀的学生

D 墨子是个很有智慧的老师

有一位年轻人，家境并不富裕，为了给自己赚学费，没课的时候他就在一家快餐店打工。起初老板安排他专门擦桌子，他毫无干劲，当天就溜回了家。年轻人向父亲诉苦："我的理想是做老板，不是擦桌子。"父亲没有反驳他，而是叫他先把自家的餐桌擦干净。年轻人拿来毛巾，在桌子上随意擦了一遍，然后看着父亲，等他检查。父亲拿来一块新的白毛巾，在桌面上轻轻擦了一下，洁白的毛巾立刻脏了，显得格外刺眼。父亲指着桌子说："孩子，擦桌子是很简单的活儿，可是你连桌子都擦不干净，还能做好什么？你凭什么做老板？"年轻人羞愧难当。

年轻人回到快餐店，他记着父亲的教诲，每次擦桌子都要准备5条毛巾，依次擦一遍，而且每次都顺着同一个方向擦，为的是不让毛巾重复污染桌面。后来，年轻人得到老板的赏识留了下来，多年后接管了那家快餐店，做了老板。又过了10年，他创立了自己的餐饮公司，将当初的一家小店发展为著名的快餐连锁店。

有人向他请教成功的秘诀，他总是自豪地说："因为我有一个伟大的父亲，他教会了我怎样才能把桌子擦得更干净。"

【5】作者在这个故事里主要赞扬了谁？

A 年轻人

B 快餐店老板

C 年轻人的朋友

D 年轻人的父亲

【6】在作者看来，年轻人成功的秘诀是：

A 做事有计划

B 有个好父亲

C 虚心向别人学习

D 认真做好每一件事

春秋时期，宋国有个叫子罕的官员，他为人正直廉洁，从不接受别人的礼物，在百姓中很有威望。有一次，一个宋国人怀藏美玉，兴冲冲地找到子罕说："小人专程来给大人献宝，请大人收下。"子罕接过美玉看了看说："你还是拿走吧，我不能收。"献宝人以为子罕不识货，子罕却笑着说："我以不贪为宝，你以玉为宝，如果你将玉给了我，我们两个不是都失去了各自的'宝'吗？"献宝人听后，又惭愧又敬佩。

【7】作者对子罕的态度是：

**A** 称赞

**B** 批评

**D** 讽刺

**C** 看不起

【8】下面哪一项是作者想告诉我们的？

**A** 不能过于看重个人得失

**B** 不能抢夺他人的心爱之物

**C** 每个人对宝物的看法都不同

**D** 官员要清正廉洁，经得起诱惑

# 第四节　理解文中关键词语含义的题型

## • 题型说明及例题解析

根据新 MHK（二级）大纲，能联系阅读材料的上下文理解文中关键词语的含义，是阅读理解分测验短文阅读部分对考生的要求之一。例如：

同样都是从嘴里吐出来的气，拢起嘴巴吹出来的气是冷的，可以给热饮降温；张大嘴巴哈出来的却是暖的，可以在冬天暖手。作为恒温动物的我们并不是变温箱，呼吸道中的气体温度和体温差不多，为什么变个口型气体温度也变了呢？有一种解释认为，吹气时嘴唇开口较小，气体经过了压缩，而当气体出去时又发生膨胀，压强减小，温度随之降低。

【1】吹气时气体经过了压缩指的是：

**A** 气体的体积变小

**B** 气体的压强减小

**C** 气体的温度升高

**D** 气流的强弱变化

本题正确答案是 A。本题主要考查考生对“压缩”一词的理解。根据题干，在文中找到相关语句“吹气时嘴唇开口较小，气体经过了压缩，而当气体出去时又发生膨胀，压强减小，温度随之降低”，这句话中出现了转折关联词“而”，由此可知“气体经过了压缩”与“又发生膨胀”的意思相反。“膨胀”是二级词汇表中的词，有“体积增大”的意思，考生由此可以理解“压缩”一词并选出本题正确答案。

## • 解题策略与微技巧

考生应扎实掌握考试大纲词汇表中所列词语，以便在答题过程中尽量减少阅读障碍。在阅读的过程中，遇到不认识的词语是不可避免的，这些陌生的关键词一般不会孤立存在，文中通常都会有对此关键信息的进一步解释。考生需要仔细阅读上下文，逐步提高依据文章中的提示性词语来推测生词含义的能力。

## 利用文中同义互释的词语理解词义

阅读过程中遇到不认识的词语时，往往可以在上下文中找到一些意思相同或相近的表达，即解释说明性的词语或者句子，这些词句能够帮助考生理解陌生词语。

例 1：王晨有很多“驴友”，他们只要一有假期就会相约出行。他觉得自己很幸运，认识了这些爱旅游，特别是喜欢一起自助游的朋友。

例 2：越是有学问的人越是严谨。他们对所研究的问题总是小心求证，以免得出错误的结论。

例 1 中的“驴友”对考生来说是一个陌生的词语，下文的“他们”正是指代王晨和他的“驴友”，他们究竟是怎样的一类人？下文做出了解释：“爱旅游”“一起自助游”的朋友。

例 2 中，第一个句子给出了话题“有学问的人”，第二个句子是对“有学问的人”的进一步解释说明。因此，第一个句子中“严谨”一词的含义可以在后边找到相应解释，即“小心求证，以免得出错误的结论”。其中，“小心”是“严谨”的近义词。

## 利用文中反义对比的词语理解词义

在一些存在对比关系或转折关系的语境中，考生可以借助上下文中对比性的词语来理解陌生词语的词义，即可以在上下文中找到与陌生词语意义相反的表达。

例 3：这条街道过节的时候非常热闹，平时有些冷清。

例 4：李磊本想了解一下电脑的内部结构，却把家里的电脑拆坏了，不过爸爸不仅没有指责他，反而夸奖了他。

例 3 中，考生通过“过节的时候”“平时”这两个限制词语可知，前后两个分句表达的是两种情况的对比。因此，“热闹”与“冷清”也就存在词义上的对比，由“热闹”可推知“冷清”的意思。

例 4 中，考生从“反而”这个词可以推测出“夸奖”是“指责”的反义词，由此可以理解“指责”的词义，从而理解全句。

## 利用语义搭配推测词义

根据词语搭配来推测陌生词语的含义是阅读理解过程中推断词义常用的策略之一。一个陌生词语所表达的大致含义或其所属类别有时可以根据它与其他词语的搭配来推测。

例 5：冰岛足球队这位主力守门员还有另一个身份，他曾摄制过可口可乐在冰岛地区的广告及冰岛足球队的世界杯宣传片。

例6：这项工作固然有困难，但是只要大家齐心协力，就一定能够顺利完成。

例5中，通过助词“过”，考生可以推测“摄制”应该是一个动词。而“广告”“宣传片”这两个名词可以帮助考生大致猜出“摄制”与“拍摄”意思接近。

例6中，连词“但是”表示转折，据此考生可以推测第一个分句与后面的句子是转折关系。“虽然”常与“但是”搭配，因此可以推测“固然”与“虽然”意思相近。

## 专项训练

**一、请用同义释义的方法推测画线词语表达的意思。**

1. “月光族”一般是年轻一代。与父辈的消费观念不同，他们一个月的收入几乎都用在日常消费上，到了月底差不多都花光了。但他们中很多人有知识、有能力，对他们来说，花钱也是赚钱的动力。

   **A** 赚钱很少的人

   **B** 花钱很浪费的人

   **C** 挣多少花多少的人

2. 既然已经做出决定就不要再迟疑了，有时候反复想反而会耽误自己。

   **A** 拿不定主意

   **B** 反应比较慢

   **C** 没有任何想法

3. 春节的到来掀起了外地打工人员返乡的高潮，不少人已经乘坐各种交通工具踏上了回家的路。近日，海南出岛火车票紧缺，记者亲身体验了一次什么叫作“一票难求”。

   **A** 需求量小

   **B** 形势紧张

   **C** 供应量少

4. 小王是个网购达人，总能在网上发现一些物美价廉的商品，网购经验非常丰富，所以大家常常让小王推荐一些购物网站。

   **A** 在某方面非常专业的人

   **B** 常给别人介绍产品的人

   **C** 非常喜欢表达自己的人

5. 很多人爱上了徒步旅行，背上背包，只靠自己的双脚，一路走走停停，乐在其中。

   **A** 走路

B 快走

C 跑步

二、请用反义对比的方法推测画线词语表达的意思。

1. 这篇文章没有直接清楚地表达作者的观点，表述比较隐晦。

A 意思模糊

B 观点错误

C 思路清楚

2. 他为人处世一向精明，大家不明白为什么他偏偏在这件事上如此糊涂。

A 诚实明白

B 聪明仔细

C 认真努力

3. 如今，他深深地感到自己的动作迟缓了不少，不像年轻时那么敏捷了。

A 想法复杂

B 不够迅速

C 姿势奇怪

4. 父母最终还是理解了孩子的想法，没有再阻挠，而是选择了成全。

A 补偿某人的损失

B 为取得成功而努力

C 帮助某人达成愿望

5. 战争使这个国家的人民多年来一直颠沛流离，他们非常渴望过上安居乐业的生活。

A 生活悠闲，漫游世界

B 生活困苦，四处流浪

C 生活平淡，没有追求

三、请根据词语搭配推测画线词语表达的意思。

1. 每一位足球运动员都希望能有机会参加世界杯。

A 一种职业

B 一个节日

C 一种比赛

2. 当年，他率领“大黄蜂”在德国足球甲级联赛中取得了辉煌的成绩。

A 一支队伍

B 一种动物

C 一个地方

3. 在这部电影中，他成功地塑造了一个奉献者的形象，使这一角色得到了大家的敬佩与喜爱。

A 用语言描写

B 用表演创造

C 改变别人的评价

4. 她每天下午去健身房练一小时的瑜伽。

A 一种运动

B 一种职业

C 一种音乐

5. 这篇文章大力提倡低碳生活。

A 一种良好的生活方式

B 一种过时的生活观念

C 一种有害的生活习惯

# 第五单元

# 计时训练

# 阅读理解模拟试题（一）

## 第一部分

（15题，15分钟）

说明：36～50题，每一个句子中有一个或两个空儿，请你从所给的四个备选答案中挑选一个最适合填入空儿中的答案，并在代表正确答案的字母上画一横道。

36. 一到春天，迎春花、桃花、杏花、樱花等________都开了。

    **A** 不断

    **B** 陆续

    **C** 连续

    **D** 一连

37. 两组队员就“过程重要还是结果重要”这一题目进行了激烈的________。

    **A** 议论

    **B** 分辨

    **C** 辨别

    **D** 辩论

38. 这所学校得到了很多人的________捐助。

    **A** 慷慨

    **B** 感慨

    **C** 激动

    **D** 感激

39. 这个优秀的研发团队近年来取得了一系列________。

    **A** 恶果

    **B** 后果

    **C** 结果

    **D** 成果

40. 这个时间路况很好，一路________无阻。

    **A** 流利

    **B** 拥堵

    **C** 畅通

    **D** 堵塞

41. 这道题他想了很长时间，________要解出来。

    **A** 前后

    **B** 左右

    **C** 上下

    **D** 高低

42. 天色________暗下来了，广场上的灯亮了起来。

**A** 逐渐

**B** 逐步

**C** 一切

**D** 大多

43. 既然你不想见他，一会儿他来的时候你________一下吧。

**A** 返回

**B** 往返

**C** 回避

**D** 避免

44. 小李说话很________，总是直接表达自己的想法。

**A** 模糊

**B** 干脆

**C** 犹豫

**D** 仓促

45. 对台风登陆后持续时间长短的________，影响着我们今后对台风的预报能力。

**A** 收看

**B** 观看

**C** 观测

**D** 测验

46. ________大量植树种草________能防止水土流失。

**A** 无论　都

**B** 即使　也

**C** 只有　才

**D** 除了　还

47. ________他一直这样整天玩儿网络游戏，迟早有一天会把自己________了。

**A** 尽管　赢

**B** 虽然　输

**C** 假如　毁

**D** 倘若　疯

48. 他知道________昏迷会很危险，因此________让自己保持清醒。

**A** 陷入　拼命

**B** 治疗　不免

**C** 导致　不必

**D** 挽救　幸亏

49. 他凭着________而准确的判断，让自己的公司躲过了这场________。

**A** 勉强　考验

**B** 犹豫　失败

**C** 大胆　胜利

**D** 谨慎　危机

50. 这位科学家取得了________的成就，非常________。

**A** 卓越　了不起

**B** 伟大　看得起

**C** 有限　了不得

**D** 自豪　无所谓

## 第二部分

（25 题，25 分钟）

说明：51 ～ 75 题，每段文字后都有若干个问题，每个问题都有 **A B C D** 四个备选答案，请你阅读后根据每题的要求选出最恰当的答案，并在代表正确答案的字母上画一横道。

51 ～ 53

苹果可是一个大家族，品种有 100 多种。常见的“红富士”外形较圆，皮有光泽，水分多，味香甜，吃起来清脆可口。“黄香蕉”就如同它的名字一样，口感偏软，吃起来每一口都香嫩可口，并且留香持久。苹果家族的成员有一个共同的特点：它们喜欢肥沃的土壤和充足的阳光。它们耐寒、耐旱，对空气湿度要求较低，多生长在我国长江以北的地区。

苹果含有丰富的糖、维生素、矿物质等人体必需的营养成分，特别是富含锌元素。据研究，锌是人体内许多重要酶的组成部分，是促进生长发育的关键元素。人体内缺少锌元素会对记忆力产生不良影响。因此，苹果又被称为“记忆之果”。

【51】根据本文可知，“黄香蕉”：

**A** 水分丰富

**B** 口感清脆

**C** 香味持久

**D** 形状像香蕉

【52】关于苹果，下面说法正确的是：

**A** 适合阴凉环境

**B** 多生长在南方

**C** 干旱地区不宜种植

**D** 对空气湿度要求不高

【53】苹果被称为“记忆之果”是因为富含：

**A** 糖类

**B** 维生素

**C** 矿物质

**D** 锌元素

54 ～ 56

如果你是第一次体验 VR 眼镜，建议你到 VR 体验店去或者找一个人陪在你身边。因为戴上 VR 眼镜后，你可能会因为沉浸在虚拟世界里而不由自主地做出一些动作或行为，比如在房间里走动或者伸手乱摸等。此时的你由于看不到现实中的事物，很容易发生一些危险事故。

实际上，VR 眼镜的镜片具有和放大镜一样的特点——能够聚光，所以在使用手机 VR 眼镜时，千万不要把它暴露在阳光下，不然你的手机很有可能会冒烟自燃。此外，VR 产品制造商声明：3 岁以下的儿童不能使用 VR 眼镜；有癫痫史的人不能玩儿 VR 游戏，因为游戏中一些闪烁的图案或刺激性的闪光会诱发光敏性癫痫的发作。

【54】根据本文，戴上 VR 眼镜后：

**A** 不要做任何动作

**B** 看到的不是现实世界

**C** 应该一个人到处走走

**D** 周围环境会变得更清楚

【55】根据本文，不适合使用 VR 眼镜的人群包括：

**A** 行动不便的人

**B** 眼睛近视或远视的人

**C** 对阳光或闪光敏感的人

**D** 3 岁以下儿童及有癫痫史的人

【56】本文主要介绍了：

**A** VR 眼镜的设计原理

**B** VR 眼镜的结构特点

**C** VR 眼镜使用注意事项

**D** VR 眼镜对健康的影响

57 ～ 60

一只老狐狸无意间经过一个葡萄园。凭着多年的经验，它闻出园子里的葡萄品种很特别，是自己从未吃过的极品。它发誓一定要吃到这里的葡萄，可转了两圈也没找到入口，只发现一个小洞。那洞口实在太小，它无法顺利通过。想了许久，老狐狸做出一个决定：绝食减肥。

经过三天的绝食，这只老狐狸真的瘦了下来，它可以从小洞进入葡萄园了。如它所料，这里的葡萄是目前为止它吃过的最好的。于是它放开肚子吃了整整三天。在它准备离开时，一个新的问题出现了：由于吃了太多葡萄，它又胖了，无法再从小洞出去。它只好再次绝食，这次比上次还多花了一天时间。它终于变得和刚进来时一样瘦小，成功地从小洞钻了出去。

回家后，它把吃葡萄的经历告诉了同伴，并问它们："这事做得值不值？"其中一只狐狸说："你胖了多少就瘦了多少，等于什么都没吃，还冒着生命危险，当然不值。"另一只则说："你虽然担了不少风险，但你吃到了自己从未吃过的葡萄，当然值得。"

【57】根据本文，葡萄园里的葡萄：

A 品种很特别

B 没有吸引力

C 味道比较酸

D 老狐狸以前尝过

【58】根据本文，葡萄园：

A 入口锁上了

B 围墙比较矮

C 有一个小洞

D 有人在看守

【59】老狐狸为什么要绝食？

A 想从小洞通过

B 要轻松地跳上围墙

C 对自己的身材不满意

D 为了能吃下更多的葡萄

【60】老狐狸第二次绝食用了几天？

A 两天

B 三天

C 四天

D 六天

61～64

西红柿可以生吃，但必须选择完全成熟的。外表仍呈青色、未成熟的西红柿不宜生食，因为未成熟的西红柿有一定毒性，食用后使人口腔发涩，胃部不适，甚至会出现头晕、呕吐等中毒反应。西红柿熟吃，不宜烧煮得太久，烧煮时间过久会造成维生素 C 的大量流失。此外，西红柿不宜在空腹时吃。人在空腹时胃酸分泌量增多，西红柿中的一些物质容易与胃酸发生反应，从而引起胃胀、胃痛。由于饭后胃酸已与许多食物混合，其浓度不大，因此很少会发生上述反应。

西红柿做菜以制成西红柿汤为好。西红柿入汤，苹果酸和柠檬酸被溶解于汤中，可以促进胃液对脂肪、蛋白质的消化，所以吃了油腻食物后喝点儿西红柿汤很有好处。西红柿中的番茄素可以抑制一些细菌和真菌，有治疗口腔炎症的作用。炎热的夏天，在西红柿汤中加入 0.5% 的食盐当茶喝，有清热解暑的功效。中医认为西红柿性寒，患有急性胃肠炎的病人不宜食用，以免加重病情。

【61】关于生吃西红柿，下面说法正确的是：

**A** 有一定的毒性

**B** 是不科学的吃法

**C** 必须吃完全成熟的

**D** 应该选用半红半青的

【62】关于西红柿熟吃，下面说法正确的是：

**A** 烧煮时间要够久

**B** 宜制成西红柿汤

**C** 会引起胃胀、胃痛

**D** 不利于维生素 **C** 吸收

【63】本文主要介绍了西红柿的：

**A** 做法

**B** 功效

**C** 食用方法

**D** 挑选方法

【64】根据本文，下面哪种做法不科学？

**A** 空腹吃生西红柿

**B** 急性胃肠炎患者忌食

**C** 在西红柿汤中加入 0.5% 的食盐

**D** 吃了油腻食物后喝点儿西红柿汤

65～67

鲁迅年少时酷爱读书，在进“三味书屋”学习之前，他在启蒙老师——一位远房叔祖父那里看了很多不带图的书。老师说有一本绘图的《山海经》，画着人面的兽、九头的怪物等，可惜一时找不到了。这么有趣的一本书可把鲁迅吸引住了，他念念不忘，把保姆长妈妈也感动了。长妈妈虽不识字，却想办法给他买到了那本书。鲁迅欣喜若狂，赶紧打开纸包看了起来，这是鲁迅得到的第一本心爱的书。

去学堂念书后，鲁迅凭着极强的理解力和记忆力，加之刻苦地学习，几乎回回都得第一。对于小考成绩优异的学生，学堂会发三等奖章，学生积累够一定数量的三等奖章便可换成头等金质奖章。鲁迅是班里唯一获得过金质奖章的学生，但他却把奖章卖了，买来许多优秀的图书。在他看来，他不需要任何满足虚荣的物品，图书比奖章更有用。鲁迅一生写了很多优秀的作品，内容深刻，笔法冷峻、简练。有人说这一成就来自鲁迅的天赋，鲁迅却感慨道：“哪里有天才？我是把别人喝咖啡的时间都用在了工作上。”

【65】根据本文，鲁迅第一本心爱的书是：

**A** 无图版《山海经》

**B** 启蒙老师送给他的

**C** 保姆长妈妈买给他的

**D** 在“三味书屋”读到的

【66】鲁迅为什么要卖掉金质奖章？

**A** 换钱补贴家用

**B** 不喜欢收藏奖章

**C** 换钱买优秀的书籍

**D** 满足自己的虚荣心

【67】鲁迅认为自己能写出优秀作品的原因在于：

**A** 节俭

**B** 天分

**C** 勤奋

**D** 虚荣

68～71

碧波荡漾的海洋里，一条大鱼迅速朝一条小鱼游过来。它并没有吃掉小鱼，而是在小鱼面前停住了，还张开大嘴。小鱼立即钻进大鱼嘴里，几分钟后小鱼又游出来，消失在海洋中。

原来，这种小鱼叫“清洁鱼”，是个鱼医生，它到大鱼嘴里是去吃寄生虫的。小鱼把寄生虫当作美食的同时，还可以帮助大鱼解除病痛，这在生物学上称作“共生”。说来有趣，患病的鱼类和鱼医生的关系相当和谐。凡接受治疗的鱼必须老老实实地“站”在鱼医生面前，张开嘴巴让鱼医生进入嘴里。如果在治疗中有凶猛的动物游过来，这时被治疗的鱼会先把鱼医生带到安全的地方，然后再与凶猛动物决一死战，决不让小医生遭受残害。有时鱼医生的“生意”相当兴隆，病鱼排着长长的队伍，等待鱼医生的治疗。尽管“患者”着急，鱼医生可从不急，总是不慌不忙、精心地工作着。

令人不解的是：这些鱼类在接受治疗的同时会改变身体的颜色，比如由浅色变为红色，或由银色变成古铜色……这是不是在告诉鱼医生自己哪儿不舒服呢？这个问题还有待动物学家进行解答。

【68】根据本文，“清洁鱼”是：

**A** 体形庞大的鱼

**B** 净化海水的鱼

**C** 为大鱼缓解病痛的鱼

**D** 寄生在大鱼嘴里的鱼

【69】鱼医生是怎样治病的？

**A** 清洁周围的海水

**B** 被患病的大鱼吃掉

**C** 和病鱼生活在一起

**D** 到病鱼嘴里吃寄生虫

【70】如果鱼医生在治疗时受到威胁，病鱼会：

**A** 保护鱼医生

**B** 吞下鱼医生

**C** 带鱼医生一起逃走

**D** 老老实实待在原地

【71】病鱼在接受治疗的时候：

**A** 很凶猛

**B** 很好斗

**C** 对鱼医生很不友好

**D** 会改变身体的颜色

72 ～ 75

一群学生正讨论着几分钟后就要开始的考试，这是他们毕业前的最后一次测验。他们信心满满，感觉可以征服整个世界。教授说过，他们可以带任何书或笔记，要求只有一个，就是不能在考试的时候相互讨论。当拿到试卷的他们注意到只有五道题目时，他们脸上的笑容更加灿烂了。

三个小时过去了，教授开始收试卷。学生们不再自信，他们看起来很惊慌，没有一个人说话。教授手里拿着试卷，看着眼前那一张张焦急的面孔，问道："完成五道题目的有多少人？"没有一只手举起来。"完成四道题的有多少？"仍然没有人举手。"三道题？两道题？"还是没有人举手。"那一道题呢？当然有人完成一道题的。"但整个教室仍然很安静。

教授放下试卷说："这和我预想的结果差不多，我只想让你们懂得一个道理：即使你们已经完成了四年专业课的学习，关于这门学科，仍然有很多东西你们还不知道。这些你们暂时无法回答的问题是与每天的生活实践相联系的。"他微笑着补充道，"你们都会通过这门课程，但要记住——当你们走出校园的时候，你们新的学习生涯才刚刚开始。"

【72】这次考试，教授不允许：

**A** 翻阅书籍

**B** 参考笔记

**C** 提前交卷

**D** 随便说话

【73】考试结束以后，学生们：

**A** 兴高采烈

**B** 非常自信

**C** 惊慌失措

**D** 垂头丧气

【74】考试的结果怎么样？

**A** 学生们答得很出色

**B** 个别学生完成了四道题

C 没有人能回答出一道题

D 教授对学生的表现很失望

【75】这次考试，教授的意图是：

A 提醒学生学无止境

B 不让学生通过考试

C 给学生们一个教训

D 让学生们能记住他

# 阅读理解模拟试题（二）

## 第一部分

（15 题，15 分钟）

说明：36 ～ 50 题，每一个句子中有一个或两个空儿，请你从所给的四个备选答案中挑选一个最适合填入空儿中的答案，并在代表正确答案的字母上画一横道。

36. 这道题________应该用什么方法去解，大家讨论了很久也没有想出答案。

**A** 仍然

**B** 果然

**C** 究竟

**D** 毕竟

37. 这个故事虽然简短，却________着深刻的道理。

**A** 包含

**B** 包围

**C** 包裹

**D** 包装

38. 小李平时训练一向刻苦，这次比赛能拿到第一名的好成绩是________的。

**A** 意外

**B** 必然

**C** 特殊

**D** 优异

39. 请原谅他的错误，对别人造成伤害不是他的________。

**A** 本领

**B** 本事

**C** 本身

**D** 本意

40. 这张桌子搬到其他房间吧，放在这里有点儿________。

**A** 重复

**B** 碍事

**C** 复杂

**D** 不利

41. 老照片________让人回忆起过去的时光。

**A** 不免

**B** 不必

**C** 不曾

**D** 不止

42. 地震发生之前，某些动物________会有异常的反应。

A 时时

B 处处

C 天天

D 往往

43. 很多餐厅都贴着“光盘行动”的宣传语，提醒人们节约粮食、________浪费。

A 放弃

B 杜绝

C 改变

D 粉碎

44. 小王毕业后找到了一份满意的工作，有了________的收入。

A 稳定

B 安定

C 悠闲

D 忙碌

45. 老王善于________商机，很有经商头脑。

A 鉴定

B 战胜

C 捕捉

D 俘虏

46. 他刚到这个城市的时候，________一个能说话的朋友________没有。

A 连　也

B 既　也

C 尽管　都

D 假如　都

47. ________他们已经决定要搬走了，我们也不便________。

A 要不　反问

B 不但　发火

C 虽然　干涉

D 既然　阻拦

48. 为了________冠军，队员们________拼搏。

A 赢得　放弃

B 贡献　不断

C 夺取　竭力

D 享受　极端

49. 经过________的计算和思考，专家们终于解决了这个________。

A 严格　矛盾

B 严密　难题

C 紧密　障碍

D 紧急　疑问

50. 我认为他是个非常________的人，一般________别人怎么看他。

A 骄傲　无所谓

B 自信　不在乎

C 谦虚　不得了

D 实在　不见得

## 第二部分
（25 题，25 分钟）

说明：51 ～ 75 题，每段文字后都有若干个问题，每个问题都有 **A B C D** 四个备选答案，请你阅读后根据每题的要求选出最恰当的答案，并在代表正确答案的字母上画一横道。

51 ～ 53

休渔是指为了让海洋中的鱼类有充足的繁殖和生长时间，每年在规定的时间内禁止任何人在规定的海域内捕鱼。多年的实践证明，休渔保护了主要经济鱼类的亲体和幼鱼资源，使海洋渔业资源能够休养生息，具有明显的生态效益。渔船在休渔期间也节约了生产成本，休渔结束后，捕获物产量增加，质量提高，达到了捕获更多鱼类的目的。休渔期一般在夏季，因为夏季是海洋中的主要经济鱼类繁育和幼鱼生长的重要时期。各海区、水域每年的休渔期是不固定的，不同海区的鱼类繁殖期不同造成了这种差异。

【51】关于休渔，下面说法正确的是：

**A** 指常年不允许捕捞

**B** 能够丰富海洋物种

**C** 能使渔业资源得到保护

**D** 主要针对的是捕鱼大户

【52】休渔对渔民来说有什么好处？

**A** 节约生产成本

**B** 得到更多的渔船

**C** 获得主管部门补贴

**D** 有助于提高捕鱼技巧

【53】关于休渔期的时间安排，下面说法正确的是：

**A** 夏季统一时间休渔

**B** 具体时段因地而异

**C** 选择鱼类总数量最少时

**D** 选择渔民需休养生息时

54 ～ 56

晋代文学家左思小时候非常顽皮，不爱读书，父亲经常为这事发脾气。有一天，父亲与朋友们聊天儿，朋友们都羡慕他有个聪明可爱的儿子。父亲叹口气说："小儿左思的学习还不如我小时候，看来是没有多大的出息了。"这些话被小左思听到了，他非常难过，觉得自己不好好念书确实很没出息。于是，他下定决心，一定要刻苦学习。

左思坚持不懈地发愤读书，长大后终于成为学识渊博的人。他计划以三国时期魏、蜀、吴首都的风土、人情、物产为内容撰写《三都赋》。为了在内容、结构、语言等方面都达到较高水平，他潜心研究，废寝忘食，用了整整十年时间，终于完成了文学名作《三都赋》的撰写。

《三都赋》面世后，受到大家的好评，由于当时还没有发明印刷术，喜爱《三都赋》的人只能争相抄阅。因为抄写的人太多，京城洛阳的纸张供不应求，一时间全城纸价大幅度上升，这就是成语"洛阳纸贵"的由来。

【54】左思小时候不爱读书，父亲对此：

**A** 不在乎

**B** 很惭愧

**C** 很失望

**D** 很羡慕

【55】听了父亲的话，左思：

**A** 很不服气

**B** 开始学习写文章

**C** 认为父亲说得不对

**D** 认识到自己的错误

【56】"洛阳纸贵"是因为：

**A** 印刷术的发明

**B**《三都赋》内容较长

**C** 很多人都在传抄《三都赋》

**D** 喜欢《三都赋》的读者众多

57 ～ 59

出生于篮球世家的姚明小时候并不喜欢篮球，在小学的一次运动会上，姚明生平第一次投篮时出丑了，"大个子"姚明投出的篮球因碰到篮筐而弹出，反而是一位同学利用"倒马桶"招式把篮球托进篮筐。“真是太没面子了！”姚明至今还记得当时在同学们面前狼狈的样子。

姚明9岁时，父母送他去体校练篮球。在教练李章民的指导下，小姚明开始正式接受篮球训练，这一练就是5年。而每当休息日回到家，姚父就在宿舍前的旧车棚边与姚明玩儿篮球，还常用一些小礼物来奖励姚明的进步。姚明曾说，他是在父亲的“引诱”下走上篮球道路的。

小时候的姚明除了身高，最大的优势是认真。勤奋出天才，姚明基于身高优势的篮球天赋慢慢得到开发，他很快从普通班跳到了重点班。13岁那年，姚明身高超过2米，他离开家住进了上海体育运动技术学院的宿舍，就此揭开了个人职业球员生涯的序幕。

【57】关于姚明第一次投篮，我们知道：

A 没有投中

B 姚明当时9岁

C 同学们觉得没面子

D 用的是“倒马桶”式

【58】姚明什么时候开始正式接受篮球训练？

A 4岁

B 9岁

C 13岁

D 14岁

【59】根据本文，姚明走上篮球道路主要是因为：

A 家庭的影响

B 自己的爱好

C 教练的鼓励

D 学校的推荐

60～63

“明明是第一次见，怎么感觉好像在哪儿见过？”——大多数人都曾有过这样的“既视感”，不知道这是前世记忆还是对未来的预知能力。“既视感”又叫幻觉记忆，据调查，有三分之二的健康人群都出现过“既视感”。这一现象在喜欢旅行、看电影的人群中更为频发，年轻人也比年长者更容易出现这种感觉。

脑科学界一般将这种现象归结为记忆储存的短暂混乱，尤其是在我们感到疲劳、压力大时，更容易出现记忆混乱，会将前几毫秒刚获得的信息当成久远的回忆，从而对接下来的经历产生似曾相识的感觉。对于经常旅行的人来说，眼前的场景总在变换，陌生的信息不断涌入大脑，但我们并不能记住所有的经历，某些被我们略过或者忘得差不多的场景可能会在大脑中留下残存记忆，当遇到类似情景时便会被触动。

医学上认为“既视感”可能是左右脑信息处理不协调所致。许多癫痫患者会频繁地产生“既视感”。

【60】根据本文，脑科学界认为“既视感”是：

A 前世记忆

B 记忆混乱

C 预知能力

D 大脑病症

【61】什么时候容易发生“既视感”？

A 做梦时

B 旅行时

C 疲倦时

D 看电影时

【62】医学界认为“既视感”发生的原因是什么？

A 大脑的衰老

B 记忆变得模糊

C 左右脑信息处理不协调

D 大脑曾受到过某种外伤

【63】关于“既视感”，下面说法正确的一项是：

A 发生在少数人身上

B 药物可以治疗“既视感”

C 老年人的“既视感”更强

D 癫痫患者容易发生“既视感”

64 ～ 67

周星驰的喜剧风格被称为“无厘头”，即突然而来的插科打诨（指戏曲演员在演出中穿插滑稽的谈话和动作引人发笑），配上反传统、无规律可循的夸张动作。当年有很多香港观众喜欢并接受他的“无厘头”喜剧，人们认为香港生活节奏快、压力大，因而市民需要以笑减压。后来，周星驰的作品慢慢传入内地，他的“无厘头”风格成为内地和香港观众共同欣赏的艺术佳品。

当学者们争相阐释“周星驰现象”并为之贴上“后现代主义”标签的时候，周星驰说得很直白，他不知道什么叫“后现代主义”，但他明白电影是一种大众传播媒介，大众化的艺术就是最通俗的艺术。他拍《大话西游》不是因为有什么高深的思考，而是因为没有钱将那么伟大的《西游记》整部演出来，所以就拍了省钱的喜剧。因此，搞传播理论或表演艺术的人，可以从“周星驰现象”得到有益的启发：最优秀的大众传播艺术就是最通俗的大众艺术。

【64】根据本文我们知道，“无厘头”：

A 观赏性不太高

B 来自传统的戏曲

C 是庸俗的表演方式

D 是一种搞笑的方式

【65】香港观众喜欢周星驰的“无厘头”是因为：

A 受到别人的推荐

B 他的表演实力强

C 人们需要以笑减压

D 他展示了后现代主义

【66】根据本文，周星驰认为自己的电影：

A 主题深刻

B 有学术研究价值

C 是大众化的通俗艺术

D 适合压力大的年轻人

【67】周星驰为什么拍《大话西游》？

A 想获得观众们的肯定

B 为了省钱而拍了喜剧

D 是对后现代主义的思考

C 为了进军内地的电影市场

68 ～ 71

20 世纪 60 年代初，全球疟疾疫情难以控制。此时，正值美越交战，两军深受其害。美国不惜投入大量人力、财力，最终也未能找到理想的药物。越南则求助于中国，但当时中国还没有可以治疗疟疾的药，于是研制药物的任务就交给了科学家屠呦呦。

屠呦呦为了能帮患者早日恢复健康，查阅了大量医药古籍，每天不停地做实验。因为没有时间照顾孩子，她只能把孩子送去亲戚家。

一天，屠呦呦在书中看到一个古方，她利用古方中的草药做实验，最终提取了一种叫“青蒿素”的药物。她把青蒿素用在患病的小白鼠身上，发现一些小白鼠病好了，还有一些没好。随后，她又对青蒿素做了许多改良和试验，并把自己作为试验对象。用药后经过一段时间的观察，她的各项指标都很正常，这代表她的实验成功了！

最终，青蒿素被用于千千万万疟疾患者的治疗中，帮他们恢复了健康。屠呦呦也因此成为中国第一个获得科学类诺贝尔奖的人，成为最伟大的科学家之一。

【68】根据本文，当年越南向中国求助时：

**A** 越南战争刚刚结束

**B** 中国正在研究青蒿素

**C** 疟疾还只在军队中传播

**D** 中国没有治疗疟疾的药物

【69】根据本文可知，青蒿素：

**A** 以前是不存在的

**B** 只能用来治疗疟疾

**C** 它的发现源于医药古方

**D** 实验时治好了所有的小白鼠

【70】根据本文，下面说法正确的一项是：

**A** 青蒿素第一次实验就成功了

**B** 屠呦呦曾在自己身上试验青蒿素

**C** 屠呦呦一边研究青蒿素一边照顾孩子

**D** 屠呦呦是第一位获得诺贝尔奖的中国人

【71】下面哪一项最适合做本文的标题？

**A** 屠呦呦与青蒿素

**B** 疟疾的治疗方法

**C** 屠呦呦与诺贝尔奖

**D** 青蒿素的试验与改良

72 ～ 75

绿色包装设计的内涵在于环保意识、人类自身健康安全意识、可持续发展的设计思想，体现了自然、舒适、简约的设计理念。它从环境保护的角度出发，旨在通过设计创造一种无污染、有利于人类健康及生存繁衍的生态环境。因此，绿色包装设计不仅仅是一种技术层面上的考虑，更重要的是一种观念上的变革，它要求设计师放弃那种在产品外观设计上标新立异的做法，将重点放在真正的创新上面，用更简洁、持久的造型尽可能地延长产品的使用寿命，同时传达绿色、人文的理念。

一方面，绿色包装设计可以大大缓解资源危机和污染防治的双重压力。例如某百货业协会委员会制订的百货业包装的标准：包装原材料或成器不能危害人体健康，尽量少用废弃后难降解的包装材料；尽量减小包装体积，容器内空闲体积不应超过产品体积的两倍。该委员会还力主采用最简单的包装方式，甚至要求向零包装方向努力。另一方面，绿色包装设计的影响更体现在这种设计不断向人们传递“关爱环境，关爱健康”的理念，引导人们选择有益于身心健康的生活方式。

【72】关于绿色包装设计理念，我们知道：

**A** 追求标新立异

**B** 强调外观设计

**C** 材料结实耐用、设计复杂

**D** 提倡健康、自然、可持续发展

【73】下面符合绿色包装设计理念的一项是：

**A** 设计繁复精美

**B** 造型简洁持久

**C** 使用一次性材料

**D** 包装材料难降解

【74】关于包装，某百货业协会委员会的主张是：

**A** 包装材料低毒

**B** 不用难降解的材料

C 向不用包装的方向努力

D 产品体积不超过包装体积的两倍

【75】本文主要介绍了：

A 百货业包装的标准

B 可持续发展与环境保护

C 绿色包装设计的理念及影响

D 包装材料的选择与包装设计

# 阅读理解模拟试题（三）

## 第一部分

（15题，15分钟）

说明：36～50题，每一个句子中有一个或两个空儿，请你从所给的四个备选答案中挑选一个最适合填入空儿中的答案，并在代表正确答案的字母上画一横道。

36. 虽然蓝队分数远远落后于红队，但是赛场上蓝队的队员们并没有________放弃。

**A** 始终

**B** 终于

**C** 轻易

**D** 宁可

37. 这座园林________了东方和西方建筑的特点。

**A** 连接

**B** 联合

**C** 联络

**D** 融合

38. 这两家公司已合作多年，但最近因为一些问题引发了________的矛盾。

**A** 尖锐

**B** 锋利

**C** 恶劣

**D** 厉害

39. 阅读是我们获取知识的一个重要________。

**A** 任务

**B** 途径

**C** 用途

**D** 目的

40. 这项工作很关键，最好找一个做事比较________的人负责。

**A** 稳妥

**B** 恰当

**C** 激烈

**D** 粗鲁

41. 在家人的竭力________下，他放弃了去外地工作的想法。

**A** 勉励

**B** 控制

**C** 动员

**D** 劝阻

42. 大火不但没有被扑灭，________越烧越猛了。

A 尤其

B 连忙

C 反而

D 尽快

43. 中国政府________代表团参加了这次国际会议。

A 召开

B 安置

C 开动

D 派遣

44. 老北京四合院是一种________民居，体现了中国北方民居的建筑特色。

A 榜样

B 适当

C 典型

D 通俗

45. 听到这个意外的消息，人们都惊呆了，浑身的血液仿佛都________了。

A 结合

B 凝固

C 轮流

D 固定

46. ________我们马上去登门向他赔礼道歉，________他是不会再理我们的。

A 要是　就

B 只有　才

C 因为　所以

D 除非　否则

47. ________我们无法确定这幅画作的真假，不如找专家________一下。

A 假如　操纵

B 即使　参谋

C 既然　鉴定

D 无论　测算

48. 他在之前那家公司________了不公正的对待，因此________辞掉了工作。

A 遭遇　毅然

B 接受　好歹

C 经历　即将

D 体会　屡次

49. 由于自己________的决定导致实验失败，他向大家做了深刻的________。

A 关键　歉意

B 荒唐　建议

C 片面　劝告

D 草率　检讨

50. 他心里很________，诚心诚意地想跟别人合作，却四处________。

A 遗憾　不在乎

B 不幸　伤脑筋

C 委屈　碰钉子

D 愤怒　看不起

## 第二部分
（25 题，25 分钟）

说明：51 ～ 75 题，每段文字后都有若干个问题，每个问题都有 **A B C D** 四个备选答案，请你阅读后根据每题的要求选出最恰当的答案，并在代表正确答案的字母上画一横道。

51 ～ 53

袁隆平高中毕业后，父亲希望他报考南京的重点大学，日后学成可以进政府部门工作。此时 19 岁的袁隆平已经有了自己的见解。他想：第一，父亲希望自己能升官发财、光宗耀祖，可自己对此毫无兴趣；第二，他想赴重庆求学，8 年的山城生活让他对重庆有着深厚的感情；第三，在小学阶段，一次参观园艺场时，他对生机勃勃的花、草、果、木和大自然春华秋实的变化规律产生了浓厚的兴趣。于是，他对父母说："还是让我报考农学院吧！"

善良的母亲讲出了自己的想法："隆平，爸爸的意见你再认真考虑考虑，当然最后还得由你自己做主。"父亲熟悉袁隆平的个性，既然儿子立志学农，他也不好再提反对意见了。袁隆平就这样如愿报考并考取了四川重庆相辉学院的农学系，高高兴兴地跳进了"农门"。后来，袁隆平成了"一颗种子改变世界"的杂交水稻之父。

【51】袁隆平的父亲希望他报考哪里的大学？

**A** 北平

**B** 南京

**C** 重庆

**D** 四川

【52】关于袁隆平的母亲，我们知道：

**A** 反对儿子报农学院

**B** 与丈夫的意见一致

**C** 很尊重儿子的选择

**D** 希望儿子服从父亲

【53】袁隆平报考农学院是受什么的影响？

**A** 父亲的建议

**B** 母亲的想法

**C** 儿时的兴趣

**D** 山城的美食

54 ～ 56

2019 年 6 月 17 日，四川省长宁县发生 6.0 级地震。成都高新减灾研究所的大陆地震预警网提前 61 秒向成都预警，提前 10 秒向宜宾预警。这是怎么做到的呢？

地震发生时会产生地震波，地震预警仪探测到地震波后，以电波的形式传到地震预警中心，地震预警中心分析处理数据后通过网络向外界发出预警信号。由于电波比地震波传播速度快，在地震造成破坏前，预警系统可以提前几秒到几十秒为用户发出全自动秒级响应的地震预警警报。不要小看这几秒到几十秒的时间，研究表明：预警时间为 3 秒时，可减少 14% 的伤亡；预警时间为 10 秒时，可减少 39% 的伤亡；预警时间为 20 秒时，可减少 63% 的伤亡。

一般民众可直接在手机应用市场下载并安装“地震预警”应用软件，在设置好相关参数后，便能在第一时间知悉地震发生情况。

【54】地震预警仪是通过什么传递地震信息的？

**A** 广播

**B** 网络

**C** 电波

**D** 地震波

【55】根据本文，宜宾市提前收到了地震预警，减少的伤亡约：

**A** 14%

**B** 39%

**C** 61%

**D** 63%

【56】普通民众如何获得地震预警？

**A** 及时上网了解相关信息

**B** 通过媒体关注相关新闻

**C** 关注地震预警中心公告

**D** 下载安装相关手机软件

57～59

世界卫生组织曾指出，全球近50%的年轻人正面临着听力受损的风险。据调查，年轻人戴耳机不一定是为了听到耳机内的世界，也可能是为了隔绝耳机外的世界。对当代青年来说，聋并不可怕，勉强自己与人聊天儿才可怕。哪怕冒着“残疾”的风险，他们也要让耳机成为继手机之后人体的第二大体外“器官”。因此，未来智能耳机市场规模的持续增加几乎是板上钉钉的事，为用户打造一个能够保护听力的“金钟罩”是耳机行业的发展趋势。其实，耳机的这一功能在日本早有体现。数据显示，2018年日本市场销售量最高的某款耳机，就是在减少外界低频噪声的基础上，大幅提升了对人声等高频噪声的主动降噪。

【57】当代年轻人喜欢戴耳机是因为：

A 耳机能保护听力

B 想要隔开外界社会

C 是社会的流行趋势

D 想让耳机变成人体“器官”

【58】根据本文，下列哪类人可能更喜欢戴耳机？

A 听觉发达的人

B 离不开手机的人

C 喜欢高科技的人

D 不爱与人聊天儿的人

【59】文中提到的日本某款耳机为什么销量很好？

A 价格非常便宜

B 对听力没有损害

C 能帮人恢复听力

D 可以降低高频噪声

60～63

我有一个朋友，她逛街有一个习惯：不管看中什么商品，都要伸手去摸一摸。对此，我很是不解，便问她这样做的原因。她说：“摸一摸其实是在拖时间，让自己冲动的内心冷静一下，盘算到底要不要买，怎么讲价。”“原来如此。”我心中暗暗佩服。

我们在消费时，为了避免冲动消费，只要养成“摸一摸”的习惯就可以了。生活中，我们还会产生其他各种各样的情绪：遇到不顺心的事情时，我们会抱怨；与别人产生矛盾时，我们会生气；遇到挫折时，我们会沮丧……如果我们能够对所有情绪、念头一视同仁，起心动念时，都先给自己一个缓冲期，让自己降降温，然后再以比较恰当的方式处理冒出来的情绪，就可以成功地控制情绪，避免给自己和他人造成麻烦。

【60】看到感兴趣的商品，朋友会先做什么？

A 伸手去摸一摸

B 想想怎么砍价

C 了解商品质量

D 弄清商品材质

【61】对朋友逛街的习惯，"我"最初的态度如何？

A 很感兴趣

B 不太明白

C 心中佩服

D 觉得有趣

【62】听了朋友对自己特殊习惯的解释后，"我"的态度如何？

A 不太赞同

B 认为有理

C 非常羡慕

D 有些怀疑

【63】这个故事主要想告诉我们什么？

A 脾气暴躁的原因

B 活着就会有情绪

C 应该向朋友学习

D 要冷静面对情绪

64 ～ 67

研究发现，在我们醒着的时间里，至少有一半时间要贡献给走神儿，或者说"思想漫游"。一位研究者给学生做了个 45 分钟的阅读测试，让他们读一本书的片段，发现自己走神儿就按键。结果发现，在此期间学生平均走神儿 5.4 次。为了进一步考验他们的注意力，第二次测试时，学生中途被随机打断了 6 次，这让他们的平均走神儿次数又增加了 1.2 次。研究指出，不管我们喜欢与否，走神儿都是我们人类天生就具有的能力。如果你能思想漫游，那么，恭喜你是一个“合格的人”。

科学家发现，走神儿时大脑的血流只比精神集中时低 5 ～ 10 个百分点，而活跃区域的面积比精神集中时还要大。所以走神儿时的大脑并不是一个空无一物的荒原，它更像一个小镇，当小镇中心举办的足球赛吸引了大量人群时，其他人还是可以在小镇上四处闲逛的。

越来越多的研究发现，思想漫游也许会赋予我们更多的创造力。在几千年的科学史和文学艺术史中，古今中外的科学家、艺术家为我们示范了思想漫游带来的高光时刻。

【64】在阅读测试中，学生发现自己走神儿时要：

**A** 被打断

**B** 马上按键

**C** 让思想漫游

**D** 重新开始测试

【65】根据本文，走神儿时的大脑是怎样的？

**A** 一片空白

**B** 血流量极低

**C** 活跃区域更大

**D** 思考能力下降

【66】走神儿的好处是什么？

**A** 提高智力

**B** 提高注意力

**C** 增强创造力

**D** 增强理解力

【67】关于走神儿，下面哪一项是正确的？

**A** 醒着时很少发生

**B** 对人类有一定害处

**C** 是人类特有的能力

**D** 是通过学习才获得的能力

68 ～ 71

有研究者发现：红色的办公室能使办公人员保持精力充沛或紧张的状态，使工作效率提高；而蓝色的办公室则会产生相反的效果，使工作效率降低。他们推测：颜色温暖的光波，比如红光，拥有更长的波长，可能会产生更强的刺激性；而冷色调的光波，比如蓝光，波长较短，可能会降低机体的活跃度。另一种看法认为这可能与不同光波的振动水平有关，明亮的颜色会产生更强的振动效应，使人更积极。

关于颜色，还有另外一些有趣的心理效应：足球比赛中，穿黑色队服的运动员更容易被警告；暖色调的安慰剂比冷色调的安慰剂更有效……基于颜色对情绪的作用，心理学家设计出了情绪轮盘，被作为设计师配色的重要参考。

不过也有许多心理学家认为，颜色所产生的心理效应可能被夸大了，有的缺乏确凿的实验数据。对于颜色的反应往往因人而异，一些不同的感受可能根植于不同的文化传统中。例如作为婚礼主色调的白色，在西方人看来是美好圣洁的，但对于国人尤其是老一辈人来说，往往与葬礼相联系。

【68】根据本文，颜色温暖的光波：

**A** 更容易被眼睛看见

**B** 波长比冷色光要长

**C** 刺激性不如冷色光

**D** 会降低机体活跃度

【69】关于明亮的颜色，下面哪一项是正确的？

**A** 振动水平较高

**B** 让人变得消极

**C** 刺激人的情绪

**D** 波长都比较长

【70】根据本文，下面哪一项是正确的？

**A** 冷色调的安慰剂效果更好

**B** 人们对颜色的感受有差异

**C** 黑色的衣服能让人更加冷静

**D** 有关颜色的心理研究都有科学依据

【71】本文主要讲的是：

A 怎样选择颜色

B 眼睛如何感知色彩

C 颜色产生的心理效应

D 文化对颜色感受的影响

72 ～ 75

要想了解中国动画片，必须先来认识一下中国动画片的开山鼻祖——万氏兄弟。喜爱美术的万氏兄弟在第一次接触到动画片时，就确立了做动画人的志向。然而当时所有的动画技术都掌握在欧美人手中，而且封锁严密。在多次给欧美动画制作人写信寻求援助无果后，万家老大万籁鸣决心带着弟弟攻克这个难题。

万氏兄弟摸索了 4 年，经过数百次失败的试验，终于掌握了动画片的基本技术。1926 年，万氏兄弟制作出中国第一部动画片《大闹画室》，虽然是只有 10 分钟的默片，却做到了真人与动画的结合。随后，万氏兄弟几年内又陆续制作了近 20 部动画片，这些动画片大多是模仿美国动画的风格，并未引起太多人的注意。万籁鸣意识到，要想使中国的动画事业具有生命力，就必须立足于本民族传统的土壤。

1937 年抗日战争全面爆发，动画创作变得无比艰难，但万氏兄弟没有放弃，反而充满了斗志，连续制作了《同胞速醒》《航空救国》等十几部动画片。1941 年，万氏兄弟制作出中国第一部大型动画片《铁扇公主》，放映时长为 1 小时 20 分钟，这不但是中国第一部长动画片，还是当时亚洲第一部长动画片。这部动画片的题材取自名著《西游记》，在故事上更能获得国人认同；画风上，采用了很多中国画的绘画方法，具有浓厚的水墨意味、鲜明的民族文化特色和美术风格。《铁扇公主》上映后引起了很大轰动，随后又发行到东南亚和日本，对中国动画艺术的发展产生了深远影响。

【72】万氏兄弟的第一部动画片：

A 制作过程非常顺利

B 创作于抗日战争爆发时

C 得到了欧美制作人的帮助

D 靠他们自己探索制作技术

【73】万氏兄弟一开始创作的作品：

A 反映抗日战争的现实

B 大多是模仿欧美风格

C 传到了亚洲其他国家

D 受到观众的极大关注

【74】中国第一部长动画片是：

A《大闹画室》

B《同胞速醒》

C《航空救国》

D《铁扇公主》

【75】根据本文，《铁扇公主》的成功主要是因为：

A 积极学习他国经验

B 了解观众们的需求

C 体现了民族传统与文化

D 抗日战争激发了国民斗志

# 阅读理解模拟试题（四）

## 第一部分

（15 题，15 分钟）

说明：36 ～ 50 题，每一个句子中有一个或两个空儿，请你从所给的四个备选答案中挑选一个最适合填入空儿中的答案，并在代表正确答案的字母上画一横道。

36. 据估计，这条地铁线路________可以在年底完工。

**A** 恐怕

**B** 大致

**C** 一口气

**D** 进一步

37. 对于这次事故，公安机关交通管理部门将________调查结果做出处理。

**A** 应用

**B** 应付

**C** 依旧

**D** 依据

38. 一旦有了________的学习兴趣，学习者就会自觉、主动地参与到学习中。

**A** 浓厚

**B** 肥沃

**C** 过瘾

**D** 浩大

39. 一些饮料中糖的________比较高，为了饮食健康，我们应当尽量少饮用。

**A** 重量

**B** 含量

**C** 包含

**D** 包装

40. 这个房间收拾得既整洁又美观，令人心情________。

**A** 通顺

**B** 畅通

**C** 耐烦

**D** 舒畅

41. 他的父亲善良温和，对邻居们________友好。

**A** 临时

**B** 千万

**C** 向来

**D** 专门

42. 小李虽然远远落后于别人，但他________坚持跑完全程，这种精神令人佩服。

A 仍然

B 亲自

C 一向

D 整整

43. 孩子提出无理要求时，如果父母总是________，孩子容易变得不讲道理。

A 管理

B 教训

C 解答

D 迁就

44. 阿文正愁没人帮他搬东西，________此时有两个同学来找他。

A 恰当

B 恰巧

C 赶紧

D 赶快

45. 小王________了学习方法，学习效率大大提高。

A 改革

B 改善

C 改进

D 改正

46. ________大家共同参与，________能建设成具有美好生态环境的生存空间。

A 不论　都

B 只有　才

C 尽管　也

D 即使　也

47. 最近北方城市流行性感冒________，但________注意防护就不容易感染。

A 传染　一旦

B 捣乱　否则

C 爆发　只要

D 攻击　除非

48. 这篇文章________了同情罪犯的观点，认为________违法行为都应受到惩罚。

A 驳斥　凡是

B 同意　本来

C 裁决　从来

D 采纳　大概

49. 法律规定，16 周岁以下的中国公民可自愿________身份证件，无年龄________。

A 申请　资格

B 复印　条件

C 办理　限制

D 利用　倾向

50. 旅游业的发展为海南带来了________的景象，逢年过节这里的车辆总是________。

A 卓越　人山人海

B 兴旺　车水马龙

C 热烈　慢条斯理

D 繁荣　川流不息

## 第二部分

（25 题，25 分钟）

说明：51 ～ 75 题，每段文字后都有若干个问题，每个问题都有 **A B C D** 四个备选答案，请你阅读后根据每题的要求选出最恰当的答案，并在代表正确答案的字母上画一横道。

51 ～ 53

滴答的雨声听起来像是毫无规律的杂音，然而，它不仅不影响我们入睡，反而还有助眠作用。这主要是因为下雨声近似白噪声。所谓“白噪声”，是均匀混合了所有可听频率的声音。如果旁边只有一个人在说话，你会不自觉地被他的声音影响；但如果周围是一群人在交谈，大脑就不会去逐一辨别各个声音，而会把它们都当成背景音。白噪声就有这样的效果，雨声夹杂着 0 ～ 20 千赫的声音，大脑听到雨声时就如同听到摇篮曲，会渐渐放松下来，慢慢进入睡眠状态。另外，在电闪雷鸣的下雨天，闪电会制造大量的负离子，这些负离子有一定的镇静作用；同时，雨天气压降低，空气中的氧浓度变低，大脑也会开始懈怠；还有乌云蔽日，环境昏暗，促使褪黑素分泌增加。这一切都在无形中对你催眠：睡吧，睡吧。

【51】关于白噪声，下面哪一项是正确的？

**A** 会令人紧张

**B** 会影响大脑休息

**C** 是无规律的杂音

**D** 包含所有可听频率

【52】根据本文，下面哪一项是正确的？

**A** 雨声令大脑放松

**B** 雨天空气中含氧量更高

**C** 打雷能促进褪黑素分泌

**D** 周围只有一人说话时大脑不会被影响

【53】本文主要介绍了：

**A** 什么是“白噪声”

**B** 雨天睡得香的原因

**C** 怎样提高睡眠质量

**D** 天气对睡眠的影响

54 ～ 56

当烦恼的你想要听音乐放松一下，却发现从口袋中掏出的耳机线缠成了一团，一定更加烦躁。耳机线为什么这么爱“捣乱”，这也是不少研究者十分感兴趣的课题。

有研究人员将不同长度的绳子分别放在盒子中反复摇晃 10 秒，并尝试变换盒子的大小以及摇晃频率的快慢。在经过 3000 次试验后，他们发现，小于 46 厘米的绳子无论装在多大的盒子里都不会打结。随着绳子的长度增加到 200 厘米，打结的概率也增大到 50%，但是长度超过 200 厘米的绳子却又不容易打结了，这是因为这些绳子被挤在了空间有限的盒子里，难以自由移动。而生活中，我们用的耳机线的长度介于 120 ～ 160 厘米之间，因此常常发生打结的闹心情况。

为应对这一问题，你可以选择把耳机线固定在耳机盒里，也可以选择足够小的盒子来装耳机线，以便达到限制它们移动的目的。

【54】研究人员为什么要变换盒子大小和摇晃频率？

**A** 在试验中创造乐趣

**B** 保证研究结果的公平

**C** 探索影响绳子打结的原因

**D** 找出避免绳子打结的盒子

【55】根据本文，绳子是否打结和什么有关？

**A** 盒子的重量

**B** 绳子的长度

**D** 盒子摇晃的频率

**C** 绳子在盒子里的时间

【56】根据第三段，如何防止耳机线打结？

**A** 放在口袋里

**B** 装在足够小的盒子里

**C** 减少对耳机盒的晃动

**D** 选择 200 厘米以上的耳机线

57 ～ 60

这只 8 个月大的雌性小儒艮是今年 4 月在泰国南部被人们发现的。当时，它被困在一处海滩上，看起来像个“孤儿”。有动物保护人士“收养”了它，在海水中抱着它，喂它奶和海草，像养育婴儿一样一天天地将它养大。小家伙也因此跟人类非常亲近。后来，人们一次次地尝试将它放归大海，但每一次小家伙都会游回来，身上带着大大小小的伤口。上周，这头小儒艮突然开始不吃不喝，一天比一天消瘦。17 号，泰国官方发布消息说，小儒艮已经死亡。兽医检查时发现，它的肠道里有无数细小的塑料碎片，这些塑料碎片导致它的肺部出血和感染。

据报道，全球每年会生产超 3 亿吨的塑料，其中约有 10% 会进入海洋。微塑料颗粒无处不在：海底的沉积物中，偏远岛屿的海岸边，甚至北极的海冰中。海洋中的塑料垃圾不仅影响了海洋生态环境，还严重威胁着海洋生物的健康。

【57】文中的小儒艮：

**A** 是在深海中被发现的

**B** 是被成年儒艮抛弃的

**C** 得到了动物保护人士的救助

**D** 只能消化牛奶和海草类食物

【58】放归大海后的小儒艮：

**A** 开始绝食

**B** 总是再游回来

**C** 生活得自由自在

**D** 跟人类越来越疏远

【59】小儒艮死亡的原因是什么？

**A** 多次受到攻击

**B** 塑料污染导致肺部感染

**C** 年龄太小不能独立生活

**D** 人类的食物影响了消化系统

【60】本文对我们的启示是：

**A** 人类和海洋动物不宜过分亲近

**B** 应当重点保护古老的海洋动物

**C** 要规范捕鱼业，保护生物多样性

**D** 要减少塑料污染以保护海洋环境

61 ～ 63

20 世纪 30 年代，叶圣陶在上海开明书店工作，负责初等小学国语课本的编辑工作。在《开明国语课本》中，叶圣陶创作了一篇短文《月亮船》。文章抓住儿童的好奇心和探索欲，写得非常生动。完成之后，叶圣陶总感觉还缺点儿什么，他心想，能不能为小朋友写一首关于月亮船的小诗呢？有了这个想法，叶圣陶苦思冥想，可写出来的诗句总不满意。

1955 年的一个夜晚，已是教育部副部长的叶圣陶还在伏案写作。笔下文章中的几组叠字令他豁然开朗，他想：倘若用叠字来描写景物的形状和色彩，是不是更符合儿童的语言习惯？想到这里，叶圣陶疾笔写下 37 个字："弯弯的月儿小小的船，小小的船儿两头尖，我在小小的船里坐，只看见闪闪的星星蓝蓝的天。"写完之后，叶圣陶反复吟诵，感觉非常满意。儿童诗《小小的船》于当年编入小学低年级语文课本，被成千上万名儿童诵读。

一首 37 字的小诗，叶圣陶不惜用 20 多年的时间去酝酿、完成，他无愧于"优秀的语言艺术家"的称号。

【61】创作《月亮船》时，叶圣陶是：

**A** 编辑

**B** 书店老板

**C** 小学校长

**D** 教育部副部长

【62】关于《月亮船》，下面哪一项是正确的？

**A** 字数太多

**B** 是一首诗

**C** 有 37 个字

**D** 适合儿童阅读

【63】《小小的船》最大的特点是什么？

**A** 节奏鲜明

**B** 充满想象力

**C** 景物描写生动

**D** 符合儿童的语言习惯

64 ～ 67

在日常生活中，我们常常能看到一些利用成语谐音创造的广告词，如饭馆广告"食全食美"

（原为“十全十美”）、灭蚊剂广告“默默无蚊”（原为“默默无闻”）……这虽然是商家为吸引消费者眼球、提升人气而玩儿的文字游戏，但这类广告词很容易误导青少年的认知。

调查发现，商家利用谐音制作广告语没少给孩子们“添乱”。赵先生说，他9岁的女儿有一次在作文中将“不言不语”写成了“布言布语”，女儿还坚持道：“爸爸，咱们家旁边卖窗帘的商店门上写的就是‘布言布语’啊。”市民李女士非常反对商家广告语使用谐音，她认为乱用成语肯定会影响小孩子识字，用谐音套用成语更是对传统文化的伤害。“规范使用国家通用语言文字，就是尊重传统文化。”不少市民认为相关部门应规范广告用语。

成语作为在日积月累中沉淀下来的语言形式，具有一定的民族特色和历史价值，我们应该让这种灿烂的语言文化在青少年身上得到传承。

【64】商家为什么要用谐音套用成语？

**A** 创造新的词语

**B** 宣传传统文化

**C** 吸引消费者注意

**D** 丰富成语的含义

【65】文中赵先生的女儿：

**A** 不认识字

**B** 善于学习成语

**C** 认为自己没写错

**D** 理解了成语的含义

【66】本文提到的滥用谐音的影响有：

**A** 创新传统文化

**B** 误导学生的认知

**C** 有助于小孩儿识字

**D** 让广告文化更多彩

【67】对于广告语用谐音套用成语的现象，作者认为：

**A** 很难理解

**B** 应当反对

**C** 合理合法

**D** 很有创意

68 ～ 71

管理学上有个经常被当成案例的小故事：

有个商人某天来到一座小岛上，岛上的居民生活原始，没有人穿鞋子。如果你是这个商人，你会怎么想？选项有两个。A："因为没有人穿鞋子，所以这是个商机啊！可以通过卖鞋子来赚钱。"B："没人穿鞋子，说明他们没这个需求，鞋子应该卖不出去吧。"

如果让成功的商人来选择的话，答案既不是A也不是B，他们会选C：免费提供鞋子，然后开一家修鞋店。因为这些居民说不定根本不知道鞋子是什么，所以不管你以多低的价格出售鞋子，都不会有人买。为了让他们知道穿鞋的好处，首先要做的是免费给他们鞋子穿，培养他们每天穿鞋的习惯，让鞋子变成他们不可或缺的日用品。一旦他们养成了穿鞋的习惯，就会长时间穿鞋，这么一来，穿久了的鞋子就会有磨损，这时候，他们就会有修鞋的需求。

刚开始人们只会一直穿着一双鞋，渐渐地，有些人也许会想要一双功能比较好的鞋。下雨的时候，也许有人会想要一双雨鞋。有了鞋子以后，说不定有人会开始想要一双袜子。就这样，先创造出人人需要鞋子的环境，再通过修鞋的方式，慢慢收取费用，最后延伸到卖鞋子的周边商品，一步步赚钱。

【68】如果商人的想法是B，他可能会：

**A** 离开这个小岛

**B** 在小岛上开个鞋店

**C** 以较优惠的价格卖鞋子

**D** 一边开鞋店一边开修鞋铺

【69】商人为居民免费提供鞋子的原因是：

**A** 帮他们提高生活水平

**B** 想吸引他们到店铺中来

**C** 向他们介绍自己的新产品

**D** 先让他们了解穿鞋子的好处

【70】下面哪一种行为与文中提到的选项C类似？

**A** 专卖店里卖周边产品

**B** 新推出的商品打折优惠

**C** 买大件家用电器赠送礼物

**D** 赠送手机以培养使用手机的习惯

【71】这个故事告诉我们一个什么道理？

A 好心一定会有好报

B 做生意应当先了解市场需求

C 应注重整体利益，而不是眼前利益

D 成功的商人应当拿出资金来回报社会

72～75

鲁迅先生曾用“蜜蜂采蜜”来比喻读书求知识：“只看一个人的著作，结果是不大好的：你得不到多方面的优点。必须如蜜蜂一样，采过许多花，这才能酿出蜜来，倘若叮在一处，所得就非常有限、枯燥了。”

秦牧建议人们，在泛读时应该学习鲸鱼捕食的方法：“鲸鱼是海洋中的庞然大物，以小鱼小虾为食，捕食时张着大口，等鱼虾随着海水进入口中，就把嘴巴一合，从齿缝中排出海水，留下鱼虾。就这样，数千公斤的小鱼虾进入它的胃里。”秦牧提倡读书的面要广，要广泛涉猎各方面的知识，以博采众家之长，开拓思路。如果每天不“吞食”几万字的话，知识是很难丰富起来的。他还说：“老牛白天吃草，到了深夜又把白天吞下的东西反刍到嘴里，慢慢嚼烂嚼细。”他认为，有的书需要反复研究，边分析边评价，以求理解透彻，吸取精华。

不仅阅读如此，写文章之前的资料收集也是如此。茅盾说：“采集之时，贪多务得，要跟奸商一般，只消闻得何处有门路、有货，便千方百计钻挖，弄到手方肯死心，不管是什么东西，只要是可称为‘货’的，便囤积，不厌其多。”

【72】鲁迅先生用“蜜蜂采蜜”的比喻说明：

A 知识需要积少成多

B 阅读不是枯燥的事情

C 广泛阅读才能收获更多

D 应专注于一位作家的著作

【73】秦牧用“鲸鱼吞食”的例子说明：

A 精读的方法

B 泛读的方法

C 略读的方法

D 研读的方法

【74】文中用“老牛反刍”的例子比喻：

A 细读多思

B 广泛涉猎

C 开拓思路

D 博采众长

【75】茅盾用“奸商囤货”的例子是为了说明什么？

A 阅读要注意方法

B 应当加大阅读量

C 应善于积累知识

D 有问题及时求教

# 答案与解析

# 第一单元　认识新MHK（二级）阅读理解

## 第二节　摸底检测

| | | | | | | | | | |
|---|---|---|---|---|---|---|---|---|---|
| 36. A | 37. D | 38. C | 39. A | 40. C | 41. A | 42. D | 43. B | 44. A | 45. D |
| 46. A | 47. B | 48. A | 49. C | 50. D | 51. B | 52. C | 53. A | 54. D | 55. B |
| 56. B | 57. C | 58. A | 59. C | 60. C | 61. B | 62. D | 63. B | 64. B | 65. D |
| 66. D | 67. B | 68. C | 69. D | 70. D | 71. B | 72. D | 73. A | 74. C | 75. C |

# 第二单元　基础知识介绍

## 第一节　实词

一、

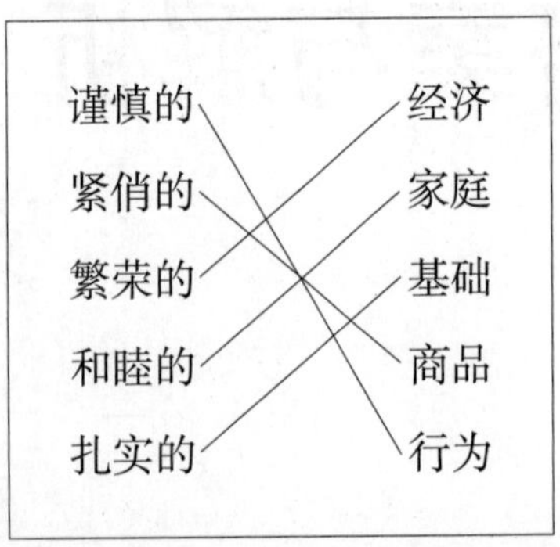


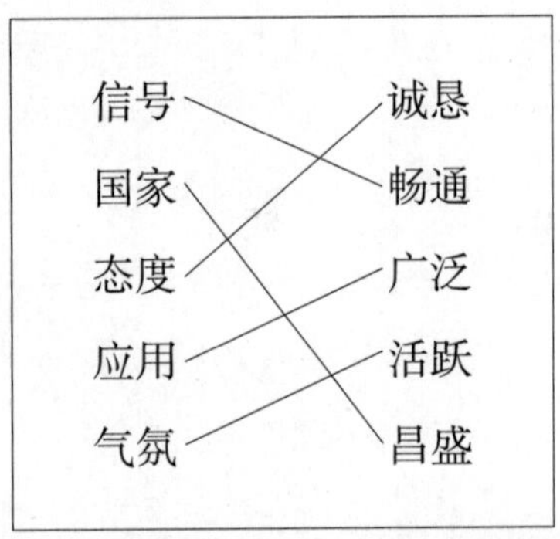


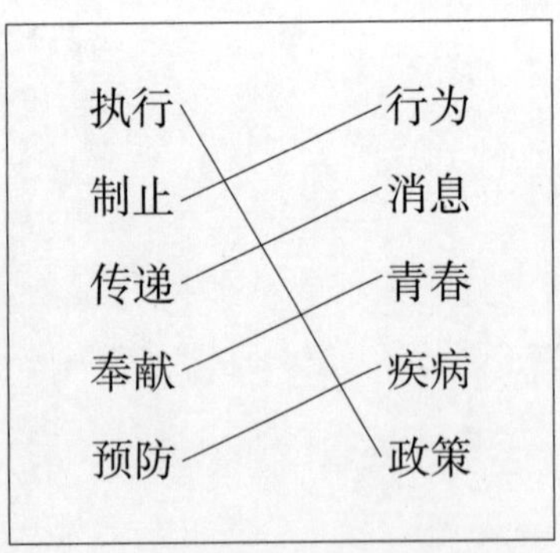


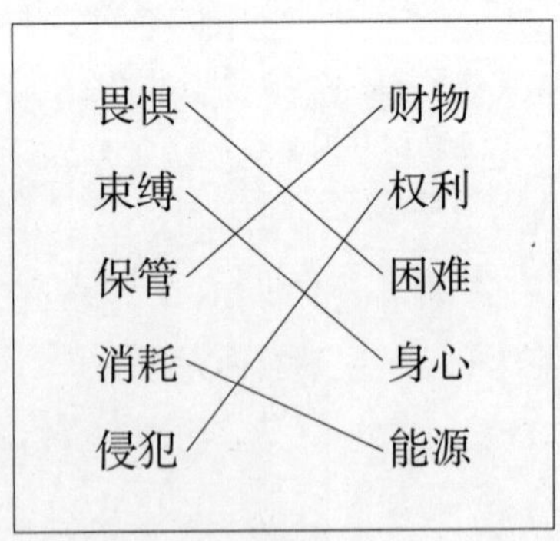


二、

1. 全家人认真讨论后做出了慎重的决定。
2. 我们得想一个稳妥的办法，让双方都满意。
3. 老人内心仁慈，默默地帮助了很多陌生人。

4. 这幅画构图很好，但颜色不太均匀。
5. 警方有确凿的证据证明他就是作案人。
6. 学校了解了学生们最迫切的需求，一定会想办法去满足。
7. 他以前是短跑运动员，动作十分敏捷。
8. 小孩子的思维与大人不同，有时会有一些大人看来比较荒唐的想法。
9. 两队实力相差太大，甲队输球是必然的结果。
10. 这次作为学生代表上台发言，他态度十分郑重。
11. 外面的噪声并没有分散考生们的注意力。
12. 学校聘请了几位专家做校外指导。
13. 刚出生的婴儿，眼睛还不能分辨各种各样的色彩。
14. 这本书寄托了作家对亲人的思念。
15. 主教练向媒体公布了参加世界杯的队员名单。
16. 他不想违背自己的意愿，选择不喜欢的工作。
17. 长大后依然能追逐儿时的梦想是一件幸福的事情。
18. 你把事情的经过详细叙述一遍吧，我帮你分析分析。
19. 健身要采用正确的方法，遵循运动规律。
20. 还有很多科学领域是未知的，值得人类不断探索。

## 第二节　虚词

一、

1. 他十分热心，处处帮助新来的同事。
2. 校园里到处都干干净净的。
3. 他向来坚持锻炼身体。
4. 他从来不喜欢看这类电视节目。
5. 你明天一定得来啊！
6. 艺术创作一旦离开了人民，必定一事无成。
7. 他考虑再三，到底还是选择了留在这个公司工作。
8. 这部电影究竟想表达什么？
9. 不管遇到什么困难，父母将一直支持你、鼓励你。
10. 这么多年过去了，这个地方始终保持着当年的样子。

二、

1. 这方面的问题归财务部门负责。
2. 会议依据大多数人的意见做出了最后的决定。
3. 这场演出是凭票入场的。

4. 通过多次调查，事情终于查清楚了。
5. 论工作经验，谁也没有他丰富。
6. 这项任务由小王负责。
7. 趁大家没注意，他悄悄地走了。
8. 以他的实力，他肯定能赢得这场比赛。
9. 根据有关规定，这条路白天禁止货车通行。
10. 对于这件事，他没有发表任何意见。

三、

1. 我没想好是今天去还是明天去。
2. 除非他有急事，否则他不会不来。
3. 到了那儿马上给家里打个电话，不然父母会担心的。
4. 尽管天气寒冷，他还是坚持每天跑步。
5. 今天这条路堵车严重，因为路上发生了一起交通事故。
6. 只有知己知彼，才能百战百胜。
7. 他的房间总是收拾得干净而整洁。
8. 山西人喜欢吃酸的，而四川人喜欢吃辣的。
9. 他已经决定了，即使我们劝也没有用。
10. 既然大家意见一致，我们就开始工作吧。

## 第三节　短语

1. 他始终坚持自己的观点，不在乎别人的看法。
2. 李磊十分爱面子，不要当面批评他。
3. 天气干燥要注意防火，万一失火可不得了。
4. 这个对老人大喊大叫的孩子太不像话了。
5. 虽然我们的实力比他们强一些，但也不见得能赢。
6. 我明天很早就要出发，来不及跟你告别了。
7. 只要你多动动脑筋，办法有的是。
8. 原来王阿姨在这里生活了五年，怪不得她对这个城市这么熟悉。
9. 这个故事告诉我们每个人都有长处，不要看不起任何人。
10. 他这个人很骄傲，看得起的人不多。
11. 阿玉很少向别人寻求帮助，因为担心碰钉子。
12. 这个问题至今未找到解决的办法，真是伤脑筋。
13. 他喜欢热闹，这样的晚会肯定少不了他。
14. 大家都很担心他，而他自己却一副无所谓的样子。

15．童童这么小就能解出这么复杂的数学题，真 了不起 ！
16．他不是 朝三暮四 的人，自己感兴趣的事情他都会坚持做下去。
17．他们是十几年的战友，是曾经 同甘共苦 的兄弟。
18．上下班高峰时间，这条路上的车辆 川流不息 。
19．尽管他年龄小，但是性格沉稳，说话总是 慢条斯理 的。
20．既然你接受了这项任务，就 无论如何 也要完成。

## 第四节 常用句式

一、
1. √ 2. × 3. × 4. √ 5. × 6. × 7. √ 8. √ 9. × 10. √

二、
1．遇到困难时，越慌张越想不出解决办法。
2．昆明四季如春，因此被叫作"春城"。
3．我不看使用说明也知道这个游戏机如何使用。
4．经理催我完成任务。
5．他说好下午去学校和朋友一起踢球。
6．他周末把房间收拾得干干净净、整整齐齐的。
7．我一吃辣的胃就会不舒服。
8．突然刮起了大风，天空乌云密布，难道是要下暴雨吗?
9．那个必进的球被守门员扑出来了。
10．遇到再大的困难也不要轻易放弃。

# 第三单元 选词填空

## 第一节 近义词辨析题型

一、
1． 保卫 祖国 保护 眼睛
2． 改善 生活 改进 方法
3． 增长 才干 增加 品种
4． 缺乏 信心 缺少 雨水
5． 发挥 特长 发扬 传统

二、

1. 不要草率地做决定，不然可能会造成严重的 后果 。
2. 这座城市 充分 利用了自己的地理优势，经济迅速发展了起来。
3. 上下班高峰时段，学校附近有志愿者帮助交警 维护 交通秩序。
4. 村民们向县长 反映 村里的情况。
5. 面对大家的追问，他显得很不情愿，回答得十分 含糊 。
6. 物体遇热体积会膨胀，这是一种 普遍 现象。
7. 在饮食习惯方面，南北 差异 很明显。
8. 这家公司 改进 了生产技术，产品质量得到了很大提高。
9. 他因为 缺乏 管理能力而没有被选上。
10. 经过 反复 实验，科学家终于找到了问题的答案。

## 第二节　关联词题型

一、

1. 因为 太阳离地球太远了，所以 我们并不会感到它有那么热。
2. 这项技术并不难，只要 认真学习，大家 就 能掌握。
3. 只有 照顾好自己，才 有能力照顾好家人。
4. 既然 这个题大家都有疑问，老师 就 再讲一遍。
5. 除非 满足所有的条件，否则 不可以报名参加比赛。
6. 尽管 已经没有希望获胜，他们 还是 没有放弃比赛，一直在拼。
7. 过马路时 宁可 多等几分钟，也 不要抢一秒钟。
8. 他是个慢性子，即使 天塌下来，他 也 不会着急。
9. 不管 遇到多大的困难，他 都 要试一试。
10. 要是 明天不下雨，我 就 和你去打篮球。

二、

1. 因为地球上有氧气，所以地球上有生命。
2. 数学既是一门科学又是一门艺术。/ 数学不仅是一门科学，而且是一门艺术。
3. 学习不是一朝一夕的事情，而是一生的事业。
4. 尽管他工作很忙，但他总是抽时间陪伴家人。
5. 孩子们有的在堆雪人，有的在打雪仗。
6. 即使老师不在教室，同学们也很安静。
7. 我们应该付出努力，否则不可能有收获。
8. 既然你承认他的批评是对的，那就应该虚心接受。
9. 如果我们转换一下思路，或许就能找到新的方法。
10. 周末我们可以去公园看花，或者也可以去海边散步。

## 第三节　理解句意题型

一、

1．这个孩子挺鬼，做事十分机灵。

2．如果这个工作不适合我，我宁可放弃。

3．昨天碰了个大钉子，我被他一口拒绝了。

4．做事情不能轻易放弃，不然很难成功。

5．一些商家的广告滥用成语，影响恶劣。

6．他真了不起，竟然接连获得了三个世界冠军。

7．除非有特殊情况，否则下周的会议必须准时参加。

8．公司的各项规定都十分透明，没有隐藏什么。

9．经过讨论，大家基本达成了一致意见，但他偏偏要反对。

10．这个故事讲的是古时候有一个人横行乡里，最后遭到了应有的惩罚。

二、

1．小鱼分散开来。

2．花展吸引游客。

3．眼镜提供能量。

4．营养来自蔬菜。

5．候鸟利用气流飞行。

# 第四单元　短文阅读

## 第一节　领会主要内容和中心意思的题型

1. D　2. B　3. C　4. C　5. C　6. C　7. C　8. A　9. A

## 第二节　获取细节性信息的题型

1. D　2. B　3. C　4. A　5. C　6. A　7. C　8. A　9. D

## 第三节　领会作者观点、态度的题型

1. A　2. C　3. A　4. D　5. D　6. D　7. A　8. D

### 第四节　理解文中关键词语含义的题型

一、

1. C　2. A　3. C　4. A　5. A

二、

1. A　2. B　3. B　4. C　5. B

三、

1. C　2. A　3. B　4. A　5. A

# 第五单元　计时训练

## 阅读理解模拟试题（一）

### 答案

| | | | | | | | | | |
|---|---|---|---|---|---|---|---|---|---|
| 36. B | 37. D | 38. A | 39. D | 40. C | 41. D | 42. A | 43. C | 44. B | 45. C |
| 46. C | 47. C | 48. A | 49. D | 50. A | 51. C | 52. D | 53. D | 54. B | 55. D |
| 56. C | 57. A | 58. C | 59. A | 60. C | 61. C | 62. B | 63. C | 64. A | 65. C |
| 66. C | 67. C | 68. C | 69. D | 70. A | 71. D | 72. D | 73. C | 74. C | 75. A |

### 详细解析

36. 正确答案是B。本题主要考查的是考生能否掌握词语在句子中的含义和用法。具体来讲，是考查考生能否正确理解句意及掌握副词“陆续”的意义和用法。不同的花开放时间有先有后，有断有续，选项B“陆续”表示动作、情况一个接着一个，有时中断有时继续，符合句意。选项A“不断”强调事情连续发生，不终止；选项C“连续”强调一个接着一个，不间断；选项D“一连”表示相同的情况连续不断。因此选项A、C、D均不符合句意。

37. 正确答案是D。本题主要考查的是考生能否掌握词语在句子中的含义和用法。具体来讲，是考查考生能否正确理解句意及掌握动词“辩论”的意义和用法。题干中“过程重要还是结果重要”是两组队员辩论的题目，双方需据此表达各自的观点。选项D“辩论”指双方用语言、文字等来说明各自的观点、见解，指出对方的错误，以求统一认识，符合句意。选项A“议论”指对人或事物的是非发表自己的看法；选项B“分辨”与选项C“辨别”是近义词，指根据不同事物的特点，在认识上加以区别。因此选项A、B、C均不符合句意。

38. 正确答案是A。本题主要考查的是考生能否掌握词语在句子中的含义和用法。具体来讲，是考查考生能否正确理解句意及掌握“慷慨”的意义和用法。题干中“捐助”指拿出财物来帮助，选项A“慷慨”指不吝啬，可用来修饰“捐助”，符合句意。其他三项均不符合句意，也不能用来修饰“捐助”。

39. 正确答案是D。本题主要考查的是考生能否掌握词语在句子中的含义和用法。具体来讲，是考查考生能否正确理解句意及掌握“成果”的意义和用法。根据题干中“优秀的研发团队”这一关键信息可知，与“取得”搭配的宾语是一个表达积极意义的词语。选项D“成果”是褒义词，指工作或事业的收获，符合句意。选项A“恶果”和选项B“后果”多用于不好的方面；选项C“结果”是中性词，既可用于好的方面，也可用于坏的方面。因此选项A、B、C均不符合句意。

40. 正确答案是C。本题主要考查的是考生能否掌握词语在句子中的含义和用法。具体来讲，是考查考生能否正确理解句意及掌握“畅通”的意义和用法。题干中关键信息为“路况很好”“无阻”，由此可知车辆可以没有阻碍地通行。选项C“畅通”形容无阻碍地通行或通过，符合句意。选项A“流利”多指话说得快而清楚；选项B“拥堵”指车辆拥挤、拥塞；选项D“堵塞”的意思是有障碍而不能通过。因此选项A、B、D均不符合句意。

41. 正确答案是D。本题主要考查的是考生能否掌握词语在句子中的含义和用法。具体来讲，是考查考生能否正确理解句意及掌握副词“高低”的意义和用法。题干表达的意思是这道题他想了很久，下定决心要解出来。选项D“高低”做副词时是“无论如何”之意，符合句意。其他三项均不符合句意。

42. 正确答案是A。本题主要考查的是考生能否掌握词语在句子中的含义和用法。具体来讲，是考查考生能否正确理解句意及掌握副词“逐渐”的意义和用法。题干表达的意思是天色慢慢暗下来了。选项A“逐渐”强调变化是有秩序地、慢慢地发生的，符合句意。选项B“逐步”常指人的思想、行为分阶段、有步骤地进行；选项C“一切”指全部事物；选项D“大多”指大部分。因此选项B、C、D均不符合句意。

43. 正确答案是C。本题主要考查的是考生能否掌握词语在句子中的含义和用法。具体来讲，是考查考生能否正确理解句意及掌握动词“回避”的意义和用法。题干中关键信息是“不想见他”，那么他来的时候一定是躲开不见。选项C“回避”表示让开、躲开，符合句意；选项D“避免”指防止，设法不使某种情形发生，不符合句意；选项A、B也不符合句意。

44. 正确答案是B。本题主要考查的是考生能否掌握词语在句子中的含义和用法。具体来讲，是考查考生能否正确理解句意及掌握形容词“干脆”的意义和用法。题干中关键信息是“直接表达自己的想法”，由此可知小李说话很爽快，选项B“干脆”形容爽快、直截了当，符合句意。选项A“模糊”指不清楚；选项C“犹豫”形容拿不定主意；选项D“仓促”形容匆忙。因此选项A、C、D均不符合句意。

45. 正确答案是C。本题主要考查的是考生能否掌握词语在句子中的含义和用法。具体来讲，是考查考生能否正确理解句意及掌握动词“观测”的意义和用法。题干要表达的是观察并测量台风登陆时间的长短会影响对台风的预报能力，选项 C“观测”指观察并测量，符合句意。其他三项均不符合句意。

46. 正确答案是 C。本题主要考查的是考生能否掌握词语在句子中的含义和用法。具体来讲，是考查考生能否正确理解句意及掌握关联词语“只有……才……”的意义和用法。题干前后两分句是条件关系，前一分句“大量植树种草”是后一分句“能防止水土流失”的唯一条件，因此选项 C“只有……才……”符合句意。其他三项均不符合句意。

47. 正确答案是 C。本题主要考查的是考生能否掌握词语在句子中的含义和用法。具体来讲，是考查考生能否正确理解句意及掌握“假如”和“毁”的意义和用法。从题干中关键信息“一直这样……”“迟早……”可知前后两个分句是假设关系。整天玩儿网络游戏有害，因此会害了自己。选项 C“假如”是表假设关系的连词，“毁”表示破坏、毁害，因此选项 C 符合句意。选项 D“倘若”也表示假设，但“疯”一般不带宾语，不能说“疯自己”“把自己疯了”，因此选项 D 不恰当。选项 A、B 均不符合句意。

48. 正确答案是 A。本题主要考查的是考生能否掌握词语在句子中的含义和用法。具体来讲，是考查考生能否正确理解句意及掌握“陷入”和“拼命”的意义和用法。题干的意思是进入昏迷状态会有危险，所以尽力保持清醒。选项 A“陷入”指落入不利的境地，“拼命”做副词时指尽最大的力量，符合句意。其他三项均不符合句意。

49. 正确答案是 D。本题主要考查的是考生能否掌握词语在句子中的含义和用法。具体来讲，是考查考生能否正确理解句意及掌握“谨慎”和“危机”的意义和用法。根据语境可知，题干前一分句中的“而”是一个并列连词，因此第一空儿所填词语与“准确”的意义相近；后一分句中“躲过”的宾语多是有消极意义的事物。选项 D“谨慎”形容对外界事物或自己的言行密切注意，以免发生不好的事情，可以用来修饰“判断”，“危机”指严重困难的关头，可以做“躲过”的宾语，因此选项 D 符合句意。其他三项均不符合句意。

50. 正确答案是 A。本题主要考查的是考生能否掌握词语在句子中的含义和用法。具体来讲，是考查考生能否正确理解句意及掌握“卓越”和“了不起”的意义和用法。题干中关键信息为“科学家”“取得”“成就”。选项 A“卓越”形容非常优秀，超出一般，可以修饰“成就”；“了不起”指不平凡，优点突出，值得敬佩，与前一个分句意义相符。选项 B 中的“伟大”虽然适合，但“看不起”与句意不符；其他两项或搭配不当，或前后矛盾，均不符合句意。

51. 正确答案是 C。本题主要考查的是考生能否根据需要获取阅读材料的细节性信息。文中提到“‘黄香蕉’就如同它的名字一样，口感偏软，吃起来每一口都香嫩可口，并且留香持久”，因此，选项 C“香味持久”符合题意。选项 A 和选项 B 是“红富士”的特点，选项 D 文中未提到。

52. 正确答案是 D。本题主要考查的是考生能否根据需要获取阅读材料的细节性信息。可先阅读各选项，根据关键词在文中找到相应信息，判断是否正确。文中提到苹果“喜欢肥沃的土壤和充足的阳光”“多生长在我国长江以北的地区”“耐寒、耐旱”，由此可知选项 A、B、C 错误；根据“它们……对空气湿度要求较低”可知，选项 D 正确。

53. 正确答案是 D。本题主要考查的是考生能否根据需要获取阅读材料的细节性信息。文中提到“人体内缺少锌元素会对记忆力产生不良影响。因此，苹果又被称为‘记忆之果’”，由此可知选项 D 符合题意。

54. 正确答案是 B。本题主要考查的是考生能否根据需要获取阅读材料的细节性信息。文中提到“戴上 VR 眼镜后……此时的你由于看不到现实中的事物”，因此选项 B 符合题意。

55. 正确答案是 D。本题主要考查的是考生能否根据需要获取阅读材料的细节性信息。文中第二段提到“3 岁以下的儿童不能使用 VR 眼镜”“有癫痫史的人不能玩儿 VR 游戏”，因此选项 D 符合题意。

56. 正确答案是 C。本题主要考查的是考生能否领会阅读材料的主要内容和中心意思。本文主要介绍了在使用 VR 眼镜时应注意的事项，因此选项 C 符合题意。其他三项都与材料内容不符。

57. 正确答案是 A。本题主要考查的是考生能否根据需要获取阅读材料的细节性信息。文中提到老狐狸觉得“园子里的葡萄品种很特别，是自己从未吃过的极品”，因此选项 A“品种很特别”符合题意。

58. 正确答案是 C。本题主要考查的是考生能否根据需要获取阅读材料的细节性信息。文中提到老狐狸“转了两圈也没找到入口，只发现一个小洞”，因此选项 C“有一个小洞”符合题意。

59. 正确答案是 A。本题主要考查的是考生能否根据需要获取阅读材料的细节性信息。文中写老狐狸第一次绝食时提到“洞口实在太小，它无法顺利通过。想了许久，老狐狸做出一个决定：绝食减肥”，写老狐狸第二次绝食时提到：“它又胖了，无法再从小洞出去。它只好再次绝食”，由此可知老狐狸两次绝食都是为了能够从小洞通过。因此选项 A 符合题意。

60. 正确答案是 C。本题主要考查的是考生能否根据需要获取阅读材料的细节性信息。文中提到“它只好再次绝食，这次比上次还多花了一天时间”，由此可知，老狐狸第二次绝食用了四天时间，因此选项 C 正确。

61. 正确答案是 C。本题主要考查的是考生能否根据需要获取阅读材料的细节性信息。本题可以根据关键词“生吃”在文中找到相关信息——“西红柿可以生吃，但必须选择完全成熟的”。因此，选项 C 符合题意。

62. 正确答案是 B。本题主要考查的是考生能否根据需要获取阅读材料的细节性信息。本题可以根据关键词“熟吃”在文中找到相关信息，文中提到“西红柿熟吃，不宜烧煮得太久”，故选项 A 错误；文中提到“(西红柿)烧煮时间过久会造成维生素 C 的大量流失”“(空腹吃西红柿)引起胃胀、胃痛”，故选项 C 和选项 D 错误；根据“西红柿做菜以制成西红柿汤为好”可知，选项 B 正确。

63. 正确答案是 C。本题主要考查的是考生能否领会阅读材料的主要内容和中心意思。本文主要介绍了关于西红柿生吃和熟吃的两种正确吃法，因此选项 C 正确。

64. 正确答案是 A。本题主要考查的是考生能否根据需要获取阅读材料的细节性信息。解答本题，可先阅读四个选项，根据选项中的关键词在文中找到相关信息，再进行判断。文中提到“西红柿不宜在空腹时吃”，因此选项 A“空腹吃生西红柿”是不科学的。其他三项均与文中信息相符。

65. 正确答案是 C。本题主要考查的是考生能否根据需要获取阅读材料的细节性信息。文中提到“长妈妈虽不识字，却想办法给他买到了那本书……这是鲁迅得到的第一本心爱的书”，因此选项 C 符合题意。其他三项都与文中信息不符。

66. 正确答案是 C。本题主要考查的是考生能否根据需要获取阅读材料的细节性信息。文中提到“但他却把奖章卖了，买来许多优秀的图书”，由此可知鲁迅卖金质奖章是为了买书。因此选项 C 符合题意，其他三项都与文中信息不符。

67. 正确答案是 C。本题主要考查的是考生查找细节的能力以及联系上下文理解句子意思的能力。首先要根据题干定位到文中的关键句“哪里有天才？我是把别人喝咖啡的时间都用在了工作上”，这句话说的是鲁迅十分珍惜时间，他成功靠的是勤奋而非天赋，因此选项 C 最恰当。

68. 正确答案是 C。本题主要考查的是考生能否根据需要获取阅读材料的细节性信息。文中第二段提到清洁鱼“把寄生虫当作美食的同时，还可以帮助大鱼解除病痛”。因此选项 C 符合题意，其他三项都与文中信息不符。

69. 正确答案是 D。本题主要考查的是考生能否根据需要获取阅读材料的细节性信息。文中第二段提到鱼医生“到大鱼嘴里是去吃寄生虫的”，由此可知，鱼医生治病的方式是“到病鱼嘴里吃寄生虫”。因此选项 D 符合题意，其他三项都与文中信息不符。

70. 正确答案是 A。本题主要考查的是考生能否根据需要获取阅读材料的细节性信息。文中第二段提到“如果在治疗中有凶猛的动物游过来，这时被治疗的鱼会先把鱼医生带到安全的地方，然后再与凶猛动物决一死战，决不让小医生遭受残害”，由此可知，如果鱼医生在治疗时受到威胁，病鱼会“保护鱼医生”。因此选项 A 符合题意，其他三项都与文中信息不符。

71. 正确答案是 D。本题主要考查的是考生能否根据需要获取阅读材料的细节性信息。文中最后一段介绍鱼类在接受治疗的时候会改变身体的颜色。因此选项 D 符合题意，其他三项都与文中信息不符。

72. 正确答案是 D。本题主要考查的是考生能否根据需要获取阅读材料的细节性信息。文中提到“教授说过，他们可以带任何书或笔记，要求只有一个，就是不能在考试的时候相互讨论”，由此可知，这次考试教授的要求是不可以随便说话。因此选项 D 符合题意，其他三项都与文中信息不符。

73. 正确答案是 C。本题主要考查的是考生能否根据需要获取阅读材料的细节性信息。文中提到，教授开始收试卷时，“学生们不再自信，他们看起来很惊慌，没有一个人说话”。因此选项 C“惊慌失措”符合题意，其他三项都与文中信息不符。

74. 正确答案是 C。本题主要考查的是考生查找细节的能力以及联系上下文理解句子意思的能力。文中提到教授问有没有人完成一道题，结果整个教室仍然很安静，意思是“没有人能回答出一道题”。因此选项 C 符合题意，其他三项都与文中信息不符。

75. 正确答案是 A。本题主要考查的是考生能否领会阅读材料的主要内容和中心意思。根据文章最后一段中教授的话可知，教授想告诉学生们，虽然他们在学校的学习结束了，但他们步入社会的学习即将开始。因此，选项 A“提醒学生学无止境”符合题意，其他三项都与文中信息不符。

# 阅读理解模拟试题（二）

## 答案

| 36. C | 37. A | 38. B | 39. D | 40. B | 41. A | 42. D | 43. B | 44. A | 45. C |
|---|---|---|---|---|---|---|---|---|---|
| 46. A | 47. D | 48. C | 49. B | 50. B | 51. C | 52. A | 53. B | 54. C | 55. D |
| 56. C | 57. A | 58. B | 59. A | 60. B | 61. C | 62. C | 63. D | 64. D | 65. C |
| 66. C | 67. B | 68. D | 69. C | 70. B | 71. A | 72. D | 73. B | 74. C | 75. C |

## 答案与解析

36. 正确答案是 C。本题主要考查的是考生能否掌握词语在句子中的含义和用法。具体来讲，是考查考生能否正确理解句意及掌握副词“究竟”的意义和用法。根据句意，题干画线处要填一个强调追问答案的副词，选项 C“究竟”做副词时可以用在问句里，表示追问，符合句意。选项 A“仍然”表示情况持续不变或恢复原状；选项 B“果然”表示事实与所说或所想相符；选项 D“毕竟”表示追根究底所得的结论，强调事实或原因。这三项均不符合题意。

37. 正确答案是 A。本题主要考查的是考生能否掌握词语在句子中的含义和用法。具体来讲，是考查考生能否正确理解句意及掌握动词“包含”的意义和用法。题干表达的意思是这个故事里有深刻的道理，选项 A“包含”表示里面含有，符合题意。选项 B“包围”指四面围住，选项 C“包裹”做动词时指包装或包扎，选项 D“包装”指在商品外面用纸包裹或把商品装进纸盒、瓶子等。这三项均不符合题意。

38. 正确答案是 B。本题主要考查的是考生能否掌握词语在句子中的含义和用法。具体来讲，是考查考生能否正确理解句意及掌握“必然”的意义和用法。题干表达的意思是小李一直刻苦训练，所以取得好成绩是肯定的，“必然”指按照常例和规律，事情肯定是这样的，因此选项 B 符合题意。选项 A“意外”指没想到的，超出事先估计的；选项 C“特殊”指与同类事物或一般情况不同的，在一般情况下很少见到的；选项 D“优异”形容成绩、表现等特别好，可以修饰“成绩”，但本句中说的是“第一名的好成绩”这件事情，用“优异”则句意重复。因此这三项均不符合题意。

39. 正确答案是 D。本题主要考查的是考生能否掌握词语在句子中的含义和用法。具体来讲，是考查考生能否正确理解句意及掌握名词“本意”的意义和用法。题干表达的意思是他原来没有伤害别人的意图，请大家原谅他。选项 D“本意”指原来的意思或意图，符合题意。选项 A“本领”与选项 B“本事”是近义词，指技能、能力；选项 C“本身”是代词，指自身。因此这三项均不符合题意。

40. 正确答案是 B。本题主要考查的是考生能否掌握词语在句子中的含义和用法。具体来讲，是考查考生能否正确理解句意及掌握“碍事”的意义和用法。题干的意思是这张桌子放在这里会造成不便。选项 B“碍事”可以指妨碍做事，造成不便，符合题意。其他三项都表达不出“造成不便”的意思。

41. 正确答案是A。本题主要考查的是考生能否掌握词语在句子中的含义和用法。具体来讲，是考查考生能否正确理解句意及掌握“不免”的意义和用法。题干横线处需要填一个副词来强调“老照片会让人回忆起过去”这件事。选项A“不免”意思是免不了，一定会，符合题意。选项B“不必”表示不需要；选项C“不曾”是“曾经”的否定形式，指没有某种经历；选项D“不止”指超出某个数目或范围。这三项均不符合题意。

42. 正确答案是D。本题主要考查的是考生能否掌握词语在句子中的含义和用法。具体来讲，是考查考生能否正确理解句意及掌握副词“往往”的意义和用法。题干表达的是地震发生以前某些动物会有异常反应，这是一种有规律的现象，因此，选项D“往往”指某种情况有规律地不断发生，强调规律性，符合题意。选项A“时时”指在一段时间内多次发生，选项B“处处”指每个地方、每个方面，选项C“天天”表示每天。这三项均不符合题意。

43. 正确答案是B。本题主要考查的是考生能否掌握词语在句子中的含义和用法。具体来讲，是考查考生能否正确理解句意及掌握动词“杜绝”的意义和用法。题干中的关键词“浪费”是一种不好的行为，而“杜绝”指制止、消灭（坏事），两者可以搭配，因此选项B符合题意。其他三项均不可与“浪费”搭配。

44. 正确答案是A。本题主要考查的是考生能否掌握词语在句子中的含义和用法。具体来讲，是考查考生能否正确理解句意及掌握“稳定”的意义和用法。题干中关键词为“收入”，指收到的钱，与选项A“稳定”搭配，“稳定”形容没有变化，安定地处于某种状态。选项B“安定”虽然与“稳定”意义相近，但主要用来形容生活或社会秩序等平静正常；选项C“悠闲”和选项D“忙碌”用来形容生活，不与“收入”搭配。因此选项B、C、D均不符合题意。

45. 正确答案是C。本题主要考查的是考生能否掌握词语在句子中的含义和用法。具体来讲，是考查考生能否正确理解句意及掌握“捕捉”的意义和用法。题干的意思是老王能很好地抓住商机，选项C“捕捉”可以表示使事物掌握在自己手中，符合题意。其他三项均不与“商机”搭配，不符合题意。

46. 正确答案是A。本题主要考查的是考生能否掌握词语在句子中的含义和用法。具体来讲，是考查考生能否正确理解句意及掌握关联词语“连……也……”的意义和用法。题干强调的是他刚到这个城市的时候没有朋友。选项A“连……也……”符合题意，表示强调。其他三项均不符合题意。

47. 正确答案是D。本题主要考查的是考生能否掌握词语在句子中的含义和用法。具体来讲，是考查考生能否正确理解句意及掌握连词“既然”和动词“阻拦”的意义和用法。题干中前半句提出事实“他们已经决定要搬走了”，后半句以此为依据得出结论——我们不方便管，不方便问，选项D符合题意。“既然”表示以前面提出的事实为根据，应该得出后面的结论；“干涉”的意思是过问或制止。其他三项均不符合题意。

48. 正确答案是C。本题主要考查的是考生能否掌握词语在句子中的含义和用法。具体来讲，是考查考生能否正确理解句意及掌握“夺取”和“竭力”的意义和用法。题干中关键词是“为了”，可知题干的句子是表目的关系的复句，可以推测题干想表达的意思是为了得到冠军，队员们拼尽全力。选项C符合题意,“夺取”有努力争取的意思,“竭力”表示尽力地。选项A中的“赢得”也可以与“冠军”搭配，但“放弃”与前一分句句意矛盾。选项B和选项D均不符合题意。

49. 正确答案是B。本题主要考查的是考生能否掌握词语在句子中的含义和用法。具体来讲，是考查考生能否正确理解句意及掌握“严密”和“难题”的意义和用法。题干中的关键词为“计算和思考”“解决”，可以从搭配的角度来解题：“严密”表示周到，可以用来形容“思考”和“计算”；第二空，“解决”搭配“难题”。因此选项B符合题意。

50. 正确答案是B。本题主要考查的是考生能否掌握词语在句子中的含义和用法。具体来讲，是考查考生能否正确理解句意及掌握“自信”和“不在乎”的意义和用法。题干中后一分句是对前一分句的解释说明,“自信”的人一般“不在乎”别人的看法，符合逻辑。因此选项B符合题意。

51. 正确答案是C。本题主要考查的是考生能否根据需要获取阅读材料的细节性信息。休渔是在规定时间内禁止捕捞，选项A错误；选项B“能够丰富海洋物种”文中没有提到，错误；选项C“能使渔业资源得到保护”是休渔的目的，正确；休渔针对的是所有人，不单是捕鱼大户，选项D错误。

52. 正确答案是A。本题主要考查的是考生能否根据需要获取阅读材料的细节性信息。题干关键词为“渔民”和“好处”，可以重点关注相关语句的描写。文章第一段提到“渔船在休渔期间也节约了生产成本”。因此选项A“节约生产成本”符合题意。

53. 正确答案是B。本题主要考查的是考生能否根据需要获取阅读材料的细节性信息。题干关键词是“休渔期”和“时间安排”，文中提到“各海区、水域每年的休渔期是不固定的，不同海区的鱼类繁殖期不同造成了这种差异”。因此选项B“具体时段因地而异”符合题意。

54. 正确答案是C。本题主要考查的是考生查找细节的能力以及联系上下文理解句子意思的能力。文中第一段提到:“父亲叹口气说:‘小儿左思的学习还不如我小时候，看来是没有多大的出息了。’”由此判断父亲对不爱读书的小左思感到“很失望”。因此选项C正确。

55. 正确答案是D。本题主要考查的是考生查找细节的能力以及联系上下文理解句子意思的能力。文中提到小左思听了父亲的话后，“他非常难过，觉得自己不好好念书确实很没出息。于是，他下定决心，一定要刻苦学习。”因此选项D正确。

56. 正确答案是C。本题主要考查的是考生能否根据需要获取阅读材料的细节性信息。题干的关键信息为“洛阳纸贵”，相关信息在最后一段，最后一段提到“因为抄写的人太多，京城洛阳的纸张供不应求，一时间全城纸价大幅度上升”。因此选项C“很多人都在传抄《三都赋》”正确。

57. 正确答案是A。本题主要考查的是考生能否根据需要获取阅读材料的细节性信息。题干关键信息为“第一次投篮”，相关信息在第一段，第一段提到“‘大个子’姚明投出的篮球因碰到篮筐而弹出”，说明姚明没投中。因此选项A“没有投中”符合题意。

58. 正确答案是B。本题主要考查的是考生能否根据需要获取阅读材料的细节性信息。文中第二段提到“姚明9岁时，父母送他去体校练篮球……小姚明开始正式接受篮球训练”。因此选项B“9岁”符合题意。

59. 正确答案是A。本题主要考查的是考生查找细节的能力以及联系上下文理解词语含义的能力。文中第二段讲了父母送姚明去体校练篮球及休息日父亲跟姚明玩儿篮球的事，最后说“姚明曾说，他是在父亲的‘引诱’下走上篮球道路的”。因此，选项A“家庭的影响”符合题意。

60. 正确答案是B。本题主要考查的是考生能否根据需要获取阅读材料的细节性信息。题干关键词是“脑科学界”“既视感”，文中提到“脑科学界一般将这种现象归结为记忆储存的短暂混乱”。因此，选项B“记忆混乱”符合题意。

61. 正确答案是C。本题主要考查的是考生能否根据需要获取阅读材料的细节性信息。文中第二段提到“尤其是在我们感到疲劳、压力大时，更容易出现记忆混乱”，因此，选项C“疲倦时”符合题意。选项B和选项D的干扰性较强，文中提到喜欢旅行和看电影的人更容易产生“既视感”，但并不是说人在旅行或看电影时容易发生“既视感”。

62. 正确答案是C。本题主要考查的是考生能否根据需要获取阅读材料的细节性信息。题干关键词为“医学界”和“原因”，文中第三段介绍了医学上认为“既视感”可能是左右脑信息处理不协调所致。因此选项C符合题意。

63. 正确答案是D。本题主要考查的是考生能否根据需要获取阅读材料的细节性信息。解答本题应先阅读选项，分别找出关键词，然后在文中找到相应信息并判断对错。文中提到“有三分之二的健康人群都出现过‘既视感’”，故选项A错误；文中未提到药物能治疗“既视感”，选项B错误；文中提到“年轻人也比年长者更容易出现这种感觉”，故选项C错误；文中最后一句提到“许多癫痫患者会频繁地产生‘既视感’”，故选项D正确。

64. 正确答案是D。本题主要考查的是考生能否根据需要获取阅读材料的细节性信息。文章开头介绍了什么是“无厘头”，它是周星驰的喜剧风格，即“突然而来的插科打诨（指戏曲演员在演出中穿插滑稽的谈话和动作引人发笑），配上反传统、无规律可循的夸张动作”。因此选项D符合题意。

65. 正确答案是C。本题主要考查的是考生能否根据需要获取阅读材料的细节性信息。题干关键词为“香港观众”，文中提到“人们认为香港生活节奏快、压力大，因而市民需要以笑减压”。因此选项C符合题意。

66. 正确答案是C。本题主要考查的是考生能否根据需要获取阅读材料的细节性信息。文中第二段介绍了周星驰对自己的电影的理解，即“电影是一种大众传播媒介，大众化的艺术就是最通俗的艺术”。因此选项C符合题意。

67. 正确答案是B。本题主要考查的是考生能否根据需要获取阅读材料的细节性信息。文中第二段介绍了周星驰拍《大话西游》的原因，“因为没有钱将那么伟大的《西游记》整部演出来，所以就拍了省钱的喜剧。”因此选项B符合题意。

68. 正确答案是D。本题主要考查的是考生能否根据需要获取阅读材料的细节性信息。第一段中提到“越南则求助于中国，但当时中国还没有可以治疗疟疾的药”。因此选项D符合题意。

69. 正确答案是C。本题主要考查的是考生能否根据需要获取阅读材料的细节性信息。文中提到“屠呦呦在书中看到一个古方，她利用古方中的草药做实验，最终提取了一种叫‘青蒿素’的药物”。因此选项C“它的发现源于医药古方”符合题意。

70. 正确答案是B。本题主要考查的是考生能否根据需要获取阅读材料的细节性信息。解答此题时应先阅读选项，根据关键词在文中找到相关内容并判断正误。文中提到第一次在小白鼠身上的试验并未治好所有的小白鼠，故选项 A 错误；文中提到“她又对青蒿素做了许多改良和试验，并把自己作为试验对象”，故选项 B 正确；文中提到“因为没有时间照顾孩子，她只能把孩子送去亲戚家”，故选项 C 错误；选项 D 对诺贝尔奖的描述缺少“科学类”这一限定，故错误。

71. 正确答案是 A。本题主要考查的是考生能否领会阅读材料的主要内容和中心意思。通读全文，文章主要介绍了屠呦呦发现青蒿素并用它来治疗疟疾的过程。因此选项 A“屠呦呦与青蒿素”最适合做本文的标题。

72. 正确答案是 D。本题主要考查的是考生查找细节的能力以及联系上下文理解句子意思的能力。根据本文第一句可知，选项 D“提倡健康、自然、可持续发展”符合题意。选项 A、B 与文意矛盾；选项 C 中的“设计复杂”与材料内容不符。

73. 正确答案是 B。本题主要考查的是考生能否根据需要获取阅读材料的细节性信息。文中第一段提到绿色包装设计“用更简洁、持久的造型尽可能地延长产品的使用寿命”，因此符合绿色包装设计理念的是选项 B“造型简洁持久”。

74. 正确答案是 C。本题主要考查的是考生查找细节的能力以及联系上下文理解词语含义的能力。文中第二段提到“该委员会还力主采用最简单的包装方式，甚至要求向零包装方向努力”，这里的“零包装”指的是不用包装。因此选项 C“向不用包装的方向努力”符合题意。

75. 正确答案是 C。本题主要考查的是考生能否领会阅读材料的主要内容和中心意思。本文主要介绍了绿色包装设计的理念是怎样的，它的影响体现在哪些方面。因此选项 C“绿色包装设计的理念及影响”符合题意。

# 阅读理解模拟试题（三）

## 答案

| | | | | | | | | | |
|---|---|---|---|---|---|---|---|---|---|
| 36. C | 37. D | 38. A | 39. B | 40. A | 41. D | 42. C | 43. D | 44. C | 45. B |
| 46. D | 47. C | 48. A | 49. D | 50. C | 51. B | 52. C | 53. C | 54. C | 55. B |
| 56. D | 57. B | 58. D | 59. D | 60. A | 61. B | 62. B | 63. D | 64. B | 65. C |
| 66. C | 67. C | 68. B | 69. A | 70. B | 71. C | 72. D | 73. B | 74. D | 75. C |

## 详细解析

36. 正确答案是 C。本题主要考查的是考生能否掌握词语在句子中的含义和用法。具体来讲，是考查考生能否正确理解句意及掌握副词“轻易”的意义和用法。根据题干中表示转折关系的关联词可知，题干强调的是虽然分数落后，但队员没有说放弃就放弃，因此选项 C“轻易”符合句意，“轻易”做副词时表示随随便便，没经过慎重考虑。选项 A“始终”指从开始到结束持续不变，不仅意思不符合句意，而且不能与“放弃”搭配；选项 B“终于”表示经过复杂的变化或很长的时间出现了某种结果，不符合句意；选项 D“宁可”多用于经过比较后做出选择，表示从两种不利的情况中选择损害较小的一种，不符合句意。

37. 正确答案是D。本题主要考查的是考生能否掌握词语在句子中的含义和用法。具体来讲，是考查考生能否正确理解句意及掌握动词“融合”的意义和用法。题干要求填入一个动词，表达“园林将东方和西方的建筑特点合为一体”的意思。选项D“融合”指几种不同的事物合成一体，符合句意。选项A“连接”指不同的事物联系在一起，选项B“联合”指为共同的主张、目的或行动而结合在一起，选项C“联络”指彼此交接或接上关系。这三项均不符合句意。

38. 正确答案是A。本题主要考查的是考生能否掌握词语在句子中的含义和用法。具体来讲，是考查考生能否正确理解句意及掌握形容词“尖锐”的意义和用法。题干要求填入一个形容矛盾非常严重的词，选项A“尖锐”可以形容（言论、斗争等）非常激烈，符合句意。选项B“锋利”指（工具、武器等）头尖或刃薄，容易刺入或切入物体，也可指（言论、文笔等）尖锐，但不可修饰“矛盾”；选项C“恶劣”形容很坏，一般用来形容品质、态度、天气、影响等；选项D“厉害”可以指凶猛、严厉、（情况）严重、（动作）剧烈，但不可以修饰“矛盾”。故选项B、C、D均不符合句意。

39. 正确答案是B。本题主要考查的是考生能否掌握词语在句子中的含义和用法。具体来讲，是考查考生能否正确理解句意及掌握名词“途径”的意义和用法。题干表达的是阅读是获得知识的方法、手段，选项B“途径”常用来比喻达到某种目的的方法、手段，符合句意。其他三项均不符合句意。

40. 正确答案是A。本题主要考查的是考生能否掌握词语在句子中的含义和用法。具体来讲，是考查考生能否正确理解句意及掌握形容词“稳妥”的意义和用法。题干的关键信息是“这项工作很关键”，因此负责人最好是做事可靠、稳当的。选项A“稳妥”形容可靠、稳当、妥帖，符合句意。选项B“恰当”指合适、妥当，可以说“某件事情处理得恰当”，但不能说“恰当的人”；选项C、D填入画线处后会造成前后分句矛盾。故选项B、C、D均不符合句意。

41. 正确答案是D。本题主要考查的是考生能否掌握词语在句子中的含义和用法。具体来讲，是考查考生能否正确理解句意及掌握动词“劝阻”的意义和用法。根据“他放弃”这一行为可知，是家人的反对造成了这样的结果。选项D“劝阻”表示劝人不要做某事或进行某种活动，符合句意。选项A“勉励”表示鼓励；选项C“动员”表示发动人参加某项活动；选项B“控制”表示掌握住，不使活动越出范围。因此这三项均不符合句意。

42. 正确答案是C。本题主要考查的是考生能否掌握词语在句子中的含义和用法。具体来讲，是考查考生能否正确理解句意及掌握副词“反而”的意义和用法。题干表达的是人们尽力救火，但是没想到火没被扑灭，相反火势却更猛了。选项C“反而”表示出乎预料和常情，符合句意。其他三项均不符合句意。

43. 正确答案是D。本题主要考查的是考生能否掌握词语在句子中的含义和用法。具体来讲，是考查考生能否正确理解句意及掌握动词“派遣”的意义和用法。本题主要考动宾搭配，选项D“派遣”指（政府、机关、团体等）命人到某处做某项工作，符合句意。选项A、C均不能与“代表团”搭配；选项B“安置”指安放、安排，使人或事有着落，不符合句意。

44. 正确答案是C。本题主要考查的是考生能否掌握词语在句子中的含义和用法。具体来讲，是考查考生能否正确理解句意及掌握形容词“典型”的意义和用法。题干表达的是老北京四合院是具有代表性的北方民居，选项C“典型”可以指有代表性的，符合句意。选项A“榜样”指的是作为仿效、学习对象的人或事例，选项B“适当”指合适、妥当，选项D“通俗”形容浅显易懂。这三项均不符合句意。

45. 正确答案是B。本题主要考查的是考生能否掌握词语在句子中的含义和用法。具体来讲，是考查考生能否正确理解句意及掌握动词“凝固”的意义和用法。题干表达的是由于惊讶，全身血液好像都不流动了。选项B“凝固”指由液体变成固体，符合句意。其他三项均不符合句意。

46. 正确答案是D。本题主要考查的是考生能否掌握词语在句子中的含义和用法。具体来讲，是考查考生能否正确理解句意及掌握关联词语“除非……否则……”的意义和用法。题干表达的是给他赔礼道歉是我们唯一可以做的，如果不道歉他是不会理我们的。选项D“除非……否则……”表示“除非”后面的条件是唯一的，从反面强调如果没有这个条件，就会出现不好的结果，符合句意。选项B“只有……才……”是从正面强调有了某一条件，后面的事情才能实现，不符合句意；选项A、C中关联词的逻辑关系不符合句意。

47. 正确答案是C。本题主要考查的是考生能否掌握词语在句子中的含义和用法。具体来讲，是考查考生能否正确理解句意及掌握连词“既然”和动词“鉴定”的意义和用法。题干前半句陈述事实，后半句是根据这个事实建议怎么做。选项C“既然”表示以前面提出的事实为根据，应该得出后面的结论；“鉴定”指鉴别、评定，或辨别并确定事物的真伪、优劣等，因此符合句意。其他三项均不符合句意。

48. 正确答案是A。本题主要考查的是考生能否掌握词语在句子中的含义和用法。具体来讲，是考查考生能否正确理解句意及掌握动词“遭遇”和副词“毅然”的意义和用法。题干中前半句表达受到“不公正的对待”，所以可选用表达消极意义的动词来搭配，后半句强调没有犹豫就辞掉了工作。选项A“遭遇”指遇到（敌人、不幸的事或不顺利的事），“毅然”指坚决地，毫不犹疑地，因此选项A符合句意。选项B“接受”指对事物容纳而不拒绝，或收取（给予的东西），“好歹”指不管怎样或不问条件好坏，将就地（做某件事），不符合句意；选项C中“即将”表示目前还没发生，与题干中“辞掉了”这一已经发生的行为相矛盾；选项D的词语从搭配和句意上均不符合题干要求。

49. 正确答案是D。本题主要考查的是考生能否掌握词语在句子中的含义和用法。具体来讲，是考查考生能否正确理解句意及掌握形容词“草率”和动词“检讨”的意义和用法。题干表达的是由于自己做决定不够认真导致实验失败了，于是他针对自己的错误向大家做自我批评。选项D“草率”指做事不认真、不负责，“检讨”表示找出缺点和错误并做自我批评，因此选项D符合句意。其他三项均不符合句意。

50. 正确答案是C。本题主要考查的是考生能否掌握词语在句子中的含义和用法。具体来讲，是考查考生能否正确理解句意及掌握形容词“委屈”和短语“碰钉子”的意义和用法。根据题干中的“却”可知该句是转折复句，表达的意思是他诚心与人合作却不成功，心里难过，觉得自己不应该被这样对待。选项C“委屈”指受到不应该有的指责或待遇，心里难过，“碰钉子”比喻遭到拒绝或受到斥责，因此选项C符合句意。其他三项均不符合句意。

51. 正确答案是 B。本题主要考查的是考生能否根据需要获取阅读材料的细节性信息。文章开头提到“袁隆平高中毕业后，父亲希望他报考南京的重点大学”，因此选项 B 正确。

52. 正确答案是 C。本题主要考查的是考生能否根据需要获取阅读材料的细节性信息。根据文中袁隆平母亲的话“隆平，爸爸的意见你再认真考虑考虑，当然最后还得由你自己做主”可知，母亲的意思是袁隆平可以自主选择学什么，父母会尊重他的意愿，因此选项 C“很尊重儿子的选择”正确。

53. 正确答案是 C。本题主要考查的是考生能否根据需要获取阅读材料的细节性信息。文章第一段提到：“在小学阶段，一次参观园艺场时，他（袁隆平）对生机勃勃的花、草、果、木和大自然春华秋实的变化规律产生了浓厚的兴趣。于是，他对父母说：‘还是让我报考农学院吧！’”由此可知选项 C 正确。

54. 正确答案是 C。本题主要考查的是考生能否根据需要获取阅读材料的细节性信息。根据题干关键词“地震预警仪”和“传递”在文中查找相关信息，可以找到第二段的句子“地震预警仪探测到地震波后，以电波的形式传到地震预警中心”，因此选项 C 正确。

55. 正确答案是 B。本题主要考查的是考生能否根据需要获取阅读材料的细节性信息。浏览题干和选项可知，此题的考点是预警时间与伤亡比例的关系，由此可以定位到第二段末尾：“研究表明：预警时间为 3 秒时，可减少 14% 的伤亡；预警时间为 10 秒时，可减少 39% 的伤亡；预警时间为 20 秒时，可减少 63% 的伤亡。”再结合第一段中“大陆地震预警网……提前 10 秒向宜宾预警”等信息可知，选项 B 正确。

56. 正确答案是 D。本题主要考查的是考生能否根据需要获取阅读材料的细节性信息。文中提到“一般民众可直接在手机应用市场下载并安装‘地震预警’应用软件，在设置好相关参数后，便能在第一时间知悉地震发生情况”，因此选项 D 正确。

57. 正确答案是 B。本题主要考查的是考生能否根据需要获取阅读材料的细节性信息。文中提到“年轻人戴耳机不一定是为了听到耳机内的世界，也可能是为了隔绝耳机外的世界”，由此推测当代年轻人喜欢戴耳机除了听音乐等需求，也可能是想要与外界社会隔绝，因此选项 B“想要隔开外界社会”正确。

58. 正确答案是 D。本题主要考查的是考生查找细节的能力以及联系上下文理解句子意思的能力。文中提到：“对当代青年来说，聋并不可怕，勉强自己与人聊天儿才可怕。哪怕冒着‘残疾’的风险，他们也要让耳机成为继手机之后人体的第二大体外‘器官’。”由此看来，那些“不爱与人聊天儿的人”可能更喜欢戴耳机，因此选项 D 正确。

59. 正确答案是 D。本题主要考查的是考生能否联系上下文理解句子的意思。文中提到“2018 年日本市场销售量最高的某款耳机，就是在减少外界低频噪声的基础上，大幅提升了对人声等高频噪声的主动降噪”，由此可知，选项 D“可以降低高频噪声”正确。

60. 正确答案是 A。本题主要考查的是考生能否根据需要获取阅读材料的细节性信息。文中提到“不管看中什么商品，都要伸手去摸一摸”，因此选项 A 正确。

61. 正确答案是 B。本题主要考查的是考生能否根据需要获取阅读材料的细节性信息。第一段提到对于朋友逛街的习惯“我很是不解，便问她这样做的原因”，由此可知选项 B“不太明白”正确。

62. 正确答案是 B。本题主要考查的是考生能否根据需要获取阅读材料的细节性信息。文中提到听了朋友的解释，“我心中暗暗佩服”，由此可以看出“我”是肯定朋友这个习惯的，因此选项 B“认为有理”正确。

63. 正确答案是 D。本题主要考查的是考生能否领会阅读材料的主要内容和中心意思。文中最后提到起心动念的时候“先给自己一个缓冲期，让自己降降温，然后再以比较恰当的方式处理冒出来的情绪”，这句话表达了文章的中心意思，即“要冷静面对情绪”，因此选项 D 正确。

64. 正确答案是 B。本题主要考查的是考生能否根据需要获取阅读材料的细节性信息。文章第一段提到阅读测试中，学生们读一本书的片段，发现自己走神儿就按键，因此选项 B“马上按键”正确。

65. 正确答案是 C。本题主要考查的是考生能否根据需要获取阅读材料的细节性信息。文章第二段提到“走神儿时大脑的血流只比精神集中时低 5 ～ 10 个百分点，而活跃区域的面积比精神集中时还要大”，因此选项 C“活跃区域更大”正确。

66. 正确答案是 C。本题主要考查的是考生能否根据需要获取阅读材料的细节性信息。文章第三段提到“越来越多的研究发现，思想漫游也许会赋予我们更多的创造力”，因此选项 C 正确。

67. 正确答案是 C。本题主要考查的是考生能否根据需要获取阅读材料的细节性信息。解答本题，应先阅读每个选项，找出关键词，再根据文中相关信息判断正误。文章第一段提到“在我们醒着的时间里，至少有一半时间要贡献给走神儿”，故选项 A“醒着时很少发生”错误；选项 B 文中未提及；文章第一段末尾提到“不管我们喜欢与否，走神儿都是我们人类天生就具有的能力”，故选项 C“是人类特有的能力”正确，选项 D“是通过学习才获得的能力”错误。

68. 正确答案是 B。本题主要考查的是考生能否根据需要获取阅读材料的细节性信息。题干中的关键词语是“颜色温暖的光波”，文章第一段提到“颜色温暖的光波，比如红光，拥有更长的波长”，因此选项 B“波长比冷色光要长”正确。

69. 正确答案是 A。本题主要考查的是考生能否根据需要获取阅读材料的细节性信息。文章第一段末尾提到“明亮的颜色会产生更强的振动效应，使人更积极”，因此选项 A“振动水平较高”正确。

70. 正确答案是 B。本题主要考查的是考生能否根据需要获取阅读材料的细节性信息。解答本题，应先阅读每个选项，找出关键词，再根据文中相关信息判断正误。文章第二段提到“暖色调的安慰剂比冷色调的安慰剂更有效”，故选项 A 错误；第三段提到“对于颜色的反应往往因人而异”，故选项 B 正确；选项 C“黑色的衣服能让人更加冷静”文中未提到；第三段提到“也有许多心理学家认为，颜色所产生的心理效应可能被夸大了，有的缺乏确凿的实验数据”，故选项 D 错误。

71. 正确答案是 C。本题主要考查的是考生能否领会阅读材料的主要内容和中心意思。文章第二段的首句和第三段是理解本文中心意思的关键，本文主要介绍了颜色对人类心理状态的影响，因此选项 C“颜色产生的心理效应”是本文的主要内容。

72. 正确答案是 D。本题主要考查的是考生能否根据需要获取阅读材料的细节性信息。文中提到“当时所有的动画技术都掌握在欧美人手中，而且封锁严密……万氏兄弟摸索了 4 年……1926

年，万氏兄弟制作出中国第一部动画片《大闹画室》”，因此，选项C“靠他们自己探索制作技术”正确。

73. 正确答案是B。本题主要考查的是考生能否根据需要获取阅读材料的细节性信息。题干中的关键词语是“一开始创作的作品”，文章第二段提到在推出第一部动画片后，“万氏兄弟几年内又陆续制作了近20部动画片，这些动画片大多是模仿美国动画的风格，并未引起太多人的注意”，因此选项B“大多是模仿欧美风格”正确。

74. 正确答案是D。本题主要考查的是考生能否根据需要获取阅读材料的细节性信息。题干中的关键词语是“第一部长动画片”，文章第三段提到“1941年，万氏兄弟制作出中国第一部大型动画片《铁扇公主》……这不但是中国第一部长动画片，还是当时亚洲第一部长动画片”，因此选项D正确。

75. 正确答案是C。本题主要考查的是考生能否领会阅读材料的主要内容和中心意思。具体来讲，是考查考生对文章第三段内容的理解。文章第三段提到《铁扇公主》这部动画片无论在取材还是画风上，都有“鲜明的民族文化特色和美术风格”，而且“《铁扇公主》上映后引起了很大轰动……对中国动画艺术的发展产生了深远影响”，因此选项C“体现了民族传统与文化”正确。

## 阅读理解模拟试题（四）

### 答案

| | | | | | | | | | |
|---|---|---|---|---|---|---|---|---|---|
| 36. B | 37. D | 38. A | 39. B | 40. D | 41. C | 42. A | 43. D | 44. B | 45. C |
| 46. B | 47. C | 48. A | 49. C | 50. D | 51. D | 52. A | 53. B | 54. C | 55. B |
| 56. B | 57. C | 58. B | 59. B | 60. D | 61. A | 62. D | 63. D | 64. C | 65. C |
| 66. B | 67. B | 68. A | 69. D | 70. D | 71. C | 72. C | 73. B | 74. A | 75. C |

### 详细解析

36. 正确答案是B。本题主要考查的是考生能否掌握词语在句子中的含义和用法。具体来讲，是考查考生能否正确理解句意及掌握副词“大致”的意义和用法。题干中的关键词是“估计”，意思是根据已知的情况、现象等做出某种猜测，选项B“大致”是大概、大约的意思，表示不是很精确的估计，符合句意。选项A“恐怕”做副词时可以表示估计、推测，多用于担心或忧虑的情况；选项C“一口气”表示不间断地（做某件事）；选项D“进一步”表示事情的进行在程度上比以前提高。因此这三项均不符合句意。

37. 正确答案是D。本题主要考查的是考生能否掌握词语在句子中的含义和用法。具体来讲，是考查考生能否正确理解句意及掌握介词“依据”的意义和用法。题干表达的意思是将根据调查结果做出处理，选项D“依据”做介词时指根据、按照，符合句意。其他三项均不符合句意。

38. 正确答案是A。本题主要考查的是考生能否掌握词语在句子中的含义和用法。具体来讲，是考查考生能否正确理解句意及掌握形容词“浓厚”的意义和用法。题干想要表达的是学习者学习兴趣高就会更加自主地学习，选项A“浓厚”可以指兴趣高，符合句意。选项B“肥沃”形容（土地）含有较多的适合植物生长的养分、水分；选项C“过瘾”形容满足某种特别深的癖好；选项D“浩大”形容（气势、规模）盛大、巨大。这三项均不能修饰“学习兴趣”。

39. 正确答案是B。本题主要考查的是考生能否掌握词语在句子中的含义和用法。具体来讲，是考查考生能否正确理解句意及掌握名词“含量”的意义和用法。题干想要表达的意思是一些饮料中含有很多糖，要少喝。选项B“含量”指一种物质中所包含的某种成分的数量，符合句意。其他三项均不符合句意。

40. 正确答案是D。本题主要考查的是考生能否掌握词语在句子中的含义和用法。具体来讲，是考查考生能否正确理解句意及掌握形容词“舒畅”的意义和用法。题干想要表达的是这个房间让人心情很好。选项D“舒畅”形容心情开朗愉快，符合句意。选项A“通顺”形容（语句、文章等）没有逻辑或语法上的毛病，读起来顺畅；选项B“畅通”表示通行或通过顺利，无阻碍；选项C“耐烦”形容不急躁、不怕麻烦、不厌烦，多用在否定句中。因此选项A、B、C均不符合句意。

41. 正确答案是C。本题主要考查的是考生能否掌握词语在句子中的含义和用法。具体来讲，是考查考生能否正确理解句意及掌握副词“向来”的意义和用法。题干想要强调的是他父亲善良温和，和邻居们的关系一直很好。选项C“向来”指从来、一向，符合句意。其他三项均不符合句意。

42. 正确答案是A。本题主要考查的是考生能否掌握词语在句子中的含义和用法。具体来讲，是考查考生能否正确理解句意及掌握副词“仍然”的意义和用法。题干想要强调的是小李在落后的情况下没有放弃，还是坚持跑完全程。选项A“仍然”表示动作行为继续进行，持续不变，符合句意。选项B、C、D均不符合句意。

43. 正确答案是D。本题主要考查的是考生能否掌握词语在句子中的含义和用法。具体来讲，是考查考生能否正确理解句意及掌握动词“迁就”的意义和用法。根据题干中“无理要求”“变得不讲道理”等关键词可知，题干表达的意思是如果孩子提什么要求父母都顺从他、满足他的话，孩子就容易变得不讲道理。选项D“迁就”表示将就、满足别人，符合句意。其他三项均不符合句意。

44. 正确答案是B。本题主要考查的是考生能否掌握词语在句子中的含义和用法。具体来讲，是考查考生能否正确理解句意及掌握副词“恰巧”的意义和用法。题干想要表达的是在阿文正需要人帮忙的时候，正好有两个同学来了。选项B“恰巧”表示恰好、凑巧，符合句意。选项A“恰当”形容合适、妥当；选项C“赶紧”指抓紧时机，毫不拖延；选项D“赶快”指抓住时机，加快速度。因此这三项均不符合句意。

45. 正确答案是C。本题主要考查的是考生能否掌握词语在句子中的含义和用法。具体来讲，是考查考生能否正确理解句意及掌握动词“改进”的意义和用法。四个选项中能与“学习方法”搭配的动词是选项C“改进”，指改变旧有的情况，使有所进步，符合句意。选项A“改革”指把事物中不合理的部分改成新的、能适应客观情况的，一般搭配“体制”“技术”等；选项B“改善”指改变原有情况使好一些，一般搭配“生活”“环境”等；选项D“改正”指把错误的改成正确的，一般搭配“错误”“缺点”等。

46. 正确答案是B。本题主要考查的是考生能否掌握词语在句子中的含义和用法。具体来讲，是考查考生能否正确理解句意及掌握关联词“只有……才……”的意义和用法。题干中前后两分句是条件关系，前一分句“大家共同参与”是后一分句“建设成……生存空间”的唯一条件。因此选项B“只有……才……”符合句意，其他三项均不符合句意。

47. 正确答案是C。本题主要考查的是考生能否掌握词语在句子中的含义和用法。具体来讲，是考查考生能否正确理解句意及掌握动词“爆发”和连词“只要”的意义和用法。题干前半句想表达的是北方城市突然有很多人得了流行性感冒，“爆发”指突然发作，突然发生，填入此处较为恰当。浏览后一分句，发现画线处要填入一个与“就”搭配的关联词，“只要”表示必要条件，与“就”呼应。因此选项C符合句意。

48. 正确答案是A。本题主要考查的是考生能否掌握词语在句子中的含义和用法。具体来讲，是考查考生能否正确理解句意及掌握动词“驳斥”和副词“凡是”的意义和用法。题干后一分句“违法行为都应受到惩罚”和前一分句中“同情罪犯”的观点相反，因此题干想要表达的是“这篇文章”并不赞同“同情罪犯”的观点，而是认为所有的违法行为都应该受到惩罚。选项A“驳斥”表示反驳错误的言论或意见，“凡是”指总括某个范围内的一切，符合句意。其他三项均不符合句意。

49. 正确答案是C。本题主要考查的是考生能否掌握词语在句子中的含义和用法。具体来讲，是考查考生能否正确理解句意及掌握动词“办理”和名词“限制”的意义和用法。题干想要表达的是16岁以下的中国公民可以自愿申请、办理身份证件。第一空填入“申请（指提出请求）”“办理（指处理事务）”均符合句意，第二空填入“限制（表示规定的范围）”符合句意。因此选项C是正确答案。

50. 正确答案是D。本题主要考查的是考生能否掌握词语在句子中的含义和用法。具体来讲，是考查考生能否正确理解句意及掌握形容词“繁荣”和成语“川流不息”的意义和用法。题干想要表达的是旅游业促进了海南的经济发展，节假日期间海南人多、车多。“繁荣”形容（经济或事业）蓬勃发展、昌盛，“川流不息”指（行人、车马等）像水流一样连续不断，选项D搭配恰当，符合句意。其他三项不仅搭配不当，而且与句意不符。

51. 正确答案是D。本题主要考查的是考生能否根据需要获取阅读材料的细节性信息。题干关键词为“白噪声”，文中提到“所谓‘白噪声’，是均匀混合了所有可听频率的声音”。因此选项D“包含所有可听频率”正确。

52. 正确答案是A。本题主要考查的是考生能否根据需要获取阅读材料的细节性信息。文中提到“当大脑听到雨声时就如同听到摇篮曲，会渐渐放松下来，慢慢进入睡眠状态”。因此选项A“雨声令大脑放松”正确。

53. 正确答案是B。本题主要考查的是考生能否领会阅读材料的主要内容和中心意思。本文首句是理解文章主要内容的关键句，指出雨声有助眠作用。随后文章主要介绍了雨声助眠、雨天催眠的原因。因此选项B“雨天睡得香的原因”正确。

54. 正确答案是 C。本题主要考查的是考生能否根据需要获取阅读材料的细节性信息。题干描述的是研究人员的试验过程，通过后文的试验结果可知，研究人员这样做是为了试验究竟是盒子的大小还是摇晃频率的快慢导致了绳子打结。因此选项 C 正确。

55. 正确答案是 B。本题主要考查的是考生能否根据需要获取阅读材料的细节性信息。文章第二段介绍了研究人员的试验，可以看出绳子长度不同，打结的情况也会不同。因此选项 B 正确。

56. 正确答案是 B。本题主要考查的是考生能否根据需要获取阅读材料的细节性信息。文章最后一段提到了应对耳机线打结问题的措施，可以“把耳机线固定在耳机盒里”，或者“选择足够小的盒子来装耳机线”。因此选项 B“装在足够小的盒子里”正确。

57. 正确答案是 C。本题主要考查的是考生能否根据需要获取阅读材料的细节性信息。文章第一段提到小儒艮曾被困在一处海滩上，是动物保护人士“收养”了它。因此选项 C“得到了动物保护人士的救助”正确。

58. 正确答案是 B。本题主要考查的是考生能否根据需要获取阅读材料的细节性信息。题干中的关键词语是“放归大海”，文章第一段提到“人们一次次地尝试将它放归大海，但每一次小家伙都会游回来”。因此选项 B“总是再游回来”正确。

59. 正确答案是 B。本题主要考查的是考生能否根据需要获取阅读材料的细节性信息。文章第一段末尾提到“兽医检查时发现，它的肠道里有无数细小的塑料碎片，这些塑料碎片导致它的肺部出血和感染”，因此导致小儒艮死亡的原因是塑料污染，选项 B 正确。

60. 正确答案是 D。本题主要考查的是考生能否领会阅读材料的主要内容和中心意思。文章用小儒艮因吞下微塑料而死亡的事件警示人们，塑料垃圾严重威胁着海洋生物的健康甚至生命，因此，我们“要减少塑料污染以保护海洋环境”，选项 D 正确。

61. 正确答案是 A。本题主要考查的是考生能否根据需要获取阅读材料的细节性信息。文章开头提到创作《月亮船》时“叶圣陶在上海开明书店工作，负责初等小学国语课本的编辑工作”。因此选项 A 正确。

62. 正确答案是 D。本题主要考查的是考生能否根据需要获取阅读材料的细节性信息。题干中的关键信息是“《月亮船》”，文章第一段中提到《月亮船》“抓住儿童的好奇心和探索欲，写得非常生动”。因此选项 D“适合儿童阅读”正确。

63. 正确答案是 D。本题主要考查的是考生能否领会阅读材料的主要内容和中心意思。综合全文来看，叶圣陶用 20 多年的时间发现用叠字来描写景物的形状和色彩更符合儿童的语言习惯，最终完成了儿童诗《小小的船》的创作，故“符合儿童的语言习惯”是《小小的船》最大的特点，选项 D 正确。

64. 正确答案是 C。本题主要考查的是考生能否根据需要获取阅读材料的细节性信息。文章第一段提到商家为“吸引消费者眼球”“提升人气”而使用一些成语谐音广告词。因此选项 C“吸引消费者注意”正确。

65. 正确答案是 C。本题主要考查的是考生能否根据需要获取阅读材料的细节性信息。文章第二段提到赵先生的女儿将“不言不语”的“不”写成了“布”，还指出自己写的和广告牌上写的一样，意思是觉得自己没写错。因此选项 C 正确。

66. 正确答案是B。本题主要考查的是考生能否根据需要获取阅读材料的细节性信息。关于滥用谐音的影响，文中提到“容易误导青少年的认知”“会影响小孩子识字”“是对传统文化的伤害”。因此选项B“误导学生的认知”正确。

67. 正确答案是B。本题主要考查的是考生能否领会阅读材料的中心意思及作者的观点。根据文章最后一段可以清楚地看出作者的观点——反对广告语用谐音套用成语。因此选项B“应当反对”正确。

68. 正确答案是A。本题主要考查的是考生能否联系上下文理解句子的意思。解答本题，首先要根据题干的提问找到选项B的内容：“没人穿鞋子，说明他们没这个需求，鞋子应该卖不出去吧。”由此推断，商人可能会离开这个小岛。因此选项A正确。

69. 正确答案是D。本题主要考查的是考生能否根据需要获取阅读材料的细节性信息。文章第二段提到“为了让他们知道穿鞋的好处，首先要做的是免费给他们鞋子穿，培养他们每天穿鞋的习惯，让鞋子变成他们不可或缺的日用品”。因此选项D正确。

70. 正确答案是D。本题主要考查的是考生能否领会阅读材料的主要内容和中心意思，并进行推理判断。选项D“赠送手机以培养使用手机的习惯”与文中提到的赠送当地人鞋子培养他们穿鞋的习惯是一样的思路。因此选项D正确。

71. 正确答案是C。本题主要考查的是考生能否领会阅读材料的主要内容和中心意思。本文中，成功的商人一开始并不是想方设法马上赚到钱，获得利益，而是以免费的形式培养消费者的消费习惯，然后再慢慢收取费用，一步步赚更多的钱，所以故事告诉我们做事不要只看眼前利益，应注重整体利益。因此选项C最恰当。

72. 正确答案是C。本题主要考查的是考生能否联系上下文理解句子的意思。文章第一段介绍了鲁迅先生关于阅读的看法，他认为如果只看一个人的著作是得不到多方面的优点的。他用“蜜蜂采蜜”这个比喻说明阅读应该像蜜蜂采蜜一样，范围更广一些，这样才可以得到更多。因此选项C“广泛阅读才能收获更多”最恰当。

73. 正确答案是B。本题主要考查的是考生能否根据需要获取阅读材料的细节性信息。文章第二段开头提到“秦牧建议人们，在泛读时应该学习鲸鱼捕食的方法”，因此，秦牧用“鲸鱼吞食”来说明“泛读的方法”，选项B正确。

74. 正确答案是A。本题主要考查的是考生查找细节的能力以及联系上下文理解句子意思的能力。文章第二段末尾介绍了秦牧关于阅读的第二个观点：他认为“有的书需要反复研究，边分析边评价，以求理解透彻，吸取精华”，就像“老牛反刍”一样。因此选项A“细读多思”正确。

75. 正确答案是C。本题主要考查的是考生能否联系上下文理解句子的意思。文章最后一段提到茅盾关于收集资料的看法——要像奸商一样千方百计多积累货物，即用“奸商囤货”来说明资料的收集“应善于积累知识”。因此选项C正确。

# 国家教师资格考试专用教材

# 保教知识与能力

## 幼儿园

山香教师资格考试命题研究中心　主编

首都师范大学出版社
CAPITAL NORMAL UNIVERSITY PRESS

**图书在版编目(CIP)数据**

保教知识与能力.幼儿园/山香教师资格考试命题研究中心主编.—北京：首都师范大学出版社,2015.6(2019.9 重印)

国家教师资格考试专用教材

ISBN 978-7-5656-2378-3

Ⅰ.①保… Ⅱ.①山… Ⅲ.①学前教育—幼教人员—资格考试—教材 Ⅳ.①G61

中国版本图书馆 CIP 数据核字(2015)第 130995 号

国家教师资格考试专用教材

**BAOJIAO ZHISHI YU NENGLI YOUERYUAN**

**保教知识与能力·幼儿园**

山香教师资格考试命题研究中心　主编

---

策划编辑　张文强

责任编辑　曹亮亮　王慕飞　　　　封面设计　山香教育

首都师范大学出版社出版发行

地　　址　北京市西三环北路 105 号

邮　　编　100048

咨询电话　010-68418523(总编室)　　010-68982468(发行部)

网　　址　http://cnupn.cnu.edu.cn

印　　刷　河南黎阳印务有限公司

经　　销　全国新华书店

版　　次　2015 年 8 月第 1 版

印　　次　2019 年 9 月第 15 次印刷

开　　本　889mm×1194mm　1/16

印　　张　22

字　　数　563 千

定　　价　56.00 元

---

# 前 言

国家教师资格考试作为从事教师行业的入门级考试，主要测查报考者应知应会的基本知识和所要具备的教师专业素养。其所考查的知识因内容繁杂而让考生在备考时无从下手。通过分析近几年的考试情况，我们发现国家教师资格考试对知识点的考查越来越全面、细致，对考生的专业知识和文化素养提出了更高要求。主要有以下三个方面的表现：

**表现 1：难度增加，创新性强**——命题方式更加灵活，结合教学实例考查的题目增多，更注重考查报考者的素养，增加了试题难度。

**表现 2：考查点更加细致，针对性强**——契合报考学段学生特征的题目明显增多，题目更有针对性，考点更加细致。

**表现 3：主观题命题灵活，凸显综合能力**——材料（案例）分析题和教学设计题灵活性更强，要求也更为具体。

基于以上考情变化，我们认为教师资格考试的难度有增无减，考生若想在较短的时间里通过考试，仍需披荆斩棘、百炼成钢。为此，我们建议：一是在宏观上把控知识，对教材知识一定要系统复习；二是在微观上根据重难点知识有针对性地掌握；三是合理掌握一些应试技巧。

为此，我们在 2019 版教材的基础上，重新梳理内容，精心策划设计 2020 版教材，力求使考生备考更加高效。

## 特色 1 » 精研考情 内容全面

本教材秉承“只为考试而生，仅为过关而作”的理念，以考试大纲为“标尺”，通过对历年真题的分析，将考试涉及的知识点进行汇总，并依据命题方式、出现频次，对汇总的知识点进行“瘦身”。这样做的好处是摒除无用的知识，保证教材上每一句话都是命题点。同时采取漫画（图示）助解、真题对接、知识视野等多种呈现形式，使教材更加有趣、有颜、有内涵。

## 特色 2 » 技巧点拨 方法实用

能解决题目的方法才是好方法，能得高分的技巧才是好技巧。本教材摒除传统教材纯文字讲述、语句冗长，缺乏针对性的缺点，设计增加“应试指导”“考向分析”“山香指导”等多个模块，使教材更具实用性。同时，针对材料（案例）分析、活动设计等“大题”，特别撰写了答题指导和解题方法。变学习记忆型考试为技能型考试，减轻考生学习负担，提高学习效率。

## 特色 3 » 学练结合 稳步提升

本教材在内文中有针对性地穿插真题，使考生知晓具体的考题形式。在每一章的最后特设“强化练习”模块，精选大量和真题同类型的考题并附详尽解析。考生可通过适当的训练，学练结合，稳步提升能力。

本教材所用真题，均来源于网络和考生回忆。殷切期待广大考生给我们提出宝贵意见，促进我们更快成长，让山香图书帮助更多的人。

**山香教师资格考试命题研究中心**

# 图解教材

## 1 考向分析

明晰备考重点，提高效率，洞察考试趋势，成竹在胸。

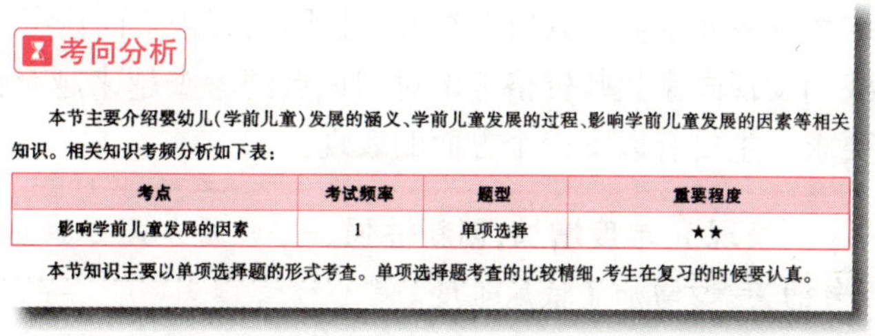

考向分析

本节主要介绍婴幼儿（学前儿童）发展的涵义、学前儿童发展的过程、影响学前儿童发展的因素等相关知识。相关知识考频分析如下表：

| 考点 | 考试频率 | 题型 | 重要程度 |
| --- | --- | --- | --- |
| 影响学前儿童发展的因素 | 1 | 单项选择 | ★★ |

本节知识主要以单项选择题的形式考查。单项选择题考查的比较精细，考生在复习的时候要认真。

## 2 思维导图

梳理考点脉络，勾勒认知地图，了解知识框架。

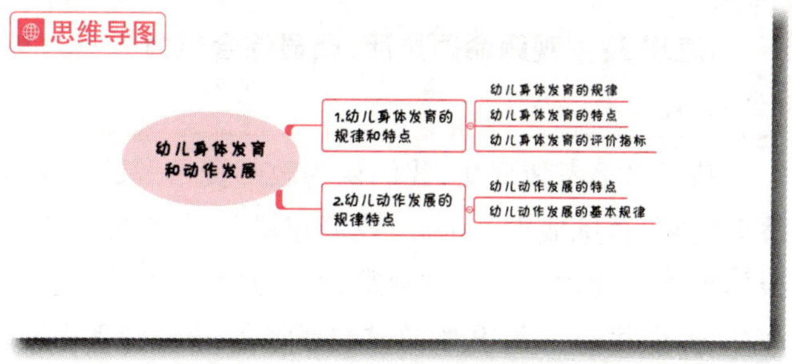


## 3 考点精讲

总结本节核心内容，巩固基础知识，查漏补缺。

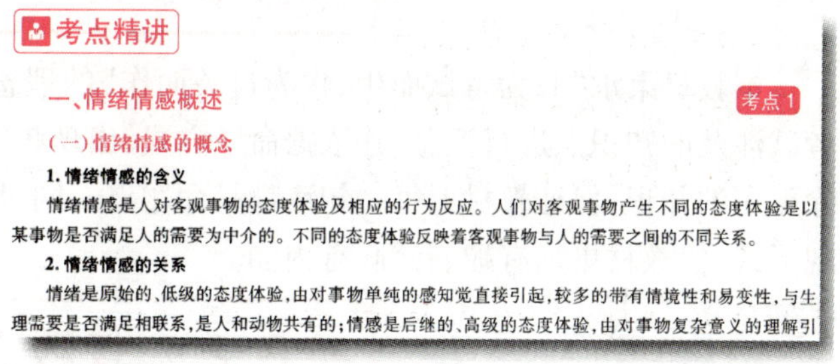

考点精讲

一、情绪情感概述 考点 1

（一）情绪情感的概念

1. 情绪情感的含义

情绪情感是人对客观事物的态度体验及相应的行为反应。人们对客观事物产生不同的态度体验是以某事物是否满足人的需要为中介的。不同的态度体验反映着客观事物与人的需要之间的不同关系。

2. 情绪情感的关系

情绪是原始的、低级的态度体验，由对事物单纯的感知觉直接引起，较多的带有情境性和易变性，与生理需要是否满足相联系，是人和动物共有的；情感是后继的、高级的态度体验，由对事物复杂意义的理解引

## 4 山香指导

名师指导，重难点、易错点点拨，规避误区。

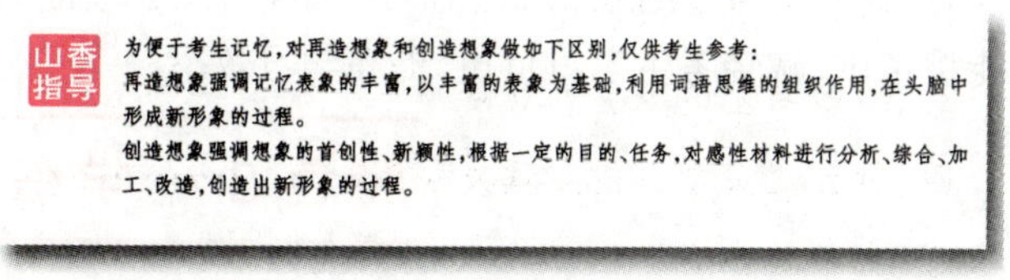

山香指导

为便于考生记忆，对再造想象和创造想象做如下区别，仅供考生参考：

再造想象强调记忆表象的丰富，以丰富的表象为基础，利用词语思维的组织作用，在头脑中形成新形象的过程。

创造想象强调想象的首创性、新颖性，根据一定的目的、任务，对感性材料进行分析、综合、加工、改造，创造出新形象的过程。

## 5 知识视野

开阔考生视野，完善知识体系，增补关联知识，内容趋近完美。

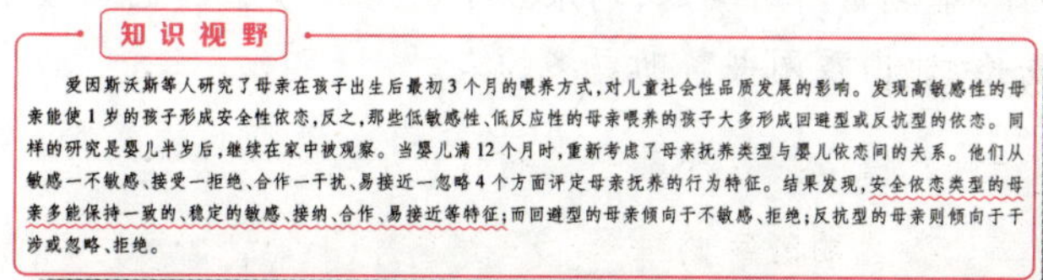

知识视野

爱因斯沃斯等人研究了母亲在孩子出生后最初 3 个月的喂养方式，对儿童社会性品质发展的影响。发现高敏感性的母亲能使 1 岁的孩子形成安全性依恋，反之，那些低敏感性、低反应性的母亲喂养的孩子大多形成回避型或反抗型的依恋。同样的研究是婴儿半岁后，继续在家中被观察。当婴儿满 12 个月时，重新考虑了母亲抚养类型与婴儿依恋间的关系。他们从敏感—不敏感、接受—拒绝、合作—干扰、易接近—忽略 4 个方面评定母亲抚养的行为特征。结果发现，安全依恋类型的母亲多能保持一致的、稳定的敏感、接纳、合作、易接近等特征；而回避型的母亲倾向于不敏感、拒绝；反抗型的母亲则倾向于干涉或忽略、拒绝。

# 目 录



## 第一章 学前儿童发展

### 第一节 婴幼儿发展概述



### 第二节 儿童发展理论流派



### 第三节 婴幼儿身心发展的年龄阶段特征及发展趋势



## 核心考点索引

# 第二章 学前教育原理

安全措施 / 192
幼儿安全教育的意义 / 193
幼儿常见意外事故的防护和急救 / 193
火灾事故 / 198

# 第四章 环境创设

## 第一节 幼儿园环境创设



幼儿园环境的概念 / 202
幼儿园环境的分类 / 203
幼儿园环境创设的意义 / 203
幼儿园环境创设的一般原则 / 203
幼儿园环境创设的方法 / 205

## 第二节 常见活动区的创设及其功能



活动区的概念 / 206
活动区的功能 / 206
幼儿园常见的活动区 / 206
常见活动区创设的原则 / 210
活动区材料投放利用的具体要求 / 210
创设活动区的具体要求 / 211
创设活动区时应注意的问题 / 211

## 第三节 幼儿心理环境创设



心理环境对幼儿发展的影响 / 212
幼儿心理环境创设的意义 / 213
幼儿园心理环境创设的要求 / 213
教师的言行在幼儿心理环境形成中的重要作用 / 214

### 第四节 幼儿园与家庭的合作



### 第五节 幼儿园与社区的合作



### 第六节 幼儿园与小学衔接



## 第五章 游戏活动的指导

### 第一节 幼儿游戏概述

## 第七章 教育评价

### 第一节 幼儿园教育评价概述





### 第二节 幼儿发展评价的方法





### 第三节 教师教育行为评价的方法





### 第四节 幼儿园教育评价应注意的问题

# 应试指导

## 保教知识与能力(幼儿园)

### 一、考情分析

《保教知识与能力》是幼儿园教师资格考试科目,考试内容包括学前儿童发展、学前教育原理、生活指导、环境创设、游戏活动的指导、教育活动的组织与实施、教育评价共七章内容。从历年考试试卷来看,题型基本稳定,分为单项选择题、简答题、论述题、材料分析题、活动设计题五种题型。题量、分值具体情况如下表。

| 题型 | 每题分值 | 题量 | 总分 | 合计 |
|---|---|---|---|---|
| 单项选择题 | 3 | 10 | 30 | 150 |
| 简答题 | 15 | 2 | 30 | |
| 论述题 | 20 | 1 | 20 | |
| 材料分析题 | 20 | 2 | 40 | |
| 活动设计题 | 30 | 1 | 30 | |

### 二、题型分析

#### (一)单项选择题

单项选择题是教师资格必考题型之一,目的是检验学生对所学知识的掌握程度和辨别分析能力。在真题试卷题型整体结构中,单项选择题位于第一部分,历年题量保持在10道小题,每小题3分,共30分,占试卷总分的20%,相对来说单项选择题的难度不大,在考试中占据重要地位。单项选择题虽然考试范围广泛,但总体难度不高,考生在备考时应注意理论知识的理解和记忆。

**1.学前儿童发展**

学前儿童发展主要包括儿童发展理论主要流派的基本观点及其代表人物,婴幼儿身心发展的年龄阶段特征,幼儿认知发展的基本规律和特点,幼儿情绪、情感发展的基本规律和特点,幼儿个性、社会性发展的基本规律和特点等。考点分布如下表:

| 知识点 | 2019(上) | 2018(下) | 2018(上) | 2017(下) | 2017(上) | 2016(下) | 题量 |
|---|---|---|---|---|---|---|---|
| 婴幼儿发展概述 | 0 | 0 | 0 | 0 | 1 | 0 | 2~4道 |
| 儿童发展理论流派 | 0 | 0 | 2 | 0 | 1 | 0 | |
| 幼儿身体发育和动作发展 | 1 | 0 | 0 | 0 | 0 | 0 | |
| 幼儿认知的发展 | 2 | 1 | 0 | 1 | 1 | 2 | |

续表

| 知识点 | 2019(上) | 2018(下) | 2018(上) | 2017(下) | 2017(上) | 2016(下) | 题量 |
|---|---|---|---|---|---|---|---|
| 幼儿情绪情感的发展 | 0 | 1 | 1 | 0 | 0 | 0 | 2 ~ 4 道 |
| 幼儿个性的发展 | 0 | 0 | 0 | 1 | 0 | 0 | |
| 幼儿社会性的发展 | 0 | 0 | 0 | 1 | 0 | 1 | |
| 幼儿的个体差异 | 0 | 0 | 0 | 0 | 0 | 1 | |

【2019 年上半年真题】小红知道九颗花生吃掉五颗，还剩四颗，却算不出“9 - 5”等于多少。这说明小红的思维具有(　　)

A. 具体形象性　　B. 抽象逻辑性

C. 直观动作性　　D. 不可逆性

【答案】A。解析：3 ~ 6、7 岁幼儿的思维，以具体形象思维为主，所谓具体形象思维是指幼儿依靠事物在头脑中的具体形象进行的思维，即依靠具体事物的表象以及对具体形象的联想而进行的思维。小红在计算时，依靠花生这一具体事物来进行计算，这是运用了具体形象思维。

**2. 学前教育原理**

学前教育原理主要包括教育的本质、目的和作用，幼儿教育的性质和意义，我国幼儿教育的目的和任务，中外幼儿教育发展简史和著名教育家的儿童教育思想，学前教育的基本原则，幼儿园教育的基本特点，幼儿园班级管理的目的和意义，《幼儿园教育指导纲要(试行)》。考点分布如下表：

| 知识点 | 2019(上) | 2018(下) | 2018(上) | 2017(下) | 2017(上) | 2016(下) | 题量 |
|---|---|---|---|---|---|---|---|
| 幼儿教育概述 | 1 | 0 | 1 | 0 | 0 | 0 | 0 ~ 3 道 |
| 中外幼儿教育的发展 | 0 | 1 | 1 | 0 | 1 | 0 | |
| 《幼儿园教育指导纲要(试行)》 | 1 | 2 | 0 | 0 | 0 | 1 | |

【2019 年上半年真题】幼儿园的双重任务是(　　)

A. 保教幼儿和服务家长　　B. 看护幼儿和服务家长

C. 培养习惯和传递知识　　D. 保育和教育幼儿

【答案】A。解析：《幼儿园工作规程》第三条规定，幼儿园的任务是：贯彻国家的教育方针，按照保育与教育相结合的原则，遵循幼儿身心发展特点和规律，实施德、智、体、美等方面全面发展的教育，促进幼儿身心和谐发展。幼儿园同时面向幼儿家长提供科学育儿指导。

**3. 生活指导**

生活指导主要包括幼儿园一日生活的主要环节，一日生活的教育意义，幼儿卫生保健常规、疾病预防、营养等方面的基本知识，幼儿园常见的安全问题和处理方法，突发事件如火灾、地震等的应急处理方法。考点分布如下表：

| 知识点 | 2019(上) | 2018(下) | 2018(上) | 2017(下) | 2017(上) | 2016(下) | 题量 |
|---|---|---|---|---|---|---|---|
| 幼儿园一日生活组织 | 0 | 0 | 0 | 1 | 0 | 0 | 0~2道 |
| 幼儿常见疾病预防和处理 | 0 | 0 | 0 | 1 | 0 | 0 | |
| 幼儿安全与急救 | 0 | 0 | 0 | 0 | 1 | 0 | |

【2018年下半年真题】为保护幼儿脊柱,成人应该(　　)

A. 推荐幼儿用单肩背包　　B. 鼓励幼儿睡硬床

C. 组织幼儿从高处往水泥地上跳　　D. 要求幼儿长时间抬头挺胸站立

【答案】B。**解析:**幼儿骨骼发育还没有定型,睡硬床利于幼儿骨骼定型。

**4. 环境创设**

环境创设主要包括幼儿园环境创设的原则和基本方法,常见活动区的功能,心理环境对幼儿发展的影响,协调家庭、社区等各种教育力量的重要性与家长沟通和交流的基本方法。考点分布如下表:

| 知识点 | 2019(上) | 2018(下) | 2018(上) | 2017(下) | 2017(上) | 2016(下) | 题量 |
|---|---|---|---|---|---|---|---|
| 幼儿园与家庭的合作 | 0 | 0 | 0 | 0 | 1 | 0 | 0~1道 |

【2017年上半年真题】幼儿园环境创设中,使用易于识别的生活行为规则标识图,其最主要的目的是(　　)

A. 美化环境　　B. 便于幼儿看图说话

C. 便于幼儿认识各种符号　　D. 便于幼儿习得生活技能和行为准则

【答案】D

**5. 游戏活动的指导**

游戏活动的指导主要包括幼儿游戏的类型以及各类游戏的特点和主要功能,各年龄阶段幼儿的游戏特点。考点分布如下表:

| 知识点 | 2019(上) | 2018(下) | 2018(上) | 2017(下) | 2017(上) | 2016(下) | 题量 |
|---|---|---|---|---|---|---|---|
| 幼儿游戏概述 | 0 | 0 | 1 | 0 | 0 | 0 | 0~1道 |
| 影响幼儿游戏的因素 | 0 | 0 | 0 | 0 | 0 | 1 | |
| 幼儿各年龄阶段游戏的特点及指导 | 0 | 1 | 0 | 1 | 0 | 0 | |

【2018年下半年真题】小班同一个"娃娃家"中,常常出现许多"妈妈"在烧饭,每位幼儿都感到很满足。这反映小班幼儿游戏行为的特点是(　　)

A. 喜欢模仿　　B. 喜欢合作

C. 协调能力差　　D. 角色意识弱

【答案】A。**解析:**小班幼儿处于独自游戏、平行游戏的高峰期,主要与游戏材料发生联系,与伙伴之间的交往少;角色意识不强,对操作游戏材料或模仿成人动作较感兴趣。这体现了小班幼儿喜欢模仿的特点。

**6. 教育活动的组织与实施**

教育活动的组织与实施主要包括幼儿健康、语言、社会、科学、艺术等领域教育的基本知识和相应教育方法。考点分布如下表：

| 知识点 | 2019(上) | 2018(下) | 2018(上) | 2017(下) | 2017(上) | 2016(下) | 题量 |
|---|---|---|---|---|---|---|---|
| 幼儿园教育活动设计中的目标和内容 | 0 | 1 | 0 | 0 | 0 | 0 | 0~2道 |
| 学前儿童数学教育 | 0 | 0 | 1 | 0 | 0 | 0 | |
| 学前儿童音乐教育 | 0 | 0 | 1 | 0 | 0 | 0 | |

【2018年下半年真题】教师在重阳节组织幼儿到敬老院探访老人，这反映幼儿园教育活动内容选择的什么原则(　　)

A. 兴趣性　　　　B. 时代性

C. 生活性　　　　D. 发展性

【答案】C。**解析**：幼儿园教育活动内容必须贴近幼儿的生活，尤其要关注幼儿的日常生活。因为在幼儿熟悉的日常生活中，能够激发幼儿学习的欲望、探究的兴趣，更容易使其感受和理解，并在熟悉的生活中持久学习。相反，幼儿园教育活动的内容远离了生活性，则让幼儿无法体验，难以理解，导致事与愿违。题干体现了幼儿园教育内容的生活性原则。

**7. 教育评价**

教育评价主要包括幼儿园教育评价的目的与方法。

【2015年下半年真题】教师根据幼儿的图画来评价幼儿发展的方法是(　　)

A. 观察法　　　　B. 作品分析法

C. 档案袋评价法　　　　D. 实验法

【答案】B。**解析**：作品分析法是指教师和儿童合作收集儿童学年中不同时期具有代表性的阅读、描述、数学、美工和音乐作品，如绘画、泥塑、各种记录单、参观访谈的记录报告、儿童自创的书写符号、叙述自编故事时的录音带、创编舞蹈时的录像带、一张反映几个儿童正在合作探究某一实物时的摄影作品、集体创作或积木建构的照片、成人记录儿童描述的故事或事件等，把作品和教师的文字记录放在一起，可以帮助教师看出儿童的发展形式，确认儿童进步的情形。

## 单项选择题解题方法

单项选择题的解题方法，最常用的就是："排除法"(包括：排谬、排对、排异、排重等)"优选法""比较分析法"等。"排谬法"把明显错误的选项排除(如题干要求选错的就把正确的排除)。"排对法"把选项中一致、互相重复或能互相推出，选其一必能多选的成对选项排除。"排异法"把与题意无关的选项排除。"排重法"把与题干重复的排除。剩下的选项再用"优选法"把明显符合题意的选出，一般不会有多大问题。所谓"最符合题意"，主要是针对"正确"选项中的"最佳"选择而言的。

### (二)简答题

简答题的考查内容主要集中在学前儿童发展、学前教育原理、环境创设，各章内容考点分布见下表：

| 章名 | 年份 | 考点 | 题干 |
|---|---|---|---|
| 第一章 | 2019 上 | 注意的发展 | 教师可以从哪些方面观察幼儿的注意力是否集中 |
| | 2018 下 | 认知发展阶段理论 | 请依据皮亚杰的理论,简述2~4岁儿童思维的特点 |
| | 2018 上 | 幼儿情绪情感的培养与调节 | 婴幼儿调节负面情绪的主要策略有哪些 |
| | 2017 下 | 影响幼儿亲社会行为的因素 | 简述移情对儿童亲社会性行为发展的影响 |
| | 2017 上 | 学前心理学的研究方法 | 简述教师观察幼儿行为的意义 |
| 第二章 | 2017 下 | 学前教育的特殊原则 | 为什么幼儿园教育内容要贴近幼儿园生活 |
| | 2016 下 | 幼儿社会学习的指导要点 | 简述幼儿社会学习的指导要点 |
| 第四章 | 2017 上 | 心理环境的创设 | 作为幼儿教师,如何在保教活动中营造更好的心理氛围 |

【2019 年上半年真题】列出幼儿园课程生活化的实施要求并分别举例说明。

【参考答案】(1)幼儿园课程内容选择的生活化。《纲要》中指出:教育活动内容的组织应充分考虑幼儿的学习特点和认识规律,各领域的内容要有机联系,相互渗透,注重综合性、趣味性、活动性,寓教育于生活、游戏之中。例如:课程内容的安排可依据节日顺序展开,或者依据时令、季节变化规律来组织等。(2)幼儿园课程资源利用的生活化。陶行知先生主张"社会即学校",认为学前教育机构的教育不能局限于狭小的教室,应让幼儿回归大自然、大社会的怀抱。例如:主题活动"春天",教师可利用春天的树木、景色变化等自然资源组织活动;幼儿园中组织"安全防火活动",可利用幼儿家长的职业进行课程组织。(3)幼儿园课程教学实施的生活化。根据幼儿的年龄特点,将富有教育意义的生活内容纳入课程领域,课程实施中教师应为幼儿创设多种多样的生活化学习情境,加强教育同生活的联系,将学前儿童在各种情境中的经验加以整合。例如:为了了解秋天的变化,教师组织主题活动"金色的秋天",带领幼儿到户外摘果实、捡树叶,满足幼儿的探索心理,使幼儿真正了解秋天的特点。

## 简答题解题方法

(1)对已有的科学事实和观点做出肯定,阐明其具体表现,这是简答题中比较好解决的一类问题。在回答中,只要说明"是怎样",就可以了。(2)比较难的一种问题,突出实践过程,强调具体方法,回答"应当怎样"。对这类问题,要注意操作的程序性,否则,回答就可能出现错误。(3)最多的一类问题,要求阐明原因,回答"为什么"。对这类问题,关键是把道理讲清楚,看你的论据是否全面。(4)还有一种特殊问题,对两个容易混淆的概念或观点,要求界定,加以区别。回答这类问题,语言必须简洁,直接点出差异所在,就达到了题目的要求。有时,最好的办法和策略是叙述概念,自然就把差异说了出来,不必再写什么。(5)在简答题中,最简单的是一些记忆性问题,不要求你解释,只要求你整体把握。一个问题,回答的要点多,是这类问题的特点。

### (三)论述题

论述题的考查内容主要集中在学前教育原理、生活指导、游戏活动的指导、环境创设等章。各章内容考点分布见下表:

| 章名 | 年份 | 考点 | 题干 |
|---|---|---|---|
| 第三章 | 2018 下 | 幼儿生活常规的建立 | 什么是幼儿园一日生活常规?试述培养幼儿一日生活常规意义和方法 |

续表

| 章名 | 年份 | 考点 | 题干 |
|---|---|---|---|
| 第四章 | 2017 下 | 幼儿园环境概述 | 什么是幼儿园环境？为什么幼儿园教育中要强调创设良好的幼儿园环境？请联系实际说明 |
| | 2016 下 | 做好幼小衔接工作应采取的措施 | 试述如何做好幼小衔接工作 |
| 第五章<br>第六章 | 2019 上 | 游戏的涵义<br>幼儿园教育活动的组织形式 | 幼儿园集体教学活动和游戏的涵义分别是什么？试述两者的区别与联系 |

【2019 年上半年真题】幼儿园集体教学活动和游戏的涵义分别是什么？试述两者的区别与联系。

【参考答案】涵义：幼儿园集体教学活动一般是在教师直接指导下进行的活动。它的特点是全班幼儿在同一时间内做相同的事情，活动过程以教师的引导和组织为主。

游戏是一种主动、自愿、愉快、假想的社会性活动，是学前儿童获得知识的最有效手段。

(1)区别：①活动中的主体不同。游戏中幼儿是游戏的主人、是活动的真正主体，幼儿可以自由支配、自己协商自己的活动，教师更多起到的是观察者和指导者的作用。而集体教学活动是在教师的引导与支持下所进行的教学活动，教师的参与支配程度相对更高。②活动的形式不同。集体教学活动是在教师的引导下有目的、有计划、全体幼儿在同一时间所进行的活动，具有集中性和统一性的特征。而游戏中幼儿的活动是自主的，可以通过集体的形式进行，也可以是以小组或个别的形式组织。

(2)联系：①教育目的一致。游戏的内容与目的要围绕教学的目标进行，教师要使幼儿在游戏中获得的愉快体验与教学目标的实现有机统一。因此，教师既要熟悉游戏的理论，了解幼儿的身心发展水平、年龄特点、兴趣爱好，又要找与之相适宜的教学活动，并与游戏结合在一起。②两者互为补充。游戏是顺利开展集体教学活动的"温床"，集体教学活动又能提升和巩固儿童的知识经验。因此，教师在进行教学活动时要体现"寓教学于游戏活动"之中的教育理念；在课程游戏化的大背景下，幼儿园的游戏活动可以辅助集体教学活动，或者集体活动用游戏的方式来开展；也可以用游戏活动作为集体活动后的延伸，让游戏活动与集体教学活动有效衔接起来。

### 论述题解题方法

对论述题的解答需要建立在对学前教育学、学前心理学等基础理论理解与运用的基础上，对于一些问题需要全方位论述。因此，开阔视野，多角度看问题，是解答论述题的首要策略。考生在备考时必须多读、多看、多学，掌握理论基础知识，以不变应万变。

在回答论述题时，首先要审清题意，明白论述的论点是什么，然后根据所学知识、头脑中的相关材料进行论证。

对于论述题中的关键词、核心概念，必须要进行清楚的解释。然后分层进行论证，最后总结自己的观点。在字数上也有一定的要求，既不可像简答题那样寥寥几个字，也不能字数过多，注意适度原则。

## （四）材料分析题

材料分析题的考查内容主要集中在学前儿童发展、游戏活动的指导、教育活动的组织与实施等章。各

章内容考点分布见下表:

| 章名 | 年份 | 考点 | 题干 |
| --- | --- | --- | --- |
| 第一章 | 2018 下 | 同伴交往 | (1)请根据上述材料,分析石头在班里朋友不多的原因。(2)教师应如何帮助石头改善朋友不多的现状 |
| | 2018 上 | 道德感的发展 | (1)请分析中班幼儿喜欢告状的可能原因。(2)请分析大班幼儿告状行为减少的可能原因 |
| | 2016 下 | 自我控制的发展 | 分析上述材料中两名幼儿各自表现出的行为特点 |
| 第五章 | 2019 上 | 游戏的指导特点 | (1)哪位教师的做法更恰当?(2)请分别对两位教师的做法进行评析 |
| | 2018 下 | 游戏的基本特征及游戏的价值 | (1)你更赞同哪位老师的想法?为什么?(2)你认为"运病人"游戏有什么价值 |
| | 2017 下 | 游戏活动 | 是否应支持这些幼儿的行为?请说明理由 |
| | 2017 上 | 游戏的指导 | (1)从学习与发展的角度,分析上述案例中莉莉和小娟的行为。(2)这次游戏后,教师应当如何支持莉莉和小娟的学习与发展 |
| 第六章 | 2017 上 | 科学经验、科学学习的核心及幼儿思维特点 | (1) 请从幼儿获得科学经验的角度,分析这一拼图材料的投放,对达成教学目标是否适宜?(2) 该材料在设计上存在什么问题?请提出改进建议 |
| | 2016 下 | 绘画能力的发展阶段与特点 | (1)上述三幅画各反映出幼儿绘画的哪种表现方式?(2)怎样理解幼儿的绘画?(3)评价幼儿绘画时应注意什么问题 |

【2019 年上半年真题】材料:

教师出示饼干盒,问亮亮里面有什么,亮亮说:"饼干。"教师打开饼干盒,亮亮发现里面装的是蜡笔。教师盖上盖子后再问:"欣欣没看过这个饼干盒,等一会儿我要问欣欣盒子里装的是什么,你猜她会怎么回答?"亮亮很快就说:"蜡笔。"

问题:

(1)亮亮更可能是哪个年龄班的幼儿?

(2)你判断的依据是什么?

**【参考答案】**(1)亮亮更可能是幼儿园小班的幼儿。

(2)①3 岁儿童并不明白,一个人是基于自己认为正确的信念而行动。但是,自己认为正确的信念,并不一定就是正确的。问题的关键在于,3 岁儿童没有认识到,一个人是否接触到信息决定了他的知识和信念。材料中的亮亮自己知道盒子里面装的是蜡笔,当老师问亮亮,欣欣认为盒子里是什么时,亮亮却直接说"蜡笔"。说明亮亮并不明白,一个人是基于自己认为正确的信念而行动的。这也说明了亮亮更可能是 3 岁儿童。②一般认为,儿童到四五岁左右能理解错误信念,他们知道一个信念可能是错误的,并且知道是一个人的信念而不是实际情况引导着这个人的行动。显然,材料中的亮亮还不能很好的判断出欣欣的行为是他自己的信念引导的,而不是根据实际情况来行动。所以,材料中亮亮的表现更倾向于小班幼儿。

## 材料分析题解题方法

破解材料分析题的方法可归纳为“三知与四步”。(1)“三知”就是:知情、知点、知规则。知情,即考生明白材料反映的问题;知点,就是考生明白考查的知识点;知规则,即考生明白如何利用知识点所反映出来的规则分析、解决该问题。考生只有确信自己理解了材料的内容是什么,知识点是什么,要考的问题是什么,才能正确找到解题的对策。(2)“四步”就是破解分析题的四个具体步骤:看点、审题、找规则、答题。①看点。就是看题干最后提出的问题,弄清考什么。②审题。审题可逐字逐句地阅读,也可同时画出关键词,即在与提问有关的词下面画线,标明人物、地点、时间、事件、发生、发展、结果等。对于较为复杂的材料,也可以提炼出一个简要的“案情”或“关系图”,以帮助全面、准确地掌握材料重点,防止遗漏。审题,重在快速、全面、准确和理解。③找规则。考生在审题后应根据题干所提出的问题和给定的材料,思考所要考查的知识点,回忆有关教育理论的概念或原理。④答题。答题就是事实与教育理论的有机契合,是考生解决问题能力的体现。答题时可以:第一,明确观点;第二,理论+解释+材料分析;第三,总结观点,谈谈所得到的启示。

### (五)活动设计题

活动设计题是教师资格考试中极为重要的一种题型,主要考查教师必须具备的活动设计能力。活动设计题共有1小题,共30分。其内容主要来自艺术、语言、科学、社会、健康五大领域以及来自保教工作中的事例。要求考生设计活动方案或工作方案,要求写出活动目标、活动准备、活动过程等,或者对问题的分析、目标以及解决问题的方法。

**【2019上半年真题】**最近,大三班许多小朋友用大大小小的纸盒制作小汽车等物品。马老师发现,制作的汽车装饰不太一样,但结构差不多,往往只有车厢、车轮、车灯等。马老师认为可以根据这种情况生成一个“汽车”主题活动,引发幼儿的深度学习。请帮助马老师设计“汽车”主题活动。

要求:

(1)写出主题活动的总目标。

(2)围绕主题设计三个子活动。写出其中一个子活动的具体活动方案,包括活动名称、目标、准备和主要环节。

(3)写出另外两个子活动的名称、目标。

**【参考答案】**【活动总目标】

(1)认识汽车的不同用途,并能够根据汽车的不同用途进行分类。

(2)体验与同伴一起游戏的乐趣。

(3)通过实地观察汽车,进一步了解汽车的外形特征和内部构造。

【子活动一】

(一)活动名称

不一样的汽车

(二)活动目标

(1)认识汽车的不同用途,并能够根据汽车的不同用途进行分类。

(2)学会同伴间的交流与合作,体验与同伴一起游戏的乐趣。

(三)活动准备

(1)经验准备:让儿童在生活中观察不同的汽车。

(2)物质准备:关于汽车的动画片的剪辑(从《汽车总动员》《四驱小子》等关于汽车的动画片中挑出不同种类的汽车画面和情节);不同汽车的卡片。

(四)活动过程

1.观看视频,引出话题

给幼儿观看关于不同种类汽车的剪辑视频,激发幼儿的兴趣。教师引发谈话主题。

指导语:小朋友们在刚才的视频中,都看到了哪些汽车呢?

这些汽车是用来干什么的?和其他汽车相比,它们哪里长得不一样?

2. 小组讨论,继续深入了解汽车

幼儿小组讨论“不一样的汽车”,探索不同汽车的功能。教师将不同的汽车卡片发给每个小组,并引导幼儿围绕“不一样的汽车”话题谈话。

(1)引导幼儿区分客车和货车

指导语1:专门用来载乘客的汽车是客车。(展示图片)

指导语2:专门用来装运货物的汽车是货车。(展示图片)

各组小朋友通过交流讨论小组内的图片,将客车、货车图片分好类,并向大家介绍小组讨论的结果。

(2)了解特殊用途的汽车

指导语1:这是一辆什么汽车?(出示铲车图片)你在哪里看见过吗?它有什么用途?

指导语2:这是什么车?(出示环卫车的图片)它有什么用途?

指导语3:铲车、环卫车都有一个特殊的本领,你们还知道哪些特殊用途的汽车呢?

3. 幼儿小组合作探索汽车不同功用进行分类

指导语:小朋友们,我们已经知道了这么多不一样的汽车了,让我们一起试试将它们分分类吧!

(五)活动延伸

1.“不一样的汽车”主题墙设计

鼓励幼儿在生活中去发现其他不同的汽车。建议幼儿可以画下来,或者拍下来。

将幼儿发现的不一样的汽车,以图画、照片的形式展示在“不一样的汽车”主题墙上,方便幼儿分享、讲述。

鼓励幼儿将汽车图片按照客车、货车和特殊用途的车进行归类。

2.“送玩具车回家”游戏活动

建议幼儿带来自己的汽车玩具,一起分享和讲述。

让幼儿将手中的玩具汽车按客车、货车、特殊功用的车分别停放进1号、2号、3号停车场。

指导语:小朋友们,大家互相检查一下,停车场内的汽车停对地方了吗?

【子活动二】

(一)活动名称

甜甜村

(二)活动目标

(1)通过欣赏故事《甜甜村》,以及调动幼儿日常的生活经验,帮助幼儿了解汽车与人类的关系以及汽车尾气带来的危害。

(2)通过情景创设,帮助幼儿体验无汽车尾气污染的清新空气的感觉以及身处其中的快乐。

(3)鼓励幼儿积极表达他所认识的汽车尾气的危害。

(4)引发幼儿的想象,鼓励幼儿表达他理想中的环保汽车。

【子活动三】

(一)活动名称

小小交通员

(二)活动目标

(1)体会交通警察的工作内容,激发幼儿对交警的尊敬之情。

(2)体会、懂得交通规则,对社会生活的秩序产生一定的认识。

(3)学习并运用简单的交通指挥手势。

### 活动设计题解题方法

活动设计是运用系统方法分析教学问题和确定教学目标,建立解决教学问题的策略方案、试行解决方案、评价试行结果和对方案进行修改的过程。

幼儿园教育活动设计有预先设计、临时设计、反思设计三种类型,应遵循活动性原则、发展性原则和综合性原则。

幼儿园教育活动设计的步骤如下:

第一步,幼儿情况分析或设计意图。分析幼儿已具备哪些与该活动有关的知识、能力,存在哪些问题。

第二步,确定活动目标。活动目标是指通过一次具体活动,期望幼儿获得知识技能和受到某些方面的教育。活动目标应包括知识技能、能力,以及情感与社会性等三个方面。活动目标应具体、明确、便于操作、突出重点、主语一致,符合幼儿的实际水平和能力。

第三步,设计活动过程。首先,分析教育内容。分析教育内容要做到把握教育内容中的重、难点,挖掘教育内容中有利于促进幼儿发展的因素,保证顺利实现目标。其次,确定组织形式。常见的组织形式有集体活动、小组活动、个别活动等。再次,选择教育方法。教育方法包括口头语言法、直观教育法、活动法(包括游戏法、操作法、探究法、移情训练法、练习法)。教育活动的途径有生活活动、游戏活动、教学活动、随机教、家园合作等。

第四步,做好活动准备。活动准备包括教具、学具和环境创设等方面的准备以及幼儿知识经验方面的准备。

第五步,编制活动计划。活动计划包括活动名称、活动目标、活动准备、活动过程。为了巩固活动的效果,还可以加上“活动延伸”。

在撰写活动设计时,尽量写好“过渡语”(导语);科学使用教学语言;切莫写上“师幼对话”;设计意图少而精;养成良好的书写习惯。

## 三、备考攻略

在考试备考期间,时间是最宝贵的,通过合理安排学习时间和学习内容,不仅能使复习事半功倍,更能收到很好的学习效果。所以建议考生在备考时注意以下策略:

### (一)立足真题,掌握考情

真题是掌握考情的关键。通过对历年真题进行分析整理,我们可以知道考试重点、命题特点和考查频次,能为全面备考及复习作铺垫。为此,我们特组织编写了“应试指导”模块,通过题型解读,总结各部分的命题特点、具体考情,帮助考生把握命题趋势,明确备考目标。

### (二)夯实考点,熟练技法

凡事都要从基础做起,基础抓得牢,才能追求更高层次的进步。所以,考生在复习中,一定要完善自己的知识体系,尽可能做到全面备考,不要图多和快,要把硬性知识点掌握牢固。同时,本书中总结了一些备考技巧和解题技法,有助于考生快速掌握考点,提升成绩。

### (三)综合训练,巩固提升

综合训练要注意技巧和方法。考生在做完题后,要深入研究题目的内在规律,明白错误的选项为什么错,学会分析命题人的思路和考查方向。同时,考生切忌一味的题海战术,要有针对性地训练,对易错薄弱内容,进行专门性的强化练习,并注意分析和总结。

通过以上内容,大家应该对本科目的备考有了自己的认识和理解,接下来就是要整理心情,充实信心,踏实走好每一步,相信大家都会收到让自己满意的结果。

# 01 学前儿童发展

## 题型分析与考情预测

从历年考试真题看来，本节的常考题型为单项选择题、简答题和材料分析题。

在备考时，考生应以这三种题型为主，归纳相应知识点的可能考查题型。其中，单项选择题2~4道，以幼儿身心发展、幼儿身体发育和动作发展、幼儿认知发展、幼儿情绪情感发展和幼儿个性发展为主；简答题0~1道，以幼儿认知发展、幼儿情绪情感发展、幼儿个性发展、幼儿社会性为主；材料分析题0~1道，以幼儿个性发展、幼儿社会性和幼儿期的问题行为及其矫治为主。

# 第一节　婴幼儿发展概述

（本节共3个考点）

## 考向分析

本节主要介绍婴幼儿(学前儿童)发展的涵义、学前儿童发展的过程、影响学前儿童发展的因素等相关知识。相关知识考频分析如下表：

| 考点 | 考试频率 | 题型 | 重要程度 |
| --- | --- | --- | --- |
| 影响学前儿童发展的因素 | 1 | 单项选择 | ★ |

本节知识主要以单项选择题的形式考查。单项选择题考查的比较精细，考生在复习的时候要认真。

## 思维导图

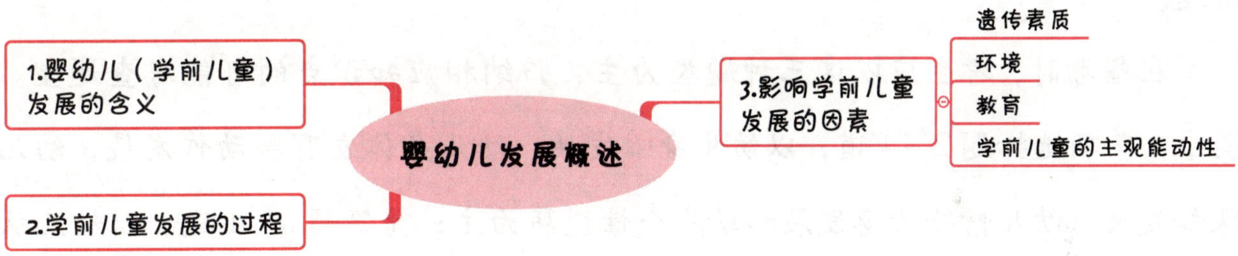


## 考点精讲

### 一、婴幼儿(学前儿童)发展的涵义　考点1

婴幼儿(学前儿童)发展是指**0～6周岁或7周岁**学前儿童的身心发生的质的变化。身体的发展是指学前儿童机体的正常生长和发育；心理的发展是指学前儿童的认识过程、情感、意志和个性的发展。

### 二、学前儿童发展的过程　考点2

学前儿童发展的过程包括从胚胎形成到出生和从出生到幼儿期不同阶段的连续生长发育的过程。其生长发育的规律是年龄越小，生长发育越快，年龄大了以后则减慢。

学前阶段主要指0～6岁。在这个年龄段，儿童处于很重要的发展时期。只有在详细了解学前儿童的生长特点、生长规律、心理发展过程等的基础上，教师才能有针对性地实施学前教育。

我国学者参照国外学者的划分标准和根据我国儿童自身活动的特点，形成了我们自己的儿童发展阶段划分标准(如下图)。

- 儿童期（广义）
  - 学前期（广义）
    - 婴儿期（又称乳儿期）
      - 新生儿期（0～1 个月）
      - 婴儿期（狭义）
        - 婴儿早期（1～6 个月）
        - 婴儿晚期（6～12 个月）
    - 先学前期（1～3 岁）
    - 学前期（狭义）（又称幼儿期）
      - 学前（幼儿）初期（3～4 岁）
      - 学前（幼儿）中期（4～5 岁）
      - 学前（幼儿）晚期（5～6 岁）
  - 学龄期
    - 学龄初期（又称儿童期）（6、7～11、12 岁）
    - 学龄中期（又称少年期）（11、12～14、15 岁）
    - 学龄晚期（又称青年早期）（14、15～17、18 岁）

## 三、影响学前儿童发展的因素

考点 3

### （一）遗传素质

遗传素质是指个体从上代继承下来的生理解剖方面的特点，如体貌、身体的内部构造、神经类型等。遗传素质是学前儿童身心发展的生理基础和物质前提。

**真 题 对 接**

【2017 年上半年真题】生活在不同环境中的同卵双胞胎的智商测试分数很接近，这说明（　　）

A. 遗传和后天环境对儿童的影响是平行的　　B. 后天环境对智商的影响较大

C. 遗传对智商的影响较大　　D. 遗传和后天环境对智商的影响相当

【答案】C

**1. 遗传素质为学前儿童的发展提供可能性**

学前儿童的发展总是以遗传获得生理组织、一定的生命力为前提的。没有这个前提，任何发展都不可能。遗传下来的特点，特别是大脑神经系统对学前儿童的发展有直接关系。例如，神经系统是一切心理发展的物质前提，无脑畸形儿不但不能产生正常的心理，而且活不长。

**2. 遗传素质的差异是造成学前儿童个体差异的原因之一**

遗传素质决定了幼儿体貌、生理机能等方面的差异，也影响着学前儿童的心理机能，使学前儿童的心理机能出现一定的差异性。

**3. 遗传素质的成熟制约身心发展的水平及阶段**

遗传素质为一定年龄阶段的身心特点的出现提供了可能和限制。有些早期运动机能是直接建立在成熟的生理基础上的，只要机体某一部分达到成熟，某种机能就会出现，如抓握动作。有些机能是靠学习获得的，但也受成熟水平的限制。

**4. 遗传素质仅为人的发展提供物质前提，而不能决定人的发展**

遗传素质为人的发展提供了巨大的可能性，但这种可能性能否变成现实则取决于后天的环境。

### （二）环境

环境是指学前儿童接触到的周围的人和物的总和。环境通常按物质、精神进行分类，因此影响幼儿发展的因素亦可分为物质环境和精神环境两大类型。

**1. 物质环境是学前儿童生存的物质基础**

学前儿童作为一个生物体，首先必须与外界进行物质的交换。学前儿童必须吃饭喝水，吸收营养，通过新陈代谢，使机体正常发育。另外，学前儿童还需要住、行、玩等方面的物品，以维持其基本的生活。学前儿

童由于年幼,对物质环境的被动依赖性较强,因而需要成人主动为其提供物质保障。

**2. 精神环境是学前儿童心理发展的精神食粮**

学前儿童需要不断地与环境相互作用,不断地从环境中吸取有关物体特性及发展规律的信息,以及人类社会的基本生活准则。只有这样,学前儿童才能形成健康的"人"的心理。为此,成年人要为孩子提供丰富、适宜的环境刺激,以利于学前儿童心理的发展。

当然,学前儿童的生理和心理是相互联系的。物质环境对学前儿童的影响不仅限于生理方面,精神环境对学前儿童的影响也不仅限于心理方面,物质环境和精神环境对学前儿童身心两方面都可以交叉发生影响。

### (三)教育

幼儿教育是指托幼机构对学前儿童施行的**有目的、有计划、有组织**的培养活动。幼儿教育也是一种环境,但它是一种特殊的环境。幼儿教育之所以特殊,主要体现在以下几个方面:

(1)幼儿教育有明确的目标;

(2)幼儿教育有专职教师;

(3)幼儿教育是一种最系统、最简捷的影响学前儿童的方式。

正因为幼儿教育有如上三个方面的特征,幼儿教育在学前儿童的身心发展中起着主导作用,幼儿教育实施的好坏直接影响学前儿童身心素质的发展。因此,我们必须重视专门的幼儿教育工作。

幼儿的主观能动性是指幼儿对外界影响的选择、吸收和融化的主动反映能力,也包括幼儿对外界所做的创造性反映能力。

幼儿虽小,但仍有其主观能动性。幼儿的主观能动性是幼儿进行学习的心理基础。外部环境和教育的影响均要通过幼儿的主动选择、吸收和融化,才能转化为幼儿的身心素质。幼儿的主观能动性对幼儿的身心发展也能起到一定的指导作用和调控作用。

## 第二节　儿童发展理论流派

(本节共5个考点)

### 考向分析

本节主要介绍精神分析理论、认知发展阶段理论、维果斯基的社会文化理论、行为主义学派的心理发展观、成熟势力说等相关知识。相关知识考频分析如下表:

| 考点 | 考试频率 | 题型 | 重要程度 |
|---|---|---|---|
| 埃里克森心理社会化发展理论 | 2 | 单项选择 | ★ |
| 认知发展阶段理论 | 3 | 单项选择、材料分析 | ★★★ |
| 最近发展区 | 1 | 单项选择 | ★ |
| 班杜拉的社会认知 | 2 | 单项选择、简答 | ★★ |

本节知识主要以单项选择题、简答题和材料分析题的形式考查。单项选择题考查的比较精细,考生在复习的时候要认真;简答题和材料分析题考查系统知识的掌握程度,这部分内容需要考生理解记忆。

## 思维导图

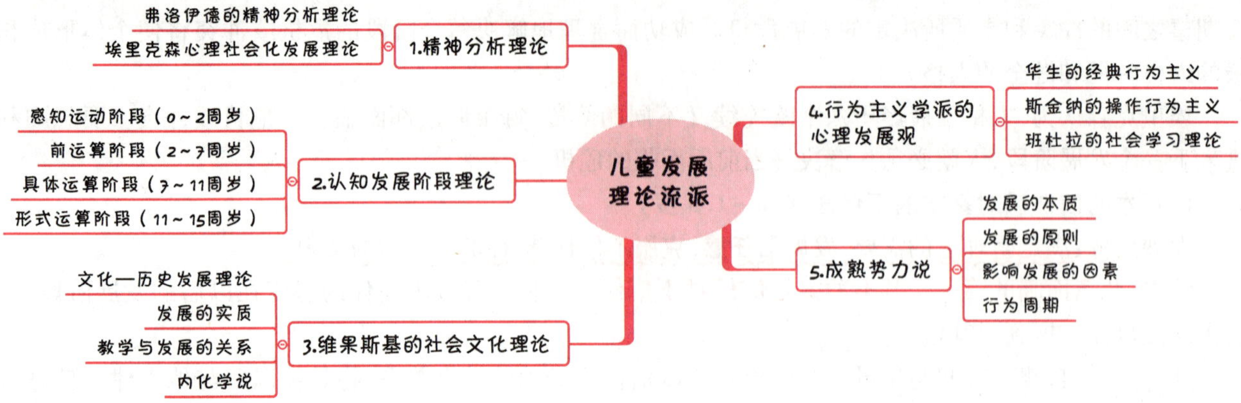


## 考点精讲

### 一、精神分析理论

考点 1

#### （一）弗洛伊德的精神分析理论

**1. 弗洛伊德心理性欲理论**

**第一阶段**

口唇期（0~1.5周岁）：吸吮、吞咽和咀嚼是主要的快感来源，这能减轻紧张感；这个阶段后期，“自我”开始出现。

**第二阶段**

肛门期（1.5~3周岁）：肛门肌肉的训练能减轻紧张感；排便训练很重要。

**第三阶段**

前生殖器期（3~6周岁）：快感集中于性器官；恋母、恋父情结—自居作用—“超我”开始发展。

**第四阶段**

潜伏期（6~11、12周岁）：发展进入恬静时期，抑制性欲上的兴趣，发展社会和智力的经验，把儿童大量的能量导向情感安全领域。

**第五阶段**

生殖期（青春期）：性再次萌芽，中心转到对异性的感情上，并会发展一种成熟的爱情关系，可作为一名成人而独立生活。

**2. 人格结构理论**

弗洛伊德认为人格有三个层次：**本我、自我和超我**。本我处于潜意识层面，按快乐原则行事；自我处在意识层面，按现实原则行事；超我是意识层面中的道德部分，体现在根据情境对自我进行约束上。弗洛伊德首次强调了早期经验和家庭教育对儿童身心发展的影响。但对于人类发展的阶段划分有很强的假设性，对于学前教育的应用有很大的局限性。

### (二)埃里克森心理社会化发展理论

美国精神分析学家埃里克森认为,人格发展是一个逐渐形成的过程,必须经历八个顺序不变的阶段,其中前五个阶段属于儿童成长和接受教育的时期。每一个阶段都有一个由生物学的成熟与社会文化环境、社会期望之间的冲突和矛盾所决定的发展危机。成功而合理地解决每个阶段的危机或冲突将使个体形成积极的人格特征和健全的人格。

埃里克森认为,人格发展经历八个既连续又不同的阶段,每个阶段都面临一对危机或冲突。要想顺利进入下一个发展阶段,人就必须先解决好当前所面临的危机。

**1. 基本的信任感对基本的不信任感(0~1.5岁)**

发展任务:满足生理上的需要,发展**信任感**,克服不信任感,体验着希望的实现。

特点:儿童面临的第一个基本冲突是信任对不信任。这种信任或不信任的态度在以后的发展阶段中,将由对父母而扩展到对其他人。

观点:个体自婴儿期起与父母之间所建立的以信任为基础的社会关系,将是他以后与他人建立良好人际关系的人格基础。

**2. 自主感对羞耻感(1.5~3岁)**

发展任务:获得**自主感**,克服羞怯和怀疑,体验着意志的实现。

特点:(1)幼儿开始表现出自我控制的需要与倾向、渴望自主的状态;

(2)喜欢自己动手,能凭借自己的力量做越来越多的事情。

观点:这一阶段发展顺利者能按社会要求表现目的性行为;发展障碍者的心理特征是缺乏信心,行动畏首畏尾。

**3. 主动感对内疚感(3~6岁)**

发展任务:获得**主动感**,克服内疚感,体验着目的的实现。

特点:(1)儿童的肌肉运动与言语能力发展很快,活动范围进一步向外界扩展;

(2)他们对周围环境充满了好奇心;

(3)活动容易受成人限制,而产生内疚感和失败感。

观点:发展顺利者的心理特征是主动好奇,行动有方向,开始有责任感;发展障碍者的心理特征是畏惧退缩,缺少自我价值感。

**4. 勤奋感对自卑感(6~12岁)**

发展任务:培养**勤奋感**,克服自卑感,体验着能力的实现。

特点:(1)这个时期,绝大多数儿童已经进入学校,第一次接受社会赋予他并期望他完成的社会任务;

(2)儿童不仅受父母影响,而且还受老师和同学的影响,其中同伴的接纳和认可在衡量儿童的成功和失败中占着相当的重要性。

观点:(1)前三阶段对儿童影响最大的是家庭因素,这一阶段对儿童影响最大的就是学校因素;(2)如果儿童在学习以及其他集体活动中获得更多的成功经验,就有利于养成勤奋进取的人格,如果屡遭挫折和失败则容易形成自卑感。

**5. 自我同一性对角色混乱(12~18岁)**

发展任务:建立同一感和防止同一感混乱,体验着忠诚的实现。

特点:(1)在这一时期,"我是谁"成为一个重要问题。他们能够把自己的各种形象综合成一个有意义的整体,对自己的过去、现在、将来产生一种"内在相同和连续"之感。(2)他们也开始认识自己和别人的异同,认识现在和未来在社会中的关联。

观点:这一阶段发展顺利者的心理特征是有了明确的自我观念和自我追求的方向;发展障碍者的心理特征是生活无目的、无方向,时常感到彷徨迷茫。自我同一性是指个体组织自己的动机、能力、信仰及活动

经验而形成的有关自我的一致性形象。

其他三个阶段分别为：亲密感对孤独感（成年早期）、繁殖感对停滞感（成年中期）、自我整合对绝望感（成年晚期）。

**真题对接**

【2018 年上半年真题】根据埃里克森的心理社会发展理论，1 ~ 3 岁儿童形成的人格品质是（　　）

A. 信任感　　B. 主动性　　C. 自主性　　D. 自我同一性

【答案】C

【2014 年上半年真题】照料者对婴儿的需求应给予及时回应是因为：根据埃里克森的观点，在生命中第一年的婴儿面临的基本冲突是（　　）

A. 主动性对内疚　　B. 基本信任对不信任

C. 自我同一性对角色混乱　　D. 自主性对害羞

【答案】B

## 二、认知发展阶段理论

考点2

皮亚杰认为一个人从出生到成熟这个过程中，人的认知结构是一直不断变化的，在环境作用的过程中会不断地重组，并不是说一出生就是固定不变的。皮亚杰心理学的理论核心是“认知发展理论”。他认为，人类的认识不管多么高深、复杂，都可以追溯到人的童年时期，甚至可以追溯到胚胎时期。他将儿童认知发展分为四个阶段：

### （一）感知运动阶段（0 ~ 2 周岁）

（1）通过探索感知觉与运动之间的关系来获得动作经验，儿童的认知能力从对事物的被动反应发展到主动的探究，认识事物的顺序是从认识自己的身体到探究外界事物；

（2）儿童渐渐获得了客体的永恒性，即当某一客体在儿童视野中消失的时候，儿童知道该客体并非真的不存在了。

（3）本阶段儿童还不能用语言和抽象符号为事物命名。

### （二）前运算阶段（2 ~ 7 周岁）

**1. 自我中心性**

儿童往往只注意自己的观点，不能接受他人的观点，也不能将自己的观点和他人的观点相区分和协调。因此，儿童认为他人都是以与自己相同的方法去观察、思考和感觉的。

无论是直觉行动思维，还是具体形象思维，都是一种以自己的直接经验为基础的思维，这就使得它们均带有一种自我中心的特点。

著名的瑞士心理学家皮亚杰所设计的三座山实验是自我中心思维的一个最典型的例证。

**2. 前概念性**

该阶段儿童的语言能力得到很好的发展，他们已经掌握了很多词汇。但这个阶段，词汇所代表的概念不是抽象的、概括的，而是具体的、动作的。所以，他们不能理解同一类客体中的不同个体。此外，思维的前概念性还使儿童掌握的概念往往与具体的动作或事件相联系。4 岁的大宝经常想不通一个问题，几次问妈妈：“妈妈，唐爷爷（一个姓唐的爷爷）能吃吗？”

**3. 泛灵论**

3 ~ 4 岁的儿童认为，所有的物体都是有生命的、有意义的。这使儿童的思维带有强烈的主观色彩：小草被踩了会疼的，布娃娃有一天也会睁开眼睛叫妈妈。儿童由己推人，由人推物，世间万物都具有生命和感情。4 ~ 5 岁以后，儿童开始认识到，移动着的物体才有生命。6 岁的儿童认识到，有自发运动状态的物体才

可能有生命。

**4. 直觉思维**

前运算阶段的儿童对事物的理解在很大程度上受知觉到的事物的显著特征所左右,他们不能对事物不同维度的信息进行整合,因而思维具有直觉性,缺乏逻辑性。皮亚杰用著名的守恒任务来研究儿童的直觉思维。守恒是指尽管物体的外观发生改变,但它特定的自然特征仍保持不变的特征。皮亚杰认为,儿童无法掌握守恒的原因是他们缺乏可逆性。

**5. 分类能力**

儿童已经表现出分类的能力。皮亚杰把儿童分类能力的发展分为三个阶段。

第一阶段在儿童2~5.5岁期间。此阶段,儿童可以按照物体间的关系把他们认为有关系的物体归为一类,如把布娃娃和摇篮放在一起。但对于比较简单的或熟悉的分类问题,如将两只不同的猫和一只狗进行分类,3岁儿童也能正确分类。

第二阶段在儿童5.5~7岁期间。此阶段,儿童逐渐摆脱具体感知和生活经验的影响,开始考虑事物的内在联系,可以根据相似性对事物进行分类,但是还不具备对事物进行等级分类的能力。

第三阶段(7岁以后)儿童能在进行等级分类的同时,也了解各级分类之间的包含关系。

**真题对接**

【2018年上半年真题】皮亚杰的"三山实验"考察的是( )

A. 儿童的深度知觉　　B. 儿童的计数能力

C. 儿童的自我中心性　　D. 儿童的守恒能力

【答案】C

【2017年上半年真题】午餐时,盘子不小心掉在了地上,看到这一幕的亮亮对教师说:"盘子受伤了,它难过得哭了。"这说明亮亮的思维特点是( )

A. 自我中心性　　B. 泛灵论　　C. 不可逆性　　D. 不守恒

【答案】B

### (三)具体运算阶段(7~11周岁)

这一阶段儿童的认知结构已发生了重组和改善,思维具有一定的弹性,思维可以逆转。儿童已经认知了长度、体积、重量和面积等的守恒,能凭借具体事物或从具体事物中获得的表象进行逻辑思维和群集运算。也就是说,儿童以逻辑思维为主,然后,获得了守恒概念,自我中心程度下降。

### (四)形式运算阶段(11~15周岁)

这一阶段儿童的思维已超越了对具体可感知的事物的依赖,儿童的思维是以命题形式进行的,并能发现命题之间的关系;能够根据逻辑推理、归纳或演绎的方式来解决问题;能理解符号的意义、隐喻和直喻;能做一定的概括,其思维发展水平已接近成人的水平。

除了提出儿童发展的阶段理论外,皮亚杰还提出儿童心理结构的发展涉及图式、同化、顺应和平衡四个过程。在皮亚杰看来,儿童的认知发展是以其已有的认知结构即图式为基础的,以已有图式与环境相互作用而产生的认知需要为动力,鉴于此,教师创设或提供的教学情境应该是恰好合适的,这种情境既能引起学生的认知不平衡,又不过分超越学生已有的认知水平和知识经验。

## 三、维果斯基的社会文化理论

考点3

### (一)文化—历史发展理论

维果斯基认为,人的思维与智力是在活动中发展起来的,是各种活动、社会性相互作用不断内化的结果。

### （二）发展的实质

维果斯基认为，发展是指心理的发展。所谓心理的发展就是指一个人的心理（从出生到成年），是在环境与教育的影响下，在低级的心理机能的基础上，逐渐向高级的心理机能转化的过程。

### （三）教学与发展的关系

**1. 最近发展区**

维果斯基认为，儿童的发展有两种水平：一种是已经达到的发展水平，表现为个体能够独立解决问题的现有水平；另一种是儿童可能达到的发展水平，表现为儿童还不能够独立地完成任务，但在成人的帮助下，在集体活动中通过模仿等形式，能够完成这些任务。这种儿童在指导下借助成人的帮助所能达到解决问题的水平与在独立活动中所达到的解决问题的水平之间的差异就是“**最近发展区**”。

**2. 教学应当走在发展的前面**

根据最近发展区思想，维果斯基提出“教学应当走在发展的前面”。这是他对教学与发展关系问题的最主要的理论。也就是说，教学“可以定义为人为的发展”，教学决定着智力的发展，这种决定作用既表现为智力发展的内容、水平和智力活动的特点上，也表现在智力发展的速度上。

**3. 关于学习的最佳期限问题**

维果斯基强调“学习的最佳期限”。如果脱离了学习某一技能的最佳年龄，从发展的观点来看都是不利的，它会造成儿童智力发展的障碍。因此，开始某一种教学，必须以成熟与发育为前提，但更重要的是教学必须首先建立在正在开始形成的心理机能的基础上，走在心理机能形成的前面。

### （四）内化学说

维果斯基指出，教学的最重要的特征便是教学创造着最近发展区，激起与推动学生一系列内部的发展过程，从而使学生通过教学来掌握全人类的经验并内化为自身的内部财富。

**真题对接**

【**2016 年上半年真题**】教师拟定教育活动目标时，以幼儿现有发展水平与可以达到水平之间的距离为依据。这种做法体现的是（　　）

A. 维果斯基的最近发展区理论　　B. 班杜拉的观察学习理论

C. 皮亚杰的认知发展理论　　D. 布鲁纳的发展教学法

【**答案**】A

## 四、行为主义学派的心理发展观

考点 4

行为主义学说强调儿童的行为是由环境的刺激引起的，学习的决定因素是外部刺激。强调行为，反对以那些不可捉摸的内部过程（如心理状态、意志）作为研究对象，所以该学说又称为环境学习理论。

### （一）华生的经典行为主义

行为主义代表人物华生认为心理本质是行为，心理意识被归结为行为。华生发展心理学理论突出的观点是环境决定论，否认遗传的作用。

在教育问题上，华生的发展心理学理论夸大了环境和教育的作用。他主张构造上的差异及幼年时期训练的差异足以说明后来个体行为上的差异；主张教育万能论，后天教育能够完全决定人的发展；提出学习过

程就是条件反射的建立过程,不管多么复杂的行为,都可以通过控制外部刺激而形成。

### (二)斯金纳的操作行为主义

斯金纳认为只要用好强化技术,就能控制行为反应,从而塑造出教育者所期望的行为。他强调积极强化和及时强化对儿童行为的形成的重要作用。

强化分为积极强化和消极强化。所谓积极强化,是由于一个刺激的加入而增强了一个操作性行为发生的概率作用。所谓消极强化,是由于几个刺激的排除而加强了某一操作性行为发生的概率作用。无论是积极强化还是消极强化,其结果都是增强反应的概率。在实际的教育中,常常运用多种强化的方式。

### (三)班杜拉的社会学习理论

社会学习理论是由美国心理学家班杜拉在 1977 年提出的。

**1. 观察学习**

(1)观察学习的概念及分类

**观察学习**是指人通过观察他人(榜样)的行为及其结果而习得新行为的过程。在观察学习中,观察学习的对象称为榜样或示范者。观察学习可分为三类:

①直接的观察学习:它是对示范行为的简单模仿,幼儿的主要学习方式为直接的观察模仿学习。

②抽象性观察学习:它是指观察者从对他人行为的观察中获得一定的行为规则或原理,从而能根据这些规则或原理表现出某种类似的行为。

③创造性观察学习:它是指观察者通过对各个不同榜样的行为特点进行新的组合,从而形成一种全新的行为方式。

(2)观察学习的过程

班杜拉认为,新行为的习得过程是一个复杂的认知过程,包括注意、保持、动作再现和动机作用四个具体过程。

①注意过程:即观察者注意对知觉榜样情景的过程。

②保持过程:即观察者记住从榜样情景了解的行为,以表象和言语形式将他们在记忆中进行表征、编码以及存储。

③动作再现过程:即观察者将头脑中有关榜样情景的表象和符号概念转为外显的行为。

④动机作用过程:即观察者因表现所观察到的行为而受到激励。

**2. 强化的种类**

班杜拉认为,习得的行为是否被表现出来,会受到强化的影响。强化分为以下三种类型:

(1)**直接强化**:观察者因表现出观察行为而受到强化。

(2)**替代强化**:学习者通过观察他人行为所带来的奖励性后果而受到强化。如看到儿童的一个同伴推倒了另一个同伴,并获得想要的玩具,该儿童可能在以后尝试使用这个方法。

(3)**自我强化**:人能观察自己的行为,并根据自己的标准进行判断,由此强化或处罚自己。

**真题对接**

**【2015 年下半年真题】**班杜拉的社会认知理论认为(　　)

A. 儿童通过观察和模仿身边人的行为学会分享

B. 操作性条件反射是儿童学会分享的重要学习形式

C. 儿童能够学会分享是因为儿童天性本善

D. 儿童学会分享是因为成人采取了有效的惩罚措施

**【答案】**A

【2015 年上半年真题】简述班杜拉社会学习理论的主要观点。

【参考答案】参见内文。

## 五、成熟势力说

考点 5

成熟学说(又称为成熟势力或成熟论)强调基因顺序规定着儿童生理和心理发展的理论。成熟学说的代表人物是美国心理学家和儿科医生**格塞尔**。

### (一)发展的本质

格塞尔认为个体的生理和心理发展,都是按基因规定的顺序有规则有秩序地进行的。在成熟论看来,发展的本质是结构性的,只有结构的变化才是行为发展变化的基础。

### (二)发展的原则

(1)发展方向的原则;(2)相互交织的原则;(3)机能不对称的原则;(4)个体成熟的原则。这是格塞尔理论的核心原则,即认为个体的发展取决于成熟,而成熟则取决于基因所决定的时间表。(5)自我调节的原则。

### (三)影响发展的因素

格塞尔认为支配儿童心理发展的是成熟和学习两个因素。成熟是推动儿童发展的主要动力;对于儿童的发展来说,学习并不是不重要,但是,当个体还没有成熟到一定程度时,学习的效果是很有限的。格塞尔的经典实验“双生子爬楼梯”,就是这一观点很有力的佐证。

### (四)行为周期

格塞尔发现,在儿童的成长过程中有发展质量较高的年头与较低的年头有序交替的现象,格塞尔称其为“行为周期”。

# 第三节　婴幼儿身心发展的年龄阶段特征及发展趋势

(本节共 5 个考点)

## 考向分析

本节主要介绍儿童心理发展的年龄特征的内涵、婴儿期的年龄特征(0 ~ 1 岁)、先学前期的年龄特征(1 ~ 3 岁)、幼儿期的年龄特征(3 ~ 6 岁)、学前儿童心理发展的基本趋势等相关知识。相关知识考频分析如下表:

| 考点 | 考试频率 | 题型 | 重要程度 |
| --- | --- | --- | --- |
| 婴儿期的年龄特征 | 1 | 单项选择 | ★ |

本节知识主要以单项选择题的形式考查。单项选择题考查的比较精细,考生在复习的时候要认真。

## 思维导图

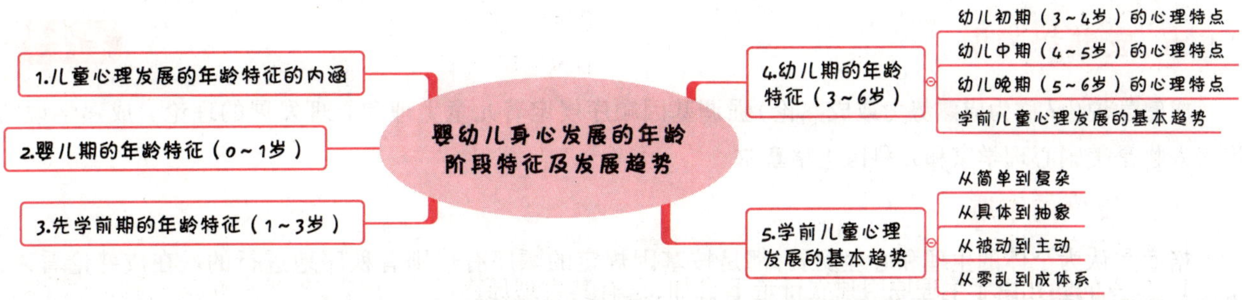


## 考点精讲

### 一、儿童心理发展的年龄特征的内涵

考点1

儿童心理发展的年龄特征是指在一定的社会和教育条件下,幼儿在每个不同的年龄阶段中表现出来的**一般的、本质的、典型的**特征。其定义包含了以下几个含义:

(1)儿童心理发展的阶段,往往以**年龄**为标志。

(2)儿童心理年龄特征是在一定的社会和教育条件下形成起来的。

(3)儿童心理年龄特征是指儿童心理在一定年龄阶段中的那些一般的、典型的、本质的特征,是从许多个别儿童的心理特征中概括出来的。

### 二、婴儿期的年龄特征(0~1岁)

考点2

儿童出生后的第一年,称为婴儿早期,也有人称之为乳儿期。这一年是儿童心理开始发生和心理活动开始萌芽的阶段,又是儿童心理发展最为迅速和心理特征变化最大的阶段。

由于其变化发展迅速,这一年儿童心理发展分为3个小阶段。这3个小阶段是:新生儿期(0~1个月)、婴儿早期(1~6个月)、婴儿晚期(6~12个月)。

| | 新生儿期 | 婴儿早期 | 婴儿晚期 |
|---|---|---|---|
| 年龄 | 0~1个月 | 1~6个月 | 6~12个月 |
| 特征 | (1)此阶段为乳儿适应新环境的时期。(2)主要以先天的非条件反射的方式来应对新环境。如吮指反射、眨眼反射、怀抱反射和巴宾斯基反射等。(3)儿童出生后就开始认识世界,最初的认知活动突出表现为知觉发生和视听觉的集中。视听觉集中是注意发生的标志 | (1)视觉、听觉迅速发展。(2)眼手协调动作开始出现(4~5个月)。(3)主动招人(最初的社会性交往需要)。(4)开始认生 | (1)身体动作迅速发展。坐、爬、站、走等动作都是在这个阶段形成的。(2)手的动作开始形成。五指分工动作发展起来。(3)言语开始萌芽(9~12个月)。这个阶段的幼儿开始发出的音节较清楚,能重复、连续。(4)依恋关系发展。如出现分离焦虑 |

**山香指导** 为便于考生记忆,以下知识点记忆方式仅供考生参考:
4~5个月时,婴儿开始出现了手眼协调的动作。从6~8个月开始,婴儿喜欢做重复的动作,出现重复连锁的动作。

**真题对接**

【2014 年下半年真题】婴儿手眼协调动作发生的时间是（　）

A.2~3 个月　　B.4~5 个月

C.7~8 个月　　D.9~10 个月

【答案】B

## 三、先学前期的年龄特征(1~3 岁)　考点3

**1. 学会独立行走**

1~2 岁的幼儿由于生理原因独立行走不自如，是有其生理原因的：头重脚轻、骨骼肌肉比较嫩弱、脊柱的弯曲没有完全形成、两腿和身体动作不协调。

**2. 使用工具**

1 岁半左右，已能根据物体的特性来使用，这是物体当作工具使用的开始。

**3. 语言、表象、想象和思维的发生和发展**

(1)语言：1 岁前是儿童语言发生的准备阶段，这个阶段儿童对成人的语言处于理解阶段，并做出应答反应。2~4 岁是儿童学习简单口语的最佳期。

(2)表象：1 岁以前儿童大脑中还没有建立起关于事物的表象。1 岁~1.5 岁左右的儿童表象也发展起来了。

(3)想象：表象的产生为儿童想象的发展奠定了基础。2 岁左右的儿童已经能够拿着物体进行想象活动。

(4)思维：2 岁左右的儿童能够区分性别和年龄，这说明他们已经有了对事物的概括能力，出现了人类典型的认识活动的方式——思维。

**4. 出现最初的独立性**

独立性的出现是儿童心理发展非常重要的一步，也是 2~3 岁儿童心理发展成就的集中表现。

**5. 自我意识的萌芽**

2 岁左右，孩子出现自我意识的萌芽，其突出的表现在于独立行动的愿望很强烈。独立性的出现是开始产生自我意识的明显表现，是儿童心理发展上非常重要的一步，也是人生头 2~3 年心理发展成就的集中表现。特别是 2~3 岁，他有了自己的主意，和家长的意见不一致。

## 四、幼儿期的年龄特征(3~6 岁)　考点4

### (一)幼儿初期(3~4 岁)的心理特点

**1. 最初步的生活自理，生活目标扩大**

小班幼儿逐渐学会最初步的生活自理，能进餐、控制大小便，能在成人帮助下穿衣，能用语言表达思想和要求，能与他人游戏。

**2. 行为具有强烈的情绪性**

(1)小班幼儿的行动常常受情绪支配，而不受理智支配。情绪性强，是整个幼儿期幼儿的特点，但年龄越小越突出。

(2)小班幼儿情绪性强的特点表现在很多方面。如高兴时听话，不高兴时说什么也不听；如果喜欢哪位老师，就特别听那位老师的话。

(3)小班幼儿的情绪很不稳定，很容易受外界环境的影响。如看见别的孩子都哭了，自己也莫名其妙地哭起来；老师拿来新玩具，马上又破涕为笑。

**3. 爱模仿**

小班幼儿的独立性差，爱模仿别人。例如，看见别人玩什么，自己也玩什么；看见别人有什么，自己就想要什么，所以小班玩具的种类不必很多，但同样的要多准备几套。在教育工作中，多为幼儿树立模仿的榜样。

教师常常是幼儿模仿的榜样。因此，教师应该时刻注意自己的言行举止，为孩子们树立好榜样。

**4. 思维仍带有直觉行动性**

思维依靠动作进行，是先学前儿童的典型特点，小班幼儿仍然保留着这个特点。例如，让他们说出某一小堆糖有几块，他们只有用手一块一块地数才能弄清，他们不会像大些的孩子那样在心里默数。

小班幼儿的思维很具体、很直接。他们不会做复杂的分析综合，只能从表面去理解事物。因此，对小班幼儿更要注意正面教育，讲反话常常造成违反本意的不良效果。

### (二)幼儿中期(4~5岁)的心理特点

**1. 更加活泼好动、爱玩、会玩**

中班幼儿更加活泼好动，积极参加各种活动，反应、动作等比过去更加灵活。幼儿都喜欢游戏。但小班幼儿虽然爱玩却不大会玩。大班幼儿虽然爱玩，也会玩，但由于学习兴趣日益浓厚，游戏的时间相对少了一些。中班处于典型的游戏年龄阶段，是角色游戏的高峰期。中班幼儿已能计划游戏的内容和情节，会自己安排角色。怎么玩，有什么规则，不遵守规则应怎么处理，基本都能商量解决，但游戏过程中产生的矛盾还需要教师帮助解决。

**2. 思维具体形象**

中班幼儿的思维可以说是典型的具体形象思维，他们较少依靠行动来思维，但是思维过程还必须依靠实物的形象做支柱。

中班幼儿常常根据自己的具体生活经验来理解成人的语言。在语言教学中，尽量用形象的解释来帮助幼儿理解新词。教“笔直”一词，可以竖起一支铅笔，“笔直”就是像铅笔一样直，这样幼儿就能懂，而且能牢牢记住。

**3. 开始接受任务**

4岁以后幼儿之所以能够接受任务，和他们思维的概括性和心理活动有意性的发展有密切关系。由于思维的发展，幼儿的理解力增强，能够理解任务的意义；由于心理活动有意性的发展，幼儿行为的目的性、方向性和控制性都有所提高，这些都是接受任务的重要条件。

**4. 开始自己组织游戏**

小班幼儿已经有游戏活动，但是他们还不大会玩，需要成人领着玩。4岁左右是游戏蓬勃发展的时期。中班幼儿不但爱玩而且会玩，他们能够自己组织游戏，自己规定主题。他们不再像小班那样，出现许多平行的角色。他们会自己分工，安排角色。

中班幼儿在游戏中逐渐结成同龄人的伙伴关系。

可见，从4~5岁开始，幼儿的人际关系发生了重大变化，同伴关系开始打破了亲子关系和师幼关系的优势地位，开始向同龄人关系过渡。当然，这时的同伴关系还只是最初级的，结伴对象很不稳定，成人的影响仍然远远大于小朋友的影响。

### (三)幼儿晚期(5~6岁)的心理特点

**1. 好学、好问**

好奇是幼儿的共同特点，但大班幼儿的好奇与小、中班有所不同。小、中班幼儿的好奇心较多表现在对事物表面的兴趣上。他们经常向成人提问题，但问题多半停留在“这是什么”“那是什么”上。大班幼儿不

同，他们不光问“是什么”，还要问“为什么”。问题的范围也很广，天文地理，无所不有，希望成人给予回答。

**2. 抽象概括能力开始发展**

大班幼儿的思维仍然是具体形象的，但已有了抽象概括性的萌芽。由于大班幼儿已有了抽象概括能力的萌芽，所以，也应该进行一些简单的科学知识教育，引导他们去发现事物间的各种内在联系，促进智力发展。

**3. 个性初具雏形**

大班幼儿初步形成了比较稳定的心理特征。他们开始能够控制自己，做事也不再“随波逐流”，显得比较有“主见”。对人、对己、对事开始有了相对稳定的态度和行为方式。有的热情大方，有的胆小害羞；有的自尊心很强，有的有强烈的责任感……

对于幼儿最初的个性特征，成人应当给予充分的注意。幼儿教师在面向全体幼儿进行教育的同时，还应该因材施教，针对每个人的特点，长善救失，使幼儿全面地健康地发展。

**4. 开始掌握认知方法**

5～6 岁，幼儿出现了有意地自觉控制和调节自己心理活动的方法。在认知活动方面，无论是观察、注意、记忆过程，或是思维和想象过程，都有了方法。4 岁前幼儿往往不会比较两个或几个图形的异同，而 5 岁以后幼儿则能较好地完成任务。因为他们已经掌握了对比的方法。把图形或图形的相应部分一一对应地进行比较。在注意活动中，5～6 岁幼儿能够采取各种方法使自己不分散注意。

## 五、学前儿童心理发展的基本趋势　考点 5

**1. 从简单到复杂**

儿童最初的心理活动，只是非常简单的反射活动，以后越来越复杂化。这种简单到复杂的发展趋势又表现在两个方面：

（1）从不齐全到齐全。学前儿童的各种心理过程在出生的时候并非已经齐全，而是在发展过程中先后形成的。（2）从笼统到分化。学前儿童最初的心理活动笼统、弥漫而不分化的。无论是认识活动还是情绪，其发展趋势都是从混沌或笼统到分化和明确。也可以说，学前儿童的心理活动最初是简单和单一的，后来逐渐复杂和多样化。

**2. 从具体到抽象**

学前儿童的心理活动最初是非常具体的，以后越来越抽象和概括化。从思维的发展来看，学前儿童的思维最初是直觉行动的，然后出现具体形象思维，最后发展起来的是抽象逻辑思维。从情绪发展过程看，最初引起情绪活动的，都是具体形象性的事物，以后才是越来越抽象的事物。

**3. 从被动到主动**

学前儿童心理活动最初是被动的，心理活动的主动性后来才发展起来，并逐渐提高，直到成人所具有的极大的主观能动性。学前儿童心理发展的这种趋势主要表现在两个方面：（1）从无意向有意发展。学前儿童心理活动是从无意向有意发展的。新生儿的原始反射是本能活动，是对外界刺激的直接反应，完全是无意识的。随着年龄的增长，学前儿童逐渐开始出现自己能意识到的、有明确目的的心理活动，然后发展到不仅意识到活动目的，还能够意识到自己的心理活动进行的情况和过程。（2）从主要受生理制约发展到自己主动调节。学前儿童的心理活动，很大程度上受生理局限，随着生理的成熟，其心理活动的主动性也逐渐增长。

**4. 从零乱到成体系**

学前儿童的心理活动最初是零散杂乱的，心理活动之间缺乏有机的联系。例如，学前儿童一会儿哭，一会儿笑，一会儿说东，一会儿说西，这些都是心理活动没有形成体系的表现。正因为不成体系，其心理活动非常容易变化。随着学前儿童年龄的增长，他们心理活动逐渐组织起来，有了系统性，形成了整体，并且有了稳定的倾向，出现每个人特有的个性。

# 第四节　幼儿身体发育和动作发展

（本节共2个考点）

## 考向分析

本节主要介绍幼儿身体发育的规律和特点、幼儿动作发展的规律特点等相关知识。相关知识考频分析如下表：

| 考点 | 考试频率 | 题型 | 重要程度 |
|---|---|---|---|
| 幼儿身体发育的规律 | 1 | 单项选择 | ★ |
| 幼儿身体发育的评价指标 | 2 | 单项选择 | ★ |
| 幼儿动作发展的特点 | 1 | 单项选择 | ★ |

本节知识主要以单项选择题的形式考查。单项选择题考查的比较精细，考生在复习的时候要认真。

## 思维导图

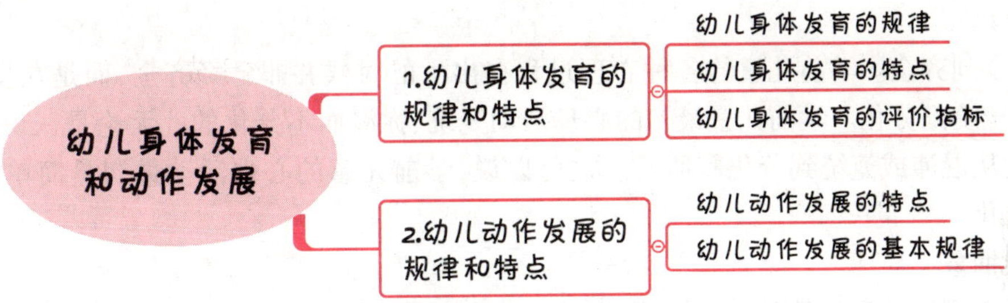


## 考点精讲

### 一、幼儿身体发育的规律和特点

考点1

#### （一）幼儿身体发育的规律

**1. 身体发育是连续性和阶段性的统一**

身体发育从幼稚到成熟是一个连续、统一的过程。在这个连续的过程中，还存在着阶段性，每一阶段有其自身特点。这些阶段之间相互联系，前一阶段是后一阶段发育的基础，后一阶段是前一阶段发育的延续，如果前一阶段出了问题，就会影响后一阶段的发育。

**2. 幼儿身体发育的不均衡性**

（1）身体发育的速度不均等

各年龄阶段身体发育的速度不同，有快有慢，呈波浪式。在人的身体发育过程中，共有两个身体发育的高峰，分别是2岁以前和青春期。

（2）身体各部分的生长速度不均等

在身体发育过程中，身体各个部分的生长速度不同，因而身体各部分的增长幅度也不一样。每一个健

康的幼儿在迈向身体成熟的过程中，头颅增长了1倍，躯干增长了2倍，上肢增长了3倍，下肢增长了4倍。从人体整个形态上看，则从新生儿时期的较大头颅、较长的躯干和短小双腿，逐步发展为成人时较小的头颅，较短的躯干和较长的双腿。

(3)各系统的发育不均衡

一般系统包括呼吸、消化、泌尿、循环等系统，其发育与身高和体重一样，存在两个发育的高峰期。神经系统发育最早，在出生后2年内发育较快。淋巴系统中的淋巴结、胸腺等在出生后10年内生长迅速，12岁时达到成人的200%，此后逐渐降至成人水平。生殖系统在学前阶段发育缓慢。在童年时期，几乎没有什么发展，在青春期发育迅速。可见，各系统的发育是不均衡的，但这种不均衡恰恰是机体整体协调发展的需要。

**真题对接**

**【2019年上半年真题】**人体各大系统中发育最早的是(　　)

A. 淋巴系统　　B. 生殖系统　　C. 神经系统　　D. 消化系统

**【答案】**C。**【解析】**神经系统发育最早，在出生后2年内发育较快。

**3. 身体发育具有程序性**

身体发育遵循由上到下、由近到远、由粗到细、由简单到复杂的规律。如出生后运动发育的规律是：先抬头、后抬胸，再会坐、立、行(由上到下)；从臂到手，从腿到脚的活动(由近到远)；从全掌抓握到手指拾取(由粗到细)；先画直线后画圈、图形(由简单到复杂)。

**4. 个体学前儿童的发育等级在各发育阶段均相对稳定(身体发育具有个别差异性)**

在无显著外环境条件改变时，每个学前儿童的发育指标实测值在各个发育阶段都相对稳定于同一发育等级中，一般不超越上或下一个等级。

身体发育有其一般的规律，但每个儿童身体发育又有自身的特点。由于先天遗传以及后天环境条件的不同，个体在整个生长时期都存在着广泛的差异，呈现出高矮、胖瘦、强弱、智愚的不同。

在研究和评价一个学前儿童的发育时，不能机械地用其身高或体重与标准平均数做比较，以此做出发育是否正常的结论，还必须以他人目前情况与过去情况比较，看其身体发育的趋势才更有意义。因为每个学前儿童的身体发育都有他自己的特殊规律，有着自己的发育速度和特征。

**5. 幼儿身体发育的速度是波浪式的**

幼儿身体发育的速度不是匀速的，也不是加速的，而是有快有慢，呈波浪式的。在人的生长发育过程中，共有两个生长发育的高峰。这两个高峰期称为生长发育的突增期。第一个突增期在2岁以前，第二个突增期在青春期。

### (二)幼儿身体发育的特点

**1. 体型的变化**

幼儿的身体发育速度比婴儿有所减慢，但仍然保持着较快的发展速度。

**2. 骨骼和肌肉的变化**

幼儿的肌肉组织发展迅速。首先发育的是大肌肉，所以幼儿喜欢不停地活动，也正是在这些活动中，他们的肌肉组织纤维在长度和力量上日益增长、增强。

同时幼儿骨骼也在快速发展，软骨以更快的速度转化为骨头，骨骼逐渐坚硬起来，但骨化在幼儿阶段还未完成，因此，幼儿的骨骼容易变形。在幼儿园教育活动中要注意培养幼儿正确的姿势，防止骨骼变形。

**3. 身体发育的不同步性**

儿童在出生后，身体各系统的发展速度是不同步的。儿童身体外部构造及内部器官的发展均遵循相同的方式——婴儿期发育很快，幼儿期发育较缓慢，在青春期发育再次快起来。其中，身体各个部位发育也是有快有慢，他们都有自己唯一的、独特的发育曲线。

### (三)幼儿身体发育的评价指标

评价幼儿身体发育的指标,包括形态指标、生理功能指标、心理指标。

**1. 身体发育的形态指标**

常用的形态指标是身高、体重、头围、胸围和坐高。其中,**身高和体重**是最基本的指标,不但测定简单,而且能较为准确地评定身体发育状况。

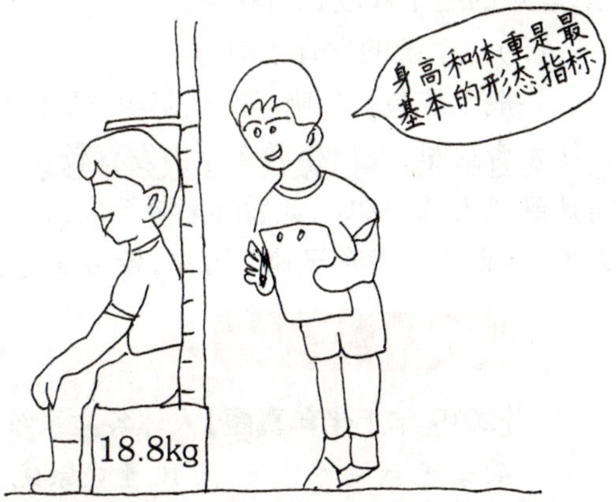


(1)身高是判断身体发育特征和评价身体发育速度时不可缺少的依据。

(2)体重是代表体格生长,尤其是营养状况最易取得的重要指标。

(3)头围代表了颅和脑的大小及其发育的情况。

(4)胸围反映了身体形态及呼吸器官的发育状况。

(5)坐高。坐高通常表示躯干的长度,可以间接地了解内脏器官的发育情况,坐高是头颅至坐骨结节的长度。幼儿随年龄的增加,下肢的增长速度不断加快,故坐高占身高的比例随年龄而降低。

**山香指导**

为便于考生记忆,对幼儿身体发育的评价指标概括如下,仅供考生参考:
形态指标是身高、体重、头围、胸围和坐高。其中,身高和体重是最基本的指标。
身体发育的功能指标是指身体各系统、各器官在生理功能上可测出的各种量度。
心理指标是通过感觉、知觉、语言、记忆、思维、情感、意志、能力和性格等进行观察。

**真题对接**

【2015 年下半年真题】评价幼儿身体发育最重要的指标是(　　)

A. 体重和头围　　B. 头围和胸围　　C. 身高和胸围　　D. 身高和体重

【答案】D

**2. 生理功能指标**

(1)身体发育的功能指标

身体发育的功能指标是指身体各系统、各器官在生理功能上可测出的各种量度。呼吸系统常用的指标是肺活量和呼吸频率;循环系统常用的指标是心率、脉搏和血压;运动系统常用的指标为握力和背肌力。

(2)生化和临床检验指标

主要指反映身体内部生物化学组成成分含量的有关指标,如血液中红细胞、血红蛋白、白细胞、血脂的含量。

**3. 心理指标**

一般通过感觉、知觉、语言、记忆、思维、情感、意志、能力和性格等进行观察。通过对幼儿心理的观察和研究,可以针对幼儿从小到大的年龄特征提出心理卫生的措施,促进幼儿身体发育达到最好的水平。

## 二、幼儿动作发展的规律和特点

### (一)幼儿动作发展的特点

| 动作分类 / 年龄特点 | 粗大动作的发展 | 精细动作的发展 |
|---|---|---|
| 2~3 岁 | 走路节奏均匀;后退、侧行;跑;跳跃,单足跳;投掷或抓取时身体生硬;用脚去推玩具;捡起物体而不摔倒 | 穿或脱简单的衣服;穿鞋、袜子;拉拉链;熟练使用汤匙;转门把;拧开瓶盖;模仿画直线 |

续表

| 年龄特点 \ 动作分类 | 粗大动作的发展 | 精细动作的发展 |
| --- | --- | --- |
| 3～4 岁 | 能够走直线；投掷时上身弯曲；骑脚踏车；单腿站数秒 | 扣纽扣；倒牛奶；可以自己吃饭；使用剪刀；涂画；画垂直线和圆圈 |
| 4～5 岁 | 下楼梯换脚；跑步平稳协调；单足跳；投掷时身体转动，双手接球 | 用筷子；沿着线用剪刀剪下东西；粗略地画人、图案；简单地折纸 |
| 5～6 岁 | 跑步速度加快，喜欢蹦蹦跳跳；投掷和抓取动作熟练；换脚跳；学习骑自行车、溜冰、游泳 | 系鞋带；熟练地串珠子；握笔；临摹一些图案和字母；出现用手偏好 |

**真题对接**

【**2017 年上半年真题**】下列哪一种活动重点不是发展幼儿的精细动作能力（　　）

A. 扣纽扣　　B. 使用剪刀　　C. 双手接球　　D. 系鞋带

【**答案**】C

## （二）幼儿动作发展的基本规律

考点 2

**1. 从整体到局部规律（由整体到分化）**

儿童最初的动作是全身性的、笼统的、弥漫性的，以后动作逐渐分化、局部化、准确化和专门化。例如，满月前儿童受到痛刺激后，哭喊着全身乱动；3 岁孩子拿着笔认真画画时，不仅是手动，身体的动作、面部的动作也来帮忙；同样的动作，幼儿做得慢而不够准确，而且付出的努力相对较大，成人则做得又快又好。这是“从整体到局部规律”的表现。

**2. 首尾规律（从上至下）**

儿童动作的发展，先从上部动作开始，然后到下部动作。婴儿最早出现的是眼的动作和嘴的动作。半个月内的婴儿，双眼协调动作就已经出现。上肢动作发展早于下肢动作。6 个月婴儿手的动作已经有较好的发展，而腿的动作还远未发展。儿童先学会抬头，然后能俯撑、翻身、坐和爬，最后学会站和行走，也就是从离头部最近的部位的动作开始先发展。这种趋势也表现在一些动作本身的发展上。例如，婴儿学爬行，先是依靠着手臂匍匐爬行，然后才逐渐运用大腿、膝盖和脚来爬行，即也服从“**首尾规律**”。

**3. 近远规律（由近及远）**

儿童动作的发展先从头部和躯干的动作开始，然后发展双臂和腿部的动作，再然后是手的精细动作；也就是靠近中央部分（头和躯干，即脊椎）动作先发展，然后才发展边缘部分（臂、手、腿）的动作。例如，婴儿看见物体时，先是移动肩肘，用整只手臂去接触物体，然后才会用腕和手指去接触并抓取物体。这种从身躯的中央部位再到远离身躯中央的边缘部位的发展规律，即“**近远规律**”。

**4. 大小规律（由粗到细，或者说由大到小）**

动作可以分为粗大动作和精细动作。儿童动作的发展，先从粗大动作开始，而后才学会比较精细的动作。粗大的动作是指活动幅度较大的动作，也是大肌肉群的动作，包括抬头、翻身、坐、爬、走、跑、跳、踢、走平衡等。大肌肉动作常常伴随强有力的大肌肉的伸缩和全身运动神经的活动，以及肌肉活动的能量消耗。

由奶瓶到筷子，由粗到细，由大到小

第一章

# 第五节　幼儿认知的发展

（本节共7个考点）

## 考向分析

本节主要介绍幼儿感知觉的发展、幼儿注意的发展、幼儿观察的发展、幼儿记忆的发展、幼儿想象的发展、幼儿思维的发展、幼儿言语的发展等相关知识。相关知识考频分析如下表：

| 考点 | 考试频率 | 题型 | 重要程度 |
| --- | --- | --- | --- |
| 幼儿感觉的发展 | 1 | 单项选择 | ★ |
| 幼儿注意的发展 | 1 | 单项选择 | ★ |
| 儿童思维发展的趋势 | 6 | 单项选择 | ★★ |
| 言语的形成阶段 | 2 | 单项选择 | ★ |
| 幼儿言语发展的主要特征 | 4 | 单项选择 | ★★ |

本节知识主要以单项选择题的形式考查。单项选择题考查的比较精细，考生在复习的时候要认真。

## 思维导图

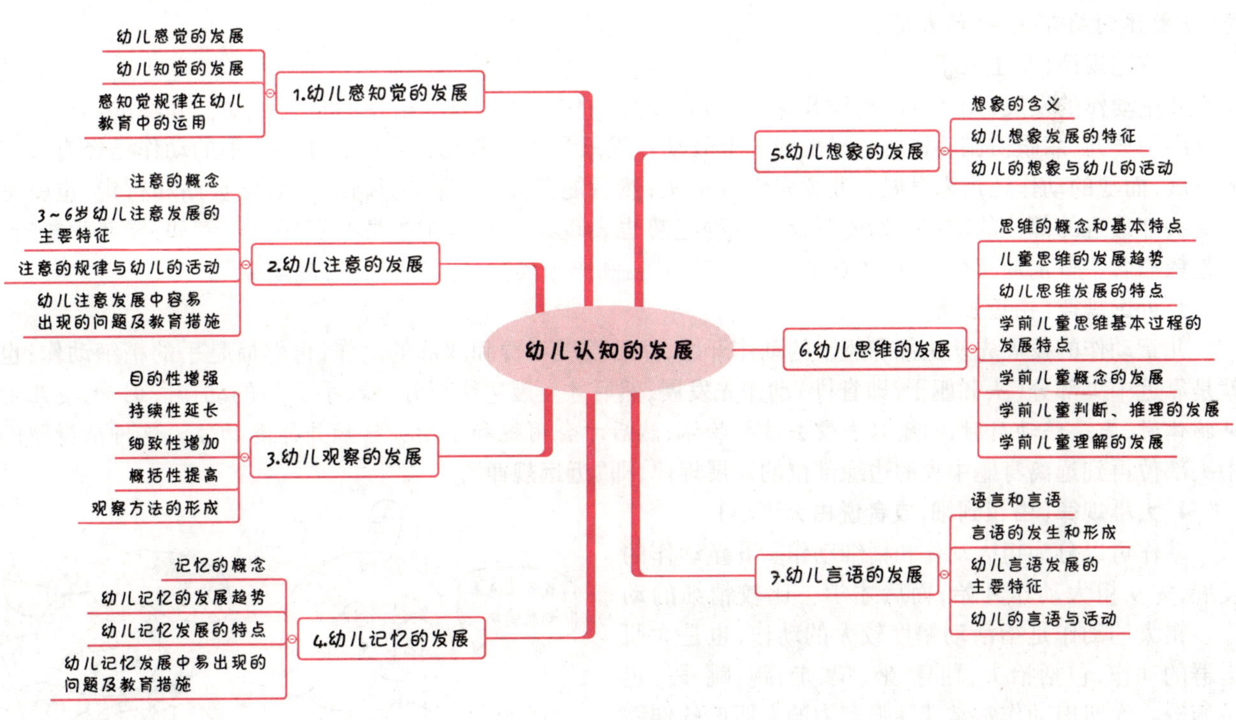

## 考点精讲

## 一、幼儿感知觉的发展

考点1

### （一）幼儿感觉的发展

**1. 视觉的发展**

在婴儿的所有感觉器官中，眼睛是最活跃、最主动、最重要的感官，而视觉却是新生儿身上最不成熟的感觉。幼儿视觉的发展主要表现在两个方面：视敏度（视觉敏锐度）的发展和颜色视觉的发展。

**山香指导** 为便于考生记忆，以下知识点记忆方式仅供考生参考：

感觉强调对客观事物的个别属性的反映以及机体各部分的运动情况和状态。如花的香味、颜色等属性。

知觉强调对客观事物的整体反映。它是通过脑对个别属性的分析与综合活动，从而从整体上对事物进行反映。如通过观察花的颜色、枝干及闻花的气味而得出这朵花是一朵玫瑰花，这就是知觉。

（1）视敏度

**视敏度**即视觉敏锐度，是指人分辨细小物体或远距离物体细微部分的能力，也就是人通常所称的视力。

有人认为，年龄越小，视力越好，此话对幼儿来说，并非如此。随着幼儿年龄的增长，视觉敏锐度也在不断提高。但发展速度不是均衡的。

（2）颜色视觉

**颜色视觉**是指区别颜色细微差异的能力，也称辨色力。幼儿期，颜色视觉的发展主要表现在区别颜色细微差别能力的继续发展。与此同时，幼儿期对颜色的辨别往往和掌握颜色名称结合起来。据实验研究，幼儿的颜色视觉发展有如下特点：

（1）幼儿初期（3～4岁），已能初步辨认红、橙、黄、绿、蓝等基本色，但在辨认紫色等混合色和蓝与天蓝等近似色时，往往较困难，也难以说出颜色的正确名称。

（2）幼儿中期（4～5岁），大多数能认识基本色，近似色，并能说出基本色的名称。

（3）幼儿晚期（5～6岁），不仅能认识颜色，而且在画图时，能运用各种颜色调出需要用的颜色，并能正确地说出黑、白、红、蓝、绿、黄、棕、灰、粉红、紫等颜色的名称。

**真题对接**

**【2017年下半年真题】**下面几种新生儿的感觉中，发展相对最不成熟的是（　　）

A. 视觉　　B. 听觉　　C. 嗅觉　　D. 味觉

**【答案】**A

**2. 听觉的发展**

对胎儿的研究结果表明，5、6个月的胎儿已开始建立听觉系统。相对于物体的声音，新生儿更偏爱人的声音。新生儿最爱听母亲的声音，爱听柔和的或高音调的声音。新生儿的听觉往往和视觉协调发展，出生后半个月已经很明显。如新生儿听见人声时，眼睛会朝着声音方向转去。3个月后，婴儿有意义的听觉活动逐渐发展；6个月的婴儿能够敏感地识别母亲的声音；7个月以后，婴儿听觉发展主要和语言发展联系起来。

**3. 触觉的发展**

触觉是肤觉和运动觉的联合，是幼儿认识世界的重要手段。

(1)视触觉的协调

视触协调主要表现为眼手探索活动的协调。眼手协调活动是婴儿认知发展过程中的重要里程碑,也是手的真正探索活动的开始。

眼手协调动作出现的主要标志是**伸手能抓到东西**。产生这种动作所要求的知觉条件有三个:(1)知觉到物体的位置——主要是视觉;(2)知觉到手的位置——主要是动觉;(3)视觉指导手的触觉活动。

幼儿已能很好地协调视觉,进而实现对客观事物的更精确的反应。

(2)动觉

幼儿动觉的感觉性随年龄的增长而提高。具体表现为幼儿初期对物体的大小、轻重和形状等属性的感知错误率高,精确性差。此外,反映唇、舌、声带等言语器官运动的言语运动觉也在幼儿的活动中不断发展。

### (二)幼儿知觉的发展

#### 1. 空间知觉的发展

空间知觉包括形状知觉、大小知觉、方位知觉和距离知觉,是用多种感官进行的复合知觉。

(1)形状知觉

形状知觉是对物体形状的知觉,依靠运动觉和视觉的协同活动。幼儿的形状知觉发展得很快,通常3岁的幼儿能区别一些几何图形,如圆形、正方形、三角形等。有的研究发现,4岁至4岁半是辨认几何图形正确率增长最快的时期。又有实验证明,5岁幼儿能正确辨别各种基本的几何图形。幼儿最容易辨别的图形是圆形。幼儿叫出图形名称比辨认图形要晚。由易到难的顺序是:圆形→正方形→半圆形→长方形→三角形→八边形→五边形→梯形→菱形。

(2)大小知觉

**大小知觉**是人们对物体大小的感知能力。

2.5~3岁的孩子已经能够按语言指示拿出大皮球或小皮球,3岁以后判断大小的精确度有所提高。据研究,2.5~3岁是孩子判别平面图形大小能力急剧发展的阶段。

对图形大小判断的正确性,要由图形本身的形状而定。幼儿判断圆形、正方形和等边三角形的大小较容易,而判断椭圆、长方形、菱形和五角形的大小却有困难。

幼儿判断大小的能力还表现在判断的策略上。4~5岁的幼儿在判别积木大小时,要用手逐块地摸积木的边缘,或把积木叠在一起去比较。而6~7岁的幼儿,由于经验的作用,已经可以单凭视觉辨别出积木的大小。

(3)方位知觉

**方位知觉**是指对物体的空间关系和自己的身体在空间所处位置的知觉,包括辨别上、下、前、后、左、右、东、西、南、北、中的知觉。

幼儿方位知觉的发展趋势是:3岁辨别上下方位,4岁开始辨别前后方位,5岁开始能以自身为中心辨别左右方位,6岁幼儿虽然能完全正确地辨别上下前后四个方位,但以左右方位的相对性来辨别左右仍然感到困难。7岁才开始能够辨别以别人为基准的左右方位,以及两个物体之间的左右方位。因此,教师在音乐、体育等教学活动中要用“**镜面示范**”,即以幼儿的角度来做示范动作。

**山香指导** 为便于考生记忆,对方位知觉的发展趋势简略概括如下,仅供考生参考:3——上下;4——前后;5——自左右(以自身为中心辨别左右);6——四方位,难左右;7——辨左右。

(4)距离知觉

距离知觉是辨别物体远近的知觉。幼儿可以分清他们所熟悉的物体或场所的远近,对于比较广阔的空间距离,他们还不能正确认识。幼儿常常不懂得近物大,远物小,近物清楚,远物模糊等感知距离的视觉信号。因此,他们画出的物体也是远近大小不分,在图画中,不善于把现实物体的距离、位置、大小等空间特性

正确表现出来，不能正确判断图画中人物的远近位置。

深度知觉是距离知觉的一种。为了了解婴幼儿深度知觉的发展状况，吉布森和沃克设计了“视崖”实验。“**视觉悬崖**”是一种测查婴儿深度知觉的有效装置，这种装置把婴儿放在厚玻璃板的平台中央，平台一侧下面紧贴着方格图案。实验时，母亲轮流在两侧呼唤婴儿。

深度知觉的发展受经验的影响比较大，婴幼儿的深度知觉随着经验的丰富逐步发展。游戏和体育活动能够促进幼儿深度知觉的发展。

**2. 时间知觉**

(1)幼儿前期，主要以人体内部的生理状态来反映时间，如“生物钟”即以生物节律周期来反映“时间”，到点感到饿，想要吃。幼儿期逐渐能够以外界事物作为时间的标尺。

(2)幼儿初期，儿童不仅有生物性的时间知觉，还有了与具体事物和事件相联系的时间知觉。幼儿的时间知觉，主要是依靠生活中接触到的周围现象的变化，他们逐渐学习了借助于某种生活经验(生活作息制度、有规律的生活事件等)和环境信息反映时间。如他们理解的“早晨”就是起床，上幼儿园的时候；“下午”则是妈妈来接的时候。有时也会用一些带有相对性的时间概念，如“昨天”“明天”，但往往用错。如会说“我明天去过奶奶家了”。

(3)幼儿中期，幼儿可以正确理解“昨天”“明天”，也能运用“早晨”和“晚上”等词；但是对较远的时间，如“前天”“后天”等，理解起来仍感到困难。

(4)幼儿晚期，在前面的基础上，又开始能辨别“前天”“大后天”等；并能学会看钟表等。但对更大或更小的时间单位，如几个月、几分钟等辨别仍感困难。

鉴于上述特点，对幼儿讲时间问题，应该结合具体事情，如通知他们后天看表演，要解释“后天就是睡了一个晚上，过了一天，再睡一个晚上就到了”。有规律的幼儿园生活常规，音乐、体育活动中有节奏的动作，观察自然界的规律性变化，对幼儿时间知觉的发展都很有帮助。

### (三)感知觉规律在幼儿教育中的运用

**1. 感受性变化与幼儿的活动**

(1)适应现象

感觉是由于分析器工作的结果而产生的感受性，会因刺激持续时间的长短而降低或提高，这种现象叫作适应现象。

两种视觉适应：人从亮处进入暗室时，最初看不清楚任何东西，经过一定时间，视敏感度才逐渐增高，恢复了在暗处的视力，这称为**暗适应**。相反，从暗处来到亮光处，最初感到一片耀眼的光亮，不能看清物体，只有稍待片刻才能恢复视觉，这称为**明适应**。

(2)对比现象

同一分析器的各种感觉会因彼此相互作用而使感受性发生变化，这种现象叫作感觉的对比。感觉的对比分为先后对比和同时对比两种。先后对比是同一分析器所产生的前一感觉和后一感觉之间的相互作用。为幼儿准备膳食要考虑味觉的对比现象。同时对比是同一分析器同时产生的各种感觉之间的相互作用。例如，灰色的图形放在白色的背景上，就显得比较暗，而放在黑色的背景上就显得亮一些。教师在制作和使用直观教具时，掌握对比现象的规律，对提高幼儿感受性具有重要的意义。

**2. 知觉中对象与背景的关系**

把对象从背景中分离出来，受到以下几种因素影响：

(1)对象与背景的差别

对象与背景的差别越大，对象越容易从背景中区别出来；反之，对象则容易消失在背景之中。教师要根据一定的教学目的，适当运用对象与背景关系的规律。根据这个规律，教师的板书、挂图和实验演示，应当突出重点，加强对象与背景的差别。对教材的重点部分，应使用粗线条、粗体字或彩色笔，使它们特别醒目，

容易被幼儿知觉到。教学指示棒与直观教具的颜色不要接近。

(2)对象的活动性

在固定不变的背景上,活动的刺激物容易被知觉为对象。婴幼儿爱看活动的东西,与此规律有关。根据这个规律,教师应尽量多地利用活动模型、活动玩具以及幻灯片、录像等,使幼儿获得清晰的知觉。

(3)刺激物本身各部分的组合(相邻性原则)

在视觉刺激中,凡是距离上接近或形态上相似的各部分容易组成知觉的对象。在听觉上,刺激物各部分在时间上的组合,即"时距"的接近也是我们分出知觉对象的重要条件。根据这个规律,教师在绘制挂图时,为了突出需要观察的对象或部分,周围最好不要附加类似的线条或图形,注意拉开距离或加上不同的色彩。凡是说明事物变化与发展的挂图,更应注意每一个演进图的距离,不要将它们混淆在一起。教师讲课的声调应抑扬顿挫,如果教师的讲课平铺直叙,变化很少,毫无停顿之处,幼儿听起来就不容易抓住重点。

(4)教师的言语与直观材料相结合

词的作用可以使幼儿知觉的效果大大提高。有些直观材料,光让幼儿自己观察不一定看得清楚,如果加上教师的讲解,幼儿就能很好地理解。因此,教师对直观材料的运用,必须与正确的言语讲解结合起来。通过讲解,联系幼儿已有的知识经验,并调动其学习兴趣,教学才能够收到较好的效果。

## 二、幼儿注意的发展

考点2

### (一)注意的概念

注意是一种心理状态,它是心理活动对一定对象的指向和集中。**指向性和集中性**是注意的两个基本特点。

注意的指向性是指人在清醒的每一瞬间,心理活动都指向某个对象,而离开其他对象。当幼儿在听故事时,他的心理活动指向故事,老师讲到哪,他能跟到哪,听得很入神,别的事物他都不去注意。

注意的集中性是指心理活动在指向某一事物的同时,就会对这个事物全神贯注,把精神都集中到这一事物上,使人的活动得以进行下去并使活动得以完成。

### (二)3~6岁幼儿注意发展的主要特征

注意可以分为无意注意和有意注意两种基本形式。其主要区别在于是否有目的和是否需要意志的努力。

**1. 幼儿的无意注意占优势**

**无意注意**就是事先没有预定目的,也不需要意志努力的注意。例如,小朋友正在听故事,突然从教室外面进来一个人,这时小朋友会把注意指向这个人,并且是不自主的,也没有预定目的,这时就是无意注意。在幼儿的活动中,无意注意是大量存在的。

3岁前幼儿的注意基本上属于无意注意,3~6岁幼儿注意的特点是无意注意占优势地位,有意注意逐渐发展。容易引起幼儿无意注意的诱因有如下两大类:(1)刺激比较强烈,对比鲜明,新异和变化多动的事物;(2)与幼儿兴趣、需要和生活经验有关系的事物。

**2. 幼儿的有意注意初步发展**

**有意注意**是指有预定目的,需要一定意志努力的注意。有意注意是我们自觉控制的注意,它服从于我们生活、学习的需要与任务。

幼儿有意注意产生的条件如下:

(1)幼儿的有意注意依赖于丰富多彩活动的开展;

(2)幼儿对活动目的、活动任务的理解程度;

(3)幼儿对活动的兴趣与良好的活动方式;

(4)言语指导和言语提示;

(5)幼儿的性格与意志特点。

## (三)注意的规律与幼儿的活动

### 1. 注意的选择性与幼儿的活动

注意具有选择信息的功能,这就是注意的选择性。在众多的信息刺激中,注意的选择性表现为偏向于对一类刺激注意得多,而对另一类刺激注意得少。

3~6 岁的幼儿注意发展很快,注意的选择性随着幼儿年龄的增长有很大的发展。6 岁左右的幼儿与 3 岁左右的幼儿相比,注意的选择性有了明显的发展。幼儿注意选择性的发展有如下几个方面的规律:

(1)幼儿注意的选择性在很大程度上是由幼儿的兴趣和情绪引起的。

(2)幼儿注意的选择性与幼儿的理解水平和幼儿的经验有密切关系。教师在组织活动时,如果要求幼儿注意的对象是幼儿认知能力范围以内的和幼儿易于理解的东西,那么,幼儿注意的选择性就要好些。

(3)幼儿注意的选择性受强化方式的影响,常见的强化方式有鼓励、表扬和批评、惩罚。一些研究表明,强化可以改变幼儿对注意对象的选择。

### 2. 注意的稳定性与幼儿的活动

**注意的稳定性**是指注意力在同一活动范围内所维持的时间长短。注意的稳定性对幼儿活动的完成具有重要意义。幼儿要听完一个故事,做完一件手工,玩一个完整的游戏,听教师讲解完一段完整的知识都离不开稳定的注意。可以说注意的稳定性是幼儿进行活动的重要保证。幼儿注意的稳定性有如下几个特点:

(1)幼儿注意的稳定性比较差

幼儿注意的稳定性比较差,但随着幼儿年龄的增长其注意的稳定性逐渐提高。幼儿在不同的年龄阶段,其注意的稳定性是有明显差异的。实验证明:在良好的教育环境下,3 岁幼儿能够集中注意 3~5 分钟,4 岁幼儿注意可持续 10 分钟左右,5~6 岁的幼儿注意能保持 20 分钟左右。幼儿的注意稳定比较差,与幼儿的自制能力差有密切关系。

(2)活动中影响幼儿注意稳定性的因素

注意的对象新颖、生动、形象鲜明;活动的游戏化;注意与幼儿操作活动的结合;幼儿的身体状况。

(3)幼儿注意的稳定性存在明显的年龄差异

幼儿注意的稳定性存在年龄差异,年龄不同,注意的稳定性也不相同。

**真题对接**

**【2019 年上半年真题】**幼儿认真完整地听完教师讲的故事,这一现象反映了幼儿注意的什么特征(　　)

A. 注意的选择性　　B. 注意的广度

C. 注意的稳定性　　D. 注意的分配

**【答案】**C。**【解析】**注意的稳定性是指注意力在同一活动范围内所维持的时间长短。幼儿能认真完整地听教师讲故事体现了其注意的稳定性。

### 3. 注意的分配与幼儿的活动

在同一时间内,把注意分配到两种或几种不同的对象与活动上,这就是**注意的分配**。

在良好的教育条件下,随着年龄的增长,幼儿注意分配的能力逐渐提高。例如,3 岁幼儿自己活动时,顾及不到别人,所以只能自己单独玩;4 岁幼儿则可以和别的小朋友们联合做游戏;5~6 岁幼儿就能参加较复杂的集体游戏和活动,并能和其他小朋友协调一致。

### 4. 注意的广度与幼儿的活动

注意的广度也叫**注意的范围**,它是指一个人在同一时间内能够清楚地察觉和把握对象的数量。"一目十行""眼观六路",指的都是注意的范围。心理学研究认为,人的注意广度是生理性的。扩大注意的广度主

要是把信息对象组成块,使各个对象之间能联系为一个整体。注意的紧张度(集中)与注意的范围有着密切的联系:注意的紧张度越高,注意的范围越小;注意的范围越大,要保持高度紧张的注意就越困难。

幼儿注意的范围比较小,但随着年龄的增长,注意的范围在逐渐扩大。但在实际生活中,注意广度受许多因素的影响。影响注意广度的因素主要有以下两个方面:(1)注意对象的特点;(2)活动的任务和个人的知识经验。

### (四)幼儿注意发展中容易出现的问题及教育措施

**1. 幼儿注意的分散与防止**

**注意的分散**是与注意的稳定相反的一种状态,它是指幼儿的注意离开了当前应该指向的对象,而被一些与活动无关的刺激物所吸引的现象,俗语叫作分心。

(1)幼儿注意分散的原因

幼儿的无意注意占优势,自我控制能力差,注意力容易分散,这是幼儿注意比较突出的一个特点。一般来说,引起幼儿注意分散的原因有以下几点:

①连续进行的单调活动;②缺乏严格的作息制度;③无关刺激的干扰;④注意转移的能力差;⑤不能很好地进行两种注意的转换。

(2)防止幼儿注意分散

对于幼儿教师来说,防止幼儿注意分散,要从以下方面考虑:

①排除无关刺激的干扰;②根据幼儿的兴趣和需要组织教育活动;③灵活地交互运用无意注意和有意注意。

**2. 幼儿的“多动”现象与注意**

幼儿注意的稳定性比较差,主要特征之一就是“多动”,表现为注意力不集中。“多动”与“多动症”是不同的概念。

因此,家长或教师不能随便地对幼儿的多动行为下结论。教师要审慎对待幼儿的多动现象,既不能轻率地把幼儿的爱动、多动现象归为多动症,也不能忽视幼儿注意的不稳定现象。教师要善于分析幼儿注意不稳定的原因,注重幼儿良好习惯的养成,在活动中逐渐提高幼儿的注意力水平。

## 三、幼儿观察的发展

考点 3

观察力的发展在 3 岁后比较明显。幼儿期是观察力初步形成的时期。观察力的发展主要表现在以下几个方面:

**1. 目的性增强**

随着年龄的增长，幼儿观察的目的性逐渐增强。任务越具体，幼儿观察的目的就越明确，观察的效果就越好。例如，让幼儿找出两幅图画的不同之处，如果明确告诉他们有几处不同，观察的效果就会显著提高。

**2. 持续性延长**

观察持续的时间短，与幼儿观察的目的性不强有关。对于喜欢的东西，幼儿观察的时间就长些。学前期，幼儿观察持续的时间随着年龄的增长显著提高。

**3. 细致性增加**

幼儿的观察一般是笼统的，看得不细致是幼儿观察现象的特点和突出问题。例如，幼儿观察时，只看事物的表面和较明显的部分，而不去看事物较隐蔽、细致的特征；只看事物的轮廓，不看内在的关系。又如，6岁左右的孩子往往在认识"n"和"m"、"工"和"土"、"日"和"月"等相似符号时出现混淆。学习活动要求观察要精细，经过系统的培养，幼儿观察的细致性能够有所提高。

**4. 概括性提高**

观察的概括性是指能够观察到事物之间的联系。据研究，幼儿对图画的观察逐渐概括化，可以分为四个阶段：(1)认识个别对象阶段，只有对图画中各个事物孤立零碎的知觉，不能把事物有机地联系起来；(2)认识空间关系阶段，只能直接感知到各事物之间的外表的、空间位置的联系，不能看到其中的内部联系；(3)认识因果关系阶段，观察各事物之间的不能直接感知到的因果联系；(4)认识对象总体阶段，观察到图画中事物的整体内容，把握图画的主题。幼儿对图画的观察主要处于个别对象和空间联系阶段。

**5. 观察方法的形成**

幼儿的观察，是以依赖于外部动作，向以视觉为主的内心活动发展。幼儿初期，观察时常常要边看边用手指点，也就是说，视知觉要以手的动作为指导。以后，幼儿有时用点头代替手的指点，有时用出声的自言自语来帮助观察。幼儿末期，可以摆脱外部支柱，借助内部言语来控制和调节自己的知觉。

幼儿的观察是从跳跃式、无序的，逐渐向有顺序性的观察发展。幼儿的观察是跳跃式的，东看一眼，西看一眼，不讲顺序。经过教育，幼儿能够学会有顺序地从左向右，从上到下，或从外到里进行观察。幼儿掌握观察方法，需要教师的指导和培养。

## 四、幼儿记忆的发展

考点 4

### （一）记忆的概念

记忆是人脑对过去经验的反映，是一种较为复杂的心理过程。记忆包括**识记**、**保持**、**再认或回忆**三个基本环节。

识记就是识别和记住事物，从而积累知识经验的过程。

保持是巩固已获得的知识经验的过程。

再认或回忆是在不同情况下恢复经验的过程。再认是指识记过的事物重新出现时，感到熟悉，确知是以前感知过或经历过的。例如，小明跟随妈妈逛商店，指着货架上的几种玩具，告诉妈妈："我们幼儿园也有这样的玩具！"在听到一首歌曲时，高兴地说："妈妈，我也会唱，老师教过我们！"。回忆是指识记过的事物并没有再次出现，由于其他事物的影响而使这些事物在头脑里呈现出来的过程。例如，看见一只小猫，就想起了"小猫钓鱼"的故事；客人请小朋友唱歌，小朋友就唱起了"我爱北京天安门"。这些都是回忆。

识记、保持、再认或回忆之间的关系是极为密切的。识记和保持是再认或回忆的前提，而再认或回忆是识记和保持的结果和证明，并能进一步巩固和加强识记和保持。

### （二）幼儿记忆的发展趋势

**1. 记忆保持时间的延长**

记忆保持时间是指从识记材料开始到能对材料再认或回忆之间的间隔时间，也称为记忆的潜伏期。儿

童最初出现的记忆属于短时记忆。长时记忆出现和发展稍晚。短时记忆是指一分钟以内的记忆。长时记忆是指从一分钟以上直到许多年甚至终身保持的记忆。长时记忆是对短时记忆反复加工的结果。也就是说,对短时记忆进行重复,短时记忆就会成为长时记忆。

在幼儿记忆保持时间的发展中,存在一些独特的现象:

(1)幼儿健忘

**幼儿健忘**是指3岁前幼儿的记忆一般不能永久保持。有研究者认为这种现象与幼儿脑的发育有关。

(2)记忆恢复(回涨)现象

**记忆恢复(回涨)现象**是指在一定条件下,学习后过几天测得的保持量比学习后立即测得的保持量要高。

**2. 记忆容量的增加**

(1)记忆广度

记忆广度是指在单位时间内能够记忆的材料的数量。这个数量是有一定限度的。一般人的记忆广度为**7±2个信息单位**。所谓信息单位,是指彼此之间没有明确联系的独立信息,这种信息单位称为组块。

(2)记忆范围

记忆范围的扩大是指记忆材料种类的增多,内容的丰富。由于幼儿动作的发展,和外界交往范围的扩大以及幼儿活动的多样化,他们的记忆范围也随之越来越大。

记忆范围的扩大,不仅表现在能记忆更多的材料,而且还表现为幼儿能对已学得的知识、经验进行系统化,逐渐形成知识结构。

(3)工作记忆

工作记忆是指在短时记忆过程中,把新输入的信息和记忆中原有的知识经验联系起来的记忆。新旧知识相联系后,可使储存的新信息内容或成分增加。幼儿形成工作记忆以后,可以在30秒左右的短时间内获得更多的信息。随着年龄的增长,工作记忆的能力越来越高。

总之,幼儿记忆容量的增加,主要不在于记忆广度的扩大,而在于把识记材料联系和组织起来的能力有所发展。正是这种能力,使幼儿能够识记并保持更多的范围、更广的知识和经验。

**3. 记忆内容的变化**

从记忆内容看,记忆可以分为运动记忆、情绪记忆、形象记忆和语词记忆。幼儿记忆内容也有随年龄变化的客观趋势。

**山香指导** 为便于考生记忆,以下知识点记忆方式仅供考生参考:
运动记忆——出生后2周左右(最早);情绪记忆——6个月左右;形象记忆——6~12个月左右;语词记忆——1岁左右(最晚)。

(1)运动记忆

运动记忆是指识记内容为人的运动或动作的记忆。一切生活习惯上的技能、体育运动或其他活动中的动作,都是依靠运动记忆来掌握的。幼儿最早出现的是运动记忆。对喂奶姿势的条件反射就属于这种记忆。有关运动技能和行为习惯的记忆,可以说是非理性的处理和存储信息,是自动化的学习,更多的是由皮下系统支配的。因此,习惯系统比理解的记忆系统更早形成,而且不容易消退,在遗忘相当久之后,还比较容易恢复。

(2)情绪记忆

情绪记忆是对体验过的情绪情感的记忆。幼儿喜爱什么、依恋什么、厌恶什么都是情绪记忆的表现。幼儿的情绪记忆出现得也比较早。婴幼儿对带有感情色彩的东西,容易识记和保持。情绪记忆与皮下结构,特别是与丘脑有密切关系。因此,虽然幼儿的大脑皮质还没有发育成熟,其情绪记忆却已较早发展。

(3)形象记忆

形象记忆是以感知过的事物的具体形象为内容的记忆。例如,婴儿认识奶瓶、认识母亲等都是形象记

忆的表现。1岁前的形象记忆和动作记忆、情绪记忆紧密联系。在幼儿的记忆中，形象记忆占主要地位。幼儿的形象记忆是依靠表象进行的，其中起主要作用的是视觉表象。

(4)语词记忆

语词记忆是以语言材料为内容的记忆。这种记忆是随着幼儿掌握语言的过程逐渐发展起来的。语词记忆的发展，要求大脑皮质活动机能的发展，特别是以语言中枢的发展作为生理基础。因此，幼儿的语词记忆发展得最晚。

从幼儿这几种记忆发生发展的顺序来看，最早出现的是运动记忆(出生后2周左右)，然后是情绪记忆(6个月左右)，再然后是形象记忆(6~12个月左右)，最晚出现的是语词记忆(1岁左右)。幼儿这几种记忆的发展，并不是用一种记忆简单代替另一种记忆，而是一个相当复杂的相互作用的过程。

**4. 记忆的意识性与记忆策略**

(1)记忆意识性的发展

随着年龄的增长，儿童记忆意识性开始逐渐萌芽、发展。有意记忆的出现意味着记忆意识性的萌芽，而元记忆的发展则意味着记忆意识性发展到了一个新的阶段。

元记忆的发展是指儿童对自己记忆过程的认识或意识的发展。它包括以下几个方面：①明确记忆任务，包括认识到记忆的必要性和了解需要记忆的内容；②估计到完成任务过程中的困难，努力去完成任务，并选择记忆方法；③能够检查自己的记忆过程，评价自己的记忆水平。

(2)学前儿童的记忆策略

学前儿童处于无策略向部分策略发展的阶段，他们运用的记忆策略有以下几种：

①视觉复述策略

儿童在记忆过程中使用的一个最为简单的策略，就是将自己的注意力有选择地集中在所要记住的事物上，如不断地注视目标刺激，以加强记忆，这可以视为一种“视觉复述”。

②定位策略

儿童对目标刺激“贴上”某种特定的标签以便于记忆。

③复述策略

在记忆过程中，儿童不断重复需要记忆的内容，以便准确、牢固地记住这些信息。复述是一个常用的有效记忆策略，也是将短时记忆转化为长时记忆的必要手段。随着儿童年龄的增长，使用复述策略的能力和复述的质量都在提高。

④组织性策略

主体在记忆过程中将记忆材料按不同的意义组织成各种类别，编入各种主题，使它们产生意义联系，或对内容进行改组，以便于记忆的方法，称为**组织性策略**。学前儿童还不能进行语义组织——将物体或图片按照意义进行分类，这是由于他们本身还未建立高度概括的、逻辑意义上的概念网络。当学前儿童能通过掌握语义上的组织方法来保存信息后，他们的组织策略就会随着年龄的增长而不断增强。对“猴子、头、帽子、鞋子、香蕉、脚”这组词你会怎样记忆呢？一般情况是我们会把这些项目归类为动物、身体部位、衣服和食物，而对较小的儿童来说，他们可能会说“帽子—头，脚—鞋子，猴子—香蕉”，他们的记忆方式反映的是这些项目内容在生活中的联系。对儿童而言，他们对物体的聚类主要依靠的是词汇之间的联想。

⑤提取策略

个体在回忆过程中，将贮存于长期记忆中的特定信息回收到意识水平上的方法和手段称为提取策略。再认和再现都需要运用提取策略。当然，再现比再认要困难得多。儿童在记忆能力上表现出的年龄差异和个体差异，主要是由提取能力的不同而造成的。

提取策略的核心是对线索的利用。对于儿童来说，记忆刺激出现的实地情景对信息的提取具有重要的线索意义。年幼的儿童在对信息进行提取的时候，对刺激出现的原本环境有更多的依赖。

### (三)幼儿记忆发展的特点

**1. 无意记忆占优势,有意记忆逐渐发展**

根据幼儿活动有无目的,可以把记忆分为无意记忆和有意记忆。没有目的和意图、自然而然发生的记忆,叫作无意记忆;有明确记忆目的和意图的记忆,是有意记忆。幼儿记忆的基本特点是无意记忆占优势,有意记忆逐渐发展。

(1)无意记忆占优势

①无意记忆的效果优于有意记忆。②无意识记的效果随着年龄增长而提高。③无意识记是积极认知活动的副产物。幼儿的无意识记,不是由幼儿直接接受记忆任务和完成记忆任务产生的,而是幼儿在完成感知和思维任务过程中附带产生的结果,是一种副产物。事实证明,幼儿的认知活动越积极,其无意识记效果越好。

(2)有意记忆逐渐发展

有意识记的发展,是幼儿记忆发展中最重要的质的飞跃。2 ~3 岁幼儿出现有意记忆的萌芽,但是有意记忆在学前末期才真正发展起来。幼儿有意识记的发展有以下特点:

①幼儿的有意识记是在成人的教育下逐渐产生的。②有意识记的效果依赖于对记忆任务的意识和活动动机。③幼儿有意回忆的发展先于有意识记。

**2. 记忆的理解和组织程度逐渐提高**

根据对记忆材料是否理解,记忆可分为机械记忆和意义记忆。机械记忆指对所记材料的意义和逻辑关系不理解,采用简单、机械重复的方法进行记忆。意义记忆是指根据对所记材料的内容、意义及其逻辑关系的理解进行的记忆,也称为理解记忆或逻辑记忆。

机械记忆　　意义记忆

(1)机械记忆用得多

与成人相比较,儿童常常运用机械记忆,他们反复背诵一些自己并不了解的材料,显得不是那么困难。幼儿相对较多的运用机械记忆,可能出于两个原因:①幼儿大脑皮质的反应性较强,感知一些不理解的事物也能够留下痕迹;②幼儿对事物的理解能力较差,对许多识记材料不理解,不会进行加工,只能死记硬背,进行机械记忆。

(2)意义记忆的效果优于机械记忆

许多材料证明,幼儿对理解了的材料,记忆效果较好。在日常生活中,幼儿对儿歌的识记比不理解的诗歌效果好。另外,幼儿对理解了的内容记忆保持的时间也较长。

**知识视野**

**意义记忆比机械记忆效果好的原因**

(1)意义记忆是通过对材料的理解进行的。理解使记忆的材料和过去头脑中已有的知识经验联系起来,把新材料纳入已有的知识经验系统中。

(2)机械记忆只能把事物作为单个、孤立的小单位来记忆,意义记忆使记忆材料互相联系,从而把孤立的小单位联系起来,形成较大的单位或系统。

(3)幼儿的机械记忆和意义记忆都在不断发展。在整个幼儿期,无论是机械记忆还是意义记忆,其效果都随着年龄的增长而有所提高。与此同时,年龄较小的幼儿意义记忆的效果比机械记忆要高得多,而随着年龄增长,两种记忆效果的差距逐渐缩小,意义记忆的优越性似乎降低了。这种现象并不表明机械记忆的发展越来越迅速,而是由于年龄增长后,意义记忆和机械记忆效果的差异减少,机械记忆中加入了越来越多的理解成分,机械记忆中的理解成分使机械记忆的效果有所提高。

**3. 形象记忆占优势，语词记忆逐渐发展**

（1）幼儿形象记忆的效果优于语词记忆

形象记忆是根据具体的形象来识记各种材料。在儿童语言发生之前，其记忆内容只有事物的形象，即只有形象记忆。儿童语言发生后，直到整个幼儿期，形象记忆仍然占主要地位。幼儿形象记忆的效果高于词语记忆的效果。

教育中应该尽量鼓励个人的发展，应该引导儿童自己进行探讨，自己去推论。幼儿对熟悉的物体的记忆效果优于熟悉的词，而对生疏的词，记忆效果显著低于熟悉的物体和熟悉的词。对熟悉物体的记忆依靠的是形象记忆。形象记忆所借助的形象，带有直观性、鲜明性，所以效果最好。熟悉的词在幼儿头脑中与具体的形象相结合，因而效果也较好。至于生疏的词，在幼儿头脑中完全没有形象，因此效果最差。

（2）形象记忆和语词记忆都随着年龄的增长而发展

幼儿期，形象记忆和语词记忆都在发展。研究表明，3～4 岁幼儿无论是形象记忆还是语词记忆，其水平都相对较低。其后，两种记忆的结果都随年龄的增长而增长。

（3）形象记忆和语词记忆的差别逐渐缩小

各种研究显示，形象记忆和语词记忆的差距日益缩小。两种记忆效果之所以逐渐缩小，是因为随着年龄的增长，形象和语词都不是单独在幼儿头脑中起作用，而是有越来越密切的联系。一方面，幼儿对熟悉的物体能够叫出名称，那么物体的形象和相应的词就紧密联系在一起。另一方面，幼儿熟悉的词，也必然建立在具体形象的基础上，词和物体的形象是不可分割的。

形象记忆和语词记忆的区别只是相对的。在形象记忆中，物体或图形起主要作用，**语词**在其中也起着标志和组织记忆形象的作用。在语词记忆中，主要记忆内容是语言材料；但是在记忆过程中要求语词所代表的事物的形象做支柱。随着幼儿语言的发展，形象和词的相互联系越来越密切，两种记忆的差别也相对缩小。

**4. 幼儿记忆的意识性和记忆方法逐渐发展**

前面所说到的幼儿有意记忆和意义记忆的发展，意义记忆对机械记忆的渗透，语词记忆对形象记忆的渗透，以及它们的日益接近，都反映了幼儿记忆过程的自觉意识性和记忆策略、方法的发展。

### （四）幼儿记忆发展中易出现的问题及教育措施

**1. 偶发记忆**

在幼儿记忆的发展过程中，还存在着一种被称为**偶发记忆**的现象。这种现象是指当要求幼儿记住某样东西时，他往往记住的是和这件东西一道出现的其他东西。在幼儿园里我们常看到，老师出示贴绒小鸭，问幼儿有几只鸭子，有的幼儿却答成鸭子是黄颜色的。这是由于幼儿对课题选择的注意力、目的性不明确，把没必要的偶发记忆课题也记住了，结果使中心记忆课题完成效果不佳。幼儿教师要重视幼儿这种特有的记忆现象，注意引导幼儿朝有意记忆方向努力发展。

**2. “说谎”问题**

幼儿的记忆存在着正确性差的特点，容易受暗示，容易把现实与想象混淆，常用自己虚构的内容来补充记忆中残缺的部分，把主观臆想的事情当作自己亲身经历过的事情来回忆。这种现象常被人们误认为幼儿在“说谎”，这显然是不对的。教师应该正确对待这种现象，假如幼儿是由于记忆失实而出现言语描述与实际情况不符，那么不能看作是有意说谎。这是由于幼儿心理发展不成熟而造成的。随着年龄的增长，幼儿的这种情况会有改变。因此，教师不能随便指责幼儿“不诚实”，而是要耐心地帮助孩子把事实弄清楚，把现实的东西和想象的东西区分开来。

## 五、幼儿想象的发展

考点 5

### （一）想象的含义

想象是对头脑中已有的表象进行加工改造，建立新形象的过程。如一个没有去过江南的人，读白居易

的诗词“日出江花红胜火,春来江水绿如蓝”,头脑中浮现出祖国江南秀丽景色的形象;发明家在发明创造时,头脑中产生的尚未存在的新产品的形象等。人脑形成这些形象的过程都属于想象。想象的两大特点是形象性和新颖性。

## (二)幼儿想象发展的特征

### 1. 无意想象为主,有意想象开始发展

按照想象的目的性和自觉性,想象可分为**无意想象和有意想象**。

无意想象是指没有预定目的和意图,在一定的刺激影响下,不由自主地进行的想象。无意想象是最简单最初级形式的想象。

有意想象是指根据一定的目的,自觉地创造出新形象的过程。人们在实践活动中,为实现某个目标,完成某项任务所进行的活动,都属于有意想象。

(1)无意想象的特点

幼儿以无意想象为主,主要从以下方面归纳而得到的:①想象的目的性不明确;②想象的主题易受外界的干扰而变化,内容零散,无系统;③想象过程受兴趣和情绪的影响;④以想象的过程为满足。

无意想象和有意想象

(2)有意想象的特点

在教育的影响下,幼儿的有意想象开始发展。中班以后,幼儿的想象已具有一定的有意性和目的性。大班以后,幼儿的想象还有了他们本身的独立性。随着年龄的增长,教育的影响,幼儿想象的有意性开始发展,并逐步丰富。

### 2. 再造想象为主,创造想象开始发展

在有意想象中按想象内容的新颖性、独立性和创造性,想象可分为再造想象和创造想象。

(1)再造想象的发展

**再造想象**是根据语言文字的描述或图形、图解、符号等非语言文字的描绘,在头脑中形成相应的新形象的过程。

幼儿再造想象的主要特点是:①幼儿的想象常常依赖于成人的言语描述。②幼儿的想象常常根据外界情景的变化而变化。③幼儿想象中的形象多是记忆表象的极简单加工,缺乏新异性。

**知识视野**

**再造想象的类型**

1. 经验性想象

幼儿凭借个人生活经验和个人经历开展想象活动。例如,中班的超超对夏日的想象是:“小朋友们在水上世界玩,一会儿游泳,一会儿滑梯,一会儿吃冷饮。”

2. 情境性想象

幼儿的想象活动是由画面的整个情境引起的。例如,中班的霓霓对暑假的想象是:“坐在电风扇下,阿婆从冰箱中拿出冷饮让我们一起吃。”

3. 愿望性想象

在想象中表露出个人的愿望。例如,大班幼儿苏立说:“妈妈,我长大了也想和你一样,做一个老师。”

4. 拟人化想象

把客观物体想象成人,用人的生活、思想、情感、语言等去描述。例如,中班的霓霓去海底世界玩后,对妈妈说:“有的鱼睁着眼睛在盯着我看,好像在说‘我认识你’。”

(2)创造想象的发展

创造想象是指根据一定的目的和任务,不依赖现存的描述而独立创造出新形象的过程。

幼儿创造想象的发展及特点:①最初的创造想象是无意的自由联想,可以称为表露式创造;②形象和原形只是略有不同,或者在常见模式上略有改造;③发展的表现在于:情节逐渐丰富,从原形发散出来的种类和数量增加,从不同中找出非常规性相似。

整个幼儿时期,幼儿是以再造想象为主的。在教育的影响下,幼儿在中班以后,再造想象中开始出现创造性的成分。

**山香指导** 为便于考生记忆,对再造想象和创造想象做如下区别,仅供考生参考:

再造想象强调记忆表象的丰富,以丰富的表象为基础,利用词语思维的组织作用,在头脑中形成新形象的过程。

创造想象强调想象的首创性、新颖性,根据一定的目的、任务,对感性材料进行分析、综合、加工、改造,创造出新形象的过程。

**3. 幼儿想象的夸张性**

(1)幼儿想象夸张性的表现

①夸大事物某个部分或某种特征

幼儿在想象中常常把事物的某个部分或某种特征加以夸大。例如,一个幼儿画小孩放风筝,把小孩子的手画得很长,比身体几乎长了3倍。

②混淆假想与现实

幼儿时期,常将想象的东西和现实进行混淆,表现在三个方面:

第一,把渴望得到的东西说成已经得到。如有的幼儿看到别人有漂亮的娃娃或“冲锋枪”,他会说:“我们家也有。”可事实没有。第二,把希望发生的事情当成已发生的事情来描述。如一位中班小朋友听邻居讲去玄武湖公园玩的事,很开心,于是这位小朋友也有了去玄武湖玩的愿望。他把玩的“过程”想象了一下(即根据别人的描述而想象),然后到幼儿园对同伴说他自己去玄武湖公园玩的“经历”。第三,在参加游戏或欣赏文艺作品时,往往身临其境,与角色产生同样的情绪反应。如幼儿园里小班幼儿正在玩“狡猾的狐狸,你在哪里”的游戏,当老师扮演的狐狸逮着小鸡(小朋友饰),装着要吃她的时候,这个孩子大哭起来说“你是老师,怎么可以吃人呢”,并拼命挣扎。

(2)幼儿想象夸张的原因

幼儿想象的夸张性是其心理发展特点的一种反映。

①由于认知水平尚处于感性认识占优势的阶段,因此往往抓不住事物的本质。

②情绪对想象过程有影响。幼儿的一个显著心理特点是情绪性强。他感兴趣的东西、他希望的东西,往往在其意识中占据主要地位。

③幼儿想象在认知发展中的地位。幼儿想象的夸大性,反映了幼儿想象的发展水平,及其在认知发展中的地位。幼儿的想象是一端接近于记忆,另一端接近于创造性思维的阶段。在成人的认知活动中,想象可以作为思维的一个部分,而幼儿的想象与思维则有认知发展等级的区别。幼儿想象的夸张性,想象与真实混淆,想象受情绪左右等特点,都说明想象还没有达到创造性思维的水平。当儿童进入学龄期以后,想象逐渐深入现实,想象的特点与思维融合。

④想象表现能力的局限。想象总是要通过一定的手段来表现,幼儿想象的夸张与事实不符,往往受表现能力的限制。这一点在各种造型活动中尤为突出。

### (三)幼儿的想象与幼儿的活动

**1. 幼儿想象发展中易出现的问题**

在幼儿想象发展中常常会把自己想象的事情当作真实的事情。

有时,由于孩子想象的特点加上孩子记忆的不精确,记忆概念掌握不好,以及表达能力有限,也会出现类似“说谎”的情况。如准备去做的事情,他却说成了昨天已经做过了……成人在理解了孩子的这些特点以后,应在实际生活中耐心指导幼儿、帮助幼儿分清什么是假想的,什么是真实的,从而促进幼儿想象的发展。

**2. 在活动中发展幼儿的想象(学前儿童想象力的培养)**

(1)丰富幼儿的表象,发展幼儿的语言表现力;(2)在文学艺术等多种活动中,创造幼儿想象发展的条件;(3)在游戏中,鼓励和引导幼儿大胆想象;(4)在活动中进行适当的训练,提高幼儿的想象力;(5)抓住日常生活中的教育契机,引导幼儿进行想象;(6)引导幼儿的想象符合客观规律。

## 六、幼儿思维的发展

考点6

### (一)思维的概念和基本特点

**1. 思维的概念**

**思维**是人脑对客观现实的间接的和概括的反映,是人认知的高级阶段。

**2. 思维的基本特点**

思维具有两个基本特点:**间接性和概括性**。

(1)思维是对事物间接的反映

思维与感知觉不同,它不是直接对事物做出反映,而是间接地反映事物。

(2)思维是对事物概括的反映

思维不像感知觉那样只反映事物的个别属性或个别具体的事物,而是反映一类事物共同的本质属性,或事物之间的规律性联系。例如,我们判断昨天夜里下了雨,是因为我们多次见到这样的现象,认识到下雨后的共同特征就是屋外都是湿的。这就是人通过思维对下雨这一现象的概括。

直观动作思维　具体形象思维　抽象逻辑思维

### (二)儿童思维发展的趋势

**1. 思维方式的变化(思维发展的阶段性)**

(1)直观行动思维

儿童最初的思维是以直观行动思维为主。直观行动思维是指以直观的、行动的方式进行的思维。直观行动思维的主要特征为:

①思维是在直接感知中进行的。思维不能离开直观的事物,要紧紧依靠对事物的直接感知。

②思维是在实际行动中进行的。思维不能离开儿童自己的动作。

这种思维方式在2~3岁儿童身上表现最为突出。在3~4岁儿童身上也常有表现。这些儿童离开了实物就不能解决问题,离开了玩具就不会游戏。年龄更大的一些儿童,在遇到困难的问题时,也要依靠这种思维方式。

**真题对接**

【2015年下半年真题】小班幼儿玩橡皮泥时,往往没有计划性,橡皮泥搓成团就说是“包子”;搓成条就说是“油条”;长条橡皮泥卷起来就说是“麻花”。这反映了小班幼儿(　　)

A. 具体形象思维的特点　　B. 直观行动的特点

C. 象征性思维的特点　　D. 抽象逻辑思维的特点

【答案】B

(2)具体形象思维

3～6、7岁幼儿的思维,以具体形象思维为主,所谓**具体形象思维**是指幼儿依靠事物在头脑中的具体形象进行的思维,即依靠具体事物的表象以及对具体形象的联想而进行的思维。

例如,这个阶段的幼儿在开展游戏活动、扮演各种角色、遵守规则等活动时,主要是依靠在他们头脑中的有关角色、规则和行为方式的表象。思维的具体形象性是在直观行动性的基础上形成和发展起来的。具体形象思维是学前儿童思维的典型方式。

**真题对接**

**【2019年上半年真题】**小红知道九颗花生吃掉五颗,还剩四颗,却算不出"9－5"等于多少。这说明小红的思维具有(　　)

A. 具体形象性　　B. 抽象逻辑性　　C. 直观动作性　　D. 不可逆性

**【答案】**A。**【解析】**3～6、7岁幼儿的思维,以具体形象思维为主,所谓具体形象思维是指幼儿依靠事物在头脑中的具体形象进行的思维,即依靠具体事物的表象以及对具体形象的联想而进行的思维。小红在计算时,依靠花生这一具体事物来进行计算,这是运用了具体形象思维。

(3)抽象逻辑思维

6、7岁以后,幼儿的思维开始进入逻辑思维阶段。抽象逻辑思维反映事物的本质特征,是指运用概念、根据事物的逻辑关系来进行的思维。它是靠言语进行的思维,是人类所特有的思维。幼儿阶段只是抽象逻辑思维的萌芽。

抽象逻辑思维主要表现为:①幼儿开始获得可逆性思维;②幼儿的思维开始能够去自我中心化,幼儿能站在他人的立场和角度考虑问题;③幼儿开始能够同时将注意集中于某一物体的几个属性,并开始认识到这些属性之间的关系;④幼儿开始使用逻辑原则。

**山香指导**　为便于考生记忆,对儿童思维发展的趋势简略概括如下,仅供考生参考:

幼儿初期:直观动作思维(仍带有);

幼儿中期:具体形象思维(典型的);

幼儿晚期:抽象概括思维(开始发展)。

**2. 思维工具的变化**

儿童思维方式的发展变化,是与所用工具的变化相联系的。直观行动思维所用的工具主要是感知和动作,具体形象思维所用的工具主要是表象,而抽象逻辑思维所用的工具则是语词所代表的概念。

在思维发展过程中,动作和语言对思维活动的作用不断发生变化。变化的规律是:动作在其中的作用是由大到小,语言的作用则是由小到大。

(1)思维活动主要依靠动作进行,语言只是行动的总结;(2)语言伴随动作进行;(3)思维主要依靠语言进行,语言先于动作而出现,并起着计划动作的作用。

**3. 思维活动的内化**

儿童思维起先是外部的、展开的,以后逐渐向内部的、压缩的方向发展。

直观行动思维活动的典型方式是尝试错误,其活动过程依靠具体动作展开的,而且有许多无效的多余动作。这种外部的、展开的智力活动方式虽然能够初步揭露事物的一些隐蔽属性以及事物间的一些关系。但是,这些隐蔽的属性和关系的展现,只是儿童行动的客观结果。在行动之前,儿童主观上并没有预定目的和行动计划,也不可能预见自己行动的后果。

**4. 思维内容的变化**

儿童的思维是从反映事物的外部联系和现象发展到反映事物的内在的、本质的联系和属性。随着思维的内化,思维在头脑内部进行,其内容逐渐间接化、深刻化,逐渐能够全面地、客观地反映事物的关系和联

系,范围日益扩大。由于思维的概括化内容逐渐形成系统,所以越来越灵活,并且反映事物的本质。从反映当前事物的本质联系和属性发展到反映未来事物的本质联系和属性。

## (三)幼儿思维发展的特点

**1. 幼儿初期的思维仍具有一定的直观行动性**

思维的直观行动性是思维发生阶段的主要特点。直观行动思维在思维发展过程中继续发展,并且发生质的变化。这些变化主要表现在:(1)思维解决的问题复杂化;(2)思维解决问题的方法比较概括化;(3)思维中语言的作用逐渐增强。

**2. 具体形象思维是幼儿思维的主要特征**

具体形象思维是运用已有的直观形象(表象)解决问题的思维。进入幼儿中期,在一定的生活环境和教育条件下,幼儿的思维在前一阶段的基础上有了进一步的发展,由以直观行动思维为主逐渐发展到以具体形象思维为主。

幼儿的具体形象思维主要表现出以下几个方面的特点:

(1)具体性

幼儿思维的内容是具体的。幼儿在思考问题时,总是借助于具体事物或具体事物的表象。幼儿容易掌握那些代表实际东西的概念,不容易掌握比较抽象的概念。

典型的幼儿思维过程是具体事物可以在眼前,也可以不在眼前,但头脑中必须有事物的表象。例如,听故事的时候,幼儿头脑中必须有故事人物的形象,才能理解故事。

(2)形象性

幼儿思维的形象性,表现在幼儿依靠事物的形象来思维。幼儿的头脑中充满着各种各样颜色和形状等事物的生动形象。例如,爷爷总是长着白胡子;奶奶总是头发花白的;穿军装的才是解放军;兔子总是"小白兔"等。

具体性和形象性是具体形象思维的两个最为突出的特点。以下是一系列派生的特点:

(3)经验性

幼儿的思维常根据自己的生活经验来进行。例如,幼儿把热水倒入鱼缸中,问他为什么时,他说"老师说了喝开水不生病,小鱼也应该喝开水"。幼儿是从他自己的具体生活经验去思维的,而不是按老师的逻辑推理进行思维。

(4)拟人性

幼儿往往把动物或一些物体当人来对待。他们赋予小动物或玩具以自己的行动经验与思想感情,和它们说话,把它们当作好朋友。如他们认为太阳公公能看见小朋友们在玩。他们还提出许多拟人化的问题,如"风是车轮放出来的吗"等。

(5)表面性

幼儿只从表面理解事物,因而不理解词的转义。

(6)片面性

由于幼儿的思维只是从事物的表面出发,不能反映事物的本质,因此,幼儿思维常常具有片面性,不善于全面地看问题。在解决问题的过程中,幼儿常常只照顾到事物的一个维度,而不能同时兼顾两个维度。

(7)固定性

幼儿思维的具体性使幼儿的思维缺乏灵活性。在日常生活中,幼儿常常"认死理"。

(8)近视性

思维的具体性还表现在幼儿只能考虑到事物眼前的关系,而不会更多地去思考事情的后果。由于幼儿思维的这种近视性,常常导致成人和幼儿的矛盾。成人给幼儿的告诫,他们往往不能理解。

具体形象思维是幼儿期思维发展最主要的特征。这种特征在幼儿各种思维活动中都有表现,但是在不

同的年龄，表现程度是有所不同的。

**真题对接**

【2016 年下半年真题】青青的妈妈说："那孩子的嘴真甜！"青青问："妈妈，您舔过她的嘴吗？"这主要反映青青(　　)

A. 思维的片面性　　B. 思维的拟人性　　C. 思维的生动性　　D. 思维的表面性

【答案】D

**3. 幼儿晚期(5 ~ 6 岁)抽象逻辑思维开始萌芽**

幼儿初期，由于思维水平和生活经验的局限，只能认识事物的外部特征。但到了幼儿晚期，不少幼儿开始能够对事物的一些本质特征进行初步的认识。

### (四)学前儿童思维基本过程的发展特点

**1. 思维过程**

思维活动表现为对作用于人脑的客观事物进行分析、综合、比较、归类、抽象、概括、系统化、具体化等具体过程。其中，**分析与综合**是思维的基本过程。它贯穿于整个思维过程之中，其他过程都是由分析与综合派生出来的具体活动。

(1)分析与综合

分析是指在人脑中把事物的整体分解成各个部分、各个方面或个别特征的思维过程。综合是指在人脑中把事物的各个部分、各个方面或个别特征结合起来进行思考的思维过程。

(2)比较

比较是在头脑中把各种事物或现象加以对比，确定它们之间的异同点的思维过程。

(3)抽象、概括

抽象是在人脑中把同类客观事物或现象的共同的、本质的特征抽取出来，舍去其个别的、非本质属性的思维过程。例如，从麻雀、杜鹃、啄木鸟、燕子、猫头鹰等对象中抽取出它们"有羽毛"的共同特征，舍去"会飞、有两只脚，嘴是尖的"等非本质特征，这就是抽象的过程。

概括是在人脑中把抽取出来的事物的共同的、本质特征综合起来并推广到同类事物中去的思维过程。如通过抽象得出结论："有羽毛的卵生动物叫鸟"，把这个结论推广到鸡、鸭、鹅同类事物中去的思维过程就是概括。

(4)具体化

具体化是人脑把经过抽象、概括而获得的概念、原理和理论，运用到某一具体对象上去的思维过程。

**2. 学前儿童比较的发展**

比较是在思想上把各种事物进行对比，并确定它们的异同。比较是分类的前提，通过比较才能进行分类和概括。学前儿童对物体进行比较，有以下特点和发展趋势：

(1)逐渐学会找出事物的相应部分

儿童最初不善于寻找物体的相应部分。他们常常按照物体的颜色来进行比较。

4 ~ 5 岁的学前儿童逐渐能够找出物体的相应部分，并进行比较。但是他们只能找到两三个相应部分。

(2)先学会找物体的不同处，后学会找物体的相同处，最后学会找物体的相似处

学前儿童倾向于比较物体的不同之处。找出物体的相似之处，既要找出物体的共同处，又要找出其不同，需要较复杂的分析和综合。这必须在成人的教育下才能学会，一般地说，加入第三种物体，有助于确定两种物体之间的相似点。

**3. 学前儿童分类的发展**

分类活动表现了学前儿童的概括水平。分类能力的发展是逻辑思维发展的一个重要标志。

(1)学前儿童分类的类型

儿童分类的情况,可归纳为以下五类:

①不能分类。把性质上毫无联系的一些图片,按原排列顺序或按数量平均地放入各个木格里,不能说明分类原因;或任意把图片分成若干类,也不能说出原因。

②依感知特点分类。依颜色、形状、大小或其他特点分类;例如,把桌子和椅子归为一类,因为都有四条腿等。

③依生活情景分类。把日常生活情景中经常在一起的东西归为一类。例如,书包是放在桌上的,就把书包和桌子归为一类。

④依功用分类。如桌、椅是写字用的;碗、筷是吃饭用的;车、船是运人用的等。儿童只能说出物体的个别功能,而不能加以概括。

⑤依概念分类。如按桌、椅、纸、笔以及交通工具、玩具、家具等分类;并能给这些概念下定义,说明分类原因,如说车船等都是载人、运东西的交通工具等。

(2)学前儿童分类的年龄特征

不同年龄儿童分类情况有所不同。随着年龄增长,其特点如下:

①4 岁以下儿童基本上不能分类。

②5 ~6 岁是儿童处于由不会分类向开始发展初步分类能力的过渡时期。该年龄不能分类的情况已大大减少,而主要依据物体的感知特点和情境联系来分类。5 岁儿童的分类活动主要是依据物体直接的可感知的特性或者在儿童的切身经验中经常发生的联系。

5 ~6 岁儿童发生了从依靠外部特点向依靠内部隐蔽特点进行分类的显著转变,可以说是一个发展的转折期,其分类的特点迅速向 6 岁的特点靠近。

③6 岁以后,儿童开始逐渐摆脱具体感知和情境性的束缚,能够依物体的功用及其内在的联系进行分类,说明他们的概括水平开始发展到一个新的阶段。

### (五)学前儿童概念的发展

**1. 学前儿掌握概念的一般特点**

学前儿童的概括能力主要属于形象水平,后期开始向本质抽象水平发展,这就决定了他们掌握概念的基本特点:

(1)以掌握具体实物概念为主向掌握抽象概念发展

学前儿童掌握的各种概念中以实物概念为主,在实物概念中,又以掌握具体实物概念为主,即以掌握基本概念为主。随着学前儿童年龄的增长,幼儿晚期,他们开始能够掌握一些生活中常见的抽象概念,但学前儿童对这类概念的掌握也离不开事物的形象和具体活动的支持。例如,学前儿童对"勇敢"的理解是"打针不哭",对"节约"的理解是"吃饭时不撒米饭"。

**真题对接**

**【2018 年下半年真题】**下列表述中,与大班幼儿实物概念发展水平最接近的是(　　)

A. 理解本质特征　　B. 理解功能性特征

C. 理解表面特征　　D. 理解熟悉特征

**【答案】**B。**【解析】**幼儿初期(3 ~4 岁):幼儿所掌握的实物概念主要是他们熟悉的事物,给物体下定义多属于"直指型"的,所掌握的概念属于"原型概念"。幼儿中期(4 ~5 岁):幼儿已经能掌握物体某些比较突出的特征,但这些特征通常是非本质的特征;而且他们给物体下定义多属于列举特征型的。幼儿晚期(5 ~6、7 岁),幼儿开始初步掌握物体较为本质的特征,如功用的特征或者若干特征的总和。

(2)掌握概念的名称容易，掌握概念内涵困难

每个概念都有一定的内涵和外延。

学前儿童掌握概念通常表现在掌握概念的内涵不精确、外延不恰当上，也就是说，学前儿童有时会说一些词，但不代表他能理解其中的真正含义。

为了提高学前儿童掌握概念的水平，比较可行的办法是多给他们提供具有不同典型性的实例，同时引导他们总结概括其中的共同特征。

**2. 学前儿童掌握数概念的特点**

(1)学前儿童数概念的萌芽

学前儿童数概念的发生可分为以下阶段：

①辨数。对物体大小或多少的模糊认识。例如，1.5～2岁的孩子，有些还不太会讲话，但知道伸手去抓数量多的糖果或大的苹果。

②认数。产生对物体整个数目的知觉。2～3.5岁儿童还不会口头数数，但是能根据成人的指示，拿出1个、2个或3个物体。

③点数。开始形成数概念。在3.5～4岁才发展起来。

可见，3岁前儿童对数的认识主要处于知觉阶段，只能说是出现数概念的萌芽。数概念在3岁以后开始形成。

(2)学前儿童数概念的发展

学前儿童掌握数概念包括三个成分：

①掌握数的顺序。一般3岁儿童已经能够学会口头数10以内的数。这时，他们记住了数的顺序，但是并不会真正去数物体。

②数的实际意义。当儿童学会口头数数以后，逐渐学会口手一致地数物体，即按物点数，然后学会说出物体总数，这时，可以说是掌握了数的实际意义。

③数的组成。掌握数的组成是儿童形成数概念的关键。儿童学会点数物体总数以后，逐渐能够学会用实物进行10以内的加减。

儿童的数概念的形成，经历口头数数→给物说数→按数取物→掌握数概念等四个阶段。

儿童数概念的形成过程是从**感知和动作**开始的。儿童计数，起先不但要用眼看，而且要动手去数。以后，儿童可以逐渐减少用手点数的动作，主要凭视觉把握物体的数量，用眼看实物，嘴里默默地数。有时还用点头来帮助数数，似乎以头的动作代替手的动作。

当儿童可以脱离感知而进行口头计算时，他还必须依靠物体数量的表象。学前儿童晚期才逐渐能够用数词进行计算，开始进入数概念阶段。

**真题对接**

**【2017年上半年真题】**桌面上一边摆了3块积木，另一边摆了4块积木。教师问："一共有几块积木？"从幼儿的下列表现来看，数学能力发展水平最高的是(　　)

A. 把3块积木和4块积木放在一起，然后一个一个点数

B. 看了一眼3块积木，说出"3"，暂停一下，接着数"4、5、6、7"

C. 左手伸出3根手指，右手伸出4根手指，然后掰手指数出总数

D. 幼儿先看3块积木，后看了4块积木，暂停一下，说7块

**【答案】**D

### (六)学前儿童判断、推理的发展

**1. 学前儿童判断的发展趋势**

(1)判断形式间接化

从判断形式看,学前儿童的判断从以直接判断为主,开始向间接判断发展。直接判断,主要是感知形式的判断,不需要复杂的思维加工。间接判断通常需要推理,反映事物之间因果、时空、条件等联系,其中制约思维过程的基本关系是事物的因果关系。

(2)判断内容深入化

从判断的内容来看,儿童的判断首先反映事物的表面联系。在幼儿期开始向反映事物本质联系发展,也就是从直接判断向间接判断发展。幼儿初期往往把直接观察到的物体表面现象作为因果关系。例如,对斜板上皮球滚落下来的原因,3~4岁儿童认为是"(球)站不稳,没有脚"。对只有一条腿的桌子是否倒下来的现象,3~4岁儿童认为"要倒,是坏的"。这些判断都是根据表面现象,或偶然性的联系进行的。在发展过程中,学前儿童逐渐找出比较准确而有意义的原因。例如,"球在斜面上滚下来,因为这儿有小山,球是圆的,它就滚了。要是钩子,如果不是圆的,就不会滚动了"。5~6岁学前儿童,开始能够按事物的隐蔽的、比较本质的联系做出判断和推理。例如,"皮球是圆的,它要滚""(桌子)断了三条腿,它站不稳"。

在这个过程中,学前儿童的判断从反映物体的个别联系逐渐向反映物体多方面的特征发展。例如,较小的学前儿童说:"火柴浮起来,因为它小。"较大的学前儿童已经知道:"钥匙沉下去是因为小而且重,不轻。"判断和推理只有在揭示事物之间的本质和规律性联系时,才是正确的。学前儿童起先对事物关系的判断是笼统而不分化的。例如,"火柴漂浮,因为在水里"。以后逐渐分化和准确化。由上述事例也可以看出,学前儿童能够把客体(或其特性)之间的联系(或关系)分解出来,并且概括出来,开始反映概括的规律,分解的深度和概括性也就逐渐提高。

(3)判断根据客观化

从判断根据看,学前儿童从以对待生活的态度为依据,开始向以客观逻辑为依据发展。幼儿初期常常不能按事物本身的客观逻辑进行判断和推理,而是按照"游戏的逻辑"或"生活的逻辑"进行。这种判断没有一般性原则,不符合客观规律,而是从自己对生活的态度出发,属于"前逻辑思维"。

(4)判断论据明确化

从判断论据看,学前儿童起先没有意识到判断的根据,以后逐渐开始明确意识到自己的判断根据。

**2. 学前儿童推理的发展**

(1)最初的转导推理

儿童最初的推理是转导推理。转导推理是从一些特殊事例到另一些特殊事例的推理。这种推理还不是逻辑推理,而属于前概念的推理。

2岁儿童已经出现转导推理。这种推理是依靠表象进行的,是超出了直接感知范围的思维活动。转导推理是从个别到个别的推理。这一类型的推理,在3~4岁儿童身上是常见的。例如,一个小孩在动物园里看到梅花鹿时,问妈妈:"如果天天往它头顶上浇水,那树枝一定能长出树叶来的,是吧?"4~5岁儿童也会出现这种推理,如一个小孩问:"妈妈,您知道世界上最骄傲的动物是什么吗? 我告诉您吧,是金鱼! 它总是摇头晃脑的。"

学前儿童的转导推理之所以常常不符合客观逻辑,是因为:第一,缺乏知识经验;第二,不会进行分类、概括。

(2)学前儿童的演绎推理

归纳和演绎属于逻辑推理,演绎推理的简单而典型的形式是三段论。三段论是由三个判断、三个概念构成,每个概念出现三次。它是从两个反映客观事物的联系和关系的判断中推出新的判断。实验证明,学前晚期(5~7岁)经过专门教学,能够正确运用三段论式的逻辑推理。

(3)学前儿童的类比推理

**类比推理**也是一种逻辑推理,它是对事物或数量之间关系的发现和应用。例如,有一个女孩子在下雨天时和爸爸一起走在泥地里,她问:"爸爸,地上一道一道的是什么呀?"爸爸说:"是车轮压过的泥印儿,也叫车道沟。"孩子说:"爸爸脑门儿上也有车道沟(指皱纹)。"3~6岁儿童已经具有一定水平的类比推理。

**真题对接**

【2016年上半年真题】下雨走在被车碾压过的泥泞路上,晓雪说:"爸爸,地上一道一道的是什么呀?"爸爸说:"是车轮压过的泥印儿,叫车道沟。"晓雪说:"爸爸脑门儿上也有车道沟(指皱纹)。"晓雪的说法体现了幼儿思维的特点是( )

A. 转导推理　　B. 演绎推理　　C. 类比推理　　D. 归纳推理

【答案】C

## (七)学前儿童理解的发展

**1. 学前儿童对事物理解能力的发展趋势**

(1)从对个别事物的理解,发展到理解事物之间的关系

这是从理解的内容上来谈的。从幼儿对图画和故事的理解中,我们都可以看到这种发展趋势。幼儿对图画的理解,起先只理解图画中最突出的个别人物,然后理解人物形象的姿势和位置,再后理解主要人物或物体之间的关系。

(2)从主要依靠具体形象来理解,发展到依靠语言说明来理解

这是从理解的依据上来谈的。由于言语发展水平的限制以及幼儿思维的特点,幼儿常常依靠行动和形象理解事物。随着年龄的增长,幼儿逐渐能够摆脱对直观形象的依赖,而只靠语言描述来理解。但在有直观形象的条件下,理解的效果更好。

(3)从对事物做简单、表面的理解,发展到理解事物较复杂、深刻的含义

这是从理解的程度上来谈的。幼儿的理解往往很直接、肤浅,年龄越小越是如此。幼儿对语言中的转义、喻义和反义现象也比较难理解。所以对幼儿,尤其是对小班幼儿,千万不要说反话,要坚持**正面教育**。

(4)从理解与情感密切联系,发展到比较客观的理解

这是从理解的客观性来谈的。幼儿对事物的情感态度,常常影响他们对事物的理解。这种影响在4岁前的幼儿中尤为突出。因此,幼儿对事物的理解常常是不客观的。较大的幼儿开始能够根据事物的客观逻辑来理解。

(5)从不理解事物的相对关系,发展到逐渐能理解事物的相对关系

幼儿对事物的理解常常是固定的或极端的,不能理解事物的中间状态或相对关系。对幼儿来说,不是有病,就是健康;不是好人,就是坏蛋。幼儿学会了"5+2=7"后,不经过进一步学习,不知道"2+5=7"。随着年龄的增长,幼儿逐渐能理解事物的相对关系。

**2. 幼儿理解事物的特点**

幼儿理解事物的水平不高,不深刻,常受外部条件的限制。

(1)幼儿对事物的理解常常是孤立的,不能发现事物之间的内在关系。年龄越小的幼儿,这个特点表现越明显。如让幼儿看一幅图,幼儿初期的孩子常常看到的只是个别的人或物。(2)幼儿对事物的理解主要依靠事物的具体形象。如幼儿在听故事时,常需要有图形或实物来辅助,或者依靠生动的语言引起头脑中的事物形象来帮助理解。(3)幼儿对事物的理解往往是表面的,不能理解事物的内部含义。如一个小朋友想上厕所,其他幼儿也要去,教师生气地说:"去,去,去,都去!"这时幼儿根本不理解教师的意思,反而高高兴兴地一拥而去了。因此,我们在实际工作中一定要注意幼儿的理解特点,幼儿不能理解反话中的内部含义。要坚持正面教育,要多结合具体形象的事物来帮助幼儿去理解和做出判断。

## 七、幼儿言语的发展

考点7

### (一)语言和言语

**1. 语言的概念**

语言是人类在社会实践中逐渐形成和发展起来的交际工具,是一种社会上约定俗成的符号系统。语言是一种社会现象。

**2. 言语的概念**

言语是运用语言进行实际活动的过程。言语是一种心理现象。

由于言语活动的表现形式各有不同,而可分为三类:

(1)口头言语

口头言语是通过人的发音器官所发出的语言声音来表达思想和感情的言语。如两人或两人以上的聊天、老师的讲课、讲座、报告、演讲、辩论等。

(2)书面言语

书面言语是人借助于文字而表达思想感情,传授知识经验。也就是写出的文字、看到的文字,它的形式主要有三种:**写作、朗读、默读**。

书面言语可以突破时间和空间的限制。如想要知道先辈们的经验,就要通过书面言语;要想知道远在外地的亲人的情况,除了通过电话,还可以写信等。书面言语可以反复阅读、回味、推敲,书面言语需要专门的教学才能掌握。

(3)内部言语

内部言语是一个人自己对自己发出的声音,是自己默默无声地思考问题的言语活动。例如,默默地思考问题,写文章前打腹稿等。

**山香指导** 言语和语言是两个不同的概念,但两者又密不可分。一方面,语言是在人们的言语交流活动中形成的;另一方面,言语活动是依靠语言作为工具进行的。

### (二)言语的发生和形成

**1. 前言语阶段**

(1)简单发音阶段(出生~3月)

这一阶段的发音是一种本能行为。哭是幼儿最早的发音。

(2)连续音节阶段(4~8月)

在这一阶段,当婴儿吃饱、睡醒、感到舒适时,常常自动发音。这个阶段的声音不具有任何符号意义。

(3)模仿发音——学话萌发阶段(9~12月)

在这一阶段,幼儿开始模仿成人的语音,这标志着幼儿学话的萌芽。

**2. 言语的形成阶段**

从1岁起,儿童进入了正式学习语言的阶段。在短短的两三年时间内,儿童便初步掌握了本族的基本语言。所以先学前期,是儿童言语真正形成的时期。儿童言语发展的基本规律是:先听懂,后会说。1~1.5岁,儿童理解言语的能力发展很快,在此基础上,开始主动说出一些词;2岁以后,言语表达能力迅速发展,逐渐能用较完整的句子表达自己的思想。先学前期,儿童口语的发展可分为两个大的阶段:

(1)不完整句阶段(1~2岁)

①单词句阶段(1~1.5岁)。此期间儿童言语的发展主要反映在言语理解方面。同时,他们开始主动说出有一定意义的词。这一阶段儿童说出的词有以下特点:第一,单音重叠。这阶段的孩子喜欢说重叠的字音。第二,一词多义。由于这个年龄的孩子对词的理解还不精确,具有笼统性,说出的词往往代表多种意义,故称为多义词。第三,以词代句。这一阶段的孩子不仅用一个词代表多种物体,而且用一个词代表一个

句子，因此这一阶段称为“单词句”时期。例如，孩子说出“拿”这个词，有时代表他要拿奶瓶，有时代表他要拿玩具，还有时代表他要拿别的孩子手里的食物。

②双词句（电报句）阶段（1.5～2岁）。1岁半以后，孩子说话的积极性高涨起来，在很短的时间内，会从不大说话变得很爱说话。说出的词大量增加，2岁时可达200多个。这一阶段幼儿言语的发展主要表现在开始说由双词或三词组合在一起的句子。这种句子的表意功能虽较单词句明确，但其表现形式是断续的、简略的，结构不完整的，好像成人的电报式文件，故也称为**“电报句”或“电报式语音”**。例如，“妈妈抱”“爸爸班班”“饼饼没”“娃娃排排（坐）”等。

**真题对接**

【2016年上半年真题】1岁半的儿童想给妈妈吃饼干时，会说“妈妈”“饼”“吃”，并把饼干递过去。这表明该阶段儿童语言发展的一个主要特点是（　　）

A. 电报句　　B. 完整句　　C. 单词句　　D. 简单句

【答案】A

【2014年下半年真题】1.5～2岁儿童使用的句子主要是（　　）

A. 单词句　　B. 电报句　　C. 完整句　　D. 复合句

【答案】B

（2）完整句阶段（2岁以后）

2岁以后，幼儿开始学习运用合乎语法规则的完整句来更为准确地表达思想。许多研究表明，2～3岁是人生初学说话的关键时期，如果有良好的语言环境，那么，这一时期将成为言语发展最迅速的时期。

在此期间，儿童语言的发展主要表现在两个方面：

①能说出完整的简单句，并出现复合句。这一年龄的孩子渐渐能够用简单句表达自己的意思，并开始会说一些复合句。幼儿说出的句子较长，日趋完整、复杂，由各种词类构成。在语言所表达的内容方面，也发生了质的变化。以前，孩子只能以眼前的事物为话题，因为他们还不具备谈过去、将来的能力。从2岁开始，他们能把过去的经验表达出来，儿童的简单句逐渐增加。

②词汇量迅速增加。2～3岁幼儿的词汇增长非常迅速，几乎每天都能掌握新词，而且他们学习新词的积极性非常高。到3岁的孩子已经能掌握1000左右个词。至此，幼儿的言语基本形成了。

### （三）幼儿言语发展的主要特征

**1. 幼儿口语的发展**

幼儿口语的发展，主要表现为掌握语音、词汇、语法以及语言表达力的发展。

（1）语音的发展

①掌握本民族全部语音

随着生理上的成熟，言语知觉的发展，幼儿的发音能力也迅速发展，特别是3～4岁期间发展尤为迅速。3～4岁的儿童，相当容易学会世界各民族语言的发音，所以有人称这个年龄段的儿童为“国际公民”。此时，他们已初步掌握本民族、本地区的全部语音，但在实际使用语音时，对有些音往往发不正确。因此教师必须重视幼儿的发音练习，尤其是4岁左右的幼儿，更应实施正确的语音教育。

②语音意识的发生

儿童要学会正确发音，必须建立起语音的自我调节机能，一方面要有精确的语音辨别能力，另一方面要能控制和调节自身发音器官的活动。儿童开始能自觉地辨别发音是否正确，自觉地模仿正确发音，纠正错误的发音，就说明对语音的意识开始形成了。

儿童期，主要是在4岁左右，语音意识明显地发展起来，开始自觉地对待语音。儿童语音意识的形成主要表现在他们能够评价别人发音的特点和能意识并自觉地调节自己的发音。

(2)词汇的发展

①词汇量增加,内容变化大

言语是由词汇以一定方式组成的,因此词汇的发展可作为言语发展的重要标志之一。幼儿期是人一生中词汇量增加最快的时期。在幼儿期内,词汇量年年增加。

②词类范围日益扩大

随着年龄的增长,儿童不仅词汇量增多,同时掌握词的种类也不断扩大。儿童先掌握的是实词,然后是虚词。在实词中,儿童掌握的顺序是名词—动词—形容词。对其他实词如副词、代词、数词掌握较晚。儿童对虚词如连词、分词、助词、语气词等掌握也较晚。在各类词中,儿童使用频率最高的是代词,其次是动词和名词。

③词义逐渐丰富和加深

学前儿童对词义的理解具有四个突出特点:一是笼统;二是非常具体;三是对词义的理解或是失之过宽,或是失之过窄;四是出现"造词现象",就是自己制造新词,如把"灰色"说成"小黑",这个"小黑"就是儿童自己制造出来的。这是儿童词汇贫乏、词义掌握不确切时出现的一时现象,当幼儿确切掌握了有关的词义时,他就不会出现这种错误。儿童理解词义是从理解具体意义的词到理解抽象的词,从理解词的具体意义到理解词的抽象意义。

这里主要介绍一下词汇理解的过度扩充和过度缩小现象。过度扩充指的是儿童超越和扩充了词义的意义范围。例如,儿童不仅称狗为狗,而且将牛、马、羊等能走动的四足动物都称为"狗"。儿童最初学习词时不是一下子掌握所有的特征,其并不知道成人关于这个词的全部含义而是把词义和某些特征等同起来,这样就出现了词的使用范围的扩张。以后随着掌握的词义特征的增加,每一个新的特征进一步限制了这个词的使用范围,直至最终掌握词义。有时,儿童又过度缩小词义。例如,某儿童最初可能只将"猫"用于指家里的猫,或只用于指窗外看到的猫,而不是一般的猫。这可能是儿童获得每个新词的初期表现。随着儿童接触同类物体的机会增加,加上成人在交谈中所提供的一些非语言和语言的线索,儿童逐渐能够将其他的猫也归入"猫"的名下。这样,过度缩小的儿童必然会拓宽指示范围。但是,有些儿童一开始过度地拓展,常常过度扩大起初被他们过度缩小的单词。

幼儿期,随着生活经验的丰富,与思维发展的同时,词的概括性联系系统也逐渐发展。对词义的理解趋向丰富和深刻化。

此外,幼儿使用词语的积极性在增加。儿童的词汇可分为消极词汇(被动词汇)和积极词汇(主动词汇)。消极词汇是指理解但不能运用的词汇,实际上理解也是不深不透的。积极词汇是指儿童自己能说能用的词汇。既理解又会运用的积极性词汇在增多,只理解不会正确使用的消极性词汇也在增多,于是出现乱用或乱造词的现象。如把"一个人"说成"一只人",把"一条裤子"说成"一件裤子"等。

总的来说,幼儿对词义的掌握是不够丰富和深刻的。对于多义词,幼儿通常不能掌握它的全部意义,只能掌握其最基本和最常用的意义。针对幼儿掌握词的特点,要通过具体而有趣的活动,促进他的词汇发展。结合日常生活活动教幼儿掌握词,是最重要而有效的途径。

**真题对接**

**【2016 年下半年真题】**2 ~6 岁儿童掌握的词汇数量迅速增加,词类范围不断扩大,该时期儿童掌握词汇的先后顺序通常是(　　)

A. 动词、名词、形容词　　B. 动词、形容词、名词

C. 名词、动词、形容词　　D. 形容词、动词、名词

**【答案】**C

(3)初步掌握语法

我国幼儿所说出的句子类型,有以下发展趋势:从不完整句到完整句;从简单句到复合句;从陈述句到

多种形式的句子。这里重点介绍一下句子理解的发展，幼儿期句子理解的发展有以下特点：

①从听懂语句意义向应用语句进行交际发展。这个时期，儿童不但能理解与直接感知有关的语句内容，还能理解虽未直接感知却熟悉的事物的语句内容。②儿童理解语句往往受直接经验影响。儿童在理解句中某些词的词义时常使用一些与语言本身无关的策略，是根据经验而不是语言信息来理解句义。例如，我们告诉幼儿"醋是酸的"，幼儿并不理解"酸"的含义，只有尝过之后，才会明白"酸"的意思。③儿童理解新语句易受事件可能性影响。④儿童理解新语句时常受词序影响。

**真题对接**

【2016年上半年真题】一名4岁幼儿听到教师说"一滴水，不起眼"，结果他理解成了"一滴水，肚脐眼"。这一现象主要说明幼儿(　　)

A. 听觉辨别力较弱　　B. 想象力丰富

C. 语言理解凭借自己的具体经验　　D. 理解语言具有随意性

【答案】C

(4)口语表达能力进一步发展

幼儿在掌握语言成分的基础上，口语表达能力也逐渐发展起来。

①对话言语的发展和独白言语的出现

从交际的方式而言，口语可分为对话式和独白式两种。对话是在两个人之间互相交谈；独白则是一个人独自向听者讲述。

②情境性言语的发展和连贯性言语的产生

情境性言语是指幼儿在独自叙述时不连贯、不完整并伴有各种手势、表情，听者需结合当时的情境，审察手势、表情，边听边猜才能懂得意义的言语。这种言语是幼儿言语从不连贯向连贯言语发展过程中的一种言语形式。连贯性言语则指句子完整、前后连贯，能反映完整而详细的思想内容，使听者从语言本身就能理解所讲述的意思的言语。

3～4岁的幼儿，甚至5岁的幼儿言语仍带有情境性。他们说话断断续续的，并辅以各种手势和面部表情，对自己所讲的事，丝毫不做解释，似乎谈话对方已完全了解他所讲的一切。

随着年龄的增长，幼儿连贯性言语逐渐得到发展。6～7岁幼儿开始能把整个思想内容前后一贯地表述；能用完整的句子，说明上下文的逻辑关系。

此外，言语表达能力进一步发展还表现在讲述逻辑性的发展和掌握言语表情技巧。

(5)出现内部言语的过渡形式——出声的自言自语

言语可按活动的目的和是否出声，分为外部言语和内部言语两类。内部言语是言语的高级形式，它不是用来和人交际的言语，它的发音隐蔽，而且比外部言语更概括和压缩。

幼儿前期没有内部言语，到了幼儿中期，内部言语才产生。幼儿时期的内部言语在发展过程中，常出现一种介乎外部言语和内部言语的过渡形式，即出声的自言自语。这种自言自语有两种形式，一种是"游戏言语"，另一种是问题言语。

①游戏言语

**游戏言语**是一种在游戏、绘画活动中出现的言语。其特点是一边做动作，一边说话，用言语补充和丰富自己的行动。这种言语通常比较完整、详细，有丰富的情感和表现力。如幼儿一边搭积木"长江大桥"，一边发出声音："这里面可以走人，桥洞里可以过船……"

②问题言语

**问题言语**是在活动中遇到困难或问题时产生的言语，用以表示困惑、怀疑、惊奇等。这种言语一般比较简单、零碎，由一些压缩的词句组成。

幼儿中期以后,内部言语逐渐在自言自语的基础上形成。原来由自言自语所负担的自我调节功能,也随年龄的增长逐渐由内部言语来实现。

**2. 书面言语掌握的可能性**

书面言语产生的基础是口头言语。严格地说,幼儿期已为书面言语的学习做了准备。具体表现在:

(1)掌握口语词汇

我们知道,书面言语的掌握,必须懂得字词的实际意义。如果不懂字词的含义,只会将字形和字音联系起来,这只是简单的形—声间的联系。而掌握了口语词汇后,只要把语词和它的字形相结合,就懂得了字词的实际意义。据研究,幼儿期幼儿可掌握3000左右个词汇。

(2)掌握语音

汉语拼音是幼儿识字和阅读的重要辅助手段,而学习汉语拼音的重要前提条件是正确发出语音。4岁幼儿已具备这一能力。

(3)掌握基本语法和口语表达力

口头言语和书面言语的表达方式虽有不同,但是二者都需要遵循基本的语法规则。幼儿期已掌握了基本的语法和初步的口语表达能力,为入小学后阅读和写作打下了良好的基础。

(4)幼儿图形知觉的发展

字母、数字、字词,特别是方块汉字,犹如图形。汉字,只不过是一种特殊的图形知觉。当儿童能辨别图形时,就能分辨字形。人们发现,4岁左右的幼儿是图形知觉发展的敏感期,因此,可以认识一些字。

(5)学前儿童的书写准备——前书写活动

儿童学习书写之前,也要有一定的准备。包括以下方面:①手的小肌肉协调性的发展;②对字形的空间知觉、方位知觉的发展;③对笔顺的掌握;④正确的执笔姿势。

此外,书写与识字能力的准备有关。当幼儿对字形的观察分析能力准备不足时,常常发生对形近字混淆等错误。写字的准备与掌握语音的能力也有关。小学生在书写上常常发生的错误,是由于发音错误带来的,特别是在写拼音字母时更是如此。写字活动是儿童学识字的第三阶段,即对字的再现(回忆)阶段,也就是听写和默写阶段。

幼儿期是书面言语发生的年龄。这时期处于前阅读阶段和前书写阶段。这时期言语发展的主要任务是发展口头语言。在发展口头言语的同时,为儿童书面言语的发展做好准备。因此,可以因地因人制宜地让孩子认识一些字,其主要方式是在生活中充分发挥幼儿对视觉形象的敏感性和形象记忆的年龄特点的优势,培养幼儿对学习书面言语的兴趣,而不要让幼儿用大量时间去专门学习认字和识字,以致挤掉他的口语发展和其他方面素质发展的时间。如果强迫幼儿提前学习小学的功课,造成孩子不愿意读书的心态,则会伤害儿童身心的持续发展,是得不偿失的。

**真题对接**

【2016年上半年真题】教师在幼儿书写准备的指导中,不恰当的做法是(　　)

A. 用图画和符号表达自己的愿望和想法　　B. 书写自己的名字

C. 养成正确的写画姿势　　D. 学习书写常见的汉字

【答案】D

### (四)幼儿的言语与活动

**1. 活动中幼儿言语的特点分析**

幼儿心理学家皮亚杰早在20世纪20年代,就对幼儿的言语做了详尽研究。他着重研究了2~7岁幼儿的言语,并将其归为两大类:

(1)自我中心言语

**自我中心**是指幼儿把注意力集中在自己的动作和观点上的现象。在言语方面表现为讲话时不考虑自

己在同谁讲话,也不在乎对方是否在听自己讲话,他或是自言自语,或是由于和一个偶然在身边的人共同活动感到愉快而说话。

(2)社会化言语

社会化言语涵盖了四个方面的内容:

①适应性告知

当幼儿把某些事情告诉他的听众而不是讲给自己听,或者当幼儿在对自己讲话的同时也在与别人合作时,或者他与他的听众进行对话时,便产生了适应性告知。适应性告知实际上是幼儿要促使别人听他讲话并且想方设法影响别人,即在传递思想。

②批评和嘲笑

这是一类有关别人的工作和行为的话,它与特定的听众相关联,但富有强烈的情感因素,肯定自己而贬低别人,如"我妈给我买了一支冲锋枪,比你的大得多"。

③命令、请求(祈使)和威胁

这一类言语有明确的相互作用。如"你过去一点,挡了我了""老师,请你过来一下""等一会儿,现在不要进来""别动,我要生气了"等。

④问题与回答

问题与回答常在社会化交往时出现。幼儿提出的问题大多要别人答复,而幼儿的回答有拒绝和接受两种。但是,这些回答不是有关事实的答复而是有关命令和请求的答复。如"你把玩具还给我,好吗""不,我才玩了一会儿,我不给你"。

**2. 幼儿言语发展中易出现的问题及教育措施**

(1)音准差

①不能正确掌握发音部位和发音方法

3~4岁的幼儿由于生理上不够成熟,不能恰当地支配发音器官。他们发出的元音错误少,错误往往在发辅音上。这是因为辅音要依靠唇、齿、舌等运动的细微变化。小班由于唇和舌的运动不够有力,下腭不灵活,因而发出辅音时往往分化不明显,他们的发音往往不够清楚,说出来的常常是两个语音之间的音,而不是用一个语音代替另一个语音。吐字不够有力,也造成发音不准确。

②方言影响

发音除受生理成熟的影响以外,更受环境和教育影响。方言,是幼儿发音不准的又一因素。如南京地区的人,发"l和n"音较易混淆,于是孩子们也极易错误。苏州地区的方言中"图(tú)片(piàn)"常被念成"du bian"而闹笑话。环境中的方言,对幼儿发音影响极大。因此,在日常教育活动中,要坚持以普通话教学。在日常生活中,家庭也应配合教育,为幼儿创设良好的语音环境,以促进其语音的良好发展。

(2)不会掌握言语表情技巧

要完整、连贯、清晰、准确地表述,除了要正确运用语言的基本成分外,还要掌握有表情的说话技巧。而幼儿则掌握得不好,表现在:①语气的掌握。语气表示说话时情感和态度的区别,表现出说话人的状态。教师可以通过语音教学,让幼儿朗诵诗歌、复述故事,来帮助幼儿掌握这些技巧,对有些不良习惯,要及时取得家长的配合,给予坚决纠正。②幼儿口吃及其心理因素。口吃的表现、原因及矫治具体参看本章第十一节中的"幼儿的心理发展常见问题"。

**3. 在实践中提高幼儿的言语能力**

幼儿的言语能力是在社会环境与教育的影响下形成和发展的,因此,要重视在实践中发展幼儿的言语能力。(1)有目的、有计划的幼儿园语言教育活动是发展幼儿言语能力的重要途径;(2)创设良好的语言环境,提供幼儿交往的机会;(3)把言语活动贯穿于幼儿的一日活动之中;(4)教师良好的言语榜样;(5)注重个别教育。

# 第六节　幼儿情绪情感的发展

（本节共4个考点）

## 考向分析

本节主要介绍情绪情感概述、幼儿情绪情感发展的特点、幼儿情绪情感的发展、幼儿情绪情感的培养与调节等相关知识。相关知识考频分析如下表：

| 考点 | 考试频率 | 题型 | 重要程度 |
|---|---|---|---|
| 情感的分类 | 2 | 单项选择 | ★ |
| 幼儿情绪情感发展的特点 | 1 | 单项选择 | ★ |
| 幼儿情绪情感发展的一般趋势 | 1 | 单项选择 | ★ |
| 幼儿调节负面情绪的主要策略 | 1 | 简答 | ★★ |

本节知识主要以单项选择题、简答题的形式考查。单项选择题考查的比较精细，考生在复习的时候要认真；简答题考查系统知识的掌握程度，这部分内容需要考生理解记忆。

## 思维导图

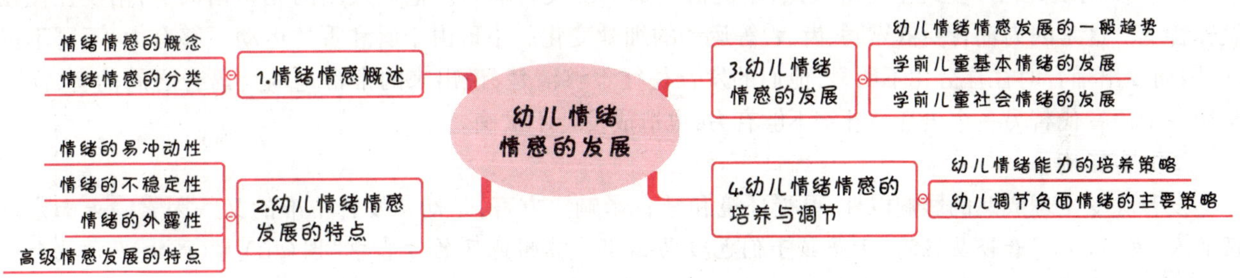


## 考点精讲

### 一、情绪情感概述

考点1

#### （一）情绪情感的概念

**1. 情绪情感的含义**

情绪情感是人对客观事物的态度体验及相应的行为反应。人们对客观事物产生不同的态度体验是以某事物是否满足人的需要为中介的。不同的态度体验反映着客观事物与人的需要之间的不同关系。

**2. 情绪情感的关系**

情绪是原始的、低级的态度体验，由对事物单纯的感知觉直接引起，较多的带有情境性和易变性，与生理需要是否满足相联系，是人和动物共有的；情感是后继的、高级的态度体验，由对事物复杂意义的理解引起，较多的带有稳定性和持久性，与社会需要是否满足相联系。情绪和情感相互影响，相互制约。

## （二）情绪情感的分类

### 1. 情绪的分类

根据主体与客体之间关系的不同，心理学家把情绪划分为**快乐、悲哀、愤怒、恐惧**四种基本形式；依据情绪发生的强度、持续性和紧张度的不同可以把情绪状态划分为**心境、激情和应激**三种。

（1）心境

**心境**是一种微弱的、持续时间较长的、带有弥散性的心理状态。心境一经产生就不只表现在某一特定对象上，而是在相当长的一段时间内，使人的整个心理活动都染上某种情绪色彩，影响人的整个行为表现，成为情绪生活的背景。“忧者见之则忧，喜者见之则喜”说的就是心境。良好的心境，有助于积极性的发挥，提高工作和学习的效率，并促进坚强意志品质的培养；不良的心境则会妨碍工作和学习，影响身心健康。因此，培养良好的心境是人个性修养的重要组成部分。

（2）激情

**激情**是一种爆发式、猛烈而短暂的情绪状态，如狂喜、暴怒、恐怖、绝望等都是激情的表现。它往往带有特定的指向性和较明显的外部行为表现，如暴跳如雷、浑身战栗、手舞足蹈等。激情发生时，意识范围缩小，意识对行为的控制作用明显降低，理解力降低，判断力减弱，易感情用事，不考虑后果。有人用激情爆发来原谅自己的错误，认为“激情时完全失去理智，自己无法控制”。这种说法是不对的，人能够意识到自己的激情状态，也能够有意识地调节和控制它。

（3）应激

**应激**是在出乎意料的紧迫情况下引起的急速而紧张的情绪状态。当人们遇到突然出现的事件或发生意外危险时，为了应付这类瞬息万变的紧急情况，就得果断地采取措施，迅速地做出反应，应激正是在这种情境中产生的内心体验。应激状态有积极的作用，也有消极的作用。一般的应激状态是一种行为保护机制，能使机体具有特殊防御、排险机能，使人更加机智勇敢，以集中全身精力应付危急局面，急中生智，摆脱困境。应激状态持续时间也不可过长，否则会有害健康。

情绪的分类

### 2. 情感的分类

（1）道德感

道德感是因自己或别人的言行举止是否符合社会道德标准而引起的情绪体验。

（2）理智感

理智感是在认知客观事物的过程中所产生的情感体验，它与人的求知欲、认识兴趣、解决问题的需要等满足与否相联系。

（3）美感

美感是人对事物审美的体验，它是根据一定的美的标准而产生的。

**真题对接**

【2015年上半年真题】幼儿看见同伴欺负别人会生气,看见同伴帮助别人会赞同。这种体验是( )

A. 理智感　　B. 道德感

C. 美感　　D. 自主感

【答案】B

## 二、幼儿情绪情感发展的特点

考点2

**1. 情绪的易冲动性**

幼儿的情绪常常处于激动状态,而且来势强烈,不能自制,往往全身心都受到不可遏制的威力支配。年龄越小,这种冲动越明显。随着年龄的增长、语言的发展,幼儿逐渐学会接受成人的语言指导,调节控制自己的情绪。

**2. 情绪的不稳定性**

婴幼儿的情绪是非常不稳定的,容易变化,表现为两种对立的情绪在短时间内互相转换。如当幼儿由于得不到喜爱的玩具而哭泣时,成人递给他一块糖,他就立刻会笑起来。这种"破涕为笑"的现象,在小班尤为明显。幼儿晚期,孩子情绪的稳定性会逐渐增强,但仍受家长和教师的感染,所以家长和教师在幼儿面前必须控制自己的不良情绪。

**3. 情绪的外露性**

婴儿期的孩子情绪完全表露在外,丝毫不加控制和掩饰。幼儿晚期,幼儿调节自己情绪表现的能力已有一定的发展。孩子在父母和他人面前,行为表现有所不同,在父母面前较少克制,而在他人面前时,则能有一定的控制力,即使有要求,也表达得较委婉。这表明幼儿已有一定的情绪调节能力。

在正确的教育下,随着幼儿对是非观念的掌握,幼儿对情绪的调节能力会很快发展起来。如6岁左右的孩子,在打针时可以不哭;在自己的需要不能满足时,也能克制自己的消极情绪,很快开始愉快地游戏。

**4. 高级情感发展的特点**

(1)道德感

幼儿3岁前只有某些道德感的萌芽,进入幼儿园以后,特别是在集体生活环境中,孩子逐渐掌握了各种行为规范,道德感也逐步发展起来。小班的孩子道德感主要是指向个别行为的,如知道打人、咬人是不好的。中班孩子不但关心自己的行为是否符合道德标准,而且开始关心别人的行为,并由此产生相应的情感。如中班幼儿的告状行为就是幼儿对别人行为方面的评价,它是基于一定的道德标准而产生的。到了大班,幼儿的道德感进一步发展和复杂化。他们对好与坏、好人与坏人,有鲜明的不同感情。如看小人书时,往往把大灰狼和坏人的眼睛挖掉,这个年龄段的幼儿的集体情感也开始发展起来。

幼儿的羞愧感或内疚感也开始发展起来。特别是羞愧感从幼儿中期,开始明显发展,幼儿对自己出现的错误行为会感到羞愧,这对幼儿道德行为的发展具有非常重要的意义。

总的来说,幼儿期的道德感是不深刻的,大都是模仿成人、执行成人的口头要求,在集体活动中和在成人的道德评价的影响下逐渐发展起来的。

(2)理智感

幼儿期是幼儿理智感开始发展的时期。幼儿的理智感有一种特殊的表现形式,即好奇好问。另一种表现形式是与动作相联系的"破坏"行为。对一般儿童来说,5岁左右,这种情感已明显地发展起来,突出表现在幼儿很喜欢提问题,并由于提问和得到满意的回答而感到愉快。6岁幼儿喜爱进行各种智力游戏或所谓"动脑筋"活动,如下棋,猜谜语等,这些活动能满足他们的求知欲和好奇心,促进理智感的发展。

(3)美感

幼儿对色彩鲜艳的艺术作品或物品容易产生喜爱之情。在教育的影响下,幼儿中期能从音乐、绘画作品中,从自己从事的美术活动、跳舞、朗诵中得到美的享受。幼儿晚期,幼儿开始不满足于颜色鲜艳,还要求颜色搭配协调。

**山香指导** 为便于考生记忆,对幼儿的情绪和情感的特点简略概括如下,仅供考生参考:
一(易)冲便(不稳定)外露。

**真题对接**

【2016 年上半年真题】在商场 4 ~5 岁的幼儿看到自己喜爱的玩具时,已不像 2 ~3 岁那样吵着要买;他能听从成人的要求,并用语言安慰自己:“家里有许多玩具了,我不买了。”对这一现象最合理的解释是(　　)

A. 4 ~5 岁幼儿形成了节约的概念

B. 4 ~5 岁幼儿的情绪控制能力进一步发展

C. 4 ~5 岁幼儿能够理解玩其他玩具同样快乐

D. 4 ~5 岁幼儿自我安慰的手段有了进一步发展

【答案】B

## 三、幼儿情绪情感的发展　考点 3

### (一)幼儿情绪情感发展的一般趋势

幼儿情绪的发展趋势主要有三个方面:社会化、丰富和深刻化、自我调节化。

**1. 情绪情感的社会化**

幼儿最初出现的情绪是与生理需要相联系的。随着年龄的增长,幼儿情绪逐渐与社会性需要相联系。社会化成为幼儿情绪情感发展的一个主要趋势。(1)情绪中社会性交往的成分不断增加;(2)引起情绪反应的社会性动因不断增加;(3)情绪表述的社会化。

**2. 情绪情感的丰富和深刻化**

从情绪所指向的事物来看,其发展趋势是越来越丰富和深刻。幼儿情绪情感的逐渐丰富化表现在以下方面:幼儿情绪过程越来越分化;情感指向的事物不断增加,有些先前不引起儿童体验的事物,随着幼儿年龄的增长,能够引起其情绪体验。而情绪发展的深刻化是指情绪所指向的事物的性质的变化,从指向事物的表面到指向事物内在的特点。

**3. 情绪的自我调节化**

从情绪的进行过程看,其发展趋势是越来越受自我意识的支配。随着年龄的增长,婴幼儿情绪的冲动性逐渐减少,情绪的稳定性逐渐提高,情绪从外显到内隐。但总的来说,幼儿的情绪仍然是不稳定、易变化的。

### (二)学前儿童基本情绪的发展

儿童基本情绪包括:高兴、兴趣、惊奇、害怕、生气、伤心和厌恶等,是人类和其他物种普遍共有的。在这里,主要介绍以下几种常见幼儿情绪。

**1. 哭**

婴幼儿出生后,最明显的情绪表现就是哭。哭代表不愉快的情绪,是新生婴儿与外界沟通的主要方式。新生儿的哭主要是生理性的,而幼儿的哭,已经主要表现为社会性情绪了。

**2. 笑**

笑主要有以下类型:

(1)自发性的笑

婴儿最初的笑是自发性的,或称内源性的笑,这是一种生理表现,而不是交往的表情手段。

内源性的笑主要发生在婴儿的深度睡眠中,困倦时或身体舒适时也可能出现。这种微笑通常是突然出现的,是低强度的笑。其表现只是卷口角,即嘴周围的肌肉活动,不包括眼睛和眼睑等部位周围的肌肉活动。这种早期的笑在3个月后逐渐减少。

(2)诱发性的笑

诱发性的笑和自发性的笑不同,它是由外界刺激引起的。它可以分为反射性的和社会性的两大类。

①反射性的诱发笑

婴儿最初的诱发笑就是反射性的诱发笑,也发生于睡眠时间。例如,在婴儿睡着时,温柔地碰碰婴儿的脸颊,或者是抚摸婴儿的肚子,都可能使其出现微笑。新生儿在出生第1周,清醒时间内,吃饱了会笑,面对温柔的抚摸时,就会本能地微笑,这种微笑是生理性的,是反射性微笑。

新生儿在第2周时,听到柔和的声音会显露出微笑。人类的声音比其他声音(如铃声、哨声等)更富有诱发性。

新生儿在第3周时,开始表现出真正的诱发笑。这种微笑虽然持续的时间很短,但却包括了整个脸部。经常有效的刺激是人声,尤其是妇女的嗓音。

4~5周婴儿对各种不同刺激可产生微笑。如把婴儿的双手对拍,让他看转动的椭圆形卡片纸板,或听熟悉的说话声等,都能引起微笑,这种诱发性微笑也是反射的,不是社会性微笑。母亲的声音最容易引起婴儿笑,婴儿甚至停止吃奶而笑。从第5周开始,大人对着他点头,也能诱发婴儿的笑,并可连续进行2~3次。

②社会性的诱发笑

研究发现,从第5周开始,婴儿对社会性物体和非社会性物体的反应不同,人的出现,包括人脸、人声,最容易引起婴儿的笑,即婴儿开始出现"社会性微笑"。

婴儿三四个月前的社会性的诱发微笑是无差别的。这种微笑往往不分对象,几乎对任何一张面孔都笑。而且,这时许多像面孔的刺激同样可以引起微笑。研究发现,3个月婴儿甚至对正面的人脸,无论其是生气还是笑,都报以微笑。但如果把正面的人脸变成侧面的人脸,或者把脸的大小变了,婴儿就停止微笑。

3个月的婴儿看见白色或是有斑的花纹也会微笑。

4个月左右,婴儿出现有差别的微笑。这时,婴儿的认识能力增加,能分辨熟悉与陌生的面孔,对不同人的微笑开始不同。对母亲的面孔笑得最多、最频繁,其次是家庭成员和熟人,对陌生人笑得最少。这时的微笑才是真正的、有选择性的社会性微笑。这种笑增加了婴儿与父母、照顾者之间的依恋关系。

随着年龄的增长,幼儿愉快的情绪进一步分化,愉快情绪的表情手段也不再停留于笑的表情了,甚至不只是用面部表情,而较多地用手舞足蹈及其他动作来表示。

**真题对接**

**【2018年下半年真题】**婴儿出生大约6~10周后,人脸可以引发其微笑。这种微笑称为(  )

A. 生理性微笑　　B. 自然微笑　　C. 社会性微笑　　D. 本能微笑

**【答案】**C

**3. 生气和伤心**

生气是愿望不能实现或目标受阻时引起的一种紧张而不愉快的情绪体验。新生儿对各种不愉快体验都会做出痛苦反应,包括饥饿、打针吃药、身体不舒服等。从4~6个月~2岁,幼儿的生气表情逐渐增多。在很多情况下幼儿都会感到生气。比如,喜欢的玩具被拿走了,得不到想要的玩具,照料者一定要让他们睡觉等。为什么生气反应随着年龄的增长而增长?这主要是因为随着认知和运动技能的发展,幼儿希望控制他们的行为。幼儿逐渐能够辨别阻碍他们的目标或引发他们痛苦的刺激,而且运动能力的发展使得幼儿可

以通过生气调动能量，以克服障碍或保护自己。

伤心是失去自己心爱的对象（人或物）或在自己的理想或愿望破灭时所产生的情绪体验。对于年幼儿童而言，分离是引起幼儿伤心的普遍原因。当幼儿得知父母离异，自己将要和爸爸或妈妈分开时，他（她）会体验到一种被遗弃感，感到很伤心。或者幼儿想跟同伴玩，却被排斥时，也会产生伤心的情绪。在某些情境中，生气和伤心可能会同时出现。比如，借给别的小朋友玩的玩具被弄坏了，儿童可能既感到生气，又感到伤心：感到生气是因为那个小朋友把他的玩具弄坏了；感到伤心是因为玩具被弄坏了，自己不能玩了。从总体上看，个体主要根据三个方面来区分生气和伤心。一是根据行为发出者的意图，生气与别人的故意伤害相联系，伤心与无意、不可控的因素相联系；二是对消极结果类型的感知，生气的结果是敌对事物的出现，伤心的结果是所渴望事物的消失；三是目标是否可以修复，生气与更多目标可修复联系，伤心与更多目标不可修复联系。

**4. 恐惧（害怕）**

（1）本能的恐惧

恐惧是婴儿出生就有的情绪反应，甚至可以说是本能的反应。婴儿最初的恐惧不是由视觉刺激引起的，而是由听觉、肤觉、肌体觉刺激引起，如刺耳的高声等。

（2）与知觉和经验相联系的恐惧

婴儿从4个月左右，开始出现与知觉发展相联系的恐惧。引起不愉快经验的刺激会激起恐惧情绪。也是从这个时候开始，视觉对恐惧的产生逐渐起主要作用。

（3）怕生

怕生是对陌生刺激物的恐惧反应。怕生，与依恋同时产生，一般在婴儿6个月左右出现。

（4）预测性的恐惧

2岁左右的婴儿，随着想象的发展，出现了预测性恐惧，如怕黑、怕坏人等。这些都是和想象相联系的恐惧情绪，往往是由环境的不良影响造成的。

**真 题 对 接**

**【2018年上半年真题】**下列哪一个选项不是婴儿期出现的基本情绪体验（　　）

A. 羞愧　　B. 伤心　　C. 害怕　　D. 生气

**【答案】**A

## （三）学前儿童社会情绪的发展

出生后的第二个半年，随着婴儿自我意识的发展，婴儿开始出现另一大类情绪—社会情绪，包括自豪、嫉妒、羞愧、内疚等。儿童社会化最初的和首要的方面是情绪的社会化。社会情绪主要分为自我意识情绪、自我预期的情绪和依恋性社会情绪三类。自我意识情绪包括自豪、内疚、羞愧等；自我预期情绪包括后悔、嫉妒等；依恋性社会情绪包括爱、移情等。

**1. 自我意识情绪**

在社会情境中，个体根据他人对自身或自身行为的评价所产生的情绪被称为自我意识情绪。自我意识情绪在幼儿2岁半左右出现，它是伴随自我意识的发展而产生的。我们可以从18～24个月的幼儿身上看到羞愧和尴尬，做错事后他们会低垂着眼睛，耷拉着脑袋，用手把脸蒙起来。自豪感也在这个时候出现，嫉妒主要在3岁以后出现。

除了自我意识的发展，幼儿自我意识情绪的出现也需要得到成人的指导。父母可能很早就会对幼儿说："宝宝，瞧你把球扔得这么远，真棒！"或者"你抢别人的玩应该感到难为情。"而且，只有在成人在场的时候，幼儿才会表现出自我意识情绪。可见，幼儿的自我意识情绪很大程度上受到成人评价的影响。如果父母只是不断地给幼儿价值和表现的反馈（比如，"这件事做得真糟糕，我还以为你是一个好孩子"），幼儿倾向

于在失败时感到羞愧。如果父母关注如何改进幼儿的表现(比如,“你应该这样做”),幼儿更多体验到一种适度的、更具有适应性的羞愧和内疚。

**2. 移情**

**移情**是儿童观察他人情绪反应时体验到的与他人相似的情绪反应。移情主要包括认知和情感两个成分:认知移情指个体从认知上洞察和理解他人的情绪体验;情感移情指个体从情感上体验他人的内部情绪。移情是亲社会或利他行为的重要激发者,是道德发展的前提。移情能力强的儿童表现出较少的攻击行为,较多的助人和亲社会行为,并且具有较高的道德判断水平。

移情的前提是儿童理解自身和他人的差异,能够从他人的角度看问题。否则,它只是一种对痛苦的消极反应,可能导致自我安慰。比如,因为别人的痛苦,个体产生厌烦、焦虑情绪。移情在儿童2岁左右出现。随着观点采择能力的发展,儿童的移情反应逐渐增加。

有研究表明,儿童更倾向于安慰哭泣的女孩,批评哭泣的男孩。相比陌生人,朋友的哭泣更容易引发儿童的移情反应,经常生气或伤心的儿童比经常高兴的儿童,更少对他人的痛苦做出移情反应。另外,自闭症儿童的移情能力较弱。

## 四、幼儿情绪情感的培养与调节 考点4

### (一)幼儿情绪能力的培养策略

**1. 营造良好的情绪环境**

婴幼儿情绪发展主要依靠周围情绪气氛的熏陶。因此,在幼儿园教育中应注意保持和谐的气氛,并且与幼儿之间建立良好的师生情。

**2. 成人情绪自控的示范**

为人之师,也要学会控制自己的情绪。优秀教师能够做到把自己的一切忧伤留在教室之外,情绪饱满地走进课堂,这样才能使幼儿保持良好的情绪状态。教师还要理智地对待每个幼儿,有的幼儿容易引起教师的好感,教师对他的态度也自然较好,并且经常委派他们任务,使他们得到更多锻炼机会,也容易进步,跟教师的感情也越来越好;另一些幼儿不为别人喜爱,爱哭闹,不专心学习,不听劝说等,由于干扰集体活动常受到批评,他们和教师疏远,学习也不好。上述这两种情况,在师幼感情上,前者表现为良性循环,后者则为恶性循环。教师应自觉地控制自己的情绪,主动关心幼儿,发现其优点,给予耐心帮助。

**3. 采取积极的教育态度**

(1)正面肯定和鼓励

许多父母常常对孩子说:“你不行!”“太笨了!”“没出息!”经常处于这些负面影响下,孩子情绪消极,也没有活动热情。有个孩子平时不爱说话,一天他主动发言,教师高兴地说:“太好了!我知道你能行!”回到家,妈妈也给他鼓励,他非常高兴。从此以后,这个小朋友发言越来越大胆,越来越积极。

(2)耐心倾听幼儿说话

耐心倾听幼儿说话,对培养幼儿良好的情绪十分重要。幼儿总是愿意把自己的见闻向亲人诉说。幼儿感受到和教师亲近,对教师信任时,也总是愿意向教师诉说。可是成人往往由于自己太忙,没有时间听幼儿说话。有时成人认为幼儿说的话幼稚可笑,不屑于听。这些都会使幼儿感受到压抑,感受到孤独,因而情绪不佳。有的幼儿因此出现逆反心理,会故意做出错误行为,以引起成人的注意。

(3)正确运用暗示和强化

幼儿的情绪在很大程度上受成人的暗示。例如,有个家长在外人面前总是对自己的孩子加以肯定,说:“我们孩子上幼儿园从来不哭。”她的孩子果真能控制自己的情绪。另一个家长则常常对别人说:“我们孩子就是爱哭。”这种暗示则容易使孩子形成消极情绪。

幼儿的情绪发展也往往受成人强化的影响。例如,有的父母在孩子哭闹时总是给孩子吃糖果,或尽量满足孩子的其他要求。孩子受到了强化,以后有什么不满意时更是大哭。另一种情况是,当孩子摔倒要哭

时,大人说:“不怕!男子汉摔倒了自己爬起来!”虽然泪水在眼眶里转,孩子硬是自己站了起来。类似这样的强化,对于现代儿童抵御挫折、减少焦虑十分必要。

**4. 教会孩子调节自己的情绪表现**

(1)行为反思法

让孩子想一想自己的情绪表现是否合适。例如,在孩子哭闹后,让他想一想这样哭闹好不好;和小朋友为玩玩具发生争执时,想一想自己的行为对不对,还有哪些解决问题的办法。

(2)想象法

当幼儿遇到困难或挫折而伤心时,教他想想自己是“大姐姐”“大哥哥”“男子汉”或某个英雄人物等。

(3)自我说服法

孩子初入园由于要找妈妈而伤心地哭泣时,可以教他自己大声说:“好孩子不哭。”孩子起先是边说边抽泣,以后渐渐地不哭了。孩子和小朋友打架,很生气时,可以要求他讲述打架发生的过程,孩子会越讲越平静。

随着年龄的增长,在正确的引导和培养下,儿童能学会恰当地调节自己的情绪并学会情绪的适当表现方式。

**5. 在活动中帮助幼儿克服不良情绪**

(1)成人要善于发现与辨别孩子的情绪

孩子在幼儿园或家庭中,会遇到许多不称心的事,易使孩子紧张焦虑,失去心理平衡。那么,如何对待发脾气的幼儿呢?要找出原因,帮助幼儿分析问题,解除孩子心中的忧虑,同时,允许孩子以适当的方式表达自己的心情。当然教师和家长可以针对不同的情况,给予灵活地处理。

(2)从幼儿的情绪表现来分析幼儿的内心情感世界

孩子的行为往往反映了孩子内心已经形成的一些品质。家长和教师发现孩子的情绪时要正确进行分析,对那些有益的部分,要及时表扬并加以保护;而对不良的苗头,则要帮助幼儿克服、纠正。如目前独生子女中较多存在的不合理情感,如冷漠、自私、依赖、无规则、独占、侵犯性等,要加以积极疏导,使之淡化、消失。

(3)注意幼儿的个别差异,对不同的孩子采取不同的方法

有的幼儿较内向,有人说他衣服不好看时,他会坐在一旁闷闷不乐,对于这样的孩子要与他交朋友,增进感情的交流;而有的孩子不一样,一不顺心就大哭大闹,这样的孩子“来得快,去得也快”,可以“冷处理”,等孩子冷静下来再与之谈心,而不要“火上浇油”。

(4)注意孩子积极情感的引导,让积极情感成为幼儿情感的主旋律,减少消极情感的产生

不要以为孩子的年龄小就不懂感情,其实幼儿的情感敏感而脆弱,更需要大人的保护和关心;也不要以为幼儿无忧无虑,幼儿的情感世界同样丰富多彩,风云变幻。幼儿的情感世界需要父母、教师的关注、爱护并引导其趋向成熟。

### (二)幼儿调节负面情绪的主要策略

**1. 正确对待孩子的情绪行为,帮助孩子及时疏通和转移不良情绪**

不良的生活环境容易造成孩子情绪发展不良。每个孩子在生活中都有可能发生冲突,受到挫折,从而表现出不良情绪反应。为了避免孩子产生严重的不良情绪困扰,作为家长和教师一定要充分理解和正确对待孩子的发泄行为,不要让幼小的心灵总受压抑。让幼儿对老师、同伴诉说自己的感受,以此来引导幼儿表达自己抑郁的情绪,如给孩子设个“情绪小屋”,让孩子有一个小空间,在那里与好朋友说说心中的小秘密,自由表达自己的情感,或者自己静静地待一会儿,这些都有助于疏通和缓解幼儿的不良情绪。培养孩子多方面的兴趣,引导他们投入丰富多彩的活动,是帮助孩子转移不良情绪、学会积极发泄的有效方法。这也是有利于幼儿及时疏泄情绪,以平和心态来面对矛盾和现实,与老师一起积极寻求解决问题的途径。

**2. 不要给孩子造成过重的压力**

很多家长和教师在幼儿期就给孩子安排了过多的学习任务,这样做不但没有加速儿童的发展,反而可

能造成幼儿情绪的紧张、焦虑等消极情绪,不利于幼儿情感的发展。因此,要适当减轻孩子的负担。紧张和压抑是两种最有害的状态,而愉快是使紧张释放的状态。因此,父母和教师有责任创设一种愉快的生活环境,使幼儿处于轻松、活跃、主动和摆脱束缚的状态,使幼儿充分享受到生活的乐趣;同时,激发、培养幼儿对客观事物的广泛兴趣,也是减轻幼儿紧张感、保持愉快情绪的有效途径。

**3. 帮助幼儿消除情绪障碍,减轻消极情绪的负面影响**

当幼儿由于情感发展偏离正常引起情绪障碍时,及时采用有效的方法消除幼儿的情绪障碍十分必要。一方面,要帮助幼儿改变认知方式,调整认知结构,尽力使幼儿对所遇问题有较为正确的认识。另一方面,应通过情感演示、行为练习等方法为幼儿表达情感、学习良好的榜样创造条件。必要时,我们可以请专业心理咨询人员,通过游戏疗法、行为疗法来矫正幼儿的情绪障碍,使幼儿的情绪、情感得到健康发展。

**4. 帮助孩子控制不良情绪并教会孩子自我调节的有效方法**

幼儿不会控制自己的情绪,成人可以用各种方法帮助他们控制情绪。

(1)转移注意法

两三岁的孩子在商店柜台前哭着要买玩具,大人常常用转移注意的方法,说"停一会儿,我给你找一个好玩儿的",孩子会跟着走了。可是,有时此法不奏效,往往是由于大人只是为了哄孩子,回家后忘记了自己的许诺,以后孩子就不再"受骗"了。对4岁以后的幼儿,当他处于情绪困扰之中时,可以用精神的而非物质的转移方法。

转移注意法

(2)冷处理法

孩子情绪十分激动时,可以采取暂时置之不理的办法,孩子自己会慢慢地停止哭喊,所谓"没有观众看戏,演员也没劲儿了"。当孩子处于激动状态时,成人切忌激动起来。比如,对孩子大声喊叫:"你再哭,我打你"或"你哭什么,不准哭,赶快闭上嘴"之类,这样做会使孩子情绪更加激动,无异火上加油。

(3)消退法

对孩子的消极情绪可以采用条件反射消退法。比如,有个孩子上床睡觉要母亲陪伴,否则哭闹。母亲只好每晚陪伴,有时长达一个小时。后来父母亲商量好,采用消退法,对他的哭闹不予理睬,孩子第一天晚上哭了整整50分钟,哭累了也就睡着了。第二天只哭了15分钟。以后哭闹时间逐渐减少,最后不哭也安然入睡了。

儿童表现情绪的方式更多是在生活中学会的。因此,在生活中,有必要教给孩子有意识地调节情绪及其表现方式的技术。比如,儿童在自己的要求不能满足时大发脾气、跺脚,甚至在地上打滚儿,这是不正确的情绪表现方式。在成人的教育下,儿童逐渐懂得,发脾气并不能达到满足要求的目的,他会放弃这种表现方式。

**真题对接**

【2018年上半年真题】婴幼儿调节负面情绪的主要策略有哪些?

【参考答案】参见内文。

# 第七节　幼儿个性的发展

（本节共5个考点）

## 考向分析

本节主要介绍个性概述、幼儿自我意识的发展、幼儿气质的发展、幼儿性格的发展、幼儿能力的发展等相关知识。相关知识考频分析如下表：

| 考点 | 考试频率 | 题型 | 重要程度 |
|---|---|---|---|
| 幼儿自我意识的概念 | 1 | 单项选择 | ★ |
| 幼儿自我意识发展的特点 | 1 | 单项选择 | ★ |
| 学前儿童气质发展的特点 | 1 | 材料分析 | ★ |
| 多元智能理论 | 1 | 简答 | ★★ |

本节知识主要以单项选择题、简答题和材料分析题的形式考查。单项选择题考查的比较精细，考生在复习的时候要认真；简答题和材料分析题考查系统知识的掌握程度，这部分内容需要考生理解记忆。

## 思维导图

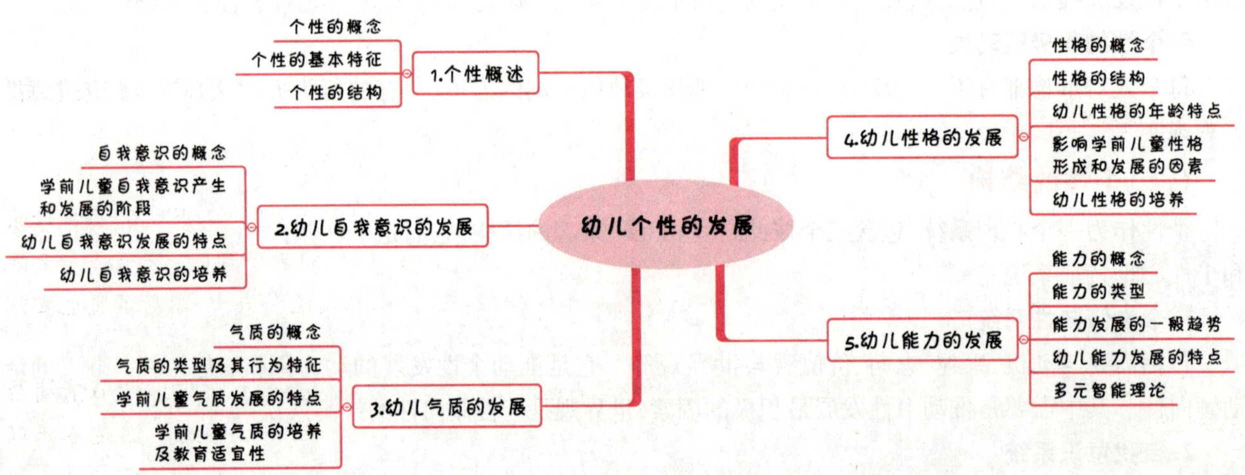


## 考点精讲

### 一、个性概述

考点1

#### （一）个性的概念

个性是指一个人比较稳定的、具有一定倾向性的各种心理特点或品质的独特组合。人与人之间个性的差异主要体现在每个人待人接物的态度和言行举止中，行为表现更能反映一个人的真实个性。心理学所说的个性，又称人格，其概念与日常生活中所说的个性和人格的含义不同。

### (二)个性的基本特征

**1. 个性的独特性**

个性的独特性是指人与人之间没有完全相同的个性,人的个性千差万别。但对于同一民族、同一性别、同一年龄的人来说,个性中往往存在着一定的共性。从这个意义上说,个性是独特性与共同性的统一。

**2. 个性的整体性**

个性是一个统一的整体结构,是由各个密切联系的成分构成的多层次、多水平的统一体。在这个整体中,各个成分相互影响、相互依存,使每个人行为的各方面都体现出统一的特征,这就是个性的整体性含义。因此,从个体行为的一个方面往往可以看出他的个性,这就是个性整体性的具体表现。例如:一个脾气急的人,往往表现出以下特点:动作快、吃饭急、做事时喜欢一口气干完、和人相处时也容易冲动等。

**3. 个性的稳定性**

个性具有稳定性。个人偶然的行为不能代表他真正的个性,只有比较稳定的、在行为中经常表现出来的心理倾向和心理特征才能代表一个人的个性。个性是相对稳定的,但并不是一成不变的。因为现实生活是非常复杂的,现实生活的多样性和多变性带来了个性的可变性。对于一个处于成长发育期的孩子来说,即使已经形成了一些比较稳定的个性特点,在一定的外界条件作用下,这些个性特点也会产生不同程度的改变。所以说,个性是稳定性和可变性的统一。

**4. 个性的社会性**

人的本质是一切社会关系的总和。在人的个性形成、发展中,个性的本质方面是由人的社会关系决定的,社会因素对个性的影响还表现在:即使一些比较基本的个性特征的形成,也与人所处的社会环境密不可分。比较典型的例子就是不同国家、不同民族的人的个性有比较明显的差异。因此,个性具有强烈的社会性,是社会生活的产物。个性具有社会性,但个性的形成也离不开生物因素。现代心理学已经证明,生物因素给个性发展提供了可能性,社会因素使这一可能变成现实。因此,我们说个性是社会性和生物性的统一。

**5. 个性的积极能动性**

每个人对事物都有不同的反应,每个个体都积极地以不同的态度、特有的行为方式去反映、适应或改造客观现实。

### (三)个性的结构

个性作为一个心理系统,包含三个彼此之间相互联系着的结构,它们是个性倾向性系统、自我意识系统和个性心理特征系统。

**1. 个性倾向性系统**

包括需要与动机、兴趣、志向、价值观与世界观等。它是推动个性发展的动力因素,决定了一个人的活动倾向性。其中需要是推动个性发展最积极的因素,世界观是个性倾向性的最高层次。

**2. 自我意识系统**

自我意识系统包括自我评价、自我体验与自我控制三个结构。自我意识是人心理能动性的体现,对个性的形成与发展具有调控作用。

**3. 个性心理特征系统**

个性心理特征系统是个性个别性的集中表现,包括气质、能力与性格等心理成分。其中性格是个性的核心特征,反映一个人对现实稳定的态度以及与之相适应的习惯化了的行为方式。

## 二、幼儿自我意识的发展

考点 2

### (一)自我意识的概念

自我意识,是对自己存在的察觉,即自己认识自己的一切,包括认识自己的生理状况(如身高、体重、形

态等)、心理特征(如兴趣、爱好、能力、性格、气质等)以及自己与他人的关系(如自己与周围人们相处的关系、自己在集体中的位置与作用等)。总之,自我意识是人对自己身心状态及对自己客观世界的关系的意识。自我意识是人类特有的反映形式,是人的心理区别于动物心理的一大特征。

一旦婴儿知道自己是独立于其他物体的存在,那么他们就会考虑自己是谁。因此,自我再认是自我发生过程中的第一步。测试婴儿的自我意识是否出现的一个简单方法就是视觉再认测试。研究者使用了一种叫作"镜像测验"的方法,巧妙地测量婴儿的自我认识。

**真题对接**

【**2015年上半年真题**】让脸上抹有红点的婴儿站在镜子前,观察其行为表现。这个实验测试的是婴儿哪方面的发展(　　)

A. 自我意识　　B. 防御意识

C. 性别意识　　D. 道德意识

【**答案**】A

### (二)学前儿童自我意识产生和发展的阶段

**1. 自我感觉的发展(1岁前)**

1岁前儿童不能把自己作为一个主体同周围的客体区别开,甚至不知道手脚是自己身体的一部分,因而常常可以看到七八个月的孩子咬自己的手指、脚趾,有时会把自己咬疼而哭叫起来。逐渐地,儿童知道了手脚是自己身体的一部分,这就是自我意识的最初级形式,即自我感觉阶段。

**2. 自我认识的发展(1~2岁)**

孩子认识到自己是一个独立的人的前提是要和妈妈分离。这个过程从儿童发展中的一个有趣的现象,即"母子同一性"可以看出。孩子很小的时候觉得自己和妈妈是同一个人,以后逐渐知道妈妈和自己是两个人,自己是一个独立的个体,才开口叫妈妈。随着孩子会叫"妈妈",说明孩子已经开始把自己作为一个独立的个体来看待了。

**3. 自我意识的萌芽(2~3岁)**

自我意识的真正出现是和儿童言语的发展相联系的。在掌握了有关的词后,孩子逐渐学会像其他人那样叫自己的名字。这时儿童只是把名字理解为自己的信号,遇到别人也叫相同的名字时就会感到困惑。

儿童在2~3岁的时候,掌握代名词"我",是儿童自我意识萌芽的最重要标志。这个年龄的孩子经常说"我的",开始不让别人动自己的东西。经过一段时间以后,孩子逐渐会较准确地使用"我"这个词来表达自己的愿望。这时可以说儿童的自我意识产生了。

**4. 自我意识各方面的发展(3岁以后)**

2~3岁时,在孩子知道自己是一个独立的个体的基础上,逐渐开始了对自己的评价,如评价自己好不好、乖不乖等。但这种评价是非常简单的。进入幼儿期后,孩子的自我评价逐渐发展起来,同时,自我体验、自我控制已开始发展。

### (三)幼儿自我意识发展的特点

| | 自我评价 | 自我体验 | 自我控制能力 |
|---|---|---|---|
| 特点 | ①从依从性的评价发展到对自己独立性的评价;<br>②从对个别方面的评价发展到对多方面的评价;<br>③先有对自己外部行为的评价,逐渐出现对内心品质的评价;<br>④从主观情绪性的评价到初步客观的评价;<br>⑤从只有评价没有依据发展到有论据的评价 | ①从低级到高级发展,从生理性体验向社会性体验发展。<br>②幼儿的愉快和愤怒是生理需要的表现,发展较早;委屈、自尊、羞愧是社会性体验的表现,发生较晚。<br>③表现出易变性、暗示性 | ①从主要受他人控制发展到自己控制;<br>②从不会自我控制发展到使用控制策略;<br>③幼儿自我控制的发展受父母控制特征的影响 |
| 补充 | 自我评价是自我意识的核心,自我评价能力的发展是自我意识发展的重要标志 | —— | 3~4岁的幼儿坚持性和自制力都很差,到了5~6岁,幼儿才有一定的坚持性和自制力 |

**知识视野**

**“延迟满足”实验**

实验者发给4岁被试儿童每人一颗好吃的软糖,同时告诉孩子们:如果马上吃,只能吃一颗;如果等20分钟后实验者回来再吃这块糖,就给吃两颗。实验者悄悄观察,发现有的孩子只等了一会儿便迫不及待地把糖塞进了嘴里;而有的孩子则很有耐心,闭上眼睛或头枕双臂做睡觉状;也有的孩子用自言自语或唱歌,想出做游戏、讲故事之类方式来转移注意消磨时光以克制自己的欲望,拖延时间,分散注意力,最终坚持到实验者回来,得到了第二块糖。实验者又对这批孩子14岁时和进入工作岗位后的表现进行了跟踪调查。发现那些以坚韧的毅力获得两颗软糖的孩子,长到上中学时,表现出较强的适应性、自信心和独立自主精神,而且意志坚强,经得起困难和挫折,更容易取得成功;而那些经不住软糖诱惑的孩子则往往屈服于压力而逃避挑战。

**真题对接**

【2017年下半年真题】研究儿童自我控制能力和行为的实验是(　　)

A. 陌生情景实验　　B. 点红实验

C. 延迟满足实验　　D. 三山实验

【答案】C

### (四)幼儿自我意识的培养

(1)在日常生活中培养幼儿的自我意识;(2)在各种活动中正确引导幼儿的自我意识;(3)教师评价幼儿要把握分寸;(4)教师应为幼儿提供自我评价的机会;(5)家园配合,指导家长实施正确的教育。

## 三、幼儿气质的发展

考点3

### (一)气质的概念

气质是一个人所特有的较稳定的心理活动的动力特征。心理活动的动力特征主要指心理过程的速度和稳定性,心理过程的强度和心理活动的指向性等方面的特点。“脾性”“脾气”是气质的通俗说法。现代心

理学一般认为，气质是不以活动目的和内容为转移的**典型的**、**稳定的**心理活动的动力特征。

## （二）气质的类型及其行为特征

**1. 传统的体液说**

| 气质类型 | 特征 |
|---|---|
| 胆汁质 | 精力旺盛、表里如一、刚强、易感情用事，整个心理活动笼罩着迅速而突发的色彩 |
| 多血质 | 反应迅速、有朝气、活泼好动、动作敏捷、情绪不稳定、粗枝大叶 |
| 黏液质 | 稳重，但灵活性不足；踏实，但有些死板；沉着冷静，但缺乏生气 |
| 抑郁质 | 敏锐、稳重、体验深刻、外表温柔、怯懦、孤独、行动缓慢 |

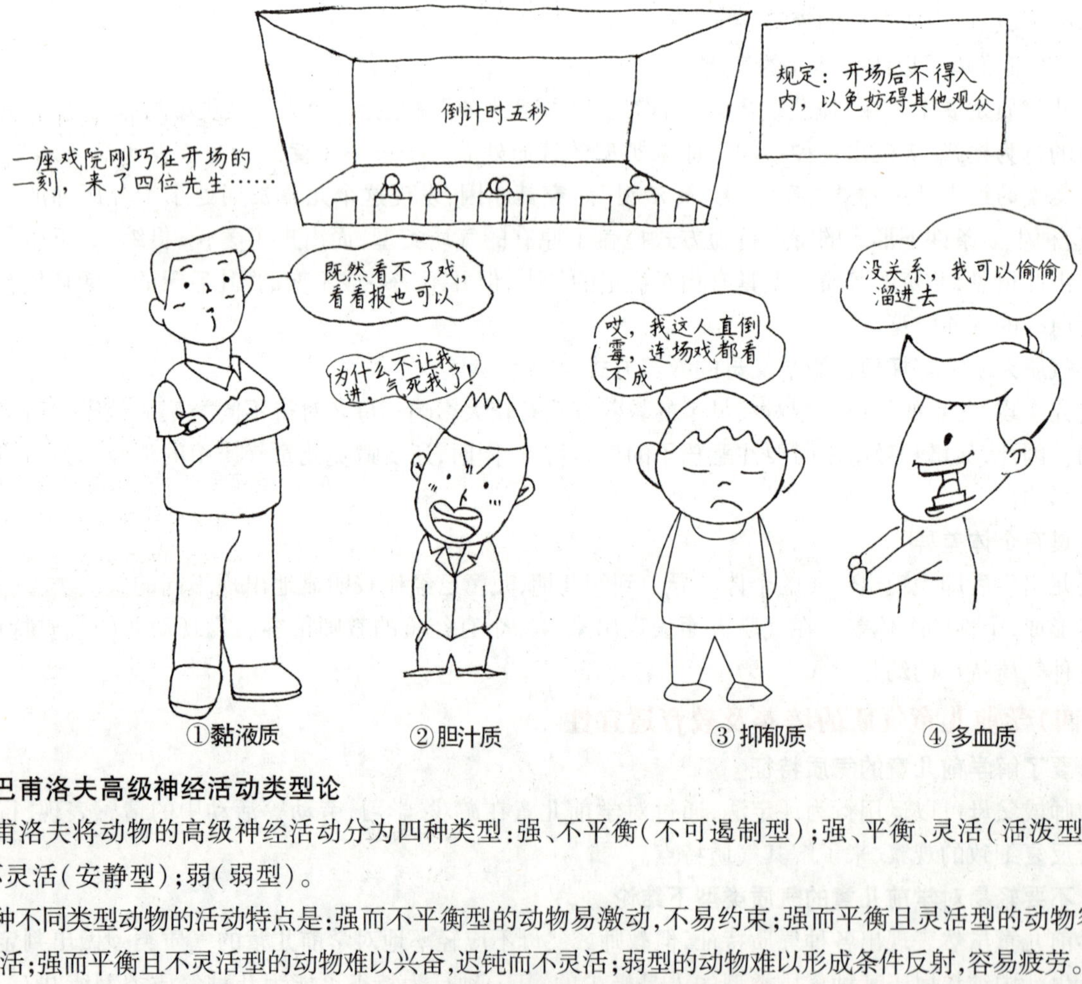


①黏液质　②胆汁质　③抑郁质　④多血质

**2. 巴甫洛夫高级神经活动类型论**

巴甫洛夫将动物的高级神经活动分为四种类型：强、不平衡（不可遏制型）；强、平衡、灵活（活泼型）；强、平衡、不灵活（安静型）；弱（弱型）。

四种不同类型动物的活动特点是：强而不平衡型的动物易激动，不易约束；强而平衡且灵活型的动物容易兴奋，较灵活；强而平衡且不灵活型的动物难以兴奋，迟钝而不灵活；弱型的动物难以形成条件反射，容易疲劳。

**高级神经活动类型与气质类型对照表**

| 高级神经活动类型 | 高级神经活动过程 | 气质类型 |
|---|---|---|
| 不可遏制型（兴奋型） | 强、不平衡 | 胆汁质 |
| 活泼型（灵活型） | 强、平衡、灵活 | 多血质 |
| 安静型（不灵活型） | 强、平衡、不灵活 | 黏液质 |
| 弱型（抑制型） | 弱 | 抑郁质 |

### (三)学前儿童气质发展的特点

**1. 学前儿童的气质具有相对稳定性**

人的各种个性心理特征中,气质是最早出现的,也是变化最缓慢的。因为气质和儿童的生理特点关系最直接,儿童出生时就已经具备了一定的气质特点。在大多数儿童身上,早期的气质特征以后一直保持稳定不变。

**2. 学前儿童的气质类型有一定变化**

(1)气质不是一成不变的

有研究证明,气质随着年龄的增长有所变化,3~7岁的儿童,神经活动最易兴奋,5岁时更明显。以后,兴奋型比例有所下降。

学前儿童的神经系统正处在发育过程中,其气质的形成也往往是先天和后天的"合金"。有研究证明,消极特征的纠正和积极特征的发展导致整个气质类型的改变。但是,我们也应注意儿童在不良教育或坏榜样的影响下,也可形成气质的消极特征。

(2)生活环境可以改变幼儿的气质

幼儿气质发展中存在"掩蔽现象"。所谓气质"掩蔽现象"就是指一个人气质类型没有改变,但是形成了一种新的行为模式,表现出一种不同于原来类型的气质外貌。如一个儿童的行为表现明显地属于抑郁质,但神经类型的检查结果都是"强、平衡、灵活型"。究其原因,发现这个儿童长期处于十分压抑的生活条件下,在这种生活条件下形成的特定行为方式掩盖了原有的气质类型,而出现了萎顿、畏缩、缺乏生气等行为特点。由此可见,儿童的气质类型具有相对稳定的特点,但并不是一成不变的,其后天的生活环境与教育可以改变原来的气质类型。

**3. 气质无所谓好坏但它影响父母的教养方式**

研究发现,儿童的气质类型对父母亲的教养方式有较大影响。母亲对待不同类型的孩子的行为方式是不同的。因此,父母和教师平时要注意孩子的气质特点,同时,还要避免儿童气质中的消极因素对自己教育方式的影响。

**4. 具有个体差异**

婴儿出生后即表现出气质的个体差异。到幼儿期,儿童已经比较明显地出现不同的气质类型。幼儿个性初步形成,个性的个体差异在气质方面表现出来。一个有经验的教师很容易发现幼儿的气质特征,找出具有各种气质特点的幼儿。

### (四)学前儿童气质的培养及教育适宜性

**1. 要了解学前儿童的气质特征**

教师或父母可以运用行为评定法,通过对学前儿童在游戏、学习、劳动等活动中的情感表现、行为态度等进行反复细致的观察,来了解其气质特点。

**2. 不要轻易对学前儿童的气质类型下结论**

学前儿童虽然表现出各种气质特征,但教师或父母不应轻率地对学前儿童的气质类型做出判定。因为在实际生活中纯粹属于某种气质类型的人是极少的,某一种行为特点可能为几种气质类型所共有,而且学前儿童虽然表现出气质的个别差异,但他们的气质还在发展之中,尚未稳定,还可能发生变化。因此,教师必须经过长期地反复观察学前儿童的各种行为特点,再审慎地确定他们的气质接近或属于哪种类型,以免引起教育上的失误。

**3. 要善于理解不同气质类型儿童的不足之处**

尽管我们说气质类型无所谓好坏,但作为个体的行为特征,在社会生活中会表现出适宜或不适宜的情况。

成人要善于利用每一气质类型的积极方面,给儿童提供充分表现的机会。同时,对于儿童气质中所表

现出来的不尽如人意之处，也要表现出充分的理解，并考虑采取更适宜的方法来对待。

**4. 针对学前儿童气质的特点，采取适宜的教育措施**

教师进行教育和教学工作时，要针对学前儿童的气质特点，采取相应的教育措施。气质本身没有好坏之分，每一种气质既有优点，又有缺点。教育的目的不是设法改变儿童原有的气质，而是要克服缺点，发展优点，使儿童在原有气质的基础上建立优良的个性特征。

对于胆汁质的孩子，要培养勇于进取、豪放的品质，防止任性、粗暴；对于多血质的孩子，要培养热情开朗的性格及稳定的兴趣，防止粗枝大叶、虎头蛇尾；对于黏液质的孩子，要培养积极探索精神及踏实、认真的优点，防止墨守成规、谨小慎微；对于抑郁质的孩子，要培养机智、敏锐和自信心，防止疑虑、孤独。

**真题对接**

**【2014 年下半年真题】**小虎精力旺盛，爱打抱不平，但是做事急躁、马虎、爱指挥人，稍不如意，便大发脾气，甚至动手打人，事后虽也后悔，但遇事总是难以克制……

请根据小虎的上述行为表现，回答下列问题。

(1)你认为小虎的气质属于什么类型？为什么？

(2)如果你是小虎的老师，你准备如何根据其气质类型的特征实施教育？

**【答案要点】**(1)小虎的气质类型属于胆汁质。因为胆汁质类型的特点是：精力旺盛、表里如一、刚强、易感情用事。属于这一类型的人热情、直爽、精力旺盛、脾气急躁，心境变化剧烈，易动感情，具有外倾性。小虎精力旺盛，做事急躁、马虎，不如意便大发脾气，随意动手打人，都是胆汁质类型表现的主要特征。

(2)针对胆汁质的小虎，作为一名教师，应该采用因材施教的方法，培养其勇于进取、豪放的品质，防止任性、粗暴，切忌不可过于急躁，应该有耐心和爱心地对待小虎。要注意培养小虎气质特点中优秀的一面，如鼓励小虎勇于进取、豪放的品质；如果小虎出现暴力、没有耐心的情况，要及时予以引导，防止任性、粗暴。材料中小虎发脾气后也非常后悔，教师应该抓住这一点进行谆谆教导，平时给小虎更多关注，与家长及时沟通，保证家园教育的一致性。在园教育时，注意培养小虎的创造力、坚韧性、决断力、行动力和表现力等多种优良的品质特征。

## 四、幼儿性格的发展

考点 4

### (一)性格的概念

性格是表现在人对现实的态度和行为方式中比较稳定的心理特征。性格和个性不是一个意思，不能把个性归结为性格，也不能把性格只看作个性的一种特征。性格是具有核心意义的个性特征，它是个性的核心。性格具有完整性、复杂性、稳定性和可塑性的特点。

### (二)性格的结构

人的性格是非常复杂的，它是由各种各样的性格特征有机结合组成的统一体。具体包括性格的态度特征、性格的意志特征、性格的情绪特征和性格的理智特征。

**1. 性格的态度特征**

它表现在人对现实态度方面的特点。由以下三方面组成：(1)对社会、集体和他人的态度(集体主义、同情心、诚实、正直等)；(2)对工作和学习的态度(勤劳、有责任心、认真、有创新性等)；(3)对自己的态度(谦虚、自信等)。

**2. 性格的意志特征**

它表现在人自觉调节自己行为方面的特点。由以下四方面组成：(1)对行为目的的明确程度(冲动性、独立性、纪律性等)；(2)对行为的自觉控制水平(主动性、自制力等)；(3)在长期工作中表现出来的特征(恒

心、坚韧性、顽固性等);(4)在紧急或困难情况下表现出来的特征(勇敢、果断、镇定、顽强等)。

**3. 性格的情绪特征**

它表现在人受情绪影响的程度和情绪受意志控制的程度。由以下四方面组成:(1)情绪的强度(是否易受感染及反应强度);(2)情绪的稳定性(波动与否);(3)情绪的持久性(持续时间长短);(4)主动心境(愉快与否)。

**4. 性格的理智特征**

它也称人的认知风格,表现在人的认识活动方面的特点。分别表现在四个方面:(1)感知(观察的主动性、目的性、快速性及精确性);(2)想象(想象的主动性和大胆性);(3)记忆(记忆的主动性和自信程度);(4)思维(思维的独立性、分析性还是综合性)。

### (三)幼儿性格的年龄特点

**1. 活泼好动**

活泼好动是幼儿的天性,也是幼儿期儿童性格最明显的特征之一,不论何种类型的幼儿都是如此。

**2. 好奇好问**

好奇心是一种认识兴趣,它是人在认识事物过程中表现出来的短暂的探索性行为。幼儿的好奇心很强,主要表现在探索行为和提出问题两个方面。

**3. 喜欢交往**

随着幼儿年龄的增长,他们越来越喜欢和同龄或年龄相近的小朋友交往。

**4. 独立性不断发展**

3 岁前儿童的心理活动几乎完全是直接依赖于外界环境的影响,随着外界环境的改变而变化,没有自己的目的性和独立性。3 岁左右,幼儿独立性的发展进入一个新的阶段。他们不再满足于按照成人的直接命令来行动,而开始渴望像成人一样独立行动。这个阶段的幼儿常常想到什么就做什么,不考虑后果,也不知道失败的危险,表现出不听话、执拗、顶撞,经常说"我自己来""我偏要……"这一类话。3 ~5 岁的儿童几乎普遍存在这种倾向。幼儿独立性发展还表现为行为的模仿性。在模仿过程中,一般没有他人的指令,模仿是主动的。幼儿好模仿,他们经常模仿老师、父母、兄弟姐妹和小朋友,也模仿电影和故事里的人物,更喜欢模仿他们尊敬和喜爱的人物的言行。

幼儿独立性发展最后表现在他们能够自己进行各种活动,不再完全依赖和成人共同进行活动。幼儿在游戏中能够自己确定主题、角色和规则。如果成人对幼儿的游戏干涉过多,幼儿就会自觉或不自觉地反抗,不想再玩了。

**5. 易受暗示,模仿性强**

模仿性强是幼儿期的典型特征,小班幼儿表现尤为突出。幼儿往往没有主见,常常随外界环境影响而改变自己的意见,受暗示性强。幼儿模仿的对象可以是成人,也可以是其他小朋友。此外,儿童之间会相互模仿。

**6. 坚持性随年龄增长不断提高**

坚持性表现为坚持行动,努力达到预定的目的。幼儿初期行动的坚持性很差,在游戏中 3 岁左右儿童常常有违反游戏规则的现象,要他们坚持 10 分钟坐着不动都是困难的。幼儿的坚持性随着年龄的增长而不断提高,但是 4 ~5 岁是幼儿坚持性发展最快的年龄。正是这个年龄,外界环境对幼儿的坚持性影响最大,因此有人认为 4 ~5 岁是幼儿坚持性发展的关键期。

**7. 易冲动,自制力差,同时自制力不断发展**

易冲动,自制力差是幼儿性格的一个非常突出的特点。幼儿很容易受外界情景或他人的影响而情绪激动,行为变化,或者因自己主观情绪或兴趣的左右而行为冲动。幼儿心理与行为受外界刺激和自身主观情绪的支配性很大,而自我控制能力较差,和这一特征相联系的是缺乏深思熟虑。幼儿又具有坦率、诚实的性

格特征。他们的情绪、思想比较外露，喜怒形于色；对人真诚，不虚伪。

以上列举了幼儿性格的一些典型特点。在这里，我们再次强调，独特性是个性的基本要素。幼儿的性格虽然有共同性，但每个幼儿仍有个人的性格特征。例如，同属活泼好动，有的幼儿相对好静一些；同属受暗示性强，有的则相对有些主见。

### （四）影响学前儿童性格形成和发展的因素

**1. 遗传的作用**

人的神经系统类型在性格形成中有一定的作用，人的气质影响着性格特征的外部表现。例如，在不利的客观条件下，抑郁质的人比胆汁质的人容易成为懦夫；而在顺利条件下，胆汁质的人比抑郁质的人容易成为勇士等。多血质的人善于与人交往，而黏液质的人难于与人相识等。研究还表明，神经系统的某些遗传特性可能影响到某些性格的形成，加速或延缓某些行为方式的产生和发展。

**2. 家庭的影响**

家庭是社会的基本单位和社会生活中各种道德观念的集合点，也是儿童出生后最先接触并长期生活的场所，因此，家庭被称为“制造人类性格的工厂”。家庭的教育态度和教育方式对儿童性格的形成与发展有着直接的影响作用。

**3. 幼儿园教育的作用**

幼儿园的教育和教学对儿童性格的形成起主导作用。(1)幼儿园教育的方针、内容、方法，以及幼儿园的传统、规章制度、师生关系、团队生活、游戏活动都影响着儿童性格的形成。(2)教师的榜样、示范对形成儿童的性格也有重要作用。学前儿童具有好模仿的特点，教师的榜样有形无形地影响着儿童性格的形成。(3)幼儿园的集体组织及其活动，特别是班集体的特点、要求、舆论和评价对儿童性格的形成与发展给予具体影响。

**4. 社会环境的影响**

社会环境的影响是复杂的，对儿童性格形成的影响主要是通过文化媒介传播进行的，如图书、报刊、影视制品、音像制品等。

**5. 社会实践活动的作用**

家庭、幼儿园教育、社会环境因素等都是性格形成的外部条件，虽然它们对于性格的形成和发展起着巨大的影响作用，但却不能直接形成人的性格。它必须通过人的内部因素才能起作用。

### （五）幼儿性格的培养

**1. 加强思想品德教育**

性格标志着一个人的思想品德。只有具有良好的思想品德，才会形成坚毅的性格。教师应根据幼儿心理发展的特点，采取生动有效的方法，加强思想品德教育，使幼儿能分辨简单的是非。

**2. 引导幼儿参加集体生活和实践活动**

集体是塑造性格的重要条件，对于独生幼儿性格的发展更有积极意义。集体的意见和要求，制约着幼儿对待事物的态度和行为方式。同时集体生活也能使幼儿已经形成的某些不良性格得到遏制或纠正，使性格趋于完善。

**3. 树立良好榜样**

教师和父母要重视榜样在幼儿性格塑造中的作用。幼儿好模仿，他人的态度和行为方式生动形象地呈在幼儿面前，幼儿特别容易模仿。

**4. 巩固幼儿良好的性格特征，克服性格方面的缺点**

父母和教师要采用适宜的表扬方式，及时肯定和表扬幼儿所表现的良好的性格特征。当幼儿有了点滴进步，就大力表扬，并鼓励他们继续努力，持之以恒。同时指导他们用正确的态度和行为方式替代不正确的态度和行为方式，使幼儿不良的性格逐渐改变，良好的性格逐渐形成。

## 五、幼儿能力的发展

考点5

### (一)能力的概念

能力是指人们成功地完成某种活动所必需的个性心理特征。一般认为,能力有两种含义:其一是指已经发展出或是表现出的实际能力;其二是指可能发展的潜在能力。潜在能力只是各种实际能力展现的可能性,只有通过学习才有可能变为实际能力。潜在能力是实际能力形成的基础和条件,而实际能力则是潜在能力的展现,实际能力和潜在能力密切地联系着。

### (二)能力的类型

**1. 一般能力和特殊能力**

一般能力指大多数活动所共同需要的能力,一般能力以抽象概括能力为核心。特殊能力指从事某项专门活动所必需的能力,又称专门能力。它只在特殊领域内发挥作用,是完成有关活动不可缺少的能力。完成一种活动通常都需要两种能力的共同参与。

**2. 模仿能力和创造能力**

模仿能力指仿效他人的举止行为而引起的与之相类似活动的能力。创造能力指产生新思想,发现和创造新事物的能力。模仿能力和创造能力是相互联系的。创造能力是在模仿能力的基础上发展起来的。

**3. 认知能力、操作能力和社交能力**

认知能力就是学习、研究、理解、概括和分析的能力。操作能力就是操纵、制作和运动的能力。社交能力是人们在社会交往活动中所表现出来的能力。

### (三)能力发展的一般趋势

**1. 智力发展迅速**

智力随年龄增长而增长,但增长不是等速的,而是有变化的。一般是先快后慢,到一定年龄则停止增长,而后随着人的衰老,智力又开始下降。

**2. 特殊能力有所表现**

有些人在幼儿期就已表现出某些方面的优异能力。能力的早期表现是能力发展中的一个带有普遍性的现象,这种现象在音乐、绘画等领域最为常见。根据哈克和齐汉的研究,儿童音乐能力开始表现的年龄:在1~3岁年龄阶段出现人数的比例最大,其次是4~6岁阶段,10岁以后随年龄增长明显减少。

**3. 模仿能力发展较快**

幼儿模仿能力的发展是随着延迟模仿一起发展起来的,延迟模仿大约发生在18~24个月。

**4. 创造能力发展缓慢**

幼儿的创造能力发展较晚,到幼儿晚期才出现创造能力的萌芽,这种创造能力明显地表现在儿童的绘画作品中。

**5. 认识能力发展,并出现有意性**

幼儿出生时只具备基本的感知能力,随着年龄的增长,各种认识能力逐渐发展,并逐步向比较高级的心理水平发展,认识活动的有意性开始发展。

**6. 操作能力发展最早**

从1岁开始,幼儿操作物体的能力逐步发展起来,开始进行各种游戏活动。同时幼儿的各种动作能力也逐渐完善。

**7. 社交能力逐渐显现**

随着幼儿言语的发展,幼儿的社交能力也逐渐发展起来。幼儿言语的连贯性、完整性和逻辑性的发展,为幼儿的学习和交往创造了良好的条件。

**8. 身体运动能力不断发展**

幼儿从出生开始,已具有一定的运动能力。之后,随着身体的不断成长,身体运动能力不断发展。进入

幼儿期,幼儿的身体运动能力进一步得到发展,能掌握基本的走、跑、跳、攀、钻、爬、踢、跨等,并能灵活组合运用,动作也越来越复杂化。

**9. 语言能力在儿童期发展迅速**

在1岁左右,孩子开始发展语言能力。在之后短短的几年时间里,孩子从不会说话到能用单个字,再到能用两个词,最终能够用简单句比较清楚地表达意思。进入幼儿期,孩子的语言表达能力进一步发展和提高,特别是言语的连贯性、完整性和逻辑性迅速发展。

### (四)幼儿能力发展的特点

**1. 多种能力的显现与发展**

(1)操作能力最早表现并逐步发展;(2)言语能力在婴儿期发展迅速,幼儿期是口语发展的关键时期;(3)模仿能力迅速发展,是幼儿学习的基础;(4)认知能力迅速发展,是幼儿学习的前提;(5)特殊能力有所表现;(6)创造能力萌芽。

**2. 智力结构随着年龄增长而变化**

幼儿智力结构是随着年龄的增长而变化发展的,其发展趋势是越来越复杂化、复合化和抽象化。不同的智力因素有各自迅速发展的年龄段。这就提醒我们,要根据不同年龄幼儿心理的特点,在不同的阶段,对幼儿智力培养的内容有所侧重。总的来说,幼儿期应该特别重视幼儿观察力、注意力及创造力的培养。

**3. 出现了主导能力的萌芽,开始出现比较明显的类型差异**

幼儿期,幼儿已经出现了主导能力的差异。主导能力也称优势能力,在幼儿园的教育工作中应该特别注意分析不同幼儿的能力特点,发挥其主导能力,加强对较弱的能力方面的培养。

**4. 智力发展迅速**

许多研究表明,人出生后的头几年是智力发展最快的时期。

布卢姆提出的只是一个理论的假设,但关于幼儿期是幼儿智力发展关键时期的观点已经被许多心理学家所认可。7岁前幼儿脑发育的研究也证明了幼儿期是幼儿智力发展的关键时期。

### (五)多元智能理论

加德纳的智力理论提出,人是具有多种能力的个体,人的多种智力都与具体的认知领域或知识范畴紧密相关且独立存在。加德纳的多元智能理论把智力看作是有待于环境和教育激活及培养的潜能,并把智力的本质看作是个体的实践能力和创造能力,而这种实践能力和创造能力是置于一定的文化环境之中的,具有明显的文化属性。

加德纳最早提出的多元智能框架中主要包括七种智力,后来又增加到八种,这八种智力分别是言语—语言智力、音乐—节奏智力、逻辑—数理智力、视觉—空间智力、身体—动觉智力、自知—自省智力和交往—交流智力,以及后来又增加的自然观察智力。

| 智力维度 | 界定 | 典型人群 |
| --- | --- | --- |
| 言语—语言智力 | 主要是指听、说、读、写的能力,表现为个人能够顺利而高效地利用语言描述事物、表达思想并与人交流的能力 | 记者、编辑、作家、演讲家和政治领袖 |
| 音乐—节奏智力 | 主要是指感受、辨别、记忆、改变和表达音乐的能力,表现为个人对音乐包括节奏、音调、音色和旋律的敏感以及通过作曲、演奏和歌唱等表达音乐的能力 | 作曲家、指挥家、歌唱家、演奏家、乐器制造者和乐器调音师 |
| 逻辑—数理智力 | 主要是指运算和推理的能力,表现为对事物间类比、对比、因果和逻辑等各种关系的敏感,以及通过数理运算和逻辑推理等进行思维的能力 | 侦探、律师、工程师、科学家和数学家 |

续表

| 智力维度 | 界定 | 典型人群 |
|---|---|---|
| 视觉—空间智力 | 主要是指感受、辨别、记忆、改变物体的空间关系并借此表达思想和情感的能力,表现为对线条、形状、结构、色彩和空间关系的敏感以及通过平面图形和立体造型将它们表现出来的能力 | 画家、雕刻家、建筑师、航海家、博物学家和军事战略家 |
| 身体—动觉智力 | 主要是指运用四肢和躯干的能力,表现为能够较好地控制自己的身体,或对事件能够做出恰当的身体反应以及善于利用身体语言来表达自己的思想和情感的能力 | 运动员、舞蹈家、外科医生、赛车手和发明家 |
| 自知—自省智力 | 主要是指认识、洞察和反省自身的能力,表现为能够正确地意识和评价自身的情绪、动机、欲望、个性、意志,并在正确的自我意识和自我评价的基础上形成自尊、自律和自制的能力 | 哲学家、小说家、律师 |
| 交往—交流智力 | 主要是指与人相处和交往的能力,表现为觉察、体验他人情绪、情感和意图,并据此做出适宜反应的能力 | 教师、律师、推销员、公关人员、谈话节目主持人、管理者和政治家 |
| 自然观察智力 | 主要是指对自然现象敏感,喜欢探索大自然,善于对自然现象观察、分类和鉴别,乐于种植、饲养等的能力 | 探险家、考古工作者、农业工作人员、饲养员、登山运动员 |

**真题对接**

**【2014年下半年真题】**简述加德纳的多元智能理论的主要观点、智能种类及教育启示。

**【参考答案】**参见内文。

## 第八节　幼儿社会性的发展

(本节共6个考点)

### 考向分析

本节主要介绍幼儿社会性发展的内容与意义、幼儿人际关系的发展、幼儿性别角色的发展、幼儿社会性行为的发展等相关知识。相关知识考频分析如下表:

| 考点 | 考试频率 | 题型 | 重要程度 |
|---|---|---|---|
| 依恋的概念 | 1 | 单项选择 | ★ |
| 依恋的类型 | 1 | 单项选择 | ★ |

续表

| 考点 | 考试频率 | 题型 | 重要程度 |
| --- | --- | --- | --- |
| 影响幼儿同伴关系发展的因素 | 1 | 简答 | ★★ |
| 交友关系中的问题儿童 | 1 | 材料分析 | ★★ |
| 性别概念的获得 | 1 | 单项选择 | ★ |
| 移情 | 1 | 简答 | ★★ |

本节知识主要以单项选择题、简答题和材料分析题的形式考查。单项选择题考查的比较精细，考生在复习的时候要认真；简答题和材料分析题考查系统知识的掌握程度，这部分内容需要考生理解记忆。

## 思维导图

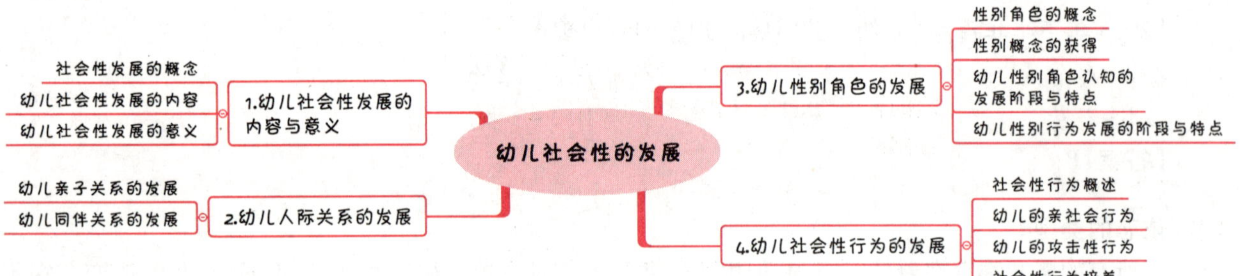


## 考点精讲

### 一、幼儿社会性发展的内容与意义

#### （一）社会性发展的概念

社会性是作为社会成员的个体，为适应社会生活掌握和遵守行为准则以及控制自身行为所表现出的心理和行为特征。

社会性发展（有时也称幼儿的社会化）是指幼儿从一个生物个体到逐渐掌握社会的道德行为规范与社会行为技能，成长为一个社会人并逐渐步入社会的过程。它是在个体与社会群体、幼儿集体以及同伴的相互作用和相互影响的过程中实现的。

#### （二）幼儿社会性发展的内容　考点 1

幼儿社会性发展的主要内容有：亲子关系、同伴关系、性别角色、亲社会行为、攻击性行为。

亲子关系和同伴关系既是幼儿社会性发展的重要内容，又是影响幼儿社会性发展的重要因素；性别角色是作为一个有特定性别的人在社会中适当行为的总和，是社会性发展的主要方面；而亲社会行为和攻击性行为则属于幼儿道德发展的范畴。

#### （三）幼儿社会性发展的意义　考点 2

（1）社会性发展是幼儿身心健全发展的重要组成部分，促进幼儿社会性发展已经成为现代教育最重要的目标。培养身心健全的人是教育最根本的目标。社会性发展与体格发展、认知发展共同构成幼儿发展的三大方面。

（2）幼儿期是幼儿社会性发展的重要时期，幼儿社会性发展是幼儿未来发展的重要基础。学前儿童社

会性发展在人一生的社会性发展中占有极其重要的地位。学前儿童社会性发展是其未来人格发展的重要基础。学前儿童社会性发展的好坏,直接关系到幼儿未来人格发展的方向和水平。



## 二、幼儿人际关系的发展

### (一)幼儿亲子关系的发展

考点3

亲子关系有狭义与广义之分。狭义的亲子关系是指幼儿早期与父母的情感关系,即依恋;广义的亲子关系是指父母与子女的相互作用方式,即父母的教养态度与方式。

**1. 依恋的概念**

**依恋**是婴儿寻求并企图保持与另一个人亲密的身体和情感联系的一种倾向。

一般认为,婴儿与主要照料者(母亲)的依恋大约在第六七个月里形成。与此同时,婴儿会对陌生人开始出现害怕的表现,即俗话所说的"**认生**"。

**真 题 对 接**

【**2016年下半年真题**】婴幼儿的"认生"现象通常出现在(　　)

A. 3~6个月　　　　B. 6~12个月

C. 1~2岁　　　　D. 2~3岁

【**答案**】B

**2. 依恋的类型**

尽管所有的婴儿都存在着依恋行为,但由于幼儿和依恋对象的交往程度、质量不同,幼儿的依恋存在不同的类型。一般认为,幼儿的依恋行为可以分为三种类型:

(1)焦虑—回避型

母亲在场或不在场对这类幼儿影响不大。母亲离开时,他们并无特别紧张或忧虑的表现。母亲回来了,他们往往也不予理会,有时也会欢迎母亲的到来,但只是暂时的,接近一下又走开了。这种幼儿接受陌生人的安慰和接受母亲的安慰一样。实际上,这类幼儿并未形成对母亲的依恋,因此,有的人把这类幼儿称为"无依恋的幼儿"。一般来说,回避型依恋的幼儿较少。

(2)安全型

这类幼儿与母亲在一起时,能安逸地玩弄玩具,对陌生人的反应比较积极,并不总是偎依在母亲身旁。当母亲离开时,探索性行为会受影响,明显地表现出一种苦恼。当母亲回来时,他们会立即寻求与母亲的接触,但很快又平静下来,继续做游戏。

(3)焦虑—反抗型

这类幼儿遇到母亲要离开之前,总显得很警惕,有点大惊小怪。如果母亲要离开他,他就会表现出极度的反抗。但是与母亲在一起时,又无法把母亲作为他安全探究的基地。这类幼儿见到母亲回来时就寻求与母亲的接触,但同时又反抗与母亲接触,甚至还有点发怒的样子。如孩子见到母亲立刻要求母亲抱他,可刚被抱起来又挣扎着要下来。要他重新回去做游戏似乎不太容易,他会不时地朝母亲那里看。

1990年,爱因思沃斯的学生又提出了一种新的依恋类型:**紊乱型(矛盾型)**。这种类型的孩子往往表现出最大程度的不安全感。他们在与父母重逢时,会有一系列混乱、矛盾的行为。有的在父母抱起他时,他还看着别的地方;有的对父母的出现毫无表情,或者很沮丧;还有一些在平静后突然又哭起来或表情非常古怪,动作冷冰冰的。

在所有的依恋类型中,安全型依恋是较好的依恋类型。

**知识视野**

爱因斯沃斯等人研究了母亲在孩子出生后最初3个月的喂养方式,对儿童社会性品质发展的影响。发现高敏感性的母亲能使1岁的孩子形成安全性依恋,反之,那些低敏感性、低反应性的母亲喂养的孩子大多形成回避型或反抗型的依恋。同样的研究是婴儿半岁后,继续在家中被观察。当婴儿满12个月时,重新考虑了母亲抚养类型与婴儿依恋间的关系。他们从敏感—不敏感、接受—拒绝、合作—干扰、易接近—忽略4个方面评定母亲抚养的行为特征。结果发现,安全依恋类型的母亲多能保持一致的、稳定的敏感、接纳、合作、易接近等特征;而回避型的母亲倾向于不敏感、拒绝;反抗型的母亲则倾向于干涉或忽略、拒绝。

**真题对接**

【2017年下半年真题】如果母亲具有敏感、接纳、合作、易接近等特征,其婴儿容易形成的依恋类型是(　　)

A. 回避型依恋　　B. 安全型依恋　　C. 反抗型依恋　　D. 紊乱型依恋

【答案】B

**3. 培养依恋的措施**

(1)注意“母性敏感期”期间的母子接触

有研究认为,最佳依恋的发展需要在“母性敏感期”期间孩子与母亲的接触。他们把正常医院条件下的母子接触和理想条件下的接触做比较。医院的标准做法是:出生时让妈妈看一下孩子,10个小时后孩子再在妈妈身边稍留一会儿。然后每隔4小时喂奶一次。理想条件是:出生后3小时起便有定时的母子(女)接触,在开始3天里,每天另有5小时让妈妈搂抱孩子。结果发现,理想条件下的孩子与妈妈更密切,面对面注视的次数更多,而且,后期依恋关系好。

(2)尽量避免父母与孩子的长期分离

研究表明,孩子与父母的长期分离会造成孩子的“分离焦虑”,从而影响孩子正常的心理发展。特别是6~8个月后的分离,会产生严重的影响。因为这个时期,正好是孩子与他人建立情感联系的关键时期。所以,不管存在什么样的困难,父母都要尽量自己负担起养育、教育孩子的责任。

(3)父母与孩子之间要保持经常的身体接触

如抱孩子,还要适当和孩子一起玩耍。同时,父母在和孩子接触时,要保持愉快的情绪,高高兴兴地和孩子玩。

(4)父母对孩子所发出的信号要敏感地做出反应

要注意孩子的行为(如找人、哭闹等),并给予一定的关照。

## (二)幼儿同伴关系的发展

考点4

**1. 同伴关系的概念和特点**

同伴关系是指儿童与其他孩子之间的关系,是年龄相同或相近的儿童之间的一种共同活动并相互协作的关系。它具有平等、互惠的特点。

**2. 同伴关系的类型**

根据同伴关系的不同,一般将儿童划分为受欢迎型、一般型、被拒绝型、被忽视型和矛盾型五种。

(1)受欢迎型儿童。喜欢与人交往,主动积极并表现较好,被大多数同伴所接纳、喜欢;他们在同伴中的交往地位高,影响力大。

(2)被拒绝型儿童。交往活跃,但常做出不友好的、攻击性的举动(强行加入、争夺玩具、大声喊叫等),为大多数同伴所不喜欢或常被拒绝。

(3)被忽视型儿童。不喜欢交往,常一个人玩,在群体交往中显得退缩、害羞、不起眼,常常被冷落。

(4)一般型儿童。表现一般,既不主动、友好,也不消极、敌对,既不为同伴特别喜爱,也不令人讨厌。

(5)矛盾型儿童。被某些同伴喜爱,同时又被其他同伴所不喜欢。

庞丽娟(1991)调查发现,受欢迎型儿童约占13.33%,被拒绝型儿童约占14.31%,被忽视型儿童约占19.41%,而一般型儿童约占52.94%,矛盾型儿童极少。可见,积极、受欢迎的同伴关系所占比例并不理想(不到五分之一),而消极、不良同伴关系则占大约三分之一(被拒绝型、被忽视型合计33.72%),大多数儿童处于一般化状态。

**3. 影响幼儿同伴关系发展的因素**

(1)家庭因素

①早期亲子交往的经验

亲子关系对今后的同伴关系有预告和定型的作用,而更近一些的观点则认为二者是相互影响的。

②父母的鼓励与教养方式

父母的鼓励影响着幼儿期的亲子交往。学龄前幼儿在各种不同场合及不同活动中努力寻找着自己的游戏伙伴,但是他们的这种能力是有限的,他们通常依靠父母来为自己建立与同龄人的伙伴关系。父母的作用体现在三个方面:第一,为孩子彼此间的接触提供便利的条件;第二,通过提供建议和指导影响孩子的社会交往;第三,父母自身的不同风格对幼儿社会化的影响。

③家庭的居住条件

现代住宅大多是单元结构,独门独户,这使幼儿的活动空间大大缩小,失去了与其他小伙伴在一起玩耍的场地;家庭缺少兄弟姐妹,幼儿所有的行为几乎都受到家长保护。

④幼儿的家庭教育条件

幼儿个体在社会化过程中,经历了一个交往中心由家庭向同辈群体转化的时期。家庭是幼儿社会化的重要场所。

(2)托幼机构因素

①教师的影响

一个幼儿在教师心目中的地位如何,会间接地影响到同伴对这个幼儿的评价。社会心理学家认为,在同伴群体中的评价标准出现之前,教师是影响幼儿最有力的人物。因此,作为教师,在教育过程中必须注意自己的言行对幼儿的影响。

②活动材料和活动性质

活动材料,特别是玩具,是幼儿同伴交往的一个不可忽视的影响因素,尤其是婴儿期到幼儿初期,幼儿之间的交往大多围绕玩具发生。

活动性质对同伴交往的影响主要体现在自由游戏的情境下,不同社交类型的幼儿表现出交往行为上的巨大差异,而在有一定任务的情境下,如在表演游戏或集体活动中,即使是不受同伴欢迎的幼儿,也能与同伴进行一定的配合、协作,因为活动情境本身已规定了同伴间的作用关系,对其行为有许多制约性。

游戏对同伴交往的影响,主要体现在:游戏的材料和场地;游戏角色和情节;游戏的语言。

(3)幼儿自身的特征

对幼儿来说,影响同伴关系的主要因素有:外表和个人性格。幼儿的身心特征一方面制约着同伴对他们的态度和接纳程度,另一方面也决定着他们在交往中的行为方式。①性别、长相、年龄等生理因素和姓名影响着幼儿被同伴选择和接纳的程度;②幼儿的气质、情感、能力、性格等个性、情感特征影响着他们对同伴的态度和交往中的行为特征,由此影响同伴对他们的反应和其在同伴中的关系类型。其中,对幼儿同伴交往关系影响最大的是其在交往中的积极主动性、交往行为及交往技能。

(4)其他

除了家庭、学校和幼儿自身对幼儿同伴关系有重要影响外,研究者还发现姓名以及出生顺序也会影响

幼儿对同伴的态度和交往的行为方式。

真题对接

【2016年上半年真题】影响在园幼儿同伴交往的因素有哪些?

【参考答案】参见内文。

**4. 交友关系中的问题幼儿**

在幼儿间的交往中,有的孩子受同伴欢迎,有的较普通,而还有一些孩子的交往存在一些问题。这些存在交友困难的幼儿可以分成两种:被忽视型幼儿和被排斥型幼儿。他们都具有各自的行为特点。

(1)被忽视型幼儿

体质弱、力气小、能力较差;积极行为与消极行为均较少,性格内向、慢性、好静、不太活泼、胆小、不爱说话、不爱交往,在交往中缺乏积极主动性,且不善交往;孤独感较重,对没有同伴与自己玩感到比较难过与不安。

(2)被排斥型幼儿

体质强、力气大、行为表现最为消极、不友好、积极行为很少;能力较强、聪明、爱玩、性格外向、脾气急躁、容易冲动、过于活泼好动、喜欢交往、在交往中积极主动、但又很不善于交往,对自己的社交地位缺乏正确评价(估计过高),对没有朋友一起玩不太在乎。

**5. 帮助儿童建立良好同伴关系的策略**

(1)教会儿童合作,增强儿童的自信感;(2)教会儿童游戏,提高儿童的参与度;(3)教会儿童接纳,融洽儿童的同伴关系;(4)教会儿童表达,培养儿童的积极情感。

真题对接

【2018年下半年真题】4岁的石头在班上朋友不多,一次,他看见林琳一个人在玩,就冲上去紧紧地抱住林琳。林琳感到不舒服,一把推开石头。石头跺脚大喊:"我是想和你做朋友的啊!"

问题:

(1)请根据上述材料,分析石头在班里朋友不多的原因。

(2)教师应如何帮助石头改善朋友不多的现状?

【答题指导】

首先,明确同伴交往的类型,并了解形成该类型的原因。

其次,可以根据同伴交往中的种种问题,提出建立良好同伴关系的相关策略。

最后,结合材料中的具体问题进行作答,是其明确条理化,清晰准确。

【参考答案】

(1)该材料主要体现中班幼儿石头的同伴交往类型主要是被拒绝型。材料中石头有主动交往意愿,但是缺乏交往的技巧和方法,影响其同伴交往的因素有如下几方面:①幼儿自身的特征。首先,性别、长相、年龄等生理因素影响着幼儿被同伴选择和接纳的程度。不同性别的儿童交往方式也是不同的,石头是男孩子,而材料中的林琳有可能是女孩子,则其交往的手段、方法都有一定的差异,石头的行为更加的直接、豪放,林琳相对来说比较文静、内敛,对于这样的交往方式难以接受。其次,幼儿的气质、情感、能力、性格等个性、情感特征影响着他们对同伴的态度和交往中的行为特征。材料中石头的年龄特征为活泼好动、易冲动、喜欢交往,4岁的石头正处于中班,喜欢从事结伙和合作的游戏与活动,但是其交往的技能技巧欠缺,影响了幼儿之间的同伴关系;材料中石头的气质类型倾向于胆汁质,精力旺盛,好冲动,做事情不善于先进行一定的思考。②活动材料和活动性质。材料中的林琳独自玩游戏,

说明林琳处于独自游戏阶段,而石头交往中并没有掌握社会性交往的技巧,直接"抱住"林琳,这样的举止会使得林琳出现反感、不舒服的现象,因此推开了石头。

(2)帮助儿童建立良好同伴关系,应从如下几方面入手:①教会儿童合作,增强儿童的自信感。对于那些因为有攻击性行为而遭到同伴拒绝的儿童,教师需要教他们如何用积极的方式解决冲突;而对于那些害羞和孤僻的儿童,可以引导他们与更小的儿童提前活动,从而增强其交往的信心,提高他们的社会交往能力。

②教会儿童游戏,提高儿童的参与度。一些不会游戏或对参与游戏缺乏方法的儿童,在游戏中学到被同伴群体接受的必要的社交技能,并能在游戏中改善与其他儿童的关系,从而进一步提高其交往的技能。

③教会儿童接纳,融洽儿童的同伴关系。帮助被忽略型儿童和被拒绝型儿童积极和适当地对待同伴的参与,接纳他人的加入。

④教会儿童表达,培养儿童的积极情感。教师在幼儿的一日生活中应当注意引导幼儿。例如,说话礼貌,对同伴表示赞赏,微笑、拥抱、轮流做事(玩)、共享一些东西,以及互相帮助等。

## 三、幼儿性别角色的发展 考点5

### (一)性别角色的概念

性别角色是被社会认可的男性和女性在社会上的一种地位,也是社会对男性和女性在行为方式和态度上期望的总称,包括性别概念、性别角色知识、性别行为等三方面。幼儿性别角色行为的发展,是在对性别角色认知的基础上,逐渐形成较为稳定的行为习惯的过程,从而导致幼儿之间在心理和行为上的性别差异。

### (二)性别概念的获得

根据现有的研究,学者们普遍认为幼儿的性别概念主要包括三种成分:性别认同、性别稳定性和性别恒常性。

性别认同(1.5~2岁)

**1. 性别认同的发展**

性别认同是指对自己和他人的性别的正确认识。性别认同出现的年龄较早,大致在1.5~2岁。在这一阶段儿童开始知道一些特定的活动或物品同性别的联系。例如,知道领带是"爸爸的",口红是"妈妈的"。儿童在2.5岁时,开始能够正确回答自己的性别。

在进行性别认同的线索方面,儿童往往先依据发型,特别是头发的长度,其次是服饰的特点来确认被观察者的性别。

研究发现,男女儿童性别认同的发展影响其性别行为,能够进行性别认同的儿童的性别行为显著地多于不能进行性别认同的儿童。

性别稳定性(4~5岁)

**2. 性别稳定性的发展**

性别稳定性是指对自己的性别不随其年龄、情境等的变化而改变这一特征的认识。幼儿的性别稳定性一般在3~4岁的时候就出现了。例如,在被问及"当你是个婴儿的时候,你是个男孩还是女孩""当你长大以后,你是爸爸还是妈妈",4岁以上的儿童够做出正确的回答。

**3. 性别恒常性的发展**

性别恒常性是指对人的性别不因为其外表(如衣着打扮等)和活动的变化而改变的认识。幼儿一般要到6、7岁才能获得性别恒

常性的认识,这一年龄也正是幼儿对液体和面积等物理特征开始守恒的年龄。幼儿首先对自己的性别认识产生了恒常性,然后才能应用到别人身上。其发展顺序大致表现为:(1)自身的性别恒常性;(2)与自己相同性别的他人的性别恒常性;(3)异性的性别恒常性。

性别恒常性(6~7岁)

有研究者认为,性别稳定性的发展依赖于儿童对其心理方面的特征的感知,性别恒常性的发展是儿童对其活动、外表特性的认识,这就导致了性别稳定性的发展早于性别恒常性的发展。

总之,幼儿性别认同、性别稳定性与性别恒常性之间的关系具有以下特征:(1)性别认同的产生早于性别稳定性;(2)性别恒常性出现最晚,幼儿所处的生活环境对其性别恒常性的发展影响不大;(3)大约在9岁,儿童开始能够用语言解释性别的稳定性和恒常性。

**真题对接**

**【2015年上半年真题】**幼儿如果能够认识到他们的性别不会随着年龄的增长而发生改变。说明他已经具有( )

A. 性别倾向性 B. 性别差异性 C. 性别独特性 D. 性别稳定性

**【答案】**D

### (三)幼儿性别角色认知的发展阶段与特点

儿童性别角色的认知经历了四个发展阶段,对于幼儿而言,主要经历了前三个阶段的发展。

**1. 知道自己的性别,并初步掌握性别角色知识(2~3岁)**

幼儿的性别概念包括两个方面:(1)对自己性别的认识;(2)对他人性别的认识。幼儿对他人的性别认识是从2岁开始的,但这时还不能准确说出自己是女孩还是男孩。直到2.5~3岁,绝大多数孩子能准确说出自己的性别。同时,这个年龄的孩子已经有了一些关于性别角色的初步知识,如女孩要玩娃娃,男孩要玩汽车等。

**2. 自我中心地认识性别角色(3~4岁)**

这个阶段的幼儿已经能明确分辨出自己的性别,并对性别角色的知识逐渐增多,如男孩和女孩在穿衣服和游戏、玩具方面的不同等。但这个时期的孩子能接受各种与性别习惯不符的行为偏差,如认为男孩穿裙子也很好。

**3. 刻板地认识性别角色(5~7岁)**

这个阶段的幼儿不仅对男孩和女孩在行为方面的区别认识得越来越清楚,同时开始认识到一些与性别有关的心理因素,如男孩要胆大、勇敢等。幼儿对性别角色的认识也表现出刻板性,他们认为违反性别角色习惯是错误的,如一个男孩玩娃娃会遭到同性别孩子的反对等。

### (四)幼儿性别行为发展的阶段与特点

**1. 幼儿性别行为的产生(2岁左右)**

2岁左右是幼儿性别行为初步产生的时期,具体体现在幼儿的活动兴趣、同伴选择和社会性发展三个方面。例如,14~22个月的幼儿,通常男孩在所有玩具中更喜欢卡车和小汽车,而女孩则更喜欢玩具娃娃或柔软的玩具。幼儿对同性别玩伴的偏好也出现得很早。在托幼机构中,2岁的女孩就表现出更喜欢与其他女孩玩,而不喜欢跟男孩玩。2岁的女孩对父母或其他成人的要求有更多的遵从,而男孩对父母要求的反应则更趋于多样化。

**2. 幼儿性别行为的发展(3～6、7岁)**

进入幼儿期后,幼儿之间的性别角色差异日益稳定、明显,具体体现在以下三个方面:

(1)游戏活动兴趣方面的差异

在现实中我们不难发现,幼儿期的游戏活动中,已经可以看到男女幼儿明显的兴趣差异。男孩更喜欢有汽车参与的运动性、竞赛性游戏,女孩则更喜欢过家家的角色游戏。

(2)选择同伴和同伴相互作用方面的差异

进入3岁后,幼儿选择同性别伙伴的倾向日益明显。研究发现,3岁的男孩就明显地选择男孩而不选择女孩作为伙伴。还有研究发现,男孩和女孩在同伴之间的相互作用方式也不同。男孩之间更多打闹、为玩具争斗、大声叫喊、发笑;女孩则很少有身体上的接触,更多是通过规则协调。

(3)个性和社会性方面的差异

幼儿期在个性和社会性方面已经开始有了比较明显的性别差异,并且这种差异不断发展。有研究显示,4岁女孩在独立能力、自控能力、关心他人三个方面优于同龄男孩;6岁男孩的好奇心、情绪稳定性和观察力优于女孩;6岁女孩对人与物的关心优于男孩。

## 四、幼儿社会性行为的发展 考点6

### (一)社会性行为概述

社会性行为指人们在交往活动中对他人或某一事件表现出的态度、言语和行为反应。它在交往中产生,并指向交往中的另一方。根据动机和目的不同,社会性行为可以分为亲社会行为和反社会行为两大类。

**1. 亲社会行为**

亲社会行为又称为积极的社会行为,指一个人帮助或打算帮助他人,做有益于他人的事的行为和倾向。幼儿的亲社会行为主要有:同情、关心、分享、合作、谦让、帮助、抚慰、援助、捐献等。亲社会行为的发展是幼儿道德发展的核心问题。关于亲社会行为的形成,人们普遍认为,幼儿的亲社会行为的形成是在从别人的角度考虑(移情)的基础上,产生情感反应(同情),进而产生安慰、援助等亲社会行为。从这个意义上说,**移情**是亲社会行为产生的基础。

(1)学前儿童合作行为的发展

合作行为是一种重要的亲社会行为,是儿童社会化的重要方面。所谓合作,是指两个或两个以上的个体为达到目标而协调活动,以促进一种既有利于自己又有利于他人的结果出现的行为。与合作行为相对的是竞争行为,竞争则是指希望超过他人而获得承认。

儿童在出生后的第二年,交往的同伴开始能够围绕共同的主题进行角色转换和角色轮流。随着年龄的增长,交往经验的增多,学前儿童之间合作的目的性、稳定性逐渐增强,他们能够为实现共同目标而努力。另外,他们的合作范围不断扩大,逐渐由两人之间的合作发展到三四人之间的合作,合作行为随着儿童年龄的增长而增加。

(2)学前儿童分享行为的发展

分享也是亲社会行为的一种表现,是指个人拿出自己拥有的物品让他人共享,从而使他人受益的行为。分享观念是指儿童与他人共同分享物品的公正看法,其对立面是"独占""多占"。

婴儿12个月时就已表现出指向动作的分享行为。例如,他们会把物体放在人们的手上或大腿上,然后继续操纵这个物体,这是分享行为的萌芽。儿童通过分享真实物品来保持与他人的积极交往。当他们能够以其他方式与他人交往时,分享行为就不突出了。所以12～24个月婴儿的分享行为随年龄增加很快,24～36个月婴儿的分享行为则随年龄的增长而下降。

(3)学前儿童助人行为的发展

助人行为是学前儿童期望参加社会互动的结果,也是一种典型的利他行为。可见,学前阶段儿童的助人行为呈增长趋势,在小学中期逐渐达到最高峰,到青少年早期则呈下降趋势,到成年早期又有所增加。

(4)学前儿童安慰行为的发展

安慰行为是指个人察觉到他人的消极情绪状态,如烦恼、哭泣等,并试图通过语言或行动使他人消除消极情绪状态,变得高兴起来的亲社会行为。知觉到他人的消极情绪状态,通过一定的技巧使他人的消极情绪状态得到改善,是安慰行为的两个要素。

儿童的安慰行为之所以随年龄的增长而增多,主要与他们对他人情绪状态的感知理解力有关。因此,一般情况下,个体的安慰行为是随着个体理解力的发展而发展的。

(5)学前儿童同情心的发展

同情心是一种对他人的处境、遭遇在感情上能激起共鸣,能分担他人的苦难忧虑,并发自内心地在行动上给予应有的慰藉、关心和帮助的道德情感。这是一个适应社会和群体合作的道德基础。学前儿童的同情主要产生于对老弱病残的关心和爱护,对象可以是人,也可以是物;可以是现实社会中的人和物,也可以是文学作品中的人和物。

不同年龄阶段儿童的同情观念的发展水平有显著差异。大班明显好于小班,但两者仅在同情父母和同伴上有显著差异。

**2. 反社会行为**

反社会行为也称消极的社会行为,是指可能对他人或群体造成损害的行为和倾向。其中最具代表性、在幼儿中最突出的是**攻击性行为**。

## (二)幼儿的亲社会行为

**1. 幼儿亲社会行为发展的阶段和特点**

幼儿在很小的时候就通过多种方式表现出亲社会行为。

(1)亲社会行为的萌芽(2 岁左右)

研究证明,2 岁左右,幼儿的亲社会行为即已萌芽。

观察发现,1 岁之前的儿童当看到别人处于困境,如摔倒、哭泣时,他们会加以关注,并出现皱眉、伤心的表情。到 1 岁左右,儿童还会做出积极的抚慰动作,如轻拍或抚摸等。

2 岁以后,随着生活范围和交往经验的增多,儿童的亲社会行为进一步发展,他们逐渐能够根据一些不太明显的细微变化来识别他人的情绪体验,推断他人的处境,并做出相应的抚慰或帮助行为。

(2)各种亲社会行为迅速发展,并出现明显个别差异(3 ~6、7 岁)

①合作性发展迅速

儿童亲社会行为发生频率最多的是合作行为,合作性游戏。有研究发现,在儿童的亲社会行为中,合作行为的发生频率最高,占一半以上。关于儿童的合作行为的发展可以从儿童同伴交往的发展中看出。

②分享行为受物品的特点、数量、分享对象的不同而变化

分享行为是幼儿期亲社会行为发展的主要方面。

③出现明显的个性差异

亲社会行为存在个别差异,这说明亲社会行为的发展需要适当的引导和教育。

近年来,一些关于儿童同情和利他行为的发展研究表明,这些行为并非一定随着儿童年龄增长而增多,有时可能出现减少的现象。亲社会行为的发展需要教育的参与,儿童不可能离开教育而自发成长为符合社会要求、品德高尚的社会成员。

**2. 影响幼儿亲社会行为的因素**

(1)社会生活环境

社会生活环境包括社会文化的影响和电视媒介的影响。社会宏观环境的影响要通过幼儿具体的生活环境来起作用,因为幼儿是生活在具体的家庭和同伴环境中的。

(2)幼儿日常的生活环境

①家庭的影响

家庭是幼儿形成亲社会行为的主要影响因素。家庭对幼儿亲社会行为的影响,主要表现在两个方面:榜样的作用,父母自身的亲社会行为成为幼儿模仿学习的对象;父母的教养方式,这是关键因素。从目前的研究看,人们普遍认为,民主型家庭有利于培养幼儿的亲社会行为。

②同伴相互作用

同伴关系对幼儿的亲社会行为具有非常重要的影响。同伴的作用在于模仿和强化两个方面。同伴可以作为一种社会模式或榜样影响幼儿的行为发展。如果让幼儿和那些更为成熟的幼儿在一起玩,他们就会变得更加合作,更多地采用建议或请求的方式,而不是用武力来对待别人。幼儿还没有足够评定自己行为的能力,于是就常把同伴的行为作为衡量自己的尺码。这种社会比较过程是幼儿建立自我形象与自我尊重的过程。

(3)移情

**移情**是指从他人的角度来考虑问题。不论是社会生活环境的影响,还是幼儿具体生活环境的影响,最终都要通过幼儿的移情起作用。移情是导致亲社会行为最根本、最内在的因素。对幼儿来说,由于其认识的局限,特别是容易自我中心地考虑问题,因此,帮助幼儿从他人角度去考虑问题,是发展幼儿亲社会行为的主要途径。

①移情的作用:一是移情可以使儿童摆脱自我中心,产生利他思想,从而导致亲社会行为;二是移情引起儿童的情感共鸣,产生同情心和羞愧感。

②移情能力发展的特点:对别人心理状态的理解从简单到复杂;从需要明显的外部线索到能理解隐蔽线索;儿童移情能力的水平是随儿童完成任务难度而变化;移情能力发展的关键期可能在4~6岁。

③影响移情能力发展的因素:家庭因素;同伴交往。

**真题对接**

**【2017年下半年真题】**简述移情对儿童亲社会性行为发展的影响。

**【参考答案】**参见内文。

### (三)幼儿的攻击性行为

攻击性行为是一种以伤害他人或他物为目的的行为。攻击性行为最大的特点是其目的性。幼儿的许多攻击性行为并非对对方有明确的敌意,而是为了其他目的而对他人造成伤害。

研究者将这两类实质上有差别的行为称为**工具性攻击行为和敌意性攻击行为**。

工具性攻击行为指幼儿为了获得某个物品所做出的抢夺、推搡等动作,这类攻击本身指向于一个主要的目标或某一物品的获取。

敌意性攻击则是以人为指向目标,其目的在于打击、伤害他人,如嘲笑、讽刺、殴打等。

**1. 幼儿攻击性行为的发展**

1岁左右幼儿开始出现工具性攻击行为,到2岁左右,幼儿之间表现出一些明显的冲突,如打、推、咬等。幼儿期幼儿的攻击性行为在频率、表现形式和性质上发生了很大的变化。从频率上看,4岁之前,攻击性行为的数量逐渐增多,到4岁最多,之后数量就逐渐减少。从具体表现上看,多数幼儿采用身体动作的方式,如推、拉、踢等,尤其是年龄较小的幼儿。随着言语的发展,幼儿从中班开始逐渐增加了言语的攻击。言语攻击在人际冲突中表现得越来越多,而身体动作的攻击反应则逐渐减少。从攻击性质看,以工具性攻击行为为主,但慢慢出现敌意性的攻击行为。幼儿期攻击性行为有如下特点:

(1)幼儿攻击性行为频繁,主要表现为为了玩具和其他物品而争吵、打架,行为更多是直接争夺或破坏

玩具和物品。(2)幼儿更多依靠身体上的攻击,而不是言语的攻击。(3)从工具性攻击向敌意性攻击转化,小班幼儿的工具性攻击行为多于敌意性攻击行为;而大班幼儿的敌意性攻击则显著多于工具性攻击。(4)幼儿的攻击性行为有着明显的性别差异,幼儿园男孩比女孩更多地怂恿和卷入攻击性事件。男孩比女孩更容易在受到攻击以后发动报复行为,碰到对方是男性比对方是女性时更容易发生攻击性行为。

**2. 影响幼儿攻击性行为的因素**

(1)父母的惩罚

研究发现,有攻击性行为的男孩的父母对他们惩罚更多,而且即使他们行为正确也经常受到惩罚。惩罚对攻击型和非攻击型的幼儿能产生不同的影响。惩罚能抑制非攻击型幼儿的攻击性,却不能抑制攻击型幼儿的攻击性,反而会加重他们的攻击性行为。因此,以惩罚作为抑制幼儿攻击性行为的方法往往给幼儿树立了攻击性行为的榜样。

(2)大众传播媒介(榜样)

大众传播媒介里的攻击性榜样会增加幼儿以后的攻击性行为,幼儿会从这些电视、电影暴力节目中观察学习到各种具体的攻击性行为。幼儿不仅能从暴力节目中学习到攻击性行为,更为重要的是,电视、电影人物的经历会使许多幼儿将武力视为解决人际冲突的有效手段,并在现实生活中实际依靠攻击性行为来解决与他人的矛盾。

(3)强化

当幼儿出现攻击性行为时,父母或教师不加制止或听之任之,就等于强化了幼儿的侵犯行为。同伴之间也能学会攻击性行为,如果一个幼儿成功地运用了攻击策略来控制同伴,就可以加强和增加他以后的攻击性。

(4)挫折

攻击性行为产生的直接原因主要是**挫折**。挫折是人在活动过程中遇到障碍或干扰,使自己的目的不能实现、需要不能满足时的情绪状态。研究认为,一个受挫折的幼儿很可能比一个心满意足的幼儿更具攻击性。对幼儿来说,家长或教师的不公正是挫折产生的主要原因之一。因此,教师和家长在处理问题时,要保持公正的态度和采用公正的方式。

### (四)社会性行为培养

**1. 儿童亲社会行为的培养**

(1)角色扮演法

**角色扮演**是一种使人暂时置身于他人的社会位置,并按这一位置所要求的方式和态度行事,以增进对他人社会角色及自身原有角色的理解,从而更有效地履行自己角色的心理学技术。

(2)移情训练

利用移情来教育儿童,使其具有内在的自我调节能力,比一味地限制、要求这种外部约束要有效得多。

移情一方面,可以使儿童从他人的角度考虑问题,产生利他思想;另一方面,可以引起儿童的情感共鸣,产生同情心和羞愧感。移情训练的具体方法有:听故事,引导理解、续编故事,扮演角色等。

(3)榜样示范法

心理学的研究表明,**模仿**是儿童获得相应的社会行为的重要途径。儿童亲社会行为的获得与表现在一定程度上与模仿有密切的关系。因此,为儿童提供亲社会行为的榜样是培养其亲社会行为的最基本方法。

①在教育、教养儿童的过程中,为儿童提供亲社会行为的榜样;②家长、教师应注意在自己的日常生活中为儿童树立良好的行为榜样;③教师和家长要通过故事书、电视节目等多种途径为儿童提供分享、合作、助人等良好行为榜样。

(4)善用精神奖励

儿童亲社会行为无论是自觉的还是不自觉的,都需要得到群体的认可。儿童一旦出现了利他行为,成人和教师要及时强化,如表扬、奖励等,使儿童获得积极反馈,达到逐渐巩固的目的。反之,习得的利他行为可能消退。

**2. 控制和减少儿童攻击性行为的方法**

(1)创设良好环境,控制环境和传媒的影响;(2)改善亲子关系,纠正家长不正确的教育方法;(3)提高儿童的自控能力和交往技能,帮助儿童掌握解决社会性冲突的技能;(4)提高儿童的社会认知水平和移情能力;(5)引导儿童掌握合理的心理宣泄方法;(6)及时表扬和奖励儿童亲社会行为。

**3. 幼儿攻击性行为的矫治**

在学前期,矫正幼儿的攻击性行为十分重要,首先要让家长明白,不能把进取性和攻击性混淆在一起。幼儿期的攻击行为可以发展成为成人期严重的人际交往和社会适应困难,甚至还可能发展为斗殴、凶杀等违法行为。

矫治严重的攻击行为可采取以下方法:

(1)榜样法。将有攻击行为的幼儿置身于无攻击行为的楷模之中,可减少其攻击行为;或者让他们观察其他幼儿的攻击行为如何受到禁止或惩罚,也可起到同样的作用。

(2)阳性强化法。如攻击性强的幼儿在规定时间内没有攻击行为,则可结合具体情况适当给予奖励。

(3)消退法。在幼儿园若对攻击行为采取不予理睬的方式,而对合作行为则给予奖励,就可能减少攻击行为。在这种方法实行的初期,不良行为发生的次数会明显增加而且剧烈程度也会大大增加,并且会出现一些情感反应性行为(如哭叫、绷脸、噘嘴等),这时应坚持执行下去,这样不良行为的发生才会逐渐地减少。

(4)暂时隔离法。即当幼儿出现某种不良行为时,让他离开他很感兴趣的阳性增强的环境,或暂时停止接触阳性增强物。此外,需要注意的是,不可采用体罚的方法,因为事实上体罚往往增加幼儿的攻击行为,有的幼儿还会因此而产生自伤行为或造成焦虑等精神疾病。

## 第九节　幼儿的个体差异

(本节共3个考点)

### 考向分析

本节主要介绍幼儿个体差异的概念、幼儿个体差异类型、个体差异形成的原因、尊重个体差异,促进儿童个性发展等相关知识。相关知识考频分析如下表:

| 考点 | 考试频率 | 题型 | 重要程度 |
|---|---|---|---|
| 幼儿个体差异类型 | 1 | 单项选择 | ★ |
| 尊重个体差异,促进儿童个性发展 | 1 | 单项选择、论述 | ★★ |

本节知识主要以单项选择题、论述题的形式考查。单项选择题考查的比较精细,考生在复习的时候要认真;论述题考查系统知识的掌握程度,这部分内容需要考生理解记忆。

# 思维导图

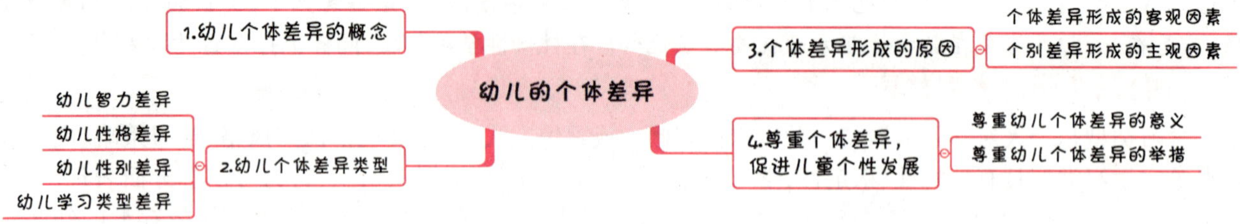


# 考点精讲

## 一、幼儿个体差异的概念

学前儿童发展具有个别差异

个体（个别）差异一般是指个性差异，即个体之间在稳定的心理特点上的差异，包括性格、能力、兴趣等方面的差异。幼儿教育心理学中的个别差异，着重分析幼儿在幼儿园的学习活动中表现出来的个体差异。在这里，个体差异指幼儿在幼儿园学习与教学情景下，在智力、性格、性别、认知方式等方面的差别。个体差异研究旨在提高幼儿学习的动机水平，最大程度地激发幼儿已有的能力，促进幼儿的学习。

## 二、幼儿个体差异类型　考点1

### （一）幼儿智力差异

由于智力是个体先天禀赋和后天环境相互作用的结果，所以个体智力的发展存在明显的差异，智力的个体差异包括智力发展水平的差异和智力类型的差异。智力发展水平的差异是指个体与同龄团体智商稳定的平均数相比较所表现出的差异。智力类型差异是指根据个体在知觉、记忆、表象、思维和言语等活动中的特点与品质不同，智力表现形式也不同。加德纳的多元智力理论就反映了幼儿在智力类型方面的差异。

### （二）幼儿性格差异

性格的个别差异表现在性格特征差异和性格类型差异两个方面。性格特征差异表现在四个方面：(1)性格的态度特征；(2)性格的意志特征；(3)性格的情绪特征；(4)性格的理智特征。性格的类型是指一类人身上所共有的性格特征的独特结合。根据不同的划分标准，性格类型可分为外向型与内向型、独立型与顺从型等。

幼儿期是幼儿性格初步形成的时期。这时期，幼儿的性格已经表现出明显的个别差异。性格的好坏作为一种动力因素会影响幼儿学习的速度和质量，因此，我们应更重视幼儿良好性格的培养，为幼儿个体全面发展打好基础。

### （三）幼儿性别差异

男女性别差异主要源于社会实践和风俗习惯的不同，取决于他们的社会地位、教育、种族和职业。两三

岁的孩子，开始知道自己是男孩还是女孩，渐渐懂得男孩与女孩的区别。他们通过模仿同性别的人，逐渐出现性别角色的心理萌芽。

性别差异不仅会影响幼儿学习某种技能的速度，还会影响到幼儿的学习方式。例如，大部分女孩开口说话比男孩早，在遣词造句方面也比男孩要好些、早些。在数学方面，从童年到少年，女孩的算术比男孩稍强；可是在此之后，男孩在数学推理方面就要略显优势。在社会性学习领域，同样也存在着性别差异。

### (四)幼儿学习类型差异

学习类型是个人对学习情境的一种特殊反应倾向或习惯方式，它主要包括认知风格、学习策略、内外控制点等。学习类型具有独特性、稳定性，学习类型的差异通过个体的认知、情感、行为习惯等方面表现出来。其中，个体认知风格的差异主要表现在场独立型和场依存型、冲动型与沉思型等方面。场依存型的幼儿对客观事物的判断易受外界因素的影响，社会敏感性强；场独立型的幼儿倾向于对事物进行独立判断。冲动型的幼儿认识问题速度快，但错误多；沉思型的幼儿认识问题时，谨慎全面，错误少。

**真题对接**

【2016年下半年真题】教师要依据幼儿的个体差异进行教育，下列现象不属于幼儿个体差异表现的是(　　)

A. 某幼儿往常吃饭很慢，今天为了得到教师的表扬，吃得很快

B. 有的幼儿吃饭快，有的幼儿吃饭慢

C. 某幼儿动手能力很强，但语言能力弱于同龄儿童

D. 男孩通常比女孩表现出更多的身体攻击行为

【答案】A

## 三、个体差异形成的原因

考点2

幼儿个别(个体)差异的形成原因，概括地说可以分成两大类，即客观因素和主观因素。客观因素包括遗传因素和环境因素。遗传因素决定生长发育的可能性，环境因素决定生长发育的现实性。幼儿生长发育的过程也就是个体的遗传因素与环境因素相互作用的过程。

### (一)个体差异形成的客观因素

**1. 遗传因素**

遗传决定机体生长发育的可能性。幼儿生长发育的家族性、种族性差异是遗传因素影响机体的具体体现。在良好的生活环境下长大的幼儿，其成年时的身高在很大程度上取决于遗传。

**2. 环境因素**

幼儿的生长发育不是孤立自发的过程，环境因素决定生长发育的现实性。

营养是保证幼儿生长发育的物质基础。营养素缺乏或不合理的膳食不仅会影响发育，而且会导致各种营养缺乏症。

(1)营养对生长发育中的幼儿的形态、机能也都会发生暂时的或永久的影响；(2)体育运动是促进幼儿身体发育和增强体质的有效手段；(3)任何急慢性疾病对幼儿生长发育都能发生直接影响；(4)合理的生活制度可以促进幼儿生长发育；(5)季节与气候因素对幼儿的生长发育也有一定的影响；(6)环境污染阻碍幼儿的生长发育。

另外，家庭的经济状况和教养方式，战争、饥荒、经济萧条等社会因素对幼儿的生长发育也有重要的影响。

### (二)个别差异形成的主观因素

影响幼儿的主观因素包含需要、兴趣爱好、能力、性格、自我意识以及心理状态等全部心理活动。

(1)需要是最活跃的因素；(2)兴趣和爱好是引起个别(个体)差异的重要因素；(3)自我意识在心理活动中起控制作用；(4)心理状态，包括注意、激情、心境等是心理活动的背景。

由于上述原因，每个幼儿的生长发育的内外部条件是不一样的，故个别（个体）差异的形成是必然的。

## 四、尊重个体差异，促进儿童个性发展

考点3

### （一）尊重幼儿个体差异的意义

**1. 享受适当的教育是每个儿童的权利**

作为教师，首先应从保护儿童基本权益高度去认识尊重幼儿个体差异的必要性和重要性；要树立享受适当的教育是每个儿童的权利的理念。

唯有尊重幼儿个体差异，才是真正意义上的平等教育和教育机会平等。不难推论，随着民主化程度的推进，接受适合自己的教育的要求必然越来越强烈。这种要求也必将受到更多的关注，因而也就越来越需要“尊重幼儿个体差异”。

**2. 尊重幼儿个体差异是儿童全面发展的桥梁**

促进受教育者全面发展是各级教育的目标，尤其是基础教育的目标。全面发展也是每个儿童的需要。尊重幼儿个体差异的提出就是在追求最适合每个受教育者的教育。

此外，尊重幼儿个体差异也是促进社会进步和发展的阶梯。

### （二）尊重幼儿个体差异的举措

**1. 细心观察、全面了解儿童**

要关注儿童的个体差异就需要老师细心观察，全面了解儿童。

**2. 识别优势与弱势，寻求突破口**

儿童找到他所擅长的领域时，就会乐于探索，并逐步建立良好的自我感觉，成功的体验让他有信心迎接另一难度更大的挑战。只有真正了解、分析幼儿，才能找到突破口，让优势带动弱势，最终促进儿童全面和谐地发展。

**3. 用心琢磨，读懂孩子，满足需求**

每个孩子来自不同的家庭，他们的个性也截然不同，教师应了解他们的个性，努力进入孩子们的内心世界，了解他们的需求，帮助他们树立信心。

**真题对接**

【**2016年上半年真题**】试述教师尊重幼儿个体差异的意义与举措。

【**参考答案**】参见内文。

# 第十节　学前心理学的研究方法

（本节共4个考点）

## 考向分析

本节主要介绍观察法、谈话法、作品分析法、实验法等相关知识。相关知识考频分析如下表：

| 考点 | 考试频率 | 题型 | 重要程度 |
| --- | --- | --- | --- |
| 教师观察幼儿行为的意义 | 1 | 单项选择 | ★ |
| 实验法的概念 | 1 | 单项选择 | ★ |

本节知识主要以单项选择题和简答题的形式考查。单项选择题考查的比较精细,考生在复习的时候要认真;简答题考查系统知识的掌握程度,这部分内容需要考生理解记忆。

## 思维导图

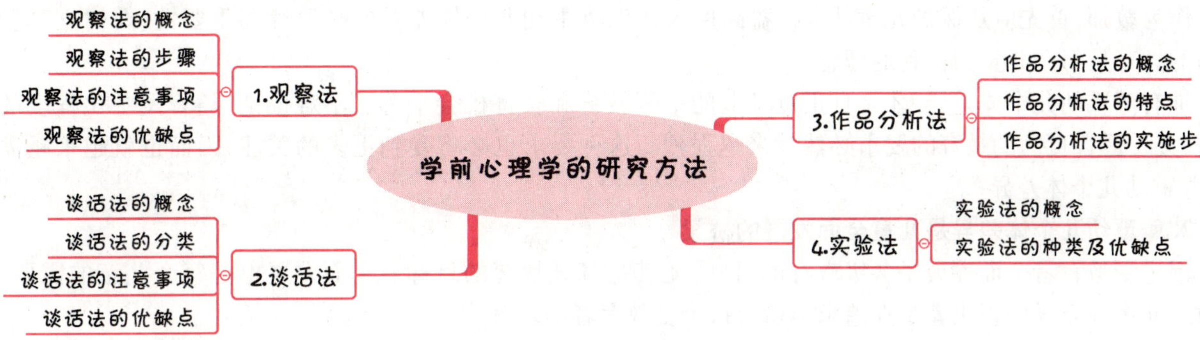


## 考点精讲

### 一、观察法

考点 1

#### (一)观察法的概念

观察法是在自然情境中有计划、有目的地收集幼儿的行为与言语,以了解幼儿心理与行为的一种方法。观察法是实证研究最基本的方法,在学前心理学研究中的应用非常广泛,是在托儿所、幼儿园里**最常用、最实用**的研究方法。幼儿的言语能力有限,但心理活动带有明显的外显性,因此通过观察他们的外部行为和言语,可以了解幼儿心理过程、心理状态和心理特征。

#### (二)观察法的步骤

这里的观察法有别于我们的日常观察,日常观察是非系统的观察,而观察法主要是指系统的观察。在系统观察时首先要建立起一个所需记录的某种行为的分类系统和等级量表,并制定出记录的方法。因此,进行观察研究通常要进行观察设计。观察设计一般包括以下三个步骤:(1)确定观察内容;(2)选择观察策略;(3)制定观察记录表。

#### (三)观察法的注意事项

(1)幼儿心理活动不稳定,行为表现常带有偶然性,因此要进行多次反复的观察,避免在幼儿行为评定中的主观性;

(2)尽量让幼儿处在自然状态,不要使他们意识到自己已成为观察对象;

(3)记录要准确、详细,研究者不仅要记录幼儿行为本身,而且要记录行为的前因后果和环境条件。

**知识视野**

**教师观察幼儿行为的意义**

1. 可以了解幼儿的发展水平

(1)通过观察可以了解幼儿的经验获得水平;(2)通过观察可以了解幼儿能力的发展;(3)通过观察可以了解幼儿的心理需要;(4)通过观察还可以了解幼儿个体的学习方式。

2. 可以使幼儿园更好地开展保教活动

教师在教育过程中有目的地观察幼儿,关注幼儿的谈话、讨论,了解他们的兴趣、需求。

3. 是促进教师专业发展的途径之一

一方面,其目的之一是改进教师的保教工作。另一方面,因为幼儿行为观察的过程,本身就是一个教师参与研究的过程,教师参与研究是教师专业的发展最重要且最有效的途径之一。

**真题对接**

【2017年上半年真题】简述教师观察幼儿行为的意义。

【参考答案】参见内文。

### (四)观察法的优缺点

观察法的主要优点是在自然状态下幼儿的言行反应真实自然,研究者获取的资料比较真实,生态学效度较高。其缺点是:(1)受到研究者限制,难以做到绝对客观,所得资料不免带有一定主观性。(2)需要大量的时间和精力,不适用于大样本研究,会影响研究结果的代表性。(3)无法探究事物内部联系、内部核心问题等较为隐蔽的问题。(4)自然状态下的观察缺乏控制,无关变量混杂其中,影响观察结果的有效性。

## 二、谈话法

考点2

### (一)谈话法的概念

谈话法是研究者根据研究目的,"寻访"被调查对象,通过谈话的方式了解被研究者对某个人、某件事情、某种行为或现象的看法和态度。

### (二)谈话法的分类

(1)根据研究者对谈话结构的控制程度,分为结构型、无结构型与半结构型谈话;

(2)根据谈话对象的范围,分为个别谈话和集体谈话;

(3)根据谈话次数,分为一次性谈话和多次谈话;

(4)根据研究者与谈话对象的接触方式,分为直接谈话和间接谈话。

### (三)谈话法的注意事项

(1)研究者事前要熟悉幼儿,并与其建立亲密关系,谈话应在愉快、信任的气氛中进行,使幼儿乐意回答研究者的问题;

(2)提出的问题一定要明确,幼儿易于理解和回答,问题数量不宜太多,以免引起幼儿疲劳和厌烦;

(3)谈话内容应及时记录,也可使用录音或摄像设备,便于以后的资料整理与核实。

### (四)谈话法的优缺点

谈话法的优点是能有针对性地收集研究数据,适用于不同文化程度的研究对象,而且具有较问卷法更高的回收率和有效率。其缺点是谈话结果的可靠性受到谈话者自身素质、谈话对象特点等因素的限制。

## 三、作品分析法

考点3

### (一)作品分析法的概念

作品分析法是研究者运用一定的心理学、教育学原理和有效经验,对研究对象专门活动的作品进行分析研究,从而了解研究对象心理活动的一种方法。研究对象的作品很多,如作业、日记、作文、笔记、绘画作品、考试试卷、工艺制品等。

### (二)作品分析法的特点

(1)以作品为依据,具有客观性;(2)按科学程序分析,具有系统性;(3)受研究者自身的"倾向性"影响。

### (三)作品分析法的实施步骤

(1)确定研究目标与研究主题;(2)定义关键术语;(3)作品抽样;(4)设计与开发简易研究工具;(5)信度检测;(6)评价与自我指导。

## 四、实验法

考点 4

### (一)实验法的概念

实验法是指在控制的条件下系统地操纵某些变量,来研究这些变量对其他变量所产生的影响,从而探讨幼儿心理发展的原因和规律的研究方法。实验法是揭示变量间的因果关系的一种方法,实验结论可以由不同的实验者进行验证。

### (二)实验法的种类及优缺点

| 种类 | 概念 | 优点 | 缺点 |
| --- | --- | --- | --- |
| 实验室实验 | 是在严密控制实验条件下借助于一定的仪器所进行的实验 | 研究者对实验情境和实验条件进行严密控制,实验结果客观、准确、可靠(实验的内部效度较高),便于进行定量分析 | 实验情境人为性较强,脱离幼儿的实际生活,实验结论难以推广到幼儿日常生活中去(实验的生态学效度较低) |
| 自然实验 | 在幼儿的日常生活、游戏、学习和劳动等正常活动中,有目的、有计划地控制某些条件,来引起并研究幼儿心理变化的方法 | 实验情境是自然的,因此被试往往可以保持正常的状态,实验获得的结果也比较真实,这与观察法相同 | 由于强调在自然条件下进行实验,难免出现各种不易控制的因素 |

**真题对接**

**【2015 年上半年真题】**在儿童的日常生活、游戏等活动中,创设或改变某种条件,以引起儿童心理的变化。这种研究方法是(　　)

A. 观察法　　　　B. 自然实验法

C. 测验法　　　　D. 实验室实验法

**【答案】**B

# 第十一节　幼儿期的问题行为及其矫治

(本节共 2 个考点)

## 考向分析

本节主要介绍幼儿的身体发展常见问题、幼儿的心理发展常见问题等相关知识。本节知识可能会以单项选择题和简答题的形式考查。单项选择题考查的比较精细,考生在复习的时候要认真;简答题考查系统知识的掌握程度,这部分内容需要考生理解记忆。

## 思维导图

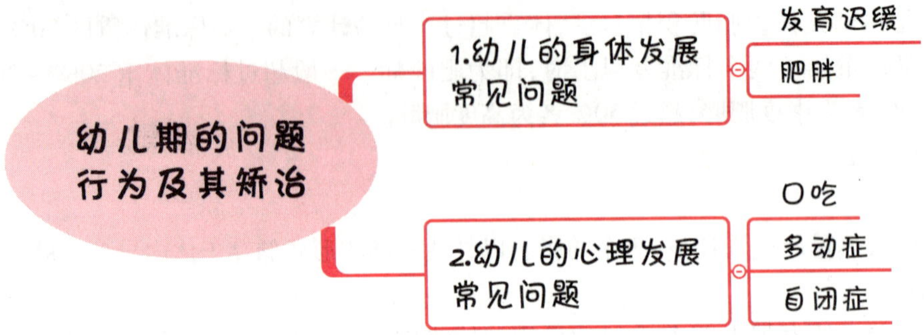


## 考点精讲

### 一、幼儿的身体发展常见问题

考点1

在教育实践过程中，研究发现，很多幼儿在身体的发展过程中容易出现发育迟缓和肥胖等方面的问题。

#### （一）发育迟缓

**1. 发育迟缓的概念**

发育迟缓是指在生长发育过程中出现速度放慢或是顺序异常等现象，发病率在6% ~8%。在正常的内外环境下幼儿能够正常发育，一切不利于幼儿生长发育的因素均可不同程度地影响其发育，从而造成幼儿的生长发育迟缓。

**2. 生长发育迟缓的表现**

生长发育迟缓的表现往往是多方面的。例如，体格发育、运动发育及智力发育落后，但也可以以某一方面为突出表现。如果身高、体重、头围的测量值全部都偏低的话那就表示孩子的发育出现了全面发展的迟缓；如果只是身高、体重、头围的某一项指标出现偏低，那就表示幼儿可能出现了部分的发育迟缓。

**3. 幼儿发育迟缓的原因**

发育迟缓的原因多种多样，有的是自然的过程，有的属于遗传因素，有的则属于疾病。其中80% ~90%的生长迟缓幼儿属于正常的生长变异，如家族性矮身材、体质性发育延迟以及低出生体重性矮小，这些与先天遗传因素或宫内的发育不良有关，其生长速度基本正常，也不需要特殊治疗。

高危儿的神经系统在发育过程中易受各种病理因素损害，是引起今后幼儿运动、语言、智力、感觉统合等功能障碍的主要诱因，其出现异常运动发育和智能发育的概率是正常婴儿的8 ~10倍。但对于这样的孩子，家长仍应创造良好的后天外部条件，促进其生长潜力最大限度地发挥。

另外一些原因是属于病态的，如染色体异常、代谢性疾病、骨骼疾病、慢性疾病、慢性营养不良性疾病、内分泌疾病等引起的生长发育迟缓，对于这一部分因疾病原因引起的身材矮小，应去医院进行检查，找出生长缓慢的病因并进行治疗。

**4. 发育迟缓的治疗**

（1）增加锌的摄入

锌是人体必需的微量元素，它是人体的“生命之花”。补锌可以有效治疗解决发育迟缓。补锌宜多食粗面粉、豆腐等大豆制品、牛肉、羊肉、鱼、瘦肉、花生、芝麻、奶制品等。

（2）早期干预

早期干预是指对发育偏离正常或可能偏离正常而在其生长发育早期进行的一种有组织、有目的、旨在

纠正其异常姿势、使其尽量恢复正常的教育活动。

### (二)肥胖

**1. 幼儿肥胖症的概念**

幼儿肥胖症是指幼儿体内脂肪积聚过多,体重超过按身高计算的平均标准体重的20%,或者超过按年龄计算的平均标准体重加上两个标准差以上时,即为肥胖症。一般超过标准体重20% ~30%者为轻度肥胖,超过30% ~50%者为中度肥胖,超过50%者为高度肥胖。

**2. 幼儿肥胖的诱因**

(1)营养过剩

营养过剩致摄入热量超过消耗量,多余的脂肪以甘油三酯的形式储存于体内导致肥胖。

(2)心理因素

心理因素在肥胖症的发展上起着重要的作用。情绪创伤或父母离异、丧父或者丧母、被虐待、受溺爱等,可诱发胆小、恐惧、孤独,而造成不合群、不活动,以进食为自娱自乐,导致肥胖。

(3)缺乏运动

幼儿肥胖一旦形成,由于行动不便,便不愿意活动以至体重日增,形成恶性循环。

(4)遗传因素

肥胖症有一定的家族遗传倾向,双亲胖,子代70% ~80%出现肥胖;双亲之一肥胖,子代40% ~50%出现肥胖;双亲均无肥胖,子代近1%出现肥胖;单卵孪生者患病率亦极高。

(5)中枢调节因素

正常人体存在中枢能量平衡调解功能,控制体重相对稳定。如果个体调节功能失去平衡,而致机体摄入过度,超过需求,就会引起肥胖。

**3. 幼儿肥胖症的治疗**

幼儿肥胖症的治疗,最主要的是饮食控制,其次是运动锻炼,太胖的需要用药物治疗,关键在于自身下决心以及家长们的监督合作。

## 二、幼儿的心理发展常见问题

考点2

### (一)口吃

口吃为常见的语言节奏障碍。口吃的发生并非因发音器官或神经系统有缺陷,而是与心理状态有密切关系。口吃出现的年龄以2 ~4岁为多。2 ~3岁,一般是口吃开始发生的年龄,3 ~4岁是口吃的常见期。

**1. 口吃的表现**

口吃表现为正常的语言节律受阻,无法控制地重复某些字音或词句,发音延长或停顿,常伴有跺脚、摇头、挤眼、歪嘴等动作,才能费力地将字迸出。

有口吃的儿童大都性格内向、不开朗、自卑、羞怯、退缩、情绪易急躁、冲动。

出于对口吃的恐惧心理和高度注意,越怕口吃越口吃,终成心理痼疾。

**2. 引起口吃的诱因**

(1)精神创伤:受惊吓;迁入陌生的环境,久久不

能适应;家庭破裂,失去温暖;等等。

(2)模仿:幼儿喜欢模仿,觉得口吃者滑稽可笑,先模仿,终成口吃。

(3)心理紧张:心理紧张是引起口吃的重要因素。如突然的精神刺激、环境的改变、精神紧张过度等,这些都可以导致孩子发生口吃现象。

(4)成人的教养方式不当,尤其是当孩子发音不准、说话不流利的时候,成人过分的指责给孩子造成心理压力,从而导致口吃。

(5)疾病:幼儿患百日咳、流行性感冒、猩红热等传染病,或脑部受创伤后,都可造成大脑皮质功能减退而发生口吃。

**3."发育性口齿不流利"不是"口吃"**

值得注意的是,2~5岁的幼儿正是语言和心理发展十分迅速的阶段,词汇也逐渐丰富,但言语功能尚未熟练,还不善于选择词汇,因此说话时常有迟疑、不流畅的现象。这种现象称为"发育性口齿不流利",不是口吃。

如果家长或教师对幼儿上述口齿不流利的现象,流露出担心、不安的心情,并时时提醒"别结巴",或强迫幼儿"把话再说一遍",幼儿在开口前心理紧张了,怕说不好,就更加张口结舌,很有可能真发展成口吃。

**4.口吃的矫治**

(1)要消除环境中导致幼儿心理紧张的不良因素

解除幼儿的心理紧张是矫治口吃的重要方法。特别是4岁以后,儿童已经出现对自己语言的意识。如果对他的口吃现象加以斥责或过急要求改正,将会加剧其紧张情绪,使口吃现象恶性循环,甚至由此导致幼儿避免说话,或回避说出某些词,难以纠正口吃。这种情况发展下去,还将对幼儿的性格形成产生不良影响,导致孤僻等性格特征。家长、教师不要议论其口吃,更不能耻笑、责骂。

(2)正确对待幼儿说话时不流畅的现象,成人和孩子说话时要正确示范,要教给孩子正确的说话方法

成人宜用平静、从容、缓慢、轻柔的语气语调和幼儿说话,来感染他们,使他们学会说话时不着急,呼吸平稳,全身放松,特别是不去注意自己是否又结巴了;多让幼儿练习朗诵、唱歌;不强迫幼儿当众说话。和谐的家庭氛围,正确的教育方法,有规律的生活,充足的睡眠,都有助于幼儿恢复正常的语言节律。

## (二)多动症

多动症是幼儿期多动综合征的简称,又名注意缺陷与多动障碍(简称ADHD)或轻微脑功能失调。注意障碍是其主要特征,即明显的注意力不集中和注意持续时间短暂,活动过度和冲动,常伴有学习困难或品行障碍。一般报告都认为,多动症在学龄儿童中的发生率比幼儿高。

**1.临床表现**

多动症的表现多种多样,最常见的症状有以下几点:

(1)注意障碍。这是多动症的主要症状,患儿注意力不能持久,容易受到外界的干扰而分心,做事往往容易半途而废或频繁转换。

(2)活动过多。一部分患儿在婴儿期就表现为行为不规则变化、过分哭闹、饮食睡眠情况差、活动度保持高水平等。在幼儿期,则主要表现为喜欢干预每一件事,不能静坐,很早入睡或很早醒来,参加集体活动有困难。入学后活动过多更明显,课堂上小动作多,严重者会影响到课堂秩序。另外,多动症的幼儿在任何时候说话都特别多,爱在大人讲话的时候插嘴。

(3)冲动性。多动症幼儿的行为与情绪方面都存在冲动性。患儿做事缺乏思考,不考虑后果,情绪不稳定,出现反抗和攻击行为。

(4)学习困难。多动症幼儿好动,注意力有障碍,情绪波动大等,因而影响了他们课堂上的学习效果以及完成作业的质量,使得他们常伴有学习困难。

(5)神经和精神发育异常。患儿可出现感知觉和认识障碍,他们左右分辨困难,少数患者伴有语言发育延迟、语言表达能力差等问题。患儿还出现动作协调困难,如翻手、对指、指鼻、系鞋带等都不灵活。平衡方面也有障碍,学骑自行车、跳绳等都存在较大困难。

**2. 原因**

研究表明,多动症是由多种原因引起的一组综合征,发生的原因和机理十分复杂,至今仍不完全清楚。主要有以下几个方面:

(1)遗传。多动症有家族聚集现象,但是特定的遗传基因现在还没被发现。

(2)进食因素。医学家们发现,含水杨酸过多的食品(如番茄、苹果等)、某些食品添加剂(如味精、某些食用色素等)以及高糖饮食都对多动症有影响。此外食入含铅、铝过多的食物(如油条、爆米花等)也可引起多动症。然而,这些关系还有待确定。

(3)心理社会因素。活动过度可能因为缺乏安全感和不稳定的家庭关系而引起。若父母患有精神病、酗酒和行为不端将影响幼儿的行为控制。父母或学校教养方式不当、社会风气不良都有可能成为引发多动症或使症状长期存在的原因。

(4)脑的因素。由于各种原因引起的脑损伤、额叶功能失调、脑内神经递质和有关酶的改变都有可能成为多动症的病因。

**3. 矫治**

对于幼儿,治疗多动症一般应以教育和心理治疗为主。

(1)感觉统合训练。患有多动症的幼儿,常在动作技能、语言、社会性等方面比一般幼儿发展迟缓,因而,需进行较多的训练。此外,还应培养多动症幼儿有规律的生活和行为。

(2)心理治疗。包括行为疗法、支持性心理治疗、认知治疗等方法。行为疗法对多动症的治疗很有效果,治疗时,根据幼儿的主要症状加以排列,运用强化的方法,先矫正容易矫正的行为,再逐步深入到较难矫正的行为,并用良好的行为逐渐取代不良行为。

(3)行为疗法或行为指导:治疗的重点在于培养和发展患儿自制力、注意力。行为疗法主要是对患儿进行特殊训练,如视觉注意力训练、听觉注意力训练、动作注意力训练等活动,这种特殊的训练可以提高患儿集中注意的时间。

(4)饮食疗法:近年来有人研究发现,限制西红柿、苹果、橘子、人工调味品等含甲醛、水杨酸类食品的摄入,对儿童多动症有明显疗效,可考虑试行。

(5)药物治疗。药物治疗主要用于6岁以上青春期以前的学龄儿童,首选中枢兴奋剂,但现有证据显示这类药物对患儿的有利效果主要限于短期的行为改善,从长期效果来看,服用过药物的活动过度的幼儿表现并不比从未服过药的活动过度的幼儿好。

此外,教师还应注意把他们过多的精力引导开来,要组织他们多参与各种室外体育活动,在进行活动时要注意安全,培养他们的社交能力。在课堂上,教师应帮助这类幼儿集中注意力。例如,在经过他身边时,拍拍他的肩提醒他注意听讲,并要注意不要把这类幼儿的座位安排在门口或窗边,最好让这类幼儿与成绩优秀的幼儿坐在一起。

### (三)自闭症

自闭症也称坎纳综合征,国内也有人译为孤独症,这是一种严重的发展障碍,会有严重的社交和言语困难。国外研究报道,自闭症发生率很小,一般1万名幼儿中大约有2名幼儿会有自闭症,但出现的概率,男孩一般会比女孩多出4~5倍。中国有关专家自1982年起开始对自闭症加以研究并有过病例报道,但系统的流行病统计资料目前尚无。

**1. 表现**

美国《精神疾病诊断与统计手册》(第四版)上的诊断标准是目前国际上通用的自闭症诊断标准，主要有三个方面：

(1)社会交往方面的严重障碍。自闭症的幼儿因其缺乏社会兴趣，对一切人，甚至他们的父母，都表现得很冷漠。

(2)语言交往方面的障碍。很多自闭症幼儿终身有失语症或只能说极为有限的单词，其语言应用能力也很低。患儿在语言的声调、重音、速度、节律及音调等方面均可能表现出异常。还有不少自闭症幼儿时常出现尖叫，这种情况有时能持续至五六岁或更久。

(3)行为、兴趣和活动方面的狭窄、刻板和重复性质。

**2. 原因**

它的成因目前医学上并无定论，可能的主要因素有下列几项：

(1)遗传的因素。在20%的自闭症患者中，他的家族可找到智力不足、语言发展迟滞和类似自闭症的表现。此外，自闭症男孩中约10%有X染色体脆弱症。患儿的同胞发生本病的发病率为2% ~5%，比一般人患病率高出50倍，同卵双生子比异卵双生子的发病率要高。

(2)怀孕期间的病毒感染。妇女怀孕期间可能因得过麻疹或有流行性感冒等病毒感染，使胎儿的脑部发育受损。

(3)新陈代谢疾病。如苯酮尿症等先天的新陈代谢障碍，造成脑细胞的功能失调和障碍，会影响脑神经信息传送的功能，而造成自闭症。

(4)脑伤。包括在怀孕期间窘迫性流产等因素而造成大脑发育不全，生产过程中早产、难产、新生儿脑伤，以及婴儿期因感染脑炎、脑膜炎等疾病造成脑部伤害等，都可能增加患自闭症的机会。

**3. 矫治**

自闭症愈后大多不良，往往残留行为障碍，以致适应困难，不能独立生活，仅少数人长大后，能适应社会生活。还没出现过完全治愈的案例，一般是综合心理治疗，尤其是利用行为矫正技术和特殊教育来进行治疗。

(1)行为教育方法。对矫治自闭症幼儿最主要并且历史最长的行为教育方法是离散单元教法，主要采用的是干预人员(一般是由专家指导的大学生、研究生或患儿的家长)与患儿的一对一的训练。此外，还有自然教法、视觉教法、语言行为教育模式等。

(2)家庭治疗。孤独症幼儿在学习新的事物时，如果用不一致的方法教，孩子容易产生不适应行为，导致不好的效果，因此为建立一个适合孩子的学习环境，应给孩子进行家庭辅助。

①舒缓家庭压力。一般的家庭得知孩子患了自闭症时，大都会造成各种有形或无形的压力，此时需要家人合作一起帮助孩子，共同面对现实。

②创造合适的学习环境。家长应该针对孩子的需要，创造适合的学习情境，诱发其学习动机，使患儿自己愿意学习。

③反复练习。对于孩子不会的技巧与行为，可以将该行为设计在前后关联的事件中，通过反复练习来帮助孩子学习。以训练洗手为例，可以每天吃饭前或吃点心前练习，使他养成洗手的习惯。

④安排多样化。自闭症幼儿的矫治并不是只限于家里或教室，周围一切有关的人和事物都可以作为训练患儿计划的一部分。例如，对于放学走固定路线回家的孩子，可以带领他常换不同的路线回家，让他明白走不同的路都可以到家。

此外，对于自闭症幼儿常用的治疗方法还有音乐疗法、感觉统合训练等，应视患儿具体情况在专业人士指导下采取。

## 强化练习

| 建议用时 | 实际用时 | 设定分值 | 实际得分 |
| --- | --- | --- | --- |
| 130 分钟 | | 180 分 | |

### 一、单项选择题(每小题 3 分,共 45 分)

1. 下列属于 5 ~ 6 岁儿童心理特征的是(　　)
A. 认识依靠行动　　B. 开始掌握认知方法
C. 开始接受任务　　D. 最初步的生活自理

2. 一个小女孩听爸爸说这次出国回来要给她买电动火车,于是,她到幼儿园对小伙伴说:"我爸爸从国外给我带回一个电动火车,可好玩了。"这是小女孩(　　)的表现。
A. 记忆　　B. 想象
C. 知觉　　D. 撒谎

3. 2 岁孩子往往会伸手要求站在楼上的妈妈抱。这说明他的(　　)
A. 大小知觉发展不足　　B. 形状知觉发展不足
C. 距离知觉发展不足　　D. 想象力不够丰富

4. 2 岁半的豆豆还不会自己吃饭,可偏要自己吃;不会穿衣,偏要自己穿。这反映了幼儿(　　)
A. 情绪的发展　　B. 动作的发展
C. 自我意识的发展　　D. 认知的发展

5. 吉布森和沃克进行的"视崖实验"被称为发展心理学的经典实验之一,是一项旨在研究幼儿(　　)的实验。
A. 空间知觉　　B. 方位知觉
C. 深度知觉　　D. 距离知觉

6. 小明去动物园看到假山一会儿说像狮子,一会儿说像熊猫,一会儿又说像猴子。小明的行为体现了幼儿心理特点的(　　)
A. 无意性　　B. 情绪作用大
C. 有意性　　D. 稳定性

7. 可用来解释儿童因为经常观看电视上的暴力镜头,攻击性行为增加了的现象的是(　　)
A. 直接强化　　B. 替代强化
C. 自我强化　　D. 负强化

8. 3 ~ 6 岁幼儿的发展任务是培养(　　)
A. 信任感　　B. 自主性
C. 主动性　　D. 勤奋感

9. 为了了解幼儿同伴交往的特点,研究者深入幼儿所在的班级,详细记录其交往过程的语言和动作等。这一研究方法属于(　　)
A. 访谈法　　B. 观察法
C. 实验法　　D. 作品分析法

10. 婴幼儿手眼协调的标志性动作是(　　)
A. 无意触摸到东西　　B. 握住手里的东西
C. 伸手拿到看见的东西　　D. 玩弄手指

11. 若儿童言语发育、社会交往出现障碍,而且伴有行为异常,兴趣奇特,往往是(　　)的症状。
A. 口吃　　B. 缄默症
C. 自闭症　　D. 多动症

12. 我们看到苹果的形状和颜色,嗅到它的气味,摸到它的光滑,尝到它的滋味,在意识中形成这个苹果的整体形象。这种反映形式属于(　　)
A. 感觉　　B. 知觉
C. 表象　　D. 概念

13. 皮亚杰的前运算阶段是指(　　)
A. 0 ~ 2 岁　　B. 2 ~ 7 岁
C. 7 ~ 11 岁　　D. 11 ~ 15 岁

14. 幼儿教师在做动作示范时往往采用"镜面示范"的原因是(　　)
A. 幼儿是以自身为中心来辨别左右的
B. 幼儿好模仿
C. 幼儿分不清左右
D. 使幼儿看得更清楚

15. 玲玲跳舞时,既能使自己的动作与音乐合拍,又能与同伴保持一致,还能配上适当的表情。这属于(　　)
A. 注意的分配　　B. 注意的广度
C. 注意的范围　　D. 注意的稳定性

### 二、简答题(每小题 15 分,共 75 分)

1. 简述学前儿童心理发展的基本趋势。
2. 简述幼儿动作发展的规律。

3. 简述幼儿注意分散的原因及防止措施。
4. 简述幼儿自我意识的培养策略。
5. 简述影响幼儿亲社会行为的因素。

**三、论述题(每小题 20 分,共 40 分)**

1. 试述幼儿期攻击性行为的特点。
2. 试述引起口吃的诱因。

**四、材料分析题(本大题共 20 分)**

阳阳的父母在外地工作,把阳阳长期托付给爷爷奶奶抚养。爷爷奶奶之间关系不融洽。经常争吵,对阳阳也疏于照料,只注意让阳阳吃饱穿暖,很少关心、亲近阳阳。渐渐的,阳阳变得越来越不爱说话,不爱和其他小朋友玩。情绪不稳定,性情越来越孤僻。活动的积极性大大降低,坚持性也变差……父母回来看望她,阳阳也显得很冷漠,且回避父母。

请结合上述材料,分析阳阳所形成的依恋类型及其影响,并提出帮助阳阳形成安全型依恋的合理建议。



## 参考答案

**一、单项选择题**

1. B【解析】幼儿晚期(5～6 岁)的心理特点:(1)好学、好问;(2)抽象概括能力开始发展;(3)个性初具雏形;(4)开始掌握认知方法。
2. B【解析】愿望性想象就是在想象中表露出个人的愿望。题干描述的是小女孩的愿望性想象。
3. C【解析】距离知觉是辨别物体远近的知觉。幼儿可以分清他们所熟悉的物体或场所的远近,对于比较广阔的空间距离,他们还不能正确认识。2 岁幼儿不能很好地判断距离的远近,因此往往会伸手要求站在楼上的妈妈抱。
4. C【解析】大约 2 岁左右,孩子出现自我意识的萌芽,其突出的表现在于独立行动的愿望很强烈。
5. C【解析】为了了解婴幼儿深度知觉的发展状况,吉布森和沃克设计了“视崖”实验。“视觉悬崖”是一种测查婴儿深度知觉的有效装置,这种装置把婴儿放在厚玻璃板的平台中央,平台一侧下面紧贴着方格图案。
6. A【解析】略。
7. B【解析】替代强化是指学习者通过观察他人行为所带来的奖励性后果而受到强化。如看到儿童的一个同伴推倒了另一个同伴,并获得想要的玩具,该儿童可能在以后尝试使用这个方法。
8. C【解析】根据埃里克森的人格发展的八阶段理论,主动感对内疚感(3～6 岁)的发展任务是获得主动感,克服内疚感,体验着目的的实现。
9. B【解析】观察法是在自然情境中有计划、有目的地收集幼儿的行为与言语,以了解幼儿心理与行为的一种方法。
10. C【解析】眼手协调动作出现的主要标志是伸手能抓到东西。
11. C【解析】自闭症也称坎纳综合征,国内也有人译为孤独症,这是一种严重的发展障碍,会有严重的社交和言语困难。主要表现在三个方面:社会交往方面的严重障碍;语言交往方面的障碍;行为、兴趣和活动方面的狭窄、刻板和重复性质。
12. B【解析】知觉是人脑对直接作用于感受器的客观事物的整体反映。它和感觉一样,都是对直接作用于人脑的客观事物的反映,但又有区别:感觉是对事物的个别属性的反映,而知觉却是对事物的整体反映。在意识中形成苹果的整体形象属于知觉。
13. B【解析】略。
14. A【解析】幼儿是以自身为中心来辨别左右的,所以幼儿教师在做动作示范时应面向幼儿,采用“镜面示范”。

15. A【解析】略。

二、简答题(答案要点)

1. (1)从简单到复杂;
(2)从具体到抽象;
(3)从被动到主动;
(4)从零乱到成体系。

2. (1)从整体到局部规律(由整体到分化);
(2)首尾规律(从上至下);
(3)近远规律(由近及远);
(4)大小规律(由粗到细,或者说由大到小)。

3. (1)幼儿注意分散的原因:①连续进行的单调活动;②缺乏严格的作息制度;③无关刺激的干扰;④注意转移的能力差;⑤不能很好地进行两种注意的转换。
(2)防止幼儿注意分散的措施:①排除无关刺激的干扰;②根据幼儿的兴趣和需要组织教育活动;③灵活地交互运用无意注意和有意注意。

4. (1)在日常生活中培养幼儿的自我意识;
(2)在各种活动中正确引导幼儿的自我意识;
(3)教师评价幼儿要把握分寸;
(4)教师应为幼儿提供自我评价的机会;
(5)家园配合,指导家长实施正确的教育。

5. (1)社会生活环境。
(2)幼儿日常的生活环境。①家庭的影响;②同伴相互作用。
(3)移情。

三、论述题(答案要点)

1. (1)幼儿攻击性行为频繁,主要表现为为了玩具和其他物品而争吵、打架,行为更多是直接争夺或破坏玩具和物品。
(2)幼儿更多依靠身体上的攻击,而不是言语的攻击。
(3)从工具性攻击向敌意性攻击转化,小班幼儿的工具性攻击行为多于敌意性攻击行为;而大班幼儿的敌意性攻击则显著多于工具性攻击。
(4)幼儿的攻击性行为有着明显的性别差异,幼儿园男孩比女孩更多地怂恿和卷入攻击性事件。男孩比女孩更容易在受到攻击以后发动报复行为,碰到对方是男性比对方是女性时更容易发生攻击性行为。

2. (1)精神创伤:受惊吓;迁入陌生的环境,久久不能适应;家庭破裂,失去温暖;等等。
(2)模仿:幼儿喜欢模仿,觉得口吃者滑稽可笑,先模仿,终成口吃。
(3)心理紧张:心理紧张是引起口吃的重要因素。如突然的精神刺激、环境的改变、精神紧张过度等,这些都可以导致孩子发生口吃现象。
(4)成人的教养方式不当,尤其是当孩子发音不准、说话不流利的时候,成人过分的指责给孩子造成心理压力,从而导致口吃。
(5)疾病:幼儿患百日咳、流行性感冒、猩红热等传染病,或脑部受创伤后,都可造成大脑皮质功能减退而发生口吃。

四、材料分析题(答案要点)

(1)材料中阳阳所形成的依恋类型是焦虑—回避型依恋。回避型依恋的幼儿,母亲离开时,儿童不表现出明显的分离焦虑;母亲返回时,也不主动寻求接触;材料中阳阳孤僻、不爱说话、父母回来看望表现出冷漠正是焦虑—回避型依恋的体现。

(2)影响:①对阳阳的社会行为产生影响,社会性交往水平降低,阳阳逐渐不爱说话,不爱和其他小朋友玩;

②对阳阳的情绪产生影响,导致阳阳情绪不稳定;

③对阳阳的个性产生影响,使阳阳性情越来越孤僻,活动的积极性大大降低,坚持性也变差。

(3)建议:①稳定的照看者是儿童依恋形成的必要条件。通常,这个人是母亲。母亲在婴儿依恋的形成过程中扮演着重要的角色。阳阳需要有稳定的照看者,父母应该尽量避免与阳阳的长期分离,即使分离,也需要注意给予阳阳关心,如多打电话、多视频等,保持与阳阳情感上的沟通。

②照看的质量(包括照看的态度和环境)。爷爷奶奶逐渐修复关系,给阳阳提供充满爱的成长环境,尽量不在阳阳面前争吵,多给予阳阳一些情感上的支持与关注。

③阳阳的父母与阳阳之间要保持经常的身体接触,对阳阳发出的信号要及时做出反应。

④家庭因素。正常家庭,尤其是婚姻美满、成人之间充满温馨、较少有家庭摩擦,那么会使儿童的依恋的安全感增强。

# 02 学前教育原理

## 题型分析与考情预测

从历年考试真题看来，本节的常考题型为单项选择题、简答题、论述题和材料分析题。

在备考时，考生应以这四种题型为主，归纳相应知识点的可能考查题型。其中，单项选择题2～4道，以幼儿教育概述、中外幼儿教育的发展、学前教育的基本原则与基本特点、《幼儿园教育指导纲要（试行）》、《3～6岁儿童学习与发展指南》为主；简答题和论述题0～1道，以中外幼儿教育的发展、学前教育的基本原则与基本特点、《幼儿园教育指导纲要（试行）》、《3～6岁儿童学习与发展指南》为主；材料分析题0～1道，以中外幼儿教育的发展、学前教育的基本原则与基本特点、《幼儿园教育指导纲要（试行）》、《3～6岁儿童学习与发展指南》为主。

# 第一节　教育概述

（本节共3个考点）

## 考向分析

本节主要介绍教育的内涵、教育目的、教育与政治、经济和人的发展的关系等相关知识。本节知识可能会以单项选择题和简答题的形式考查。单项选择题考查的比较精细，考生在复习的时候要认真；简答题考查系统知识的掌握程度，这部分内容需要考生理解记忆。

## 思维导图

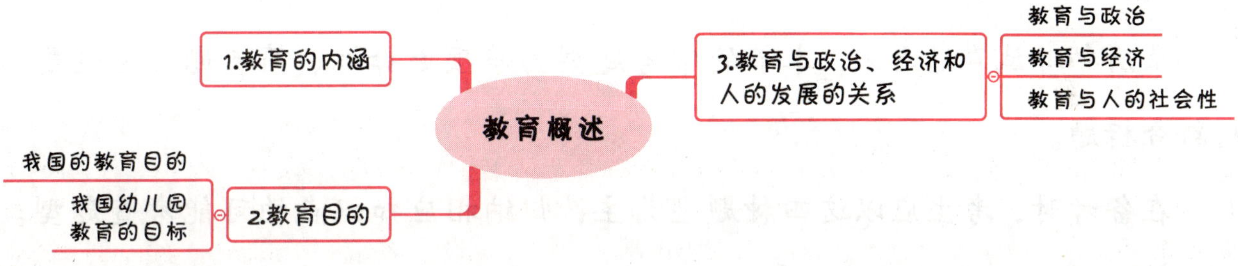


## 考点精讲

### 一、教育的内涵

考点1

教育是人类有目的地培养人的一种社会活动，是传承文化、传递生产与社会生活经验的一种途径。“教育”一词最早见于《孟子·尽心上》的“得天下英才而教育之，三乐也”。

兼顾社会和个体两个方面给教育下定义：教育是在一定社会背景下发生的促使个体的社会化和社会的个性化的实践活动。

教育是一种有目的地培养人的社会活动，这是教育区别于其他事物现象的根本特征，是教育的本质属性。教育的社会属性包括：永恒性、历史性、继承性、阶级性、长期性、相对独立性、生产性、民族性。

### 二、教育目的

考点2

#### （一）我国的教育目的

教育目的是指一个国家、民族通过教育，把受教育者培养成为什么样的人，是国家对培养人才的质量和规格的总体要求。

《中华人民共和国教育法》规定，我国的教育目的是：教育必须为社会主义现代化建设服务、为人民服务，必须与生产劳动和社会实践相结合，培养德、智、体、美等方面全面发展的社会主义建设者和接班人。这一教育目的确定了我国社会主义初级阶段教育对象的发展方向，是一切教育活动的出发点和归宿。

#### （二）我国幼儿园教育的目标

**1. 幼儿园教育目标的内涵**

教育目的是国家对各级各类教育事业培养人的统一的质量要求，但由于社会所需要的人是多层次、多

规格的,教育对象的身心发展水平也各有特点,所以国家对各级各类教育提出了特殊的、具体的要求,即各级各类教育的目标。

幼儿园教育目标是教育目的在幼儿园教育这一阶段的具体化,是国家对幼儿园提出的培养人的规格和要求,是全国各类型幼儿教育机构统一的指导思想。

幼儿园教育目标是完成幼儿园教育任务,提高幼儿园教育质量的重要指导思想,国家通过这一目标对全国幼儿园教育进行领导和调控。

**2. 制定幼儿园教育目标的依据**

社会要求和幼儿身心发展的规律是制定幼儿园教育目标的主要依据。

(1)社会要求

①幼儿园教育目标要符合我国社会发展和国情的需求

就目前来看,我国社会发展对教育提出了如下问题:家庭规模的小型化趋势;独生子女问题;农村、贫困地区对学前教育的需求。

②幼儿园教育目标也要预见社会新的要求,具有前瞻性

世界正在进行的一场新的技术革命,我国也毫不例外地处在这个浪潮之中。这就要求教育不仅要面向本国社会的需求,还要面向世界,面向未来,以适应未来社会的发展。

(2)幼儿身心发展特征和规律

教育是培养人的活动。教育目标体现了教育者和社会对于教育对象的期望,这种期望是以幼儿身心发展水平和规律为基础的。这是制定幼儿园教育目标的重要依据。随着人类的进化以及生活水平的提高,幼儿身心发展体现出以下特点:①幼儿的生理和心理呈加速度发展;②儿童智力发育好,知识面开阔,好奇、好问、喜欢想象,不断尝试新事物;③活泼好动,喜欢交往,但是在交往过程中也表现出主动性偏低,防御心理较重和在活动中自我中心较强,合作精神不足的特点;④运动能力偏低,独立性差。

## 三、教育与政治、经济和人的发展的关系　考点3

### (一)教育与政治

**1. 政治对教育的影响(政治与教育的关系)**

(1)政治对教育目的的影响

①权力机关利用其拥有的立法权,颁布一系列教育法律、政策和规章,以保证合法地实现教育目的。②权力机关利用其拥有的组织、人事权力控制教育者的行为导向,使之符合教育目的。③权力机关通过行政部门控制公职人员的选拔与录用。④权力机关还通过经济杠杆控制教育方向,并对办学权力进行严格控制(民间办学均要申请审批)。

(2)政治对教育制度的影响

①教育制度必须保持与政治制度的一致与相适应,教育制度往往都随政治发展而变革。②政治对教育制度的改革起定向和支持作用。

(3)政治对教育财政的影响

①政治决定教育经费份额的多少,权力机关会随着社会发展而不断调整教育经费在整个社会总投入中的份额。②政治决定教育经费的筹措。政府会根据其财政收支情况及政治需要而决定教育经费的筹措办法,或者是完全由政府财政支出,或者由民间集资、私人出资,或者三者兼而有之。

**2. 政治与学前教育**

(1)政府权力机关及职能部门对学前教育的重视与领导是发展学前教育的决定条件

历史事实充分说明:一个地区或部门的权力机构和领导人的态度、意志对该地区学前教育发展与改进

起着决定性作用。如果他认识到学前教育的重要性并大力支持发展学前教育的话,则该地区的学前教育将会有与众不同的发展。

(2)不同社会制度下接受学前教育的程度不同

我国学前教育在亚太地区属于比较好的,20 世纪末统计 3 ~6 岁幼儿入园率约为35%,加上入一年学前班的幼儿则入园率可达60%。

## (二)教育与经济

**1. 经济是教育的基础**

经济是人类社会生存和发展的基础,一定的经济发展水平为教育提供了经济条件,并对教育发展提出了一定的要求。经济与教育的关系具体体现在以下几个方面:

(1)经济发展是教育发展的物质基础;(2)经济发展决定着教育发展的规模和速度;(3)经济发展引发的经济结构和变革影响着教育结构的变化;(4)经济发展水平制约着教育内容和手段。

**2. 现代教育对整个社会经济发展起着巨大的促进作用**

(1)现代教育是物质资料生产和再生产的重要条件

劳动者接受过一定程度的教育,进行过系统的专业培养,是从事生产和再生产的必备条件。

(2)现代教育是提高劳动生产率的必要因素

劳动者的教育水平与劳动生产率的提高成正比。科学技术在生产上的应用也是提高劳动生产率的因素,科学技术应用于生产,教育是中介,通过教育实现科技与生产的结合。

## (三)教育与人的社会性

**1. 人的个体社会化**

(1)人的个体社会化的概念

人的个体社会化是指个体适应社会的要求,在与社会交互作用过程中,通过学习与内化而形成社会所期待的及其应承担的角色,并相应地发展自己的个性的过程。个体社会化的概念反映了个体与社会之间关系的重要性,没有社会成员之间在社会行为、态度与价值标准等方面的基本一致,任何社会和群体的存在都是不可能的。

(2)个体社会化的分类

个体社会化既然反映了个体与社会的一种关系,那么,它就必然因个体的年龄阶段而有差异,又因社会的期待内容而不同,由此可以将个体社会化的过程分两大类:①与个体不同年龄阶段相对应的童年社会化、青少年社会化、成人社会化等;②由社会期待不同而导致的如认知社会化、道德社会化、特别角色社会化、政治社会化、职业社会化等。

**2. 学前教育在个体社会化中的作用**

人的社会化过程是从人出生后开始的。儿童入学前,在良好的教育环境下,能够从不懂、不会到逐步完善自己,并达到适应社会生活的基本要求。

出生到3 岁儿童的社会化主要是在家庭中进行的。婴儿出生不久,就表现出与亲人交往的愿望,如看妈妈的面孔微笑,在成人逗引下发出欢快的声音等。在儿童不会说话之前,哭叫便是与人交往和表达要求的手段,儿童常用哭声或哼哼的声音表达愿望。同时,成人还应主动引导儿童的交往活动,如让儿童做一些动作,认识一些物品或拾放物品,用玩具引导儿童做游戏。儿童可以独立行走后,活动范围扩大了,主动性可以发挥了,这时应为儿童提供多种环境,让儿童有更多的机会接触环境,接触不同年龄、不同环境、不同性别的人,并引导儿童与其发生交往活动。最初形成的社会习惯是较容易的,也是可贵的,而长大再去纠正不良的习惯,却是很困难的。

# 第二节　幼儿教育概述

（本节共4个考点）

## 考向分析

本节主要介绍幼儿教育的含义、性质和意义，我国学前教育的总体目标的内容，我国幼儿教育的任务等相关知识。相关知识考频分析如下表：

| 考点 | 考试频率 | 题型 | 重要程度 |
| --- | --- | --- | --- |
| 我国幼儿教育的任务 | 2 | 单项选择 | ★ |

本节知识主要以单项选择题的形式考查。单项选择题考查的比较精细，考生在复习的时候要认真。

## 思维导图

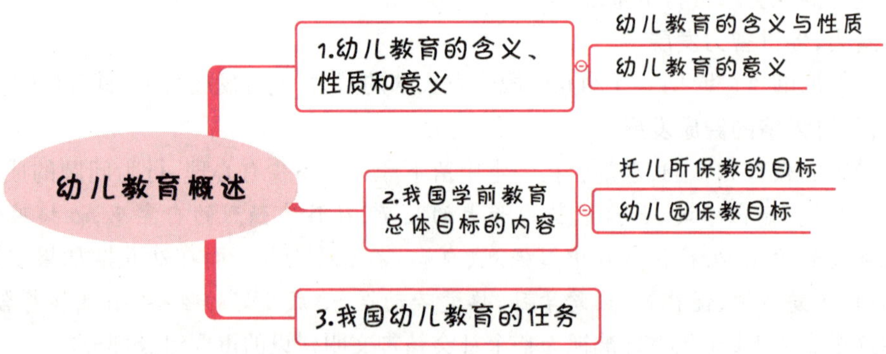


## 考点精讲

### 一、幼儿教育的含义、性质和意义

#### （一）幼儿教育的含义与性质　考点1

**1. 幼儿教育的含义**

对3~6岁年龄阶段的幼儿所实施的教育就称为**幼儿教育**。幼儿教育是学前教育的后一阶段，前与0~3岁婴儿教育衔接，是婴儿教育的继续；后与初等教育衔接，为幼儿上小学以及终身学习打下基础。

幼儿教育也有广义和狭义两种理解。从广义上说，凡是能够影响幼儿身体成长和认知、情感、性格等心理各方面发展的活动，如幼儿在家看电视、看图书、帮父母做家务劳动，或随成人去旅游、参观、看电影、参加社会活动等，都是幼儿教育。而狭义的幼儿教育则指幼儿园（或其他名称的幼儿教育机构）教育。幼儿园教育在我国是归属于学校教育系统的。和学校教育一样，幼儿教育也具有家庭、社会教育所没有的优点，如专业性、目的性、系统性等；但是，幼儿园教育与学校教育不同的是，3~6岁这一特定年龄阶段的幼儿与学校教育对象——青少年是不同的群体，他们有特殊的需要，而满足这些需要在更大的程度上要家庭和社会的配合。因此，幼儿园教育又具有区别于学校教育的很多特点。其中，与家庭、社会的紧密联系可以说是最突出

的,正因为此,从广义和狭义两方面全面地把握幼儿教育的含义显得尤其重要。

**2. 幼儿教育的性质**

不同形态的社会,由于社会的政治制度不同,幼儿教育的性质也就不同。我国是社会主义制度的国家,我国幼儿教育的性质是社会主义的,其社会主义性质,体现在以下两个方面:

(1)设置幼儿园、托儿所等幼儿教育机构主要是为了解放妇女劳动力,解除广大职工、居民后顾之忧,减轻家长在教育子女方面的负担,为家长安心参加社会主义建设提供便利条件。

(2)从制定未来新一代的教育方针来讲,我国的幼儿教育是社会主义教育的组成部分,是教育的基础,是向幼儿实施体、智、德、美全面发展的教育,为入学做准备。

关于我国幼儿教育的性质,可以认为它是为社会主义建设服务的第三产业。它既要为家长服务,又要为社会主义建设、为社会主义培养接班人服务。幼儿教育的社会功能既是妇女解放的必要措施,又是培养人才的基础教育,同时又是促进社会主义精神文明、实现计划生育国策的重要保证。



### (二)幼儿教育的意义

考点2

**1. 促进生长发育,提高身体素质**

幼儿教育根据幼儿生长发育的特点,着眼于幼儿身体素质的提高,有计划地为幼儿创设一个让其身心愉快的环境。在培养幼儿良好性格的同时,合理地安排营养保健和一日生活,组织体育锻炼,培养幼儿良好的生活卫生习惯,增强其对疾病的抵抗能力和对环境变化的适应能力等,帮助幼儿增强体质,健康地成长,为将来成为体魄健壮的社会成员打下基础。

**2. 开发大脑潜力,促进智力发展**

幼儿期是智力发展的关键时期。在幼儿阶段开发大脑的潜力,充分发展智力,具有特殊重要的意义。

**3. 发展个性,促进人格的健康发展**

在幼儿时期受到的教育和影响,常常会在一生中留下印记。不少有心理、行为问题的成人,其原因常常可以追溯到其童年时代,如在冷漠、甚至虐待中长大的儿童,往往有强烈的自卑感,性格孤僻,或者性格暴躁,富于攻击性;被溺爱的儿童,往往自我中心强烈、自私、不爱劳动等。而在幼儿期如果受到良好教育,就能形成许多好习惯,如爱清洁、懂礼貌、热爱学习、热爱劳动等,形成良好的性格、个性和符合社会要求的行为规范。正是在这个意义上,幼儿教育被视为整个社会精神文明建设的重要组成部分。

**4. 培育美感,促进想象力、创造性的发展**

由于幼儿思维、情感的特点,他们喜欢用形象、声音、色彩、身体动作等来思考和表达。从这一特点出发,幼儿教育以美熏陶、感染幼儿,满足其爱美的天性,萌发其美感和审美情趣,激发他们表现美、创造美的欲望,发展他们艺术的想象力、创造力,促进健全人格的形成。

## 二、我国学前教育总体目标的内容

考点3

由于我国的学前社会教育机构主要包括托儿所和幼儿园,而托幼机构实施的又是保教并重的原则,因此,我国学前教育的目标包括托儿所的保教目标和幼儿园的保教目标。

### (一)托儿所保教的目标

托儿所是对0~3岁幼儿进行集体保育和教育的机构。早在1981年,卫生部妇幼所就颁发了《三岁前小儿教养大纲(草案)》,提出托儿所的保教总目标是:“培养幼儿在德、智、体、美各方面得到发展,为造就体魄健壮、智力发达、品德良好的社会主义新一代打下基础。”

具体表现为:(1)发展婴幼儿的基本动作,进行适当的体格锻炼,增强婴幼儿的抵抗力,提高婴幼儿的健康水平,促进婴幼儿身心正常发展。(2)发展婴幼儿模仿、理解和运用语言的能力,通过语言及认识周围环境事物,使婴幼儿智力得到发展,并获得简单知识。(3)进行友爱、礼貌、诚实、勇敢等良好的品德教育。(4)培养婴幼儿的饮食、睡眠、衣着、盥洗、与人交往等各个方面的文明卫生习惯及美学的观念。

### （二）幼儿园保教目标

幼儿园是对3～6周岁（或7周岁）幼儿进行集体保育和教育的机构，是基础教育的有机组成部分，是学校教育制度的基础阶段。

具体表现为：（1）促进幼儿身体正常发育和机能的协调发展，增强体质，促进心理健康，培养良好的生活习惯、卫生习惯和参加体育活动的兴趣。（2）发展幼儿智力，培养正确运用感官和运用语言交往的基本能力，增进对环境的认识，培养有益的兴趣和求知欲望，培养初步的动手探究能力。（3）萌发幼儿爱祖国、爱家乡、爱集体、爱劳动、爱科学的情感，培养诚实、自信、友爱、勇敢、勤学、好问、爱护公物、克服困难、讲礼貌、守纪律等良好的品德行为和习惯，以及活泼开朗的性格。（4）培养幼儿初步感受美和表现美的情趣和能力。

## 三、我国幼儿教育的任务 考点4

我国幼儿园具有为幼儿和幼儿家长服务的“双重任务”。2015年修订的《幼儿园工作规程》指出，幼儿园的任务之一是“贯彻国家的教育方针，按照保育与教育相结合的原则，遵循幼儿身心发展特点和规律，实施德、智、体、美等方面全面发展的教育，促进幼儿身心和谐发展”。其二是“幼儿园同时面向幼儿家长提供科学育儿指导”。

**1. 幼儿园对幼儿实施保育和教育**

以幼儿园为代表的幼儿教育机构是我国对幼儿实施保育和教育的组织。因此，幼儿园通过对适龄幼儿实施体、智、德、美等方面的教育，促进其身心和谐发展，来体现自身的社会价值，为社会主义建设服务。

**2. 幼儿园同时面向幼儿家长提供科学育儿指导**

幼儿园不仅是教育机构，也是社会福利机构，负有为在园幼儿家长服务的任务。幼儿园保护和照顾幼儿，有助于解决家长因工作、学习而无人照顾子女的问题。

此外，为提高基础教育打好基础也是幼儿园的重要任务。

**真题对接**

【2019年上半年真题】幼儿园的双重任务是（　　）

A. 保教幼儿和服务家长　　B. 看护幼儿和服务家长

C. 培养习惯和传递知识　　D. 保育和教育幼儿

【答案】A

【2018年上半年真题】关于学前教育任务最准确的表述是（　　）

A. 促进幼儿智力发展　　B. 促进幼儿身心的快速发展

C. 促进幼儿社会性发展　　D. 促进幼儿身心全面和谐发展

【答案】D

# 第三节　中外幼儿教育的发展

（本节共3个考点）

### 考向分析

本节主要介绍中外幼儿教育发展简史、国外幼儿教育家的学前教育思想、我国幼儿教育家的学前教育思想等相关知识。相关知识考频分析如下表：

| 考点 | 考试频率 | 题型 | 重要程度 |
|---|---|---|---|
| 国外幼儿教育家的学前教育思想 | 4 | 单项选择 | ★ |
| 我国幼儿教育家的学前教育思想 | 2 | 单项选择 | ★ |

本节知识主要以单项选择题的形式考查。单项选择题考查的比较精细,考生在复习的时候要认真。

## 思维导图



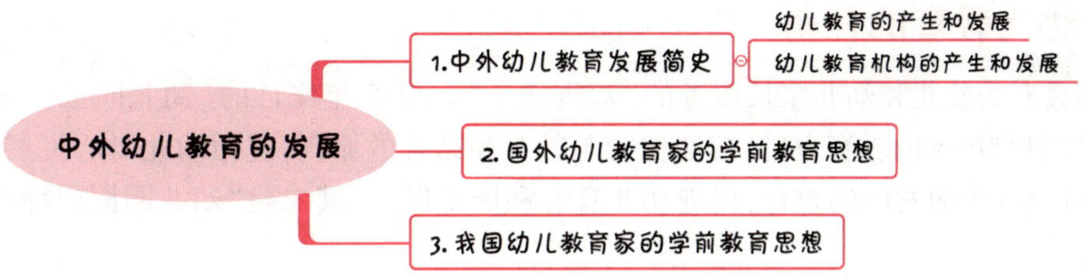


## 考点精讲

### 一、中外幼儿教育发展简史

考点 1

#### (一)幼儿教育的产生和发展

**1. 原始社会的幼儿教育**

原始社会的生产力非常低下,所有的青壮年都要为猎取食物整日奔波,以勉强维持全部落人的生存。社会没有多余的人力、财力专门花在教育幼儿上,只能由妇女和年老体弱的成人在驻地周围的劳动和生活过程中哺育幼儿,保证他们存活下来,并向他们传授维持生存所必需的基本的知识经验。因此,在原始社会时期,幼儿教育是完全融合在生产和生活中的,其主要任务是保证幼儿的存活。

由于生产力的低下,生产资料公有,社会还没有划分为阶级,因此,教育是没有阶级性的,每个幼儿受到的教育是平等的。

**2. 奴隶、封建社会的幼儿教育**

随着生产力的不断提高和私有财产的出现,人类社会进入了有阶级的社会——奴隶、封建社会,教育也就出现了与原始社会不同的情况。

此时社会的统治阶级为了维护自己的统治,利用手中的权力让自己的子女接受专人教育,以便把自己的子女培养成未来的统治者和官吏。同时他们毫不留情地剥夺平民的子女受教育的权利,只允许他们跟随父母学习各种劳动知识和技能。教育的阶级性、等级性出现了。

**3. 资本主义社会的幼儿教育**

17 世纪中叶,社会生产力的发展终于冲决了封建社会的堤坝,英国爆发了资产阶级革命,资本主义制度首先在欧洲建立起来。到 19 世纪初,随着近代工业革命的到来,大工业机器生产在欧洲得到迅速发展,大量小农、小手工业者被迫进入大工厂做工,妇女也被迫走出家庭进入工厂,而不能在家养育孩子,于是造成了严重的社会问题。

#### (二)幼儿教育机构的产生和发展

**1. 世界上第一所幼儿园的诞生**

德国幼儿教育家**福禄贝尔**被世界誉为“幼儿园之父”(幼儿教育之父),他创办了世界上第一所幼儿园。

福禄贝尔认为,教育能发挥幼儿内在的生命力。怀着这样的教育理念,他在德国布兰肯堡创办了一个"保姆养成所",为了让保姆们有实习的场所和对象,他集合了村里40名6岁以下的幼儿,同时成立了一所"游戏与作业教育所"。

**2. 幼儿教育机构的发展**

幼儿教育的社会价值和教育价值开始为全社会所认识,从而使幼儿教育机构得到了前所未有的发展。

(1)国外幼儿教育机构的发展

①幼儿教育机构数量的增加

随着现代化生产的发展,幼儿园数量增加很快。如法国、日本、美国、苏联等的幼儿园普及很快,入园率都在90%以上。不过,由于各国经济水平、教育政策、文化传统、生活习惯等的不同,幼儿入园率差别较大,幼儿园发展速度也不相同。

②幼儿教育机构多样化

为适应普及幼儿教育的需要,同时也为适应现代社会家长的各种需要,幼儿教育机构的发展越来越多样化。私人、国家、团体、企业、教会等开办了各种托幼机构,在结构、规模、教育目的、教育方法、教育内容等方面各不相同,各有特色,相互竞争,促进了幼儿教育机构向着形式多样化、功能多样化、组织多样化、教育多样化的方向发展。

③教育质量的提高

教师的教育价值观的进步,使尊重幼儿,保障幼儿权利,让幼儿全面发展,而不仅仅只是发展身体或智力,成为世界幼儿教育工作者的共识。这一切使幼儿教育质量的提高有了根本的保证。

(2)我国第一所幼儿园的诞生——湖北幼稚园

清末"洋务运动"后期,两户总督张之洞宣扬"中学为体""西学为用",倡办新式教育。湖北巡抚端方于1903年在武昌创办**湖北幼稚园**,我国第一所学前儿童教育机构正式诞生。这所机构的办园方针和方式均采用日本模式,特聘请3名日本女师范生任教。湖北幼稚园后改称为蒙养院,原址现为湖北武昌幼儿师范学校附属幼儿园。

1904年,由张之洞、张百熙、容庆合订的《奏定学堂章程》即癸卯学制,其中就包括蒙养院制度。癸卯学制第一次用国家学制的形式把学前教育机构的名称定下来,把社会学前教育机构的地位固定下来,使蒙养院成为我国最早的学前教育机构。可以说,癸卯学制所定位的蒙养院,是我国幼儿教育史上具有划时代意义的重要里程碑。

(3)民国时期我国的幼儿园及其发展状况

在国民政府统治地区,也出现了一批学前教育家,如陶行知、陈鹤琴、张宗麟、张雪门等,他们批判封建社会主义的儿童教育,反对儿童教育的奴化和贵族化,积极提倡变革并躬行实践,创办了为平民服务的幼儿园。如陶行知先生的"乡村儿童团",张雪门先生的"北平香山慈幼院"等就是这样的机构。南京燕子矶幼稚园是中国第一个乡村幼稚园,由陶行知主办,张宗麟、徐世壁、王荆璞主持。该园办园宗旨是建设中国的、省钱的、平民的幼稚园。

**3. 世界学前教育机构发展的特点**

(1)学前教育机构规模的扩大化;(2)学前教育机构的多样化;(3)师资质量和教育质量的提高,这是学前教育机构发展的重要标志;(4)学前教育的手段不断现代化。

## 二、国外幼儿教育家的学前教育思想

考点 2

| 人物 | 代表作 | 教育思想 | 点拨 |
| --- | --- | --- | --- |
| 柏拉图 | 《理想国》 | ①“儿童公有”的论点,幼儿教育理所当然属于国家的职责;<br>②强调“智德统一”,主张儿童心灵和体质和谐发展;<br>③在教育方法上,他倡导正面教育、寓教于乐,注重模仿 | 最早提出学前教育思想的人 |
| 夸美纽斯 | 《母育学校》(世界上第一部论述学前教育的专著) | ①教育必须从幼年开始,而且应当适应自然;<br>②世上所有人都应该受教育 | 第一个专门对学前教育提出了深刻认识并有系统论述的教育家 |
| 洛克 | 《教育漫话》《人类理解论》 | ①提出了“白板说”;<br>②提倡“绅士教育”;<br>③体育是教育的基础;<br>④德育是教育的核心;<br>⑤智育是教育的辅助 | **记忆技巧:**洛克白板画绅士 |
| 卢梭 | 《论人类不平等的起源和基础》《社会契约论》《爱弥儿》 | ①自然教育理论:教育有三个来源:“自然”“人”“事物”;教育遵循自然;教育的目的是培养“自然人”;<br>②把儿童的教育年龄划分成四个时期;<br>③具体阐述了幼儿教育的方法:给予行动的自由、合理的养护锻炼、注意语言的发展、感觉教育、重视模仿、自然后果法 | 教育思想主要集中于《爱弥儿》一书中 |
| 裴斯泰洛齐 | 《隐士的黄昏》《林哈德和葛笃德》《我对人类发展中自然进程的追踪考察》 | ①提倡爱的教育;<br>②提倡要素教育理论 | ①世界上第一个明确提出“教育心理学化”口号的教育家;<br>②西方教育史上第一位将教育与生产劳动相结合的思想付诸实践的教育家 |
| 福禄贝尔 | 《母亲之歌与爱抚之歌》 | ①幼儿自我发展的原理;<br>②阐明游戏教育价值:游戏是儿童内部存在的自我活动的表现;<br>③协调原理;<br>④亲子教育 | ①创办了世界上第一所幼儿园;<br>②“恩物”——一种儿童玩具;<br>③被称为“幼儿教育之父” |

续表

| 人物 | 代表作 | 教育思想 | 点拨 |
| --- | --- | --- | --- |
| 蒙台梭利 | 《童年的秘密》 | ①幼儿自我学习的法则；<br>②重视教育环境的作用；<br>③教师是环境的创设者、观察者、指导者；<br>④幼儿的自由和作业的组织相结合的原则；<br>⑤重视感觉教育 | 1907 年在罗马贫民区创办了一所“**儿童之家**” |
| 杜威 | 《民主主义与教育》 | ①儿童观：重视儿童的本能；儿童具有自我生长的能力；儿童与成人在心理上存在着很大的差异；<br>②进步主义教育思想：“教育即生长”“教育即生活”“教育即经验的不断改造”；<br>③教育原则：“儿童中心论”“从做中学” | —— |

**真题对接**

**【2018 年下半年真题】**下列说法中属于蒙台梭利教育观点的是（　　）

A. 注重感官教育　　B. 注重集体教学作用

C. 重视实物使用　　D. 通过游戏使自由与纪律相协调

**【答案】**A

**【2015 年上半年真题】**从科学知识取向转向儿童经验取向的代表性教育著作是（　　）

A.《理想国》　　B.《爱弥儿》　　C.《大教学论》　　D.《林哈德与葛笃德》

**【答案】**B

**【2017 年上半年真题】**对杜威“教育即生长”的正确理解是（　　）

A. 教育以儿童的本能和能力为依据　　B. 儿童的生长以教育目标为依据

C. 教育以促进教师的专业成长为基础　　D. 教育应促进儿童的身体发育

**【答案】**A

## 三、我国幼儿教育家的学前教育思想

考点 3

| 人物 | 教育思想 | 贡献 |
| --- | --- | --- |
| 陶行知 | ①建立适合中国国情的、省钱的、平民的幼稚园；<br>②重视幼儿教育；<br>③生活是教育的中心；<br>④教、学、做合一的教育方法；<br>⑤解放幼儿的创造力，具体包括六大解放：解放幼儿的头脑，解放幼儿的双手，解放幼儿的眼睛，解放幼儿的嘴，解放幼儿的空间，解放幼儿的时间；<br>⑥改变训练教师的制度，采用**艺友制**开展师范教育 | ①农村幼儿教育事业的开拓者；<br>②在南京首创了中国第一所乡村幼稚园——**南京燕子矶幼稚园**，创建了乡村幼儿师范教育，农村幼教研究会等 |

续表

| 人物 | 教育思想 | 贡献 |
|---|---|---|
| 陈鹤琴（“中国幼儿园之父”） | ①反对半殖民地半封建的幼儿教育，提倡适合国情的中国化幼儿教育；<br>②反对死教育，提倡活教育；<br>③幼儿园课程理论：把课程内容划分为：健康、社会、科学、艺术、文学等五项，被称为“**五指活动**”；提倡“**整个教学法**”；<br>④重视幼儿园与家庭的合作 | ①创办了我国最早的幼儿教育实验中心——南京鼓楼幼稚园；<br>②创建了我国第一所公立幼稚师范学校——江西省实验幼稚师范学校 |
| 张雪门 | ①儿童身心发展与社会环境相统一；<br>②重视幼稚园课程；<br>③幼稚园教材教育方法；<br>④幼稚园教学法；<br>⑤幼稚园教师 | ①1918 年创办宁波星荫幼稚园；<br>②1920 年创办香山慈幼院的幼稚师范学校；<br>③1934 年创办“乡村教育实验区”；<br>④代表作：《幼稚园教育概论》《幼稚园的课程》 |

**山香指导** 为便于考生记忆，对陈鹤琴和陶行知的教育思想做如下区别，仅供考生参考：
陈鹤琴：创立了“活教育”理论；提倡中国化、平民化、科学化的幼儿教育。
陶行知：创立了生活教育理论和教、学、做合一的教育方法；主张建立适合中国国情的、省钱的、平民的幼稚园。

**真题对接**

【**2018 年上半年真题**】陶行知创立的培养幼教师资的方法是（　　）

A. 讲授制　　B. 五指活动
C. 感官教育　　D. 艺友制

【**答案**】D

【**2015 年下半年真题**】陶行知提出的“六大解放”指向的是（　　）

A. 解放儿童的观察力　　B. 解放儿童的体力
C. 解放儿童的智力　　D. 解放儿童的创造力

【**答案**】D

## 第四节　学前教育的基本原则与基本特点

（本节共 3 个考点）

### 考向分析

本节主要介绍学前教育的一般原则、学前教育的特殊原则、幼儿园教育的特点等相关知识。本节知识可能会以单项选择题、简答题和材料分析题的形式考查。单项选择题考查的比较精细，考生在复习的时候要认真；简答题和材料分析题考查系统知识的掌握程度，这部分内容需要考生理解记忆。

## 思维导图

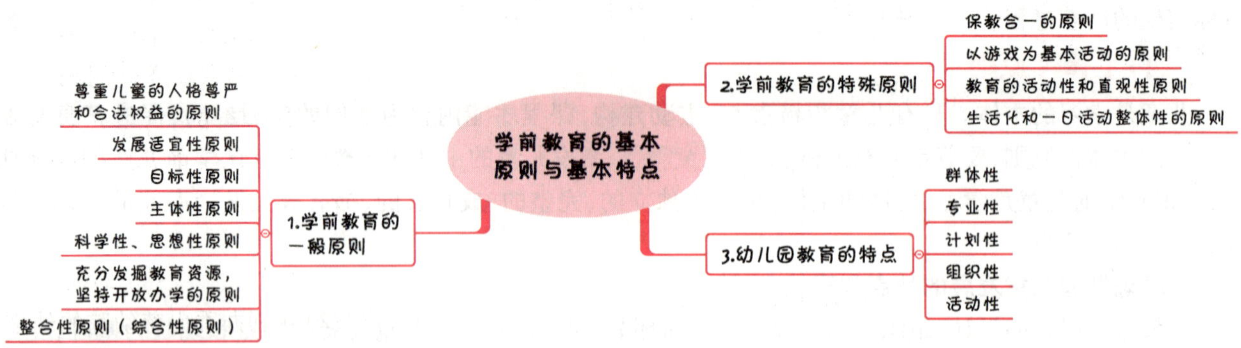


## 考点精讲

### 一、学前教育的一般原则

考点 1

#### (一)尊重儿童的人格尊严和合法权益的原则

**1. 尊重儿童的人格尊严**

儿童与教师是平等的人与人之间的关系。教师要将儿童作为具有独立人格的人来对待，尊重他们的思想感情、兴趣、爱好、要求和愿望等。

**2. 保障儿童的合法权益**

儿童是不同于成人的、正在发展中的社会成员，他们享有不同于成人的许多特殊的权利，如生存权、受教育权、受抚养权、发展权等，这反映了人类对儿童在社会中的地位和权利的认可与尊重。

#### (二)发展适宜性原则

发展适宜性原则是美国幼儿教育协会 1986 年以后极力提倡的教育理念与实践，它当时主要是针对美国幼教界普遍出现的幼儿教育“小学化”等倾向而提出来的。

遵循发展适宜性原则包含几层含义：

(1)教育设计、组织、实施既符合儿童的现实需要，又有利于其长远发展。

(2)教育设计、组织、实施既适合儿童的现有水平，又有一定的挑战性；教育活动内容的安排与要求、活动过程的推进应循序渐进。

(3)教育必须促进儿童体、智、德、美诸方面全面发展。每一个方面的发展也应该是全面的、整体的发展，包括情绪、情感、良好习惯、智能、技能、创造性的发展等，不能偏废任何一个方面。

(4)为每个儿童着想，关注个体差异。教育必须面向每个儿童，使每个儿童都能在原有发展水平上充分地发展。要保证每个儿童有同等的受教育机会，教师必须平等地、一视同仁地对待所有的儿童。学前教育除了适宜年龄特点外，还应实施适宜于个体的教育，注重个性化教学，因材施教。

#### (三)目标性原则

教师不能任凭自己的爱好兴趣或喜怒哀乐想怎么做就怎么做，实施教育的所有过程都必须紧紧围绕教育目标来进行。贯彻这一原则应注意：

**1. 把握目标的方向性和指导性**

首先必须明确教育目标及其特点，把握教育目标的中心内涵和精神实质。由于教育目标是分层次的，有总体教育目标，有阶段教育目标，有各领域、科目的教育目标，有具体的教育活动目标。

**2. 注重教育目标实施过程的动态管理**

课程发展目标是教师制订教育计划、组织教育活动的基本依据。实施过程中要求教师不仅要注重基本目标的达成度,更要注重针对本班儿童的发展情况,及时调整目标或生成新的目标,形成以儿童发展为本的目标实施的动态过程。

### (四)主体性原则

儿童是学习的主体。只有儿童积极参与、主动建构,课程才能内化为他们的学习经验,促进其身心发展。发挥主体性原则,要尊重儿童人格、尊重儿童需要、激发儿童的主动性。教师要承认学前儿童的主体地位,认识到学前儿童是学习、发展的主体,是一个独立的、完整的、成长着的、拥有极大发展潜能的主体。贯彻这一原则应注意:

**1. 准确把握儿童发展的特点和现状**

在教育与课程的设计、组织、实施、评价等不同环节,应以准确把握儿童发展的特点和现状为基础,充分考虑儿童的兴趣和需要,尊重儿童的学习特点、学习兴趣、学习背景、学习意愿等,为儿童提供主动学习的机会。

**2. 在活动之前还要善于激发学前儿童的学习兴趣和动机**

活动中,教师不是只考虑教师如何教的问题,而应更多考虑儿童的实际情况,激发学前儿童学习的内部驱动力,思考儿童如何学习,如何才能充分调动儿童的积极性、主动性和创造性,让学前儿童努力探索新知识、积累新经验。与此同时,教师要观察儿童的活动情况,适时给予支持、指导和帮助。

儿童积极主动的学习离不开教师积极主动的引导,而教师科学巧妙的引导,离不开教师主体性的发挥。只有教师发挥积极性、主动性、创造性,才能使教育计划的设定、教育活动的开展不流于形式,真正促进儿童的发展。

### (五)科学性、思想性原则

由于学前儿童教育的启蒙性特点,着重在儿童学习的兴趣、方法、情感态度的养成教育上,其教育目的是促进儿童身心和谐发展,富有个性地成长,所以学前儿童教育必须保证它的科学性、思想性。贯彻科学性、思想性原则,要做到以下几点:

**1. 教育内容应是健康、科学的**

选择的教学内容应该是健康、科学的,对儿童有积极向上的引领作用的,而且内容和方法都应该是正确规范的,利于学前儿童正确地感知客观事物和现象,形成正确的概念和对事物科学的态度。

**2. 教育要从实际出发,对儿童健康发展有利**

要从实际出发,对儿童进行有针对性的教育;教育形式要活泼,教学方法要多样;教师和家长要以身作则,言行一致,成为学前儿童行为的表率。

**3. 教育设计和实施要科学、正确**

教师和家长要了解儿童的年龄特征和认识事物的规律,根据儿童的实际选择,安排相应的教学内容;教师对知识的掌握应该要准确无误,要注意各学科、各知识之间的联系,选择多种教学手段和方法,科学地组织幼儿一日活动,合理安排活动时间和活动量。

### (六)充分发掘教育资源,坚持开放办学的原则

我们必须认识到儿童自身、儿童群体以及家庭、社会都是宝贵的教育资源,要充分发挥它们的教育作用。教育资源存在于儿童的生活中。

在现代社会中,学前教育机构必须在与社会系统的合作中去完成自身的教育任务,发挥学前教育机构教育在学前儿童成长中的导向作用。所以,在学前教育中,学前教育机构必须是"开放的",必须与家庭、社区紧密结合。这既是社会发展对学前教育提出的客观要求,又是学前教育自身发展的内部需求。贯彻这一原则要注意以下几点:

**1. 与家长合作共育**

家庭是儿童成长最自然的生态环境，家庭是人的第一所学校；家长是学前儿童第一任教师，家长更是重要的教育力量。对于学前教育机构的教育，家长参与能够大大提高儿童活动的兴趣和积极性，从而增进在教育机构里的活动；家长是教师最好的合作者，家园合作共育能使课程计划的可行性、课程实施的适宜性、教育的连续性和有效性都得到保证。

**2. 开门办学，与社区合作**

社区的积极参与将使学前教育机构的教育变得更为生动、更富有时代气息。不少学前教育机构在与社区的合作中，直接利用社区丰富的教育资源，让儿童走进社会的大课堂。可以说无论是社区环境、社区资源，还是社区文化对学前教育机构的课程实施效果都产生不可忽视的影响。

**3. 学前教育机构、家庭、社区一致的教育**

学前教育机构、家庭、社区一致的教育就是指家庭和幼儿园或托儿所、社区在育儿理念、育儿方式等方面方向一致，积极协作，密切配合，互为补充，相互为用，形成教育合力，最终促进儿童身心健全和谐发展。否则，就会导致教育的积极影响被抵消。

### （七）整合性原则（综合性原则）

整合性原则是指将学前教育看作是一个完整的系统，保证学前儿童身心整体健全和谐的发展，综合化地整合课程的各要素实施教育。贯彻整合性原则应注意以下几点：

**1. 活动目标的整合**

目标的确定不能只追求知识技能的获得而应以全面考虑情感态度、习惯个性、知识经验、技能等综合素质的培养和提高，即活动教育的主要目标应是整个人的发展。

**2. 活动内容的整合**

它是以目标的整合为前提，主要表现是使同一个领域的不同方面的内容或不同领域的内容之间产生有机的联系。内容的整合最终应落实到具体的教育活动之中。

**3. 教育资源的整合**

教育资源的整合是与教育内容紧密相关的，教育资源中蕴含了多种教育内容。对教育资源的整合，有利于教育内容的整合，有利于拓展学前教育的空间，丰富学前教育的方法、形式和手段。

**4. 活动形式和活动过程的整合**

将具有一定联系性的教学活动、游戏、日常生活等活动与活动之间加以整合，将集体活动、小组活动、个别活动加以互补运用和整合，使教育活动一致地对儿童的成长产生积极的、有效的影响。

我国学前教育专家陈鹤琴早在20世纪20年代，就提出“整个教学法”，其基本的出发点就在于陈鹤琴先生认为，儿童对外界的反应是“整个的”，儿童的发展也是整个的，外界环境的作用也是以整体的方式对儿童产生影响的，所以为儿童设计、实施的课程也必须是整个的、互相联系的，而不能是相互割裂的。这条原则已成为国际学前教育发展的共同趋势，也是各国学前教育课程改革的方向。

## 二、学前教育的特殊原则

考点2

### （一）保教合一的原则

保教合一的原则，也称保教结合或保教并重，指对幼儿保育和教育要给予同等的重视，并使两者相互配合。

**1. 保育和教育是幼儿园两大方面的工作**

保育主要是为幼儿的生存、发展创设有利的环境和提供物质条件，给予幼儿精心的照顾和养育，帮助其身体和机能良好地发育，促进其身心健康地发展；教育则重在培养幼儿良好的行为习惯和态度，发展幼儿的认知、情感、能力，引导幼儿学习必要的知识技能等。这两方面构成了幼儿园教育的全部内容。

**2. 保育和教育工作相互联系、相互渗透**

幼儿园保育和教育不可分割的关系是由幼教工作的特殊性和幼儿身心发展的特点决定的。虽然保育和教育有各自的主要职能,但并不是完全分离的。教育中包含了保育的成分,保育中也渗透着教育的内容。

**3. 保育和教育是在同一过程中实现的**

对幼儿实施保育的过程,实质上也是对幼儿在体、智、德、美诸方面实施有效影响的过程。保育和教育不是分别孤立地进行的,而是在统一的教育目标指引下,在同一教育过程中实现的。保教结合是全面发展教育方针在幼儿期的具体体现,也是我国幼教实践工作的总结。幼儿教育工作者要充分认识保教结合在幼儿全面发展中的意义,真正地将保教结合的思想落实到幼儿园每一个环节的工作中。



**4. 良好的工作伙伴与师生关系是实现保教合一的前提**

我们很少认识到幼儿园中教师与保育员的良好工作伙伴关系的重要性,长期以来,幼儿园教师与保育员往往对自身的价值认识有所不同,保育员地位明显低于带班教师。这里固然有社会因素及对保育工作范畴的认识不正确等因素,但更多的却是长期的工作压力使得一些教师与保育员出现的不正常的心理因素所造成的。

(1)教师与保育员一旦发现合作不顺畅时,不妨与同事好好地沟通一下,这是一个非常可行的方法。

(2)当教师与保育员发现两个人的合作不愉快而造成情绪方面的困扰时,不妨找一个正确的发泄方式,把心中的不快发泄出来。

(3)教师与保育员在进行某一活动之前,相互要做好沟通工作。

(4)在日常教育活动中,教师与保育员往往因为自身儿童观与教育观的不同而产生一些冲突。面对这一问题,教师与保育员要保持冷静的态度,不应该在幼儿面前出现相互指责的现象,而是要在休息的时间,相互就某一问题进行探讨,如果双方都坚持自己的观点,可一同去请教老教师,或是一同找有关的书籍进行研讨。我们坚决反对那种当面不讲,背后乱说的做法。

**5. 建立良好的师生关系**

建立良好的师生关系,不仅指教师与儿童之间的关系,而且还包括了保育员与儿童之间的关系。所以,这里所说师生关系的“师”,既包括了教师,也包括了保育员。

### (二)以游戏为基本活动的原则

游戏是学前教育机构的基本活动。游戏最符合儿童身心发展的特点,是儿童最愿意从事的活动,最能满足儿童的需要,有效地促进儿童发展,具有其他活动所不能替代的教育价值。

**1. 游戏是儿童最好的一种学习方式**

对于学前儿童来说,游戏也是一种学习,是一种更重要、更适宜的学习。福禄贝尔说:“儿童早期的各种游戏,是一切未来生活的胚芽。”幼儿最自然的活动方式就是生动活泼的游戏。蒙台梭利说:“游戏就是儿童的工作。”游戏是以过程为导向,以乐趣为目的,以内驱动机为主的活动。陈鹤琴指出:“小孩子生性好动,以游戏为生命。”游戏是学前儿童身心发展的需要,是促进他们身体、智能、道德品质、情感、创造性发展以及成长的重要手段。在游戏活动中易于唤起儿童的学习兴趣,使儿童在玩中学,学中玩,学得轻松愉快。

**2. 游戏是内容和形式的结合**

游戏既是课程的内容,又是课程实施的背景,还是课程实施的途径。游戏所涉及的内容是与儿童的兴趣相关联的,与儿童的行为相关联,游戏应该与儿童的主动、自发相关联。教师要充分发挥游戏对儿童发展的作用,保证游戏的时间和空间,提供丰富的游戏材料,使儿童充分自主、愉快地游戏,通过游戏促进身心发展。

### (三)教育的活动性和直观性原则

学前儿童认知的直觉行动性与形象性的方式和特点,决定了他们不可能像中、小学生那样,主要通过课堂书本知识的学习来获得发展,而必须通过活动去接触各种事物和现象,与人交往,实际操作物体,才能逐

步积累经验，获得真知。离开了活动，就没有儿童的发展。学前教育机构的教育，不能只让儿童静坐着看和听，而应该尽各种办法，引导儿童主动活动。因为，对他们来说，只有在活动中的学习，才是有意义的学习，才是理解性的学习。教师应从儿童身心发展的特点和水平出发，以活动为基础展开教育过程。同时，活动形式应多样化，让儿童能在多种多样的活动中得到发展。

### （四）生活化和一日活动整体性的原则

由于学前儿童生理、心理的特点，对儿童的教育要特别注重生活化，并发挥一日活动的整体功能。

**1. 教育生活化**

生活化首先就是指教育生活化，也就是说要将富有教育意义的生活内容纳入课程领域。加强教育同生活的联系，就是要将学前儿童在各种情境中的经验加以整合，不论是日常生活中学习积累的，还是在非日常生活中应该了解和认识的，都纳入到课程组织结构中加以统整。

**2. 生活教育化**

生活化还有一种含义就是指生活教育化，也就是将学前儿童日常生活中已获得的原有经验，加以系统化、条理化，在生活中适时引导，促进学前儿童发展。通过帮助儿童组织已获得的零散的生活经验，使经验系统化、完整化。此外，活动的内容选择、活动的实施等都要注意生活化。

**3. 发挥一日活动整体功能**

学前教育机构应充分认识和利用一日生活中各种活动的教育价值，通过合理组织、科学安排，让一日活动发挥一致的、连贯的、整体的教育功能，寓教育于一日活动之中。

（1）一日活动中的各种活动不可偏废

无论是儿童吃喝拉撒睡一类的生活活动，还是教学活动、参观访问等活动；无论是有组织的活动，还是儿童自主自由的活动，都各具重要的教育作用，对儿童的发展都是不可缺少的。因此不能顾此失彼，随意削弱或取消任何一种活动。

（2）各种活动必须有机统一为一个整体

每一种活动不是分离地、孤立地对儿童发挥影响力的。一日活动必须统一在共同的教育目标下，形成合力，才能发挥整体教育功能。因此，如何把教育目标渗透到各种活动中，每个活动怎样围绕目标来展开，就成为实践中应当特别关注的问题。

**山香指导** 为便于考生记忆，以下知识点记忆方式仅供考生参考：
学前教育的特殊原则：保教游戏是活动，直观生活整体性。

## 三、幼儿园教育的特点　考点3

**1. 群体性**

幼儿园教育一般都是采取班级教学，根据幼儿年龄大小分为大、中、小班，相比起家庭教育的一对一来说，幼儿园教育是一对多。幼儿园教育参加的人数多，幼儿在这样一个群体中，可以认识很多同龄的伙伴，满足了他们与人交往的需要，同时也享受到了群体学习与生活的乐趣，这是家庭教育所无法给予的。

**2. 专业性**

幼儿园教育的专业性体现在两方面：

（1）幼儿园教育是由具有一定专业权威的教师担任的，幼儿教师都是经过一定时间的学习并考核合格后执证上岗的。他们系统地学习过儿童心理学、教育学、儿童卫生学等理论知识，能够更科学地指导儿童发展。幼儿教师还学习了简单的弹、唱、绘画和跳舞的技能，可以教幼儿简单的唱歌、跳舞、画画更能满足幼儿发展的需要。

（2）幼儿园教育内容的选择更为科学合理，也体现了幼儿园教育的专业性。

**3. 计划性**

幼儿园教育属于学校教育体系，也和其他的学校教育一样，是一种有目的、有计划地对人的身心发展施

加影响的一种教育。幼儿园一般都有学年计划、学期计划、周计划等。这些计划既确保制定的教育目标得以实现,又是每一阶段发展的一个合理参照。幼儿园教育的计划性比起家庭教育的随机而教,能够确保对幼儿的教育更完整。

**4. 组织性**

幼儿尽管活泼好动,但是幼儿园的教育却能够井然有序地进行,因为这是在教师和保育员认真负责组织下进行的。教师会制定课程表,安排好上什么课,上课的时候教师通过各种要求使幼儿明白要干什么,该怎么办,不至于乱成一团,没有纪律。每个班都会有一日生活时间安排表,合理地组织幼儿学习、活动、吃饭、休息。



**5. 活动性**

幼儿园教育具有活动性,是相对于那种以听讲为主的教育类型而言的。幼儿年龄尚小其抽象思维还未发展起来,他们的学习不可能仅靠语言理解来完成,还需要通过自己的操作和直接经验来进行。幼儿园教育是通过活动来完成预设的教育目标的。这里的活动既包括教师组织的专门的教学活动,也包括教学活动之外的其他活动。活动能让幼儿在操作中学习,获得快乐的体验,因而比较符合幼儿的身心发展特点。

## 第五节 幼儿园班级管理

(本节共4个考点)

### 考向分析

本节主要介绍幼儿园班级管理的含义和意义、幼儿园班级管理的目的、幼儿园班级工作管理的环节等相关知识。本节知识可能会以单项选择题和简答题的形式考查。单项选择题考查的比较精细,考生在复习的时候要认真;简答题考查系统知识的掌握程度,这部分内容需要考生理解记忆。

### 思维导图

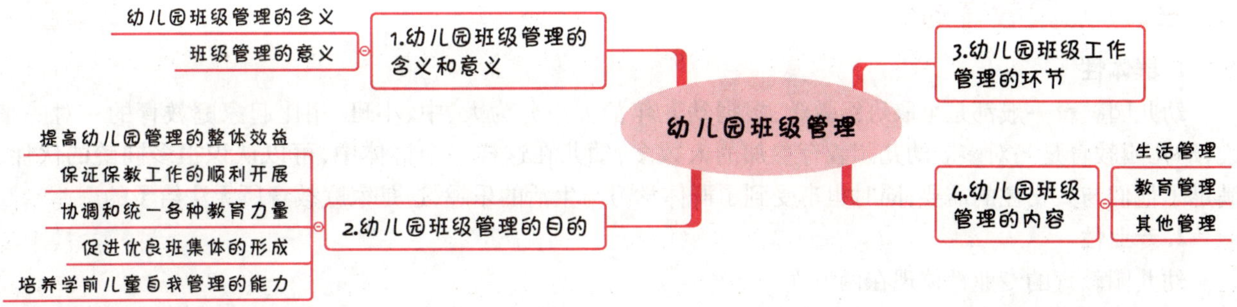


### 考点精讲

#### 一、幼儿园班级管理的含义和意义 考点1

**1. 幼儿园班级管理的含义**

我们把幼儿园班级管理定义为:**幼儿园班级管理**指班级保教人员充分利用幼儿园的人、财、物、时间、信

息等资源，以班级为单位通过计划、组织、实施、总结等环节，实现育人的目标。

**2. 班级管理的意义**

幼儿园保教质量的提升需要依赖充足的物质条件和优秀的教师队伍，但是这些物质条件和人力资源能否最大限度地发挥效益取决于班级管理水平。

(1)班级管理有助于协调幼儿园的人力、物力和财力，提高资源的使用效率；

(2)班级管理有助于提高班级保教质量，建立良好的班风、班貌，培养幼儿积极向上的品质；

(3)班级管理的效果又反过来促进教师的成长，提高教师的保教水平和管理能力；

(4)班级管理也是幼儿园管理的基础工程，体现幼儿园文化，有助于幼儿园建立良好的公共形象，获得长远发展。

## 二、幼儿园班级管理的目的 考点2

### (一)提高幼儿园管理的整体效益

幼儿园管理具有层次性，它分为高层管理、中层管理与基层管理。高层管理即对园长等决策层的管理；中层管理包括师资队伍的管理、后勤工作的管理、园务工作的管理等等；而幼儿园班级管理属于最基层的管理。

### (二)保证保教工作的顺利开展

班级是幼儿园进行保育和教育工作的基本单位，保教计划的落实，教学工作以及课外活动的开展大多以班级为单位进行。可以说学前儿童是在班级中形成自我管理的意识与能力，养成生活、学习的良好习惯，学会与人友好相处等等，使德智体等方面得到发展。因而，班级管理水平的提高不仅使保教工作顺利进行，而且有利于高效利用幼儿园提供的各种教育资源，提高日常管理效率。

### (三)协调和统一各种教育力量

家庭、幼儿园、社区是影响学前儿童发展的三种基本力量，只有三位一体形成教育合力，才能形成一种正能量，促进学前儿童健康成长。有效的班级管理有利于协调各种正面的教育力量，控制一些不良因素的影响，为学前儿童创造一个和谐的教育环境。因此，作为班级管理者的教师，要注意积极与家长、社区进行沟通，统一三种力量于一体，共同作用于学前儿童，以保证学前儿童获得最大限度的发展。

### (四)促进优良班集体的形成

班级是学前儿童群体活动和交往的主要场所，在班级活动中他们学习知识与本领，学会与人相处的艺术，产生喜怒哀乐各种情感，知道是与非、对与错。一个良好的班级，能够对学前儿童产生积极的影响。有效的班级管理能够促使优秀班集体的形成，让学前儿童潜移默化地受到集体的熏陶进而得到健康成长。

### (五)培养学前儿童自我管理的能力

对学前儿童而言，自我管理能力主要包括生活自理能力、任务执行能力、自我控制能力和自我认识能力等等。幼儿园班级管理首先要培养学前儿童生活自理能力，如整理与保管自己的物品等。其次要培养学前儿童的任务执行能力，包括时间概念的形成，完成老师指定的任务等等。再次是自我控制能力的养成，主要是自我行为控制与自我情绪控制能力的培养。最后，要让学前儿童学会正确认识自我，包括了解自身的兴趣与喜好、义务与责任，并学会对自我的行为负责。

## 三、幼儿园班级工作管理的环节 考点3

(1)幼儿园班级工作计划的制订；

(2)幼儿园班级工作的组织与实施；

(3)幼儿园班级工作的检查与计划调整；

(4)幼儿园班级工作的总结与评估。

## 四、幼儿园班级管理的内容

考点4

幼儿园班级管理要求协调好班级保教人员、幼儿及其他管理要素之间的关系,明确幼儿园班级管理的内容。只有明确了班级管理工作的内容,才能对班级幼儿保教工作的有关人、财、物进行合理组织和协调。按幼儿在园活动分类,幼儿园班级管理一般由生活管理和教育管理两方面组成。其他管理工作服务于幼儿的生活、教育管理。

### (一)生活管理

**1. 意义**

幼儿园的班级生活管理对幼儿的生长发育和班级其他管理具有十分重要的意义。它表现在:

(1)班级生活管理,可以满足幼儿在园生活的物质需要,为其提供良好生长的物质环境。更重要的是通过对幼儿生活常规管理,使其养成良好的生活习惯、生活态度,提高幼儿的生活自理能力。班级生活管理涉及幼儿作息时间的安排、起居方式的规定,这些内容保证了幼儿该了解的须了解,该遵守的须遵守,该掌握的要掌握,该动手的还得动手。

(2)幼儿园班级生活管理是社会的需要。此外,生活管理也是整个幼儿园班级管理的一部分,是顺利进行教育管理的必要条件。没有规范的生活管理,幼儿就无法适应具有各种规则的教育、娱乐活动,从而对班级其他管理造成消极影响。

**2. 内容**

(1)学期(学年)初的工作

①填写班级幼儿名册,填写幼儿家庭情况登记表,明确家园联系方法;②家访并调查幼儿家庭教养情况,初步了解幼儿生活习惯,做好记录;③安排幼儿个人用的床、衣柜、毛巾架等,写上姓名并做好便于幼儿识别的标记;④初步布置活动室环境,安排室内家具、准备活动设施等;⑤观察幼儿一日生活的言行举止,并记录分析;⑥依据幼儿一日生活表现的观察分析与家访调查,制定班级生活管理计划与措施。

(2)学期(学年)中的工作

①每日班级保教人员根据幼儿一日生活程序履行生活管理的职责;②每日做好幼儿上、下午来园、离园的交接记录;③每日保管好幼儿生活用品;④每日做好班内外幼儿活动场地的清洁工作和各项设备的安全检查;⑤每周对活动玩具进行消毒,更换生活用品;⑥每周检查班级幼儿生活管理计划的实施情况;⑦每周初,班级教师碰头,总结上周经验,调整本周幼儿生活管理的工作内容与措施,分工负责;⑧观察幼儿生活行为,记录好其表现;⑨对幼儿计划免疫、疾病、传染病情况做登记;⑩做好对体弱幼儿的生活护理。

(3)学期末(学年末)的工作

①汇总平日对幼儿生活表现记录,做好对幼儿生活情况的小结;②总结班级幼儿生活管理工作,指出成绩与问题;③向家长发放幼儿在园生活情况小结,指导家长对幼儿假期生活进行管理;④整理室内外环境,对集体用品、材料进行清点登记。

### (二)教育管理

**1. 意义**

幼儿园班级教育管理对明确幼儿教育目标,优化幼儿教育方法,保证幼儿教育效果起着非常重要的作用。

班级保教人员大多受过系统的幼儿教育方面的训练,她们一般能根据幼儿体、智、德、美的发展特点安排教育活动,能准确地把握幼儿知识和技能教育的目标和任务。她们从事的班级教育管理避免了社会和家庭中存在的多种教育误区,如重智轻德、重特长轻全面、重结果轻过程等,从而保证了幼儿发展的全面性和平衡性。

此外,幼儿园班级教育管理是班级保教人员最经常和最基本的管理工作,也是幼儿园各项管理工作的

中心部分，是幼儿园管理水平和质量的反映，是衡量幼儿园保教工作成果的显性标准。各个班级教育管理水平组成了幼儿园教育管理的总体水平。

**2. 内容**

(1)开学初工作

①结合家访和对幼儿的观察分析，完成对班级幼儿发展水平的初步评估，并做好分析记录。

②根据幼儿情况及班级条件，制订详细的幼儿教育计划。

③根据教育教学计划，征集或领取幼儿的绘画、手工材料、卡片、游戏工具等。预先设计好幼儿作品的存放处和幼儿教育档案，布置好班级教育教学的小环境(如墙壁、家具的装饰等)。

④班级保教人员共同制定各项教育活动的组织形式及基本常规，建立班级教育活动的运转机制。还要带领幼儿熟悉环境，认识工作人员，了解基本的班级情况及管理常规，初步建立师生友好、协调的关系。



(2)学期中的教育常规管理

①每日事务

检查教育教学计划，了解当日活动内容，准备好当日班级教育和活动所需的材料，掌握好材料的分配情况。针对前一日教学情况进行巩固、复习和新授，保证教育教学的连贯性。

②每周工作

提前两周，根据年级教研组备课计划，制定周教育进度与各活动安排，制定班级每日教育教学活动方案。依据教育教学活动方案，做好一周教具、学具材料的搜集与制作。每周末整理幼儿的学习用品，做好归类归档工作。对幼儿一周的学习表现记录在册。写教育笔记，其内容可以是教育效果记录，也可以是教育教学活动记录，还可以是教育方法的心得记录等。

③每月工作

月初制定好月教育目标、月教育教学活动进度。召开班级教师会议，研究班级教育工作的具体内容和措施，协调分工与配合。做好个别幼儿教育的计划与修订措施。月末整理各种教育材料与资料。根据教育内容适当调整活动室安排，布置更新环境。

(3)期末工作

①整理教育活动方案、教育笔记和幼儿作品档案。

②做好幼儿全学期的评估工作，写好幼儿发展情况及表现的小结。

③完成教师自身的评估，总结个人教育目标的实现、教育方法的运用情况。

④教育活动剩余材料的清点与登记。

### (三)其他管理

幼儿园班级管理除了着重进行生活教育管理外，还有许多与之相关的其他管理。如班级间交流管理、家庭教育管理、幼儿社区活动管理等。这些管理工作或弥补生活、教育管理的不足，或加强了生活、教育管理的效果。它们也是幼儿园班级常规管理的重要组成部分。缺少这些工作，生活管理和教育管理就是不完全的，班级管理无法高效进行。班级交流活动是幼儿园内班级之间进行的各种活动。

## 第六节　《幼儿园教育指导纲要(试行)》

(本节即为考点)

### 考向分析

本节主要介绍《幼儿园教育指导纲要(试行)》等相关知识。相关知识考频分析如下表：

| 考点 | 考试频率 | 题型 | 重要程度 |
|---|---|---|---|
| 社会领域 | 2 | 论述、简答 | ★★★ |
| 组织与实施 | 2 | 单项选择 | ★ |
| 教育评价 | 1 | 单项选择 | ★ |

本节知识主要以单项选择题、简答题和论述题的形式考查。单项选择题考查的比较精细,考生在复习的时候要认真;简答题和论述题考查系统知识的掌握程度,这部分内容需要考生理解记忆。



## 思维导图

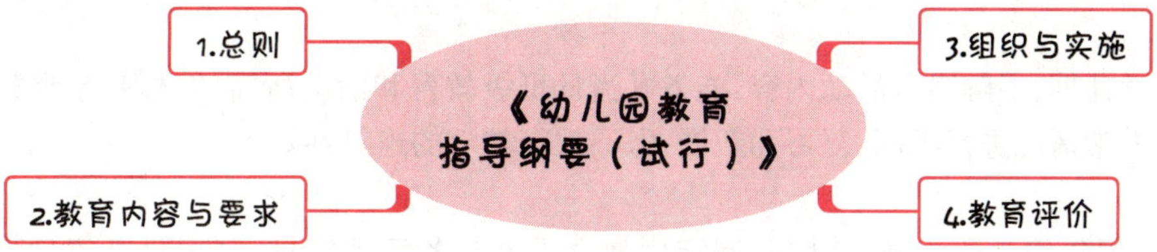


## 考点精讲

### 第一部分　总则

一、为贯彻《中华人民共和国教育法》《幼儿园管理条例》和《幼儿园工作规程》,指导幼儿园深入实施素质教育,特制定本纲要。

二、幼儿园教育是基础教育的重要组成部分,是我国学校教育和终身教育的奠基阶段。城乡各类幼儿园都应从实际出发,因地制宜地实施素质教育,为幼儿一生的发展打好基础。

三、幼儿园应与家庭、社区密切合作,与小学相互衔接,综合利用各种教育资源,共同为幼儿的发展创造良好的条件。

四、幼儿园应为幼儿提供健康、丰富的生活和活动环境,满足他们多方面发展的需要,使他们在快乐的童年生活中获得有益于身心发展的经验。

五、幼儿园教育应尊重幼儿的人格和权利,尊重幼儿身心发展的规律和学习特点,以游戏为基本活动,保教并重,关注个别差异,促进每个幼儿富有个性的发展。

### 第二部分　教育内容与要求

幼儿园的教育内容是**全面的、启蒙性的**,可以相对划分为健康、语言、社会、科学、艺术等五个领域,也可作其他不同的划分。各领域的内容相互渗透,从不同的角度促进幼儿情感、态度、能力、知识、技能等方面的发展。

#### 一、健康

##### (一)目标

(1)身体健康,在集体生活中情绪安定、愉快;(2)生活、卫生习惯良好,有基本的生活自理能力;(3)知道必要的安全保健常识,学习保护自己;(4)喜欢参加体育活动,动作协调、灵活。

##### (二)内容与要求

(1)建立良好的师生、同伴关系,让幼儿在集体生活中感到温暖,心情愉快,形成安全感、信赖感;(2)与家长配合,根据幼儿的需要建立科学的生活常规,培养幼儿良好的饮食、睡眠、盥洗、排泄等生活习惯和生活

自理能力；(3)教育幼儿爱清洁、讲卫生，注意保持个人和生活场所的整洁和卫生；(4)密切结合幼儿的生活进行安全、营养和保健教育，提高幼儿的自我保护意识和能力；(5)开展丰富多彩的户外游戏和体育活动，培养幼儿参加体育活动的兴趣和习惯，增强体质，提高对环境的适应能力；(6)用幼儿感兴趣的方式发展基本动作，提高动作的协调性、灵活性；(7)在体育活动中，培养幼儿坚强、勇敢、不怕困难的意志品质和主动、乐观、合作的态度。

#### (三)指导要点

(1)幼儿园必须把**保护幼儿的生命和促进幼儿的健康**放在工作的首位，树立正确的健康观念，在重视幼儿身体健康的同时，要高度重视幼儿的心理健康；(2)既要高度重视和满足幼儿受保护、受照顾的需要，又要尊重和满足他们不断增长的独立要求，避免过度保护和包办代替，鼓励并指导幼儿自理、自立的尝试；(3)健康领域的活动要充分尊重幼儿生长发育的规律，严禁以任何名义进行有损幼儿健康的比赛、表演或训练等；(4)培养幼儿对体育活动的兴趣是幼儿园体育的重要目标，要根据幼儿的特点组织生动有趣、形式多样的体育活动，吸引幼儿主动参与。

### 二、语言

#### (一)目标

(1)乐意与人交谈，讲话礼貌；(2)注意倾听对方讲话，能理解日常用语；(3)能清楚地说出自己想说的事；(4)喜欢听故事、看图书；(5)能听懂和会说普通话。

#### (二)内容与要求

(1)创造一个自由、宽松的语言交往环境，支持、鼓励、吸引幼儿与教师、同伴或其他人交谈，体验语言交流的乐趣，学习使用适当的、礼貌的语言交往；(2)养成幼儿注意倾听的习惯，发展语言理解能力；(3)鼓励幼儿大胆、清楚地表达自己的想法和感受，尝试说明、描述简单的事物或过程，发展语言表达能力和思维能力；(4)引导幼儿接触优秀的儿童文学作品，使之感受语言的丰富和优美，并通过多种活动帮助幼儿加深对作品的体验和理解；(5)培养幼儿对生活中常见的简单标记和文字符号的兴趣；(6)利用图书、绘画和其他多种方式，引发幼儿对书籍、阅读和书写的兴趣，培养前阅读和前书写技能；(7)提供普通话的语言环境，帮助幼儿熟悉、听懂并学说普通话，少数民族地区还应帮助幼儿学习本民族语言。

#### (三)指导要点

(1)语言能力是在运用的过程中发展起来的，发展幼儿语言的关键是创设一个能使他们想说、敢说、喜欢说、有机会说并能得到积极应答的环境；(2)幼儿语言的发展与其情感、经验、思维、社会交往能力等其他方面的发展密切相关，因此，发展幼儿语言的重要途径是通过互相渗透的各领域的教育，在丰富多彩的活动中去扩展幼儿的经验，提供促进语言发展的条件；(3)幼儿的语言学习具有个别化的特点，教师与幼儿的个别交流、幼儿之间的自由交谈等，对幼儿语言发展具有特殊意义；(4)对有语言障碍的幼儿要给予特别关注，要与家长和有关方面密切配合，积极地帮助他们提高语言能力。

### 三、社会

#### (一)目标

(1)能主动地参与各项活动，有自信心；(2)乐意与人交往，学习互助、合作和分享，有同情心；(3)理解并遵守日常生活中基本的社会行为规则；(4)能努力做好力所能及的事，不怕困难，有初步的责任感；(5)爱父母长辈、老师和同伴，爱集体、爱家乡、爱祖国。

#### (二)内容与要求

(1)引导幼儿参加各种集体活动，体验与教师、同伴等共同生活的乐趣，帮助他们正确认识自己和他人，养成对他人、社会亲近、合作的态度，学习初步的人际交往技能；(2)为每个幼儿提供表现自己长处和获得成功的机会，增强其自尊心和自信心；(3)提供自由活动的机会，支持幼儿自主地选择、计划活动，鼓励他们通

过多方面的努力解决问题,不轻易放弃克服困难的尝试;(4)在共同的生活和活动中,以多种方式引导幼儿认识、体验并理解基本的社会行为规则,学习自律和尊重他人;(5)教育幼儿爱护玩具和其他物品,爱护公物和公共环境;(6)与家庭、社区合作,引导幼儿了解自己的亲人以及与自己生活有关的各行各业人们的劳动,培养其对劳动者的热爱和对劳动成果的尊重;(7)充分利用社会资源,引导幼儿实际感受祖国文化的丰富与优秀,感受家乡的变化和发展,激发幼儿爱家乡、爱祖国的情感;(8)适当向幼儿介绍我国各民族和世界其他国家、民族的文化,使其感知人类文化的多样性和差异性,培养理解、尊重、平等的态度。

### (三)指导要点

(1)社会领域的教育具有**潜移默化**的特点,幼儿社会态度和社会情感的培养尤应渗透在多种活动和一日生活的各个环节之中,要创设一个能使幼儿感受到接纳、关爱和支持的良好环境,避免单一呆板的言语说教;(2)幼儿与成人、同伴之间的共同生活、交往、探索、游戏等,是其社会学习的重要途径,应为幼儿提供人际间相互交往和共同活动的机会和条件,并加以指导;(3)社会学习是一个漫长的积累过程,需要幼儿园、家庭和社会密切合作,协调一致,共同促进幼儿良好社会性品质的形成。



**真题对接**

【**2016年下半年真题**】简述幼儿社会学习的指导要点。

【**参考答案**】参见内文。

## 四、科学

### (一)目标

(1)对周围的事物、现象感兴趣,有好奇心和求知欲;(2)能运用各种感官,动手动脑,探究问题;(3)能用适当的方式表达、交流探索的过程和结果;(4)能从生活和游戏中感受事物的数量关系并体验到数学的重要和有趣;(5)爱护动植物,关心周围环境,亲近大自然,珍惜自然资源,有初步的环保意识。

### (二)内容与要求

(1)引导幼儿对身边常见事物和现象的特点、变化规律产生兴趣和探究的欲望;(2)为幼儿的探究活动创造宽松的环境,让每个幼儿都有机会参与尝试,支持、鼓励他们大胆提出问题,发表不同意见,学会尊重别人的观点和经验;(3)提供丰富的可操作的材料,为每个幼儿都能运用多种感官、多种方式进行探索提供活动的条件;(4)通过引导幼儿积极参加小组讨论、探索等方式,培养幼儿合作学习的意识和能力,学习用多种方式表现、交流、分享探索的过程和结果;(5)引导幼儿对周围环境中的数、量、形、时间和空间等现象产生兴趣,建构初步的数概念,并学习用简单的数学方法解决生活和游戏中某些简单的问题;(6)从生活或媒体中幼儿熟悉的科技成果入手,引导幼儿感受科学技术对生活的影响,培养他们对科学的兴趣和对科学家的崇敬;(7)在幼儿生活经验的基础上,帮助幼儿了解自然、环境与人类生活的关系,从身边的小事入手,培养初步的环保意识和行为。

### (三)指导要点

(1)幼儿的科学教育是科学启蒙教育,重在激发幼儿的认识兴趣和探究欲望;(2)要尽量创造条件让幼儿实际参加探究活动,使他们感受科学探究的过程和方法,体验发现的乐趣;(3)科学教育应密切联系幼儿的实际生活进行,利用身边的事物与现象作为科学探索的对象。

## 五、艺术

### (一)目标

(1)能初步感受并喜爱环境、生活和艺术中的美;(2)喜欢参加艺术活动,并能大胆地表现自己的情感和体验;(3)能用自己喜欢的方式进行艺术表现活动。

### （二）内容与要求

（1）引导幼儿接触周围环境和生活中美好的人、事、物，丰富他们的感性经验和审美情趣，激发他们表现美、创造美的情趣；（2）在艺术活动中面向全体幼儿，要针对他们的不同特点和需要，让每个幼儿都得到美的熏陶和培养，对有艺术天赋的幼儿要注意发展他们的艺术潜能；（3）提供自由表现的机会，鼓励幼儿用不同艺术形式大胆地表达自己的情感、理解和想象，尊重每个幼儿的想法和创造，肯定和接纳他们独特的审美感受和表现方式，分享他们创造的快乐；（4）在支持、鼓励幼儿积极参加各种艺术活动并大胆表现的同时，帮助他们提高表现的技能和能力；（5）指导幼儿利用身边的物品或废旧材料制作玩具、手工艺品等来美化自己的生活或开展其他活动；（6）为幼儿创设展示自己作品的条件，引导幼儿相互交流、相互欣赏、共同提高。

### （三）指导要点

（1）**艺术**是实施美育的主要途径，应充分发挥艺术的情感教育功能，促进幼儿健全人格的形成，要避免仅仅重视表现技能或艺术活动的结果，而忽视幼儿在活动过程中的情感体验和态度的倾向；（2）幼儿的创作过程和作品是他们表达自己的认识和情感的重要方式，应支持幼儿富有个性和创造性的表达，克服过分强调技能技巧和标准化要求的偏向；（3）幼儿艺术活动的能力是在大胆表现的过程中逐渐发展起来的，教师的作用应主要在于激发幼儿感受美、表现美的情趣，丰富他们的审美经验，使之体验自由表达和创造的快乐，在此基础上，根据幼儿的发展状况和需要，对表现方式和技能技巧给予适时、适当的指导。

## 第三部分　组织与实施

一、幼儿园的教育是为所有在园幼儿的健康成长服务的，要为每一个幼儿，包括有特殊需要的幼儿提供积极的支持和帮助。

二、幼儿园的教育活动，是教师以多种形式有目的、有计划地引导幼儿生动、活泼、主动活动的教育过程。

三、教育活动的组织与实施过程是教师创造性地开展工作的过程。教师要根据本《纲要》，从本地、本园的条件出发，结合本班幼儿的实际情况，制定切实可行的工作计划并灵活地执行。

四、教育活动目标要以《幼儿园工作规程》和本《纲要》所提出的各领域目标为指导，结合本班幼儿的发展水平、经验和需要来确定。

五、教育活动内容的选择应遵照本《纲要》第二部分的有关条款进行，同时体现以下原则：

（1）既适合幼儿的现有水平，又有一定的挑战性；（2）既符合幼儿的现实需要，又有利于其长远发展；（3）既贴近幼儿的生活来选择幼儿感兴趣的事物和问题，又有助于拓展幼儿的经验和视野。

六、教育活动内容的组织应充分考虑幼儿的学习特点和认识规律，各领域的内容要有机联系，相互渗透，注重**综合性**、**趣味性**、**活动性**，寓教育于生活、游戏之中。

七、教育活动的组织形式应根据需要合理安排，因时、因地、因内容、因材料灵活地运用。

八、环境是重要的教育资源，应通过环境的创设和利用，有效地促进幼儿的发展。

（1）幼儿园的空间、设施、活动材料和常规要求等应有利于引发、支持幼儿的游戏和各种探索活动，有利于引发、支持幼儿与周围环境之间积极的相互作用。

（2）幼儿同伴群体及幼儿园教师集体是宝贵的教育资源，应充分发挥这一资源的作用。

（3）教师的态度和管理方式应有助于形成安全、温馨的心理环境；言行举止应成为幼儿学习的良好榜样。

（4）家庭是幼儿园重要的合作伙伴。应本着尊重、平等、合作的原则，争取家长的理解、支持和主动参与，并积极支持、帮助家长提高教育能力。

（5）充分利用自然环境和社区的教育资源，扩展幼儿生活和学习的空间。幼儿园同时应为社区的早期教育提供服务。

九、科学、合理地安排和组织一日生活。

（1）时间安排应有相对的**稳定性与灵活性**，既有利于形成秩序，又能满足幼儿的合理需要，照顾到个体

差异。

(2)教师直接指导的活动和间接指导的活动相结合,保证幼儿每天有适当的自主选择和自由活动时间。教师直接指导的集体活动要能保证幼儿的积极参与,避免时间的隐性浪费。

(3)尽量减少不必要的集体行动和过渡环节,减少和消除消极等待现象。

(4)建立良好的常规,避免不必要的管理行为,逐步引导幼儿学习自我管理。

十、教师应成为幼儿学习活动的支持者、合作者、引导者。

(1)以关怀、接纳、尊重的态度与幼儿交往。耐心倾听,努力理解幼儿的想法与感受,支持、鼓励他们大胆探索与表达。

(2)善于发现幼儿感兴趣的事物、游戏和偶发事件中所隐含的教育价值,把握时机,积极引导。

(3)关注幼儿在活动中的表现和反应,敏感地察觉他们的需要,及时以适当的方式应答,形成合作探究式的师生互动。

(4)尊重幼儿在发展水平、能力、经验、学习方式等方面的个体差异,因人施教,努力使每一个幼儿都能获得满足和成功。

(5)关注幼儿的特殊需要,包括各种发展潜能和不同发展障碍,与家庭密切配合,共同促进幼儿健康成长。

十一、幼儿园教育要与0~3岁幼儿的保育教育以及小学教育相互衔接。

**真题对接**

**【2018年下半年真题】**幼儿园教师应该是(　　)

A. 幼儿学习的引导者、决策者和管理者

B. 幼儿学习的支持者、合作者和引导者

C. 幼儿学习的引导者、传授者和控制者

D. 幼儿学习的管理者、决策者和传授者

**【答案】**B

**【2016年下半年真题】**活动区活动结束了,可晨晨的"游乐园"还没搭完,他跑到老师面前说:"老师,我还差一点就完成了,再给我5分钟,行吗?"老师说:"行,我等你。"老师一边说,一边指导其他幼儿收拾、整理。该教师的做法体现了幼儿园一日生活安排应该(　　)

A. 与幼儿积极互动

B. 根据幼儿活动的需求灵活调整

C. 按作息时间按部就班进行

D. 随时关注幼儿的活动

**【答案】**B

## 第四部分　教育评价

一、教育评价是幼儿园教育工作的重要组成部分,是了解教育的适宜性、有效性,调整和改进工作,促进每一个幼儿发展,提高教育质量的必要手段。

二、管理人员、教师、幼儿及其家长均是幼儿园教育评价工作的参与者。评价过程是各方共同参与、相互支持与合作的过程。

三、评价的过程,是教师运用专业知识审视教育实践,发现、分析、研究、解决问题的过程,也是其自我成长的重要途径。

四、幼儿园教育工作评价实行以**教师自评**为主,园长以及有关管理人员、其他教师和家长等参与评价的制度。

五、评价应自然地伴随着整个教育过程进行。综合采用观察、谈话、作品分析等多种方法。

六、幼儿的行为表现和发展变化具有重要的评价意义,教师应视之为重要的评价信息和改进工作的依据。

七、教育工作评价宜重点考察以下方面:

(1)教育计划和教育活动的目标是否建立在了解本班幼儿现状的基础上;(2)教育的内容、方式、策略、

环境条件是否能调动幼儿学习的积极性；(3)教育过程是否能为幼儿提供有益的学习经验，并符合其发展需要；(4)教育内容、要求能否兼顾群体需要和个体差异，使每个幼儿都能得到发展，都有成功感；(5)教师的指导是否有利于幼儿主动、有效地学习。

八、对幼儿发展状况的评估，要注意：

(1)明确评价的目的是了解幼儿的发展需要，以便提供更加适宜的帮助和指导；(2)全面了解幼儿的发展状况，防止片面性，尤其要避免只重知识和技能，忽略情感、社会性和实际能力的倾向；(3)在日常活动与教育教学过程中采用自然的方法进行，平时观察所获的具有典型意义的幼儿行为表现和所积累的各种作品等，是评价的重要依据；(4)承认和关注幼儿的个体差异，避免用划一的标准评价不同的幼儿，在幼儿面前慎用横向的比较；(5)以发展的眼光看待幼儿，既要了解现有水平，更要关注其发展的速度、特点和倾向等。



**真题对接**

【2018 年下半年真题】教育过程中，教师评价幼儿的适宜做法是(　　)

A. 用统一的标准评价幼儿　　B. 根据一次测评结果评价幼儿

C. 用标准化测评工具评价幼儿　　D. 根据日常观察所获信息评价幼儿

【答案】D。【解析】《幼儿园教育指导纲要(试行)》指出，在日常活动和教育教学过程中采用自然的方法进行评价，平时观察所获得具有典型意义的幼儿行为表现和所积累的各种作品等，是评价的重要依据。

## 第七节　我国幼儿教育的改革动态及发展趋势

(本节共 2 个考点)

### 考向分析

本节主要介绍当前我国幼儿教育的改革动态、国内幼儿教育的改革发展趋势等相关知识。

本节知识可能会以简答题的形式考查。简答题考查系统知识的掌握程度，这部分内容需要考生理解记忆。

### 思维导图

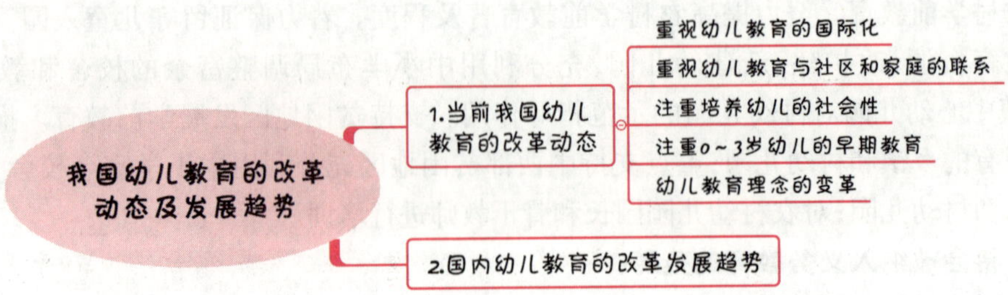

## 考点精讲

### 一、当前我国幼儿教育的改革动态

考点1

#### (一)重视幼儿教育的国际化

改革开放后,我国加强了幼儿教育的国际合作与交流,特别是20世纪90年代以来我国幼儿教师赴外学习、观摩、交流的机会日益增多,而幼儿园管理层也非常重视让教师外出学习。中国有句古话“见多识广”,外出考察学习是提高教师素质、转变教育观念的一个好的途径。同时,加强了对国外幼儿教育的研究,使得国外幼儿教育的先进经验在我国广为传播,为我国幼儿教育的改革以及国际化奠定了坚实的基础。

#### (二)重视幼儿教育与社区和家庭的联系

随着社会的发展与不断进步,社区在幼儿教育中的作用越来越突出,如何充分挖掘社区教育资源,有效地促进幼儿的成长与发展已成为各国普遍关注的问题。中国已开始重视幼儿教育和社区联系,近年来不少城市的社区幼儿教育也有所发展,农村社区幼儿教育也开始提上议事日程。

#### (三)注重培养幼儿的社会性

中国的幼儿教育比较注重培养幼儿的社会性。在理论和实践中,强调在游戏活动中促进幼儿的交往,培养幼儿的集体主义意识和合作精神,培养幼儿分享、公正等社会性行为。

#### (四)注重0~3岁幼儿的早期教育

中国的幼儿教育机构将学龄前幼儿根据年龄分为0~3岁和3~6、7岁两个阶段,我国幼教工作者已经意识到3岁前幼儿的教育十分重要,也提出了“托幼一体化”的建议,托儿所教育将越来越受到重视,0~3岁幼儿的早期教育将越来越成为人们关注的热点。

#### (五)幼儿教育理念的变革

儿童观、幼儿学习观和教育观的转变。以往,我们总是习惯于把幼儿看作被动的学习者,纵观《幼儿园教育指导纲要(试行)》的内容我们可以看到,它把我们的教育对象——幼儿看作有积极主动学习愿望的人,幼儿是能够在一定环境中积极主动学习的。

教师角色定位的转变。以往,教师的角色更偏向于定位为知识的传递者,全程参与和包办幼儿学习的全过程。《幼儿园教育指导纲要(试行)》中指出,教师应成为幼儿学习活动的支持者、合作者、引导者。

### 二、国内幼儿教育的改革发展趋势

考点2

**1. 注重普及学前教育**

基本普及学前教育。到2020年,普及学前一年教育,基本普及学前两年教育,有条件的地区普及学前三年教育。重视0至3岁婴幼儿教育。

重点发展农村学前教育。努力提高农村学前教育普及程度。着力保证留守儿童入园。采取多种形式扩大农村学前教育资源,改扩建、新建幼儿园,充分利用中小学布局调整富余的校舍和教师举办幼儿园(班)。发挥乡镇中心幼儿园对村幼儿园的示范指导作用。支持贫困地区发展学前教育。推进农村学前教育。支持办好现有的乡镇和村幼儿园;重点支持中西部贫困地区充分利用中小学富余校舍和社会资源,改扩建或新建乡镇和村幼儿园;对农村幼儿园园长和骨干教师进行培训。

**2. 幼儿教育将会被纳入义务教育的范畴**

在我国,幼儿教育纳入义务教育在现阶段已经具备了可能性。国家的财政收入有了稳步的提高,可以对幼儿教育这个公益性的社会公共福利事业给予更多的资金投入。从2011年9月份开始,我国部分城市开始试点在园的适龄幼儿都可以享受国家的助学券补助政策。另外,在党的十六届四中全会中提出了“构建

社会主义和谐社会”的目标。建立和谐社会,社会公平是基础,教育公平是起点,幼儿教育则是起点的起点,更应受到重视。

**3. 建立政府主导、社会参与、公办民办并举的办园体制**

受到市场经济和体制改革的影响,幼儿园的办学体制和投资体制逐渐呈现多元化的趋势。大力发展公办幼儿园,积极扶持民办幼儿园。加大政府投入,完善成本合理分担机制,对家庭经济困难幼儿入园给予补助。

加强学前教育管理,规范办园行为。在我国,幼儿教育的办学主体将由单一的公办园发展为公办园、企业办园、集体办园、社会力量办园、民办园、私立幼儿园等等,这种由我国国情决定的趋势将会继续下去。

**4. 关注幼儿教师的专业成长,提高教师队伍的整体建设**

加快建立职前教育、入职教育、职后教育相互衔接的发展性教师专业成长体系的步伐,着重对幼儿教师职前教育与继续教育课程衔接的有效性进行认真研究。提高幼儿师范院校办学水平和教育质量。根据幼儿教育事业发展需要,确定招生规模;结合幼儿教育改革的实际,及时调整专业、课程设置和教学内容,深化教育教学改革,积极参与幼儿园的教育实践。制订幼儿教育师资培养、培训规划,加强幼儿教师职后教育的规范和建设。

要依据《教师资格条例》的有关规定,实行幼儿园园长、教师资格准入制度,严格实行持证上岗。实行教师聘任制,建立激励机制,提高教师队伍的素质和水平。认真执行《中华人民共和国教师法》,幼儿教师享受与中小学教师同等的地位和待遇。依法保障幼儿教师在进修培训、评选先进、专业技术职务评聘工资、社会保险等方面的合法权益,稳定幼儿教师队伍。

**5. 幼儿教育交流合作的国际化态势将保持并进一步加强**

随着“地球村”理念的不断深入,幼儿教育国际交流合作也会进一步加强,支持一批示范性中外合作办学机构;开展幼儿园骨干教师海外研修培训;支持扩大公派出国留学规模;以高校为主体举办学前教育国际间学术交流论坛。

## 强化练习

| 建议用时 | 实际用时 | 设定分值 | 实际得分 |
|---|---|---|---|
| 100 分钟 | | 104 分 | |

### 一、单项选择题(每小题 3 分,共 39 分)

1. 1904 年清政府颁布《奏定学堂章程》规定学前教育机构的名称为(　　)

A. 幼稚园　　B. 慈幼园

C. 保育院　　D. 蒙养院

2. (　　)提出著名的“白板说”,认为人的一切观念都来自后天的经验,而不存在什么天赋。

A. 夸美纽斯　　B. 卢梭

C. 洛克　　D. 福禄贝尔

3. 卢梭的教育思想主要集中在他的教育著作(　　)一书中。

A.《爱弥儿》　　B.《母育学校》

C.《世界图解》　　D.《大教学论》

4. 在教育史上,(　　)是提倡爱的教育和实施爱的教育的典范,他强调指出:“教育的主要原则是爱。”

A. 福禄贝尔　　B. 卢梭

C. 裴斯泰洛齐　　D. 夸美纽斯

5. 教育内容既要符合幼儿已有的发展水平,又能促进其进一步发展,这符合(　　)

A. 发展适宜性原则　　B. 价值性原则

C. 基础性原则　　D. 兴趣性原则

6. (　　)是指幼儿园进行保教活动的基本单位。它的组织与管理成效与幼儿园这个大系统息息相关,具有相互依存又相互制约的关系。

A. 幼儿园班级　　B. 小组活动

C. 集体活动　　D. 个别活动

7. 教师在活动前要善于激发幼儿的学习兴趣和动机，这体现的是(　　)

A. 科学性、思想性原则　　B. 目标性原则

C. 主体性原则　　D. 保教合一原则

8. 幼儿园教育活动的组织应注重(　　)

A. 综合性、活动性、趣味性

B. 层次性、生活性、趣味性

C. 综合性、全面性、趣味性

D. 整合性、情景性、趣味性

9. "喜欢自然界与生活中美的事物"这一目标所属的艺术子领域是(　　)

A. 倾听与表达　　B. 感受与欣赏

C. 表现与创造　　D. 科学探索

10. 5 ~6 岁幼儿连续看电视的时间不能超过(　　)

A. 10 分钟　　B. 20 分钟

C. 30 分钟　　D. 40 分钟

11. 3 ~4 岁幼儿与同伴发生冲突时(　　)

A. 能在他人帮助下和平解决

B. 能听从成人的劝解

C. 能自己协商解决

D. 无需他人介入解决

12.《幼儿园教师专业标准(试行)》中"对幼儿的态度与行为"的基本要求不包括(　　)

A. 重视幼儿身心健康

B. 维护幼儿合法权益

C. 信任幼儿，尊重个体差异

D. 培育幼儿良好的意志品质

13.《幼儿园教育指导纲要(试行)》中提到五个领域，每个领域都可以提炼出一个关键的能力。科学领域是(　　)

A. 感受能力　　B. 表现能力

C. 创造能力　　D. 思维能力

## 二、简答题(每小题 15 分，共 45 分)

1. 简述福禄贝尔的教育思想。
2. 简述学前教育的特殊原则。
3. 简述幼儿园班级工作管理的环节。

## 三、材料分析题(本大题共 20 分)

经过长时间教育，我发现班上大部分孩子洗手的方法还是不正确，手总是洗得不干净。我们几位老师看在眼里急在心里。于是，我让孩子们相互看看、摸摸自己和别人的手，比比谁的手干净，并让孩子们总结洗手的"小诀窍"。有的孩子说："要用肥皂搓，再用水冲干净。"有的说："洗手时要卷起袖子，不然会把衣服弄湿的。"我搬来了娃娃家的"脸盆""肥皂""毛巾"等，请孩子们学习并练习洗手的正确步骤：先卷袖子→打开水龙头冲一下手→用肥皂搓手心和手背→用水冲干净→用毛巾擦干水。为了帮助孩子们牢固地掌握正确的洗手方法，我还画了一些洗手的小图示，编上 1、2、3、4、5，并附上简单的说明文字，将其贴在洗手池的上方墙上。终于，孩子们都能按正确的步骤洗手了。

结合材料说说教师在活动中体现了哪些学前教育原则？

## 参考答案

### 一、单项选择题

1. D【解析】1904 年，由张之洞、张百熙、容庆合订的《奏定学堂章程》即癸卯学制，其中就包括蒙养院制度。癸卯学制第一次用国家学制的形式把学前教育机构的名称定下来，把社会学前教育机构的地位固定下来，使蒙养院成为我国最早的学前教育机构。

2. C【解析】洛克像培根一样反对流行的"天赋观念"论，他从唯物主义的立场出发，提出了著名的"白板说"。他认为人出生后心灵如同一块白板，没有任何标记和观念；人的一切知识都是后天得来的，都建立在经验的基础上。

3. A【解析】卢梭的教育思想主要集中于《爱弥儿》一书中。

4. C【解析】略。

5. A【解析】遵循发展适宜性原则的含义之一是教育设计、组织、实施既适合儿童的现有水平，又有一定的挑战性；教育活动内容的安排与要求、活动过程的推进应循序渐进。

6. A【解析】略。

7. C【解析】儿童是学习的主体，只有儿童积极参与、主动建构，课程才能内化为他们的学习经验，促进

其身心发展。

8. A【解析】《幼儿园教育指导纲要(试行)》第三部分第六条指出:"教育活动内容的组织应充分考虑幼儿的学习特点和认识规律,各领域的内容要有机联系,相互渗透,注重综合性、趣味性、活动性,寓教育于生活、游戏之中。"

9. B【解析】详见《3～6岁儿童学习与发展指南》中"艺术领域"中"感受与欣赏"的目标。

10. C【解析】详见《3～6岁儿童学习与发展指南》健康领域中"生活习惯与生活能力"中"具有良好的生活与卫生习惯"的目标。

11. B【解析】详见《3～6岁儿童学习与发展指南》社会领域中"人际交往"中目标2"能与同伴友好相处"的内容。

12. D【解析】详见《幼儿园教师专业标准(试行)》的内容。

13. D【解析】各领域提炼出的关键能力主要有:健康——自我保护能力;语言——表达能力;社会——人际交往能力;科学——思维能力;艺术——创造能力。

**二、简答题(答案要点)**

1. (1)幼儿自我发展的原理;
   (2)阐明游戏的教育价值;
   (3)协调原理;
   (4)亲子教育。
2. (1)保教合一的原则;(2)以游戏为基本活动的原则;(3)教育的活动性和直观性原则;(4)生活化和一日活动整体性的原则。
3. (1)幼儿园班级工作计划的制订;
   (2)幼儿园班级工作的组织与实施;
   (3)幼儿园班级工作的检查与计划调整;
   (4)幼儿园班级工作的总结与评估。

**三、材料分析题(答案要点)**

(1)在材料中,教师恰当地利用了保教结合的原则和寓教育于幼儿活动之中的原则。

(2)材料中教师利用幼儿日常行为的教学来启发幼儿,让幼儿掌握了一项基本的生活技能。幼儿教师不仅是幼儿的教育者,而且是生活上的看护者,要求教师在日常教学之余,还应该对幼儿的日常生活进行教育,做到保教结合。材料中教师很好地利用了教授幼儿洗手的机会,不仅贯彻了教学原则,还教会幼儿洗手的方法,做到了一举两得。

(3)教师还运用了生活化和一日活动整体性的原则来调动幼儿的学习积极性。材料中幼儿教师通过合理组织、科学安排,使其成为一个有机的整体,让幼儿在自然的生活中身心健康地发展。案例中的教师充分认识到洗手活动的教育价值,通过合理组织、科学安排,让一日活动发挥一致的、连贯的、整体的教育功能,寓教育于一日活动之中。

(4)材料中的教师的做法还体现了直观性原则。由于学前儿童思维的具体形象性和第一信号系统占优势的特点,使得他们只有在获得丰富的感性经验的基础上,才能理解事物。学前儿童主要是通过各种感官来认识周围世界的,是通过直接感知认识周围事物,形成表象并发展为初级的概念。材料中"我让孩子们相互看看、摸摸自己和别人的手,比比谁的手干净""画了一些洗手的小图示"都是直观性原则的体现。

附录Ⅰ

# 《3～6岁儿童学习与发展指南》

教育部

2012年10月

**说明**

一、为深入贯彻《国家中长期教育改革和发展规划纲要(2010～2020年)》和《国务院关于当前发展学前教育的若干意见》(国发〔2010〕41号),指导幼儿园和家庭实施科学的保育和教育,促进幼儿身心全面和谐发展,制定《3～6岁儿童学习与发展指南》(以下简称《指南》)。

二、《指南》以为幼儿后继学习和终身发展奠定良好素质基础为目标,以促进幼儿体、智、德、美各方面的协调发展为核心,通过提出3～6岁各年龄段儿童学习与发展目标和相应的教育建议,帮助幼儿园教师和家长了解3～6岁幼儿学习与发展的基本规律和特点,建立对幼儿发展的合理期望,实施科学的保育和教育,让幼儿度过快乐而有意义的童年。

三、《指南》从健康、语言、社会、科学、艺术五个领域描述幼儿的学习与发展。每个领域按照幼儿学习与发展最基本、最重要的内容划分为若干方面。每个方面由学习与发展目标和教育建议两部分组成。

目标部分分别对3～4岁、4～5岁、5～6岁三个年龄段末期幼儿应该知道什么、能做什么,大致可以达到什么发展水平提出了合理期望,指明了幼儿学习与发展的具体方向;教育建议部分列举了一些能够有效帮助和促进幼儿学习与发展的教育途径与方法。

四、实施《指南》应把握以下几个方面:

1. 关注幼儿学习与发展的整体性。儿童的发展是一个整体,要注重领域之间、目标之间的相互渗透和整合,促进幼儿身心全面协调发展,而不应片面追求某一方面或几方面的发展。

2. 尊重幼儿发展的个体差异。幼儿的发展是一个持续、渐进的过程,同时也表现出一定的阶段性特征。每个幼儿在沿着相似进程发展的过程中,各自的发展速度和到达某一水平的时间不完全相同。要充分理解和尊重幼儿发展进程中的个别差异,支持和引导他们从原有水平向更高水平发展,按照自身的速度和方式到达《指南》所呈现的发展"阶梯",切忌用一把"尺子"衡量所有幼儿。

3. 理解幼儿的学习方式和特点。幼儿的学习是以**直接经验**为基础,在游戏和日常生活中进行的。要珍视游戏和生活的独特价值,创设丰富的教育环境,合理安排一日生活,最大限度地支持和满足幼儿通过直接感知、实际操作和亲身体验获取经验的需要,严禁"拔苗助长"式的超前教育和强化训练。

4. 重视幼儿的学习品质。幼儿在活动过程中表现出的积极态度和良好行为倾向是终身学习与发展所必需的宝贵品质。要充分尊重和保护幼儿的好奇心和学习兴趣,帮助幼儿逐步养成积极主动、认真专注、不怕困难、敢于探究和尝试、乐于想象和创造等良好学习品质。忽视幼儿学习品质培养,单纯追求知识技能学习的做法是短视而有害的。

**知识视野**

**"尊重幼儿发展的个体差异"解读**

要充分理解和尊重幼儿发展进程中的个别差异,支持和引导他们以从原有水平向更高水平发展,按照自身的速度和方式到达《指南》所呈现的发展"阶梯",切忌用一把"尺子"衡量所有幼儿。这一原则主要包含了两层含义:一是尊重幼儿发展的连续性与阶段性规律;二是尊重幼儿在相似发展进程中的个别差异。

决不能超越幼儿的发展阶段,强迫他们过早地去达到下一阶段的目标。由于不同阶段之间是通过长时间的"量"的逐渐积累而被连接起来的,所以"量变"过程决不可人为地随意压缩、取消,否则得不到真正的"质变",即使得到也一定是畸形的。

实施《指南》时，在帮助不同年龄阶段的幼儿学习与发展的过程中，要特别注意尊重幼儿发展的连续性与阶段性，不急于求成、拔苗助长，要努力地为幼儿创造一个可以让他们从容地从“量变”到“质变”的环境，让每一个幼儿可以按照自己的速度、自己的节奏获得实实在在的发展。还需注意的是，幼儿这一交织着量变与质变的发展过程往往呈现出非匀速性特征。了解幼儿发展的这些特点，有利于在实施《指南》时克服急躁、焦虑的情绪，摆脱急功近利的心态。幼儿的发展需要成人因势利导，有时等一等，有时推一推，有时冷静地观察、分析，提供必要的支持，等等。的确，有时候因为幼儿从一个阶段到下一个阶段的更替是如此之慢，以至于成人难以有足够的耐心来等待，会迫不及待地把不切实际的过分要求强加给幼儿，造成他们身心的巨大压力，其负面影响甚至可能波及他们的未来。

除了必须尊重幼儿发展的连续性与阶段性等共性规律之外，还必须尊重幼儿在相似的发展进程中出现的个体差异。即是说，对于幼儿在学习与发展过程中，由于个体先天的或后天的、环境的或自身的种种原因所带来的个体差异必须予以尊重。幼儿学习与发展的个体差异主要表现在不同幼儿在学习兴趣、需要、经验、学习特点、学习能力、发展特点与水平等方面的差异。

幼儿在学习与发展上的这些差异是完全正常的，因此实施《指南》时，不要将幼儿做盲目的、简单的攀比，用一把尺子去统一丈量所有的幼儿，特别是不能将《指南》中“各年龄段典型表现”当成核对标尺或固定模式，抹杀幼儿之间的差异，错误地强求幼儿齐步走、统一化，将幼儿驱赶到千篇一律的僵化的发展框架中去。当然，幼儿与幼儿之间能力强弱的差异是不可否认的，有些幼儿具有某方面的天赋也是需要予以关注的。但不论怎样，每个幼儿都有获得表扬和承认的需要，这是幼儿成长过程中的一种基本需要。这一需要能否得到满足对幼儿人格发展有重大影响。因此《规程》强调一定要“注重个体差异，因人施教，引导幼儿个性健康发展”。

**真题对接**

【**2018年下半年真题**】下列针对幼儿个体差异的教育观点，哪种不妥(　　)

A. 应关注和尊重幼儿不同的学习方式和认知风格

B. 应支持幼儿富有个性和创造性的学习与探索

C. 应确保每位幼儿在同一时间达成同样目标

D. 应对有特殊需要的幼儿给予特别关注

【**答案**】C

【**2015年下半年真题**】为什么不能把《3～6岁儿童学习与发展指南》作为一把“尺子”去衡量所有的幼儿？请说明理由。

【**参考答案**】参见内文。

## 一、健康

**健康**是指人在身体、心理和社会适应方面的良好状态。幼儿阶段是儿童身体发育和机能发展极为迅速的时期，也是形成安全感和乐观态度的重要阶段。发育良好的身体、愉快的情绪、强健的体质、协调的动作、良好的生活习惯和基本生活能力是幼儿身心健康的重要标志，也是其他领域学习与发展的基础。

为有效促进幼儿身心健康发展，成人应为幼儿提供合理均衡的营养，保证充足的睡眠和适宜的锻炼，满足幼儿生长发育的需要；创设温馨的人际环境，让幼儿充分感受到亲情和关爱，形成积极稳定的情绪情感；帮助幼儿养成良好的生活与卫生习惯，提高自我保护能力，形成使其终身受益的生活能力和文明生活方式。

幼儿身心发育尚未成熟，需要成人的精心呵护和照顾，但不宜过度保护和包办代替，以免剥夺幼儿自主学习的机会，养成过于依赖的不良习惯，影响其主动性、独立性的发展。

## (一)身心状况

目标1　具有健康的体态

| 3~4岁 | 4~5岁 | 5~6岁 |
|---|---|---|
| 1. 身高和体重适宜。参考标准:<br>男孩:身高:94.9~111.7厘米<br>体重:12.7~21.2公斤<br>女孩:身高:94.1~111.3厘米<br>体重:12.3~21.5公斤<br>2. 在提醒下能自然坐直、站直。 | 1. 身高和体重适宜。参考标准:<br>男孩:身高:100.7~119.2厘米<br>体重:14.1~24.2公斤<br>女孩:身高:99.9~118.9厘米<br>体重:13.7~24.9公斤<br>2. 在提醒下能保持正确的站、坐和行走姿势。 | 1. 身高和体重适宜。参考标准:<br>男孩:身高:106.1~125.8厘米<br>体重:15.9~27.1公斤<br>女孩:身高:104.9~125.4厘米<br>体重:15.3~27.8公斤<br>2. 经常保持正确的站、坐和行走姿势。 |

注:身高和体重数据来源:《2006年世界卫生组织儿童生长标准》4、5、6周岁儿童身高和体重的参考数据。

教育建议:

1. 为幼儿提供营养丰富、健康的饮食。如:

·参照《中国孕期、哺乳期妇女和0~6岁儿童膳食指南》,为幼儿提供谷物、蔬菜、水果、肉、奶、蛋、豆制品等多样化的食物,均衡搭配。

·烹调方式要科学,尽量少煎炸、烧烤、腌制。

2. 保证幼儿每天睡11~12小时,其中午睡一般应达到2小时左右。午睡时间可根据幼儿的年龄、季节的变化和个体差异适当减少。

3. 注意幼儿的体态,帮助他们形成正确的姿势。如:

·提醒幼儿要保持正确的站、坐、走姿势;发现有八字脚、罗圈腿、驼背等骨骼发育异常的情况,应及时就医矫治。

·桌、椅和床要合适。椅子的高度以幼儿写画时双脚能自然着地、大腿基本保持水平状为宜;桌子的高度以写画时身体能坐直,不驼背、不耸肩为宜;床不宜过软。

4. 每年为幼儿进行健康检查。

目标2　情绪安定愉快

| 3~4岁 | 4~5岁 | 5~6岁 |
|---|---|---|
| 1. 情绪比较稳定,很少因一点小事哭闹不止。<br>2. 有比较强烈的情绪反应时,能在成人的安抚下逐渐平静下来。 | 1. 经常保持愉快的情绪,不高兴时能较快缓解。<br>2. 有比较强烈情绪反应时,能在成人提醒下逐渐平静下来。<br>3. 愿意把自己的情绪告诉亲近的人,一起分享快乐或求得安慰。 | 1. 经常保持愉快的情绪。知道引起自己某种情绪的原因,并努力缓解。<br>2. 表达情绪的方式比较适度,不乱发脾气。<br>3. 能随着活动的需要转换情绪和注意。 |

教育建议:

1. 营造温暖、轻松的心理环境,让幼儿形成安全感和信赖感。如:

·保持良好的情绪状态,以积极、愉快的情绪影响幼儿。

·以欣赏的态度对待幼儿。注意发现幼儿的优点,接纳他们的个体差异,不简单与同伴做横向比较。

·幼儿做错事时要冷静处理,不厉声斥责,更不能打骂。

2. 帮助幼儿学会恰当表达和调控情绪。如:

·成人用恰当的方式表达情绪,为幼儿做出榜样。如生气时不乱发脾气,不迁怒于人。

·成人和幼儿一起谈论自己高兴或生气的事,鼓励幼儿与人分享自己的情绪。

·允许幼儿表达自己的情绪,并给予适当的引导。如幼儿发脾气时不硬性压制,等其平静后告诉他什么行为是可以接受的。

·发现幼儿不高兴时,主动询问情况,帮助他们化解消极情绪。

目标3 具有一定的适应能力

| 3~4岁 | 4~5岁 | 5~6岁 |
|---|---|---|
| 1. 能在较热或较冷的户外环境中活动。<br>2. 换新环境时情绪能较快稳定,睡眠、饮食基本正常。<br>3. 在帮助下能较快适应集体生活。 | 1. 能在较热或较冷的户外环境中连续活动半小时左右。<br>2. 换新环境时较少出现身体不适。<br>3. 能较快适应人际环境中发生的变化。如换了新老师能较快适应。 | 1. 能在较热或较冷的户外环境中连续活动半小时以上。<br>2. 天气变化时较少感冒,能适应车、船等交通工具造成的轻微颠簸。<br>3. 能较快融入新的人际关系环境。如换了新的幼儿园或班级能较快适应。 |

教育建议:

1. 保证幼儿的户外活动时间,提高幼儿适应季节变化的能力。

·幼儿每天的户外活动时间一般不少于两小时,其中体育活动时间不少于1小时,季节交替时要坚持。

·气温过热或过冷的季节或地区应因地制宜,选择温度适当的时间段开展户外活动,也可根据气温的变化和幼儿的个体差异,适当减少活动的时间。

2. 经常与幼儿玩拉手转圈、秋千、转椅等游戏活动,让幼儿适应轻微的摆动、颠簸、旋转,促进其平衡机能的发展。

3. 锻炼幼儿适应生活环境变化的能力。如:

·注意观察幼儿在新环境中的饮食、睡眠、游戏等方面的情况,采取相应的措施帮助他们尽快适应新环境。

·经常带幼儿接触不同的人际环境,如参加亲戚朋友聚会,多和不熟悉的小朋友玩,使幼儿较快适应新的人际关系。

## (二)动作发展

目标1 具有一定的平衡能力,动作协调、灵敏

| 3~4岁 | 4~5岁 | 5~6岁 |
|---|---|---|
| 1. 能沿地面直线或在较窄的低矮物体上走一段距离。<br>2. 能双脚灵活交替上下楼梯。<br>3. 能身体平稳地双脚连续向前跳。<br>4. 分散跑时能躲避他人的碰撞。<br>5. 能双手向上抛球。 | 1. 能在较窄的低矮物体上平稳地走一段距离。<br>2. 能以匍匐、膝盖悬空等多种方式钻爬。<br>3. 能助跑跨跳过一定距离,或助跑跨跳过一定高度的物体。<br>4. 能与他人玩追逐、躲闪跑的游戏。<br>5. 能连续自抛自接球。 | 1. 能在斜坡、荡桥和有一定间隔的物体上较平稳地行走。<br>2. 能以手脚并用的方式安全地爬攀登架、网等。<br>3. 能连续跳绳。<br>4. 能躲避他人滚过来的球或扔过来的沙包。<br>5. 能连续拍球。 |

教育建议:

1. 利用多种活动发展身体平衡和协调能力。如:

·走平衡木,或沿着地面直线、田埂行走。

·玩跳房子、踢毽子、蒙眼走路、踩小高跷等游戏活动。

2. 发展幼儿动作的协调性和灵活性。如:

·鼓励幼儿进行跑跳、钻爬、攀登、投掷、拍球等活动。

·玩跳竹竿、滚铁环等传统体育游戏。

3. 对于拍球、跳绳等技能性活动,不要过于要求数量,更不能机械训练。

4. 结合活动内容对幼儿进行安全教育,注重在活动中培养幼儿的自我保护能力。

目标2　具有一定的力量和耐力

| 3~4岁 | 4~5岁 | 5~6岁 |
| --- | --- | --- |
| 1. 能双手抓杠悬空吊起10秒左右。<br>2. 能单手将沙包向前投掷2米左右。<br>3. 能单脚连续向前跳2米左右。<br>4. 能快跑15米左右。<br>5. 能行走1公里左右(途中可适当停歇)。 | 1. 能双手抓杠悬空吊起15秒左右。<br>2. 能单手将沙包向前投掷4米左右。<br>3. 能单脚连续向前跳5米左右。<br>4. 能快跑20米左右。<br>5. 能连续行走1.5公里左右(途中可适当停歇)。 | 1. 能双手抓杠悬空吊起20秒左右。<br>2. 能单手将沙包向前投掷5米左右。<br>3. 能单脚连续向前跳8米左右。<br>4. 能快跑25米左右。<br>5. 能连续行走1.5公里以上(途中可适当停歇)。 |

教育建议:

1. 开展丰富多样、适合幼儿年龄特点的各种身体活动,如走、跑、跳、攀、爬等,鼓励幼儿坚持下来,不怕累。

2. 日常生活中鼓励幼儿多走路、少坐车;自己上下楼梯、自己背包。

目标3　手的动作灵活协调

| 3~4岁 | 4~5岁 | 5~6岁 |
| --- | --- | --- |
| 1. 能用笔涂涂画画。<br>2. 能熟练地用勺子吃饭。<br>3. 能用剪刀沿直线剪,边线基本吻合。 | 1. 能沿边线较直地画出简单图形,或能边线基本对齐地折纸。<br>2. 会用筷子吃饭。<br>3. 能沿轮廓线剪出由直线构成的简单图形,边线吻合。 | 1. 能根据需要画出图形,线条基本平滑。<br>2. 能熟练使用筷子。<br>3. 能沿轮廓线剪出由曲线构成的简单图形,边线吻合且平滑。<br>4. 能使用简单的劳动工具或用具。 |

教育建议:

1. 创造条件和机会,促进幼儿手的动作灵活协调。如:

·提供画笔、剪刀、纸张、泥团等工具和材料,或充分利用各种自然、废旧材料和常见物品,让幼儿进行画、剪、折、粘等美工活动。

·引导幼儿生活自理或参与家务劳动,发展其手的动作。如练习自己用筷子吃饭、扣扣子,帮助家人择菜叶、做面食等。

·幼儿园在布置娃娃家、商店等活动区时,多提供原材料和半成品,让幼儿有更多机会参与制作活动。

2. 引导幼儿注意活动安全。如:

·为幼儿提供的塑料粒、珠子等活动材料要足够大,材质要安全,以免造成异物进入气管、铅中毒等伤害。提供给幼儿安全剪刀。

·为幼儿示范拿筷子、握笔的正确姿势以及使用剪刀、锤子等工具的方法。

·提醒幼儿不要拿剪刀等锋利工具玩耍,用完后要放回原处。

## (三)生活习惯与生活能力

目标1 具有良好的生活与卫生习惯

| 3~4岁 | 4~5岁 | 5~6岁 |
|---|---|---|
| 1. 在提醒下,按时睡觉和起床,并能坚持午睡。<br>2. 喜欢参加体育活动。<br>3. 在引导下,不偏食、挑食。喜欢吃瓜果、蔬菜等新鲜食品。<br>4. 愿意饮用白开水,不贪喝饮料。<br>5. 不用脏手揉眼睛,连续看电视等不超过15分钟。<br>6. 在提醒下,每天早晚刷牙、饭前便后洗手。 | 1. 每天按时睡觉和起床,并能坚持午睡。<br>2. 喜欢参加体育活动。<br>3. 不偏食、挑食,不暴饮暴食。喜欢吃瓜果、蔬菜等新鲜食品。<br>4. 常喝白开水,不贪喝饮料。<br>5. 知道保护眼睛,不在光线过强或过暗的地方看书,连续看电视等不超过20分钟。<br>6. 每天早晚刷牙、饭前便后洗手,方法基本正确。 | 1. 养成每天按时睡觉和起床的习惯。<br>2. 能主动参加体育活动。<br>3. 吃东西时细嚼慢咽。<br>4. 主动饮用白开水,不贪喝饮料。<br>5. 主动保护眼睛。不在光线过强或过暗的地方看书,连续看电视等不超过30分钟。<br>6. 每天早晚主动刷牙,饭前便后主动洗手,方法正确。 |

教育建议:

1. 让幼儿保持有规律的生活,养成良好的作息习惯。如:早睡早起、每天午睡、按时进餐、吃好早餐等。

2. 帮助幼儿养成良好的饮食习惯。如:

·合理安排餐点,帮助幼儿养成定点、定时、定量进餐的习惯。

·帮助幼儿了解食物的营养价值,引导他们不偏食不挑食、少吃或不吃不利于健康的食品;多喝白开水,少喝饮料。

·吃饭时不过分催促,提醒幼儿细嚼慢咽,不要边吃边玩。

3. 帮助幼儿养成良好的个人卫生习惯。如:

·早晚刷牙、饭后漱口。

·勤为幼儿洗澡、换衣服、剪指甲。

·提醒幼儿保护五官,如不乱挖耳朵、鼻孔,看电视时保持3米左右的距离等。

4. 激发幼儿参加体育活动的兴趣,养成锻炼的习惯。如:

·为幼儿准备多种体育活动材料,鼓励他选择自己喜欢的材料开展活动。

·经常和幼儿一起在户外运动和游戏,鼓励幼儿和同伴一起开展体育活动。

·和幼儿一起观看体育比赛或有关体育赛事的电视节目,培养他对体育活动的兴趣。

目标2 具有基本的生活自理能力

| 3~4岁 | 4~5岁 | 5~6岁 |
|---|---|---|
| 1. 在帮助下能穿脱衣服或鞋袜。<br>2. 能将玩具和图书放回原处。 | 1. 能自己穿脱衣服、鞋袜、扣纽扣。<br>2. 能整理自己的物品。 | 1. 能知道根据冷热增减衣服。<br>2. 会自己系鞋带。<br>3. 能按类别整理好自己的物品。 |

教育建议:

1. 鼓励幼儿做力所能及的事情,对幼儿的尝试与努力给予肯定,不因做不好或做得慢而包办代替。

2. 指导幼儿学习和掌握生活自理的基本方法,如穿脱衣服和鞋袜、洗手洗脸、擦鼻涕、擦屁股的正确方法。

3. 提供有利于幼儿生活自理的条件。如:

·提供一些纸箱、盒子,供幼儿收拾和存放自己的玩具、图书或生活用品等。

·幼儿的衣服、鞋子等要简单实用,便于自己穿脱。

目标3 具备基本的安全知识和自我保护能力

| 3~4岁 | 4~5岁 | 5~6岁 |
|---|---|---|
| 1. 不吃陌生人给的东西,不跟陌生人走。<br>2. 在提醒下能注意安全,不做危险的事。<br>3. 在公共场所走失时,能向警察或有关人员说出自己和家长的名字、电话号码等简单信息。 | 1. 知道在公共场合不远离成人的视线单独活动。<br>2. 认识常见的安全标志,能遵守安全规则。<br>3. 运动时能主动躲避危险。<br>4. 知道简单的求助方式。 | 1. 未经大人允许不给陌生人开门。<br>2. 能自觉遵守基本的安全规则和交通规则。<br>3. 运动时能注意安全,不给他人造成危险。<br>4. 知道一些基本的防灾知识。 |

教育建议:

1. 创设安全的生活环境,提供必要的保护措施。如:

·要把热水瓶、药品、火柴、刀具等物品放到幼儿够不到的地方;阳台或窗台要有安全保护措施;要使用安全的电源插座等。

·在公共场所要注意照看好幼儿;幼儿乘车、乘电梯时要有成人陪伴;不把幼儿单独留在家里或汽车里等。

2. 结合生活实际对幼儿进行安全教育。如:

·外出时,提醒幼儿要紧跟成人,不远离成人的视线,不跟陌生人走,不吃陌生人给的东西;不在河边和马路边玩耍;要遵守交通规则等。

·帮助幼儿了解周围环境中不安全的事物,不做危险的事。如不动热水壶,不玩火柴或打火机,不摸电源插座,不攀爬窗户或阳台等。

·帮助幼儿认识常见的安全标识,如小心触电、小心有毒、禁止下河游泳、紧急出口等。

·告诉幼儿不允许别人触摸自己的隐私部位。

3. 教给幼儿简单的自救和求救的方法。如:

·记住自己家庭的住址、电话号码、父母的姓名和单位,一旦走失时知道向成人求助,并能提供必要信息。

·遇到火灾或其他紧急情况时,知道要拨打110、120、119等求救电话。

·可利用图书、音像等材料对幼儿进行逃生和求救方面的教育,并运用游戏方式模拟练习。

·幼儿园应定期进行火灾、地震等自然灾害的逃生演习。

## 二、语言

语言是交流和思维的工具。幼儿期是语言发展,特别是口语发展的重要时期。幼儿语言的发展贯穿于各个领域,也对其他领域的学习与发展有着重要的影响:幼儿在运用语言进行交流的同时,也在发展着人际交往能力、理解他人和判断交往情境的能力、组织自己思想的能力。通过语言获取信息,幼儿的学习逐步超越个体的直接感知。

幼儿的语言能力是在**交流和运用**的过程中发展起来的。应为幼儿创设自由、宽松的语言交往环境,鼓励和支持幼儿与成人、同伴交流,让幼儿想说、敢说、喜欢说并能得到积极回应。为幼儿提供丰富、适宜的低幼读物,经常和幼儿一起看图书、讲故事,丰富其语言表达能力,培养阅读兴趣和良好的阅读习惯,进一步拓展学习经验。

幼儿的语言学习需要相应的社会经验支持,应通过多种活动扩展幼儿的生活经验,丰富语言的内容,增

强理解和表达能力。应在生活情境和阅读活动中引导幼儿自然而然地产生对文字的兴趣，用机械记忆和强化训练的方式让幼儿过早识字不符合其学习特点和接受能力。

### （一）倾听与表达

目标1 认真听并能听懂常用语言

| 3～4岁 | 4～5岁 | 5～6岁 |
|---|---|---|
| 1. 别人对自己说话时能注意听并做出回应。<br>2. 能听懂日常会话。 | 1. 在群体中能有意识地听与自己有关的信息。<br>2. 能结合情境感受到不同语气、语调所表达的不同意思。<br>3. 方言地区和少数民族幼儿能基本听懂普通话。 | 1. 在集体中能注意听老师或其他人讲话。<br>2. 听不懂或有疑问时能主动提问。<br>3. 能结合情境理解一些表示因果、假设等相对复杂的句子。 |

**真题对接**

**【2017年下半年真题】**一般条件下，（　　）年龄段的幼儿能结合情境理解一些表示因果、假设等关系的相对复杂的句子。

A. 托班　　B. 小班　　C. 中班　　D. 大班

**【答案】**D

教育建议：

1. 多给幼儿提供倾听和交谈的机会。如：经常和幼儿一起谈论他感兴趣的话题，或一起看图书、讲故事。

2. 引导幼儿学会认真倾听。如：

·成人要耐心倾听别人（包括幼儿）的讲话，等别人讲完再表达自己的观点。

·与幼儿交谈时，要用幼儿能听得懂的语言。

·对幼儿提要求和布置任务时要求他注意听，鼓励他主动提问。

3. 对幼儿讲话时，注意结合情境使用丰富的语言，以便于幼儿理解。如：

·说话时注意语气、语调，让幼儿感受语气、语调的作用。如对幼儿的不合理要求以比较坚定的语气表示不同意；讲故事时，尽量把故事人物高兴、悲伤的心情用不同的语气、语调表现出来。

·根据幼儿的理解水平有意识地使用一些反映因果、假设、条件等关系的句子。

目标2 愿意讲话并能清楚地表达

| 3～4岁 | 4～5岁 | 5～6岁 |
|---|---|---|
| 1. 愿意在熟悉的人面前说话，能大方地与人打招呼。<br>2. 基本会说本民族或本地区的语言。<br>3. 愿意表达自己的需要和想法，必要时能配以手势动作。<br>4. 能口齿清楚地说儿歌、童谣或复述简短的故事。 | 1. 愿意与他人交谈，喜欢谈论自己感兴趣的话题。<br>2. 会说本民族或本地区的语言，基本会说普通话。少数民族聚居地区幼儿会用普通话进行日常会话。<br>3. 能基本完整地讲述自己的所见所闻和经历的事情。<br>4. 讲述比较连贯。 | 1. 愿意与他人讨论问题，敢在众人面前说话。<br>2. 会说本民族或本地区的语言和普通话，发音正确清晰。少数民族聚居地区幼儿基本会说普通话。<br>3. 能有序、连贯、清楚地讲述一件事情。<br>4. 讲述时能使用常见的形容词、同义词等，语言比较生动。 |

教育建议:

1. 为幼儿创造说话的机会并体验语言交往的乐趣。

·每天有足够的时间与幼儿交谈。如谈论他感兴趣的话题,询问和听取他对自己事情的意见等。

·尊重和接纳幼儿的说话方式,无论幼儿的表达水平如何,都应认真地倾听并给予积极的回应。

·鼓励和支持幼儿与同伴一起玩耍、交谈,相互讲述见闻、趣事或看过的图书、动画片等。

·方言和少数民族地区应积极为幼儿创设用普通话交流的语言环境。

2. 引导幼儿清楚地表达。如:

·和幼儿讲话时,成人自身的语言要清楚、简洁。

·当幼儿因为急于表达而说不清楚的时候,提醒他不要着急,慢慢说;同时要耐心倾听,给予必要的补充,帮助他理清思路并清晰地说出来。

目标3　具有文明的语言习惯

| 3~4岁 | 4~5岁 | 5~6岁 |
|---|---|---|
| 1. 与别人讲话时知道眼睛要看着对方。<br>2. 说话自然,声音大小适中。<br>3. 能在成人的提醒下使用恰当的礼貌用语。 | 1. 别人对自己讲话时能回应。<br>2. 能根据场合调节自己说话声音的大小。<br>3. 能主动使用礼貌用语,不说脏话、粗话。 | 1. 别人讲话时能积极主动地回应。<br>2. 能根据谈话对象和需要,调整说话的语气。<br>3. 懂得按次序轮流讲话,不随意打断别人。<br>4. 能依据所处情境使用恰当的语言。如在别人难过时会用恰当的语言表示安慰。 |

教育建议:

1. 成人注意语言文明,为幼儿做出表率。如:

·与他人交谈时,认真倾听,使用礼貌用语。

·在公共场合不大声说话,不说脏话、粗话。

·幼儿表达意见时,成人可蹲下来,眼睛平视幼儿,耐心听他把话说完。

2. 帮助幼儿养成良好的语言行为习惯。如:

·结合情境提醒幼儿一些必要的交流礼节。如对长辈说话要有礼貌,客人来访时要打招呼,得到帮助时要说谢谢等。

·提醒幼儿遵守集体生活的语言规则,如轮流发言,不随意打断别人讲话等。

·提醒幼儿注意公共场所的语言文明,如不大声喧哗。

## (二)阅读与书写准备

目标1　喜欢听故事,看图书

| 3~4岁 | 4~5岁 | 5~6岁 |
|---|---|---|
| 1. 主动要求成人讲故事、读图书。<br>2. 喜欢跟读韵律感强的儿歌、童谣。<br>3. 爱护图书,不乱撕、乱扔。 | 1. 反复看自己喜欢的图书。<br>2. 喜欢把听过的故事或看过的图书讲给别人听。<br>3. 对生活中常见的标识、符号感兴趣,知道它们表示一定的意义。 | 1. 专注地阅读图书。<br>2. 喜欢与他人一起谈论图书和故事的有关内容。<br>3. 对图书和生活情境中的文字符号感兴趣,知道文字表示一定的意义。 |

教育建议：

1. 为幼儿提供良好的阅读环境和条件。如：

· 提供一定数量、符合幼儿年龄特点、富有童趣的图画书。

· 提供相对安静的地方，尽量减少干扰，保证幼儿自主阅读。

2. 激发幼儿的阅读兴趣，培养阅读习惯。如：

· 经常抽时间与幼儿一起看图书、讲故事。

· 提供童谣、故事和诗歌等不同体裁的儿童文学作品，让幼儿自主选择和阅读。

· 当幼儿遇到感兴趣的事物或问题时，和他一起查阅图书资料，让他感受图书的作用，体会通过阅读获取信息的乐趣。

3. 引导幼儿体会标识、文字符号的用途。如：

· 向幼儿介绍医院、公用电话等生活中的常见标识，让他知道标识可以代表具体事物。

· 结合生活实际，帮助幼儿体会文字的用途。如买来新玩具时，把说明书上的文字念给幼儿听，了解玩具的玩法。

目标2 具有初步的阅读理解能力

| 3~4岁 | 4~5岁 | 5~6岁 |
|---|---|---|
| 1. 能听懂短小的儿歌或故事。<br>2. 会看画面，能根据画面说出图中有什么，发生了什么事等。<br>3. 能理解图书上的文字是和画面对应的，是用来表达画面意义的。 | 1. 能大体讲出所听故事的主要内容。<br>2. 能根据连续画面提供的信息，大致说出故事的情节。<br>3. 能随着作品的展开产生喜悦、担忧等相应的情绪反应，体会作品所表达的情绪情感。 | 1. 能说出所阅读的幼儿文学作品的主要内容。<br>2. 能根据故事的部分情节或图书画面的线索猜想故事情节的发展，或续编、创编故事。<br>3. 对看过的图书、听过的故事能说出自己的看法。<br>4. 能初步感受文学语言的美。 |

教育建议：

1. 经常和幼儿一起阅读，引导他以自己的经验为基础理解图书的内容。如：

· 引导幼儿仔细观察画面，结合画面讨论故事内容，学习建立画面与故事内容的联系。

· 和幼儿一起讨论或回忆书中的故事情节，引导他有条理地说出故事的大致内容。

· 在给幼儿读书或讲故事时，可先不告诉名字，让幼儿听完后自己命名，并说出这样命名的理由。

· 鼓励幼儿自主阅读，并与他人讨论自己在阅读中的发现、体会和想法。

2. 在阅读中发展幼儿的想象和创造能力。如：

· 鼓励幼儿依据画面线索讲述故事，大胆推测、想象故事情节的发展，改编故事部分情节或续编故事结尾。

· 鼓励幼儿用故事表演、绘画等不同的方式表达自己对图书和故事的理解。

· 鼓励和支持幼儿自编故事，并为自编的故事配上图画，制成图画书。

3. 引导幼儿感受文学作品的美。如：

· 有意识地引导幼儿欣赏或模仿文学作品的语言节奏和韵律。

· 给幼儿读书时，通过表情、动作和抑扬顿挫的声音传达书中的情绪情感，让幼儿体会作品的感染力和表现力。

目标3 具有书面表达的愿望和初步技能

| 3~4岁 | 4~5岁 | 5~6岁 |
|---|---|---|
| 喜欢用涂涂画画表达一定的意思。 | 1. 愿意用图画和符号表达自己的愿望和想法。<br>2. 在成人提醒下，写写画画时姿势正确。 | 1. 愿意用图画和符号表现事物或故事。<br>2. 会正确书写自己的名字。<br>3. 写画时姿势正确。 |

教育建议:

1. 让幼儿在写写画画的过程中体验文字符号的功能,培养书写兴趣。如:

·准备供幼儿随时取放的纸、笔等材料,也可利用沙地、树枝等自然材料,满足幼儿自由涂画的需要。

·鼓励幼儿将自己感兴趣的事情或故事画下来并讲给别人听,让幼儿体会写写画画的方式可以表达自己的想法和情感。

·把幼儿讲过的事情用文字记录下来,并念给他听,使幼儿知道说的话可以用文字记录下来,从中体会文字的用途。

2. 在绘画和游戏中做必要的书写准备。如:

·通过把虚线画出的图形轮廓连成实线等游戏,促进手眼协调,同时帮助幼儿学习由上至下、由左至右的运笔技能。

·鼓励幼儿学习书写自己的名字。

·提醒幼儿写画时保持正确姿势。



## 三、社会

幼儿社会领域的学习与发展过程是其社会性不断完善并奠定健全人格基础的过程。人际交往和社会适应是幼儿社会学习的主要内容,也是其社会性发展的基本途径。幼儿在与成人和同伴交往的过程中,不仅学习如何与人友好相处,也在学习如何看待自己、对待他人,不断发展适应社会生活的能力。良好的社会性发展对幼儿身心健康和其他各方面的发展都具有重要影响。

家庭、幼儿园和社会应共同努力,为幼儿创设温暖、关爱、平等的家庭和集体生活氛围,建立良好的亲子关系、师生关系和同伴关系,让幼儿在积极健康的人际关系中获得安全感和信任感,发展自信和自尊,在良好的社会环境及文化的熏陶中学会遵守规则,形成基本的认同感和归属感。

幼儿的社会性主要是在日常生活和游戏中通过模仿和观察潜移默化地发展起来的。成人应注重自己言行的榜样作用,避免简单生硬的说教。

### (一)人际交往

目标1　愿意与人交往

| 3~4岁 | 4~5岁 | 5~6岁 |
|---|---|---|
| 1. 愿意和小朋友一起游戏。<br>2. 愿意与熟悉的长辈一起活动。 | 1. 喜欢和小朋友一起游戏,有经常一起玩的小伙伴。<br>2. 喜欢和长辈交谈,有事愿意告诉长辈。 | 1. 有自己的好朋友,也喜欢结交新朋友。<br>2. 有问题愿意向别人请教。<br>3. 有高兴的或有趣的事愿意与大家分享。 |

教育建议:

1. 主动亲近和关心幼儿,经常和他一起游戏或活动,让幼儿感受到与成人交往的快乐,建立亲密的亲子关系和师生关系。

2. 创造交往的机会,让幼儿体会交往的乐趣。如:

·利用走亲戚、到朋友家做客或有客人来访的时机,鼓励幼儿与他人接触和交谈。

·鼓励幼儿参加小朋友的游戏,邀请小朋友到家里玩,感受有朋友一起玩的快乐。

·幼儿园应多为幼儿提供自由交往和游戏的机会,鼓励他们自主选择、自由结伴开展活动。

目标2 能与同伴友好相处

| 3~4岁 | 4~5岁 | 5~6岁 |
| --- | --- | --- |
| 1. 想加入同伴的游戏时,能友好地提出请求。<br>2. 在成人指导下,不争抢、不独霸玩具。<br>3. 与同伴发生冲突时,能听从成人的劝解。 | 1. 会运用介绍自己、交换玩具等简单技巧加入同伴游戏。<br>2. 对大家都喜欢的东西能轮流、分享。<br>3. 与同伴发生冲突时,能在他人帮助下和平解决。<br>4. 活动时愿意接受同伴的意见和建议。<br>5. 不欺负弱小。 | 1. 能想办法吸引同伴和自己一起游戏。<br>2. 活动时能与同伴分工合作,遇到困难能一起克服。<br>3. 与同伴发生冲突时能自己协商解决。<br>4. 知道别人的想法有时和自己不一样,能倾听和接受别人的意见,不能接受时会说明理由。<br>5. 不欺负别人,也不允许别人欺负自己。 |



教育建议:

1. 结合具体情境,指导幼儿学习交往的基本规则和技能。如:

·当幼儿不知怎样加入同伴游戏,或提出请求不被接受时,建议他拿出玩具邀请大家一起玩;或者扮成某个角色加入同伴的游戏。

·对幼儿与别人分享玩具、图书等行为给予肯定,让他对自己的表现感到高兴和满足。

·当幼儿与同伴发生矛盾或冲突时,指导他尝试用协商、交换、轮流玩、合作等方式解决冲突。

·利用相关的图书、故事,结合幼儿的交往经验,和他讨论什么样的行为受大家欢迎,想要得到别人的接纳应该怎样做。

·幼儿园应多为幼儿提供需要大家齐心协力才能完成的活动,让幼儿在具体活动中体会合作的重要性,学习分工合作。

2. 结合具体情境,引导幼儿换位思考,学习理解别人。如:

·幼儿有争抢玩具等不友好行为时,引导他们想想"假如你是那个小朋友,你有什么感受?"让幼儿学习理解别人的想法和感受。

3. 和幼儿一起谈谈他的好朋友,说说喜欢这个朋友的原因,引导他多发现同伴的优点、长处。

**知识视野**

一日生活各环节中都蕴含着丰富的学习与发展契机(以社会领域为例)

1. 入/离园环节

社会领域——如:愿意与人交往(愿意和小朋友一起游戏;愿意和长辈交谈,有事愿意告诉长辈);能与同伴友好相处(想加入同伴的游戏时,能友好地提出请求;学习轮流、分享、合作等);关心尊重他人(长辈讲话时能认真听,能听从长辈的要求;会用礼貌的方式向长辈表达自己的要求和想法;能关注别人的情绪和需要,并能给予力所能及的帮助);喜欢并适应群体生活(对幼儿园的生活好奇,喜欢上幼儿园;愿意并主动参加群体活动;在群体活动中积极、快乐);遵守基本的行为规范(感受规则的意义,并能遵守规则);具有初步的归属感(喜欢自己所在的幼儿园和班级,积极参加集体活动)。

2. 餐点、饮水、如厕、盥洗、午睡等生活环节

社会领域——如:能与同伴友好相处(学习解决与同伴之间的冲突);具有自尊、自信、自主的表现(自己能做的事情自己做,不会的愿意学);关心尊重他人(关注别人的情绪和需要,并能给予力所能及的帮助;尊重为大家提供服务的人,珍惜他们的劳动成果;接纳、尊重与自己的生活方式或习惯不同的人);遵守基本的行为规范(遵守规则;节约粮食、水电等资源)。

3. 转换环节

社会领域——如:能与同伴友好相处(知道别人的想法有时和自己不一样,能倾听和接受别人的意见,不能接受时会说明理由);具有自尊、自信、自主的表现(能根据自己的兴趣、想法选择和进行游戏或其他活动;在活动中出主意、想办法;敢于

尝试有一定难度的活动和任务;与别人的看法不同时,敢于坚持自己的意见并说出理由);喜欢并适应群体生活(对群体活动有兴趣;愿意并主动参加群体活动;在群体活动中积极、快乐);遵守基本的行为规范(基本遵守规则;理解规则的意义,能与同伴协商制定游戏和活动规则;能认真负责地完成自己所接受的任务);具有初步的归属感(积极参加集体活动;愿意为集体做事,为集体的成绩感到高兴;能感受和体会到家乡的发展变化并为此感到高兴)。

4. 户外自由活动

社会领域——如:愿意与人交往(愿意或喜欢和小朋友一起游戏;有高兴的或有趣的事愿意与大家分享);能与同伴友好相处(想加入同伴的游戏时,能友好地提出请求;会运用介绍自己、交换玩具等简单技巧加入同伴游戏;能想办法吸引同伴和自己一起游戏;对大家都喜欢的东西能轮流、分享;活动时能与同伴分工合作,遇到困难能一起克服;与同伴发生冲突时能自己协商解决);具有自尊、自信、自主的表现(能根据自己的兴趣选择游戏或其他活动;能按自己的想法进行游戏或其他活动;能主动发起活动或在活动中出主意、想办法);关心尊重他人(能注意到别人的情绪,并有关心、体贴的表现;能有礼貌地与人交往);喜欢并适应群体生活(对群体活动有兴趣;愿意并主动参加群体活动;在群体活动中积极、快乐);遵守基本的行为规范(基本遵守规则;理解规则的意义,能与同伴协商制定游戏和活动规则)。

第二章

**真题对接**

**【2017 年上半年真题】**试述如何在一日生活中实现社会领域的教育目标。

**【参考答案】**参见内文。

目标 3　具有自尊、自信、自主的表现

| 3～4 岁 | 4～5 岁 | 5～6 岁 |
|---|---|---|
| 1. 能根据自己的兴趣选择游戏或其他活动。<br>2. 为自己的好行为或活动成果感到高兴。<br>3. 自己能做的事情愿意自己做。<br>4. 喜欢承担一些小任务。 | 1. 能按自己的想法进行游戏或其他活动。<br>2. 知道自己的一些优点和长处,并对此感到满意。<br>3. 自己的事情尽量自己做,不愿意依赖别人。<br>4. 敢于尝试有一定难度的活动和任务。 | 1. 能主动发起活动或在活动中出主意、想办法。<br>2. 做了好事或取得了成功后还想做得更好。<br>3. 自己的事情自己做,不会的愿意学。<br>4. 主动承担任务,遇到困难能够坚持而不轻易求助。<br>5. 与别人的看法不同时,敢于坚持自己的意见并说出理由。 |

教育建议:

1. 关注幼儿的感受,保护其自尊心和自信心。如:

·能以平等的态度对待幼儿,使幼儿切实感受到自己被尊重。

·对幼儿好的行为表现多给予具体、有针对性的肯定和表扬,让他对自己优点和长处有所认识并感到满足和自豪。

·不要拿幼儿的不足与其他幼儿的优点作比较。

2. 鼓励幼儿自主决定,独立做事,增强其自尊心和自信心。如:

·与幼儿有关的事情要征求他的意见,即使他的意见与成人不同,也要认真倾听,接受他的合理要求。

·在保证安全的情况下,支持幼儿按自己的想法做事;或提供必要的条件,帮助他实现自己的想法。

·幼儿自己的事情尽量放手让他自己做,即使做得不够好,也应鼓励并给予一定的指导,让他在做事中树立自尊和自信。

·鼓励幼儿尝试有一定难度的任务，并注意调整难度，让他感受经过努力获得的成就感。

目标4 关心尊重他人

| 3~4岁 | 4~5岁 | 5~6岁 |
| --- | --- | --- |
| 1. 长辈讲话时能认真听，并能听从长辈的要求。<br>2. 身边的人生病或不开心时表示同情。<br>3. 在提醒下能做到不打扰别人。 | 1. 会用礼貌的方式向长辈表达自己的要求和想法。<br>2. 能注意到别人的情绪，并有关心、体贴的表现。<br>3. 知道父母的职业，能体会到父母为养育自己所付出的辛劳。 | 1. 能有礼貌地与人交往。<br>2. 能关注别人的情绪和需要，并能给予力所能及的帮助。<br>3. 尊重为大家提供服务的人，珍惜他们的劳动成果。<br>4. 接纳、尊重与自己的生活方式或习惯不同的人。 |

教育建议：

1. 成人以身作则，以尊重、关心的态度对待自己的父母、长辈和其他人。如：

·经常问候父母，主动做家务。

·礼貌地对待老年人，如坐车时主动为老人让座。

·看到别人有困难能主动关心并给予一定的帮助。

2. 引导幼儿尊重、关心长辈和身边的人，尊重他人劳动及成果。如：

·提醒幼儿关心身边的人，如妈妈累了，知道让她安静休息一会儿。

·借助故事、图书等给幼儿讲讲父母抚育孩子成长的经历，让幼儿理解和体会父爱与母爱。

·结合实际情境，提醒幼儿注意别人的情绪，了解他们的需要，给予适当的关心和帮助。

·利用生活机会和角色游戏，帮助幼儿了解与自己关系密切的社会服务机构及其工作，如商场、邮局、医院等，体会这些机构给大家提供的便利和服务，懂得尊重工作人员的劳动，珍惜劳动成果。

3. 引导幼儿学习用平等、接纳和尊重的态度对待差异。如：

·了解每个人都有自己的兴趣、爱好和特长，可以相互学习。

·利用民间游戏、传统节日等，适当向幼儿介绍我国主要民族和世界其他国家和民族的文化，帮助幼儿感知文化的多样性和差异性，理解人们之间是平等的，应该互相尊重，友好相处。

### （二）社会适应

目标1 喜欢并适应群体生活

| 3~4岁 | 4~5岁 | 5~6岁 |
| --- | --- | --- |
| 1. 对群体活动有兴趣。<br>2. 对幼儿园的生活好奇，喜欢上幼儿园。 | 1. 愿意并主动参加群体活动。<br>2. 愿意与家长一起参加社区的一些群体活动。 | 1. 在群体活动中积极、快乐。<br>2. 对小学生活有好奇和向往。 |

教育建议：

1. 经常和幼儿一起参加一些群体性的活动，让幼儿体会群体活动的乐趣。如：参加亲戚、朋友和同事间的聚会以及适合幼儿参加的社区活动等，支持幼儿和不同群体的同伴一起游戏，丰富其群体活动的经验。

2. 幼儿园组织活动时，可以经常打破班级的界限，让幼儿有更多机会参加不同群体的活动。

3. 带领大班幼儿参观小学，讲讲小学有趣的活动，唤起他们对小学生活的好奇和向往，为入学做好心理准备。

目标2　遵守基本的行为规范

| 3~4岁 | 4~5岁 | 5~6岁 |
|---|---|---|
| 1. 在提醒下，能遵守游戏和公共场所的规则。<br>2. 知道不经允许不能拿别人的东西，借别人的东西要归还。<br>3. 在成人提醒下，爱护玩具和其他物品。 | 1. 感受规则的意义，并能基本遵守规则。<br>2. 不私自拿不属于自己的东西。<br>3. 知道说谎是不对的。<br>4. 知道接受了的任务要努力完成。<br>5. 在提醒下，能节约粮食、水电等。 | 1. 理解规则的意义，能与同伴协商制定游戏和活动规则。<br>2. 爱惜物品，用别人的东西时也知道爱护。<br>3. 做了错事敢于承认，不说谎。<br>4. 能认真负责地完成自己所接受的任务。<br>5. 爱护身边的环境，注意节约资源。 |

教育建议：

1. 成人要遵守社会行为规则，为幼儿树立良好的榜样。如：答应幼儿的事一定要做到、尊老爱幼、爱护公共环境、节约水电等。

2. 结合社会生活实际，帮助幼儿了解基本行为规则或其他游戏规则，体会规则的重要性，学习自觉遵守规则。如：

·经常和幼儿玩带有规则的游戏，遵守共同约定的游戏规则。

·利用实际生活情境和图书故事，向幼儿介绍一些必要的社会行为规则，以及为什么要遵守这些规则。

·在幼儿园的区域活动中，创设情境，让幼儿体会没有规则的不方便，鼓励他们讨论制定规则并自觉遵守。

·对幼儿表现出的遵守规则的行为要及时肯定，对违规行为给予纠正。如：幼儿主动为老人让座时要表扬；幼儿损害别人的物品或公共物品时要及时制止并主动赔偿。

3. 教育幼儿要诚实守信。如：

·对幼儿诚实守信的行为要及时肯定。

·允许幼儿犯错误，告诉他改了就好。不要打骂幼儿，以免他因害怕惩罚而说谎。

·小年龄的幼儿经常分不清想象和现实，成人不要误认为他是在说谎。

·发现幼儿说谎时，要反思是否是因自己对幼儿的要求过高过严造成的。如果是，要及时调整自己的行为，同时要严肃地告诉幼儿说谎是不对的。

·经常给幼儿分配一些力所能及的任务，要求他完成并及时给予表扬，培养他的责任感和认真负责的态度。

目标3　具有初步的归属感

| 3~4岁 | 4~5岁 | 5~6岁 |
|---|---|---|
| 1. 知道和自己一起生活的家庭成员及与自己的关系，体会到自己是家庭的一员。<br>2. 能感受到家庭生活的温暖，爱父母，亲近与信赖长辈。<br>3. 能说出自己家所在街道、小区(乡镇、村)的名称。<br>4. 认识国旗，知道国歌。 | 1. 喜欢自己所在的幼儿园和班级，积极参加集体活动。<br>2. 能说出自己家所在地的省、市、县(区)名称，知道当地有代表性的物产或景观。<br>3. 知道自己是中国人。<br>4. 奏国歌、升国旗时能自动站好。 | 1. 愿意为集体做事，为集体的成绩感到高兴。<br>2. 能感受到家乡的发展变化并为此感到高兴。<br>3. 知道自己的民族，知道中国是一个多民族的大家庭，各民族之间要互相尊重，团结友爱。<br>4. 知道国家一些重大成就，爱祖国，为自己是中国人感到自豪。 |

教育建议：

1. 亲切地对待幼儿，关心幼儿，让他感到长辈是可亲、可近、可信赖的，家庭和幼儿园是温暖的。如：

·多和孩子一起游戏、谈笑，尽量在家庭和班级中营造温馨的氛围。

·通过和幼儿一起翻阅照片、讲幼儿成长的故事等，让幼儿感受到家庭和幼儿园的温暖，老师的和蔼可亲，对养育自己的人产生感激之情。

2. 吸引和鼓励幼儿参加集体活动，萌发集体意识。如：

·幼儿园和班级里的重大事情和计划，请幼儿集体讨论决定。

·幼儿园应经常组织多种形式的集体活动，萌发幼儿的集体荣誉感。

3. 运用幼儿喜闻乐见和能够理解的方式激发幼儿爱家乡、爱祖国的情感。如：

·和幼儿说一说或在地图上找一找自己家所在的省、市、县（区）名称。

·和幼儿一起外出游玩，一起看有关的电视节目或画报等；和他们一起收集有关家乡、祖国各地的风景名胜、著名的建筑、独特物产的图片等，在观看和欣赏的过程中激发幼儿的自豪感和热爱之情。

·利用电视节目或参加升旗等活动，向幼儿介绍国旗、国歌以及观看升旗、奏国歌的礼仪。

·向幼儿介绍反映中国人聪明才智的发明和创造，激发幼儿的民族自豪感。

## 四、科学

幼儿的科学学习是在探究具体事物和解决实际问题中，尝试发现事物间的异同和联系的过程。幼儿在对自然事物的探究和运用数学解决实际生活问题的过程中，不仅获得丰富的感性经验，充分发展形象思维，而且初步尝试归类、排序、判断、推理，逐步发展逻辑思维能力，为其他领域的深入学习奠定基础。

幼儿科学学习的核心是激发探究兴趣，体验探究过程，发展初步的探究能力。成人要善于发现和保护幼儿的好奇心，充分利用自然和实际生活机会，引导幼儿通过观察、比较、操作、实验等方法，学习发现问题、分析问题和解决问题；帮助幼儿不断积累经验，并运用于新的学习活动，形成受益终身的学习态度和能力。

幼儿的思维特点是以**具体形象思维**为主，应注重引导幼儿通过**直接感知、亲身体验和实际操作**进行科学学习，不应为追求知识和技能的掌握，对幼儿进行灌输和强化训练。

### （一）科学探究

目标1 亲近自然，喜欢探究

| 3～4岁 | 4～5岁 | 5～6岁 |
|---|---|---|
| 1. 喜欢接触大自然，对周围的很多事物和现象感兴趣。<br>2. 经常问各种问题，或好奇地摆弄物品。 | 1. 喜欢接触新事物，经常问一些与新事物有关的问题。<br>2. 常常动手动脑探索物体和材料，并乐在其中。 | 1. 对自己感兴趣的问题总是刨根问底。<br>2. 能经常动手动脑寻找问题的答案。<br>3. 探索中有所发现时感到兴奋和满足。 |

教育建议：

1. 经常带幼儿接触大自然，激发其好奇心与探究欲望。如：

·为幼儿提供一些有趣的探究工具，用自己的好奇心和探究积极性感染和带动幼儿。

·和幼儿一起发现并分享周围新奇、有趣的事物或现象，一起寻找问题的答案。

·通过拍照和画图等方式保留和积累有趣的探索与发现。

2. 真诚地接纳、多方面支持和鼓励幼儿的探索行为。如：

·认真对待幼儿的问题，引导他们猜一猜、想一想，有条件时和幼儿一起做一些简易的调查或有趣的小实验。

·容忍幼儿因探究而弄脏、弄乱、甚至破坏物品的行为,引导他们活动后做好收拾整理。

·多为幼儿选择一些能操作、多变化、多功能的玩具材料或废旧材料,在保证安全的前提下,鼓励幼儿拆装或动手自制玩具。

目标2　具有初步的探究能力

| 3~4岁 | 4~5岁 | 5~6岁 |
| --- | --- | --- |
| 1. 对感兴趣的事物能仔细观察,发现其明显特征。<br>2. 能用多种感官或动作去探索物体,关注动作所产生的结果。 | 1. 能对事物或现象进行观察比较,发现其相同与不同。<br>2. 能根据观察结果提出问题,并大胆猜测答案。<br>3. 能通过简单的调查收集信息。<br>4. 能用图画或其他符号进行记录。 | 1. 能通过观察、比较与分析,发现并描述不同种类物体的特征或某个事物前后的变化。<br>2. 能用一定的方法验证自己的猜测。<br>3. 在成人的帮助下能制订简单的调查计划并执行。<br>4. 能用数字、图画、图表或其他符号记录。<br>5. 探究中能与他人合作与交流。 |

教育建议:

1. 有意识地引导幼儿观察周围事物,学习观察的基本方法,培养观察与分类能力。如:

·支持幼儿自发的观察活动,对其发现表示赞赏。

·通过提问等方式引导幼儿思考并对事物进行比较观察和连续观察。

·引导幼儿在观察和探索的基础上,尝试进行简单的分类、概括。如根据运动方式给动物分类,根据生长环境给植物分类,根据外部特征给物体分类,等等。

2. 支持和鼓励幼儿在探究的过程中积极动手动脑寻找答案或解决问题。如:

·鼓励幼儿根据观察或发现提出值得继续探究的问题,或成人提出有探究意义且能激发幼儿兴趣的问题。如:皮球、轮胎、竹筒等物体滚动时都走直线吗? 怎样让橡皮泥球浮在水面上?

·支持和鼓励幼儿大胆联想、猜测问题的答案,并设法验证。如:玩风车时,鼓励幼儿猜测风车转动方向及速度快慢的原因和条件,并实际去验证。

·支持、引导幼儿学习用适宜的方法探究和解决问题,或为自己的想法收集证据。如:想知道院子里有多少种植物,可以进行实地调查;想知道球在平地上还是在斜坡上滚得快,可以动手试一试;想证明影子的方向与太阳的位置有关,可以做个小实验进行验证等。

3. 鼓励和引导幼儿学习做简单的计划和记录,并与他人交流分享。如:

·和幼儿共同制订调查计划,讨论调查对象、步骤和方法等,也可以和幼儿一起设法用图画、箭头等标识呈现计划。

·鼓励幼儿用绘画、照相、做标本等办法记录观察和探究的过程与结果,注意要让记录有意义,通过记录帮助幼儿丰富观察经验、建立事物之间的联系和分享发现。

·支持幼儿与同伴合作探究与分享交流,引导他们在交流中尝试整理、概括自己探究的成果,体验合作探究和发现的乐趣。如一起讨论和分享自己的问题与发现,一起想办法收集资料和验证猜测。

4. 帮助幼儿回顾自己探究的过程,讨论自己做了什么,怎么做的,结果与计划目标是否一致,分析一下原因以及下一步要怎样做等。

目标3 在探究中认识周围事物和现象

| 3～4岁 | 4～5岁 | 5～6岁 |
|---|---|---|
| 1. 认识常见的动植物，能注意并发现周围的动植物是多种多样的。<br>2. 能感知和发现物体和材料的软硬、光滑和粗糙等特性。<br>3. 能感知和体验天气对自己生活和活动的影响。<br>4. 初步了解和体会动植物和人们生活的关系。 | 1. 能感知和发现动植物的生长变化及其基本条件。<br>2. 能感知和发现常见材料的溶解、传热等性质或用途。<br>3. 能感知和发现简单物理现象，如物体形态或位置变化等。<br>4. 能感知和发现不同季节的特点，体验季节对动植物和人的影响。<br>5. 初步感知常用科技产品与自己生活的关系，知道科技产品有利也有弊。 | 1. 能察觉到动植物的外形特征、习性与生存环境的适应关系。<br>2. 能发现常见物体的结构与功能之间的关系。<br>3. 能探索并发现常见的物理现象产生的条件或影响因素，如影子、沉浮等。<br>4. 感知并了解季节变化的周期性，知道变化的顺序。<br>5. 初步了解人们的生活与自然环境的密切关系，知道尊重和珍惜生命，保护环境。 |

**真题对接**

**【2018年下半年真题】**小班幼儿观察植物时，下列哪条目标最符合他们的发展水平（　　）

A. 能感知到周围植物的多种多样　　B. 会观察记录植物生长变化过程

C. 能察觉到植物外形特征与生存环境的关系　　D. 能发现不同种类植物之间差异

**【答案】**A

教育建议：

1. 支持幼儿在接触自然、生活事物和现象中积累有益的直接经验和感性认识。如：

·和幼儿一起通过户外活动、参观考察、种植和饲养活动，感知生物的多样性和独特性，以及生长发育、繁殖和死亡的过程。

·给幼儿提供丰富的材料和适宜的工具，支持幼儿在游戏过程中探索并感知常见物质、材料的特性和物体的结构特点。

2. 引导幼儿在探究中思考，尝试进行简单的推理和分析，发现事物之间明显的关联。如：

·引导5岁以上幼儿关注和思考动植物的外部特征、习性与生活环境对动植物生存的意义。如兔子的长耳朵具有自我保护的作用；植物种子的形状有助于其传播等。

·引导幼儿根据常见物质、材料的特性和物体的结构特点，推测和证实它们的用途。如带轮子的物体方便移动；不同用途的车辆有不同的结构；等等。

3. 引导幼儿关注和了解自然、科技产品与人们生活的密切关系，逐渐懂得热爱、尊重、保护自然。如：

·结合幼儿的生活需要，引导他们体会人与自然、动植物的依赖关系。如动植物、季节变化与人们生活的关系、常见灾害性天气给人们生产和生活带来的影响等。

·和幼儿一起讨论常见科技产品的用途和弊端，如汽车等交通工具给生活带来的方便和对环境的污染等。

## (二)数学认知

目标1　初步感知生活中数学的有用和有趣

| 3~4岁 | 4~5岁 | 5~6岁 |
| --- | --- | --- |
| 1. 感知和发现周围物体的形状是多种多样的,对不同的形状感兴趣。<br>2. 体验和发现生活中很多地方都用到数。 | 1. 在指导下,感知和体会有些事物可以用形状来描述。<br>2. 在指导下,感知和体会有些事物可以用数来描述,对环境中各种数字的含义有进一步探究的兴趣。 | 1. 能发现事物简单的排列规律,并尝试创造新的排列规律。<br>2. 能发现生活中许多问题都可以用数学的方法来解决,体验解决问题的乐趣。 |



教育建议:

1. 引导幼儿注意事物的形状特征,尝试用表示形状的词来描述事物,体会描述的生动形象性和趣味性。如:

·参观游览后,和幼儿一起谈论所看到的事物的形状,鼓励幼儿产生联想,并用自己的语言进行描述。如熊猫的身体圆圆的,全身好像是一个个的圆形组成的。

·和幼儿交谈或读书讲故事时,适当地运用一些有关形状的词汇来描述事物,如看图片时,和幼儿讨论奥运会场馆的形状,体会为什么有的场馆叫"水立方",有的叫"鸟巢"。

2. 引导幼儿感知和体会生活中很多地方都用到数,关注周围与自己生活密切相关的数的信息,体会数可以代表不同的意义。如:

·和幼儿一起寻找发现生活中用数字作标识的事物,如电话号码、时钟、日历和商品的价签等。

·引导幼儿了解和感受数用在不同的地方,表示的意义是不一样的。如天气预报中表示气温的数代表冷热状况;钟表上的数表明时间的早晚等。

·鼓励幼儿尝试使用数的信息进行一些简单的推理。如知道今天是星期五,能推断明天是星期六,爸爸妈妈休息。

3. 引导幼儿观察发现按照一定规律排列的事物,体会其中的排列特点与规律,并尝试自己创造出新的排列规律。如:

·和幼儿一起发现和体会按一定顺序排列的队形整齐有序。

·提供具有重复性旋律和词语的音乐、儿歌和故事,或利用环境中有序排列的图案(如按颜色间隔排列的瓷砖、按形状间隔排列的珠帘等),鼓励幼儿发现和感受其中的规律。

·鼓励幼儿尝试自己设计有规律的花边图案、创编有一定规律的动作,或者按某种规律进行搭建活动。

·引导幼儿体会生活中很多事情都是有一定顺序和规律的,如一周七天的顺序是从周一到周日,一年四季按照春夏秋冬轮回等。

4. 鼓励和支持幼儿发现、尝试解决日常生活中需要用到数学的问题,体会数学的用处。如:

·拍球、跳绳、跳远或投沙包时,可通过数数、测量的方法确定名次。

·讨论春游去哪里玩时,让幼儿商量想去哪里玩?每个想去的地方有多少人?根据统计结果做出决定。

·滑滑梯时,按照"先来先玩"的规则有序地排队玩。

目标2 感知和理解数、量及数量关系

| 3~4岁 | 4~5岁 | 5~6岁 |
|---|---|---|
| 1. 能感知和区分物体的大小、多少、高矮长短等量方面的特点，并能用相应的词表示。<br>2. 能通过一一对应的方法比较两组物体的多少。<br>3. 能手口一致地点数5个以内的物体，并能说出总数。能按数取物。<br>4. 能用数词描述事物或动作。如我有4本图书。 | 1. 能感知和区分物体的粗细、厚薄、轻重等量方面的特点，并能用相应的词语描述。<br>2. 能通过数数比较两组物体的多少。<br>3. 能通过实际操作理解数与数之间的关系，如5比4多1；2和3合在一起是5。<br>4. 会用数词描述事物的排列顺序和位置。 | 1. 初步理解量的相对性。<br>2. 借助实际情境和操作(如合并或拿取)理解“加”和“减”的实际意义。<br>3. 能通过实物操作或其他方法进行10以内的加减运算。<br>4. 能用简单的记录表、统计图等表示简单的数量关系。 |

教育建议：

1. 引导幼儿感知和理解事物“量”的特征。如：

· 感知常见事物的大小、多少、高矮、粗细等量的特征，学习使用相应的词汇描述这些特征。

· 结合具体事物让幼儿通过多次比较逐渐理解“量”是相对的。如小亮比小明高，但比小强矮。

· 收拾物品时，根据情况，鼓励幼儿按照物体量的特征分类整理。如整理图书时按照大小摆放。

2. 结合日常生活，指导幼儿学习通过对应或数数的方式比较物体的多少。如：

· 鼓励幼儿在一对一配对的过程中发现两组物体的多少。如在给桌子上的每个碗配上勺子时，发现碗和勺多少的不同。

· 鼓励幼儿通过数数比较两样东西的多少。如数一数有多少个苹果，多少个梨，判断苹果和梨哪个多，哪个少。

3. 利用生活和游戏中的实际情境，引导幼儿理解数概念。如：

· 结合生活需要，和幼儿一起手口一致点数物体，得出物体的总数。

· 通过点数的方式让幼儿体会物体的数量不会因排列形式、空间位置的不同而发生变化。如鼓励幼儿将一定数量的扣子以不同的形式摆放，体会扣子的数量是不变的。

· 结合日常生活，为幼儿提供“按数取物”的机会，如游戏时，请幼儿按要求拿出几个球。

4. 通过实物操作引导幼儿理解数与数之间的关系，并用“加”或“减”的办法来解决问题。如：

· 游戏中遇到让4个小动物住进两间房子的问题，或生活中遇到将5块饼干分给两个小朋友问题时，让幼儿尝试不同的分法。

· 鼓励幼儿尝试自己解决生活中的数学问题。如家里来了5位客人，桌子上只有3个杯子，还需要几个杯子等。

· 购少量物品时，有意识地鼓励幼儿参与计算和付款的过程等。

目标3　感知形状与空间关系

| 3~4岁 | 4~5岁 | 5~6岁 |
| --- | --- | --- |
| 1. 能注意物体较明显的形状特征,并能用自己的语言描述。<br>2. 能感知物体基本的空间位置与方位,理解上下、前后、里外等方位词。 | 1. 能感知物体的形体结构特征,画出或拼搭出该物体的造型。<br>2. 能感知和发现常见几何图形的基本特征,并能进行分类。<br>3. 能使用上下、前后、里外、中间、旁边等方位词描述物体的位置和运动方向。 | 1. 能用常见的几何形体有创意地拼搭和画出物体的造型。<br>2. 能按语言指示或根据简单示意图正确取放物品。<br>3. 能辨别自己的左右。 |

教育建议:

1. 用多种方法帮助幼儿在物体与几何形体之间建立联系。如:

·引导幼儿感受生活中各种物品的形状特征,并尝试识别和描述。如感受和识别盘子、桌子、车轮、地砖等物品的形状特征。

·鼓励和支持幼儿用积木、纸盒、拼板等各种形状材料进行建构游戏或制作活动。如用长方形的纸盒加两个圆形瓶盖制作“汽车”。

·收拾整理积木时,引导幼儿体验图形之间的转换。如两个三角形可组合成一个正方形,两个正方形可组合成一个长方形。

·引导幼儿注意观察生活物品的图形特征,鼓励他们按形状分类整理物品。

2. 丰富幼儿空间方位识别的经验,引导幼儿运用空间方位经验解决问题。如:

·请幼儿取放物体时,使用他们能够理解的方位词,如把桌子下面的东西放到窗台上,把花盆放在大树旁边等。

·和幼儿一起识别熟悉场所的位置。如超市在家的旁边,邮局在幼儿园的前面。

·在体育、音乐和舞蹈活动中,引导幼儿感受空间方位和运动方向。

·和幼儿玩按指令找宝的游戏。对年龄小的幼儿要求他们按语言指令寻找,对年龄大些的幼儿可要求按照简单的示意图寻找。

## 五、艺术

艺术是人类感受美、表现美和创造美的重要形式,也是表达自己对周围世界的认识和情绪态度的独特方式。

每个幼儿心里都有一颗美的种子。幼儿艺术领域学习的关键在于充分创造条件和机会,在大自然和社会文化生活中萌发幼儿对美的感受和体验,丰富其想象力和创造力,引导幼儿学会用心灵去感受和发现美,用自己的方式去表现和创造美。

幼儿对事物的感受和理解不同于成人,他们表达自己认识和情感的方式也有别于成人。幼儿独特的笔触、动作和语言往往蕴含着丰富的想象和情感,成人应对幼儿的艺术表现给予充分的理解和尊重,不能用自己的审美标准去评判幼儿,更不能为追求结果的“完美”而对幼儿进行千篇一律的训练,以免扼杀其想象与创造的萌芽。

### (一)感受与欣赏

目标1　喜欢自然界与生活中美的事物

| 3~4岁 | 4~5岁 | 5~6岁 |
| --- | --- | --- |
| 1. 喜欢观看花草树木、日月星空等大自然中美的事物。<br>2. 容易被自然界中的鸟鸣、风声、雨声等好听的声音所吸引。 | 1. 在欣赏自然界和生活环境中美的事物时,关注其色彩、形态等特征。<br>2. 喜欢倾听各种好听的声音,感知声音的高低、长短、强弱等变化。 | 1. 乐于收集美的物品或向别人介绍所发现的美的事物。<br>2. 乐于模仿自然界和生活环境中有特点的声音,并产生相应的联想。 |

教育建议：

1. 和幼儿一起感受、发现和欣赏自然环境和人文景观中美的事物。如：

· 让幼儿多接触大自然，感受和欣赏美丽的景色和好听的声音。

· 经常带幼儿参观园林、名胜古迹等人文景观，讲讲有关的历史故事、传说，与幼儿一起讨论和交流对美的感受。

2. 和幼儿一起发现美的事物的特征，感受和欣赏美。如：

· 让幼儿观察常见动植物以及其他物体，引导幼儿用自己的语言、动作等描述它们美的方面，如颜色、形状、形态等。

· 让幼儿倾听和分辨各种声响，引导幼儿用自己的方式来表达他对音色、强弱、快慢的感受。

· 支持幼儿收集喜欢的物品并和他一起欣赏。

目标2 喜欢欣赏多种多样的艺术形式和作品

| 3~4岁 | 4~5岁 | 5~6岁 |
| --- | --- | --- |
| 1. 喜欢听音乐或观看舞蹈、戏剧等表演。<br>2. 乐于观看绘画、泥塑或其他艺术形式的作品。 | 1. 能够专心地观看自己喜欢的文艺演出或艺术品，有模仿和参与的愿望。<br>2. 欣赏艺术作品时会产生相应的联想和情绪反应。 | 1. 艺术欣赏时常常用表情、动作、语言等方式表达自己的理解。<br>2. 愿意和别人分享、交流自己喜爱的艺术作品和美感体验。 |

教育建议：

1. 创造条件让幼儿接触多种艺术形式和作品。如：

· 经常让幼儿接触适宜的、各种形式的音乐作品，丰富幼儿对音乐的感受和体验。

· 和幼儿一起用图画、手工制品等装饰和美化环境。

· 带幼儿观看或共同参与传统民间艺术和地方民俗文化活动，如皮影戏、剪纸和捏面人等。

· 有条件的情况下，带幼儿去剧院、美术馆、博物馆等欣赏文艺表演和艺术作品。

2. 尊重幼儿的兴趣和独特感受，理解他们欣赏时的行为。如：

· 理解和尊重幼儿在欣赏艺术作品时的手舞足蹈、即兴模仿等行为。

· 当幼儿主动介绍自己喜爱的舞蹈、戏曲、绘画或工艺品时，要耐心倾听并给予积极回应和鼓励。

### （二）表现与创造

目标1 喜欢进行艺术活动并大胆表现

| 3~4岁 | 4~5岁 | 5~6岁 |
| --- | --- | --- |
| 1. 经常自哼自唱或模仿有趣的动作、表情和声调。<br>2. 经常涂涂画画、粘粘贴贴并乐在其中。 | 1. 经常唱唱跳跳，愿意参加歌唱、律动、舞蹈、表演等活动。<br>2. 经常用绘画、捏泥、手工制作等多种方式表现自己的所见所想。 | 1. 积极参与艺术活动，有自己比较喜欢的活动形式。<br>2. 能用多种工具、材料或不同的表现手法表达自己的感受和想象。<br>3. 艺术活动中能与他人相互配合，也能独立表现。 |

教育建议：

1. 创造机会和条件，支持幼儿自发的艺术表现和创造。如：

· 提供丰富的便于幼儿取放的材料、工具或物品，支持幼儿进行自主绘画、手工、歌唱、表演等艺术活动。

· 经常和幼儿一起唱歌、表演、绘画、制作,共同分享艺术活动的乐趣。

2. 营造安全的心理氛围,让幼儿敢于并乐于表达表现。如:

· 欣赏和回应幼儿的哼哼唱唱、模仿表演等自发的艺术活动,赞赏他独特的表现方式。

· 在幼儿自主表达创作过程中,不做过多干预或把自己的意愿强加给幼儿,在幼儿需要时再给予具体的帮助。

· 了解并倾听幼儿艺术表现的想法或感受,领会并尊重幼儿的创作意图,不简单用"像不像""好不好"等成人标准来评价。

· 展示幼儿的作品,鼓励幼儿用自己的作品或艺术品布置环境。

目标2 具有初步的艺术表现与创造能力

| 3~4岁 | 4~5岁 | 5~6岁 |
| --- | --- | --- |
| 1. 能模仿学唱短小歌曲。<br>2. 能跟随熟悉的音乐做身体动作。<br>3. 能用声音、动作、姿态模拟自然界的事物和生活情景。<br>4. 能用简单的线条和色彩大体画出自己想画的人或事物。 | 1. 能用自然的、音量适中的声音基本准确地唱歌。<br>2. 能通过即兴哼唱、即兴表演或给熟悉的歌曲编词来表达自己的心情。<br>3. 能用拍手、踏脚等身体动作或可敲击的物品敲打节拍和基本节奏。<br>4. 能运用绘画、手工制作等表现自己观察到或想象的事物。 | 1. 能用基本准确的节奏和音调唱歌。<br>2. 能用律动或简单的舞蹈动作表现自己的情绪或自然界的情景。<br>3. 能自编自演故事,并为表演选择和搭配简单的服饰、道具或布景。<br>4. 能用自己制作的美术作品布置环境、美化生活。 |

教育建议:

尊重幼儿自发的表现和创造,并给予适当的指导。如:

· 鼓励幼儿在生活中细心观察、体验,为艺术活动积累经验与素材。如观察不同树种的形态、色彩等。

· 提供丰富的材料,如图书、照片、绘画或音乐作品等,让幼儿自主选择,用自己喜欢的方式去模仿或创作,成人不做过多要求。

· 根据幼儿的生活经验,与幼儿共同确定艺术表达表现的主题,引导幼儿围绕主题展开想象,进行艺术表现。

· 幼儿绘画时,不宜提供范画,特别不应要求幼儿完全按照范画来画。

· 肯定幼儿作品的优点,用表达自己感受的方式引导其提高。如"你的画用了这么多红颜色,感觉就像过年一样喜庆""你扮演的大灰狼声音真像,要是表情再凶一点就更好了"等。

**真题对接**

**【2019年上半年真题】**下列有关幼儿美术教育的做法中,不正确的是(　　)

A. 支持幼儿表达自己对美术作品的独特感受

B. 出示范画让幼儿模仿

C. 鼓励幼儿用自己的方式表现美

D. 为幼儿的美术创作提供丰富的材料

**【答案】**B

附录Ⅱ

# 《幼儿园教师专业标准(试行)》

为促进幼儿园教师专业发展,建设高素质幼儿园教师队伍,根据《中华人民共和国教师法》,特制定《幼儿园教师专业标准(试行)》(以下简称《专业标准》)。

幼儿园教师是履行幼儿园教育工作职责的专业人员,需要经过严格的培养与培训,具有良好的职业道德,掌握系统的专业知识和专业技能。《专业标准》是国家对合格幼儿园教师专业素质的基本要求,是幼儿园教师开展保教活动的基本规范,是引领幼儿园教师专业发展的基本准则,是幼儿园教师**培养、准入、培训、考核**等工作的重要依据。

第二章

## 一、基本理念

### (一)幼儿为本

尊重幼儿权益,以幼儿为主体,充分调动和发挥幼儿的主动性;遵循幼儿身心发展特点和保教活动规律,提供适合的教育,保障幼儿快乐健康成长。

### (二)师德为先

热爱学前教育事业,具有职业理想,践行社会主义核心价值体系,履行教师职业道德规范。关爱幼儿,尊重幼儿人格,富有爱心、责任心、耐心和细心;为人师表,教书育人,自尊自律,做幼儿健康成长的启蒙者和引路人。

### (三)能力为重

把学前教育理论与保教实践相结合,突出保教实践能力;研究幼儿,遵循幼儿成长规律,提升保教工作专业化水平;坚持实践、反思、再实践、再反思,不断提高专业能力。

### (四)终身学习

学习先进学前教育理论,了解国内外学前教育改革与发展的经验和做法;优化知识结构,提高文化素养;具有终身学习与持续发展的意识和能力,做终身学习的典范。

**真题对接**

**【2016 年下半年真题】**《幼儿园教师专业标准(试行)》规定,我国幼儿园教师专业标准的基本理念是(　　)

A. 师德为先、幼儿为本、能力为重、知识为主　　B. 幼儿为本、能力为重、知识为主、终身学习

C. 幼儿为本、师德为先、能力为重、终身学习　　D. 师德为先、幼儿为本、知识为主、终身学习

**【答案】**C

## 二、基本内容

| 维度 | 领域 | 基本要求 |
|---|---|---|
| 专业理念与师德 | (一)职业理解与认识 | 1. 贯彻党和国家教育方针政策,遵守教育法律法规。<br>2. 理解幼儿保教工作的意义,热爱学前教育事业,具有职业理想和敬业精神。<br>3. 认同幼儿园教师的专业性和独特性,注重自身专业发展。<br>4. 具有良好职业道德修养,为人师表。<br>5. 具有团队合作精神,积极开展协作与交流。 |

续表

| 维度 | 领域 | 基本要求 |
| --- | --- | --- |
| 专业理念与师德 | (二)对幼儿的态度与行为 | 6. 关爱幼儿,重视幼儿身心健康,将保护幼儿生命安全放在首位。<br>7. 尊重幼儿人格,维护幼儿合法权益,平等对待每一个幼儿。不讽刺、挖苦、歧视幼儿,不体罚或变相体罚幼儿。<br>8. 信任幼儿,尊重个体差异,主动了解和满足有益于幼儿身心发展的不同需求。<br>9. 重视生活对幼儿健康成长的重要价值,积极创造条件,让幼儿拥有快乐的幼儿园生活。 |
| | (三)幼儿保育和教育的态度与行为 | 10. 注重保教结合,培育幼儿良好的意志品质,帮助幼儿形成良好的行为习惯。<br>11. 注重保护幼儿的好奇心,培养幼儿的想象力,发掘幼儿的兴趣爱好。<br>12. 重视环境和游戏对幼儿发展的独特作用,创设富有教育意义的环境氛围,将游戏作为幼儿的主要活动。<br>13. 重视丰富幼儿多方面的直接经验,将探索、交往等实践活动作为幼儿最重要的学习方式。<br>14. 重视自身日常态度言行对幼儿发展的重要影响与作用。<br>15. 重视幼儿园、家庭和社区的合作,综合利用各种资源。 |
| | (四)个人修养与行为 | 16. 富有爱心、责任心、耐心和细心。<br>17. 乐观向上、热情开朗,有亲和力。<br>18. 善于自我调节情绪,保持平和心态。<br>19. 勤于学习,不断进取。<br>20. 衣着整洁得体,语言规范健康,举止文明礼貌。 |
| 专业知识 | (五)幼儿发展知识 | 21. 了解关于幼儿生存、发展和保护的有关法律法规及政策规定。<br>22. 掌握不同年龄幼儿身心发展特点、规律和促进幼儿全面发展的策略与方法。<br>23. 了解幼儿在发展水平、速度与优势领域等方面的个体差异,掌握对应的策略与方法。<br>24. 了解幼儿发展中容易出现的问题与适宜的对策。<br>25. 了解有特殊需要幼儿的身心发展特点及教育策略与方法。 |
| | (六)幼儿保育和教育知识 | 26. 熟悉幼儿园教育的目标、任务、内容、要求和基本原则。<br>27. 掌握幼儿园各领域教育的特点与基本知识。<br>28. 掌握幼儿园环境创设、一日生活安排、游戏与教育活动、保育和班级管理的知识与方法。<br>29. 熟知幼儿园的安全应急预案,掌握意外事故和危险情况下幼儿安全防护与救助的基本方法。<br>30. 掌握观察、谈话、记录等了解幼儿的基本方法。<br>31. 了解 0~3 岁婴幼儿保教和幼小衔接的有关知识与基本方法。 |
| | (七)通识性知识 | 32. 具有一定的自然科学和人文社会科学知识。<br>33. 了解中国教育基本情况。<br>34. 具有相应的艺术欣赏与表现知识。<br>35. 具有一定的现代信息技术知识。 |

续表

| 维度 | 领域 | 基本要求 |
| --- | --- | --- |
| 专业能力 | (八)环境的创设与利用 | 36. 建立良好的师幼关系,帮助幼儿建立良好的同伴关系,让幼儿感到温暖和愉悦。<br>37. 建立班级秩序与规则,营造良好的班级氛围,让幼儿感受到安全、舒适。<br>38. 创设有助于促进幼儿成长、学习、游戏的教育环境。<br>39. 合理利用资源,为幼儿提供和制作适合的玩教具和学习材料,引发和支持幼儿的主动活动。 |
| | (九)一日生活的组织与保育 | 40. 合理安排和组织一日生活的各个环节,将教育灵活地渗透到一日生活中。<br>41. 科学照料幼儿日常生活,指导和协助保育员做好班级常规保育和卫生工作。<br>42. 充分利用各种教育契机,对幼儿进行随机教育。<br>43. 有效保护幼儿,及时处理幼儿的常见事故,危险情况优先救护幼儿。 |
| | (十)游戏活动的支持与引导 | 44. 提供符合幼儿兴趣需要、年龄特点和发展目标的游戏条件。<br>45. 充分利用与合理设计游戏活动空间,提供丰富、适宜的游戏材料,支持、引发和促进幼儿的游戏。<br>46. 鼓励幼儿自主选择游戏内容、伙伴和材料,支持幼儿主动地、创造性地开展游戏,充分体验游戏的快乐和满足。<br>47. 引导幼儿在游戏活动中获得身体、认知、语言和社会性等多方面的发展。 |
| | (十一)教育活动的计划与实施 | 48. 制定阶段性的教育活动计划和具体活动方案。<br>49. 在教育活动中观察幼儿,根据幼儿的表现和需要,调整活动,给予适宜的指导。<br>50. 在教育活动的设计和实施中体现趣味性、综合性和生活化,灵活运用各种组织形式和适宜的教育方式。<br>51. 提供更多的操作探索、交流合作、表达表现的机会,支持和促进幼儿主动学习。 |
| | (十二)激励与评价 | 52. 关注幼儿日常表现,及时发现和赏识每个幼儿的点滴进步,注重激发和保护幼儿的积极性、自信心。<br>53. 有效运用观察、谈话、家园联系、作品分析等多种方法,客观地、全面地了解和评价幼儿。<br>54. 有效运用评价结果,指导下一步教育活动的开展。 |
| | (十三)沟通与合作 | 55. 使用符合幼儿年龄特点的语言进行保教工作。<br>56. 善于倾听,和蔼可亲,与幼儿进行有效沟通。<br>57. 与同事合作交流,分享经验和资源,共同发展。<br>58. 与家长进行有效沟通合作,共同促进幼儿发展。<br>59. 协助幼儿园与社区建立合作互助的良好关系。 |
| | (十四)反思与发展 | 60. 主动收集分析相关信息,不断进行反思,改进保教工作。<br>61. 针对保教工作中的现实需要与问题,进行探索和研究。<br>62. 制定专业发展规划,不断提高自身专业素质。 |

## 三、实施建议

(一)各级教育行政部门要将《专业标准》作为幼儿园教师队伍建设的基本依据。根据学前教育改革发展的需要,充分发挥《专业标准》引领和导向作用,深化教师教育改革,建立教师教育质量保障体系,不断提高幼儿园教师培养培训质量。制定幼儿园教师准入标准,严把幼儿园教师入口关;制定幼儿园教师聘任(聘用)、考核、退出等管理制度,保障教师合法权益,形成科学有效的幼儿园教师队伍管理和督导机制。

(二)开展幼儿园教师教育的院校要将《专业标准》作为幼儿园教师培养培训的主要依据。重视幼儿园教师职业特点,加强学前教育学科和专业建设。完善幼儿园教师培养培训方案,科学设置教师教育课程,改革教育教学方式;重视幼儿园教师职业道德教育,重视社会实践和教育实习;加强从事幼儿园教师教育的师资队伍建设,建立科学的质量评价制度。

(三)幼儿园要将《专业标准》作为教师管理的重要依据。制定幼儿园教师专业发展规划,注重教师职业理想与职业道德教育,增强教师育人的责任感与使命感;开展园本研修,促进教师专业发展;完善教师岗位职责和考核评价制度,健全幼儿园绩效管理机制。

(四)幼儿园教师要将《专业标准》作为自身专业发展的基本依据。制定自我专业发展规划,爱岗敬业,增强专业发展自觉性;大胆开展保教实践,不断创新;积极进行自我评价,主动参加教师培训和自主研修,逐步提升专业发展水平。

# 03 生活指导

## 题型分析与考情预测

从历年考试真题来看，本节的常考题型为单项选择题、简答题和论述题。

在备考时，考生应以这三种题型为主，归纳相应知识点的可能考查题型。其中，单项选择题0~2道，以幼儿园一日生活的教育意义、幼儿园一日生活的主要环节、幼儿园的卫生保健常规、常见的传染病及预防、气管异物为主；简答题1~2道，以制定幼儿园一日生活日程的依据为主；论述题0~1道，以幼儿生活常规的意义和方法为主。

# 第一节　幼儿园一日生活组织

（本节共5个考点）

## 考向分析

本节主要介绍幼儿园一日生活的概念、幼儿园一日生活的教育意义、制定幼儿园一日生活日程的依据、幼儿园一日生活的主要环节、幼儿园一日活动安排的策略等相关知识。相关知识点考频分析如下表：

| 考点 | 考查频率 | 题型 | 重要程度 |
|---|---|---|---|
| 幼儿园一日生活的教育意义 | 1 | 单项选择 | ★ |
| 制定幼儿园一日生活日程的依据 | 1 | 简答 | ★★ |
| 幼儿园一日生活的主要环节 | 2 | 单项选择 | ★ |



本节知识主要以单项选择题、简答题和论述题的形式考查。单项选择题考查的比较精细，考生在复习的时候要认真；简答题和论述题考查系统知识的掌握程度，这部分内容需要考生理解记忆。

## 思维导图

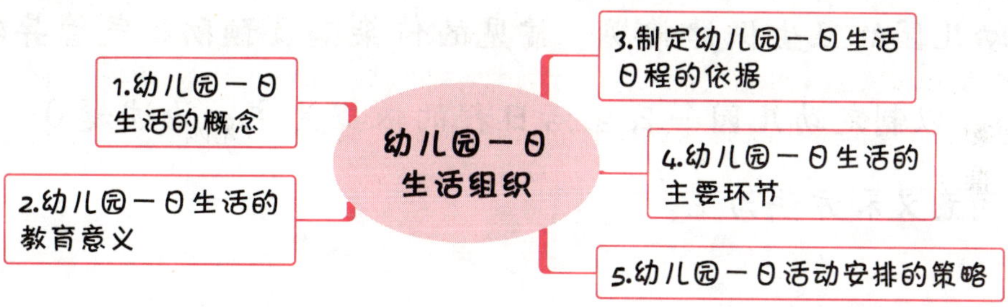


## 考点精讲

### 一、幼儿园一日生活的概念　考点1

幼儿园一日生活是指幼儿园满足幼儿一天基本生活需要的活动，主要包括餐饮活动、睡眠活动、盥洗活动、如厕活动、整理活动、散步和自由活动等；教师要充分重视幼儿的一日生活，了解幼儿卫生保健常规、疾病预防、营养等方面的基础知识；做到保育和教育相结合。

### 二、幼儿园一日生活的教育意义　考点2

#### （一）保障幼儿生命和身体的健康

幼儿园必须把保护幼儿的生命和促进幼儿的健康放在工作的首位。幼儿园的每一项生活活动都关系到幼儿的生命与健康。

#### （二）培养幼儿的独立生活能力和养成良好的生活与卫生习惯

独立生活能力是儿童适应社会生活所必需的能力，它表现为自己主动积极地处理与应对自己生活和工

作中的各项事务。良好的生活与卫生习惯是儿童生命健康发展的保障,生命的健康发展需要适当的节奏与营养,如定时适量的睡眠与饮食。幼儿的生活能力与习惯,需要通过生活,在生活实践中学习。

### (三)促进幼儿智力的发展

幼儿在生活活动中可以获得许多生活知识和经验,掌握基本的生活技能。幼儿的智力发展并不只是通过经验的思考来获得的,幼儿身体活动也是促进其大脑发育与思维发展的一种重要方式。

从思维特点来说,幼儿正处于形象思维阶段,他们的思维发展需要结合具体事物进行。幼儿在日常生活中所获得的知识和经验能帮助幼儿进一步发展思维能力,同时也发展了幼儿的注意力、观察力、记忆力和表达能力。

### (四)促进幼儿社会性的发展

**1. 培养幼儿积极愉快的情绪和爱心**

幼儿园日常生活的安排适应和满足幼儿生理需求和精神需求,则会给幼儿带来安全感和积极愉快的情绪,并能使幼儿感受到教师给予的爱心。幼儿园日常生活活动的安排周到得当,有助于建立幼儿与教师之间的亲密关系,萌发幼儿的爱心。

**2. 培养幼儿关心他人、与人交往的利他行为**

生活活动是在集体中进行的,幼儿虽然独立地从事各自的活动,却不断地彼此互动,产生影响,因而幼儿之间可能会由此引发一些冲突和纠纷。因此,在生活活动中教师可以对幼儿进行集体生活教育、友爱教育等,使幼儿适应集体生活,乐于与他人相处、交往。幼儿在每日生活活动的练习、与他人的碰撞和摩擦的过程中,养成与人正常交往、和谐相处及关心他人的能力和习惯。

**3. 促进幼儿品德的发展**

日常生活是实施幼儿德育最基本的途径,幼儿德育贯穿于幼儿的日常生活之中。幼儿园一日活动中,生活活动与幼儿的关系最直接、最密切,活动中反映的都是幼儿最基本的需要,结合这些生活活动培养幼儿良好的道德意识、道德情感、道德行为,能有效地取得实在的教育效果。幼儿品德的获得需要结合具体的、与幼儿直接需要相关的事情进行,因而寓德育于幼儿园一日生活活动是幼儿园实施品德教育的有效途径。

综上所述,幼儿园一日生活是全面完成幼儿园教育任务的保证。

**真题对接**

**【2015年上半年真题】**实施幼儿园德育最基本的途径是( )

A. 教学活动　　B. 亲子活动

C. 阅读活动　　D. 一日生活

**【答案】**D

## 三、制定幼儿园一日生活日程的依据

考点3

### (一)根据幼儿的年龄和体质安排活动

幼儿之间存在着较大的差异性。对此,生活制度还应该兼顾幼儿的个别差异,适当地加以区别对待,以适应不同幼儿的特点,满足幼儿的不同需要。

### (二)根据幼儿的生理活动特点安排活动

幼儿经过一夜睡眠,大脑的疲劳得到了恢复。因此,早晨7~10时,幼儿的头脑清醒,是精力最旺盛的时间,此时学习、活动、接受教育效果最佳,所以幼儿园一般都安排在这段时间内上课。上午10~11时,幼儿神经系统的兴奋性逐渐降低,可以安排一些轻松愉快的游戏以消除其疲劳。午餐后,幼儿大脑皮质的兴奋已降至最低,所以需要午睡。午睡后,大脑皮质的兴奋程度又逐渐增高,但不如上午旺盛,因此下午一般不再

安排教学活动,而是让幼儿做做体操、游戏等。晚上睡眠前,除洗脸、洗脚外,可安排一些安静的活动,不要让幼儿过度兴奋影响入睡。

根据神经生理学的理论,人在从事某种活动时,大脑皮层只有相应部分的神经细胞处于兴奋和工作状态,其他部分的神经细胞则处于抑制和休息状态,从而形成工作区和休息区。因此,幼儿园在制定生活制度时,应考虑到不同性质的活动轮换进行,做到劳逸结合、动静交替。(1)动静交替原则表现在一日活动的安排中。例如,早上入园后进行锻炼,属于“动”;之后洗手、吃早餐,要播放舒缓的进餐歌曲,属于“静”;接着是幼儿在各个活动区开展活动,属于“动”;喝水环节,属于“静”;户外活动,属于“动”;午休,属于“静”;……(2)动静交替原则表现在具体的教育活动中。例如,在教育活动之后,可以安排幼儿自由进行游戏活动;在室内较安静的活动之后,可以让幼儿到户外进行体育活动等。这样,既可以使幼儿大脑皮层的神经细胞以及身体各器官系统得到充分的调动和锻炼,又能得到轮流的、充分的休息,从而促进幼儿身心健康发展。

### (三)根据地区特点及季节变化做适当的调整

我国地域辽阔,具有较大的南北气候差异以及东西时间差异,各园应根据本地区的具体地理特征以及本园的实际情况,制定相应的生活制度。同时,在制定生活制度时,还应考虑到不同季节的特点,对生活制度中的部分环节进行适当的调整。

### (四)根据家长的需要,安排幼儿入园和离园的时间

幼儿的年龄特点决定了幼儿入园以及离园都必须由家长亲自接送,因此,幼儿园在制定生活制度时,还应该考虑幼儿家长的实际情况和需要,尽量与家长上下班时间相衔接,更好地为家长服务。例如,幼儿入园的时间,可以根据家长的需要适当地提前,而离园的时间也可以适当地推迟;幼儿园为幼儿提供的膳食,可以由两餐一点增加到三餐一点或三餐两点等。

制定出合理的一日生活制度后,保教人员不仅要严格执行,还要明确分工、密切配合、坚持一贯性、一致性的原则,以保证幼儿在园内生活的规律性。但由于幼儿在园内的活动并不是一成不变的,有时会有一些特殊的活动介入,例如,开幼儿运动会、组织幼儿外出进行远足活动、进行健康检查等。因此,幼儿一日生活的安排,既应该保证一定的稳定性和规律性,同时又应该具有相对的灵活性。

**真题对接**

**【2015 年下半年真题】**举例说明如何在幼儿园实施幼儿一日生活的“动静交替”的原则。

**【参考答案】**参见内文。

## 四、幼儿园一日生活的主要环节

考点 4

幼儿园一日活动包括:接待幼儿入园、早操、教育活动(有组织的集体活动或小组活动)、间隙活动、自由游戏活动、盥洗、进餐、睡眠、离园、晚间活动等。现将上述活动的组织要求分述如下:

### (一)接待幼儿入园

**1. 接待幼儿**

教师要以热情、亲切的态度接待幼儿,要相互问好。教师的情绪、态度对幼儿有很大的感染作用,要使幼儿感到亲切、温暖,感到教师喜欢他、等待他、欢迎他。由此他也会喜欢老师,喜欢上幼儿园。教师应有礼貌地向家长问好,用简洁的语言向家长了解幼儿在家的情况,听取家长的要求和意见。对双方需要及时商洽的问题交换意见,做好个别幼儿的药品交接工作。教师利用晨间接待的机会,与幼儿亲切交谈,了解幼儿在家的情况,有计划地进行个别教育,对不爱活动、性格孤僻的幼儿要具体关照,给予帮助。吸引幼儿参加集体生活,为此,教师应提前做好接待幼儿的准备工作。

**2. 晨检**

晨间检查根据各园的条件,可以由带班教师负责,也可以由专门的护士、保健教师负责。

晨间检查是为了了解幼儿的健康状况，检查幼儿的个人清洁卫生，以便做到对疾病的早发现、早预防、早隔离、早治疗。晨间检查的一般方法具体参看本章第三节“晨、午、晚间的检查”。

**3. 幼儿活动的领导**

(1)值日生：教师要引导幼儿学会保持活动室的整洁、有序、美观。要有计划地组织中大班幼儿参加活动室的清洁工作，如擦桌椅、整理玩具、整理图书、照料自然角、记观察日记。让幼儿参加这样一些力所能及的劳动，既发展了动作、熟练了技能，又培养了幼儿热爱劳动、相互友爱的好品质，促进幼儿独立性与自信心的发展。(2)分散的活动：幼儿根据自己的兴趣、爱好，可以自由参加各种不同类型的活动。例如，看图书、搭积木、下棋、折纸、画画等。要让幼儿自由选择活动内容、自由选择玩具、自由选择伙伴、给幼儿自主权。

### (二)早操(或间操)

早操是以体操为主并配以跑步、体育游戏、器械活动等，宜按年龄班组织团体活动。以锻炼身体，培养团体精神和对体育活动的兴趣为主要目的。

### (三)有组织的教育活动

有组织的教育活动是教师从幼儿的兴趣和实际水平出发，有计划地、循序渐进地组织实施全面发展教育的活动。教师设计与组织教育活动应注意以下各点：

(1)每个教育活动应有明确的、适宜的教育目的和要求；(2)组织教育活动应充分利用周围环境的有利条件；(3)灵活采用集体的、小组的或个别的活动形式和多样化的方法；(4)教育活动中引导幼儿运用各种感官积极参与活动过程；(5)促进每个幼儿在原有水平上发展进步；(6)每次教育活动的时间，可根据活动的内容、活动的方式和幼儿年龄而定，有长有短，以幼儿不过度疲劳为限；(7)每日均应安排有组织的教育活动。

### (四)间隙活动

间隙活动是使幼儿大脑获得休息，调节幼儿身心的有效方法。

在间隙活动时间里，教师要提醒幼儿上厕所、喝水。教师要保证幼儿每天喝足够的水，这是因为幼儿正处在生长发育最迅速的时期，活动量大，消耗水分较多，幼儿对水的生理需要相对比成人要多。班级幼儿饮用水管理的具体要求如下：(1)教师要根据季节变化供应冷暖适度、符合卫生标准的生活饮用水，夏季凉，冬季要保温；(2)按时组织学前儿童集体喝水，每日上下午各1~2次集中喝水，1~3岁儿童喝水50~100毫升/次，3~6岁儿童喝水量100~150毫升/次，并根据季节变化酌情调整喝水量；(3)保证学前儿童按需喝水，鼓励学前儿童用自己的杯子随渴随喝，引导不爱喝水的学前儿童喝水；(4)注意安全，谨防热水烫伤。

### (五)游戏或自由活动

上午游戏时间内，教师可以组织幼儿参与各种游戏，也可以组织户外自由活动或体育游戏。游戏活动应丰富多彩，尽量安排在户外进行，要注意动静交替。无论组织哪种活动，都要注意在饭前半小时转入安静活动，进行盥洗，而后进餐。

### (六)盥洗

在饭前10~15分钟组织幼儿盥洗。盥洗应使用流动水，每个幼儿要用各自的毛巾。让幼儿按顺序或分组盥洗，同时，还要教会幼儿正确洗脸、洗手，正确使用肥皂、毛巾，还要教会小班幼儿漱口和中大班幼儿刷牙。冬季要教幼儿擦油。

幼儿园盥洗活动的组织要注意以下策略：

(1)教师要帮助幼儿养成良好的盥洗习惯，教给他们正确的盥洗技能。如洗手、洗脸的程序，使用便池的方法，以及中、大班幼儿在便后自己擦拭的技能。(2)合理安排幼儿盥洗的时间，饭前、外出、集体活动前及入睡前安排、提醒幼儿如厕。允许幼儿按需要随时大小便、养成在手脏、进食前，大小便后用肥皂流水洗手的习惯。(3)在盥洗活动中，教师应对幼儿提出明确具体的要求：①有秩序地排队如厕、洗手，不推不挤。②不在盥洗室内大声喧哗吵闹，不妨碍他人如厕、洗手，不在盥洗室内追跑嬉戏。③洗手时教幼儿怎样卷袖

子,冬天或年龄小的幼儿要帮着卷,对于中、大班幼儿,要求他们相互帮助卷袖子。④不玩水和肥皂。⑤洗手完毕要在水池中甩掉手上的水再离开,不把水甩在别人身上或地上。

**真题对接**

【2017 年下半年真题】对幼儿如厕,教师最合理的做法是( )

A. 允许幼儿按需自由如厕　　B. 要求排队如厕

C. 控制幼儿如厕次数　　D. 控制幼儿如厕的间隔时间

【答案】A

### (七)进餐

进餐包括早餐、午餐、晚餐和午睡后的点心。根据幼儿身体发育的特点,幼儿园要制定正确的饮食制度,幼儿进餐必须定时定量,开饭要准时,合理地安排就餐时间,规定两餐之间的时间间隔不少于 3.5 小时,以 3.5 ~4 小时为宜,每日进食 3 ~4 次;合理地分配食物数量,早餐食物供应要充足,晚餐不宜过多,1 ~6 岁儿童三餐中热能分配为:早餐 20% ~25%,午餐 30% ~35%,晚餐 25% ~30%,午后点心 10% ~15%。

正确组织幼儿进餐应做好以下工作:(1)进餐的准备:由教师带领值日生布置好餐桌,准备好餐具。要为幼儿创设一个干净、安静的进餐环境。(2)进餐过程:①要观察幼儿的食量,及时添饭,注意培养幼儿文明进餐的习惯;②教师要教给幼儿正确的坐姿和使用餐具的方法;③教育幼儿不挑食、不偏食;④提醒幼儿细嚼慢咽,不撒饭菜,不弄脏衣服,不东张西望,不大声讲话。为保证幼儿吃饭时的良好情绪,教师在幼儿进餐前后不要处理问题或批评孩子。如有的孩子打了人,做了错事,教师要等他吃完饭,再做处理,以免影响幼儿的食欲。教师要保证幼儿心情愉快,绝对不能让幼儿哭、叫,以免将食物吸进气管,更不能用禁止吃饭作为体罚的手段。(3)照顾幼儿吃好一顿饭的标志:①吃饭过程中,幼儿情绪好;②幼儿食欲好,食量够;③饮食习惯好,吃得卫生。(4)进餐结束:幼儿吃完最后一口饭才能离开座位,并把餐具、椅子整齐地放在指定的地方。要养成饭后擦嘴、漱口的习惯。幼儿进餐期间,工作人员不应打扫活动室,以免污染吃饭的环境。

### (八)睡眠

午餐后要组织幼儿午睡,寄宿制幼儿园还要组织晚上睡觉。

睡眠能恢复机体的活动能力,对保证健康有重大意义。保证幼儿充足的睡眠,养成幼儿良好的睡眠习惯很重要。睡眠前要组织幼儿盥洗(午睡前洗手,晚间睡前洗手、脸、脚、屁股。夏季午睡前洗手脸、擦身、洗腿脚,晚间睡前洗澡)。睡眠室内空气要新鲜,夏天要开窗睡觉,但要避免风直吹幼儿的头部,冬季在幼儿入睡前要开窗通风换气,刮大风时例外。床上用品要清洁,被褥要固定、厚薄要适宜。幼儿进入睡眠室,要保持安静,立即上床睡觉,不能在室内随便走动或说话,并要提醒和检查幼儿不把玩具和其他东西带到睡眠室内。教师要逐步教会幼儿能独立地穿脱衣服、鞋袜,并会整齐地叠放在固定的地方。教师教给幼儿正确的睡姿(右侧卧或仰卧),并注意纠正幼儿不良的睡眠习惯。教师要掌握每个幼儿夜间小便的习惯,注意为他们盖好被子。教师对睡眠不安稳的幼儿要仔细观察,发现不适及时就医。睡眠室要保持安静。

照顾好幼儿睡眠的三条标志:(1)按时睡,睡得好,按时醒,醒后精神饱满愉快;(2)睡够应睡的时间,要以孩子为主,不能任意减少或增加睡眠时间;(3)保持良好的睡眠姿势和习惯。

### (九)户外游戏

在幼儿的一日活动中,游戏和户外活动应占 3 ~4 小时以上。午点后至离园前这段时间,可安排各种游戏、户外体育活动、自由活动、娱乐、实验操作活动、劳动和散步等。

天气好时,应尽量让幼儿到户外开展各种活动。户外活动可充分利用自然因素(阳光、新鲜的空气和风),增强幼儿体质。教师要为幼儿准备好玩具、材料及活动场地,要让全班幼儿积极参加活动、情绪愉快。

### (十)劳动

日常生活中的劳动,早饭前可组织幼儿擦桌椅、床、柜等,下午一般可组织幼儿集体劳动,如大扫除、管

理小菜园、修补图书、自制玩具等。教师要明确组织幼儿劳动是为了对幼儿进行教育,培养热爱劳动、克服困难、认真完成任务的好品德,不能把它作为惩罚幼儿的手段。幼儿劳动的内容、时间、劳动量和难易程度要适合幼儿身心发展水平,要注意安全、卫生。

### (十一)散步

教师带领幼儿到室外长时间的步行,可以锻炼幼儿的毅力、耐力和组织性,同时教师还可利用散步,引导幼儿观察社会、观察自然。

教师要和孩子们一起谈话、描述散步中的见闻,幼儿的感受是肤浅的,必须经过成人的引导才能深化。幼儿的认识具有无意性、偶然性,教师的引导、描述可以加深幼儿的认识。教师的描述要充满感情,语言要生动形象,使幼儿产生情感共鸣,更充分地体会、认识自然之美。

### (十二)实验操作活动

幼儿的聪明才智不是通过一天一节课就能发展的,幼儿对世界的热爱、对求知的兴趣、对未知世界的探索是在大量的实验操作活动、劳动中发展起来的。

教师应准备供幼儿使用的工具,按年龄的不同,分别指导工具用法,并鼓励他们多实践,逐步积累使用多种工具的经验。幼儿手指的灵活性比较差,但在幼儿期,进步却相当迅速。在没有危险的情况下,应该积极让幼儿多实践,如5岁多的幼儿可以练习锯木条(或薄木板),可以用小刀刻塑料或纸。

可供幼儿使用的常用工具有下列几种:如敲打用的木槌;拔拧用的改锥、扳子、钳子;缝纫用的针、线、剪子、小刀等。

让每个幼儿都能参加小实验,如用一只小杯子盛上水,放进木块、钉子、石块等,做沉浮的实验;喂养小动物或种植植物,通过照料、观察、记录,人人动手,个个动脑,在实践中增长才干。

### (十三)离园

幼儿一日或一周的集体生活结束后,要离开幼儿园转入分散的家庭生活。

教师在幼儿离园前,应让幼儿做好结束工作,引导、帮助幼儿做好清洁、整理工作。环境应该整整齐齐,个人仪表应该干干净净,并要提醒幼儿带好回家的物品。教师可组织离园前的总结性谈话,对一日或一周生活进行简单小结,表扬鼓励幼儿的进步,提出回家的要求,让幼儿高高兴兴地回家。幼儿离园时,根据需要向家长介绍幼儿在园的情况和听取家长的意见。对暂时不能回家的幼儿要个别照顾、妥善安排,适当组织活动,消除幼儿因等待家长而产生的急躁不安的情绪。

### (十四)晚间活动

晚间活动是全托幼儿园一日活动的组成部分。由于教师累了一天,易忽视晚间活动的组织领导,造成晚间活动内容单调、贫乏的倾向。但晚饭后至上床睡觉这段时间相当长,科学、合理地安排晚间活动对幼儿的身心发展是很重要的。

一般来说,晚间可以组织一些安静的、活动量小的活动。如看电视(看电视的时间每周以1~2次为宜,要注意保护幼儿的视力)、演木偶戏、组织幼儿欣赏音乐以及自由游戏等。夏天可组织散步等活动。

## 五、幼儿园一日活动安排的策略 考点5

(1)把幼儿园一日活动列入教育计划,保证幼儿身心得到全面的、充分的、主动的发展;(2)要制定一日生活常规;(3)要把组织的集体教育活动和分散的个体活动结合起来;(4)处理好自由与纪律的关系;(5)要面向全体幼儿;(6)保教结合、教养并重。

# 第二节 幼儿生活常规的建立

(本节共5个考点)

## 考向分析

本节主要介绍幼儿生活常规教育概述、幼儿生活常规教育的要求、培养幼儿良好生活、卫生习惯的方法等相关知识。相关知识点考频分析如下表:

| 考点 | 考查频率 | 题型 | 重要程度 |
|---|---|---|---|
| 幼儿生活常规的意义和方法 | 1 | 论述 | ★★ |

本节知识主要以单项选择题、简答题和论述题的形式考查。单项选择题考查的比较精细,考生在复习的时候要认真;简答题和论述题考查系统知识的掌握程度,这部分内容需要考生理解记忆。



## 思维导图

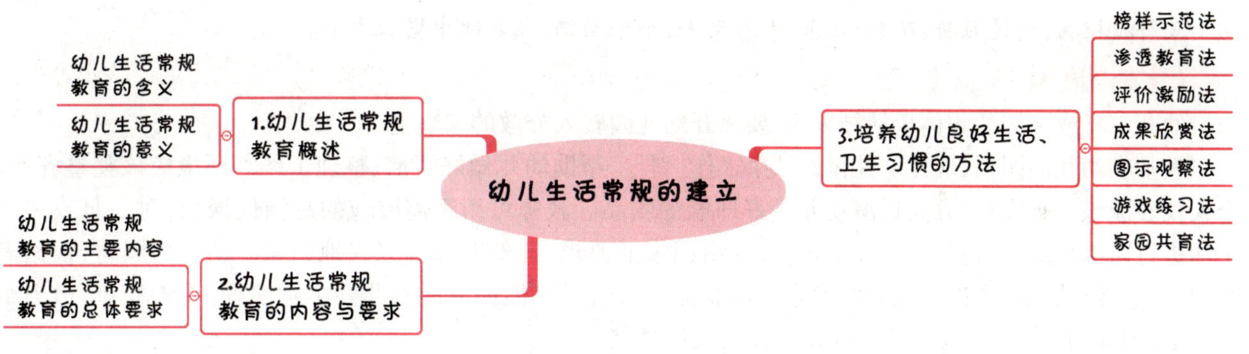


## 考点精讲

### 一、幼儿生活常规教育概述

#### (一)幼儿生活常规教育的含义 考点1

**生活常规**是幼儿园为了培养学前儿童良好生活习惯和生活的基本能力,确保学前儿童健康和谐发展,制定幼儿园生活各环节的基本规则与要求。《幼儿园工作规程》中明确指出:"幼儿园日常生活组织,应当从实际出发,建立必要、合理的常规,坚持一贯性和灵活性相结合,培养幼儿的良好习惯和初步的生活自理能力。"一般来讲,幼儿园生活常规对幼儿在幼儿园每天生活活动的内容、时间、程序等均有明确的规定,使幼儿的一日生活能在一定的节奏、秩序和规律中进行,有利于培养幼儿良好的生活卫生习惯和基本生活自理能力,同时生活常规也是实现幼儿园教育目标的重要保证。

#### (二)幼儿生活常规教育的意义 考点2

**1. 常规可以培养幼儿的生活规律,养成良好的行为习惯**

由于幼儿园里的幼儿来自不同背景的家庭,有些幼儿由于各种原因,生活作息没有规律,而幼儿园则是

按照幼儿生理和心理的需要做出符合科学的合理安排,幼儿生活在其中,就能逐渐养成有规律的生活习惯、时间观念和有组织、有条理的办事能力,并逐步适应幼儿园的环境。幼儿吃饭不讲话、喝水要排队、上厕所不推挤等良好的行为习惯都是在一日活动中逐步养成的。

**2. 常规可以帮助幼儿适应幼儿园环境,学习在集体中生活**

幼儿园一日活动虽是为满足幼儿自身需要进行的。但是在活动过程中,幼儿必须具备一定的知识技能,执行成人的要求和适应集体生活的规则,这样就能在自身需要和客观要求、主观能动性及外部条件的交互作用下,获得适应幼儿园环境的能力,并且不断学习怎么样在集体中生活。

**3. 常规可以培养幼儿的自律能力,维持班级的秩序**

自律是指控制自己并遵守一些共同规则的能力,幼儿通过遵守一日生活中的常规而逐渐培养这种自律能力。同时由于幼儿的这种自律能力,班级秩序得以维护,幼儿园正常的游戏活动和教育活动得以正常进行。

**4. 常规能够增强幼儿的安全感,有助于幼儿健康成长**

人在一个有规律的环境里生活才会感到安全,幼儿也是如此。合理的常规为孩子创造了一种有序的、和谐的生活,使他们在心情愉快的情境中自然地形成一种符合其身心发展水平的规则意识和规范行为,使遵守规则成为孩子们的自主行为,同时促进幼儿身心健康的发展。

## 二、幼儿生活常规教育的内容与要求

### (一)幼儿生活常规教育的主要内容　考点3

(1)学习有规律的生活的基本常识,能自觉遵守作息时间和生活制度。

(2)学习生活的基本技能,培养生活自理能力,包括吃饭、穿衣、刷牙、洗脸、收拾玩具书本、铺床等生活技能。

(3)培养良好的生活卫生习惯,卫生习惯包括饭前便后洗手,勤洗手脸,定时排便,不乱扔垃圾,爱护公共卫生等,生活习惯包括讲文明、讲礼貌、不玩水、不浪费水等,形成规范的生活行为和习惯。

### (二)幼儿生活常规教育的总体要求　考点4

**1. 对不同年龄幼儿的要求应有差别**

根据不同年龄儿童身心发育的特点,教师应制订不同的生活常规要求。一般小班为最基本的生活要求,中班、大班的要求逐渐增多,难度增大。

**2. 具体而规范**

幼儿在幼儿园一日生活每个环节都必须按照生活常规教育的具体要求接受培训和训练。通过日复一日的动力定型,儿童就会养成良好的生活行为和习惯。

**3. 保育与教育相结合**

培养幼儿生活常规需要保育和教育同时进行。幼儿年龄越小,越需要通过保育的手段使其养成良好的习惯,并在生活每一个环节接受教育。

**4. 注意照顾个体差异**

不同年龄、体质、气质的幼儿,生活和学习能力有明显的个体差异。尤其对体弱多病的幼儿,完成生活常规要求较困难,需要特别照顾,教师应给予耐心细致的帮助。

## 三、培养幼儿良好生活、卫生习惯的方法　考点5

**1. 榜样示范法**

(1)充分利用幼儿好模仿的心理特点。通过树立榜样,为幼儿示范良好的卫生习惯。成人的言行被幼

儿看在眼里,记在心里,落实在行动上,教师要提高个人修养,为幼儿树立好榜样。

(2)同伴间的影响力对孩子的发展也具有不可估量的作用。善于抓住日常生活中的点滴小事,把握好教育时机,让孩子向孩子学习。

(3)文艺作品中的人物形象鲜明,易于给幼儿留下深刻的印象,成为他们模仿的对象,如为培养幼儿爱惜粮食,教师向幼儿讲述了《大公鸡和漏嘴巴》的故事,再组织幼儿讨论故事中的不同角色,启发幼儿爱惜粮食,产生了较好的教育效果。

**2. 渗透教育法**

培养幼儿形成良好的生活习惯,不会一蹴而就,教师不可抱有"教你做,等你做太烦太慢,不如自己做来得快、省事"的想法,不自觉地剥夺孩子们学习生活的机会。要有足够的耐心引导幼儿在一日生活各环节中,在参与课堂管理,为集体服务的活动中,在担任值日生、小组长、老师小帮手等角色中,逐渐形成良好的生活习惯。

**3. 评价激励法**

定期对幼儿的生活行为进行检查和评比,如值日生检查、个人卫生评比等活动,使其逐步形成良好的生活习惯,巩固已经形成的良好行为习惯。对达到要求的幼儿要及时给予肯定的评价,巩固其良好生活行为。一颗五角星、一面小红旗、一朵小红花都会让孩子们体验到成功的喜悦。

**4. 成果欣赏法**

成果欣赏法是指组织幼儿进行生活方面的自我服务活动,并且组织幼儿观赏和评价自我服务的劳动成果,从中获得整洁的美感以及由此带来的情绪体验。

**5. 图示观察法**

图示观察法是以简洁、形象、连续的图示替代传统的示范、讲解等指导方式,引导幼儿在反复观察——思考——尝试的过程中,完成新技能、新方法的学习。图示直观、形象、生动、有趣,符合幼儿的年龄特点和认识水平,容易引起幼儿注意,便于幼儿领会,利于幼儿记住,从而能够更好地落实生活活动目标,帮助幼儿养成良好的生活习惯。

**6. 游戏练习法**

游戏练习法是让幼儿在生动有趣的活动中接受教育,快乐地学习,这样既符合幼儿的心理特点,又能取得良好的效果。教师可利用看图片、听故事、念故事和做游戏等形式来帮助幼儿掌握生活常规的要领,培养幼儿的生活自理能力。

**7. 家园共育法**

幼儿园每一项活动的开展都离不开家庭,幼儿的良好习惯仅在幼儿园培养是远远不够的,还要得到家长的支持和配合。教师应与家长多沟通,并定期召开家长会,向家长宣传良好习惯养成的重要性,帮助家长建立正确的教养观念,要求家长密切配合幼儿园,达成共识,使幼儿在幼儿园形成的行为习惯在家里得以延续和巩固。

**真题对接**

**【2018 年下半年真题】**什么是幼儿园一日生活常规?试述培养幼儿一日生活常规意义和方法。

**【参考答案】**参见内文。

# 第三节 幼儿园的卫生保健常规

（本节共5个考点）

## 考向分析

本节主要介绍体格检查制度、预防接种制度、隔离制度、消毒制度、环境卫生制度等相关知识。相关知识点考频分析如下表：

| 考点 | 考查频率 | 题型 | 重要程度 |
|---|---|---|---|
| 工作人员体检 | 1 | 单项选择 | ★ |

本节知识主要以单项选择题的形式考查。单项选择题考查的比较精细，考生在复习的时候要认真。

## 思维导图

## 考点精讲

学前儿童的生长发育和健康，与成人对他们的护理和环境条件的好坏是分不开的。幼儿园建立保健制度的目的就在于创设最优化的环境、条件，用科学的方法教养学前儿童，从而确保儿童在集体中健康成长。保健制度也是检查和监督幼儿园各项保健工作的依据。幼儿园的工作人员必须共同遵守。

### 一、体格检查制度

考点1

#### （一）学前儿童的体格检查

**1. 入园前体格检查**

学前儿童入园前必须经过全身体格检查。该检查一般在特约医疗单位进行。经检查，无传染病或其他严重疾病后，才能入园。入园时要详细填写健康卡片，项目包括既往病史、预防接种史、过敏史、家族史和生活习惯等内容。

**2. 定期体检制度**

1岁以内婴儿每季度体检一次，1周岁时做一次总的健康评价。1～3岁儿童每半年体检一次，3岁以上每年体检一次，每半年测身高、体重一次。测量要准确，并做好记录，进行健康分析、评价、疾病统计，及时矫治缺点。每个入园幼儿均应建立健康卡片或档案。

**3. 晨、午、晚间的检查**

为了及时发现疾病，在儿童早晨起床或入园时、中午起床及晚间入睡前（寄宿制幼儿园），均应进行健康

状况的观察,检查步骤可概括为一问、二摸、三看、四查。

一问:即儿童入园时,询问家长,了解儿童在家的健康状况,如食欲、睡眠、大小便、精神等,以及有无传染病接触史。

二摸:摸儿童额部、手心是否发烫,摸腮腺及淋巴有无肿大。

三看:观察儿童的精神状态以及脸色是否正常、眼睛是否有流泪、眼结膜是否充血、皮肤是否有皮疹等。

四查:检查儿童口袋里有无不安全的东西,如小刀、弹弓、别针、小钉子、玻璃片、黄豆等。

在检查中如发现问题应及时处理。如果发现儿童有身体不适情况,应测体温,如发现为可疑传染病者,应隔离观察。

**4. 全日健康观察**

保教人员在工作中要注意对幼儿的健康状况进行观察,随时了解幼儿的异常变化。主要观察幼儿的精神状况和异常症状。

(1)全日健康观察的意义

及时发现患病幼儿的早期症状和异常表现并及时处理,以减轻疾病对幼儿的伤害;及时发现传染病患儿并及时隔离,防止传染病在园内传播流行;检查有无危害物品被带入幼儿园。

(2)全日健康观察的重点

观察的重点是精神、食欲、大小便、体温及睡眠情况。儿童活泼好动,若表现出不爱玩、乏力等现象,往往是有病了。平时食欲旺盛,突然吃不下饭,恶心、呕吐,平时入睡快、睡得安稳,现在入睡困难或睡眠不安,大便次数增多,小便颜色异常,均应进一步找原因。一般先测量体温。

### (二)工作人员体检

幼儿园工作人员,在参加工作之前,必须经过全身健康检查,健康检查合格并且无严重生理缺陷者方可就职。根据《托儿所幼儿园卫生保健工作规范》的规定,托幼机构在岗工作人员必须按照《托儿所幼儿园卫生保健管理办法》规定的项目每年进行1次健康检查。若患有传染病或为病原携带者,应立即离职治疗,待痊愈后,需持县(区)以上医疗保健单位的健康证明方可恢复工作。患慢性痢疾、乙型肝炎表面抗原阳性、滴虫性阴道炎、化脓性皮肤病、麻风病、结核病、精神病等保教人员应调离工作岗位。

**真题对接**

【2015年上半年真题】《托儿所幼儿园卫生保健工作规范》规定,托幼园所的工作人员接受健康检查的频率是( )

A. 每月一次 B. 半年一次

C. 每年一次 D. 三年一次

【答案】C

## 二、预防接种制度

考点2

幼儿园应配合卫生防疫部门,完成儿童计划免疫工作,防止漏种(除禁忌症外)。

接种前,要对家长和儿童宣传预防接种的注意事项,并了解儿童的健康状况。注射后,填写预防接种卡

片，并注意儿童接种后的反应。

## 三、隔离制度

考点3

各园要设立保健室，应根据本单位条件设立隔离室或观察床（全托园所必须建立隔离室）。隔离室用品要专用。

**1. 患儿隔离**

发现传染病后，立即将病儿隔离，并通知家长。所在班要彻底消毒。患不同传染病的儿童应分别隔离，以防交叉感染。

在隔离室设专人护理病儿。禁止护理人员串班、进厨房，或穿着隔离室的工作服外出。患儿用过的食具、毛巾、便盆等要随时消毒。其他用具等也要专用并定期消毒。

**2. 可疑病儿的隔离**

对可疑传染病的儿童也要隔离，但应与已确诊为传染病儿分开。检疫期满后无症状者方可解除隔离。

**3. 加强对发病班的观察**

对发病班的其他儿童（密切接触者）要注意观察体温、精神、食欲等情况，必要时采取预防用药。观察期间该班不收新生，不与其他班接触，但生活日程照常。

特别要指出的是，对离园一个月以上或离开本地返回的儿童，应向家长询问有无传染病接触史，并要经过医务人员重新检查。在社会上有传染病流行时，幼儿园要采取更加严格的防范措施，以保证在园儿童不受传染病的侵害。

## 四、消毒制度

考点4

建立消毒制度是切断传染途径的重要措施。无论平时或发生传染病后，均应认真执行消毒制度。

**1. 餐具消毒**

儿童的餐具，用完后应及时洗净，每日消毒一次。一般常用方法是煮沸，注意在发生菌痢或肝炎时，应适当延长煮沸时间。一般以15～30分钟为宜。也可以使用消毒柜消毒。消毒后的餐具要注意保洁。饭桌在用餐前后均应擦洗干净。抹布必须专用，每次用后要洗净，再用开水烫。

**2. 水果消毒**

生食瓜果，食前用清水洗净，或用消毒剂浸泡后冲洗干净，然后去皮。

**3. 被褥、衣物消毒**

儿童的被褥、衣物要勤洗勤换，并经常放置阳光下暴晒，至少每月进行两次。必要时将衣物等煮沸或用消毒剂消毒。

**4. 玩具消毒**

玩具应保持清洁并定期进行消毒，可用阳光暴晒、消毒剂浸泡、洗涤等方法。

**5. 图书消毒**

儿童读物要定期在阳光下翻晒消毒。破旧读物不宜再使用。

**6. 便盆消毒**

可用含氯石灰（漂白粉）澄清液或过氧乙酸溶液浸泡。

**7. 空气消毒**

除经常通风换气，保持儿童活动室、卧室等空气新鲜外，在必要时可采用食醋熏蒸或用紫外线照射进行空气消毒。

## 五、环境卫生制度

考点5

环境卫生保持清洁，坚持每天一小扫，每周一大扫，每月彻底清扫一次。

（1）活动室空气新鲜，地面整洁。玻璃明亮，光线充足。室内摆设整洁舒适，布置无尘垢。

(2)寝室定时开窗和关窗,通风良好,温度、湿度适宜,床铺整齐,窗明几净。床栏杆、暖气、窗台、柜子、灯罩、电扇等无尘土。墙壁干净,无蜘蛛网,床下无杂物。

(3)盥洗室清洁通风,水池下水道处无头发、污物,地面无积水、污渍,便池、便盆及时冲洗,无尿碱、无臭味、无苍蝇。门、窗、镜、灯、柜等清洁干净。消毒水等物放在幼儿够不着的地方。

(4)桌椅高度应符合要求。

# 第四节　幼儿常见疾病预防和处理

(本节共 7 个考点)



## 考向分析

本节主要介绍预防常见病、常见的传染病及预防等相关知识。相关知识点考频分析如下表:

| 考点 | 考查频率 | 题型 | 重要程度 |
|---|---|---|---|
| 风疹 | 1 | 单项选择 | ★ |
| 水痘 | 1 | 单项选择 | ★ |

本节知识主要以单项选择题的形式考查。单项选择题考查的比较精细,考生在复习的时候要认真。

## 思维导图

## 考点精讲

### 一、预防常见病

#### (一)常见呼吸道疾病

考点 1

**1. 急性上呼吸道感染**

急性上呼吸道感染是学前儿童最常见的疾病,每人每年可发病数次,一年四季均可发生。由于主要侵犯鼻、鼻咽和咽部,因此常用"感冒""急性咽炎""急性扁桃体炎"等名称,也可统称为"急性上呼吸道感染",简称"上感"。

(1)病因

由于以病毒为主的病原体的侵犯,以及因营养不良、缺乏锻炼或过敏体质等造成的机体防御能力的下降,儿童容易发生上呼吸道感染。另外,居住拥挤、被动吸烟等因素也会导致此病的发生。

(2)症状

轻症潜伏期约1~2天,有时可延长至5~7天,主要为流水样鼻涕、鼻塞、打喷嚏、微咳、咽部不适,患儿多于3~4日内自愈。若病变范围较广,鼻咽部或咽部的症状更明显,并伴有发热,时间可延长至1周以上,儿童烦躁不安、呕吐、腹泻、腹痛,有时颈部淋巴结肿大。重症者在发病时即有高热,可达40℃,甚至更高,持续1周左右,高热初期可发生惊厥,患儿全身无力,食欲不振,睡眠不安,鼻涕很多,咳嗽频繁,咽部充血,颈部或耳后淋巴结肿大。

(3)预防

①应使学前儿童尽量避免接触急性上呼吸道感染者,隔离患者,以防传染他人;②及时为患者治疗,防止并发症的发生(如中耳炎);③加强营养,坚持"三浴"锻炼,增强儿童体质;④注意室内通风换气,保持居室空气新鲜;⑤注意根据气温的突然变化,及时增减儿童所穿、盖的衣物;⑥小儿不宜穿着过多,以防出汗后吹风受凉。

**2. 肺炎**

肺炎是学前儿童的常见病、多发病,一年四季均可发生,但以冬、春季节及气候骤变时多见。各种年龄都会患肺炎,但在1~2岁以下小儿中特别多见。

(1)病因

主要由细菌或者病毒自上呼吸道、气管、支气管下降,侵入肺泡而引起,因此肺炎常发生在上呼吸道感染或气管炎之后,但也可以一开始就患肺炎,最常见的是细菌感染,如肺炎球菌、金黄色葡萄球菌、溶血性链球菌、肺炎杆菌等。近年来病毒性肺炎发病率逐渐增加。患有营养不良、佝偻病、先天性心脏病、脑发育不全、麻疹及百日咳等疾病的儿童,因免疫力低,更易得肺炎。

(2)症状

临床表现有轻有重,开始时可有发热(可高达39 ℃~40 ℃)、咳嗽、气急,严重者可见鼻翼扇动,鼻、唇周围出现青紫,由于患儿缺氧,面色青灰,胸部出现吸气性凹陷。肺炎还可伴有呕吐、腹泻。患儿烦躁不安、精神萎靡,肺部听诊有细湿啰音。

(3)预防及护理

应注意学前儿童的体格锻炼,增强体质,预防感冒、麻疹、百日咳、佝偻病等疾病,加强营养,这些均可减少肺炎的发生。患儿卧室应通风,保持空气新鲜,改善缺氧状况;患儿衣着要宽松,以免加重呼吸困难;患病期间及恢复期的饮食应易消化且富有营养,并保证有充足的维生素。

### (二)常见营养性疾病

考点2

**1. 维生素D缺乏性佝偻病**

佝偻病是一种学前儿童常见病,它虽然不直接危及生命,但因发病缓慢,易被忽视,一旦发生明显症状时,机体的抵抗力下降,易并发肺炎、腹泻、贫血等疾病,故应引起足够的重视。维生素D缺乏性佝偻病占总佝偻病的95%以上,此病主要由于维生素D不足引起全身性钙、磷代谢失常,以致钙盐不能正常沉着在骨骼的生长部分,最终发生骨骼畸形。

(1)病因

①紫外线照射不足是维生素D缺乏的主要原因。②食物中维生素D摄入不足。③生长速度过快,所需维生素D更多。④其他疾病影响。⑤某些药物的影响。

(2)症状

①一般症状

当维生素D缺乏到一定程度时,小儿会出现一系列神经精神症状,如多汗、夜惊、烦躁、睡眠不安。多汗一般与室温、季节无关,由于头部汗水的刺激,小儿经常摇头擦枕,致使枕部秃发。这类儿童大脑皮层兴奋性降低,条件反射形成缓慢,动作和语言发育迟滞。

②骨骼病变体征

头部。早期可见囟门加大,颅缝加宽,边缘软,囟门闭合延迟,出牙迟。7~8个月时可出现方颅。

胸部。婴儿期可出现肋软骨区膨大,因几个相连的肋骨都有隆起,故呈"串珠"样突起,如"串珠"向胸内扩大,可使肺脏受压造成局部肺不张。肋骨软化后,因受膈肌附着点长期牵引收缩,造成肋缘上部内陷,肋缘外翻,形成肋软沟。在第6~8肋骨与胸骨柄相连处内陷时,可使胸骨前凸,形成鸡胸。以剑突为中心内陷的漏斗胸亦可见到。

四肢。7~8个月以后的佝偻病儿,四肢各骺部均显膨大,在腕关节的尺、桡骨远端常可见钝圆形环状隆起,即佝偻病"手镯"。

小儿开始行走以后,由于骨质软化及肌肉关节松弛,下肢常因负重而弯曲造成"O"形腿或"X"形腿。"O"形腿小儿立位、两足跟靠拢时,两膝关节间距离在3 cm以下者为轻度,3~6 cm为中度,6 cm以上为重度;"X"形腿小儿两膝关节靠拢时,两踝关节间距离在3 cm以下者为轻度,3~6 cm为中度,6 cm以上为重度。

其他部位的病变活动性佝偻病患儿,久坐后可引起脊柱后弯,偶有侧弯者,重症者骨盆的前后径变短形成扁平骨盆。

(3)预防

孕妇及小儿应多做户外活动,多接触阳光,遵医嘱补充维生素D。对婴幼儿进行合理喂养,坚持母乳喂养至8个月,及时添加辅食,近年来有关单位研制成功的维生素AD强化牛奶(AD奶)能较好地防止小儿维生素A及维生素D的缺乏。应特别注意早产儿、双胎儿及消化道疾病患儿的保健工作,可酌情增加维生素D的补充量。

**2. 缺铁性贫血**

(1)病因

在生长发育最旺盛的婴儿时期,如果体内储存的铁被用尽而饮食中铁的含量不够,消化道对铁的吸收不足以补充血容量和红细胞的增加,即可发生贫血。发病原因主要有以下几方面:

①先天储铁不足:胎儿于出生前3个月,自母体获得较多的铁,储存在体内。正常足月新生儿,体内储铁量可有250~300mg,这些储存铁及出生后红细胞破坏所释放的铁足够出生后三四个月造血之需。如储铁不足,在乳儿期则会较早出现缺铁性贫血。早产、双胎儿往往先天储铁不足。

②饮食中铁的摄入量不足:这是导致缺铁性贫血的重要原因。人奶和牛奶含铁量均低,不能满足乳儿之需,若不及时添加含铁的辅食,则易缺铁。年长儿多因偏食,使铁的摄入量不足。

③生长发育过快:随着体重增长,血容量亦相对增加。生长发育越快,铁的需要量相对越大,越易发生缺铁。乳儿期,尤其是早产儿最易发生缺铁性贫血。

④疾病的影响:长期腹泻引起铁的吸收障碍。长期、反复患感染性疾病,如肺炎、气管炎,可因消耗增多而引起贫血。患钩虫病,一条钩虫每日平均吸血0.04~0.06mL,每失血1mL就相当于丢失铁0.5mg。由于钩虫经常变换吸血部位,在肠黏膜上形成许多小出血点,不断出血。

(2)症状

本病在6个月至3岁的小儿中常见,一般起病缓慢,开始不被家长注意,而当就诊时多数病儿已为中度贫血。

①一般表现。患儿常烦躁不安、精神不振、食欲减退,体重增长减慢,皮肤黏膜变得苍白,以口唇、口腔黏膜、甲床和手掌最为明显,容易疲乏,注意力不集中,理解力降低,反应迟钝。

②造血器官的表现。由于骨髓外造血反应,肝、脾和淋巴结轻度肿大。年龄越小、贫血越严重、病程越长,则肝、脾肿大越明显,但肿大程度很少超过中度。

(3)预防

应坚持母乳喂养,如不能用母乳喂养,应选用强化铁配方奶喂养。足月儿从4~6个月开始(早产儿及

低体重儿从3个月起)添加含铁丰富的食物,如蛋黄。人工喂养儿在6个月以后,若喂不加铁的牛奶,其总量一般不可超过750mL,以免降低含铁食物的摄入,及时治疗钩虫病及各种感染性疾病。定期进行贫血检查,及早发现轻症病儿。对于血红蛋白在110g/L的正常低限的婴儿,应补充铁剂,每日每千克体重3mg,共服3个月。

### (三)常见五官疾病

考点3

**1. 龋齿**

龋齿是牙齿硬组织逐渐被破坏的一种疾病,也是儿童最常见的疾病之一。龋齿患儿不仅有疼痛感,而且食欲、咀嚼功能均受到影响,从而影响生长发育。世界卫生组织将龋齿列为世界范围内重点防治的疾病。

(1)病因

龋齿的发生受多种因素的影响,而细菌、糖类食物和机体的抗龋能力的联合作用是最主要的致病因素。细菌使牙齿组织中的有机物质溶解,在牙菌斑(由黏附在牙面上的细菌和糖类食物残屑形成)深处产酸,酸逐渐腐蚀牙齿,将牙齿内的磷灰石破坏,从而使牙组织脱钙、软化,造成组织缺损而形成龋洞。细菌和菌斑是产生龋齿的根源。食物残渣是产生龋齿的物质基础,食物中含有大量的糖分,这些物质既供给细菌生活和活动的能量,又通过细菌代谢作用使糖发酵产生有机酸,致龋的糖类很多,最主要的是蔗糖。机体的抗龋力降低是龋齿发生的重要条件,如果食物中含有的无机盐、维生素和微量元素(如钙、磷、维生素D、氟等)不足,牙齿的抗龋力就低。

(2)症状

龋齿最容易发生在磨牙和双尖牙的咬面小窝、裂沟中(称为窝沟龋),以及相邻牙齿的接触面(称为邻面龋)。根据牙齿破坏的程度,将龋齿分为浅龋、中龋和深龋。浅龋是指龋蚀破坏只在牙釉质内,出现褐色或黑褐色斑点或斑块,表面粗糙,患儿无自觉症状。中龋是指龋蚀已到牙本质,形成龋洞,患儿对冷、甜、酸食物感到酸疼,当刺激去除后,症状立即消失。深龋是指龋蚀已达牙本质深层,接近牙髓或已影响牙髓,患儿对冷、热、酸、甜都有痛感,特别对热敏感,当刺激去除后,疼痛仍持续一定时间,如深龋未及时治疗,则牙髓继发感染或牙髓坏死,甚至引起根尖周炎症。

(3)预防

教育儿童从小注意口腔卫生,养成早晚刷牙、吃东西后漱口、睡前不吃零食的习惯。注意正确的刷牙方法,即刷上牙内外面时从上往下刷,刷下牙内外面时从下往上刷,咬合面可以前后拉动着刷,各牙面和缝隙均应刷到,尤其要注意磨牙的咬合面的清洁。每次刷牙的时间不少于3分钟。要根据儿童的年龄选择大小适宜的牙刷,每3个月更新一次牙刷,含氟牙膏对降低龋齿的发生率有一定的效果。合理营养,增强机体的抗龋能力。定期进行口腔检查,发现龋齿,及时治疗。

**2. 弱视**

弱视仅发生在视觉尚未发育成熟的学前期,8岁以上儿童视觉发育已近成熟,能抵制诱发弱视的因素,一般不会发生弱视。弱视是常见的危害性较大的儿童眼病。

(1)病因及症状

①斜视性弱视。由于斜视引起复视(视物像成双)和视觉紊乱,使患儿感到极度不适,为解决这种不适,大脑皮层视中枢就抑制由斜视眼传入的视觉冲动,久而久之便形成弱视。这种弱视是继发的、功能性的,因而是可逆的,愈后较好。

②屈光参差性弱视。由于两眼的屈光参差较大,同一物体在两眼黄斑处所形成的物像的清晰度不等,即使屈光不正得到矫正,屈光参差所造成的物像大小仍然不等,视中枢不易或不能将双眼大小或清晰度差别太大的物像融合为单一物像,只能抑制屈光不正较大的眼的物像,久而久之便发生弱视。这种弱视也是功能性的、可逆的。

③形觉剥夺性弱视。由于角膜浑浊、先天性白内障、上睑下垂等遮挡瞳孔使光线不能充分进入眼内,剥

夺了黄斑接受正常光刺激的机会,产生功能性障碍而发生弱视。由于治疗眼病遮盖儿童的一只眼,也能引起形觉剥夺性弱视。

④先天性弱视。发病机制尚不十分清楚。愈后不佳。

弱视患儿视力低下,缺乏良好的双眼单视,没有完善的立体视觉,无法完成许多精细工作(如穿珠、剪纸等),今后也难以胜任需要正常立体视觉的工作(如外科医生、精密仪器制造者、运动员等)。

(2)矫治及预防

凡弱视者均应散瞳验光,佩戴合适的矫正眼镜,或遵医嘱采取其他矫治措施。年龄越小,治愈率越高,年龄大于8岁,治疗效果明显下降,而到了青春期,治疗基本无望。对弱视应引起广泛的重视,学前儿童应在4岁前检查视力和眼位,以便及早发现弱视,及时治疗。

### (四)常见皮肤病

考点4

**1. 湿疹**

(1)病因

湿疹是婴幼儿常见的过敏性皮肤炎症,病因较为复杂,可由小儿的遗传过敏体质引发;也可由致敏食物引起,如鱼、虾、牛羊肉、鸡蛋、牛奶;还可由接触丝织品、人造纤维、外用药物等引起。

(2)症状

湿疹常见于婴儿期,幼儿期也时有发生。皮疹多见于头面部,亦可能出现在身体其他部位,如额、颈、肩、背等处,最初为细小的疹子,以后有液体渗出,干燥后形成黄色痂皮。由于患儿常感到奇痒,故往往烦躁不安,脾气急躁。多数可以自愈。

(3)预防

应回避致敏源,如对牛奶过敏,可暂时以其他乳类或乳制品代替;婴幼儿不宜用化纤、毛织品做贴身的衣服和帽子,宜用棉织品;不宜使用碱性较强的肥皂为婴幼儿洗脸、洗澡、洗衣服或洗尿布。乳母应多食含维生素丰富的食物,尽量不吃刺激性强的食物。

**2. 痱子**

(1)病因

痱子是由于汗液排泄不通畅滞留于皮内引起的汗腺周围发炎,大多发生在出汗过多时。但出汗多的人不一定都生痱子,还决定于皮肤抵抗力的强弱以及汗液排出是否及时。夏季婴幼儿中多见,脾气急躁、经常啼哭、衣服过多的小儿最易生痱子。

(2)症状

小儿发生在面部、颈部、躯干、大腿内侧、肘窝处居多。初起时为针头大小红色或白色丘疹,继之出现成群红色丘疹或小水泡,有发痒或烧灼感,患儿烦躁不安。天气转凉后可立即消退,但遇热后症状加重,继发感染时形成小脓肿即为痱毒。

(3)预防

婴幼儿应勤洗澡,保持皮肤干燥清洁,夏季宜穿透气吸汗的纯棉衣服,要给婴儿多喂水、勤翻身。儿童应避免在烈日下玩耍。

## 二、常见的传染病及预防

### (一)病毒性急性出疹性传染病

考点5

**1. 风疹**

(1)病因

风疹是儿童时期常见的一种由风疹病毒引起的急性出疹性传染病。病原体由口、鼻及眼部的分泌物直接传给他人,或通过呼吸道飞沫传染,风疹病毒易被干燥或高热灭活,故密切接触才能感染。母亲妊娠期风

疹，病毒可经胎盘传给胎儿。

（2）症状

①潜伏期。10～21天不等，一般为16～18天。

②前驱期。此期很短，症状大多不严重，易被忽略。一般为咳嗽、喷嚏、流涕、咽痛、头痛、结膜炎、食欲不佳、发热（体温常在38～39℃之间）等，这些症状出现半天至1天后，即开始发疹，可在软腭及咽部附近见到玫瑰色或出血性红点，大小如针头或稍大。

③发疹期。通常于发热后第1～2天即出现特殊的斑丘疹，先见于面部，然后迅速遍及颈部、躯干和四肢，极少融合成片。出疹第一天末，全身遍布猩红色斑丘疹，第二天面部皮疹消退，很少脱皮。出疹一天后，全身症状很快消失。部分患儿可不出现皮疹；部分患儿表现为枕后、耳后和两侧颈部的淋巴结肿大。

（3）预防

①一般预防方法与麻疹相似。皮疹出现后5天即无传染性。

②孕妇在妊娠期，尤其是妊娠早期，不论以往是否患过风疹或是否接种过风疹疫苗，都应尽量避免与风疹病人接触，防止引发胎儿畸形，如果新生儿出现畸形，其母宜在3年后再生下一胎。

③目前国外使用的风疹减毒活疫苗，有单独风疹疫苗及联合疫苗（风疹疫苗、麻疹疫苗及流行性腮腺炎疫苗），这些疫苗必须保存在4℃的冰箱中，我国风疹自动免疫尚未列入计划免疫的日程。

真题对接

【2016年下半年真题】风疹病毒的传播途径是（　　）

A. 肢体接触　　B. 空气飞沫　　C. 虫媒传播　　D. 食物传播

【答案】B

**2. 水痘**

（1）病因

水痘是一种传染性很强的出疹性传染病；病原体是水痘——带状病毒，主要通过空气飞沫经呼吸道传播，也可通过接触病人疱疹内的疱浆而感染，传染性极强，一次患病可获终身免疫。

（2）症状

在皮疹出现前常有发热等前驱症状。1～2天后出现皮疹，皮疹特点为向心性，先见于头皮、面部，慢慢延至躯干、四肢。皮疹初为红色的小点，1天左右转为水疱，3～4天后水疱干缩，结成痂皮。干痂脱落后，皮肤上不留瘢痕。发疹期多有发热、精神不安、食欲不振等全身症状。在病后1周内，由于新的皮疹陆续出现，陈旧的皮疹已结痂，也有的正处在水疱的阶段，所以患者皮肤上可见到三种皮疹：红色小点、水疱、结痂。出疹期间，皮肤刺痒。

（3）预防

①隔离病人直至全部皮疹结痂，对接触病人的易感儿童应注意观察。室内通风换气，用紫外线对空气进行消毒。

②国外已有水痘减毒活疫苗，对保护易感者有较好的作用。

真题对接

【2017年下半年真题】皮疹呈向心性分布（即躯干多，面部、四肢较少；手掌、脚掌更少）的疾病是（　　）

A. 麻疹　　B. 水痘　　C. 手足口　　D. 猩红热

【答案】B

## (二)其他病毒性传染病

考点6

**1. 病毒性肝炎**

病毒性肝炎是儿童近年来常见传染病之一,发病率高,对幼儿身体健康影响较大。病毒性肝炎是由不同种病毒引起的一组传染病。病毒主要侵犯肝脏造成肝细胞变性、坏死等病理变化,临床表现有消化道症状,有或无黄疸,肝脏大及肝功能异常。目前已知的肝炎病毒分甲型、乙型、丙型、丁型及戊型。以甲、乙型最为常见。

(1)病因

甲型病毒性肝炎是由甲型肝炎病毒引起的肝炎,病毒存在于患者的粪便中。粪便污染了食物、饮水,经口造成传染。多数愈后良好,感染后能产生持久的免疫力。在幼儿园中易流行。

乙型病毒性肝炎由乙型肝炎病毒所致。婴幼儿感染后,易成为病原体长期携带者或慢性肝炎患者。乙型肝炎病毒存在于患者的血液、粪便、唾液、鼻涕、乳汁等。含有病毒的微量血液可通过输血、注射血制品、共用注射器等途径传播。由于患者的唾液和鼻咽分泌物中也含有病毒,所以通过牙刷、食具的传播途径也可传染。

在乙型病毒性肝炎患者及带病毒者的血液中,“乙型肝炎表面抗原”(原称“澳抗”)为阳性,可借此与甲型病毒性肝炎区别。

(2)症状

肝炎分黄疸型及无黄疸型,甲型肝炎多为黄疸型肝炎,乙型肝炎多为无黄疸型肝炎。儿童主要表现有:食欲减退、恶心、乏力,或偶尔呕吐、腹泻,肝大并有压痛、肝功能异常,不喜欢吃油腻食物等。部分人有黄疸(巩膜、皮肤变黄),尿色加深,肝功能不正常,出现黄疸后2~6周,黄疸消退,食欲精神好转,肝功能逐渐恢复正常。少数儿童感染乙型肝炎后无任何症状,仅“肝炎抗原”(或称“澳抗”)呈阳性,成为不自觉的传染源。

(3)护理

隔离患者。幼儿必须卧床休息,生活要有规律,适当增加蛋白质和糖的含量,多吃水果、蔬菜。脂肪性食物必须少吃,以免加重肝脏的负担。

(4)预防

急性肝炎病儿应隔离治疗,隔离时间不少于30天。出院后要遵从医嘱,注意休息,不要疲劳,适当增加一些优质蛋白质食品,少吃脂肪。

预防接种是目前预防甲肝和乙肝的最佳措施,丙肝的预防重点是管理血液和血液制品使用安全的血液及制品。同时,注意个人卫生和饮食卫生,防止病从口入。

**2. 手足口病**

(1)病因

手足口病的病原体是肠道病毒71型(EV71)和库克萨基病毒(亦有译成“柯萨奇病毒”)A组16型。主要发生于学前儿童,尤以1~2岁婴幼儿为多。多在夏季流行。

(2)症状

①潜伏期4~6日。最先出现轻微的症状,如发烧、全身不适、咳嗽、咽痛等。

②在指(趾)的背面、侧缘、手掌、足跖,尤其是指(趾)甲的周围,有时在臀部、躯干四肢发生红色斑丘疹,很快发展为水疱。

③口腔内在舌、硬腭、颊黏膜、齿龈上发生水疱,破溃后形成潜在的糜烂,可因疼痛影响进食。

④一般于8~10天水疱干涸,病愈。

(3)预防

手足口病传播途径多,婴幼儿和儿童普遍易感。做好儿童个人、家庭和托幼机构的卫生是预防本病传

染的关键。

①个人预防措施

饭前便后、外出后要用肥皂或洗手液等给儿童洗手，不要让儿童喝生水、吃生冷食物，避免接触患病儿童。

看护人接触儿童前、替幼童更换尿布、处理粪便后均要洗手，并妥善处理污物。

婴幼儿使用的奶瓶、奶嘴使用前后应充分清洗。

本病流行期间不宜带儿童到人群聚集、空气流通差的公共场所，注意保持家庭环境卫生，居室要经常通风，勤晒衣被。

儿童出现相关症状要及时到医疗机构就诊。居家治疗的儿童不要接触其他儿童，父母要及时对患儿的衣物进行晾晒或消毒，对患儿粪便及时进行消毒处理；轻症患儿不必住院，宜居家治疗、休息，以减少交叉感染。

②托幼机构及小学等集体单位的预防控制措施

本病流行季节，教室和宿舍等场所要保持良好通风。

每日对玩具、个人卫生用具、餐具等物品进行清洗消毒。

进行清扫或消毒工作（尤其清扫厕所）时，工作人员应穿戴手套。清洗工作结束后应立即洗手。

每日对门把手、楼梯扶手、桌面等物体表面进行擦拭消毒。

教育指导儿童养成正确洗手的习惯。

每日进行晨检，发现可疑患儿时，要对患儿采取及时送诊、居家休息的措施；对患儿所用的物品要立即进行消毒处理。

患儿增多时，要及时向卫生和教育部门报告。根据疫情控制需要，教育和卫生部门可决定采取托幼机构或小学放假措施。

勤通风

勤洗手

喝开水

食熟食

晒衣被

## （三）细菌性传染病

考点7

**1. 百日咳**

（1）病因

由百日咳杆菌引起的急性呼吸道传染病，传染性很强。大量百日咳杆菌在患儿咳嗽时随飞沫传播，因其在外界环境中生存能力较弱，故很少通过衣物、玩具、书籍等媒介物传播。

（2）症状

潜伏期一般为7～14天，最长为21天。咳嗽逐渐加重，呈典型的阵发性痉挛性咳嗽，在阵咳末出现深长的鸡啼样吸气性吼声，病程可长达2～3个月。婴儿和重症者并发肺炎和脑病。

（3）预防

①隔离患儿，病人从潜伏期至发病后6周均有传染性。对密切接触的易感者检疫21天。

②按计划接种多抗原混合制剂DPT。

**2. 细菌性痢疾**

（1）病因

由痢疾杆菌引起的肠道传染病，简称菌痢，学前儿童较常见。痢疾杆菌从病人或带菌者的粪便中排出，通过手、食物、饮水、苍蝇等途径，经口传播。着凉、疲劳、饥饿以及其他急性疾病都可成为诱发痢疾的因素。

(2)症状

潜伏期从数小时至 8 天不等,大多数病例为 2～3 天。以发热、腹痛、腹泻、里急后重为特征,便中带黏液及脓血。患儿一天内可腹泻 10～30 次,甚至更多。严重者有惊厥和休克,可导致死亡。若病程超过 2 个月,则称为慢性细菌性痢疾。

(3)预防

①培养学前儿童饭前便后洗手、不饮生水、不吃不洁食物、不随地大小便的卫生习惯,生吃瓜果必须洗净削皮。

②搞好环境卫生,做好水源与饮食的卫生管理工作,消灭苍蝇及其滋生地。

③早期发现、诊断、隔离及治疗病人及带菌者是控制痢疾流行的关键。

④佝偻病、营养不良等是使急性痢疾转为慢性的诱因,应加强防治。

⑤做好消毒工作,食具要煮沸 15 分钟以上,患儿的粪便要用 1% 漂白粉澄清液浸泡或沸水浸泡消毒后才能入粪池或一般下水道,患儿的尿布、衬裤等也要用开水浸泡后再洗。



# 第五节　幼儿营养与膳食

(本节共 6 个考点)

## 考向分析

本节主要介绍营养基础知识、合理安排幼儿膳食、幼儿良好饮食习惯的培养等相关知识。

本节知识可能会以单项选择题的形式考查。单项选择题考查的比较精细,考生在复习的时候要认真。

## 思维导图

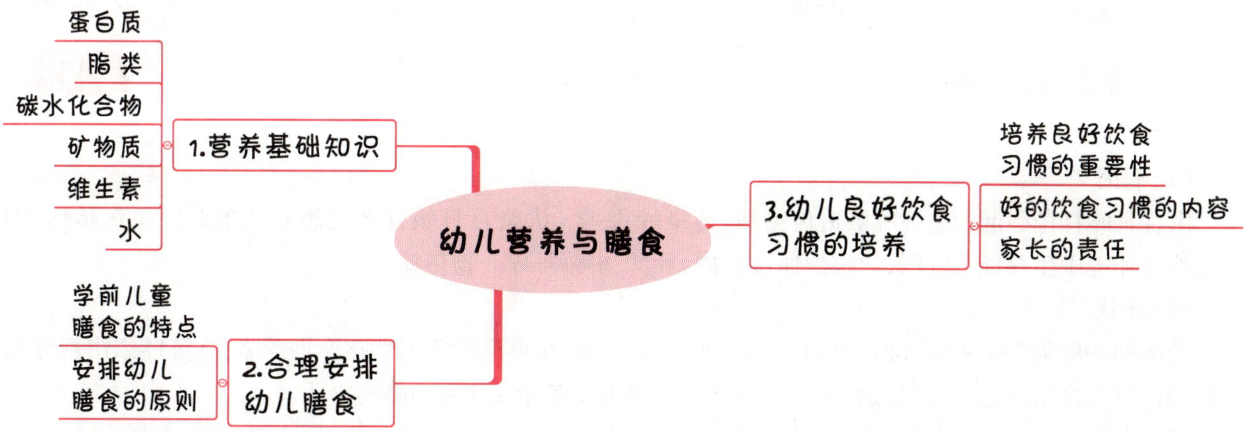


## 考点精讲

### 一、营养基础知识

考点 1

营养素是指食物中所含的能够维持生命和健康并促进机体生长发育的化学物质。营养素分为蛋白质、脂类、碳水化合物、矿物质、维生素和水六大类。其中,蛋白质、脂类、碳水化合物能够提供机体所需要的能

量,故称为产能营养素。营养素需要量是指维持正常生理功能所需要营养素的量,而营养素供给量是指在满足机体正常生理需要的基础上,按食物生产和饮食习惯而规定的适宜数量,比营养素需要量充足。

## (一)蛋白质

**1. 蛋白质的生理功能**

(1)构成、更新和修复机体组织

蛋白质是构成人体组织的重要物质。任何一个细胞、组织和器官中都含有蛋白质。在人体受到损伤时,更需要蛋白质参与修复和更新组织。

(2)调节生理功能

蛋白质通过构成一些重要的物质如酶、激素、抗体等来调节生理功能。

(3)供给能量

每克蛋白质大约可提供4kcal的能量,幼儿需要的总能量约15%来源于蛋白质。但供给能量不是蛋白质的主要生理功能。

**2. 蛋白质营养价值的评价**

当食物中任何一种必需氨基酸缺乏或过量,就会造成人体内氨基酸的不平衡,使其他氨基酸不能被利用,从而影响蛋白质的合成。为了提高食物蛋白质的营养价值,人们将几种营养价值较低的蛋白质混合食用,使必需氨基酸得以相互补充,其模式更接近人体需要,这种食物搭配的效果叫作"蛋白质互补作用"。例如,大米中赖氨酸含量不足,大豆缺乏蛋氨酸,将它们混合食用,就能够取长补短,提高其营养价值。另外,整粒豆子不如豆浆、豆腐和豆制品好消化,将黄豆适当加工、烹调,也可以提高其蛋白质消化利用率。

**3. 蛋白质的食物来源及参考摄入量**

瘦肉、鱼、奶、蛋4类食物是动物性蛋白质的主要来源,豆类、硬果类和谷类是植物性蛋白质的主要来源。其中动物性食物的蛋白质与大豆蛋白质所含的必需氨基酸种类比较齐全且比例适当,属于优质蛋白质。1~6岁幼儿每日膳食中蛋白质的推荐摄入量为45~55克,其中一半应来源于优质蛋白质。

## (二)脂类

**1. 脂类的构成**

脂类是中性脂肪(三酰甘油)和类脂的总称,后者包括磷脂、糖脂和固醇类等。我们通常称脂类为脂肪。

**2. 脂类的生理功能**

(1)人体组织的重要组成成分;

(2)供给机体能量;

(3)保护机体组织、器官,维持体温恒定;

(4)提供脂溶性维生素,并促进脂溶性维生素的吸收;

(5)提供必需脂肪酸;

(6)促进食欲,增加饱腹感。

**3. 脂类的食物来源及供给量**

亚油酸在各种植物油中普遍存在:亚麻酸在豆油和紫苏油中含量较多,磷脂含量丰富的食物有蛋黄、肝脏、大豆和花生,胆固醇在动物内脏、脑组织、蛋黄中含量较多,在乳类和鱼类中含量较少。

脂肪摄入过多,为动脉粥样硬化埋下隐患,因此要从幼儿时期开始预防动脉硬化,适当限制胆固醇和饱和脂肪酸的摄入量。

## (三)碳水化合物

**1. 碳水化合物的构成**

碳水化合物又称为广义上的糖类,是由碳、氢、氧组成的一类化合物。碳水化合物可在营养学上划分为单糖、双糖、寡糖和多糖。食物中所含糖类,一部分能被人体吸收,如单糖、双糖和多糖中的淀粉、糊精;而多

糖中的纤维素和果胶不能被人体吸收,被称为“膳食纤维”。

**2. 碳水化合物的生理功能(可吸收部分)**

(1)供给能量

碳水化合物是最容易获得和最经济的供能物质,它在人体内代谢较为简单,能迅速分解供能。1g 碳水化合物可产生 4kcal 能量。碳水化合物还是神经系统的唯一能量来源。幼儿需要的总能量约 50% ~60% 来源于碳水化合物。

(2)构成细胞和组织

碳水化合物是构成细胞和组织的重要物质,参与核糖、脱氧核糖和糖脂的合成。

(3)节约蛋白质的作用

碳水化合物摄入充足时,人体首先使用碳水化合物作为能量来源,从而避免将宝贵的蛋白质转变为葡萄糖供给能量。

(4)抗酮体生成和解毒作用

脂肪代谢过程中必须有碳水化合物存在才能完全氧化而不产生酮体。酮体是酸性物,血液中酮体达到一定浓度会发生代谢性酸中毒。此外,糖原有保肝解毒的作用,能在肝脏内与多种有害物质结合而起到解毒作用。

**3. 碳水化合物的食物来源**

粮谷类、薯类、根茎类是碳水化合物的主要食物来源;蔬菜、水果是膳食纤维的主要食物来源。

### (四)矿物质

人体组织内发现有 20 多种元素,除碳、氢、氧、氮以有机物的形式存在外,其余各元素均为无机物,被称为无机盐或矿物质,它们是机体维持正常生理功能所必需的物质。

**1. 钙**

(1)钙的生理功能

钙是人体需要量最多的矿物质。它是构成人体骨骼和牙齿的重要成分,并在维持神经和肌肉的兴奋性、血液凝固、心动节律方面发挥重要作用。幼儿时期摄入充足的钙有助于增加骨密度,从而延缓成年后发生骨质疏松的年龄。幼儿骨骼中的钙 1 ~2 年更新一次,成人 10 ~12 年更新一次。

(2)影响钙吸收的因素

有的因素能促进钙的吸收。机体需要量大时,对钙的吸收率相应高一些。维生素 D、乳糖和膳食中丰富的蛋白质有利于促进钙的吸收。有的因素不利于钙的吸收:如谷类和豆类的外皮含有植酸,可与钙结合形成不溶性的植酸钙,蔬菜中的草酸与钙结合形成不溶性的草酸钙,这些钙盐均会降低钙的吸收率;过多摄入脂肪,可因未消化的脂肪酸与钙结合形成不溶性的钙皂,使钙自粪便排出;食物中的纤维素也会妨碍钙的吸收。

(3)钙的食物来源

钙的食物来源首选牛奶,它含钙丰富,吸收率也较高。其次是豆类、豆制品和绿叶蔬菜,如小白菜、油菜、芹菜等。海产品如小虾皮、小鱼干、紫菜等也是钙的良好来源。我国 4 岁以上儿童钙的适宜摄入量为每天 800mg。幼儿钙缺乏会影响骨骼和牙齿发育,容易发生佝偻病,导致骨骼变形;另外,由于血钙偏低,神经和肌肉兴奋性增加,会引起手足搐搦症和惊厥。

**2. 铁**

铁是人体内含量最高的微量元素,是合成血红蛋白的原料,参与维持正常造血功能和人体内氧的运送。

由于谷类中的植酸和蔬菜中的草酸影响铁的吸收,植物食品中铁的吸收率一般较低,大约在 10% 以下。动物食物中的铁是血红素铁,吸收率较高,吸收率在 11% ~22% 之间。食物中的维生素 C 有利于铁的吸收。铁的食物来源是猪肝、瘦肉等动物性食品。植物性食品中的黑色食品如黑木耳、黑豆、黑芝麻以及芝麻酱、

黄豆等含铁量较高,但吸收率较低。乳类贫铁,乳儿喂养必须在4~6个月及时补充铁。机体缺铁时,易患缺铁性贫血。

**3. 锌**

锌是人体重要的必需微量元素之一。它对幼儿的生长发育、正常味觉的维持、创伤愈合和机体免疫力有重要作用。锌的缺乏会引起蛋白质合成障碍、细胞分裂减少,导致幼儿生长发育迟缓、停滞、性发育延迟、智能发育迟缓、伤口愈合不良、食欲减退,甚至发生异食癖。

高蛋白食物含锌量较高,海产品次之,蔬菜和水果普遍含锌量不高。

**4. 碘**

碘是合成甲状腺素的原料。甲状腺素具有调节新陈代谢、促进神经系统发育的生理功能。碘缺乏会导致甲状腺素合成不足,造成碘缺乏病。碘缺乏的典型症状为甲状腺肿大。胎儿发育期缺碘,婴儿出生后就会生长发育迟缓、智力低下,严重者发生"呆小症",即"克汀",表现为聋、哑、矮、傻。缺碘对神经系统的损害是不可逆的。

含碘丰富的食物主要是海产品,如海带、海虾、海鱼、紫菜等。

### (五)维生素

维生素不能供给热量,也不构成机体组织,在人体内虽然含量极微,却在机体的物质和能量代谢过程中发挥重要作用。维生素种类众多,根据溶解性的不同可分为水溶性维生素和脂溶性维生素两大类,前者有B族维生素和维生素C等,后者有维生素A、D、E、K。幼儿容易缺乏的维生素主要是维生素A、维生素$B_1$、维生素C和维生素D等。

**1. 维生素A**

维生素A与正常视力有密切关系,是维持暗视力所必需的物质。另外,维生素A也是维持上皮细胞的健全、生长发育和机体的免疫力所不可缺少的物质。维生素A严重缺乏会造成夜盲症和干眼病。还可有皮肤干燥、粗糙,毛发干、脆,易脱落,并易于反复发生呼吸道、消化道感染。

一般情况下,正常的膳食不会引起维生素A摄入过多。但是,若给婴幼儿服用过多的浓缩鱼肝油或维生素A制剂,则会导致中毒。维生素A急性中毒表现为食欲减退、烦躁、呕吐、前囟隆起。维生素A慢性中毒,表现为骨痛、毛发脱落、体重不增等。人体从食物中获得的维生素A有两大类,一类来源于动物性食物中的维生素A,主要存在于动物肝脏、鱼肝油、蛋、牛奶中;另一类来自植物性食物中的胡萝卜素,一般橙黄色、深绿色蔬菜和水果中含量较高,如胡萝卜、西兰花、菠菜、豌豆苗、芒果等,胡萝卜素在人体内可以转化为维生素A。

**2. 维生素D**

维生素D能调节钙、磷代谢,维持血钙浓度稳定,在促进骨骼和牙齿的正常生长和钙化过程中起着重要作用。维生素D有助于预防佝偻病,又称抗佝偻病维生素。

维生素D可从食物中摄取,也可由皮肤合成。人体皮肤中的7-脱氢胆固醇通过紫外线照射后,可转变为维生素D,晒太阳是人体获得充足有效维生素D的最好来源。维生素D膳食来源主要有三个方面:普通食物、维生素D强化食物及维生素D制剂。海鱼、动物肝脏和蛋黄等动物性食品含有丰富的维生素D。

维生素D中毒的症状:起先是烦躁、睡眠不安、食欲减退,继而出现恶心、呕吐,严重的可损害心、肾功能。

**3. 维生素$B_1$**

维生素$B_1$又称硫胺素,是一种水溶性维生素。它参与糖类的代谢,对维持神经系统正常功能起着重要

作用。同时,维生素 $B_1$ 可以促进肠蠕动,辅助消化。维生素 $B_1$ 缺乏常引起"脚气病",表现为乏力、肢体麻木、水肿、感觉迟钝等。维生素 $B_1$ 广泛存在于瘦肉、动物内脏、豆类、坚果类食物中,粮谷类食物外皮中维生素 $B_1$ 含量丰富,但米面碾磨过细、过分淘米或烹调中加碱,会丢失大量维生素 $B_1$。

**4. 维生素 C**

维生素 C 是水溶性维生素,又名抗坏血酸。维生素 C 可以促进胶原合成,参与胆固醇代谢,增强机体免疫力,还能促进铁的吸收和利用。维生素 C 缺乏会造成毛细血管通透性增加,导致坏血病。

维生素 C 的食物来源是各种新鲜的蔬菜和水果。猕猴桃、柑橘、鲜枣等富含维生素 C。维生素 C 溶于水,容易在空气中氧化,烹调时,菜要现洗现切,急火快炒。

### (六)水

水是维持正常生命活动不可缺少的物质。新生儿体重的 80% 是水,幼儿体重的 65% 是水,成人体重的 60% 是水。人体丢失 20% 的水就会威胁生命。

水是细胞的主要成分,促进细胞的新陈代谢,起着运输、润滑和调节体温的作用。幼儿对水的需要量相对比成人多,应让他们及时喝到符合卫生要求的水。

第三章

## 二、合理安排幼儿膳食

### (一)学前儿童膳食的特点

考点 2

托幼机构特别是寄宿制园所内的学前儿童处于集体教养的环境之中,膳食质量的优劣直接关系到儿童的生长发育和身心健康。因此,托幼机构内儿童的膳食应具备科学合理、营养平衡、增进食欲、清洁卫生、有利消化的特点。

**1. 科学合理**

学前儿童在家庭里的膳食,受家长的饮食习惯、家庭经济条件、家庭教养方式等条件的影响,带有较大的随意性,而托幼机构则有专门人员负责膳食计划的制订、营养素的科学搭配和餐点的制备,避免了家庭膳食中的一些不科学因素。

**2. 营养平衡**

膳食的营养平衡是指膳食中不仅含有满足人体需要的各种营养素,而且各营养素的数量和相互比例合适。营养素过多或过少,或比例失调,都可能影响学前儿童的身心健康。

营养平衡的膳食还应做到食物多样化,发挥食物之间营养素的互补作用,其中较为重要的是产热营养素之间的比例要恰当,动物蛋白质和豆类蛋白质摄入要均衡,食物多样化还有利于矫治学前儿童在家庭中养成的偏食等不良习惯。

**3. 增进食欲**

托幼机构的膳食要能增进和保持幼儿的食欲,应做到:

(1)食物多样化,讲究色、香、味、形。食物多样化除有利于营养平衡外,还可增进食欲,应从婴儿喂养开始逐渐增加食物的品种,并注意食物的色、香、味、形,培养儿童对多种食物的喜爱和适应能力。

(2)创造良好的进餐环境。餐厅光线充足,空气流通,温度适宜,桌椅餐具干净整洁,都能使学前儿童就餐时保持兴奋而引起食欲。

(3)养成良好的饮食习惯。托幼机构内儿童不吃零食,用餐定时、定量,有利于增进食欲。

(4)保持愉快的情绪,餐前和进餐时不训斥、惩罚儿童,不强迫儿童进食,让儿童在轻松愉快的情绪状态下用餐。

**4. 清洁卫生**

托幼机构的膳食必须保证清洁卫生，新鲜良好。从采购、加工到制成品都必须进行严格的卫生监控，做到万无一失。

**5. 有利消化**

婴幼儿的消化系统尚未发育完善，托幼机构的膳食要根据这一特点，在烹调制备时既要尽力保持食物中的各种营养素，也要注意食物要煮熟、烧透，避免油腻、辛辣、刺激性食物，有利于儿童的消化吸收，做到碎、细、软、烂。

## （二）安排幼儿膳食的原则

考点3

幼儿的咀嚼与胃肠道的消化功能已比婴儿成熟。但1～3岁，乳牙正陆续萌出，且正处于断奶后的饮食调整阶段，安排好这个年龄阶段的膳食，是幼儿健康成长的关键。

3～6岁是培养饮食习惯的重要时期。口味形成在儿时，饮食习惯关系着健康，一旦养成良好的饮食习惯，终身受益。以下是安排幼儿膳食的原则：

**1. 合理配膳**

幼儿期生长发育虽不如婴儿期快，但仍在长身体、增智慧，活动量也大于婴儿期。幼儿膳食必须精心安排，保证供给足够的热能和各种营养素。

幼儿膳食中，蛋白质供给热能应占总热能的12%～15%，脂肪所供热能占总热能的20%～30%，糖类所供热能占总热能的50%～60%。

膳食中优质蛋白质占蛋白质总量的1/3～1/2为好。每天喝半斤至1斤的牛奶或豆浆。

每日膳食要使食物种类多样化，各类食品合理搭配。

中国营养学会于1997年修订的《中国居民膳食指南》，体现了科学营养的观念：多样、平衡、适量。该指南不仅适用于成人，也适用于儿童，它指出合理膳食应符合“宝塔”形：最底层是五谷；往上是蔬菜、水果；再往上是畜、禽、鱼、蛋；再往上是奶类及奶制品、豆类及豆制品；“宝塔”的顶部是少量的油脂。

**2. 膳食巧搭配**

具体在配膳时，可以按以下方法进行搭配：

（1）粗细粮搭配

细粮容易消化，口感好；粗粮含维生素 $B_1$，丰富，耐嚼。粗细粮搭配着吃，兼顾了儿童的食欲和营养需要。

（2）米面搭配

米比面食耐嚼，多嚼有益。但面食花样多，巧做、细做，可以引起食欲。

（3）荤素搭配

动物性食品多属酸性食物，蔬菜为碱性食物，荤素搭配不仅不腻，还可以使体内酸碱基本平衡，有利于健康。

（4）谷类与豆类搭配

豆类蛋白质为优质蛋白质，谷类中的蛋白质营养价值较低。豆类与谷类混合食用，可起到“蛋白质的互补作用”。

（5）蔬菜五色搭配

一般“观菜色，知营养”。绿色、红色、黄色的蔬菜，所含的胡萝卜素、铁、钙等优于浅色蔬菜。浅色蔬菜可用于调剂口味，但菜篮子里要以深色菜为主。

（6）干稀搭配

主食有干有稀，或有菜有汤，吃着舒服，水分也充足。

**3. 细心烹调**

由于幼儿咀嚼能力尚弱,肠胃消化能力尚差,食物宜碎、软、细、烂,不宜喂食粗硬的食物,如腊肉、香肠、硬豆粒等,并少吃油煎炸的食物。2 岁以后,可逐渐吃些耐嚼的食物,肉、菜可切成小丁、小片、细丝。

3 岁以前,要去骨、去刺,枣去核;不宜吃刺激性强的食物,如酸、辣、麻的食品。

**4. 进餐次数**

1~2 岁小儿每日可进食 5 次,三餐加上、下午各一次点心,以后逐渐改为 4 次,三餐加午后点心一次。每次间隔约 4 小时。

## 三、幼儿良好饮食习惯的培养

### (一)培养良好饮食习惯的重要性 考点4

对儿童来说,良好的饮食习惯是身心健康的必要条件。

维持生命、保证生长发育的营养物质是通过吃来取得的。平衡的膳食,吃进去才能发挥其作用。

(1)有的幼儿零食不断,以致使胃内经常有食物,半饥半饱,吃饭时没有食欲,得不到足够的营养素,进而影响了生长发育。

(2)有的幼儿挑食、偏食,有的不吃青菜,有的不吃豆腐,有的不肯喝牛奶,不吃鸡蛋等,以致食物单调,也得不到足够的营养素。

(3)有的幼儿摸透了家长的心理,在餐桌上要家长答应种种条件,才肯张口;有的好菜独吞,旁若无人,家长却往往忽略了"饮食习惯塑造性格"。从小培养良好的饮食习惯,关系着儿童的身心健康。

### (二)好的饮食习惯的内容 考点5

**1. 按时定位进食,食前有准备**

食前,告诉幼儿要吃饭了。1~2 岁的孩子,要求他们洗好手,带上围嘴,坐在自己的小椅子上。3 岁左右可以在吃饭前帮忙做一些就餐的准备,如擦桌子、摆筷子,放好自己用的小勺、小盘、小碗。看到固定的餐具,想到马上要吃饭了,会使幼儿食欲增加。

**2. 细嚼慢咽,专心进餐**

切忌放任幼儿端着饭碗到处走,边玩边吃。每顿饭应有大致的时间限制,既要求幼儿细嚼慢咽,又不要拖得太久,应该专心吃饭。

**3. 饮食定量,控制零食**

除了三顿饭、1~2 次点心之外,要控制零食,使幼儿养成吃好三餐的好习惯。另外,教育幼儿不要贪食,以免消化不良。

**4. 不偏食,饮食多样**

偏食是一种不良的饮食习惯,不仅影响幼儿的健康,而且形成固定的口味以后,长大成人也难再适应多样化的膳食。膳食多样化才能使人体获得全面的营养。

**5. 注意饮食卫生和就餐礼貌**

注意饮食卫生,如食前洗手,食后漱口,不吃不清洁、不新鲜的食物,不喝生水,不捡掉在桌上或地下的东西吃,使用自己的水杯、餐具,等等。

自幼儿上桌开始,就应培养良好的就餐礼貌,如咀嚼、喝汤时不应发出大的声响,夹菜不可东挑西拣,不糟蹋饭菜等。特别是要懂得谦让,不应把好吃的独占。

### (三)家长的责任 考点6

培养幼儿良好的饮食习惯,必须从家庭做起。

**1."家庭食物圈"应以科学为指导**

所谓"家庭食物圈",就是包括从采购到烹调,以至经常在餐桌上出现的菜肴,还包括家长对饭菜表现出的喜、恶,以及言语上的、表情上的、动作上的倾向,这些都使孩子的口味打上了家庭的烙印。

家庭营养要以科学为指导,营养均衡,少盐、少甜食,使儿童形成"杂食"的习惯,而且口轻,不馋糖。

**2. 安排好正餐之外的"点心"**

断奶以后,幼儿每天仍要吃五顿,3 次正餐,2 次"点心"。吃"点心"是为了补充正餐,而不能影响正餐。

(1)时间安排:可安排在上午 10 点、下午 4 点左右,而不是什么时候要吃就给。稍大的孩子可以在下午加一次"点心",而不是把零食放在小桌上,想吃就自己拿。

(2)"点心"的性质:吃什么,要根据营养需要。每顿饭,幼儿都能吃好、吃饱,三餐之间不太饿,"点心"应以低脂肪、低热量为宜,不吃甜食和油煎炸的食物,着重补充维生素 C,如半个苹果、一个橘子、几片水萝卜。

平时饭量小,等不到正餐就饿了,着重补充热量,如饼干、小豆粥、黑米粥、糖果等。

正餐清淡,"点心"可用于补充蛋白质,如煮蚕豆、茶鸡蛋等。

幼儿缺钙、铁、锌,"点心"可用于食补,选含上述营养素丰富的食物制成小食品,如几片海苔(补碘),几片卤肝(补铁),一条小酥鱼(补锌)。

**3. 创造和谐的餐桌气氛**

幼儿只要健康没病,又有适度的活动量,吃饭香甜本不必强求。遗憾的是,由于家长对孩子的进食量过于敏感,或主观认为孩子吃得太少,进而过多地干涉,包括强喂、许愿、恐吓等。这种不和谐的餐桌气氛,有损孩子的身心健康。

少些人为的干预,多些生理的调节(运动、生活规律、定时进餐),回归自然,孩子吃饭香甜就成了很自然的事。

## 第六节 幼儿安全与急救

(本节共 7 个考点)

### 考向分析

本节主要介绍安全措施和安全教育、幼儿常见意外事故的防护和急救、托幼机构突发事件及应急措施等相关知识。相关知识点考频分析如下表:

| 考点 | 考查频率 | 题型 | 重要程度 |
| --- | --- | --- | --- |
| 鼻出血 | 2 | 单项选择 | ★ |
| 黄蜂、蜜蜂蜇伤 | 1 | 单项选择 | ★ |
| 扭伤 | 1 | 单项选择 | ★ |
| 气管异物 | 1 | 单项选择 | ★ |

本节知识主要以单项选择题的形式考查。单项选择题考查的比较精细,考生在复习的时候要认真。

## 思维导图

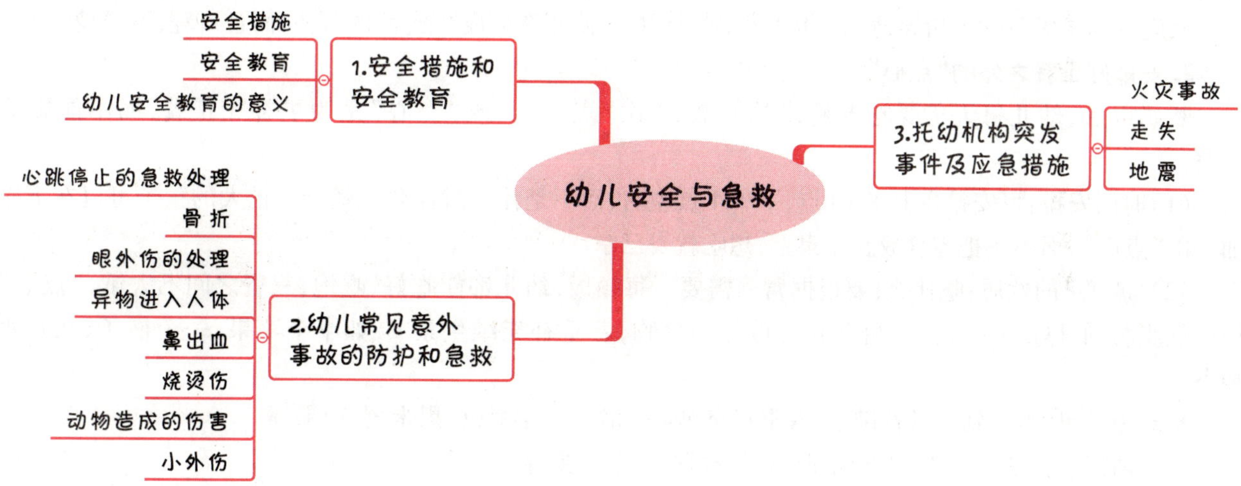




## 考点精讲

### 一、安全措施和安全教育

#### (一)安全措施　考点1

**1. 提高安全意识,建立健全规章制度**

托幼机构内儿童发生的意外伤害,许多是因为机构内各项规章制度不健全,工作人员安全意识不强,安全措施不到位造成的,应健全各项规章制度,加强全体保教人员的职业道德教育,牢固树立“安全第一”的思想,明确岗位职责,克服麻痹思想,经常检查督促,杜绝事故发生。

**2. 组织好儿童的活动**

每次活动前做好充分的准备工作,向幼儿提出活动的具体注意事项,配备足够数量的保教人员。活动过程中,保教人员要全面细致地照顾幼儿,确保幼儿在保教人员的视线范围内从事活动。

建立幼儿园接送制度,防止走失,防止冒领。交接班时应清点人数。

**3. 环境设施要安全卫生**

托幼机构的建筑设备及用具要符合安全卫生的要求,并定期检修,发现问题及时处理。运动器械如滑梯、木马、转椅、秋千要随时检查,并保持表面光滑和坚固。房屋、门窗、地板、楼梯、栏杆要定期检修,确保儿童安全。

**4. 加强特殊物品的管理**

建立严格的药品保管制度。内服药、外用药、消毒剂均需标签清楚、分开放置、专人保管,不给儿童造成随手可拿的机会。给儿童用药前,要仔细核对姓名、药名、剂量,切勿拿错药或服过量。

避免让学前儿童近距离接触有毒物品,如各类消毒剂、杀虫剂、油漆、卫生球等。在为学前儿童消毒时,要注意降低消毒剂的浓度。使用杀虫剂时,要让学前儿童暂时离开喷洒杀虫剂的环境。

化妆品颜色鲜艳,常诱使儿童品尝它的滋味,以致中毒。要妥善保管化妆品,勿让儿童拿到手。

#### (二)安全教育　考点2

**1. 遵守幼儿园的安全教育制度**

经常性、多渠道地教育孩子遵守幼儿园的各项规章制度。教育儿童不得随便离开自己的班级,有事必

须得到老师的允许才能离开。遵守秩序，出入各教室及上下楼梯时不要拥挤。运动、游戏时遵守规则。不做有危险的活动或游戏等。

**2. 遵守交通规则**

学前儿童常常因为不懂得或不遵守交通规则而发生车祸。要教育儿童遵守公共交通秩序。例如，横穿马路时要走人行道，不能在马路上停留玩耍、追逐打闹、踢足球等。

**3. 懂得生活中潜在的危险**

(1)懂得“水”“火”“电”的危险。

(2)不采花、草、种子，以免误食有毒植物。

(3)不要捡拾小物件，不能将小钢珠、豆粒、碎玻璃等小东西放进鼻、耳中，或把玩具放在口中吸吮、咬。

**4. 教给儿童自救的粗浅知识**

在幼儿园安全教育中，教师应提高学前儿童自我防备和救护的能力，教给他们自救的粗浅知识。如突遇火灾、煤气泄漏、烧烫伤，以及迷路走失等怎样处理。

### (三)幼儿安全教育的意义

考点3

幼儿安全问题是社会各界所关注的幼儿问题之一。作为联合国《儿童权利公约》成员国，按公约规定，我国18周岁以下的“任何人”都应列入儿童，而学龄前阶段的幼儿，更是安全保护的对象。确立安全的意识，拥有安全的行为，切实保障每一个幼儿的生命安全，不仅符合国际社会对幼儿问题认识基本统一的发展趋势，也体现了中国重视幼儿事业发展和我们应尽的国际义务。

**1. 安全与生命**

幼儿的安全与生命息息相关。生活，是生命的存在形式，而珍惜生命是一种责任。这种责任对于发展中的幼儿来说，是由养育者承担的。对自己的生命负责，对他人的生命负责，是生命最朴素的愿望和命运最大的恩赐。

**2. 安全与家庭**

幼儿身体的生长、生命的保障、身心的安全与其所在的家庭是维系在一起的。家庭之于幼儿的养育之重与幼儿之于家庭的传承之重，两者都是不可或缺的。

**3. 安全与社会**

幼儿是社会和谐的音符。和谐社会的构建，涉及诸多的方面，如经济发展的平衡、人与自然的共存、城乡发展的协调、人与人之间的和睦相处等。在此过程中，生命的安全是社会运动的重要条件。

意外伤害的发生与社会的经济发展是同步的。在我国，尽管经济发展还处于上升时期，但意外伤害已成为幼儿的严重健康问题，且由于我国的某些经济、文化、传统习俗的特点，使得幼儿意外伤害的发生率较高。然而，成长中的幼儿，他们既是社会当今关爱的对象，又是社会未来依靠的对象。所以，关注幼儿的健康与安全，为幼儿创造一个自由而和谐的生存空间，是树立和坚持科学发展观的当代社会的共同责任。

## 二、幼儿常见意外事故的防护和急救

考点4

### (一)心跳停止的急救处理

当病儿心跳停止，要立即用人为的方法来维持病儿的血液循环，使心脏重新跳动。常用的心脏跳动挤压法，具体的操作方法如下：

**1. 使病儿仰卧，背部有硬物支撑**

将病儿脸朝上躺在平直的模板或平整的地面上，背部有硬物支撑。如果原来躺在软床或帆布担架上，要移至硬板或地面上，才能使心脏挤压有效。

**2. 挤压心脏**

(1)对新生儿：用双手握住其胸，用两拇指压胸骨(乳头连线的中央)，使胸骨下陷约1厘米左右，然后放

松,每分钟按压 120 次左右。

(2)对 3 岁以下小儿:左手托其背,右手用手掌根部按压胸骨偏下方,使胸骨下陷约 2 厘米左右。胸骨下陷则挤压心脏,心脏收缩将血液注入动脉;当救护者手放松时(手不偏离原位),心脏舒张,静脉血回流入心脏。如此,每分钟按压 80 次左右。

(3)对年长的儿童:救护者把右手掌放在胸骨偏下方,左手按压在右手上,成交叉式,以助右手之力,每分钟按压 60~80 次。

在进行胸外心脏挤压时,要垂直向下用力,挤压面积不可过大,以免伤及肋骨,更不能挤压左胸乳头处,该处为坚硬的肋骨,非但起不到按压心脏的效果,还可能造成肋骨骨折,刺伤肺脏,使病情加重。

### (二)骨折

发生骨折后,会出现一系列症状。因断骨会刺伤周围组织的血管、神经,血管破裂后的出血又压迫周围的组织,所以剧烈的疼痛和局部的压痛是典型的症状之一。同时,骨折处的正常功能丧失,如下肢骨折后不能站立、行走,手指骨折后不能抓握等。骨折后原来附着的肌肉失去平衡,加上组织肿胀,局部还会出现畸形。发生"青枝骨折"后,疼痛不如骨骼完全断裂时明显,受伤肢体还可以做些动作,因此很容易被忽略。骨折未经复位长上以后,不仅肢体会出现畸形,还会影响正常的功能。因此,幼儿肢体受伤后,千万不能掉以轻心,一定要送医院检查一下是否发生了骨折。



### (三)眼外伤的处理

**1. 角膜异物**

铁屑等异物已嵌在角膜上,应迅速送医院处理。不得自己用针等锐物去挑拨异物,因为异物细小,须在良好的照明、严密的无菌条件下进行操作,方能防止损伤角膜和预防感染。

**2. 钝挫伤**

被弹弓子打在眼上。被足球、土块、木块击伤眼睛,可致眼钝挫伤。眼球受到撞击,会出现视网膜震荡、出血。可立即用毛巾冷敷,减少眼内出血,速送医院。

**3. 刺伤、划伤**

被铁丝、小刀、毛衣针、树枝等刺伤或划伤眼睛,可使眼球部分破损或完全破裂。若完全破裂,有眼内组织脱出(最常见的是深褐色的虹膜脱出)及水样物流出。可用消毒的纱布或干净的毛巾敷盖眼睛,但不必还纳已经脱出的眼内容物,否则会增加感染的机会;也不要用力压迫眼球,因为任何外力都会使眼内容物被挤出眼球,导致失明。

**4. 酸、碱烧伤**

火碱、石灰、硫酸等溅入眼内可致眼严重烧伤。一旦发生,要分秒必争,就地用大量净水清洗眼睛,自来水、井水均可。冲洗时,必须扒开上下眼皮,将眼内深部也冲洗到,以免残留化学物质。注意不要让冲洗出来的水流入健眼。

**5. 鞭炮炸伤**

逢年过节,孩子都喜欢放鞭炮。生活在矿区的孩子偶尔在煤堆中捡到废旧的雷管玩耍,常因此引起眼伤。爆炸的冲击力对眼球往往是严重的震荡并伴有穿通伤,处理方法见刺伤、划伤的处理。眼科医生曾多次呼吁,不要放鞭炮,放鞭炮百害无一利。

### (四)异物进入人体

**1. 气管异物**

当人们在吞咽食物的时候,会厌软骨盖住气管口,以免食物误入"歧途"进入气管。但幼儿会厌软骨的工作不如成人机灵敏感,因此当幼儿正吃东西时突然大哭、大笑,会厌软骨来不及盖住气管,使食物呛入气管,形成气管异物。异物以圆滑的食物最为多见。幼儿气管发育不完善,驱赶力较弱,很难将气管异物"赶走",造成异物在气管内的停留。当异物将气管完全堵住时,幼儿会出现呼吸困难,面色青紫。较小的异物

还要继续下滑，常常滑入右侧支气管，导致右侧肺不能工作，也会出现呼吸困难。

一旦发生气管异物，要立即进行急救。其方法如下：救护者站在患儿背后，搂住他的腰，迅速用右手大拇指的背部顶住上腹部，左手重叠于右手之上，间断地向上、后方用力推压，使横膈肌压缩肺，产生冲击气流，将气管异物冲出。若患儿已昏迷，则可让其俯卧，进行同样的推压。采取上述方法后，仍不能排出气管异物，应立即送医院急救。

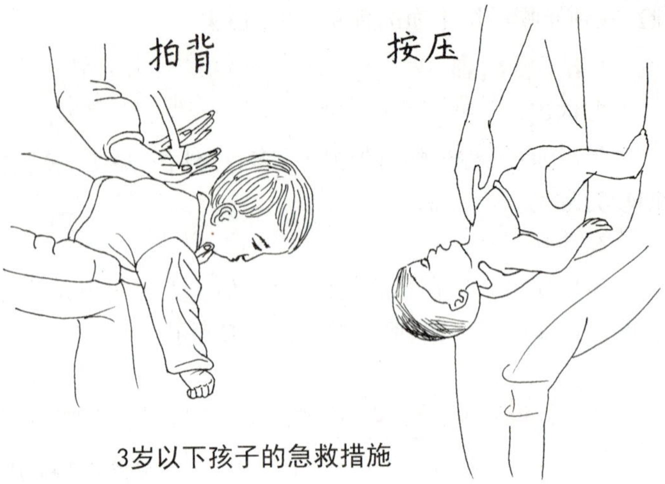

3岁以下孩子的急救措施

为了防止气管异物事故的发生，要让幼儿养成良好的习惯；告诉幼儿不要捡吃东西，不要躺在床上吃东西。当幼儿嘴中含有豆粒、花生米等食物时，成人不能一惊一乍，也不能吓唬他，而要同他讲道理，让他吐出来。幼儿在哭闹时，不要用吃东西来哄他。



**真题对接**

【2016 年上半年真题】幼儿突然出现剧烈咳嗽，伴有呼吸困难，面色青紫。这种情况最可能是(　　)

A. 急性肠胃炎　　B. 异物落入气管　　C. 急性喉炎　　D. 支气管哮喘

【答案】B

**2. 消化道异物**

幼儿有时候会误吞骨头、纽扣等异物，这些异物有时会卡在食道里，有时还会沿着食道进到胃里。异物若卡在食道，患儿的食道部位会有明显的疼痛，在吞咽时，疼痛更明显，致使进食困难。如果异物在食道停留时间过长，还会引起局部及附近部位发炎，严重的会导致食道壁穿孔。一旦发生食道异物，应立即送患儿到医院医治，禁止采用吃东西把异物顶到胃中的做法。

**3. 鼻腔异物**

幼儿出于好奇，有时会将纸团、小珠子、豆粒等塞入鼻孔，形成鼻腔异物。若疏于医治，可出现大量带黏液的血脓性分泌物。一旦发现幼儿将异物塞进一侧鼻孔，千万不要用镊子试图将异物夹出，尤其是圆滑的异物，很难夹住，越捅越往深处走。正确的做法是：让幼儿将无异物的鼻孔按住，然后用力擤鼻涕；还可用羽毛、纸刺激幼儿鼻黏膜，引起喷嚏反射。如果上述方法排不出异物，则应到医院处理。

**4. 外耳道异物**

幼儿将豆粒、小珠子等塞入耳中，或有小昆虫钻入耳中，会形成外耳道异物。幼儿会感到耳鸣，耳内有东西，听力往往也会下降。若是苍蝇、蚂蚁等小昆虫钻进耳内，爬来爬去，使幼儿感到疼痛，较易被发现。此时可用灯光对着外耳道口，利用昆虫的趋光性，引诱它爬出来；也可将半茶匙稍加热后的食油、甘油、酒精倒入耳内，再让患儿病耳朝下，控制 5 ~ 10 分钟，被淹死的昆虫可随液体一道流出。

对于其他外耳道异物，最好到医院处理。因为在没有良好的照明条件、必要的机械和技术不熟练的情况下操作，易损伤幼儿的外耳道皮肤，也可能将异物推入深处，损坏鼓膜，还有可能将异物推向中耳，造成更严重的后果。

**5. 眼内异物**

眼内异物多由灰沙落入眼中所致。幼儿会因异物刺激感到疼痛、睁不开眼。处理眼内异物，不能用手或手帕揉擦，可让幼儿用力眨眼，利用泪水将异物带出；也可用温水或蒸馏水冲洗眼睛，还可翻开上、下眼

睑,找到异物后用干净的棉签,纱布擦去。

### (五)鼻出血

**1. 病因**

鼻出血(又称鼻衄)的原因较多,鼻外伤、鼻炎、鼻腔异物、上呼吸道感染等都能导致鼻衄的发生。儿童期较为常见。

**2. 症状**

鼻出血可发生在鼻腔任何部位,但绝大多数患儿的流血区在鼻中隔前下方,出血量多少不一,立位或坐位时多由鼻前孔流出,卧位时多流向鼻后孔。

**知识视野**

**正确擤鼻涕和打喷嚏的方法**

正确的擤鼻涕方法应是先压住一侧鼻孔擤鼻涕,然后再压住另一侧擤鼻涕。不要同时按住两侧鼻孔擤鼻涕,以防鼻腔压力过大,使病原体经咽鼓管吸入中耳,引发中耳炎。打喷嚏时要用纸巾或手捂住口鼻,防止飞沫传播疾病。



**3. 预防与护理**

注意安全,防止鼻外伤,及时治疗呼吸道疾病。儿童发生鼻衄时,安慰儿童,不要紧张,安静坐下,头略向前低;压迫止血,捏住鼻翼,一般压住 5 ~ 10 分钟即可止血。通常不用"堵"的方法;如果仍然出血,可用 0.5% 麻黄碱或 1/1000 肾上腺素湿棉球填塞出血侧鼻孔,一定要深达出血部位,前额、鼻部用湿毛巾冷敷。

**真题对接**

【2017 年上半年真题】教师引导幼儿擤鼻涕的正确方法是(　　)

A. 把鼻涕吸进鼻腔

B. 先压住一侧鼻孔擤鼻涕,再压住另一侧擤鼻涕

C. 同时捏住鼻背两侧擤

D. 用手背擦鼻涕

【答案】B

【2014 年下半年真题】幼儿鼻中隔是易出血区,该处出血后,正确的处理方法是(　　)

A. 鼻根部涂些药水,然后安静休息

B. 让幼儿头略低,冷敷前额、鼻部

C. 止血后,半小时不做剧烈运动

D. 让幼儿仰卧休息

【答案】B

### (六)烧烫伤

烧伤、烫伤是幼儿园常见的急诊之一,多由高温(如热水、蒸汽、火等)、电以及化学物质作用于幼儿的皮肤和黏膜而引起这些部位的损伤。在幼儿烧(烫)伤事故中,最常见的是开水、热汤、热粥引起的烫伤,火烧伤次之,偶有化学烧伤及电击伤。

学前儿童的皮肤娇嫩,同样的刺激对学前儿童的伤害比成人更严重。对烧、烫伤的急救处理可从以下几点入手:

**1. 立即清除造成烧伤、烫伤的根源**

如遇火焰灼伤,应迅速将幼儿脱离火源,扑灭伤者身上的余火。对热汤、热粥烫伤幼儿,应立即脱去浸湿的衣服,不易脱去时,切忌强行撕拉,可用剪刀剪破撕开,充分暴露创面。若不慎沾有化学药品时,要用大量净水冲洗。

**2. 根据受伤的程度不同及时处理创面**

根据烧(烫)伤的深浅不同,烧(烫)伤可分三度:

(1)一度烧(烫)伤:只损伤皮肤表皮层,局部皮肤红肿、疼痛、无水疱。处理时可将损伤部位用凉水或冷

开水反复冲洗,若手足灼伤可直接浸于冷水中,至疼痛缓解后去除冷水。可在伤面上涂清凉油或烫伤药膏等,一般4~5天可痊愈,不留疤痕。千万不可随意乱抹肥皂水、牙膏、酱油等。

二度烧(烫)伤:伤及真皮层,局部除红肿外,还出现水疱,疼痛剧烈。

三度烧(烫)伤:伤及皮下组织和肌肉,甚至累及骨骼。

(2)对二、三度烧(烫)伤的患儿,可用干净的纱布、毛巾等覆盖创面,或用干净的床单包裹住,不要弄破水疱,及时送医院救治。有时烧(烫)伤面积较大,患儿可能烦躁口渴,可少量多次喝些淡盐水。

幼儿发生烧(烫)伤事故,会对其造成巨大的身心伤害。为此,我们要认真做好预防工作,避免烧(烫)伤的发生。

注意,对于化学用品(如酸)引起的灼伤,不可用凉水冲,要用专用冲洗剂进行处理。烧烫伤后,千万不要揉搓、按摩、挤压烫伤的皮肤,也不要急着用毛巾拭擦,以免表皮剥脱。不要给伤处涂抹酱油、醋、碱、牙膏或紫药水之类的东西,这样不但不能减轻伤情,而且会继续刺激创面,加深受伤程度,增加感染的机会,加重患儿的痛苦。

### (七)动物造成的伤害

**1. 蚊子叮伤**

夏天蚊子较多,因而幼儿常常会被蚊子叮伤。蚊子叮后可出现微肿、发红、发痒,有时痒得厉害,会使幼儿变得不安,难以入眠。为了解痒,患儿只好抓搔叮咬处,常常造成此处皮肤破损,进而造成感染,产生化脓性疾病。为了减轻发痒,要在被叮咬处涂上花露水、酒精等。为了防止蚊子叮咬,夏季一定要采取防蚊措施,如在幼儿身体裸露处涂上驱蚊油等。

**2. 蛇咬伤**

被毒蛇咬伤后,蛇毒会很快扩散,危及生命。因此,一旦被蛇咬伤,要立即阻止蛇毒扩散,其方法是:用带子或撕下衣服,捆扎伤口靠近心脏的一端,以阻断淋巴、阻断血流。紧接着用清水或盐水冲洗伤口,将留在表面的毒液冲走。用刀片以伤口牙痕为中心,划个十字切口,并用手挤伤口,使毒液流出,也可用拔火罐或吸奶器把毒液吸出来。这样反复几次,使毒液流净,将结扎带子解开,迅速送医院治疗。为了避免毒蛇咬伤,不要带幼儿到潮湿、低洼地散步,也不要带幼儿去长满野草和茂密的树丛中去,更不要让他们在青草或稻草上玩耍和躺着。

**3. 疯狗咬伤**

疯狗一般指患了狂犬病的狗,这种狗性情突变,狂躁易怒,狂叫,变化无常,暴躁时常会咬人。被这种狗咬伤之后,狂犬病的病毒可经过伤口进入人体,沿神经传至大脑,在大脑处繁殖,经过十几天甚至半年或一年后才出现症状。一旦被疯狗咬伤,要及时送医院处理伤口,并报告当地公安机关,将疯狗抓获。

**4. 黄蜂、蜜蜂蜇伤**

幼儿在蜂窝附近或花丛中玩耍,有可能遭蜂蜇。蜂蜇后毒物进入幼儿体内,会引起被蜇处表面皮肤红肿,并伴有剧烈疼痛,而后奇痒无比,以后症状慢慢消失。一旦遭蜂蜇后,首先要找到并取出昆虫的毒刺,然后在蜇伤处涂些液体。黄蜂毒液呈碱性,可在伤口涂食醋等弱酸性液体;蜜蜂的毒液呈酸性,可在伤口涂淡碱水、肥皂水等弱碱性液体,以达到减轻疼痛和消除水肿的目的。若蜇伤后还伴有中毒症状,应立即送医院。

**真题对接**

【**2015年上半年真题**】被黄蜂蜇伤后,正确的处理方法是(　　)

A. 涂肥皂水　　B. 用温水冲洗

C. 涂食用醋　　D. 冷敷

【**答案**】C

### (八)小外伤

**1. 擦伤**

因摔跤等,皮肤极易擦伤并常伴伤口污染,应先用凉开水冲洗伤口,除去污物;然后涂红药水,盖上纱布。

**2. 挫伤**

受到撞击或受到石子、弹弓子等的打击,皮肤未破损,但伤处肿痛、青紫,在损伤初期可局部冷敷,防止皮下继续出血。24 小时后可热敷或用伤湿止痛膏等外贴患处。对严重者应限制受伤的肢体活动。

**3. 割伤**

削铅笔等常不慎将手割破出血,可先用棉签压迫止血,然后用碘酒消毒伤口,通常伤口较小,可用创可贴包裹伤口。

**4. 扭伤**

多发生在四肢的关节部位,肌肉、韧带等软组织因过度牵拉而受到损伤。损伤的局部充血、肿胀和疼痛,活动受到限制。初期应停止活动减少出血,采用冷敷,以达到止血、消肿、止痛的目的。1 ~ 2 天后,可用热敷促进消肿和血液的吸收。中药七厘散外敷伤处有良好效果。



**真题对接**

**【2015 年下半年真题】**幼儿在户外活动中扭伤,出现充血,肿胀和疼痛,教师应对幼儿采取的措施是(　　)

A. 停止活动,冷敷扭伤处　　B. 停止活动,热敷扭伤处

C. 按摩扭伤处,继续活动　　D. 清洁扭伤处,继续活动

**【答案】**A

## 三、托幼机构突发事件及应急措施

### (一)火灾事故

考点 5

**1. 预防措施**

(1)托幼机构的园(所)长是消防安全的第一责任人,应全面负责本园(所)的消防安全工作,并根据消防法律、法规,结合实际制定托幼机构的消防安全管理制度,落实托幼机构消防安全责任制。(2)托幼机构成立义务消防队伍,按规定配备消防器材。后勤负责人应负责消防器材设备的维护与保养,经常检查和定期更换灭火器。要配合消防部门定期对托幼机构设施进行排查,对发现的各类火险隐情要及时排除和整改。(3)对保教人员和儿童进行消防安全教育,普及基本消防知识。托幼机构的活动室、寝室、食堂等重点防火场所,各类消防设施、器材要完备,保证道路通畅,不堆放杂物。定期组织保教人员和儿童模拟演练。学会正确使用灭火器材,掌握扑救和逃生方法。

**2. 应急措施**

(1)一旦发生火险,应在第一时间扑救。如果火势失控,要指派专人向 119、110 报警,并告知发生火灾的位置、燃烧物种类、被困人员情况。立即启动托幼机构的火灾应急预案,并在第一时间内向所属区县教育局和当地党委、政府报告。(2)立即切断着火楼(室)的电源。指派专人切断电源、气源,关闭供油设备。如果火灾发生在夜间,宜在人员全部撤离以后再切断电源。(3)听到火警报告后所有工作人员应该立即进入紧急状态,按照平时消防演练逃生的路线迅速疏散儿童。如不能撤离,应迅速带领儿童进入相对安全的区域,如厕所、阳台、楼顶等有窗户的房间,把毛巾弄湿后折叠起来盖住儿童口鼻,不要随便打开窗户,以防形成冷热空气对流,加重火势或烟雾。(4)在火灾现场的负责人要统一指挥,果断命令距离火场最近的人员首先撤离,其余人员依次疏散。将全体师、幼疏散到室外安全地点并立即清点人数。在确保安全的前提下指派专人断后清场,并确认人员全部撤出。(5)如有儿童或工作人员受伤要及时送往区级以上医院救治,及时

通知家长或者家属。(6)保护现场,配合消防部门、行政部门开展调查,有关人员写出事故报告,追究责任,维护托幼机构的利益,协助处理善后事宜。

### (二)走失

考点6

**1. 防范措施**

(1)除接送时间开门外,托幼机构的大门应该始终保持关闭状态,并有专人看守。(2)儿童牢记父母姓名、家庭住址、工作单位及自己所在托幼机构的名称。(3)孩子无论是在教室里,还是在院子里活动,都应该始终在老师的视线之中。(4)组织儿童外出,如散步、游玩和参观等活动,要事先了解沿途的线路,目的地的环境。出发前对儿童讲清纪律要求,并反复强调。外出活动排队时,队伍前后均有老师或保育员。一个老师领头,一个老师垫后,儿童两两手拉手排成队,老师应该随时清点人数,以便能及早发现问题。活动中,保教人员必须随时留意每一位儿童,不得自顾聊天。活动结束后,要清点好儿童人数。

**2. 应急措施**

(1)一旦发生儿童走失的情况,立即与园所领导联系,同时拨打110报警电话。(2)园所领导立刻组织工作人员,以儿童走失地点为中心,展开辐射式的搜寻。(3)立即通知家长,散发儿童的照片,协助警方进行查找。

### (三)地震

考点7

**1. 防范措施**

(1)园(所)长一定在思想上高度重视,做到宁可千日无震,不可一日不防,切实把保护教职工及儿童生命和国家财产安全放在首位。(2)加强对保教人员和儿童防震抗灾知识及自救知识的宣传教育。(3)选择合适位置作为避险区,制定好撤离疏散路线图,定期进行模拟演练。

**2. 应急措施**

(1)地震发生后,保教人员要沉着冷静,先看清自己所处的位置,组织儿童有序按照平时熟悉的路线逃生,迅速撤离到安全地带。(2)如果震后不能迅速撤离或被困于室内,最安全、最有效的办法是及时躲到两个承重墙之间最小的房间,如洗手间、厕所等;也可以躲在桌、柜等下面以及房间内侧的墙角,并且注意保护好头部;千万不要去窗下躲避。(3)如果儿童正在睡觉,叫醒儿童并有序地组织儿童躲在床底下或墙脚。(4)如被建筑物挤压,千万不要惊慌,不要盲目采取措施,要懂得发出报险信号,等待救援。(5)如果在室外活动,把儿童集中到操场中间空旷场地或树木周围。(6)要从精神上安慰儿童,不断鼓励儿童,这非常重要。

## 强化练习

| 建议用时 | 实际用时 | 设定分值 | 实际得分 |
| --- | --- | --- | --- |
| 60分钟 | | 69分 | |

**一、单项选择题(每小题3分,共24分)**

1. 缺乏维生素A会造成(　　)

A. 佝偻病　　B. 夜盲症和干眼病

C. 坏血病　　D. 乏力、肢体麻木

2. 下列膳食搭配可以达到“蛋白质互补作用”的是(　　)

A. 粗细粮搭配　　B. 米面搭配

C. 谷类和豆类搭配　　D. 蔬菜五色搭配

3. 维生素按照其溶解性分为水溶性和脂溶性。下列属于脂溶性维生素的营养素是(　　)

A. 维生素A　　B. 维生素$B_1$

C. 维生素C　　D. 叶酸

4. 幼儿园进行晨间检查时,检查者通过触摸幼儿的身体了解幼儿身体状况。这属于检查步骤中

第三章

的(　　)

A. 一问　　B. 二摸

C. 三看　　D. 四查

5. 对幼儿进行全日健康观察的重点是精神、饮食、大便、体温以及(　　)

A. 睡眠情况　　B. 卫生情况

C. 游戏情况　　D. 学习情况

6. 下列关于幼儿一日常规活动说法错误的是(　　)

A. 幼儿可以根据自己的意愿,选择不去户外活动

B. 要让幼儿在间隙活动中及时饮水,允许幼儿根据自身需要喝水

C. 吃饭前教师要组织幼儿进行盥洗活动

D. 幼儿入园后必须进行晨检

7. 为心脏停止跳动的年长的儿童进行胸外心脏挤压术时,每分钟按压的次数是(　　)

A. 40～60 次　　B. 60～80 次

C. 100 次　　D. 120 次

8. 眼睛受到外伤出血,有部分眼内组织脱出时,下列措施正确的是(　　)

A. 用清水冲洗干净后去医院

B. 将眼内组织送回眼睛后去医院

C. 不可轻举妄动,用干净毛巾敷盖后去医院

D. 用清水冲洗干净并将眼内组织送回眼睛后去医院

## 二、简答题(每小题 15 分,共 45 分)

1. 简述幼儿园一日活动安排的策略。
2. 简述好的饮食习惯的内容。
3. 简述地震的防范措施。



## 参考答案

### 一、单项选择题

1. B【解析】(1)维生素 A 严重缺乏会造成夜盲症和干眼病;(2)维生素 D 有助于预防佝偻病,又称抗佝偻病维生素;(3)维生素 $B_1$ 缺乏常引起“脚气病”,表现为乏力、肢体麻木、水肿、感觉迟钝等;(4)维生素 C 缺乏会造成毛细血管通透性增加,导致坏血病。

2. C【解析】豆类与谷类混合食用,可起到“蛋白质的互补作用”。

3. A【解析】维生素根据溶解性的不同可分为水溶性维生素和脂溶性维生素两大类,前者有 B 族维生素和维生素 C 等,后者有维生素 A、D、E、K。

4. B【解析】二摸是指摸儿童额部、手心是否发烫,摸腮腺及淋巴有无肿大。

5. A【解析】观察的重点是精神、食欲、大小便、体温及睡眠情况。

6. A【解析】幼儿一日活动中,在天气允许的情况下,必须保持至少 1 小时的户外活动时间,不能根据幼儿喜好做简单处理。

7. B【解析】略。

8. C【解析】有眼内组织脱出(最常见的是深褐色的虹膜脱出)及水样物流出。(1)可用消毒的纱布或干净的毛巾敷盖眼睛,但不必还纳已经脱出的眼内容物,否则会增加感染的机会;(2)不要用力压迫眼球,因为任何外力都会使眼内容物被挤出眼球,导致失明。

### 二、简答题(答案要点)

1. (1)把幼儿园一日活动列入教育计划,保证幼儿身心得到全面的、充分的、主动的发展;

(2)要制定一日生活常规;

(3)要把组织的集体教育活动和分散的个体活动结合起来;

(4)处理好自由与纪律的关系;

(5)要面向全体幼儿;

(6)保教结合、教养并重。

2. (1)按时定位进食,食前有准备;

(2)细嚼慢咽,专心进餐;

(3)饮食定量,控制零食;

(4)不偏食,饮食多样;

(5)注意饮食卫生和就餐礼貌。

3. (1)园(所)长一定在思想上高度重视,做到宁可千日无震,不可一日不防,切实把保护教职工及儿童生命和国家财产安全放在首位。

(2)加强对保教人员和儿童防震抗灾知识及自救知识的宣传教育。

(3)选择合适位置作为避险区,制定好撤离疏散路线图,定期进行模拟演练。

# 04 环境创设

## 题型分析与考情预测

从历年考试真题来看，本节的常考题型为单项选择题和论述题。

在备考时，考生应以这两种题型为主，归纳相应知识点的可能考查题型。其中，单项选择题0～1道，以幼儿园环境创设的一般原则、分离焦虑为主；论述题0～1道，以幼儿园环境概述、做好幼小衔接工作应采取的措施为主。

# 第一节　幼儿园环境创设

（本节共4个考点）

## 考向分析

本节主要介绍幼儿园环境概述、幼儿园环境创设的意义、幼儿园环境创设的一般原则、幼儿园环境创设的方法等相关知识。相关知识点考频分析如下表：

| 考点 | 考查频率 | 题型 | 重要程度 |
|---|---|---|---|
| 幼儿园环境概述 | 1 | 论述 | ★★ |

本节知识主要以单项选择题、论述题的形式考查。单项选择题考查的比较精细，考生在复习的时候要认真；论述题考查系统知识的掌握程度，这部分内容需要考生理解记忆。

## 思维导图

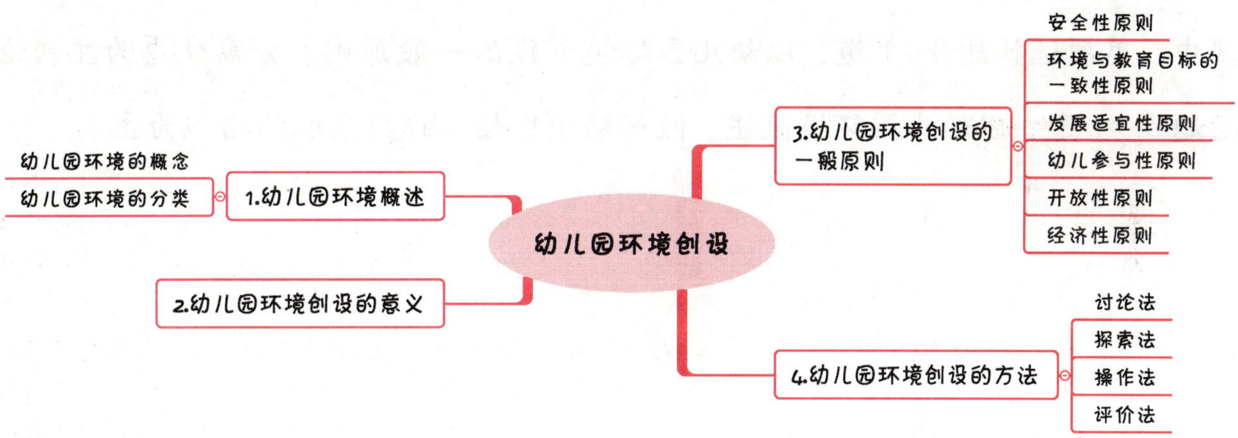


## 考点精讲

### 一、幼儿园环境概述

考点1

#### （一）幼儿园环境的概念

对于幼儿园教育而言，广义的幼儿园环境是指幼儿园教育赖以进行的一切条件的总和，包括幼儿园内部的小环境，又包括园外的家庭、社会、自然、文化等大环境。

狭义的幼儿园环境是指在幼儿园中，对幼儿身心发展产生影响的物质与精神要素的总和。

（1）幼儿园的物质环境是指幼儿园内影响幼儿身心发展的物化形态的教育条件，如园舍建筑、设施设备、活动场地、教学器材、活动材料、环境布置、空间布局及绿化等有形的东西，是促进幼儿身心全面发展的最基本保障；（2）幼儿园的精神环境主要是指幼儿交往、活动所需要的软质环境，即幼儿生活于其中的幼儿园的心理氛围。它因园长的管理方式、人际关系、大众心理、教师的教育观念与行动、幼儿与物质环境等因

素的影响而形成,是一种重要的潜在课程。

### (二)幼儿园环境的分类

**1. 物质环境的类型**

| 类型 | 内涵 | 内容 |
|---|---|---|
| 广义 | 对幼儿园教育产生影响的一切天然环境与人工环境中物的要素的总和 | 自然风光、城市建筑、社区绿化,家庭物质条件、居室空间安排、室内装潢设计等 |
| 狭义 | 对幼儿发展有影响作用的各种物质要素的总和 | 园舍建筑、园内装饰、场所布置、设备条件、物理空间的设计与利用及各种材料的选择与搭配等 |

**2. 精神环境的类型**

| 类型 | 内涵 | 内容 |
|---|---|---|
| 广义 | 对幼儿园教育产生影响的整个社会的精神因素的总和 | 社会的政治、经济、文化、艺术、道德、风俗习惯、生活方式、人际关系等 |
| 狭义 | 幼儿园内对幼儿发展产生影响的一切精神因素的总和 | 幼儿园人际关系、幼儿园文化氛围等 |

## 二、幼儿园环境创设的意义

考点2

幼儿园环境创设对于幼儿的发展具有重要意义,所以要重视环境的创设。主要表现在以下几个方面:

(1)为幼儿提供发展保障。幼儿要在幼儿园吃饭、睡觉、游戏等,只有具备相应功能的建筑、空间设备才能使幼儿感到安全、方便、舒适和愉悦。

(2)促进幼儿身心健康。宽敞的空间、齐全的设备器具可以使幼儿机体得到锻炼;整洁、优美的环境会给幼儿美的享受;具有探索性的环境可满足幼儿的好奇心,激发幼儿的探究热情,培养幼儿的探究能力;文明有序的集体活动环境有利于培养幼儿的适应能力;融洽和谐的人际关系可使幼儿感到宽松、自由、被尊重、被接纳,从而乐观自信。

(3)激发幼儿创造潜能。幼儿不是环境创设的消极旁观者和享用者,而是环境创设的积极参与者和互动者。在环境创设的过程中,幼儿会参与设计构思、材料搜集、动手制作和布置的全过程,激发了幼儿自我发展的主人翁意识。在与环境的交互的过程中,幼儿会根据自己的需要自由选择环境,探索环境,控制和驾驭环境,其积极性、主动性、创造性可以得到最大限度的释放。

**真 题 对 接**

**【2017 年下半年真题】**什么是幼儿园环境?为什么幼儿园教育中要强调创设良好的幼儿园环境?请联系实际说明。

**【参考答案】**参见内文。

## 三、幼儿园环境创设的一般原则

考点3

### (一)安全性原则

在环境创设中,教师要把设施、设备、执教玩具、操作材料等所有物质材料的安全和卫生始终放在首位。

**1. 材料安全无毒**

所有设备、装饰物、玩具都应采用无毒、不吸尘的材料。如儿童床上用品宜用全棉制品,床板应有缝隙

和孔眼,以便透气。室内装修应采用坚固性比较好,不易破碎,无锐边利角,无毒、无害、无细小零件脱落的材料。

**2. 实施软包装**

幼儿园室内外应有泥土地、草地和塑胶地,供幼儿蹦、跳、爬、跑。有必要时,在家具、器具、墙角和柱子上包上软性包装。室内应有木地板,如没有地板可铺上地毯。

**3. 定期消毒**

幼儿使用的设备材料要定期更换、清理、消毒,让幼儿在活动时有舒适感。

### (二)环境与教育目标的一致性原则

环境与教育目标的一致性原则是指环境的创设要体现环境的教育性。即环境创设的目标要符合幼儿全面发展的需要,与教育目标相一致。

幼儿园环境必须强调目标意识,要有利于幼儿体、智、德、美全面发展,而绝不能允许与教育目标相悖的因素存在。因此创设环境时,目标是依据,应把教育目标落实到月计划、周计划、日计划及其每一个具体的活动中。因此,在创设环境之始,首先应考虑的是创设的环境是否有利于教育目标的全面实现。此外,对于一切干扰环境教育性的外来因素如商业化倾向、不良文化产品等要予以坚决地抵制,以保证良好环境的教育性。

### (三)发展适宜性原则

**发展适宜性原则**是指幼儿园环境创设要符合幼儿的年龄特征及身心健康发展的需要,促进每个幼儿全面和谐地发展。

从一般年龄特征来看,小班、中班、大班幼儿在身心发展特点上的差异是非常明显的,其身心发展所需要的环境也不尽相同。因此,教师要根据幼儿不同的年龄特征为其提供适宜的发展环境。例如,同是玩娃娃家游戏,给小班幼儿提供的玩具就应该是数量较多的主题玩具,如娃娃、小锅、小铲等,而且玩具要一式多份。这是因为小班幼儿的角色游戏多是一些模仿动作,而且幼儿之间的相互模仿性也很强,平行游戏较多。而大班幼儿玩娃娃家所需要的多是一些富有创造性的或能一物多用的材料。因为大班幼儿接触面广,知识经验丰富,在游戏中对社会生活的反映范围扩大了,内容也丰富了。如果玩具、材料的功能太单一,会限制幼儿的想象和创造。教师要对幼儿的年龄特征充分了解和认识,才能为幼儿提供有利于其发展的环境。

### (四)幼儿参与性原则

**幼儿参与性原则**是指环境创设过程是幼儿与教师共同合作、共同参与的过程。

环境的创设过程应该是一个积极的教育过程。环境创设过程本身的教育意义主要体现在:(1)培养幼儿的主体精神,发展幼儿的主体意识;(2)培养幼儿的责任感,能切实地体验到自己做的事对集体的影响,从而培养幼儿的合作精神。

幼儿参与环境创设

总之,参与环境的创设,有助于培养幼儿的主体意识、责任感、合作精神。这是对幼儿最好的教育,其效果绝不低于教师创设的现成环境。树立正确的观念是贯彻这一原则的根本保证。

### (五)开放性原则

**开放性原则**是指创设幼儿园环境时应把大、小环境有机结合,形成开放的幼儿教育系统。

随着社会科技与文化的日益发展,社会环境对教育的影响也越来越大。不管教师、家长是否愿意,社会

环境都以它特有的潜移默化的方式作用于幼儿。因此尽管幼儿园小环境的教育功能很强，但如果仅仅局限于幼儿园封闭的小环境中，是不能搞好教育的。面对社会环境的复杂影响，与其消极被动地任其影响幼儿，不如主动地与外界结合。尽管外部因素不能左右，但是可以选择、组织、利用其中富有教育价值的积极因素，努力控制与削弱消极因素，取其精华、去其糟粕，通过大小环境的配合，主要是与家庭、社区的合作，互相取长补短，同心协力，在一个开放的系统中培养适合新时代要求的幼儿。

### （六）经济性原则

**经济性原则**是指创设幼儿园环境应考虑不同地区、不同条件园所的实际情况，做到因地制宜、勤俭办园。

贯彻经济性原则具体要做到少花钱多办事，在这方面我国幼教工作者已经积累了许多很好的经验。有的经济条件很好的城市幼儿园仍坚持利用废旧材料制作玩教具，利用自然材料布置教室。农村很多幼儿园努力克服困难，为幼儿创设丰富的环境。

## 四、幼儿园环境创设的方法　考点 4

**1. 讨论法**

讨论法是指教师引导全班幼儿通过讨论的方法，选择或确定环境创设的主题和内容以及与环境材料互动的方法等。

**2. 探索法**

探索法是让幼儿自己在环境中发现问题，独立地解决问题，同时获得知识。此方法可以培养幼儿学习的内在动机，提高他们与环境、材料交往的积极性。幼儿园环境中隐藏了幼儿探索的无限“机密”，幼儿尝试用各种不同的方法，对墙饰、活动区域、材料、游戏、活动设施设备进行探索，发现事物的变化。

**3. 操作法**

操作法是教师指导幼儿动手操作，让幼儿掌握知识，形成技能技巧和习惯的基本方法。操作法的运用依赖于操作材料。

**4. 评价法**

幼儿园环境的评价是对环境质量的评价，包括对幼儿适应环境的评价，对幼儿的环境创设和互动行为的评价，对教师的环境创设效果的评价等。幼儿园环境评价贯穿环境创设的整个过程，它不仅能了解幼儿发展状况，还能了解环境与幼儿行为的相互影响。同时，环境评价对教师的行为具有明显的导向作用，评价过程的信息反馈能强化教师的教育行为，从而更好地完善和优化环境创设。

# 第二节　常见活动区的创设及其功能

（本节共 4 个考点）

## 考向分析

本节主要介绍活动区的概念、活动区的功能、幼儿园常见的活动区、幼儿常见活动区的创设等相关知识。

本节知识可能会以单项选择题、简答题、论述题的形式考查。单项选择题考查的比较精细，考生在复习的时候要认真；简答题和论述题考查系统知识的掌握程度，这部分内容需要考生理解记忆。

## 思维导图

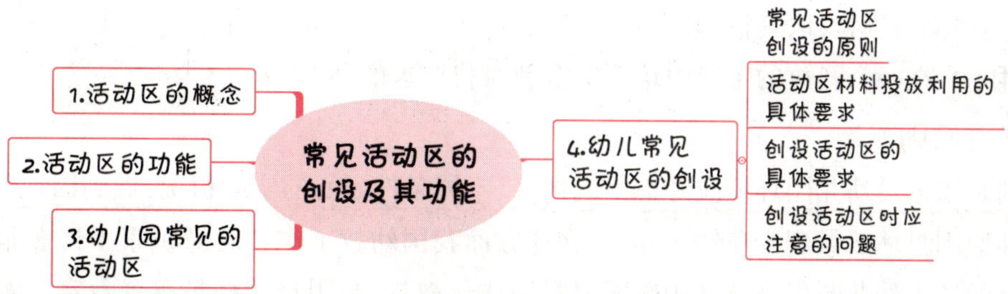


## 考点精讲

### 一、活动区的概念

考点 1

活动区就是利用活动室、睡眠室、走廊、门厅及室外场地,提供、投放相应的设施和材料,为幼儿创设的分区活动的场所。

### 二、活动区的功能

考点 2

每个幼儿都是一个独立的个体,其个别性和独特性应该受到尊重与珍视。因此要根据每个幼儿的兴趣、需要、水平,因人施教,把学习的权利交给学习的主体——幼儿,让幼儿更自由、更主动地学习。正是基于这种思想,人们根据幼儿兴趣、学习能力及教育任务创设并不断更换各种活动区,其主要功能包括:

(1)活动区的创设,能适应幼儿个别差异的需要,扩充幼儿学习的领域;(2)引发幼儿学习动机,培养幼儿独立探索的精神;(3)给幼儿提供相互学习与观摩的机会,培养幼儿想象力、创造力、观察力和动手操作的能力;(4)为幼儿创设互动的学习环境;(5)为幼儿提供个别化的学习机会;(6)为幼儿提供静态和动态相平衡的课程;(7)给教师提供观察与评价幼儿的机会。

### 三、幼儿园常见的活动区

考点 3

教师可以根据幼儿和活动的需要来设置活动区,而幼儿园较常见的活动区包括美工区、积木区、角色扮演区、科学区、图书区、木工区、音乐区、语言区、数学区。

#### (一)美工区

美工区是让幼儿进行美术和手工创作的活动区。在这里,幼儿可以画画、涂色、搅拌、折纸、创作贝壳项链、制作图书、制作贺年卡等。

**1. 区域设置目标**

尝试用不同的材料,表达自己的想法和感受;锻炼小肌肉能力;培养审美能力;开发创造力和想象力。

**2. 区域布局**

美工区的位置:应该接近水源、阳光充足,可以与木工区、角色扮演区临近。

美工区的桌椅:可以有竖立的小画板,也可以设置大型的桌子,让幼儿集体进行美术和手工创作;桌子上应该铺上透明的塑料布,防止弄脏桌面;地面也可以铺上塑料布,以免弄脏地面。

美工区的作品展示:可以贴在墙上,或者用夹子夹在绳子上。一些手工作品如风铃、贺卡等,可以挂在天花板下面,也可以作为活动区之间的分隔物。

美工区的储藏:由于美工区的材料众多,如纸张和涂色用品都有多种,不是每次都需要用到。因此,可以将材料分层次摆放,将常用的及允许幼儿自由取放的材料摆放在距地面较近的空间,将不常用到的材料

放在高处或者抽屉中。

**3. 基本器材**

各种纸张：素描纸、白纸、卡纸（多种颜色、不同大小和质地）、报纸、玻璃纸、贺卡、明信片、旧杂志、月历或生活照片。

图画器材：彩色笔、蜡笔、粉笔、画笔、水彩颜料、墨汁、毛笔、调色板、牙刷、水杯、水桶、玻璃瓶或铁罐、海绵、棉花、毛巾、小盒子、纸杯、纸盘、标签、碎纸、羽毛、贝壳、棉花球、纽扣、吸管、亮片、牙签、水彩笔、水粉笔、橡皮泥。

装订工具：安全剪刀、订书机、订书针、打洞器、糨糊、胶水、双面胶、透明胶、即时贴、纸夹、橡皮擦、铁丝、细绳、纱线、绷带、鞋带、针、线。

其他：绘画罩衣或旧衬衫、大的布和塑料胶、报纸、清洁剂、抹布、扫帚、垃圾桶、垃圾铲。

### （二）积木区

积木区是让幼儿操作积木的活动区。在这里，幼儿能利用积木自由地进行建构和组合。

**1. 区域设置目标**

发展幼儿的空间知觉；促进幼儿与他人合作能力的发展；促进幼儿表达能力的发展。

**2. 区域布局**

积木区的位置：应该远离安静的活动区，并需要较大的空间，可以与角色扮演区临近。

积木区的储藏：积木可以按照形状、大小、材料等进行分类放置，可以放在篮子、箱子和盒子里，而其他小车子、小动物等可以另外分开放置。

**3. 基本器材**

建造积木：大型积木、中型积木、小型积木、乐高积木、木板、厚纸箱、机械装置（如滑轮、斜坡和小车轮）。

游戏道具：手推车、玩具卡车、搬运车、汽车、巴士、飞机、直升机、船、火车、小人、小动物、小树、小房子、农场、动物园、森林、交通标志。

其他：一块大地毯（覆盖地板，避免堆砌积木的声音过大）、幼儿用积木堆成的建筑物的照片和图案、积木模型、积木模型图画。

### （三）角色扮演区

角色扮演区是让幼儿进行角色扮演游戏的活动区，角色扮演区包括餐厅、超级市场、医院、邮局、车站、建筑工地、娃娃家等。角色扮演区的场景都是幼儿日常生活中的内容。

**1. 区域设置目标**

能清楚理解所扮演的角色；能跟其他幼儿愉快合作，发展人际交往能力；能清楚表达自己的意思。

**2. 区域布局**

角色扮演区位置：需要较大的空间，活动时幼儿常常会走来走去、大声交谈，因而要远离较安静的区域（如图书区），可与积木区等同样活动较多的区域相邻。

角色扮演区的氛围创设：可设计一些隔断，并用家具、矮架子、纸箱、积木等材料围起来，以确定本区的活动范围。然后在区域范围内，采用多种装饰材料，创设与角色扮演相适宜的氛围。

**3. 基本器材（如下表）**

**角色扮演区所需基本器材**

| 角色扮演区 | 材料 |
|---|---|
| 餐厅 | 餐具、餐巾、托盘、调味罐、菜单、点菜本、铅笔、海绵、毛巾、塑料食物、烹饪用具、围裙、收银机、电话、餐桌、餐椅、玩具钞票、筷子、勺子、杯子、碟子 |

续表

| 角色扮演区 | 材料 |
| --- | --- |
| 超级市场 | 食物盒和罐头、购物车、购物篮、玩具钞票、收银机、标语、超市广告单、货架 |
| 医院 | 听诊器、体重计、纱布、绷带、胶带、玩具针筒、白衬衫或外套、空药罐、床、椅子、桌子、口罩、手套、护士帽、洋娃娃、棉签、担架 |
| 建筑工地 | 榔头、锯子、螺丝钉、工具箱、油漆刷、水桶、安全帽、工作服、卷尺 |
| 车站 | 站牌、候车椅、红绿灯、玩具车 |
| 肉菜市场 | 砧板、秤、玩具钞票、塑料水果、塑料蔬菜和肉类、环保袋、玩具刀 |
| 娃娃家 | 娃娃、床、椅子、桌子、电视柜、电视、奶瓶、毛巾、牙刷、牙膏、锅、煤气炉、碟子、碗筷、锅铲、杯子、瓶子 |

### (四)科学区

科学区是幼儿进行科学探索的活动区。探索的内容包括动植物、物理现象、化学现象等,通过观察和实验发现问题、提出问题和解决问题。

**1. 区域设置目标**

激发幼儿的好奇心和探究欲望,发展认知能力;培养幼儿喜欢观察,乐于动手动脑、发现和解决问题的态度;培养幼儿愿意与同伴共同探究,能用适当的方式表达各自的发现,并相互交流的能力;鼓励幼儿用多种方式来表现自己的探索过程和结果,并与他人交流、分享。

**2. 区域布局**

科学区的位置:应该位于安静和阳光充足的地方,有利于幼儿进行观察和探索,可以与图书区临近。

科学区的材料摆放:可以按材料的不同功能归类摆放,将易碎、易损物品摆放在幼儿不易接触的空间,将常用物品摆放在幼儿方便取放的空间。

**3. 基本器材**

实验器材:望远镜、三棱镜、地球仪、人体模型、磁铁、放大镜、手套、镊子、玻璃缸(养鱼)、小动物(如仓鼠)、动物笼、盆子(用作栽培植物)、海绵、吸管、天平、测量工具、杯子、勺子、镜子、塑料水桶、小铲子、大型滤器、漏斗、电池、电路板、地图。

书写器材:纸张、笔记本、铅笔、圆珠笔、贴纸。

辅助器材:安全剪刀、订书机、订书针、打洞器、糨糊、胶水、胶带、橡皮筋、橡皮擦、铁丝、细绳子。

### (五)图书区

图书区是幼儿进行阅读的活动区。在这里,幼儿可以阅读图书,一起讨论图书的内容,以培养幼儿对画面和文字的理解能力,从小培养他们的阅读兴趣。

**1. 区域设置目标**

培养幼儿良好的阅读习惯和阅读兴趣;让幼儿接触优秀的文学作品,感受语言的丰富和优美。

**2. 区域布局**

图书区的位置:应位于光线充足和安静的地方,可以临近科学区和电脑区。

图书区的环境:应该是温馨舒服的。可以设置一张大圆桌子或沙发,也可以铺上地毯,让幼儿坐在地毯上进行阅读;可以配置抱枕等,增添环境的舒适气氛。

图书区的图书:应该选择优秀的幼儿读物,小、中班的幼儿读物应该以图画为主,因为幼儿的注意力维持的时间短,所以书的内容不能超过15个画面;大班的幼儿读物可以加上适量的文字,培养他们对文字的感觉。需要注意的是,他们容易被复杂的故事情节和男女主角的人格特质吸引。

**3. 基本器材**

阅读材料：各类纸质图书、布书、报纸、杂志、图片、标示、月历、卡片、书信。

其他：桌子、椅子、沙发、抱枕、地毯。

## （六）木工区

木工区是幼儿用木材等材料，制作各种各样东西的活动区。在木工区中，幼儿用木头、螺丝钉等材料，通过铁锤、钳子等，制作一些小的物品，如小盒子、小架子等。

**1. 区域设置目标**

锻炼幼儿动手操作的能力；培养幼儿计划和制作物品的能力；培养幼儿在制作过程中发现问题、解决问题的能力。

**2. 区域布局**

木工区的位置：木工区需要对原材料进行加工，使用工具较多，因而可以与美工区临近，必要时可借用美工区的物品。另外，由于木工区会有较大声音，产生较多木屑、纸屑等垃圾，因而适宜将其安排在走廊或室外等空间。

木工区的材料摆放：木工区的材料品种不太多，但有些材料具有一定的危险性，因而木工区的工具应放在专门的工具箱中，木工区的建造材料也应靠边或靠墙摆放，以免发生碰撞等危险。

**3. 基本器材**

建造工具与材料：铁锤、拔钉铁锤、锯子、卷尺、木板、木条、标签、树皮、砂纸。

连接器材：钉子、螺丝钉、螺帽、牙签、铁丝。

## （七）音乐区

音乐区是通过音乐元素的运用和音乐氛围的营造来引导幼儿欣赏音乐作品，表达音乐情绪，进行音乐表演和创作的区域。在这里，幼儿可以使用乐器、听音乐或进行音乐表演。

**1. 区域设置目标**

了解和使用区域内不同的乐器；喜欢音乐活动，能用音乐的方式大胆地表现自己的感受与体验；乐于与同伴一起娱乐、表演、创作。

**2. 区域布局**

音乐区的位置：由于音乐区发出的声音比较大，所以可以安排在走廊、阳台等地方；或者设置功能室，避免干扰其他活动区的活动。

音乐区的空间设置：在音乐区，幼儿经常会有对音乐情绪的表达和表演，因而空间要相对较大，而且地面不宜过于光滑，以免幼儿在跳跃和表演时摔倒。

**3. 基本器材**

乐器：鼓、三角铁、铃鼓、碰铃、口琴、摇铃、木鱼、电子琴、砂槌。

舞蹈道具：斗篷、头饰、扇子、彩带、丝巾。

辅助材料：录音机、CD 机、耳塞、磁带、CD。

## （八）语言区

语言区是通过丰富的语言环境，激发幼儿语言表达与运用的兴趣，提高幼儿语言表达能力的区域。在语言区中，幼儿可以进行阅读、听故事、朗诵、演讲等活动。

**1. 区域设置目标**

培养幼儿的语言表达及欣赏能力；培养幼儿对文字的兴趣，认识一些日常的汉字和词语。

**2. 区域布局**

语言区应该设置在较安静的地方，也可以与阅读区临近。

**3. 基本器材**

视觉材料:汉字卡片(如一个"碗"字卡片,剪成"石"卡片和"宛"的卡片,让幼儿找到这两张卡片并组合在一起)、汉字图书(如看到苹果的图画,要将写有"苹果"的卡片贴在图画上)。

听觉材料:录音机、CD 机、听故事与诗歌的磁带和 CD。

辅助材料:圆珠笔、铅笔、橡皮擦、纸、道具麦克风。

### (九)数学区

数学区是通过创设充满数学元素的环境,激发幼儿探索数量、几何的世界,发展其数、量、形、空间等概念的区域。在数学区中,幼儿可以开展与数字、形状、空间等有关的游戏。

**1. 活动目标**

培养幼儿对数学的兴趣;培养幼儿认识数量、分类、守恒、图形的能力。

**2. 区域布局**

数学区应该设置在安静的地方,且需要的空间不大。

**3. 基本器材**

尺子、纸、笔、几何图形、数学游戏(包括认识数量、分类、守恒和图形等)。

## 四、幼儿常见活动区的创设

考点 4

### (一)常见活动区创设的原则

**1. 教育性原则**

教育性原则是指要根据幼儿园的教育目标来设计活动区。教师要以教育目标和本班幼儿的实际发展水平为依据,有目的、有计划地选择合适的内容和主题,创设相应的活动区。活动区的活动可以作为幼儿园正规教育活动的巩固、补充和延伸,可以让幼儿积累感性经验,促进幼儿发展。

**2. 整体性原则**

整个活动区的空间布置是一个整体。因此活动区的墙面设计、家具摆设,在色彩和造型上要统一,使之充满童趣并整洁有序。当然幼儿的发展是一个整体,所以活动区的创设应涵盖幼儿发展的每一方面。

**3. 动态性原则**

动态性原则的主要内容有:

(1)活动区的种类和数量应该是动态的。教室内的活动区创设并非是一成不变的,其种类和数量应体现出动态性。

(2)材料的提供也应该是动态的。幼儿是在与不断丰富的物质材料的互动中不断学习和发展的,固定的、一成不变的材料势必会阻碍幼儿的发展。因此,教师要随着活动的进展和幼儿的发展,不断给予幼儿大量生动、形象的刺激物,给幼儿尝试的机会,从而保持幼儿的兴趣,促进幼儿获得持久发展。

### (二)活动区材料投放利用的具体要求

**1. 按目标投放材料**

材料是为目标服务的,需完成的目标决定着投放的材料。在投放材料时,还要考虑远期目标和近期目标的结合,即为幼儿将来具备某方面的能力,而现在要提供一些操作材料,完成一些近期目标以实现远期目标。

**2. 按主题投放材料**

主题内容是由若干个相关目标构成的。例如,中班"我爱春天"的主题可分为认识春天、描绘春天、歌唱春天三部分。认识春天就可在认知区中投放春天的各种图片;描绘春天可在美工区中投放各种画笔;歌唱春天可在表演区中投放各种磁带、唱片、道具。

**3. 投放不同层次的材料**

由于不同年龄班幼儿的发展水平不同，同一年龄班幼儿的发展也存在着差异。因此，投放的材料要有一定的层次性。这样，材料的投放才能满足不同年龄班幼儿，或是同一年龄不同幼儿发展的需要。

**4. 分期分批投放材料**

材料是幼儿在活动区活动的物质支柱，是幼儿学习的基本工具。创设每个活动区时，教师都会为它准备很多种类的不同的材料，但切勿全部投放到区域中，而应根据各个阶段的教育目标及目标的完成情况分阶段、分批、由易到难地进行投放。一个目标完成了，材料就要随之进行更换和调整。

**5. 有些材料需随时投放**

出现随时投放材料这种情况，一方面可能是幼儿的临时需要；另一方面也可能是活动进行不下去，需要提供一种新材料以促进活动情节的发展。因此，需要教师细心观察，根据幼儿的临时需要及时投放材料或补充材料以使活动顺利进行。

### （三）创设活动区的具体要求

因各园条件、教育需求的不同，各班幼儿知识经验、教育任务的不同，各园各班所设活动区的种类及各活动区的材料各有不同。但活动区的布置应符合以下基本要求：

（1）多样而丰富的内容。为适应幼儿个别差异，要根据幼儿的兴趣和身心发展水平或配合教育任务，设置多种活动区，并要经常更换活动区的内容。

（2）要易于观察或记录。无论活动区布置在室内任何角落，都必须方便教师的观察或记录。

（3）合乎安全原则。设备、材料的放置应合乎幼儿的身高，并坚固耐用。

（4）类似的活动安排在一起，注意动静交替。如将安静的图书区、自然区放在一起，以免相互干扰。

（5）活动时所需材料应置于附近。各种设备、材料应尽量放在幼儿伸手可及之处，刺激并便于幼儿充分利用其开展活动。切忌束之高阁，限制幼儿利用。

（6）有足够的自由活动空间。单纯追求活动区的多而全，造成每一区的活动空间和整个室内空间的过于拥挤、狭小，反而影响幼儿活动的开展。如果空间有限，可根据幼儿兴趣和教育的需要轮流安排活动区，不必同时设置所有的活动区。

（7）注意活动区间的相对封闭与分割。活动区之间形成间隔，使每个区域独成一体，有利于幼儿在区域内的活动，特别是对于一些独立操作性较强的活动区。但应注意的是，封闭的程度要以幼儿之间互不干扰活动、教师置身于活动区外又能观察到幼儿的活动为原则。对于一些独立性不太强的活动区，如美工区、建构区、角色区等，可以利用活动柜、桌椅、布袋、积木矮墙等相隔成区。当然，这种分割与封闭都是相对的，应根据本园和本班的实际，灵活掌握。

（8）注意光线的明暗。对于需要光线的活动区，如图书区、观察区，要将其安排在光线充足、照明好的位置上，使幼儿在活动的过程中，不仅在知识、技能上能得到发展，而且在健康上也得到保障。

### （四）创设活动区时应注意的问题

布置活动区是为了便于幼儿主动、自由地利用活动区开展活动。为使幼儿充分利用活动区，教师应注意以下几点：（1）要向幼儿介绍每个活动区的用途；（2）让幼儿有充分的自由选择自己喜欢的活动区；（3）允许幼儿在活动区中主动、自由地活动，真正成为活动的主人；（4）教师要有目的地观察并记录幼儿参与活动区活动的内容及次数，作为评价和指导幼儿活动的依据；（5）建立必要的规则，如标明每个活动区适合的人数，教育幼儿爱护活动区的设备、材料。

# 第三节　幼儿心理环境创设

（本节共 4 个考点）

## 考向分析

本节主要介绍心理环境对幼儿发展的影响、幼儿心理环境创设的意义、幼儿园心理环境创设的要求、教师的言行在幼儿心理环境形成中的重要作用等相关知识。

本节知识可能会以单项选择题的形式考查。单项选择题考查的比较精细，考生在复习的时候要认真。

## 思维导图

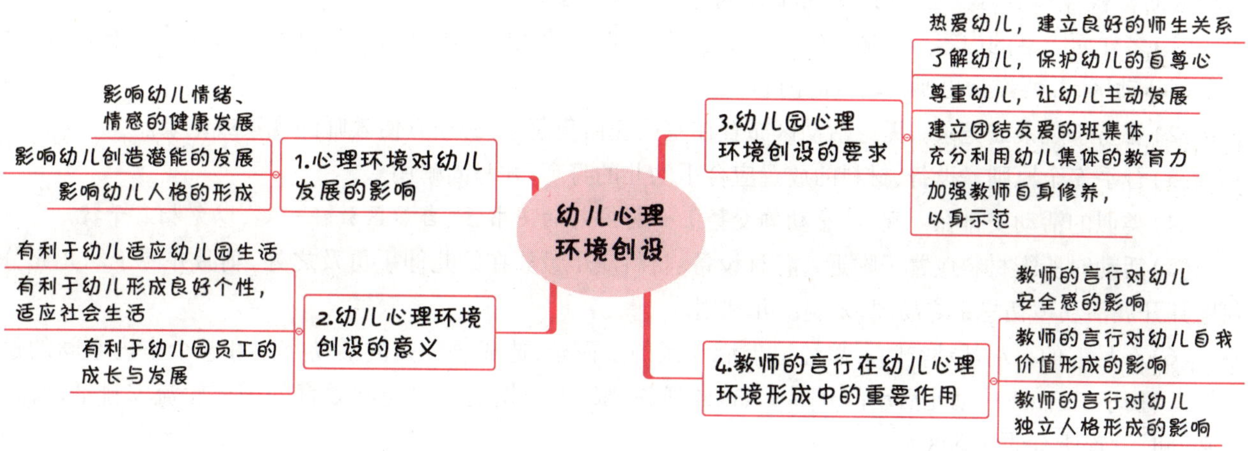


## 考点精讲

### 一、心理环境对幼儿发展的影响　　考点 1

心理环境一般指由人际关系、文化观念等因素交织在一起所形成的氛围。幼儿园精神环境是指幼儿园的心理氛围，它是一种重要的潜在课程。其范围很广，包括影响教职工和幼儿的精神状态、情绪的一切因素。通常来讲，幼儿园精神环境的构成要素主要有：

幼儿园在一定时期内形成的大众心理、幼儿园文化、幼儿园的人际关系。

可以说，一所幼儿园能否成为真正的幼儿乐园，主要取决于幼儿园的心理环境。

#### （一）影响幼儿情绪、情感的健康发展

良好的心理环境能使幼儿产生积极的情绪，有助于形成幼儿活泼、开朗和自信的性格特征。幼儿园里正确的教育理念、平等和谐的人际关系能使幼儿产生信赖、轻松愉悦的心理，并养成良好的行为习惯。相反，不良的心理环境会导致幼儿产生紧张、焦虑情绪，甚至诱发一些不良行为，如攻击性行为。

#### （二）影响幼儿创造潜能的发展

宽松和谐的心理氛围有助于幼儿思维活跃和智力的开发，帮助幼儿主动学习和探索创造。而专制与严肃的心理环境则将压抑和束缚幼儿的想象力和创造力，扼杀儿童的童真和天性，甚至对其今后的一生健康

和幸福产生深远影响。

### (三)影响幼儿人格的形成

不良的心理环境会影响幼儿健康,更重要的是会使幼儿形成孤僻、抑郁、胆怯、不信任等性格特征,例如,娇宠、放任的环境使人任性,专制的环境容易使人抑郁。相反的是,民主的环境则有利于幼儿活泼开朗性格的形成。

## 二、幼儿心理环境创设的意义 考点2

### (一)有利于幼儿适应幼儿园生活

当幼儿即将进入幼儿园时,意味着他们将踏出人生的第一步,这一步关键而重要,他们从家庭走向了社会,这对每一个幼儿来说都是一种转折。教师要为新入园孩子做好全方位的准备,而心理上的准备又是至关重要的。教师的首要任务是用自己的爱心、耐心及宽容接纳每一个幼儿,稳定幼儿的情绪。帮助幼儿适应并喜欢幼儿园的集体生活,帮助幼儿克服第一次离开父母、家人的忧虑、紧张和不安情绪,使其形成安全感和信任感,帮助他们适应幼儿园生活。

### (二)有利于幼儿形成良好个性,适应社会生活

幼儿社会化是个体社会化的初级阶段,并为个体进一步社会化奠定基础。良好的幼儿园心理环境为幼儿提供同伴之间共同游戏和学习的机会,尤其重视并发挥幼儿与同伴、与集体的相互关系的作用。同时,教师有意识地将幼儿置身于幼儿园的各种人际环境之中,通过幼儿易于接受的民主、科学的教育形式和方法,帮助幼儿理解社会行为规范,适应社会生活。同时培养孩子合群、组织性、纪律性、利他、勇敢和顽强等优良的性格特征,克服孤独、自私等不良的性格特征。

### (三)有利于幼儿园员工的成长与发展

心理环境能使人在不知不觉中受到感染和熏陶。良好的心理环境,有利于形成协调的人际关系,使员工乐于从事自己的学习和工作;相反,不良的心理环境,只能使人感到处处受压抑,导致各种个性不良品质的形成,使员工情绪低落,养成消极的思想方法和行为习惯。

## 三、幼儿园心理环境创设的要求 考点3

### (一)热爱幼儿,建立良好的师生关系

作为幼儿的启蒙老师,对幼儿必须以理解、信赖为基础,积极建立良好的师生关系。师生间的人际关系,是一个班级的精神环境的主要方面。老师在与幼儿接触过程中,对每个幼儿的兴趣、爱好和个性差异都要全面了解,善于根据每个幼儿的实际情况,有的放矢,给予必要的帮助和指导,建立良好的师生关系。

### (二)了解幼儿,保护幼儿的自尊心

一个人在不同的发展阶段呈现出不同的特点。教师要充分了解幼儿,并遵循幼儿的发展规律来施教。比如,幼儿往往会将自己的主观愿望和想象当作现实,如果教师不了解这一点,随意批评幼儿,就会严重地伤害幼儿的自尊心和跟老师交流的愿望。一位教育家说过这样一句话,"做教师的任何时候都要保护孩子的自尊心。"即使是在他们犯错误的时候也应如此。

### (三)尊重幼儿,让幼儿主动发展

尊重幼儿,当然首先要尊重幼儿的人格,但同时还要尊重幼儿的兴趣和需要。教师遇事要和幼儿商量,把幼儿当作活动的主人,允许孩子做自己感兴趣的事。

### (四)建立团结友爱的班集体,充分利用幼儿集体的教育力

随着年龄的增长,幼儿的社会意识也随之增强,他们不会仅仅满足于双亲、老师之间的情感交流。幼儿园中伙伴之间的情感交流,就是幼儿渴求的精神环境,它会使幼儿产生安全感,而这种心理感受又是幼儿喜爱幼儿园,并成为接受良好教育的心理基础。

因此,在幼儿园的环境中,要力求为幼儿提供一个平等和谐团结友爱的班集体,并充分利用集体生活的教育力,培养幼儿尊师重道、团结友爱、关心集体的思想品德和助人为乐、乐善好施的高尚情操。

### (五)加强教师自身修养,以身示范

人是环境的组成部分,因而教师就是幼儿园精神环境的核心,教师的态度和管理方式有助于形成安全、温馨的心理环境。教师的行为举止,说话方式,待人接物的态度以及穿着打扮都有意无意地教育着幼儿。幼儿通过观察、学习、交往,接受老师影响,学习限制和调节自己的行为。因此,提高教师的修养,实际上就是在创设幼儿园良好的精神环境。教师不仅要在教育教学的技能上下工夫,更应注意提高自身的整体素质。教师的一言一行,一颦一笑都应具有高雅的风度,即使在不言不语间,也应向幼儿示范着一种真善美。

## 四、教师的言行在幼儿心理环境形成中的重要作用 考点4

幼儿进入幼儿园后,往往根据教师对自己的言行来判断在幼儿园是否安全、是否可以信赖。只有当他们感到被关心、有保障时才有信心进行学习和探索。所以良好的心理环境是幼儿积极活动的基础,教师是幼儿心理环境的重要创设者。

### (一)教师的言行对幼儿安全感的影响

在日常教育教学中,教师要注意观察幼儿的个体差异。针对幼儿不同的特点,以不同方式的爱去抚慰每个幼儿。如给较弱的孩子以拥抱和抚摸,给有缺陷的孩子以关心和照顾,使他们感到母亲般的温暖;给活泼开朗的孩子以鼓励和帮助,让他们体验父爱式的亲切;而对胆小的孩子,则装作不注意,给他们留下无拘无束的时间与空间,使他们感到快乐和自由。教师要善于发现每个孩子的优点,并开展多种形式的活动,为每个幼儿提供平等的表现机会和获得表扬的机会。每当有孩子的眼睛与老师相对视时,应对每个幼儿报以同样的热情和亲切,让每个幼儿都能从教师微笑的面容、和善的目光中感受到教师真诚的爱,从而增强幼儿对教师的信任,有助于幼儿产生对生活的安全感。

### (二)教师的言行对幼儿自我价值形成的影响

教师要消除偏爱心理,如果经常对那些聪明、乖巧、漂亮的孩子进行赞扬,就易使这类孩子产生骄傲情绪,形成自私、任性、自我为中心等不良心理品质,那些有创意、顽皮的孩子就会感到压抑,对其他幼儿产生妒忌心理,甚至为了引起教师的注意产生攻击性行为;那些相貌、智力平平的幼儿常常会被忽视、被训斥,逐渐觉得老师不喜欢他,在心理上确认自己是无能的,容易建立起消极的自我概念;那些胆小、孤僻的幼儿也易认为人们之间都是不友善、不愿意与人交往,加深退缩性行为。教师的言行会影响到幼儿积极情绪、情感的发展和自我价值感的形成。

### (三)教师的言行对幼儿独立人格形成的影响

教师要尊重幼儿,把幼儿看作一个独立的人,一个有表达自己情感权利的人,一个既有优点又有不足,并且有自己愿望和期待的、需要别人尊重和注意的独立个体。在现实生活中,有的教师处处以长者自居,要幼儿听命于自己,凡违反自己命令的幼儿,往往被视为“调皮捣蛋”“不听话”,随之而来的便是批评或者惩罚。如“不准参加游戏”“不许吃餐点”“罚站”等,有的老师毫无顾忌地当众宣布幼儿的过失,辱骂幼儿“笨”,致使幼儿变得胆小怕事、缺乏主见,产生胆怯、冷漠、自卑、懦弱等心理偏差,甚至会损伤幼儿的人格,致使幼儿失去自尊。教师应尊重幼儿的人格,保护幼儿的自尊心。适宜的做法是经常表扬鼓励幼儿,以肯定的口吻对幼儿说:“我相信你能做好”“你肯定行”,让每个幼儿相信“我是好孩子”“老师喜欢我”。幼儿是心理、生理都尚不成熟的孩子,教师的一言一行都会对他们产生较大的影响,在繁重、琐碎的工作中,不能与不懂事的孩子“一般见识”,也不能随意发脾气,必须随时纠正不适当的做法,防止情绪和行为上的偏激,增强教育行为的理智性,减少冲动性,形成良好的教育环境,为幼儿创设出一个愉悦的心理环境,促进幼儿身心和谐发展。

# 第四节　幼儿园与家庭的合作

（本节共5个考点）

## 考向分析

本节主要介绍家园合作的概念、幼儿园为什么要与家庭合作、家园合作的形式、分离焦虑及其解决方法、家园合作中存在的问题及解决策略等相关知识。相关知识点考频分析如下表：

| 考点 | 考查频率 | 题型 | 重要程度 |
| --- | --- | --- | --- |
| 家园合作的形式 | 1 | 单项选择 | ★ |
| 分离焦虑 | 1 | 单项选择 | ★ |

本节知识主要以单项选择题的形式考查。单项选择题考查的比较精细，考生在复习的时候要认真。

## 思维导图

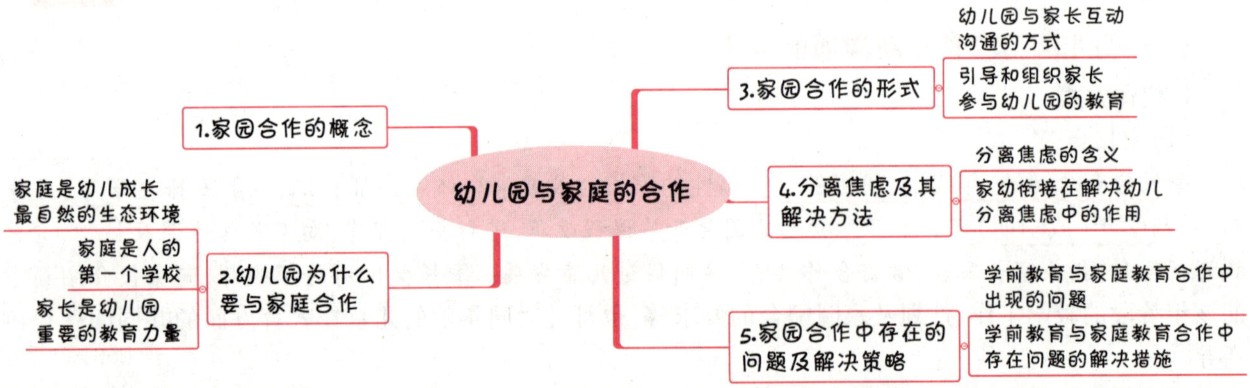


## 考点精讲

### 一、家园合作的概念

考点1

所谓**家园合作**是指幼儿园和家庭（含社区）都把自己当作促进儿童发展的主体，双方积极主动地相互了解、相互配合、相互支持，通过幼儿园和家庭的双向互动，共同促进儿童的身心发展。在家园合作中，幼儿园应该处于主导地位。

学前教育机构与家庭的合作活动，既有重要的法律依据，又有显著的现实效果；要想使学前教育机构与家庭的合作活动能顺利地进行，就必须制定、执行必要的规章制度。

### 二、幼儿园为什么要与家庭合作（幼儿的教育离不开家庭）

考点2

#### （一）家庭是幼儿成长最自然的生态环境

人类最初的幼儿教育是家庭承担的，随着社会生产力的发展，这一责任转移到幼儿园。幼儿教育发展到今天，家庭的重要性又重新受到重视。幼儿园不能消亡，但却不能以幼儿园完全取代家庭。

### (二)家庭是人的第一个学校

父母对孩子的态度为幼儿以后对社会的态度奠定了基础。每个幼儿都从自己家庭的生活中获得不同于他人的经验、形成自己的行为习惯、发展待人处事的能力以及语言等。

这一切在幼儿入园后,仍然极大地影响和制约着幼儿园教育,我国已经有研究证明,在幼儿的社会性发展方面,家庭教育的效果并不低于幼儿园。尤其引人注意的是,在城市里,尤其是父母文化水平较高的地区,家庭在幼儿认知发展中的作用还超过了幼儿园。当然幼儿园与家庭的特点、长处各不相同,不能互相替代,但家庭对幼儿成长的重要性不能不予以高度的重视。

### (三)家长是幼儿园重要的教育力量

家长与幼儿天然的联系使家长具有别人难以替代的优势,一旦家长与教师为着一个共同的目的携起手来,那教育效果就将倍增。家长作为重要的教育力量表现在:

(1)家长的参与极有利于幼儿的发展;(2)家长是教师最好的合作者,是教师了解幼儿的最好信息源;(3)家长参与幼儿在园的活动能够大大提高幼儿活动的兴趣和积极性;(4)家长与教师的配合使教育计划的可行性、幼儿园课程的适宜性、教育的连续性和有效性等都能更好地得到保证;(5)家长本身是幼儿园宝贵的教育资源。

综上所述,幼儿园与家庭的合作是幼儿园教育提高质量的必由之路,是幼儿园教育自身发展的必然选择。

## 三、家园合作的形式 考点3

### (一)幼儿园与家长互动沟通的方式

**1. 集体方式**

(1)家长会

**家长会**有全园的、年级的、班级的。全园性的家长会议要求全体家长都参加,一般安排在学年(或学期)初与学年(或学期)末。如开学初幼儿园要开展课程改革,进行全园部署,向家长传达课改精神,宣传教育新理念,指导家长配合,做好合作共育,共同促进儿童发展。家长会也可分年级开,向家长介绍新学期该年龄段的教学工作、计划及家园配合的要求等,也可针对同年龄的儿童在教育方面的共同问题提供指导。

班级家长会则更有针对性,便于家长与教师互相交流,共同研讨孩子的保教问题。它主要让家长直接了解孩子所在班级的教育要求和孩子在班级里生活学习和发展的情况,同时增进家长之间的互相沟通和家庭教育经验的交流。

(2)家长学校

**家长学校**是普及家教知识的有效渠道,其主要任务是系统地向家长讲授教育子女的科学知识。有些未办家长学校的幼儿园可适时举办家教主题讲座或报告会。举办家长学校,主要是向家长系统地宣传先进的教育理念,指导教育孩子的正确方法,通过家长学校组织家长参与学习和活动,提高家长的学前教育认识水平和教育能力。家长学校的活动内容和形式可根据园所的具体情况而定。

(3)家长开放日

**家长开放日**指幼儿园定期或不定期地向家长开放,届时邀请家长来园观摩和参观幼儿园的活动。家长观摩或参加幼儿园的活动,可以从中具体了解幼儿园教育工作的内容、方法;可亲眼看到自己孩子在各方面的表现,得知孩子的发展水平与交友状况,特别是可以看到自己的孩子在与同龄幼儿相比较中显示出的优势与不足,从而有助于家长深入了解孩子,与教师合作有针对性地教育孩子。同时,家长在观摩与参与活动的过程中,还可以观察到教师的教养态度、教养方法、教养技能,领会教师的教育要求和方法,增进家长对幼儿园工作的认同感,以更好的借鉴和改进家庭教育方法。

(4)家长接待日和专家咨询

**家长接待日**是幼儿园安排一个固定的时间，由主管领导接待家长的来访，解答家长对园所及班级保育教育、管理等方面工作的疑问，听取家长的意见和建议，或设意见箱收集家长的意见，从而更好地改进和完善园所工作，拉近家园之间的距离。专家咨询是幼儿园聘请一些学前教育专家定期对家长进行现场咨询，为家长提供直接有效的服务。

(5)家园联系栏

大部分幼儿园都设有家园联系栏或家教园地，有面向全体家长的，也有各班办的。面向全体家长的家园联系栏一般都是介绍有关家教新观念、家教好经验、保健小常识、季节流行病的预防、亲子游戏等。各班的家园联系栏内容主要有介绍本班近期教育目标、需要家园合作的教育内容、孩子的发展情况与一些有针对性的家教指导性文章等。家园联系栏应办的生动活泼，能吸引家长，文章、资料要短小精悍。

(6)小报、小刊和学习材料提供

有条件的幼儿园可举办面向家长的定期或者不定期的小报、小刊。其内容要丰富、文章精短、生动活泼，语言朴实亲切，既有老师的话，又有家长的话，紧紧围绕着对孩子的教育。

随着人们对家庭教育越来越重视，有关家教的报刊资料也日益增多，幼儿园可以有选择地向家长推荐、介绍；还可以将对家教有重要现实指导意义的资料及时印发给家长学习。

除上述形式之外，有条件的幼儿园还可专门开辟家长阅览室。室内陈列教育书刊、家教讲座、家教经验报告的录音、录像带等可供家长使用。阅览室内外还可以张贴有关学前儿童营养、保健知识宣传材料。各年龄班儿童适用玩具与玩法介绍、儿童优秀读物介绍等。家长阅览室有专人管理，定时向家长开放，还可有复印等服务项目，为家长提供所需的资料，以有助于家长提高家教水平。

**2. 个别方式**

(1)家庭访问

家庭访问是加强幼儿园与家庭联系的一种常用方式。同时，也可以向家长汇报学前儿童每天在幼儿园的表现，以通过家庭教育和幼儿园联合或解决学前儿童发展过程中的问题，或进一步巩固其良好的行为习惯。

(2)个别谈话

个别谈话是进行家长工作最简便、最经常、最及时的方法，教师可以利用家长到园接送孩子的时间与家长交谈有关教育孩子的情况，向家长反映问题，提出要求，商讨解决的办法。这种谈话时间比较短，一次谈话内容不宜过多。若是有明确目的的个别谈话，教师均应事先做准备，包括汇集、分析有关孩子发展的材料，准备提出的问题及解决问题的初步设想，在交谈时教师不仅态度要诚恳，还应该设法营造宽松的氛围，使家长消除思想顾虑，轻松的参与交谈。

(3)家园联系册或联系卡

家园联系册是教师与家长围绕孩子的发展与教育进行书面联系与交流的形式，也可以制作成联系卡，用于教师与家长经常性的联系，简便易行，传递信息及时。家长可从联系册中经常得到孩子的近来表现、存在的问题及幼儿园对家庭在配合教育方面的具体要求；教师则可从联系册中获得幼儿园教育效果的反馈信息，了解幼儿在家中的表现，得知家长的意见和要求。家园联系册所写的内容要具体，不能空泛，要侧重反映幼儿的变化与新的情况。

(4)书信、电话、网络等

书信多用于向留守儿童的家长汇报孩子的成长情况，这种做法不仅能密切家园联系，往往也能促使家长关注着孩子的发展，起到配合教育的作用。

电话联系最快捷，最能及时与家长沟通儿童在园所的情况，迅速处理一些应急事件。通过电话联系，教师可简短的向家长反映儿童在园所的表现及生活情况，使家长放心和安心。

教师可充分利用网络这一优势，及时把新的信息在网上公布给家长，同时还可在网上设留言板，将园长

信箱、班主任信箱向家长公开。家长对幼儿园的管理和班级工作的意见和建议,可直接通过电子邮箱进行反馈与交流。

(5)接送孩子时的随机交流

每天家长接送孩子时是教师和家长进行交流的良好时机,教师可适时的利用。

### (二)引导和组织家长参与幼儿园的教育

一方面,家长真正承担了共育的一方责任,其教育的合力就大;另一方面,家长的资源是丰富的,只要家长积极主动参与了,就可以使家长这一重要教育资源得以充分发挥作用。

**1. 与孩子一起参与班级的活动**

(1)亲子活动

亲子活动是一种有助于增强教师与家长、家长与幼儿情感交流的集体活动形式,是幼儿园与家庭共育的重要渠道。教师可经常组织开展亲子活动,由孩子邀请家长参与各种内容和形式的亲子活动,它有利于增进儿童与家长的感情,培养儿童良好的个性、健康的心理;有利于教师、家长相互了解、理解,增强共育的默契;有利于强化家长的认同感和合作责任意识,从而达到了家园共育的理想境界。家长在家长开放日中就可以参与教师所组织的亲子活动,参与节日的家园同乐活动,参与班级组织的郊游、参观活动以及参加幼儿园的开学、毕业典礼等活动。

(2)家长代表参与活动

班级平时教育若有可能,还可以请个别或一些家长作为代表来班上参与日常的教育活动,他们可以与孩子共同制作食品、手工,一起开展游戏、娱乐及体育竞赛活动等。家长的参与会大大提高儿童学习与探索的积极性,还可以使家长在参与过程中,学会如何引导幼儿主动学习。



**2. 支持与参与幼儿园创设环境的各项活动**

(1)支持园(所)环境建设

幼儿园在环境建设时,小至建立自然角,大至美化、绿化全园环境,家长都可以力所能及地发挥作用,并受益于孩子。

(2)支持和参与孩子的活动

学前儿童是在与丰富的环境充分有效的互动中获得发展的,教师经常引导儿童参与环境创设,从中调动孩子探索学习的积极主动性,培养能力。这一过程教师要引导家长能重视孩子的参与过程,并予以积极的支持、参与和帮助,将对孩子学习发展起到莫大的促进作用。

(3)为儿童认识社会创造条件

由于家长来自社会的各个行业,在他们当中蕴藏着极为丰富的社会资源。他们的工作单位和环境就是很好的教育环境资源。教师可充分利用这一资源,带领儿童前往参观,请家长接待并做讲解,以扩大孩子对社会的认识,扩大视野。例如,可利用家长资源,组织孩子参观火车站、机场、轮渡码头、交通岗亭、邮电局、公安交通指挥中心、消防教育馆、公交公司、博物馆等。家长还可以利用专业和职业优势协助教师、儿童搜集教育教学和开展活动所需要的相关资料,为丰富幼儿园的教育活动创造条件。

**3. 参与教师的教学**

这也是充分利用家长的职业资源而开展的合作共育,可以称之为“家长教师”的家园共育活动。日常与家长专业、职业有关的教育内容都可以有计划地与有关家长沟通联系,请他们当“助教”,与家长一起讨论、备课,使家长能以儿童乐于、易于接受的方式,发挥专业、职业优势开展教育活动。实践证明,“家长教师”利用自身专业优势,组织开展的教育活动深受儿童欢迎,既有新鲜感,又很准确地认识有关知识经验。“家长教师”往往比幼儿园老师讲授的内容更具知识性、趣味性和创造性。例如,主题“交通工具”,当交警的家长给孩子讲“交规”常识、标志,介绍重要路口的交通情况,并组织孩子参观了交通指挥中心停车场,认识汽车标志,让家长和孩子一起玩“标志游戏”等,孩子们很开心,收获很大。

## 四、分离焦虑及其解决方法

考点 4

### （一）分离焦虑的含义

分离焦虑是孩子与其依恋对象分离时产生的一种消极的情绪体验。大部分孩子从六七个月起，就会明显表现出这种分离焦虑，随着年龄的增大，分离焦虑的强度逐渐减弱。

分离焦虑的出现，与孩子的不安全感有关。最初，这种焦虑的出现是具有特殊的适应意义的。因为它促使孩子去寻找他所亲近的人，或者发出信号，呼唤亲人的出现。这是孩子寻求安全的一种有效的方法。但是，长时间的分离焦虑，容易导致儿童抵抗力下降。例如，刚入园孩子常常很容易感冒、发烧、肚子疼等。

### （二）家幼衔接在解决幼儿分离焦虑中的作用

**1. 减少幼儿的依赖性**

家长要对分离焦虑有正确的认识，应当学会控制自己的情绪，并且尽量设法使孩子感到分离不那么突然。例如，提前带孩子去熟悉幼儿园或在入园初期提前接幼儿回家，同时努力使孩子对幼儿园产生好感。

当幼儿第一次去幼儿园，因为不习惯离开父母或因为惧怕陌生环境而哭闹的时候，家长不应当场恐吓或硬逼幼儿进入幼儿园，可以采用两种方法达到目的：（1）先用置之不理的办法等幼儿停止哭闹，然后和他讲幼儿园的好处、劝说幼儿入园；（2）暂时陪伴幼儿，让他既熟悉新环境，又没有立即和家人分离，直到习惯新环境为止。

**2. 缩小家园生活的差异性**

家长可以通过一些措施缩小家园生活的差异，帮助幼儿适应幼儿园集体生活的种种要求，主动配合幼儿园，培养幼儿良好的生活习惯。（1）幼儿在家里看电视、吃饭、起床、玩玩具、睡觉等都应有一定的时间；（2）要学会自己穿衣服，饭前便后自己洗手，特别是要常在休息日的时候带幼儿到亲友家做客，让幼儿和亲友家的小朋友一起玩。对幼儿的不良行为习惯，家长首先要提高认识，加以重视，并且注意创设条件，培养孩子良好的行为习惯，如让孩子懂得分享和轮流，找机会操作和实践等。

**3. 用爱心和技巧教育幼儿**

对于 3 岁多的幼儿来说，要解决上述问题是比较困难的。为了帮助幼儿克服困难，家长不但需要有足够的爱心和耐心，而且要掌握教育技巧。（1）要耐心倾听幼儿说话，以便真正了解他们在幼儿园的活动情况和真实感受；（2）主动加强家园联系，掌握幼儿在幼儿园的表现，找到幼儿的优点和缺点；（3）避免在孩子面前随意议论老师，流露对老师的不满情绪，以免影响师幼关系；（4）当孩子感到受委屈的时候，家长应注意控制自己的情绪和态度，全面了解事情真相，并客观地分析；（5）家长可以用生活中的具体事例对孩子晓之以理、动之以情，保证较好的效果。

**真题对接**

**【2017 年上半年真题】**初入园的幼儿常有哭闹、不安等不愉快的情绪，说明幼儿表现出了（　　）

A. 回避型依恋　　B. 抗拒性格

C. 分离焦虑　　D. 黏液质气质

**【答案】**C

## 五、家园合作中存在的问题及解决策略

考点 5

### (一)学前教育与家庭教育合作中出现的问题

(1)家长和教师之间存在矛盾与冲突。

(2)合作不够深入,合作内容脱节。

(3)家长参与配合不够好,援助学前教育更少。

(4)母亲参与度明显高于父亲,不利于儿童阳刚性格的培养。

### (二)学前教育与家庭教育合作中存在问题的解决措施

学前教育与家庭教育合作共育过程中所产生的问题,既有学前教育机构(这里主要指幼儿园)方面的原因,也有家庭方面的原因。因此,问题的解决也是双方的事情。

**1. 幼儿园要主动创造条件开辟沟通渠道**

意大利瑞吉欧学前教育模式是这样要求教师的:"如果你们请了家长而他们不来,这并不是家长的错。"因此,教师应该积极创造条件开辟各种沟通渠道,争取家长的参与。

(1)教师要以诚相待,放下权威,把"支持每个家庭在学校里找到归属感和幸福感,家长和教师共同思考家庭参与的途径,不断丰富和支持家长参与学校教育"作为宗旨,实现与家长真正意义上的沟通和交流。

(2)引导家长对自己孩子在幼儿园活动中的表现进行观察。

(3)利用现代科学技术和网络技术,建立幼儿园网站,为家园双方提供相互交流的平台,加强家园交流的双向互动和信息共享。

(4)定期就儿童的家园表现进行交流。

(5)家访工作要落到实处。

(6)在家长每日接送孩子时,教师应尽可能地和家长交流。

**2. 家长要积极参与幼儿园保教活动**

(1)在家园合作过程中家长要谨记,在教育孩子的问题上家长和教师是平等、共育、合作的关系。即使自己是高学历、高管理阶层,也不应该轻视教师,在小问题上和教师斤斤计较,偏离教育目的和教育宗旨。在平等、共育、合作的基础上才能建立和谐一致的家园合作关系。

(2)家长要有参与幼儿园教学的积极性和兴趣。如在幼儿园的家长活动专栏里,积极地贡献自己的育儿经验,留下自己育儿过程中出现的问题;及时同教师进行交流;利用自身的优势支持和援助幼教活动;等等。

# 第五节　幼儿园与社区的合作

(本节共3个考点)

## 考向分析

本节主要介绍社区学前教育的概念、幼儿园与社区合作的内容与方法、幼儿园与社区合作中的矛盾及解决方法等相关知识。

本节知识可能会以单项选择题的形式考查。单项选择题考查的比较精细,考生在复习的时候要认真。

## 思维导图

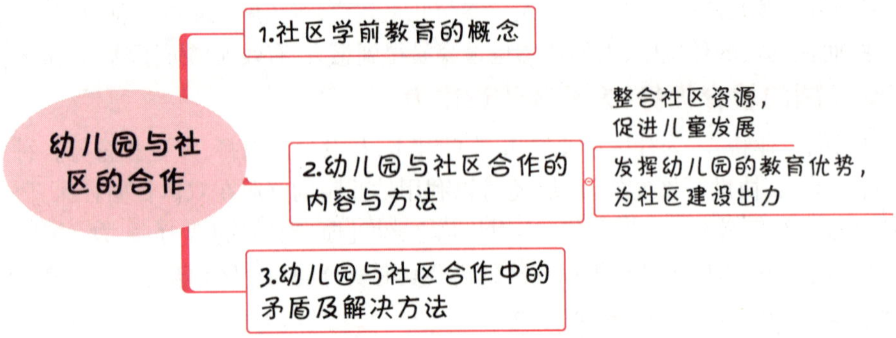


## 考点精讲

### 一、社区学前教育的概念　考点1

**社区学前教育**是指以学前儿童及其家庭为对象开展的各种形式的优生、优育、优教活动，目的在于尽可能使社区内所有学前儿童获得良好的教育与发展。

### 二、幼儿园与社区合作的内容与方法　考点2

#### （一）整合社区资源，促进儿童发展

幼儿园所在的社区自然环境和社区生活氛围、社区设施等，都是幼儿园可以利用的宝贵教育资源，因此幼儿园要主动与社区合作，通过“走出去”和“请进来”，积极发掘和利用社区的各种教育资源，与幼儿园的教育整合。

**1. 带儿童到社区去开展教育活动**

每一所幼儿园都坐落在一定的社区之中，不同的园所所处的社区、周边的环境不可能完全相同，教师应从实际出发，借助和运用社区的教育资源，发挥社区的有利因素，避开不利因素，拓展教育途径，丰富教育形式，让儿童作为社区的一分子，与社区的自然环境和社会环境亲密接触，享受取之不尽的资源。

（1）散步与玩耍

教师可以利用社区里的自然景观，如小区花园、公园、街心广场等地方作为儿童散步、观察、玩耍、游戏的场所，使儿童感受不同于幼儿园内部的环境，从而亲近自然、亲近社会，以陶冶身心。在此过程中，教师要引导和教育幼儿爱护环境，不随地大小便、不乱扔垃圾，做个文明的小公民、环保小卫士。

（2）感受社区文化

教师可带领儿童到社区内的文化机构，如图书馆、美术馆、展览馆等场所去参观，使之初步感知民族文化、艺术、历史、体育等方面的知识；还可以扩大儿童的视野，如带儿童到海洋馆，观赏海里的动植物，激发他们保护海洋资源，探究海底秘密的愿望。

（3）认识和关心周围的人

教师可以让儿童去访问社区工作人员，如保安、清洁工、邮递员等，让儿童了解到正是有了社区中的人们在不同的工作岗位上辛勤工作、坚守岗位才有这么整洁、美丽、安全、温馨的社区，才有这么幸福的生活。

（4）参加社会实践

教师可以引导儿童为社区的环境保护等做一些力所能及的事情，从中体验关心小区、为他人服务的快乐，有条件的还可以参加一些安全卫生方面的劳动实践，培养儿童的劳动意识、社会服务意识。

**2. 把社区的人力资源请进幼儿园**

幼儿园可以采用“请进来”的形式,把社区里不同职业的人士适当适时地请到幼儿园来参与儿童教育,与儿童一起活动。例如,请交警同志为儿童演示指挥交通的手势并讲解其含义,增强儿童的交通规则意识;请医务工作者为儿童讲解如何预防疾病等知识。社区人员参与儿童教育,将拓展儿童的生活和学习范围,使他们的学习更加具有真实性,而在真实的环境中,人的情感也最容易得到感染,有效地增强了活动的时效性。

### (二)发挥幼儿园的教育优势,为社区建设出力

教师可发挥自己的专业特长,为社区群众举办教育讲座,开设学前教育、家庭教育等各种宣传专栏。节假日可以帮助社区排练节目,协助开展文娱活动,还可以利用幼儿园的资源在双休日向社区开放,让社区的儿童来活动,充分发挥其服务社区教育、为建设社区出力。总之,幼儿园所具有的智力、人力、物力等资源优势,在不干扰正常教育秩序的前提下,积极主动地根据社区的需要真心实意的与社区相互配合,实现合作共育。

## 三、幼儿园与社区合作中的矛盾及解决方法 考点3

幼儿园与社区的结合是一个新的课题,如何结合还缺乏经验。在结合过程中主要的问题是:较多流于形式,实质性的教育效果不大;或打乱了幼儿园的生活常规,加重了教师和幼儿的负担;或将与社区结合的活动和幼儿园教育活动分离开来,不能有效地利用社区环境来深化幼儿园教育等。另外,对与社区的结合还存在不少不正确的认识,如认为自己幼儿园周围的社区环境不好,所以不能合作;或认为与社区结合太麻烦,搞一次活动费好大劲;或认为幼儿什么也不会做,社区的活动搞多了影响幼儿园正常日程等。因此,幼儿园不应当追求表面的形式,而是注意把社区活动与幼儿园教育活动有机地结合起来,将之变为幼儿园教育活动自然的组成部分,从而使二者结合为深入到幼儿园教育微观层面的结合,既不破坏幼儿园自身的生活常规、教育规律,又有很好的教育效果和社会效益。具体来说方法如下:

(1)幼儿园与社区结合并不是要求幼儿园一定要在本工作之外去搞什么大型活动,参与社区的活动也并不一定是增加教师与幼儿负担的额外工作,幼儿园完全能将与社区结合的活动纳入到自己的教育内容中,二者应有机结合。

(2)幼儿园把与社区结合的活动深入到幼儿园的教育过程中,将大大扩展教育的深度和广度。

(3)应明确与社区结合的活动不仅对学前儿童社会性发展等方面有重大意义,在幼儿科学素质、分析和解决问题的综合能力的培养上也有独特的作用。

(4)是否能开展与社区结合的活动,社区环境条件不是主要的,关键是园所领导及教师能否认识到与社区结合的价值,发现有教育价值的事情或现象并有效地利用。



# 第六节 幼儿园与小学衔接

(本节共3个考点)

## 考向分析

本节主要介绍幼儿园与小学衔接的含义、幼儿园实施幼小衔接工作的指导思想、做好幼小链接工作应采取的措施等相关知识。相关知识点考频分析如下表:

| 考点 | 考查频率 | 题型 | 重要程度 |
|---|---|---|---|
| 做好幼小链接工作应采取的措施 | 1 | 论述 | ★★ |
| 做好入小学的准备 | 1 | 论述 | ★★ |

本节知识主要以单项选择题和论述题的形式考查。单项选择题考查的比较精细，考生在复习的时候要认真；论述题考查系统知识的掌握程度，这部分内容需要考生理解记忆。

## 思维导图

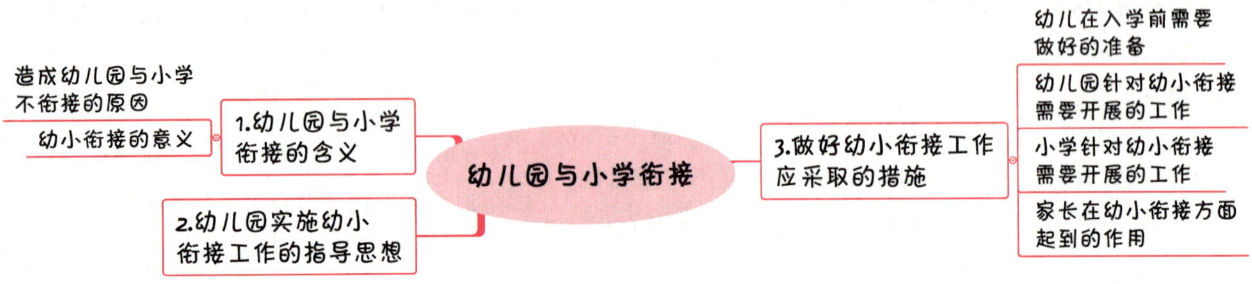


## 考点精讲

### 一、幼儿园与小学衔接的含义

考点1

**幼小衔接期**是指由幼儿园大班进入到小学一年级，此时期恰好是结束幼儿园生活，开始接受正规小学教育的初期，也是幼儿心理发展的一个转折期。幼儿园与小学的衔接工作是指幼儿园和小学根据身心发展的阶段和连续性规律及儿童可持续发展的需要，做好两个阶段的衔接工作，使幼儿尽快地适应新的学习生活，避免或减少因两个学习阶段间存在的差异给幼儿身心发展带来的负面影响，为其入小学后的发展及终身发展打好基础。

#### （一）造成幼儿园与小学不衔接的原因

**1. 学前阶段与小学阶段的不同教育特点**

学前阶段与小学阶段不同特点的比较

| 阶段<br>不同方面 | 学前阶段 | 小学阶段 |
|---|---|---|
| 办学性质 | 非义务教育，没有统一的教材，没有成套的考核条例，办学与教学随意性较强 | 义务教育，有严格的教育要求，学校对学生学习成绩要进行考试、检查 |
| 教学内容 | 所学的内容是与幼儿生活紧密相关的浅显知识 | 教育内容是以符号为媒介的学科知识，其抽象水平相对较高，这种学习内容只有当学习者的思维具有一定的抽象、概括能力时才能理解和接受 |
| 教学方法 | 幼儿园教师多采用归纳法，即让幼儿看到许多有关的现象，让幼儿开动脑筋，自己去归纳、发现其中的规律 | 小学教师则多采用演绎法，即教师教学生一些规律性的知识，然后用例题来证明此规律是正确的，这一过程与幼儿阶段的学习过程正好相反 |

续表

| 阶段<br>不同方面 | 学前阶段 | 小学阶段 |
| --- | --- | --- |
| 主导活动方面 | 多种多样、丰富多彩的游戏,幼儿在玩中“学”,教师指导方法比较直观、灵活、多样,没有家庭作业及考试制度 | 各种学科文化知识的学习,以上课为主要的教学形式,教学方法相对固定、单一,有一定的家庭作业及必要的考试制度 |
| 作息制度及生活管理 | 生活节奏是宽松的。一日生活中游戏活动时间较多;生活管理不带强制性,没有出勤要求;教师对幼儿在生活上的照顾比较周到和细致 | 生活节奏快速、紧张;作息制度非常严格,每天上课时间较长;纪律及行为规范带有强制性;教师对儿童在生活上的照料明显减少 |
| 师幼关系 | 教师与幼儿个别接触机会多,时间长,涉及面广,关系密切、具体 | 师生接触主要是在课堂上,个别接触少,涉及面较窄 |
| 环境设备的选择与布置 | 教室的环境布置生动活泼,有许多活动区域,在其中有丰富的玩具和材料供幼儿动手操作、摆弄,幼儿可以自由选择游戏及进行同伴交往 | 教室的环境布置相对严肃,成套的课桌椅排列固定,教室内没有玩具,学生自由选择活动的余地较少 |
| 社会及成人对幼儿的要求和期望 | 对幼儿的要求相对宽松,幼儿的学习压力小,自由多,没有非完成不可的社会任务 | 对小学生的要求相对严格、具体,家长对小学生具有很高的期望,儿童的学习压力大,自由少,要负担一定的社会责任 |

**2. 幼儿身心发展的阶段性与连续性规律**

儿童的成长有一定的阶段性,但是,儿童发展的各个阶段不是截然分开的,是有连续性的,发展是一个渐进的过程,在前、后两个发展阶段之间存在一个兼具两个阶段特点的交叉时期,在这一时期,幼儿既保留了上一阶段的某些特征,又拥有下一阶段刚刚出现的某些特点,这一时期在教育学上被称为过渡期。幼儿园与小学是两个根据儿童不同发展阶段的特点而设立的、具有不同教育任务的教育机构。如前所述,两类机构的巨大差异说明,两类教育机构都比较重视阶段性,而忽视阶段之间的过渡,这是造成幼儿园与小学不衔接的根本原因。

具体表现在:(1)对过渡阶段幼儿的发展特点和需要认识不清,两个机构之间缺乏相互了解和沟通,不能互相配合做好过渡阶段的教育工作;(2)对处于过渡阶段的幼儿缺乏行之有效的教育方法,不能为幼儿提供有效的帮助,从而造成了许多幼儿入学后适应不良的问题。

### (二)幼小衔接的意义

**1. 做好幼儿园与小学的衔接工作,是学前儿童身心健康发展的需要**

尽管幼儿园和小学是两个不同性质、不同教育任务和不同教育要求的独立教育机构,但儿童身心发展的内在规律决定了教育应从连续性、整体性出发,从生理、心理等各方面做好充分准备,实现从一个教育阶段到另一个教育阶段的自然、顺利过渡。

**2. 做好幼儿园与小学的衔接工作,是儿童入学适应不良现状的实践要求**

幼儿园阶段和小学阶段在主导活动、生活环境、规章制度、师生关系和社会要求等方面均存在较大差

异。这些差异带来了儿童入学后出现的诸多身体、精神、社会适应等方面的不良反应和不适应状态。这些现实决定了学前儿童从幼儿园进入小学并开始新的生活之前应该接受一定的调整和准备工作,建立一系列过渡性的行为方式,以满足新的教育阶段的新要求。

**3. 做好幼儿园与小学的衔接工作,是幼儿园教育内容的重要组成部分**

《幼儿园工作规程》与《幼儿园教育指导纲要(试行)》都曾指出,做好幼儿园与小学的衔接工作,是幼儿园阶段的一项基本教育任务,是教育内容的重要组成部分而不是额外增加的工作。

**4. 做好幼儿园和小学的衔接工作,符合世界幼儿园教育的发展潮流**

幼儿园与小学的衔接问题,是世界性的问题。教育者继续加强幼小衔接工作的研究和实践,可以进一步推动这一世界性问题的解决与发展,同时也是对世界学前教育工作的一大贡献。

## 二、幼儿园实施幼小衔接工作的指导思想 考点2

(1)长期性而非突击性;(2)整体性而非单项性;(3)培养入学的适应性而非小学化;(4)家、园、校的一致性而非孤立化的原则。

## 三、做好幼小衔接工作应采取的措施 考点3

### (一)幼儿在入学前需要做好的准备

**1. 幼儿在入学前要做好生理准备**

进入小学后,儿童的生活条件和教育条件都将发生新的变化,幼儿由事事依赖父母逐渐过渡到事事独立完成,因此,即将进入小学的幼儿应该具有一定的生活自理能力。(1)具有良好、文明的进餐、睡眠、排泄、盥洗等卫生习惯;(2)能自己整理仪表,注意保持仪表整洁;(3)会动手整理好自己的物品;(4)了解身体主要器官及自身生长的需要,掌握自我保健的有关常识和简单方法;(5)能沉着地处理日常生活中可能出现的紧急情况。

**2. 幼儿在入学前要做好心理准备**

(1)要有强烈的求知欲,教师应将探索问题的工作交给幼儿,发展大班幼儿发现问题、解决问题的能力。(2)有一定的抑制控制能力。能控制冲动,上课不做小动作,坚持完成规定的任务。(3)锻炼初步的抽象逻辑思维能力和一定的想象力。大班各项活动中应着重引导幼儿去猜测,去假设以及引导幼儿记录试验过程,幼儿思维的抽象、概括水平会因此获得发展。(4)应具备一定的社会交往能力。在大班后期更应该加强与幼儿的社会交往和言语交流,引导儿童学会使用表达心理状态的词语,如"想要""希望""觉得""记得"等。

### (二)幼儿园针对幼小衔接需要开展的工作

**1. 培养幼儿对小学生活的热爱和向往**

幼儿对小学生活的态度、看法、情绪状态等,与其入学后的适应能力关系很大。因此,幼儿园应注意培养幼儿对小学的生活兴趣和向往,为做一个小学生感到自豪的积极态度,并让幼儿有机会获得对小学生活的积极情感体验。

**2. 培养幼儿对小学生活的适应性**

在适应性培养方面,幼儿园有家庭不具备的优势条件,如儿童集体环境、无家长介入环境、教师辅助环境等。培养幼儿对小学生活的适应性,特别是

主动性、独立性、人际交往能力、规则意识和任务意识，不仅关系着幼儿入学后的生活质量，也关系着他们在小学的学习质量，是幼小衔接的重要内容。

(1)培养幼儿的主动性

培养主动性就是要在幼儿园教育中培养幼儿的自信心、对周围的人和事物的积极态度，激发幼儿对活动的参与欲望和兴趣，给他们提供自己选择、自己计划、自己决定的机会和条件，鼓励他们去探索、去尝试，并使他们尽量获得成功的体验。研究证明，富于主动性的幼儿思维活跃，做事有信心，能主动与人交往，他们入学后能比较快地适应小学新环境，学习成绩也较好。

(2)培养幼儿的独立性

小学生课间和课余时间由自己支配，生活需要自理，这就要求他们有较强的独立生活能力。在幼儿园，要注意培养幼儿的时间观念，增强幼儿的独立意识，让幼儿知道什么时候做什么事情，并自觉去做，培养幼儿自理、自觉的能力，逐渐减少成人的直接照顾。

(3)发展幼儿的人际交往能力

幼儿人际交往能力的重要性表现在入学后对新的人际环境的适应上。人际交往能力差的幼儿胆小，不能主动地与同伴交往，或与同伴不能友好相处，遇到问题也不敢去找老师反映或寻求帮助等，结果没有新朋友，他们感到孤独，心情沮丧，学习的兴趣大大降低，学校的吸引力也随之消失，同时，这一能力与主动性的发展也是密切相关的。因此，在幼儿园里必须发展幼儿的人际交往能力。

(4)培养幼儿的规则意识和任务意识

上课不能喝水、不能有小动作等是小学纪律的要求，幼儿难以记住和遵守，这成为不少新生在学校受批评的主要原因。同时，入学后学习成为必须完成的任务，幼儿却一时难以确立这样的任务意识。针对这些问题，除抓紧进行小学的教学改革之外，幼儿园应当注意培养幼儿的规则和任务意识，提高幼儿的主动适应能力。

(5)发展动作，增强体质

小学的学习活动较之游戏活动显得枯燥，儿童入学后脑力活动增多，书写任务较多，学习压力增大，因此，儿童应具有健康的身体、强壮的体魄及抵抗疾病的能力、较强的手眼协调能力和运动能力。学前教育阶段除了保证必须的营养、做好保健工作外，更重要的是要积极锻炼儿童的身体，发展动作，以增强他们的体质，发展好手眼协调能力和运动能力。动作发展协调、身体强壮以及体能发展好的儿童易于适应小学的学习特点和紧张的学习生活。

**3. 帮助幼儿做好入学前的学习准备**

学习准备是着眼于幼儿终身学习的需要，发展他们基本的学习素质，并在此过程中，帮助他们打下今后学习的基础。幼儿园大致需要做好以下四方面的工作：

(1)培养良好的学习习惯

良好的学习习惯包括爱看图书的习惯，做事认真的习惯，注意力集中地听老师讲话的习惯，保持文具、书本整洁的习惯等。习惯不好，以后很难纠正，对学习的危害是很大的。幼儿园教师应当从日常生活的每件事情上严格、一致、一贯地要求幼儿，使之养成习惯。

(2)培养良好的非智力品质

非智力品质是指影响智力活动的各种个性品质，主要是指学习兴趣、学习积极性、意志、自信心等。学习不仅仅是有聪明的脑袋就行，离开良好的非智力品质，幼儿智力的发展就会受到影响。因此，教师应当重视培养幼儿的好奇心、对外部世界的兴趣和探索积极性，培养他们做事坚持到底、不怕困难的意志品质。让幼儿从被动的“要我学”变成主动的“我要学”，培养幼儿渴望学习的品质。只有这样，幼儿才能形成自信、主动的学习态度，才能感觉到学习是一件愉快的事情。

(3)发展思维能力和基础能力

不少家长想让孩子上学后学习好,就在入学前教孩子拼音、认字、做算术,甚至用小学一年级的课本来"系统"地教。这一现象在一些幼儿园也不同程度地存在。幼儿园应当坚决反对这种舍本求末的做法,而是应从根本上发展幼儿的智力,特别是智力的核心——思维能力。

(4)适当调整课程结构和内容

一般来说,在大班下学期,除了通常的幼儿园的活动和游戏,教师可以给幼儿安排一些类似小学的学习内容和学习方式,如以集体授课方式学习某些预备性知识,诸如认识拼音字母的形状和读音,认识数字和学写数字,学写自己的名字,认读一些生活中常见的汉字等。集体授课的时间可在25~30分钟。但这样的做法更多是形式上的预备,要真正为幼儿做好入学准备,提高幼儿的适应能力,还要从小班开始,循序渐进地丰富幼儿的感知经验,培养幼儿的动手能力、思考能力和解决问题的能力。

**4. 加强幼儿园教师业务能力培养**

(1)幼儿园的教育工作者,要了解幼小衔接阶段幼儿的心理变化规律,采取因势利导的策略激发学习兴趣,及时发现幼儿表现出的不利于适应小学学习生活的习惯和行为,尽早给予矫正。(2)幼儿园教师要准确把握小学初始阶段的教学方法和内容,在对幼儿拼音、识字、算数等基础知识的教学方面,做到引导正确、规范。

**5. 建立和健全幼儿园与小学的联系**

(1)幼儿园教师应定期参观小学一年级的教学活动,主动参与一年级教师的教研活动,并向小学一年级教师介绍幼儿园的教育方法,展示幼儿的学习水平,在教育工作上做到衔接;(2)幼儿园教师还应带领幼儿参观小学,使幼儿了解小学生的一般情况,让幼儿参加小学生的某些活动,同小学生联欢,举办作品交流展览,以引起幼儿入学的兴趣,激发他们求学和效法小学生的愿望。

**真题对接**

【**2016年下半年真题**】试述如何做好幼小衔接工作。

【**参考答案**】参见内文。

【**2015年下半年真题**】幼儿园为什么要为幼儿入小学做准备?应做哪些准备?

【**参考答案**】参见内文。

## (三)小学针对幼小衔接需要开展的工作

**1. 合理调整低年级幼儿的作息时间**

科学实验表明,小学低年级的幼儿上课注意力集中的时间一般是15分钟,高年级一般是25分钟,而实际每节课都是40分钟。对于低年级幼儿来说显然是不公正的,也是不科学的。合理调整低年级幼儿的作息时间,应做到:尊重科学,减缓幼小衔接的"坡度",专门为小学低年级幼儿设计作息时间表,科学、合理地安排幼儿一天的学习,注重动静结合。

**2. 小学要进一步深化教育改革,推进素质教育,学习与借鉴国内外先进的儿童教育经验**

学校应尽量配合幼儿长期在幼儿园生活而形成的习惯,注意为幼儿创设一个良好的心理氛围、融洽的师生关系、宽松愉快的学习气氛,让幼儿感到在一个文明、安全、和谐、充满爱与尊重的良好精神环境中生活,这对幼儿的发展将起到不可忽视的作用。具体做法包括:(1)通过活动让幼儿知道自己已经是一名真正的小学生了,激发幼儿的自豪感,从而主动去熟悉学校。(2)应创造更多的机会让教师和新生互相认识,鼓励幼儿与其他人接触、交流,培养团体归属感。(3)利用生动活泼的集体活动形式,帮助幼儿定位自己的新身份是班上的一分子,对外代表着班集体的形象。(4)重视游戏在幼儿学习生活中的作用,开展丰富多彩的

寓教于乐的校园活动,激发幼儿的学习兴趣,积累多样的感性经验。(5)加强小学低年级的教学环境建设,布置一个充满童趣又能体现小学生学习特点的小天地,减少幼儿离开幼儿园的心理反差。

**3. 小学教师应多研究学前教育学及心理学,了解幼儿年龄、心理特点,顺应他们的特点**

在教学中要善于将游戏引入课堂,注重形象、直观教具的使用,力求把难以理解的内容变为通俗易懂的内容,把幼儿的兴趣引导到主动学习中去,主动建构学习,使幼儿顺利度过不适应期。

**4. 加强幼儿园和小学教师的互访活动,了解入学儿童教学的特点**

幼儿园和小学的衔接关键在于幼儿园大班和小学一年级这两个环节,这两个环节的工作都是由具体的教师担任的。互访的目的就在于了解对方儿童的生活环境、教育条件和学习情况,以便采取适当的措施,使入学儿童适应小学时期的生活环境,尽快度过不适应期。

### (四)家长在幼小衔接方面起到的作用

**1. 增强幼儿的信心**

即将进入小学的幼儿,其学习和适应困难是客观存在的,家长要增强其自信心,让幼儿在解决难题中感到乐趣,培养幼儿对失败的承受力。正确对待批评和失败,具有在群体中既能竞争又能共处的能力,让幼儿知道他们长大了,正在学本领,使幼儿直觉上感到上小学的好处和乐趣。

**2. 发展幼儿的语言能力**

这个时期家长应尽量多抽出时间与孩子交流,有意识地让孩子学会倾听,对幼儿今后的发展是很有好处的。让孩子说一说幼儿园里的故事,和小朋友之间发生的事情,讲个小笑话,做个小游戏,也可以让孩子复述故事,讲讲故事里都有谁,在做什么,为进入小学打下良好的语言基础。

**3. 调整好幼儿生活规律**

家长应在开学前三周调整幼儿的作息时间。专家指出,一般情况下可以早晨 6 点起床、晚上 8 点睡觉,总之,至少要保证幼儿 10 小时的充足睡眠。中午最好让幼儿有 50 分钟午睡时间。给幼儿建立稳定的作息制度,让幼儿有时间概念,形成有张有弛的生活节奏。

**4. 培养幼儿的自理能力**

家长要帮助幼儿在实际行动中克服困难,而不要代替他们克服困难。当幼儿遇到困难时,要不断地给予鼓舞,使其具有较强的信心和决心,不达目的决不罢休。此外,要在克服困难的方法和技术上给予适当的指导,让幼儿掌握克服困难的技巧,少走弯路,培养幼儿的自理能力应该从生活中的每一件小事做起。

**5. 为幼儿准备家庭学习环境,营造良好的学习气氛**

家长为幼儿开辟一个独立学习的小空间,选择自己喜爱的台灯及朴素、实用的学具(书包、文具盒、橡皮、拼音本、方格本),让幼儿在轻松、愉快的心情中热爱学习。培养幼儿倾听的习惯,平时一家三口多做"倾听"游戏,看谁听得最准确。让幼儿明白别人说话时,不能心不在焉,要专心致志地听,了解对方说话的主要内容和意思。同时,家长精心为幼儿选购一些适合幼儿阅读的书,培养幼儿热爱阅读的好习惯,在看图说话时,家长督促大班幼儿用普通话进行表达,态度要自然,声音要适度,口齿要清楚,语速要适中,对短文则督促小学低年级幼儿以朗读为主,用普通话朗读,口齿要清楚,声音要响亮,不漏字、添字,不读错字,不读破句子。长期培养,不仅能激发幼儿阅读兴趣,提高阅读能力,而且让幼儿养成爱看书的好习惯,还可以提高孩子对语言感受的敏锐性。写作业时要有正确的写字姿势:坐姿正确,做到"一直一正二平",即身体直,头正,肩平,腿平;执笔姿势正确,大拇指和食指夹住笔杆,其余三指托住,笔杆向后稍斜,靠在虎口处;做到"三个一":眼离书本一尺,胸离桌子一拳,手离笔尖一寸。

**6. 对幼儿进行安全教育,增强幼儿自我保护意识**

(1)对于刚上小学的孩子来说,家长应该在接送孩子的过程中抓住机会对孩子进行安全教育,要让孩子懂得并遵守交通规则,学会看红绿灯,走人行横道,迷路找民警。(2)让孩子记住父母和其他负责接送的亲

属的名字，记住家里的电话和父母的手机号码，记住父母工作单位的全称和办公电话，可以把这些内容写在一张硬纸卡上给孩子随身携带，告诉他在讲不清楚的时候把这个拿给警察叔叔看。

总之，由幼儿园进入小学是儿童心理发展过程中的一个重大的转折时期。为了适应这一突变，必须为儿童做好入学前的准备，家庭、幼儿园和小学要肩负起各自的教育责任，从解决具体实际问题入手，加强相互之间的合作，减少幼儿园和小学之间的“坡度”，搞好幼儿园和小学的衔接工作，帮助幼儿顺利完成幼儿园和小学之间的过渡。

## 强化练习

| 建议用时 | 实际用时 | 设定分值 | 实际得分 |
| --- | --- | --- | --- |
| 100 分钟 | | 100 分 | |

### 一、单项选择题（每小题 3 分，共 15 分）

1. 布置自然区时，让幼儿讨论，老师按照幼儿讨论的结果布置。这运用了环境创设的(　　)原则。

A. 开放性　　B. 幼儿参与性
C. 经济性　　D. 安全性

2. 幼儿园教育环境是指(　　)

A. 对幼儿身心产生影响的物质和精神要素的总和
B. 物质环境
C. 幼儿生活的社会环境
D. 幼儿的心理环境

3. 创设幼儿园物质环境时，小班环境要有结构简单、色彩鲜艳、富有感官刺激等特点；中班环境在小班的基础上要突出操作性；大班环境要突出探索性和实验材料的丰富性。这主要体现了幼儿园物质环境创设原则中的(　　)

A. 经济性原则　　B. 发展适宜性原则
C. 动态性原则　　D. 开放性原则

4. 冬冬生病多日未上幼儿园，李老师想详细了解冬冬的情况。下列最合适的做法是(　　)

A. 开家长会　　B. 家庭访问
C. 打电话　　D. 写信

5. 在幼儿入小学后，有的新生在老师询问作业时，很轻松地说：“我不喜欢做。”“昨天，爸爸带我去姥姥家了，所以我没写。”这种现象要求在幼小衔接工作中要(　　)

A. 帮助幼儿做好入学前的准备
B. 培养幼儿的规则意识和任务意识
C. 培养幼儿的主动性
D. 培养幼儿的独立性

### 二、简答题（每小题 15 分，共 45 分）

1. 简述幼儿园环境创设的一般原则。
2. 简述幼儿园环境创设的方法。
3. 家长在幼小衔接方面起到哪些作用？

### 三、材料分析题（每小题 20 分，共 40 分）

1. 一所幼儿园大型体育器械场地曾经长满厚实的绿草，用今天最时髦的眼光来看，这些草几乎清一色属于“野火烧不尽”的品种。几年前，由于那时的时髦眼光只觉得那些植物看着过于“土气”，于是在某一年的暑假，幼儿园全体教师牺牲了休息时间对这些野草进行“挖地三尺”的清剿，甚至为了能够彻底“斩草除根”还补充采用了开水深灌的战术。最后，艰苦的奋战终于迎来了场地沙土化和水泥化的成果……可接下来的时髦，又换成了“园林化”，但引进的高级草坪只能看不能踩，常种常秃……再换成人造地毯，还是不能解决弹性差、不安全的问题，而且费用又昂贵……最后不得不任由其还原成沙地……这时，许多人开始时常怀念那些曾经覆盖在场地上的厚实野草……

分析案例中幼儿园环境创设违背了哪些原则，并提出相应的改进建议。

2. 星期一，A 老师埋怨地说：“孩子在家过了一个双休日，再回到幼儿园后，许多良好的行为习惯就退步了，不认真吃饭，乱扔东西，活动时喜欢说话，真不知孩子在家时，家长是怎么教育的！”站在一旁

第四章

的B老师颇有同感地说:“是啊,如果家长都能按我们的要求去教育孩子,我们的工作就好做多了!”A老师接着说:“可这些家长不按我们的要求去做倒也罢了,还经常给我们提这样那样的意见,好像我们当老师的还不如他们懂得多,真拿这些家长没有办法……”

请你运用托儿所、幼儿园与家庭相互配合的有关理论,分析和评论A、B老师的教育观点,并具体谈谈托儿所、幼儿园应该如何与家庭相互配合共同教育好儿童。

## 参考答案

### 一、单项选择题

1. B【解析】略。
2. A【解析】略。
3. B【解析】从一般年龄特征来看,小班、中班、大班儿童在身心发展特点上的差异是非常明显的,其身心发展所需要的环境也不尽相同。因此,教师要根据儿童不同的年龄特征为其提供适宜的发展环境。
4. B【解析】家庭访问是加强幼儿园与家庭联系的一种常用方式。
5. B【解析】幼儿入学后学习成为必须要完成的任务,他们一时难以确立这样的任务意识,题干中反映的问题说明了这一点。所以,为避免这种问题,幼儿园应当注意培养幼儿的规则意识和任务意识,特别是在大班阶段,做好幼小衔接工作。

### 二、简答题(答案要点)

1. (1)安全性原则;(2)环境与教育目标的一致性原则;(3)发展适宜性原则;(4)幼儿参与性原则;(5)开放性原则;(6)经济性原则。
2. (1)讨论法;(2)探索法;(3)操作法;(4)评价法。
3. (1)增强幼儿的信心;(2)发展幼儿的语言能力;(3)调整好幼儿生活规律;(4)培养幼儿的自理能力;(5)为幼儿准备家庭学习环境,营造良好的学习气氛;(6)对幼儿进行安全教育,增强幼儿自我保护意识。

### 三、材料分析题(答案要点)

1. 违背原则:

(1)“引进的高级草坪只能看不能踩,常种常秃”违背了环境与教育目标的一致性原则;(2)“全体教师牺牲了休息时间对这些野草进行‘挖地三尺’的清剿”违背了幼儿参与性原则;(3)“费用昂贵”违背了经济性原则。

改进建议:

(1)在体育课上让幼儿在真实的草坪上玩,观察小草,既安全又可以学到知识;(2)幼儿园大型体育器械场地可以让幼儿和教师一起种上绿油油的青草,让幼儿参与环境的创设;(3)不需要引进高级草坪,用普通的草代替,可以定时给予修剪,既节俭又美观。

2. (1)材料中A、B老师的教育观点是欠妥的。作为幼儿教师要让家长走出教育误区,让家长明确教育孩子的责任,明确家庭教育是终身的,更要明确幼儿期的教育对孩子的影响是最大的。

(2)家长要积极配合,与幼儿园教育同步。家长要密切、主动地配合班主任教师实施教育计划,正确要求和教导孩子,创造条件使家庭教育与幼儿园教育相互促进,巩固教育成果。而不是像材料中孩子过了一个双休日,再回到幼儿园后,许多良好的行为习惯就退步了。

(3)作为材料中的A、B两位老师应该主动和家长联系、沟通,让家长了解孩子在幼儿园的表现,针对孩子的优缺点,及时给予表扬或纠正。而不是一味地埋怨孩子和家长。

(4)家长要积极参加幼儿园举办的各种家长开放日活动,重视家园联系手册,注意与班主任教师沟通,及时了解孩子在园的行为表现和各方面的发展,还可以满足孩子的心理需要。

(5)家园形成教育合力。幼儿园负有“主动与幼儿家庭配合”“建立幼儿园与家长联系的制度”的责任。教师应当转变观念,不以“幼儿园中心”的态度对待家长,牢固树立家园合作的思想,主动着手与家长合作。共同纠正幼儿在家的不良习惯。

# 05 游戏活动的指导

## 题型分析与考情预测

从历年考试真题来看，本节的常考题型为单项选择题和论述题。

在备考时，考生应以这两种题型为主，归纳相应知识点的可能考查题型。其中，单项选择题 0 ~ 1 道，以幼儿游戏的类型、幼儿游戏的功能、影响幼儿游戏的因素、角色游戏的指导为主。

# 第一节　幼儿游戏概述

（本节共5个考点）

## 考向分析

本节主要介绍幼儿游戏的内涵、幼儿游戏理论、幼儿游戏的特点、幼儿游戏的类型、幼儿游戏的功能等相关知识。相关知识点考频分析如下表：

| 考点 | 考查频率 | 题型 | 重要程度 |
| --- | --- | --- | --- |
| 幼儿游戏的类型 | 3 | 单项选择 | ★ |
| 幼儿游戏的功能 | 2 | 单项选择 | ★ |

本节知识主要以单项选择题和论述题的形式考查。单项选择题考查的比较精细，考生在复习的时候要认真；论述题考查系统知识的掌握程度，这部分内容需要考生理解记忆。

## 思维导图

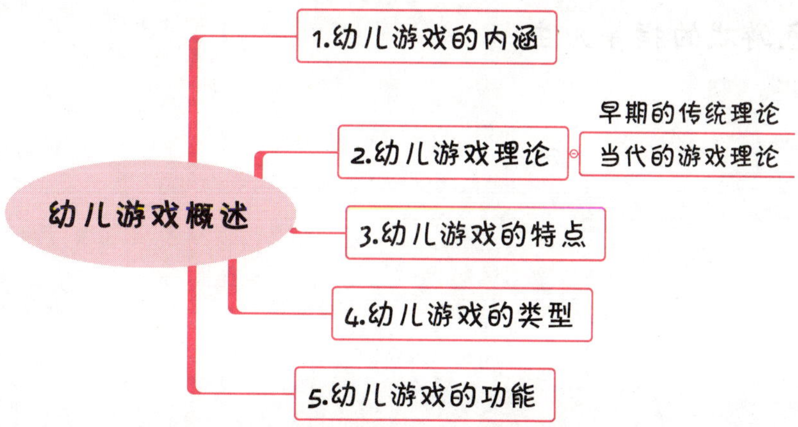




## 考点精讲

游戏是一种主动、自愿、愉快、假想的社会性活动，是学前儿童获得知识的最有效手段。

### 一、幼儿游戏的内涵　考点1

**（一）游戏是幼儿最喜爱的活动，是幼儿生活的主要内容**

在一日生活中，除了吃饭、睡觉等生活活动外，幼儿绝大多数的时间都在游戏；而且相比其他活动，游戏的次数也很多。

**（二）游戏是幼儿对生长的适应，符合幼儿身心发展的特点**

幼儿身心发展的水平较低，但发展的速度却很快。幼儿身心的快速发展是以幼儿的多种需要——运动

的需要、交往的需要、操作和探索的需要等的满足为前提的。由于幼儿的年龄小,实践能力还较差,这些需要很难在真实生活中得到充分满足,为解决身心发展及其需要在现实中与实际能力之间的矛盾。幼儿须创造并参与游戏,到游戏中去满足需要,适应生长。

幼儿身心发展的水平决定了幼儿游戏的水平,幼儿游戏的内容、形式等与其实际身心发展水平是相一致的。因此,也可以说游戏是与幼儿身心发展水平相适应的主要活动。

### (三)游戏是幼儿的自发学习

对幼儿来说,游戏不仅仅是一种消遣,还是幼儿的主要学习方式。那种认为游戏与学习完全对立,甚至认为游戏是“不正经的事”的观念是错误的。幼儿在游戏中学习,在游戏中健康成长。

幼儿在游戏中的学习是一种自发的学习,这种学习与其他形式的学习相比,具有以下三个特点:(1)学习的目标是隐含的;(2)学习的方式是潜移默化的;(3)学习的动力来自幼儿内部。

## 二、幼儿游戏理论

考点2

### (一)早期的传统理论

| 理论 | 代表人物 | 观点 |
| --- | --- | --- |
| 复演说 | 霍尔 | 远古时代人类祖先的生活特征在幼儿身上的重演 |
| 精力过剩说 | 席勒—斯宾塞 | 把游戏看作是幼儿借以发泄体内过剩精力的一种方式 |
| 机能快乐说 | 彪勒 | 幼儿从行动中获得机体愉快的手段 |
| 生活预备说 | 格罗斯 | 是幼儿对未来生活的无意识的准备 |

### (二)当代的游戏理论

| 理论 | 代表人物 | 观点 |
| --- | --- | --- |
| 精神分析理论 | 弗洛伊德、埃里克森 | ①游戏是补偿现实生活中不能满足的愿望和控制创伤性事件的手段;<br>②在游戏中,幼儿可以“复活”他们的快乐经验,也能修复自己的精神创伤 |
| 认知动力说 | 皮亚杰 | ①游戏是幼儿认识新的复杂客体和事件的方法,是巩固和扩大概念、技能的方法,是使思维和行动结合起来的方法;<br>②幼儿在游戏时并不发展新的认知结构,而是努力使自己的经验适合于先前存在的结构,即同化;<br>③幼儿认知发展的阶段性决定了幼儿特定时期的游戏方式 |
| 学习理论 | 桑代克 | 游戏也是一种学习行为,遵循效果律和练习律,受到社会文化和教育要求的影响 |
| —— | 中国学者 | ①游戏具有社会性;<br>②游戏是想象与现实生活的一种独特结合;<br>③游戏是幼儿主动参与的、伴有愉悦体验的活动 |

## 三、幼儿游戏的特点

考点3

### (一)游戏是儿童自主自愿的活动(自由性)

学前儿童正处在身心迅速发展的时期。3岁后的幼儿的体质日趋强健,基本动作有一定的发展,能进行

手的操作活动;思维和想象力有一定发展,并能使用语言进行交往;独立活动的能力增强,具有参加活动的需要,游戏不要求务必达到外在的任务和要求,没有严格的程序和方式,儿童完全可以自由自在地进行游戏,玩什么,怎么玩,均由儿童自己决定。在游戏中,儿童是出于自己的兴趣和愿望、自发自愿自主地进行游戏,而不是在外在的强制下进行游戏,他们可以自由表达自己的内心,显露自己的潜力。所以,幼儿乐于从事游戏,游戏是儿童自主自愿的活动。

### (二)儿童重视的是游戏的过程,而非游戏的结果,无强制性的外在目的

儿童游戏没有任何功利的目的,既没有外部目标,也没有内在约定。儿童参加游戏就是为了享受游戏的过程,而非追求游戏的结果。一旦儿童的游戏活动被设定为达到某个目标,就会给儿童带来无形的压力,儿童就难以享受无拘无束的游戏过程了。这样的活动也终将被儿童贴上"非游戏"的标签。因此,成人在评价儿童的游戏时,应着重在儿童参与游戏过程的情况,而非最终的成果或结果上。当然,成人在设计、指导儿童游戏时,仍然可以给游戏外加一定的目的,如通过在游戏中扮演警察培养儿童遵守规则的意识;扮演医生,培养儿童关心他人等。但这并不需要儿童在游戏中明确这个目的,追求实现这个目的,儿童的兴趣仍然在于游戏的过程。事实上,儿童游戏活动所实现的目的不是靠人为的设定和要求达到的,而是随着游戏活动过程的展开自然而然实现的。

### (三)游戏是充满想象和创造的活动(想象性)

儿童在游戏过程中能够充分发挥其想象力,创造不同的玩法。如儿童在玩沙、玩泥的时候,会想出不同的玩法,并且玩得津津有味。游戏的假想性是以模仿现实生活的某一个侧面为基础,但又不是照样模仿,而是加入了儿童的想象活动。儿童可以依靠想象不断变换物体的功能,不断变换人物的角色,不断变换游戏的情节,儿童在想象中把狭小的游戏场所变成无比广阔的天地。可以说,正是儿童的想象和创造性,才使游戏的方式千变万化、多姿多彩,富有趣味性。

### (四)游戏具有假想成分,是在假想的情景中反映社会生活,是虚构和现实统一的活动(虚构性和社会性)

游戏是在假想的情境中反映真实的生活,是虚构和现实的统一。儿童游戏分角色、情节、行动以及玩具或游戏材料,往往只有象征的,具有明显的虚构性。但儿童的游戏并不是主观臆断或者空想,也不是对周围生活的机械模仿,而是以客观现实为依据,是周围生活的反映和写照,是通过想象将日常生活中的表象形成新的形象,用新的动作方式去重演别人的活动。游戏的假想性是指儿童的游戏是想象与现实的结合,是儿童在假想的情境中对生活经验的创造性反映。

游戏的主题内容、角色情节、游戏规则以及行为方式都具有社会性,是对现实世界的反映,是儿童渴望和参与成人的社会生活的反映。据调查显示,城市幼儿园中角色游戏主题出现频率由高到低的顺序为:娃娃家、汽车、医院、幼儿园、理发店、食堂、电影院、火车、照相馆、百货公司、菜场、动物园、图书馆。分析影响幼儿选择游戏主题的一个重要原因就是这些主题是幼儿亲身所熟悉的内容,比较了解其中人物的活动。所以,游戏是虚构与现实相统一的活动。

幼儿对游戏的假想表现在:

(1)对游戏角色的假想(以人代人);(2)对游戏材料的假想(以物代物);(3)对游戏情景的假想(情景转换)。

### (五)游戏是能给儿童带来积极情感体验的活动(愉悦性)

游戏是儿童快乐的源泉。在游戏中,儿童能控制所处的环境,表现自己的能力和实现自己的愿望,因而能够使儿童获得愉悦感、胜任感和满足感。儿童的游戏活动没有强制的目标,因而降低了为达到目标而产生的紧张,耗费精力小,也使儿童感到轻松、愉快。事实上儿童总是在情绪积极时才做游戏,游戏又给儿童带来积极的情绪。

### (六)游戏是具体的活动

游戏是非常具体、形象的活动。每个游戏都有具体的内容、情节、角色、动作、实际的玩具和游戏材料,游戏角色之间还有对话,所有这一切,会不断引起儿童的表象活动。在这些表象的引导之下,儿童的游戏变得兴趣盎然,其乐无穷。

## 四、幼儿游戏的类型

考点4

### (一)以游戏活动中占优势的心理成分为依据的分类

这种分类以奥地利心理学家比勒的观点为代表。比勒认为游戏是儿童全面发展的一个手段,他从儿童对游戏的体验形式将游戏分为四类。

**1. 机能游戏**

根据儿童爱好手足运动、爱听音乐等机能的发达,以确定或探索所存在的问题。

**2. 想象游戏**

再现成人的生活,如开火车、过家家等,这种游戏占优势的心理成分是模仿与想象。

**3. 接受游戏**

儿童处于"观众"地位,愉快地欣赏所见所闻,如听故事、看画册、参观动物园等。

**4. 制作游戏**

儿童主动地创造与建构,如绘画、折纸、积木等。

### (二)以儿童社会性发展为依据的分类

这种分类以帕登的研究为代表。帕登认为儿童之间的社会性互动随着年龄的增长而增加,他把游戏分为以下六种。

(1)非游戏行为。儿童在0~2岁时,没有同任何事物或任何人进行游戏,在房间里闲荡,跟随成人。

(2)旁观游戏。儿童2岁以后开始观看其他儿童的游戏,他的兴趣集中在别人的游戏上,而没有参与到游戏中去。

(3)独立游戏。2岁半以后能自己玩玩具,进行游戏,不参与别人的游戏,似乎没有意识到其他儿童的存在。

(4)平行游戏。2岁半至3岁半以后的儿童,在其他儿童的旁边游戏,也许选择一个和旁边儿童一样的玩具、材料和活动,虽然把主要精力放在自己的游戏上,但其游戏的方式却类似于其他儿童。

(5)联合游戏。3岁半至4岁半以上的儿童,在小组里与同伴交换材料,一起游戏,但事先没有确定游戏的目的。

(6)合作游戏。4岁半以上的儿童,在小组中大家共同游戏,有预期的目的和目标,如要搭建一个城堡或比赛谁跑得更快。

### (三)以认知发展为依据的游戏分类

以皮亚杰等为代表的认知学派倾向于将认知发展作为儿童游戏分类的依据。他们认为游戏的发展是沿着认知发展的线索而展开的,在不同的认知发展水平上,便会出现不同水平的游戏形式。依据儿童游戏的认知特点,可将游戏分为以下四种:

**1. 感觉机能性游戏**

感觉机能性游戏又称为练习性游戏或机械性游戏。它是儿童发展中最早出现的一种游戏形式,其动因来自感觉器官所获得的快感,由简单的重复运动所组成。例如,奔跑、跳跃、攀登、拨浪鼓、骑木马、敲打和摆弄物体等。这类游戏往往以独自游戏或各自游戏的形式发生,随着儿童年龄的增长这类游戏的比例逐渐

下降。

**2. 象征性游戏**

象征性游戏是处于前运算阶段(2～7岁)儿童常进行的一类游戏。它是把知觉到的事物用它的替代物来象征的一种游戏形式。儿童将一物体作为一种信号物来代替现实的客体,这就是象征游戏的开始。象征性游戏的初级阶段就是以物品的替代而获得乐趣,随着儿童年龄的增长和知识经验的不断丰富,儿童的象征功能也在不断发展。他们会通过使用替代物并扮演角色来模仿真实生活。这时的象征性游戏就进入角色游戏阶段,最常见的“过家家”“医院”“商店”“公共汽车”等游戏,都借助了一些替代物品通过扮演角色并反映种种社会生活、场景和人物。象征性游戏是学前儿童最典型的游戏形式,对儿童人格和情绪的发展都能发挥一定的功效。基于它的这一功效,现代的游戏治疗也是通过这种游戏形式得以实现的。

**3. 结构性游戏**

**结构性游戏**又称建构游戏或造型游戏,是指儿童运用积木、积塑、金属材料、泥、沙等各种材料进行建构或构造,从而创造性地反映现实生活的游戏。这类游戏有三个基本特点:(1)以造型为基本活动,往往以搭建某一建筑物或物品为动因,如搭一座公园的大门、建一个汽车的模型等;(2)活动成果是具体的造型物品,如门楼、飞机、坦克、卡通形象等;(3)它与角色游戏存在着相互转化的密切关系。一般认为结构游戏的发展呈现了如下的顺序:1.5岁左右,儿童开始简单堆叠物体;2～3岁时,儿童往往先动手后构思,主题不明,成果简单、粗略、轮廓化;3～4岁儿童逐渐能预设主题,成果的结构相对复杂,细节相对精细;5岁以后儿童结构游戏中的计划性有所增强,并可以多人分工、合作完成大型的建构;5～8岁时,结构性游戏的比例达到了顶峰。

**4. 规则性游戏**

**规则性游戏**是一种由两人以上参加的,按一定规则从事的游戏。规则可以是由成人事先制定的,也可以是按照故事情节要求的,还可以是儿童按他们假设的情节自己规定的。这类游戏一般是4～5岁以后发展起来的。研究表明,幼儿中期的儿童能按一定的规则进行游戏,但是也常常会出现因为自己的兴趣或好恶而忘记或破坏规则的现象。幼儿晚期的儿童,不仅能较好地开展这类游戏,还能较好地理解并坚持游戏的规则,并运用规则约束参加游戏的所有成员。幼儿中晚期经常开展的体育游戏、运动竞赛、智力竞赛等都属于规则性游戏,这类游戏可以一直延续到成年。规则游戏是儿童游戏的高级发展形式。



**真题对接**

**【2015年上半年真题】**儿童最早玩的游戏类型是(　　)

A. 练习性游戏　　B. 规则性游戏

C. 象征性游戏　　D. 建构游戏

**【答案】**A

**【2014年下半年真题】**幼儿拿一根竹竿当“马”骑,竹竿在这个游戏中属于(　　)

A. 表演性符号　　B. 工具性符号

C. 象征性符号　　D. 规则性符号

**【答案】**C

**【2015年下半年真题】**幼儿以积木、沙、雪等材料为道具来模仿周围现实生活的游戏是(　　)

A. 表演游戏　　B. 结构性游戏

C. 角色游戏　　D. 规则性游戏

**【答案】**B

### (四)以游戏的教育作用为依据的游戏分类

这种分类是按游戏的教育作用来分类,是我国较多采用的一种分类方法。按照这种分类方法,幼儿园游戏可以分为角色游戏、结构游戏、表演游戏、体育游戏、智力游戏、音乐游戏和娱乐游戏等。

**角色游戏**

学前儿童以模仿和想象,通过扮演角色,创造性地反映周围现实生活的一种游戏,又称想象性游戏。

**结构游戏**

儿童利用积木、积塑、泥、沙等结构材料进行建造的游戏。

**表演游戏**

儿童根据故事、童话的内容,运用动作、表情、语言、扮演角色,进行创造性表演的游戏。

**体育游戏**

以身体练习为主要内容,以发展基本动作为目的的游戏活动。

**智力游戏**

以生动、新颖、有趣的游戏形式,使儿童在轻松愉快的活动中,增进知识、发展智力的游戏。

**音乐游戏**

在歌曲或乐曲伴奏下进行的游戏。

**娱乐游戏**

以娱乐为主的游戏。

### (五)以儿童行为表现为依据的游戏分类

从儿童游戏所倚重的行为表现可分为:语言游戏、动作技能游戏、想象游戏、交往游戏、表演游戏。

**1. 语言游戏**

**语言游戏**指儿童时期运用语音、语调、词语、字形而开展的游戏,如合着语音、节奏的变化而展开的拍手游戏、绕口令、接龙等。随着儿童对语言规则以及语义的理解,儿童会用同音、谐音、多义、相关等语言技巧娱乐。这些游戏是以一定的语言元认知为前提的,既是一种游戏,也是一种元语言活动。

**2. 动作技能游戏**

**动作技能游戏**指通过手脚和身体其他部位的运动而获得快乐的游戏活动,既可以是一种户外进行的身体大幅度的运动,如相互追逐、荡秋千、滑滑梯、骑三轮车、攀登等,也可以是在室内桌面上进行的串珠、夹弹子、弹弹子、挑游戏棒、拍纸牌等相对精细的活动。这类游戏可以有简单的规则,也有纯机能性的,纯粹满足动作机能的快感。

**3. 想象游戏**

**想象游戏**又被称为象征游戏、戏剧游戏、角色游戏、假装游戏、假想游戏。这些名称的含义虽然有细微的差异,但它们常常被互换使用。这类游戏的主要特征就是:(1)儿童将事物的某些方面做象征性的转换,如以玩具或玩物代表实物(用一块积木代表电话、将小板凳当火车等);(2)以某个动作代表真实的动作(张开双臂跑代表飞机在飞、双脚并拢往前跳代表小兔子在跳);(3)以儿童自己或其他儿童代表现实或虚构的角色(扮演妈妈、医生、司机、营业员、小白兔、卡通人物等)。

想象游戏以儿童的想象为转移。随着儿童生活经验和想象力的丰富,社会生活中的各种角色都可能成为儿童游戏中所扮演的角色:爸爸、妈妈、医生、司机、营业员、动画或卡通形象都是儿童在游戏中乐于扮演的角色。

**4. 交往游戏**

交往游戏指两个以上的儿童以遵守某些共同规则为前提而开展的社会性游戏。这类游戏以参与者之间的行为互动为其特点。在使用游戏材料方面采用协商分配或轮换的形式。交往游戏按交往的性质可分为合作游戏和竞争游戏,对于指导儿童与他人交往方面有很重要的价值。在游戏中儿童常遇到自己与他人的需要或情感相冲突的局面,因而可以发展他们的言语和非言语的沟通技能,还可以培养负责任、耐心、愿意分享、合作等品质。

**5. 表演游戏**

表演游戏又称为戏剧游戏,它是以故事或童话情节为表演内容的一种游戏形式。在表演游戏中,儿童扮演故事或童话中的人物,并以故事中人物的语言、动作和表情进行活动。这种游戏也是以想象为基础的。这种游戏和角色游戏有其相同点,即都是幼儿做扮演角色的游戏,以表演角色的活动为满足。二者的区别在于表演游戏中,幼儿扮演的角色是以一定的故事或童话为依据,情节内容也是对故事或童话情节内容的反映;而在角色游戏中,幼儿扮演的角色既是生活印象的再现,又是幼儿自由创造的表现。

### (六)以教育的目的性为依据的游戏分类

游戏可以是一种儿童自发、自愿的活动,没有任何的功利和目的,但同时,游戏也可以成为一种有效的教育手段,利用游戏的手段,达到教育的目的和功效。因此,依据游戏中的教育目的性成分,可以将儿童的游戏分成自发游戏和教学游戏。

**1. 自发游戏**

自发游戏是儿童自己发起的、自愿参加的、自主支配的游戏。它一方面反映了儿童的认知特点和社会性等方面的发展水平,另一方面也反映了儿童的兴趣爱好。儿童的自发游戏对于儿童创造性的发展是极有价值的。游戏的主题、材料、规则都是儿童自己规定、自己确立的,这些都源于儿童创造性的萌芽和发展。儿童的自发游戏是儿童的权利,应得到尊重。当然儿童的自发游戏有时也需要成人加以适当的引导,使游戏的题材和内容更加健康、有趣、积极。

**2. 教学游戏**

教学游戏是指在幼儿园中,游戏被作为一种教育手段和教育组织形式而加以运用。教学游戏就是根据幼儿园教育大纲和课程的要求,有目的、有计划地进行设计和开展的游戏。

它是以预先编好了主题情节、预先规定了规则的形式介绍给儿童的,教学游戏追求一定的教育目的。教学游戏一般包括四部分,即游戏的目的、玩法、规则和结果。游戏的目的是完成一定的教学任务或发展儿童某方面的能力。游戏的玩法是指在游戏中对儿童的要求,玩法要紧密围绕和服从游戏的目的,同时要有趣味性并能吸引儿童。游戏的规则是游戏中关于被允许和被禁止的规定和说明。游戏的结果是儿童在游戏中努力达到的目标。幼儿园的教学游戏有智力游戏、体育游戏和音乐游戏等。幼儿园在运用教学游戏时,应注意维护游戏的纯正性和趣味性,同时不应剥夺儿童自发游戏的权利和机会。

### (七)学前教育机构常见游戏的分类

心理学把儿童心理发展作为着眼点,研究儿童自然的游戏。教育学把游戏作为教育手段、作为着眼点,既注意儿童自然的游戏,又注意为儿童编制有规则的游戏。为了便于教师在学前教育机构运用和指导,根据学前教育机构游戏的特点,可将游戏分为两大类:

(1)创造性游戏:这类游戏强调儿童的主动性和创造性,大都由儿童自由地玩。包括角色游戏、结构游戏和表演游戏。

(2)有规则游戏:这类游戏是成人在儿童自发游戏的基础上,为一定的教育目的而编制的,大都由教师

组织儿童进行，有时也可以由儿童组织进行。包括体育游戏、智力游戏、音乐游戏等。

这两类游戏有时是相互联系的。因为各种游戏包含的范围很广泛。有些有规则游戏其中也包含着创造性的成分，而创造性游戏在儿童还不会玩时，也需要教师的组织和指导。对幼儿园各种游戏及相互之间关系有具体了解，有助于我们更好地运用和指导幼儿的游戏。

关于学前儿童游戏的分类还有很多种，无论哪一种分类，都有一定的标准和依据，以上游戏的分类并不是绝对的。它们之间可能是相互包容的。

## 五、幼儿游戏的功能

考点5

游戏是幼儿最喜爱的活动，幼儿在游戏中学习和成长，游戏对幼儿的身体、智力、创造力、情感、社会性、美感的发展都具有重要的积极作用。

### （一）促进幼儿体力的发展

幼儿的许多游戏都含有生理活动，这能够锻炼幼儿的身体，促进幼儿正常的生长发育，增强幼儿的体质。

(1)游戏有利于幼儿大肌肉的发展。当幼儿在进行行走、奔跑、跳跃、平衡、投掷、钻爬、攀登、挖掘等方面的游戏时，他们身体的许多部位就得到了锻炼，动作就得到了发展。

(2)游戏有利于幼儿小肌肉的发展。当幼儿玩玩具，扭扭转转、剪剪贴贴、拼拼画画、做做玩玩时，他的手部肌肉就得到了训练，手指活动变得越来越精确。

(3)游戏有利于幼儿躯干肌肉的发展。游戏不仅能使幼儿的手脚经受锻炼，而且还能使幼儿的躯干得到运动。

(4)游戏有助于幼儿感觉运动技能的提高。通过游戏，幼儿的各种技能都得到了锻炼，并日益完善起来。

(5)游戏有助于幼儿对身体机能的认识。在游戏中，幼儿能逐渐意识到自己的身体能做什么事情，自己喜欢做什么事情等。

### （二）促进幼儿智力的发展

游戏是幼儿智力发展的动力，对幼儿智力的发展有重要的影响，通过游戏，幼儿开始认识世界，了解事物之间的关系，知识、技能、能力都得到了相应的发展。

(1)游戏丰富了幼儿的知识。游戏是幼儿学习知识最有效的途径，幼儿在游戏中通过使用材料和器械，从中习得了许多关于周围世界的基本知识和主要概念。

(2)游戏提高了幼儿的感知能力。幼儿通过游戏，能更好地认识物体的颜色、形状、大小等特性。例如，经过玩水，幼儿就了解了水的无色无味、透明、流动、有重量等特性。

(3)游戏激发了幼儿的想象力。幼儿在游戏中要进行想象，把一个物体想象成另外一个物体，把一个人想象成另外一个人，在此过程中，幼儿的想象力就得到了发展。

(4)游戏发展了幼儿的思维能力。在游戏中，幼儿要对自己的行为做出决定：玩什么，怎么玩，和谁一起玩，用什么样游戏的材料和玩具来玩，使幼儿有机会去进行分析、判断、推理、概括和总结，发展抽象逻辑思维能力。

(5)游戏培养了幼儿的语言能力。幼儿在游戏中，产生了交往的需要，语言就发展起来了。通过游戏，幼儿扩大了词汇量，加深了对词义的理解，语言表达能力也随之得到了发展。

### （三）促进幼儿创造力的发展

幼儿对游戏充满了兴趣，在游戏中，幼儿能够无拘无束地玩耍，产生许多新颖的想法和独特的行为，激发了创造性的萌生和发展。

(1)游戏为幼儿提供了宽松的心理氛围。喜欢游戏的幼儿大都具有创造性,因为游戏与创造既有相似的过程,又有相同的心理氛围。幼儿的创造性只有在自由、轻松、愉快的气氛中才能产生,而游戏则为幼儿提供了这种心理氛围。在游戏中,幼儿的神思遐想、奇异行为,不但不会受到教师批评、指责,反而还能得到接纳、赞赏,而这又会成为一种信息反馈,强化幼儿的创造思维和行为。

(2)游戏催发了幼儿的探究行为。好奇心和探究欲是幼儿创造性的"火花",游戏则能"点燃"它,并使之"熊熊燃烧"起来。幼儿的探索行为有利于其创造力的发展。

(3)游戏激发了幼儿的发散性思维。发散性思维是幼儿创造性的重要表现,在游戏中,幼儿能变换各种方式来对待物体,通过对同一游戏材料做出不同的设想和行为,或对不同的物体做出同一种思考和动作,就能扩大幼儿与游戏材料相互作用的范围,增加相互作用的频率,使求异思维得到充分的训练。

(4)游戏提高了幼儿的创造性水平。象征游戏是幼儿期幼儿的典型游戏,也是幼儿最喜爱的一种游戏,幼儿进行这种游戏,对其创造力水平的提高有直接的影响,这已被一些研究(如邓斯克等人的研究)所证明。

### (四)促进幼儿情感的发展

游戏在幼儿的情感发展中有重要作用。它不仅能满足幼儿表达自己情感的需要,而且还能使幼儿的良好情感得到发扬光大,不良情感得到控制和矫正。

(1)游戏使幼儿有机会表现自己的情感。幼儿的喜、怒、哀、乐等各种情感,都能在游戏中完全、妥当地表现出来。例如,在表演游戏中,幼儿戴上一个"咧嘴大笑"的面具,来表现文学作品中人物的喜悦心情;戴上一个"横眉冷对"的面具,来表现文学作品中人物的愤怒心情。

(2)游戏能使幼儿充分体验到快乐之情。幼儿喜欢游戏,游戏是由快乐原则所支配的,游戏能给幼儿带来极大的欢愉。根据对180名幼儿园小、中、大班幼儿的调查,发现在回答"使你感到最高兴的事情是什么"的问题时,有1/4以上的幼儿(46位幼儿,占25.6%)都答道是"做游戏"。其中小班有11名;中班有22名;大班有13名。

(3)游戏能帮助幼儿克服恐惧情绪。令幼儿感到恐惧的事情很多,游戏能起到缓解幼儿的紧张心理、降低幼儿的惧怕情绪的作用,从而减少幼儿的心理压力,使幼儿的心理处于健康状态。

(4)游戏能使幼儿进行情感宣泄。"游戏治疗"的理论和实践已经表明,游戏是幼儿发泄自己不良情感的一种重要形式,通过游戏,使幼儿的情绪变得平静、缓和,有利于抑制、降低消极情绪的负面作用。

### (五)促进幼儿社会性的发展

游戏是幼儿进行社会交往的起点,并为幼儿提供了大量交往的机会,使幼儿逐步学会了认识自己和同伴,并能正确地处理自己和同伴之间的关系,社会交往能力得到提高,加快了幼儿的社会化进程。

(1)游戏有助于克服幼儿的自我中心。自我中心是幼儿的一种非社会行为,有效地控制这种行为是幼儿与同伴进行交往的基础,游戏对于幼儿学习克制这种行为有明显的效果。

(2)游戏培养了幼儿的合群行为。有些幼儿比较孤僻,不喜欢参加集体活动,不爱与别人交往,喜欢独自一个人进行活动,显得不合群,游戏能为幼儿提供与别人相互作用的机会,使幼儿感受到"大家一起玩"真开心,用集体的欢乐来温暖孤独的心,使之变得合群起来,为将来成功地走向学习和生活创造良好的条件。

(3)游戏提高了幼儿的交往技能。游戏扩大了幼儿的社交范围,增加了幼儿的社交频率,使幼儿掌握了与人交往的技能和艺术,社交能力得到不断的提高。

(4)游戏发展了幼儿遵守规则的能力。在游戏中,幼儿作为集体的一员,要受到集体规则的制约,按照集体的意志去行动,否则,他就会被这个游戏集体所淘汰。

(5)游戏锻炼了幼儿顽强的意志。在游戏中,幼儿能够克服困难,坚持把事情做到底,毅力、耐心、坚持性得到了发展。许多游戏研究都证明了这一点。

**真题对接**

【2018 年上半年真题】在角色游戏中，教师观察幼儿能否主动协商处理玩伴关系，主要考察的是(　　)

A. 幼儿的情绪表达能力　　B. 幼儿的社会交往能力

C. 幼儿的规则意识　　D. 幼儿的思维发展水平

【答案】B

### (六)促进幼儿美感的发展

游戏是幼儿产生美感的重要源泉。在游戏中，幼儿能自由自在地感受美、表现美和创造美。

(1)游戏的设施有利于幼儿领略美。(2)游戏的内容有益于幼儿欣赏美。(3)游戏的成果有助于幼儿再现美。(4)游戏的过程有利于幼儿大胆创造美。

### (七)促进儿童心理理论的发展

心理理论是当代发展领域研究的热点，也是游戏与发展关系中备受关注的问题。**心理理论**是指儿童对自己和他人的心理状态(如信念、愿望、意图、感知、知识、情绪、需要等)的认识，以及据此对相应行为做出因果性的预测和解释的能力。对错误信念的理解是儿童拥有心理理论的主要标志。

近年来研究人员对游戏与心理理论的发展进行了研究。研究发现，那些在 33 个月时有更多的角色扮演游戏行为的儿童，在 44 个月时，在错误信念任务中的表现要明显高于在 33 个月时很少有角色游戏行为的儿童。玩过角色游戏的儿童，能抑制自己获得的独有信息，错误信念任务的通过率明显高于控制组儿童。可见，社会性游戏对儿童的社会认知发展和心理理论发展有重要作用。

**真题对接**

【2015 年上半年真题】个体认识到他人的心理状态，并由此对其相应行为做出因果性推测和解释的能力称为(　　)

A. 元认知　　B. 道德认知

C. 心理理论　　D. 认知理论

【答案】C

## 第二节 影响儿童游戏的因素

(本节共 3 个考点)

### 考向分析

本节主要介绍影响儿童游戏的物理环境因素、影响儿童游戏的社会环境因素、影响儿童游戏的个体因素等相关知识。相关知识点考频分析如下表：

| 考点 | 考查频率 | 题型 | 重要程度 |
|---|---|---|---|
| 影响儿童游戏的物理环境因素 | 1 | 单项选择 | ★ |

本节知识主要以单项选择题的形式考查。单项选择题考查的比较精细，考生在复习的时候要认真。

## 思维导图

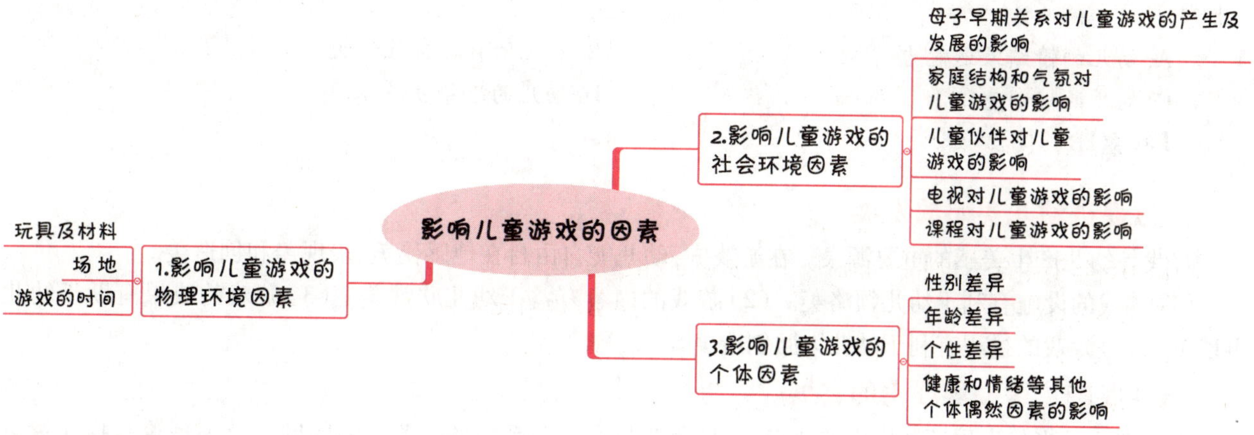


## 考点精讲

### 一、影响儿童游戏的物理环境因素

考点1

物理环境因素是游戏活动中物的要素或条件,包括玩具、游戏场地、游戏时间等因素。

#### (一)玩具及材料

玩具是游戏的工具,是游戏的物质条件。儿童的思维是以具体形象性为主,凭借着对具体的玩具的感知,可以引起儿童一定的动作或活动及其相应的心理体验(如直接联想和想象等),为各种游戏的开展创造了条件。研究表明,玩具的种类、特点、数量及其搭配关系等都影响着学前儿童的游戏。

**1. 玩具的种类及其特点对儿童游戏的影响**

玩具的种类划分有不同的角度,一般的从其功能的特点,可把常见的儿童玩具大体划分为以下几类:

(1)形象玩具。主要有玩具娃娃、玩具动物、交通玩具、医院玩具、模拟日常用品的玩具(如碗、杯子、衣服)等。此类玩具在象征性游戏的角色扮演中占有重要地位。

(2)智力玩具(益智玩具)。主要有拼图、拼板、镶嵌板、魔方、套塔、套碗、棋类玩具、纸牌等,侧重于促进儿童智力的发展,在智力游戏中较为常用。

(3)结构造型玩具(建构玩具)。主要指积木、积塑、橡皮泥、黏土、沙、雪等各种结构造型材料,既有人为的,也有天然的(有的将颜料、蜡笔、剪刀等辅助工具也归入此类)。儿童在建构活动中,运用的主要是这类玩具。

(4)体育玩具(运动性玩具)。主要是指在体育活动中所使用的各种设备器械、材料等。按形体大小可分为大型体育活动设备(如荡船、滑梯、攀登设备、大型转椅等)、中型体育玩具(如秋千、木马、平衡木、脚蹬三轮车等)和小型体育玩具(如皮球、跳绳、呼啦圈、毽子等器械)以及沙、土、水、雪等某些天然材料。这类玩具,有助于发展儿童的基本动作和运动技能,增强体质,促进身体发育。

(5)音乐玩具。各种能发出悦耳声响的玩具,如小铃铛、小喇叭、口琴、小铃鼓、花啷棒等。

(6)娱乐玩具。主要是一些小动物或人物的滑稽造型,如"小鸭游水""小猴打鼓""小鸡吃米"等。此类玩具,主要给儿童以欣赏性的快乐。

(7)某些日常用品(往往是废旧的)或天然材料及其自制玩具。

在很大程度上,儿童对某类玩具喜好的倾向性,反映着儿童游戏发展的程度及其个体差异性。

儿童在象征性游戏中，专门化的玩具由于其功能固定，用法较确定，游戏的内容（主题和情节）就较为单一，而非专门化的玩具，由于其用法的不确定，为儿童想象力的发挥留有更大的余地，游戏的情节就更丰富，其主题更加多样化。

伴随着年龄的增长，能力不断发展，儿童在游戏时对不同种类及特点的玩具需要上是逐渐演变的。

还有一些研究者发现，玩具是新是旧也影响着儿童游戏。当新玩具作为新异刺激刚呈现，此时儿童需要熟悉玩具，其游戏行为就更具有探究性（有人以为这只是探究活动，不是游戏）。而对熟悉的旧玩具，儿童要将熟悉的东西变得新奇，其游戏行为就更具有嬉戏性、自主性。

**真题对接**

【**2016年下半年真题**】下列玩具，不是从功能角度分类的是（　　）

A. 运动性玩具　　B. 建构玩具

C. 益智玩具　　D. 传统玩具

【**答案**】D

**2. 玩具之间的搭配关系对儿童游戏的影响**

不同种类和数量的玩具相互搭配放在一起，构成一定的知觉场，影响着儿童游戏的性质和主题。对于不同特点（种类）的玩具不同数量的搭配对游戏的影响，则显得更为复杂。

玩具在搭配上注重系列化、联系性对儿童游戏及其智力发展更有效。对同一类型或特点的玩具也是如此，如教育家蒙台梭利为儿童创设的各种教具（如感官教具等）中，都十分注重玩具各种特征的顺序，在儿童的操作训练中比较强调严格的程序。注重玩具之间联系的组合性玩具可更多地引起儿童的联系性动作，且游戏持续的时间比其他搭配方式的玩具组更长。

### （二）场地

场地是儿童游戏的空间。场地的空间密度、地点、结构特征及设备的位置对儿童游戏产生着一定的影响。

**1. 游戏场地的空间密度对儿童游戏的影响**

游戏场地的空间密度包括游戏人口密度和游戏材料密度两个方面。它表现为儿童活动空间的大小，并且影响到儿童所能获得的游戏材料（或玩具）的数量，也最终影响到儿童具体的游戏行为及儿童之间的相互关系。一般而言，较大的空间，可增加社会性游戏及其打闹混战的游戏的发生频率，而个人的安静的游戏一般多发生在较小、封闭式的空间中。

**2. 游戏场地的地点（户内或户外）对儿童游戏的影响**

如果让孩子自由选择，年长的幼儿比年幼的幼儿更倾向于选择户外游戏；而且，男孩较女孩更喜欢户外游戏，他们在户外游戏的时间和发生频率也高于女孩。但是在室内没有发现有明显的差异。另外，在户外场地，儿童较少发生结构或建构性游戏。

**3. 户外游戏场地的结构特征对儿童游戏的影响**

从结构特征上看，户外游戏场地可分为传统游戏场地和创造性游戏场地。传统的游戏场地虽然可以发展儿童的动作与运动能力，但是不利于发展幼儿的想象力。而创造性游戏场地有多种多样的、可移动的且用途多样的设备，孩子可以根据自己的想象和爱好创造性地使用它们。

**4. 游戏设备在游戏场地中的位置的影响**

安放在场地中心位置的设备比角落位置的设备能引起幼儿更多的相互作用的游戏，且设备的使用率也较高。

### （三）游戏的时间

如果游戏的时间短促，幼儿尚未掌握游戏的技巧，或仍未了解玩具的特征便要停止的话，会阻碍幼儿愿

望的实现,幼儿不仅不能感受到游戏的乐趣,也降低了游戏的发展价值。游戏时间直接影响着儿童游戏的数量和质量。

总之,物理环境因素对儿童游戏行为有着重要的影响。它相对于其他因素对儿童游戏的影响来说,是易于调控和支配的。因此,教育者可以有针对性、有目的性地改变和控制儿童游戏的物理环境,来引导学前儿童更好地进行游戏活动,促进他们健康全面地发展。

## 二、影响儿童游戏的社会环境因素 考点2

### (一)母子早期关系对儿童游戏的产生及发展的影响

母亲(也可以是看护人)与婴儿所结成的早期的社会性关系对学前儿童游戏的产生和发展具有重要影响。这种影响首先表现为在母与子的相互作用活动中,孕育着以后社会性游戏的雏形。

母子之间的社会性关系不仅影响着游戏中社会性因素的发展,而且也制约着儿童与物之间的非社会性关系的建立。孩子第一个认识的人是母亲,可以说,儿童对物的认识要晚于对母亲的认识。孩子与母亲在一起,孩子往往看着母亲,母亲的一言一行都会引起孩子的注意,他会试图参与母亲正在进行的活动。因此母亲就能够把孩子的兴趣和注意力导向某些物体上去。

母亲对儿童游戏的影响还表现在她为孩子探索和游戏提供了安全感及其强化的作用。

总之,对儿童的游戏尤其是儿童早期的游戏,母亲充当着三种重要的角色,即导演、参与者和观察者。

### (二)家庭结构和气氛对儿童游戏的影响

父亲和母亲以及儿童作为成员组成了家庭的基本结构。父亲和母亲共同承担着对儿童教养的义务和职责。完整的家庭结构和家庭成员间的和谐关系所构制的良好气氛是儿童健康成长也是儿童游戏发展的根本保障。相反,父母在婚姻问题上的纠纷以及造成家庭气氛的紧张,使孩子感到焦虑不安、胆怯、孤僻等,这都会对儿童游戏产生不利的影响,表现为游戏发展迟缓、异常。

### (三)儿童伙伴对儿童游戏的影响

儿童与儿童所结成的伙伴关系,构成儿童世界的人际关系。孩子有无伙伴,以及伙伴的熟悉程度、年龄、性别等因素,都会对儿童的游戏产生不同的影响。

**1. 有无伙伴**

与伙伴的交往活动促进着儿童社会性的发展,儿童在游戏时有无伙伴也直接影响着儿童的游戏行为。

**2. 伙伴的熟悉程度**

在对3~4岁儿童与熟悉的和陌生的伙伴在一起时的游戏情形进行比较观察中,发现儿童与熟悉的伙伴比与陌生的伙伴一起游戏更倾向于合作、分享,而不是旁观和独自游戏,且象征性游戏的发生频率和时间均显著较高。

**3. 伙伴的不同年龄**

一般认为,让不同年龄的儿童在一起游戏,可以促进儿童的合作、分享、谦让等社会性行为的发展,能够使年长的和年幼的学前儿童都能在跨年龄的情景中整合自己的行为。一方面能扩大年长幼儿的社交技能,形成责任感、关心他人等良好品质,使自我意识得到更好的发展;另一方面,又能使年幼儿童从社会性经验更为丰富的幼儿那里学会与人相处、交往的技能,形成依恋、友好的情感。不同年龄的儿童在一起游戏,可使年长儿童更好地发挥和发展游戏活动的组织能力,年幼儿童可以学习到开展合作游戏的更多方法和经验。有研究表明,混合班儿童的平行游戏和小组游戏比非混合班儿童显著增多,且有更多的积极交往行为。

**4. 伙伴的性别**

有些研究发现,儿童与同性别的孩子一起游戏时,比他独自一人或与性别不同的孩子在一起,更多地尝试探究,更多地选择新颖的玩具或物体,在熟悉的玩具上注意持续的时间较少。当与异性的伙伴一起玩时,"与性别不相称"的游戏的方式比独自一人玩时显著减少。

### (四)电视对儿童游戏的影响

电视对儿童游戏的影响是积极还是消极,一方面取决于节目内容是否健康、是否适合于儿童的心理特点及发展水平;另一方面取决于孩子每天看电视的时间的长短是否适宜。

### (五)课程对儿童游戏的影响

高结构的课程有抑制儿童游戏的数量、水平的倾向。在高结构的课程中,建构性或有目的操作性游戏更为常见;在低结构的方案中,象征性游戏和合作的自然游戏更常见。教育是一个非常复杂的动态系统,不同结构特点的课程展示出教师组织儿童活动的方式、教师的态度(鼓励什么、提倡什么)、教育目标以及内容等各种因素的变化都会对儿童的游戏产生不同影响。课程集中地反映了教育因素对儿童游戏的影响,目前在这方面做进一步深入全面的研究是非常必要的。

## 三、影响儿童游戏的个体因素

考点3

个体的性别、年龄、兴趣、能力等使儿童的游戏具有自己独特的风格。

### (一)性别差异

学前儿童游戏的性别差异主要表现为对玩具、游戏的活动类型和游戏的主题及扮演角色等方面的不同偏爱。游戏中性别差异的形成是受到多种因素影响的结果。其中固然有生理差异的影响,但与父母的教养方式、社会文化传统等也有密切的关系。社会上的习俗和传统观念,总是以不同的方式鼓励着儿童性别角色的形成,儿童游戏的性别差异当然也就不会轻易消失。

### (二)年龄差异

儿童的游戏不仅具有性别上的差异,也有年龄上的差异。因体能、认知、语言、社会性等身心发展的诸多方面处于不同的阶段,不同年龄的儿童游戏也表现出不同的具体方式和发展水平。从感觉运动游戏、象征性游戏到规则游戏,从单独的游戏到多人合作的游戏,从内容的单一化到主题多元化,从形式上的简单化到复杂化,反映了儿童随年龄的增长、经验的丰富、能力的发展,在整个学龄前阶段游戏发展变化的一般趋势。透过学前儿童游戏发生、发展的一般变化过程,可见儿童在不同年龄阶段游戏的不同特点。

### (三)个性差异

儿童游戏在年龄上的差异主要表现为游戏发展的不同水平或层次,而由于儿童的个性(气质、性格、能力等)以及情感、社会性等心理特征所表现出来的相对稳定的倾向性不同,也使得儿童在对游戏的兴趣上和游戏的风格上等方面表现出不同的倾向特征,即在游戏上表现出明显的个性差异。

儿童游戏兴趣的差异表现为游戏性强或弱,即爱玩或不爱玩。一般认为,那些想象力丰富、有幽默感、好奇心强烈、情感丰富、性格开朗、好与人交际的儿童,具有更高的游戏性,表现为爱玩游戏,而且社会性和想象游戏的发展水平较高。

### (四)健康和情绪等其他个体偶然因素的影响

儿童活动时的健康及情绪状态等其他个体偶然因素也对游戏的行为直接产生影响。儿童如果患有疾病如心脏病或哮喘等,就不适宜进行一些活动量较大的游戏。即使平时身体健康的儿童偶尔传染上感冒、咳嗽等疾病,也会影响到情绪,对游戏不感兴趣,或者只选择活动量小或较安静的游戏,甚至不参与游戏,只是旁观。如果孩子疲倦或刚刚发生不高兴的事情,在游戏中也会显得无精打采。所以,学前儿童在游戏时的表现,往往就是当天的身体状况和情绪的判断指标。

总之,性别、年龄、能力、个性、健康等构成影响学前儿童游戏的个体身心因素。个体因素对游戏的影响,既有在纵向上不同发展程度的影响,也有在横向上不同发展倾向的影响;既有稳定而持久的影响,也有偶然的、暂时的影响。它们纵横交错,相互制约、共同作用,使儿童游戏不仅仅是带有共性的活动现象,也是一种带有差异性的个体行为,从而使儿童游戏表现出个体特征,并与外在各种环境因素相互作用,决定着游戏发生、发展的所有过程。

# 第三节　幼儿各年龄阶段游戏的特点及指导

（本节共6个考点）

## 考向分析

本节主要介绍尊重幼儿游戏的自主性、以间接指导为主、按幼儿游戏发展的规律指导游戏、按各种类型游戏的特点指导游戏、正确评价幼儿的游戏、使游戏成为幼儿园的基本活动等相关知识。相关知识点考频分析如下表：

| 考点 | 考查频率 | 题型 | 重要程度 |
|---|---|---|---|
| 尊重幼儿游戏的自主性 | 1 | 单项选择 | ★ |
| 角色游戏的指导 | 2 | 单项选择 | ★ |

本节知识主要以单项选择题的形式考查。单项选择题考查的比较精细，考生在复习的时候要认真。

## 思维导图

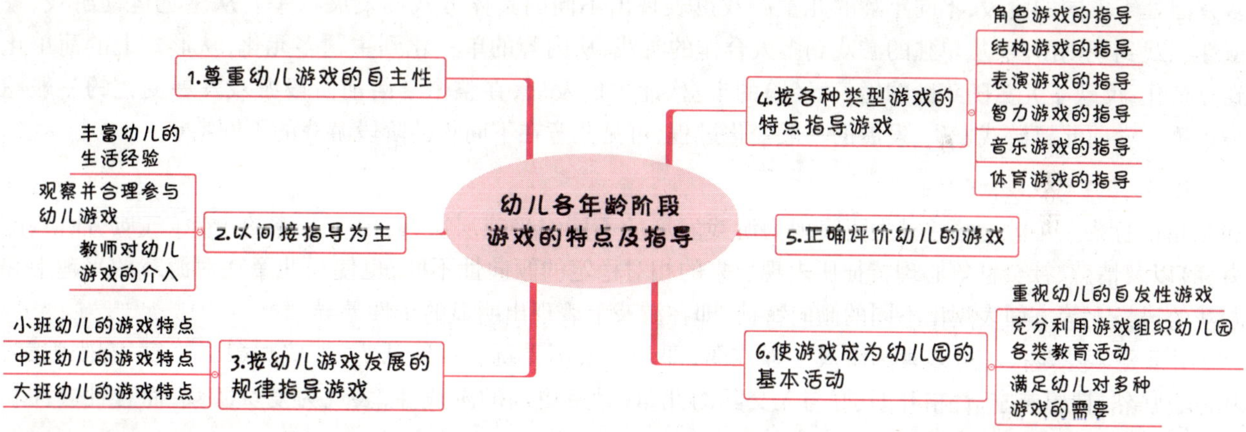


## 考点精讲

游戏是幼儿自主的活动，并不是说幼儿的游戏不需要教师的指导。相反，教师在幼儿游戏中起着很重要的作用。教师对幼儿游戏的指导必须以保证幼儿游戏的特点为前提。否则，一切指导都可能是徒劳的，甚至可能成为幼儿发展的障碍。

### 一、尊重幼儿游戏的自主性

考点1

**1. 尊重幼儿游戏的意愿和兴趣**

幼儿是独立的人，因而有着他们自己的意愿和兴趣。显然，幼儿在按自己的意愿和兴趣活动时，他们对活动有很高的自主性。他们在游戏开始、进行、结束中都有自己的想法。教师应予以尊重，而不能因为不符合自己的想法、经验或实际生活就不予以理睬、批评，甚至强行制止。

**2. 尊重幼儿游戏的氛围和游戏中的想象、探索、表现、创造**

幼儿游戏时的氛围是幼儿积极主动参与游戏的结果，是游戏“假想”的特点在游戏中的体现。教师不能因是游戏就随意去破坏这种氛围，否则会使游戏索然无味。幼儿在游戏中想象、探索、表现、创造的时候，也是幼儿自主性得到极大提高和体现的时候，是游戏功能正在实现的时候，所以教师应予以尊重、鼓励。

**真题对接**

【2016 年上半年真题】为了让幼儿在户外运动中一物多玩，最适宜的做法是(　　)

A. 教师集体示范　　B. 幼儿自主探究

C. 教师分组讲解　　D. 教师逐一训练

【答案】B

## 二、以间接指导为主

考点 2

### (一)丰富幼儿的生活经验

幼儿的游戏是对幼儿生活的反映，其生活经验是幼儿游戏的基础和源泉。教师要善于利用幼儿园的各种活动，如上课、参观、观察、劳动、娱乐、看书、讲故事等来丰富幼儿的知识经验，充实幼儿的日常生活，使幼儿在每天的生活中有新的收获。同时，教师也要指导家长，利用家庭中个别教育的优势丰富幼儿的生活经验。

### (二)观察并合理参与幼儿游戏

教师对幼儿游戏的观察不仅是为幼儿创设游戏环境、进行游戏准备的基础，而且还是教师参与幼儿游戏、进行游戏指导的前提。(1)成人通过细致的观察，可以了解幼儿的发展水平，并以此作为教育的依据；(2)通过观察，进一步了解幼儿游戏现状(如发现何时需要增加游戏时间、地点、材料和经验等)，从而使教师的参与、指导更有效益。教师应该有观察幼儿游戏的意识，重视对幼儿游戏的观察。观察时，应对幼儿的游戏行为进行思考，幼儿的某一个行为表示什么、意味着什么、为什么会做出这个反应、对幼儿的发展有什么价值等。同时，应观察幼儿对游戏的需要和兴趣，观察幼儿在游戏过程中的自制性和创造性，观察幼儿在游戏过程中体现出来的社会性发展水平、交往水平，观察幼儿在游戏过程中使用玩具的情况等。

在观察的基础上，教师应参与幼儿的游戏。(1)通过参与幼儿的游戏，可以进一步观察、了解幼儿；(2)可以使幼儿获得心理上的支持，增加幼儿对游戏的兴趣，促进游戏的发展。研究表明，成人在场可以抚慰幼儿，并让幼儿感到他们的游戏是有价值的活动。此外，幼儿还可以通过观察成人的游戏学会新玩法，让游戏活动能持续得更长久。

### (三)教师对幼儿游戏的介入

**1. 介入的角色定位**

根据教师对游戏介入程度的高低，可将教师的角色分为以下两类共六种。在实践中，教师应根据对幼儿游戏性质及正在游戏的幼儿的特征仔细观察，不断变换所扮演的角色，推动游戏的发展。

(1)非支持性角色

①不参与者

在幼儿园里我们经常看到，当幼儿游戏时，一些教师会利用这段时间忙其他的事。在没有成人参与的情况下，幼儿游戏往往类型单一，社会性水平不高，情节简单，且常常十分吵闹。

②导演者

如果教师以导演角色介入游戏中，告诉幼儿在游戏中应该做什么，不应该做什么，完全控制了幼儿游戏，就很可能破坏幼儿游戏，变成“游戏幼儿”而不是“幼儿游戏”。

(2)支持性角色

①旁观者

教师在一旁观察幼儿游戏,并用语言或非语言信号(如点头、微笑)来表示对幼儿游戏的关注,让幼儿感受到来自教师的支持和赞同。

②舞台管理者

教师不参与游戏,但积极地帮助幼儿为游戏做准备,并随时为正在进行的游戏提供帮助,如回应幼儿关于材料的要求,协助幼儿布置环境,提出适当的建议以延伸幼儿的游戏等。

③共同游戏者

成人作为孩子们的平等游戏伙伴积极参与幼儿游戏中,通常扮演小角色,并通过一些策略进行暗示,间接对游戏产生影响。这时成人一般遵循游戏的原有进程,让幼儿主宰游戏。

④游戏带头人

通常在幼儿很难自己开展游戏或正在进行的游戏难以拓展下去的时候,成人积极地参与幼儿游戏,通过提议新的游戏主题、介绍新的道具或情节元素以扩展已有主题等方式,对幼儿游戏施加更多的影响。

**2. 介入的时机**

成人对游戏干预时机的选择主要取决于两个因素:第一,幼儿客观的需要,即看幼儿的游戏行为是否自然顺畅,是否需要帮助;第二,成人的主观心态和状况,即成人希望幼儿在游戏中表现出的水平、态度和情绪体验,也包括成人是否具备投入幼儿游戏的热情和精力。在介入之前,成人一定要仔细观察,选择适宜的时机再介入。

(1)当幼儿游戏出现困难时介入

当幼儿不知道自己该做什么游戏、如何去游戏时,教师的介入是引导幼儿开始游戏的关键。

(2)当必要的游戏秩序受到威胁时介入

当必要的游戏秩序受到威胁时,教师可用游戏口吻自然地制止幼儿的干扰行为,并提出活动建议。

(3)当幼儿对游戏失去兴趣或准备放弃时介入

这时教师的介入可以帮助幼儿拓展游戏内容,提高游戏技能,进一步激发幼儿的游戏兴趣。

(4)在游戏内容发展或技能方面发生困难时介入

在这种情况下,教师可以作为游戏同伴介入游戏给予幼儿示范,或者让幼儿相互启发,相互影响,以帮助幼儿克服困难,拓展游戏。

**3. 介入的方式**

成人介入游戏的方式主要有以下两种:

(1)外部干预

**外部干预**是指成人并不直接参与游戏,而是以一个外在的角色,引导、说明、建议、鼓励游戏中幼儿的行为。

(2)内部干预

**内部干预**是指成人以游戏中的角色身份参与幼儿的游戏,以游戏情节需要的角色动作和语言来引导幼儿的游戏行为。

**4. 介入的注意点**

(1)分层次指导

不同年龄段,幼儿游戏的发展水平各不相同,教师指导的侧重点也应有所不同。

(2)慎扮"现实代言人"角色

当幼儿游戏与现实不太吻合时,成人往往会介入提出一些现实性的问题,或试图加入教育因素,即扮演"现实代言人"角色。这种成人以现实为导向的评议和提问有时不会严重影响幼儿的游戏,但有时会严重破坏假装游戏的"框架",致使幼儿停止游戏,因此要慎用。

(3)及时退出

无论采用何种干预方式,一旦幼儿开始表现出所期望的游戏行为,成人就应转而扮演无指导性的共同游戏者,或完全从游戏中退出,以便让幼儿重新控制游戏,从而培养幼儿的独立性和自信心。

对幼儿游戏进行评价可以帮助教师了解幼儿身心发展情况,了解活动设计是否达到目标,活动内容、组织和指导方法是否切合幼儿的能力、需要和兴趣,从而有利于进一步改进教师的行为,提高游戏的质量。

对幼儿游戏的评价应该是正面评价,这样能保持幼儿在游戏过程中的愉悦、成功的情绪体验,有利于激起幼儿再次游戏的愿望。

## 三、按幼儿游戏发展的规律指导游戏

考点3

幼儿游戏会随着幼儿年龄的增长、身心的发展变化而发展,教师对幼儿游戏的指导应考虑这种发展,如象征性游戏在小班处于萌芽期、中班处于高峰期、大班处于高水平期。因此,在小班应多丰富幼儿的生活经验,吸引幼儿玩象征性游戏;中班应尽量多地为幼儿提供多种条件,对其游戏进行引导;大班则可以减少玩象征性游戏的时间,增加在游戏中面对问题、思考问题、解决问题的机会。

### (一)小班幼儿的游戏特点

小班幼儿的游戏具有目的性不强,兴趣不稳定,兴趣持续时间短,重内容、轻规则等特点。

**1. 目的性不强**

小班幼儿游戏,只是无计划地摆弄结构元件,只有在他人的提问下才会注意自己的结构物,并开始思考"这是什么"。帕登依据幼儿社会性发展的分类,小班幼儿大多处于无所事事、旁观或者独立游戏的状态。小班后期的幼儿在成人的指导和示范下,游戏逐渐有了主题,但主题很不稳定。

**2. 兴趣不稳定**

小班幼儿年龄为3~4岁,这个阶段的幼儿自控能力较差,容易转移兴趣。每个幼儿都是独立的、有思想意识的个体,对于相同的事物会表现出不同的反应。如果教师提供的游戏材料是幼儿感兴趣的,幼儿在游戏时就表现得积极、主动,认真地投入游戏,否则就会表现得漫不经心。

**3. 兴趣持续时间短**

小班幼儿对游戏产生的兴趣持续时间比较短。在游戏前,教师会按课程表的安排提供相关游戏材料,幼儿会积极地投入到游戏中,尝试不同的玩法,充分感受游戏给他们带来的快乐。但是这种积极的状态一般只有10~15分钟,过了这段时间,他们就会失去兴趣,即使老师再组织,效果也不佳。

**4. 重内容,轻规则**

不管是哪种游戏,小班幼儿都会按自己的意愿进行游戏,而对于游戏过程中应当遵守的规则,幼儿时而遵守,时而不遵守。

### (二)中班幼儿的游戏特点

中班幼儿的动作能力有明显发展,幼儿活动的范围大大扩展,活动积极性有了极大的提高。其游戏特点主要表现在以下几方面:

**1. 幼儿游戏水平极大提高,需要不断拓展游戏空间**

中班幼儿非常喜欢象征性游戏。在选择中班的教育形式时,要考虑提供促进幼儿不断发展的条件,注重发挥活动区的作用。

**2. 幼儿的自主性与主动性进一步发展,需要宽松、安全的探索环境**

中班幼儿活动的自主性和主动性有了进一步的发展,他们能够提出自己的活动想法,有主动参与活动的热情与能力,能努力完成自己选择的活动。活动的自主性在活动区、游戏以及其他活动中都明显地表现出来。教师应为幼儿创设一个宽松、自主、有规则的活动环境,让幼儿真正成为活动的主人。

**3. 幼儿同伴交往需求与能力进一步发展,需要良好的社会性发展氛围**

中班幼儿游戏能力与水平都有所发展,与同伴的合作性游戏也逐步发展起来。他们已不再满足于自己

玩,而开始喜欢找同伴一起玩。中班幼儿有着强烈的交往需求,这种需求在自主游戏活动中得以实现。

因此,教师为幼儿提供可以交往合作的游戏氛围,是促进幼儿社会性发展的重要手段。户外锻炼、表演游戏、角色游戏以及各种活动区的游戏,都能为幼儿的这一发展需要提供帮助。

**4. 幼儿想象的有意性水平提高,需要更大的表达与创造的空间**

中班幼儿的想象力丰富,教师应提供有利于幼儿充分发挥想象力的活动空间,如活动区。幼儿在活动区的活动,可进一步发展成所有幼儿都非常投入的集体活动。

**5. 幼儿具体形象思维表现突出,需要具体的活动情境与活动形式**

中班幼儿思维的形象性最为突出。这一思维特点不仅表现在幼儿解决问题、判断事物时,而且表现在幼儿的各种活动中。在游戏中,幼儿容易沉浸在形象化的思维活动中。区角活动为幼儿的具体形象思维提供了自由活动的空间,满足和实现了幼儿的需要。

### (三)大班幼儿的游戏特点

大班是幼儿从幼儿园到小学的转折期,教师需要了解大班幼儿的游戏特点,以帮助其在游戏中发展学习能力。

**1. 游戏的自我评价能力逐步提升**

5 岁以后,幼儿的个性特征有了较明显的表现,其中最突出的是幼儿自我意识的发展。这一时期,幼儿自我意识的发展主要体现在自我评价的能力上。幼儿在评价自己时,不再轻信成人的评价,当成人的评价与幼儿的自我评价不一致时,他们会提出申辩。同时,幼儿可以从多个角度进行自我评价,如大班幼儿在评价自己时会说:“我会唱歌跳舞,但画画不行。”

**2. 合作意识逐渐增强**

大班幼儿开始有了合作意识,他们会选择自己喜欢的玩伴,也能与三五个小朋友一起开展合作性游戏。他们逐渐明白公平的原则和需要服从集体约定的意见,也能向其他伙伴介绍、解释游戏规则。例如,在小舞台表演游戏中,几个小朋友能一起分配角色、道具,能以语言、动作等进行表现,并有一定的合作水平。

**3. 规则意识逐步形成**

大班幼儿的规则意识逐步形成,他们开始学习控制自己的行为,遵守集体的共同规则。例如,游戏结束后要把玩具整理好放回原处,上课发言要举手,等等。大班后期的幼儿特别喜欢有规则的游戏,像体育游戏、棋类游戏等。对在活动中违背规则的行为,幼儿常常会“群起而攻之”。但这一时期的幼儿对于规则的认识还没有达到自律。规则对幼儿来说还是外在的,因此幼儿在规则的实践方面仍会表现出自我中心。

**4. 动作灵活、控制能力明显增强**

大班幼儿的走路速度基本与成人相同,平衡能力明显增强,可以用比较复杂的运动技巧进行活动,还能伴随音乐进行律动与舞蹈。手指小肌肉快速发展,能自如地控制手腕,运用手指活动。所以,大班幼儿开始热衷于结构游戏与创造性游戏。

## 四、按各种类型游戏的特点指导游戏

考点 4

由于不同种类的游戏有着不同的特点,所以教师对游戏的指导还应考虑到游戏的种类。例如,角色游戏和结构游戏都是幼儿对其生活的反映,但角色游戏主要反映的是幼儿周围的社会生活,而结构游戏则是幼儿对物体造型的一种反映。因此,两类游戏从丰富生活、提供材料、场地布置、指导策略上都会有所差异。

幼儿自发的游戏和教学游戏有着本质的区别,因而组织、指导的办法也会有所差异。

教学游戏要为特定的目标服务,有明显的成人制定的规则,教师对活动的控制、干预强;而幼儿的自发游戏没有外在的强制性目的,完全是幼儿自主的活动,教师对游戏的控制、干预要弱得多。因此,教师应在活动中把握好自己干预游戏的“度”,考虑到不同类型游戏的特点,施以不同的指导。

## (一)角色游戏的指导

**1. 角色游戏组织与指导的原则**

(1)主体性原则,允许幼儿自由选择游戏及游戏中的角色;(2)个性化原则,体现层次性,满足幼儿的发展需要;(3)开放、随机性原则,适时介入给予指导。

**2. 角色游戏的指导环节与要点**

(1)角色游戏前期准备:丰富幼儿的生活经验,提供适合的场所以及丰富的游戏材料,提供充足的游戏时间。

(2)角色游戏过程中的现场指导:鼓励和启发幼儿按照自己的意愿自主确定游戏主题;教会幼儿分配游戏角色;观察、参与幼儿游戏,尊重幼儿个体差异性,给予适宜的指导。

(3)角色游戏结束环节的指导:愉快地结束游戏,培养幼儿对游戏的兴趣;引导幼儿收拾游戏材料和场地,培养幼儿良好的习惯;评价游戏,丰富幼儿的游戏经验,提升游戏水平。

**3. 各年龄段角色游戏的特点与指导要点**

幼儿的游戏水平具有年龄差异性。在角色游戏中,小班幼儿以模仿为主,大班幼儿则以创造为主。教师应针对幼儿的年龄特点和游戏水平,有针对性地进行指导。

(1)小班角色游戏的特点:①幼儿处于独自游戏、平行游戏的高峰期,主要与游戏材料发生联系,与伙伴之间的交往少;②角色意识不强,对操作游戏材料或模仿成人动作较感兴趣;③游戏主题单一、情节简单。

指导要点:重点在于如何使用游戏材料。①教师根据幼儿的游戏特点和社会经验,为幼儿提供的玩具种类少,但每种玩具的数量较多,避免幼儿因相互模仿而争抢玩具,满足幼儿平行游戏的需要;②教师以游戏者的身份介入游戏,引导和培养幼儿的规则意识,让幼儿逐渐学会在游戏中进行自我管理;③通过游戏评价不断丰富游戏经验。

(2)中班角色游戏的特点:①幼儿认识范围不断扩大,游戏的内容与情节较小班不断丰富;②处于联合游戏阶段,游戏主题丰富,但不稳定,幼儿会经常"换场";③希望与别人交往,但欠缺交往技能,常与伙伴发生冲突;④角色意识较强,能够按照自己选定的角色开展游戏。

指导要点:重点是引导幼儿解决游戏冲突。①教师应结合幼儿的社会经验,为幼儿提供丰富且富有变化的游戏材料,鼓励幼儿不断丰富游戏主题;②仔细观察并认真分析幼儿发生冲突的起因,以游戏者的身份介入游戏,指导游戏;③通过幼儿讨论等形式展开游戏评价,增长游戏经验,丰富游戏内容;④指导幼儿在游戏中逐渐掌握社会规则和交往技能,逐渐学会独立解决问题。

(3)大班角色游戏的特点:①随着幼儿对社会生活认知的不断积累,游戏经验丰富,主题新颖,内容丰富,游戏所反映的人际关系较为复杂;②处于合作游戏阶段,喜欢与伙伴共同游戏;③能按照自己的愿望主动选择游戏主题,并有计划地开展游戏;④在游戏中独立解决问题的能力增强。

指导要点:①与幼儿一起准备游戏环境,侧重语言引导,培养幼儿的自主性;②认真观察游戏,给幼儿提供必要的条件和机会以及适当的引导;③允许并鼓励幼儿在游戏中进行创造,培养幼儿的创造性;④通过多种形式开展游戏讲评,让幼儿在分享中取长补短、开拓思路,发挥游戏的教育作用。

**真题对接**

【2018年下半年真题】小班同一个"娃娃家"中,常常出现许多"妈妈"在烧饭,每位幼儿都感到很满足。这反映小班幼儿游戏行为的特点是( )

A. 喜欢模仿　　　　B. 喜欢合作

C. 协调能力差　　　　D. 角色意识弱

【答案】A

【2017 年下半年真题】当教师以“病人”身份进入小班“医院”时,有六位“小医生”同时上来询问病情,每个孩子都积极地为教师看病,打针,忙得不亦乐乎。结果,老师一共被打了六针。对小班幼儿这种游戏行为最恰当的理解是(　　)

A. 过于重视教师的身份　　B. 角色游戏呈现合作游戏的特点

C. 在游戏角色的定位上出现混乱　　D. 角色游戏呈现平行游戏的特点

【答案】D

### (二)结构游戏的指导

**1. 为游戏创造良好的条件**

(1)引导幼儿认识建构材料,丰富幼儿相关经验。引导幼儿认识建构材料的形状、颜色、大小等特征,熟悉材料的操作方法,会选用建构材料去构造物体,会灵活使用材料。教师在日常生活中注意丰富幼儿的生活经验,积极培养幼儿仔细观察周围事物的习惯。

(2)教会幼儿构造的基本技能,培养他们的独立构造能力。结构游戏的基本技能有以下几个方面:

①会运用排列与组合、接插与镶嵌、黏合、螺丝旋转等方法构造物体;

②会灵活选用结构元件和辅助材料表现物体的基本特征;

③会设计结构方案,能按计划有目的、有步骤地进行构造活动,并能在实践中修改、补充方案;

④会根据实物和平面图进行构造;

⑤会在集体建造活动中分工合作,建筑较复杂的建筑物等。

(3)提供丰富的结构材料和进行结构游戏的场所。材料和环境的准备是幼儿进行结构游戏的基础,教师应保证游戏时间,提供丰富的结构材料和进行结构游戏的场所,在物质条件上满足幼儿进行结构游戏的需求。

(4)培养幼儿良好的行为习惯。通过结构游戏,教师要注意培养幼儿认真、耐心、细致的工作态度和爱护玩具、爱整洁、爱劳动的良好习惯。

**2. 各年龄段结构游戏的特点与指导要点**

(1)小班结构游戏的特点:

①小班幼儿在结构游戏中对结构的动作感兴趣,没有特定的目的,只是无计划地摆弄结构元件;

②常常喜欢把结构元件垒高然后推倒,不断重复,从中体会乐趣;

③在成人的指导和示范下能初步完成作品;

④但由于幼儿手指力量不够,所拼插的作品牢固性差,拼插中对颜色选择较随意,对大型作品缺乏耐心,主题很不稳定。

指导要点:

①引导幼儿认识结构材料,有意识地构造简单的物体给幼儿看,提供模仿的机会;带领幼儿参观中大班幼儿的建构活动,引起幼儿对建构活动的兴趣。

②为幼儿安排场地,准备足够数量的结构玩具。

③在游戏中指导幼儿学习基本的构造技能,建构简单的物体。

④建立结构游戏简单的规则,如爱护材料。

⑤教给幼儿整理和保管玩具的简单方法,使幼儿学习参与、整理玩具,培养爱护玩具的习惯。

(2)中班结构游戏的特点:

①目的比较明确,能初步了解结构游戏的计划;

②对操作过程有浓厚的兴趣,关心结构成果;

③能围绕结构物开展游戏,会按主题进行构建,初步利用材料美化结构物;

④能独立地整理玩具。

指导要点：

①丰富幼儿的生活经验，增加幼儿对事物结构造型方面的知识；

②引导幼儿学习设计结构方案，有目的地选材，学会看平面图进行构造；

③可采用示范、讲解相结合的方法，也可用建议和启发的方法，指导幼儿掌握结构技能并会应用技能塑造物体；

④鼓励幼儿独立地进行创造性的建构活动；

⑤组织结构活动小组（3～4人）进行集体建构活动，引导幼儿共同讨论、制定方案，进行分工，友好合作开展活动；

⑥组织幼儿评议结构成果，鼓励他们独立、主动地发表意见，促进幼儿语言表达能力和创造性思维的发展。

（3）大班结构游戏的特点：

①结构游戏的目的性、计划性和持久性增强，建构内容丰富，使用材料增多，有一定的独立构造能力；

②能合作选取丰富多样的材料，围绕主题大胆动手、尝试，灵活应用多种技能进行一定的设想规划，围绕主题进行较复杂的建构；

③希望自己的作品有新意，追求结构的逼真和完美。

指导要点：

①丰富幼儿的结构造型知识和生活印象，引导幼儿为结构活动收集素材；

②指导幼儿学习表现物体的细节和特征，准确表现游戏的构思和内容，使用结构材料和辅助材料美化构造物；

③指导幼儿制订计划（包括协商确定主题，商量结构步骤及方法，如何分工合作等）；

④重点指导幼儿掌握并应用新的技能，帮助他们实现自己的构思；

⑤教育幼儿重视结构成果，欣赏自己及伙伴的作品，发展评价、分析自我以及别人的能力；

⑥引导幼儿开展参加人数多、持续时间长的大型结构活动。在活动过程中，不断鼓励幼儿进行创造性思维并为他们提供材料，帮助他们克服困难。教师也可参加幼儿的活动，与他们共同完成结构任务。

### （三）表演游戏的指导

**1. 表演游戏的指导原则**

（1）游戏性先于表演性，要确保所组织的活动是“游戏”而不是单纯的表演；

（2）游戏性与表演性应当很好地融合、交织在一起。

**2. 组织和指导表演游戏的注意事项**

（1）协助幼儿选择表演游戏的主题。幼儿表演游戏的题材主要来自童话、故事、寓言等文学作品，还可以来自电影、电视以及幼儿的生活经验。适于进行表演游戏的作品，应具有如下特征：思想内容健康活泼，明显的表演性，起伏的情节，较多的对话。

（2）创设适合表演的游戏环境，提供表演游戏的物质条件。表演的舞台和布景，以及服饰和道具应当简单大方、经济适用。可以充分利用现有的游戏材料，同时因地制宜地利用废旧物品进行设计和改造。教师要充分信任幼儿的能力，充分发挥幼儿的积极性、主动性、创造性。

（3）指导幼儿分配角色。分配角色时，要尊重幼儿的选择。小班可由教师指定角色，或幼儿自选；对于中大班幼儿，应鼓励他们按照自己的意愿进行表演。

（4）指导幼儿表演的技能，鼓励幼儿自然生动地表演。指导幼儿表演技能的方法有：引导幼儿观察、表现和交流；教师示范表演；教师与幼儿共同表演；利用幼儿的生活经验，对幼儿进行口头语言、歌唱表演、形体表演等技能的训练；启发并尊重幼儿的创造性表演。

(5)引导幼儿积累社会经验,提高表演水平。教师应注意在幼儿的日常生活、教育活动以及游戏活动中丰富幼儿的社会经验,不断提升幼儿表演游戏的水平。另外,教师可以以观众的身份,用提问、建议等方式指导幼儿顺利演出,并对幼儿演出加以评价,但是切莫变成"导演"。

**3. 中、大班幼儿表演游戏的特点与指导要点**

(1)中班表演游戏的特点:

①可以自行分配角色,但角色更换意识不强;

②游戏的目的性、计划性差,以一般性表现为主,以动作为主要表现手段。

指导要点:

①教师应为中班幼儿提供适宜的游戏时间和空间,并注意材料的结构化程度;

②为幼儿准备封闭或半封闭的空间,这个空间最好在一定时间内是固定的,给幼儿认同感和安全感,保证幼儿有不少于30分钟的游戏时间;

③为中班幼儿提供的材料要简单易搭,以2~4种为宜;

④在游戏最初的开展阶段,教师要帮助幼儿做好分组工作,讲解角色更换原则;

⑤不要过多干预幼儿的游戏,不要急于示范,要耐心等待幼儿协商、讨论,提醒幼儿坚持游戏主题;

⑥在游戏展开阶段,教师应帮助幼儿提高角色表现意识,可以参与游戏,为幼儿提供适当的示范。

(2)大班表演游戏的特点:

①能独立完成角色分配任务,有很强的角色更换意识;

②游戏的目的性、计划性较强,能自觉表现故事内容;

③具有一定的表演意识,但尚待提高;

④具备一定的表演技巧,能灵活运用多种表现手段,但表演水平尚待提高。

指导要点:

①教师可以为大班幼儿提供种类较多的游戏材料以鼓励和支持他们进行多样化探索;

②在游戏的最初阶段,教师除了提供时间、空间和基本材料外,应尽可能少地干预幼儿;

③随着游戏的展开,教师应及时为幼儿提供反馈,提高幼儿表现故事、塑造角色的能力;

④反馈重点是如何塑造角色。



## (四)智力游戏的指导

**1. 智力游戏的组织与指导原则**

(1)选择和编制合适的智力游戏;(2)帮助幼儿构建规则意识;(3)培养幼儿的游戏策略意识,而不是教给幼儿游戏的策略。

**2. 各年龄段智力游戏的特点与指导要点**

(1)小班智力游戏的特点:小班幼儿玩的智力游戏比较简单,符合3~4岁幼儿身心发展的特点。

①游戏任务容易理解,易于完成;

②游戏方法明确具体;

③游戏规则要求低,通常只有一个规则;

④游戏趣味性大于实际操作性,启发性大于知识性;

⑤游戏注重幼儿的兴趣及参与意识的培养,激发幼儿学习知识的愿望。

指导要点:

①游戏所涉及的知识要适应小班幼儿的接受能力;

②要选择规则简单、趣味性较强的游戏,对少数智商较高的幼儿,可以让他们玩一些难度较大的游戏;

③教师应熟悉智力游戏的目的、难点、重点、规则和游戏中的相关知识,以发挥其开发智力的作用。

(2)中班智力游戏的特点:中班幼儿玩的智力游戏有一定的难度,符合中班幼儿身心发展的特点。

①游戏任务知识性大于娱乐性,注重趣味性及幼儿实际操作能力的培养;

②游戏方法复杂多样;

③游戏规则带有更多控制性,要求相对提高;

④注重幼儿在完成游戏任务的同时,遵守规则,并在游戏中给幼儿一定的知识概念。

指导要点:

①使幼儿在智力游戏中产生愉快的情绪,注意激发幼儿学习的积极性,努力完成任务的坚持性,以及思维的敏捷性和灵活性;

②注意培养幼儿动手动脑的习惯,以发展幼儿智力为最终目的;

③应考虑中班幼儿的生活经验与接受能力,难度适当,不能过难或过易;

④在为幼儿选择智力游戏时,要循序渐进,由易到难,激发幼儿思考,鼓励幼儿积极参加智力游戏。

(3)大班智力游戏的特点:大班幼儿玩的智力游戏综合性提高,符合大班幼儿的发展特点。

①知识性大于娱乐性,创造性增强;

②游戏任务较为复杂,有时一个游戏多项任务;

③游戏方法多且难度较大;

④游戏规则可以改变,幼儿可以在活动中通过协商制定新的规则。

指导要点:

①在选择智力游戏内容时,应注意游戏本身的趣味性和吸引力,使幼儿愿意积极参加游戏;

②智力游戏的内容应有一定的难度,幼儿通过动脑思考后完成游戏任务,以发展幼儿的智力;

③组织智力游戏时,教师主要依靠语言讲解游戏,并要求幼儿独立开展游戏,培养幼儿独立思考的能力,教师对幼儿游戏的引导应多于指导;

④幼儿在智力游戏活动中应遵守规则,同时允许幼儿制定新规则。

### (五)音乐游戏的指导

#### 1. 音乐游戏的指导原则

"漫不经心的娱乐"原则:强调幼儿自身的参与和感受,从幼儿身心特点出发,让幼儿在亲身参与和感受中体会音乐的魅力和内涵。

"幼儿主体、教师引导"原则:

(1)在了解幼儿的基础上,以促进幼儿的发展来设计游戏,确定游戏主题。

(2)充分发挥幼儿的想象力,与他们共同设计音乐游戏。教师应细心地观察孩子的表现,使游戏活动更具指导性。教师还要分享幼儿音乐游戏的快乐,而不是单纯地指导他们如何进行游戏。教师要以幼儿为主体,帮助幼儿建立规则意识。当幼儿没有兴趣继续进行游戏时,教师可以参与到游戏中去,通过一些示范活动与鼓励重新激发起幼儿游戏的兴趣。此外,教师还要在音乐游戏中扮演多种角色,灵活处理突发事件。

#### 2. 音乐游戏的指导内容

(1)自娱性音乐游戏的指导。自娱性音乐游戏的特点是"自发性、趣味性、随机性",这决定了教师的指导应当少之又少,基本上只提供游戏材料,或者间接指导,尽量不干涉幼儿游戏。教师应创设丰富的音乐环境,提供自娱性音乐游戏的平台。音乐环境一般包括小舞台和音乐区,教师要用心布置该区域,调动幼儿积极性。

(2)教学性音乐游戏的指导。教师要通过选择合适的、有趣的内容,通过教师的感染力来激发幼儿游戏的兴趣。注重游戏过程中的音乐体验,给幼儿充分地表现自我的机会。

### (六)体育游戏的指导

**1. 幼儿体育游戏的指导原则**

| 原则 | 内容 |
| --- | --- |
| 经常化原则 | 避免“三天打鱼，两天晒网”。 |
| 适量的运动负荷原则 | 合理安排、调节幼儿身体和心理所承受的负荷量，保证幼儿取得最佳效果。 |
| 多样化原则 | 运用多种途径、多种组织形式和方法进行体育活动。 |
| 全面发展原则 | 促进幼儿身心发展，又能使身体各部位、各器官系统得到全面协调的发展。 |

**2. 幼儿体育游戏常用的指导方法**

幼儿体育游戏常用的指导方法:讲解法、示范法、练习法(重复练习法、条件练习法、完整练习法、分解练习法、循环练习法)、语言提示和具体帮助法、游戏法(比赛法、领做法、信号法)。

## 五、正确评价幼儿的游戏

考点5

评价游戏对儿童发展的教育作用是否得以实现,或儿童通过游戏是否得到教育,是评价儿童游戏是否成功的关键。而评价游戏教育作用的大小或游戏是否成功的根本出发点就是儿童是否是游戏的主人。具体来讲,可从以下几方面来衡量游戏是否成功。

(1)幼儿按意愿选择玩具做游戏,幼儿在游戏中感到轻松、愉快、发挥了创造性;(2)幼儿选择一种游戏很认真,能克服困难,遵守游戏规则,不依赖他人独立游戏;(3)会正确使用玩具、爱护玩具,会收放玩具;(4)在游戏中对同伴友爱、谦让,能与同伴合作,愿意帮助别人、不妨碍别人;(5)游戏内容健康,有益于幼儿的身心发展。



## 六、使游戏成为幼儿园的基本活动

考点6

**1. 重视幼儿的自发性游戏**

自发性游戏是指幼儿自己想出来的、自己发起的游戏,这种游戏完全符合游戏的特点,最贴近游戏的本质,也是幼儿最愿意玩的游戏。自发性游戏除具有上面所讲的功能外,还特别有利于培养幼儿的自主性、独立性和创造性。幼儿只有有了一定的自主性,才可能成为自己活动的真正主体,才可能使以自主性为显著特征的游戏成为幼儿的基本活动。作为幼儿教师,应充分认识自发性游戏对幼儿的重要作用,应准许、支持并鼓励幼儿进行自发性游戏。

**2. 充分利用游戏组织幼儿园各类教育活动**

为了达到幼儿园的保教目标,促进幼儿身心和谐发展,教师除让幼儿进行各种游戏活动以外,还要有目的、有计划、有系统地组织幼儿进行各种教育活动,如劳动、参观、上课等。为了既保证教育的计划性,又保证游戏成为幼儿的基本活动,教师必须充分利用游戏组织各类教育教学活动。

**3. 满足幼儿对多种游戏的需要**

幼儿对游戏的需要是多种多样的,他们想玩各种各样的游戏,加上幼儿之间存在着很大的个体差异,有的幼儿想玩角色游戏,有的幼儿想玩结构游戏,即使是同一种游戏,幼儿关注的重点、感兴趣的侧面也有差异。各种游戏之间并无好坏、高低之分,任何一种游戏都具有其自身独特的作用。所以,教师应为幼儿提供各种各样的游戏,注意到幼儿的个体差异,满足幼儿的需要。

## 强化练习

| 建议用时 | 实际用时 | 设定分值 | 实际得分 |
|---|---|---|---|
| 100 分钟 | | 106 分 | |

### 一、单项选择题(每小题 3 分,共 21 分)

1. 儿童在游戏中玩出新玩法,这体现了游戏可以促进儿童(　　)

A. 创造力的发展　　B. 语言的发展

C. 身体的发展　　D. 情感的发展

2. 小班的李老师经常组织幼儿玩各种游戏,壮壮参加了这些游戏后,由入园时的焦虑不安,乱发脾气到现在的每天开开心心。这说明游戏可以促进幼儿(　　)

A. 情感的发展　　B. 语言的发展

C. 认知的发展　　D. 社会性的发展

3. 小红和小明都在建构游戏区专注地用积塑拼搭自己的玩具,几乎没说一句话。他们的游戏属于(　　)

A. 联合游戏　　B. 平行游戏

C. 独自游戏　　D. 合作游戏

4. 儿童根据故事、童话的内容,运用动作、表情、语言、扮演角色,进行创造性游戏属于(　　)

A. 表演游戏　　B. 角色游戏

C. 结构游戏　　D. 智力游戏

5. 教师介入游戏的时机不包括(　　)

A. 在幼儿游戏遇到困难时介入

B. 在幼儿游戏内容展开讨论时

C. 在幼儿对游戏失去兴趣或准备放弃时

D. 在幼儿游戏内容展开或技巧方面发生困难时

6. 小班幼儿在游戏时主要表现的特点有(　　)

A. 目的性强　　B. 兴趣稳定

C. 自己能分配角色　　D. 重内容,轻规则

7. 游戏是否成功或游戏的教育作用是否得以充分的实现,根本上取决于(　　)

A. 游戏是否充分体现儿童主人翁的地位

B. 游戏是否让儿童愉快

C. 游戏是否进行顺利

D. 儿童在游戏中是否获得成长的经验

### 二、简答题(每小题 15 分,共 45 分)

1. 游戏促进幼儿体力的发展主要表现在哪些方面?

2. 简述大班幼儿的游戏特点。

3. 简述中班幼儿智力游戏的特点。

### 三、论述题(本大题共 20 分)

试述大班结构游戏的指导要点。

### 四、材料分析题(本大题共 20 分)

某老师在语言活动“小乌龟开店”的基础上,组织了一次表演游戏。教师一一出示早已准备好的道具,介绍完道具,配班老师带领全班幼儿“开火车”离开活动室去“剧场”看表演。主班老师忙着在活动室里布置场景:一家花店,一家书店,一家气球店。场地布置好了,幼儿由配班老师带领进“剧场”。主班老师提问:“谁愿意上来表演?”“哗!”几十只小手举了起来,老师挑了五个没有举手而上次语言活动表现又不好的幼儿上来表演。表演时,老师不停地提示孩子们对话、做动作。第二轮,老师请了五个“做得好的孩子”上来表演,五个孩子表演同一个角色。老师还是不时地按照故事情节规范语言,纠正孩子们的动作。好多孩子忙着摆弄有趣的道具,忘了表演,老师又不停地提醒。

请根据幼儿游戏的基本特征,试分析案例中的活动是不是真正意义上的游戏活动。

## 参考答案

### 一、单项选择题

1. A【解析】游戏提高了幼儿的创造性水平。象征性游戏是幼儿期儿童的典型游戏,也是幼儿最喜爱的一种游戏,幼儿进行这种游戏,对其创造力水平的

第五章

提高有直接的影响。

2. A【解析】略。

3. B【解析】平行游戏是指2岁半至3岁半以后的儿童,在其他儿童的旁边游戏,也许选择一个和旁边儿童一样的玩具、材料和活动,虽然把主要精力放在自己的游戏上,但其游戏的方式却类似于其他儿童。题干的描述属于平行游戏。

4. A【解析】表演游戏是儿童按照故事、童话的内容,分配角色,安排情节,通过动作、表情、语言、姿势等来进行的游戏。

5. B【解析】略。

6. D【解析】小班幼儿的游戏具有目的性不强,兴趣不稳定,兴趣持续时间短,重内容、轻规则等特点。

7. A【解析】评价游戏教育作用的大小或游戏是否成功的根本出发点就是儿童是否是游戏的主人。

**二、简答题(答案要点)**

1. (1)游戏有利于幼儿大肌肉的发展;
(2)游戏有利于幼儿小肌肉的发展;
(3)游戏有利于幼儿躯干肌肉的发展;
(4)游戏有助于幼儿感觉运动技能的提高;
(5)游戏有助于幼儿对身体机能的认知。

2. (1)游戏的自我评价能力逐步提升;(2)合作意识逐渐增强;(3)规则意识逐步形成;(4)动作灵活、控制能力明显增强。

3. (1)游戏任务知识性大于娱乐性,注重趣味性及幼儿实际操作能力的培养;
(2)游戏方法复杂多样;
(3)游戏规则带有更多控制性,要求相对提高;
(4)注重幼儿在完成游戏任务的同时,遵守规则,并在游戏中给幼儿一定的知识概念。

**三、论述题(答案要点)**

(1)丰富幼儿的结构造型知识和生活印象,引导幼儿为结构活动收集素材;(2)指导幼儿学习表现物体的细节和特征,准确表现游戏的构思和内容,使用结构材料和辅助材料美化构造物;(3)指导幼儿制订计划(包括协商确定主题,商量结构步骤及方法,如何分工合作等);(4)重点指导幼儿掌握并应用新的技能,帮助他们实现自己的构思;(5)教育幼儿重视结构成果,欣赏自己及伙伴的作品,发展评价、分析自我以及别人的能力;(6)引导幼儿开展参加人数多、持续时间长的大型结构活动。在活动过程中,不断鼓励幼儿进行创造性思维并为他们提供材料,帮助他们克服困难。教师也可参加幼儿的活动,与他们共同完成结构任务。

**四、材料分析题(答案要点)**

(1)游戏是学前儿童的基本活动,是学前儿童喜爱的、主动的活动,是学前儿童反映现实生活的活动。儿童的游戏具有以下特点:①游戏是儿童自主自愿的活动(自由性);②儿童重视的是游戏的过程,而非游戏的结果,无强制性的外在目的;③游戏是充满想象和创造的活动(想象性);④游戏具有假想成分,是在假想的情景中反映社会生活,是虚构和现实统一的活动(虚构性和社会性);⑤游戏是能给儿童带来积极情感体验的活动(愉悦性);⑥游戏是具体的活动。

(2)案例中的教师没有尊重幼儿的意愿,强制要求幼儿上台表演,违背了自主自愿的特点;案例中的教师不时地按照故事情节规范语言,纠正孩子们的动作,使得幼儿失去了创造的机会,也不会给幼儿带来愉悦性。

综上所述,该案例中的老师组织的所谓"游戏"活动并不是真正的游戏,违背了游戏的本质特点。教师在组织儿童进行游戏的时候,应当充分尊重儿童游戏的兴趣和意愿,根据儿童的身心特点及生活经验进行游戏环境的创设,在儿童游戏的过程中,用心观察儿童在游戏中的表现,鼓励幼儿的自主性和创造性,在幼儿园中为幼儿提供他们感兴趣的游戏材料和游戏环境。

# 06 教育活动的组织与实施

## 题型分析与考情预测

从历年考试真题来看，本节的常考题型为单项选择题和活动设计题。

在备考时，考生应以这两种题型为主，归纳相应知识点的可能考查题型。其中，单项选择题0~2道，以幼儿园教育活动内容选择的原则、量度教学、歌唱活动、幼儿绘画的特点为主；活动设计题1道，以五大领域的内容为主。

# 第一节　幼儿园教育活动概述

（本节共4个考点）

## 考向分析

本节主要介绍幼儿园教育活动的含义、幼儿园教育活动的基本类型、幼儿园教育教学的方法、幼儿园教育活动的手段、幼儿园教育活动的途径等相关知识。

本节知识可能以单项选择题的形式考查。单项选择题考查的比较精细，考生在复习的时候要认真。

## 思维导图

## 考点精讲

### 一、幼儿园教育活动的含义

幼儿园的教育活动应指向一切具有教育因素的活动，具体包括游戏活动、教学活动和生活活动三大块，三者构成幼儿园教育活动的有机整体，它们相互联系、相互渗透、有机结合，共同促进幼儿身心全面和谐发展。

幼儿园教育活动从根本上说是一种师幼交往的过程，教师和幼儿是教育活动最基本的主体和参与者，也是教育活动最直接的体现者，因此幼儿园教育活动首先是教师和幼儿双主体的活动；其次，幼儿园的教育活动也是一种体现出“主客观因素和作用”的活动。

### 二、幼儿园教育活动的基本类型

幼儿园教育活动的主体是儿童，但活动的对象多种多样，构成因素也各不相同，这也就形成了不同类型的教育活动，一般可以将幼儿园教育活动分为以下几种基本类型：

#### （一）从幼儿园教育活动的结构出发

根据幼儿园教育活动的不同结构，可以分为学科领域结构的教育活动（它通常包括语言活动、数学活动、科学活动、音乐活动、美术活动和体育活动六种类型）和主题单元结构的教育活动两大类。前者比较强调各学科领域的内在逻辑结构，注重儿童的关键经验、学业知识和技能，具有较强的可操作性；而后者更强

调多种教育因素和儿童发展领域的全面整合，它有机地将不同学科领域的教育内容，在不同程度上、以不同方式整合于一个（或若干个）教育活动中，体现了教育活动的综合性、整体性，主题单元结构的教育活动已逐渐成为了幼儿园教育活动的主要类型。

### （二）从幼儿园教育活动的特征出发

根据幼儿园教育活动的特征不同，可以分为生活活动、游戏活动和学习活动，幼儿园教育活动具有三方面的特征：（1）计划性、目的性；（2）儿童的主体性、教师的主导性；（3）形式的丰富性、多样性。因此，从广义的角度来说，在幼儿园的一日活动中凡是符合以上三个基本特征的活动都可以理解为幼儿园教育活动，而不是狭窄地将其仅仅界定为作业（或学习、学科）类的活动。因此，幼儿园教育活动应当包括生活活动、游戏活动和学习活动。

### （三）从幼儿园教育活动的内容领域出发

根据幼儿园教育活动的不同内容，可以分为健康领域教育活动、语言领域教育活动、科学领域教育活动、社会领域教育活动和艺术领域教育活动五类。当然，幼儿园的教育内容应当是全面的、启蒙性的和相互渗透的，这种划分只是相对性的。

### （四）从幼儿园教育活动的性质出发

根据幼儿园教育活动的不同性质，可以分为由儿童自主生成的教育活动和由教师预先设置的教育活动两类。前者更关注儿童的兴趣、儿童的学习需要，是在儿童偶发性的探究和兴趣的支配下产生内部动机的需要并引导和帮助儿童生成某个主题的活动；而后者更强调教师的计划组织和直接指导，是在教师设定教育活动目标、提供活动环境和材料并有计划地实施指导下的活动。

### （五）从幼儿园教育活动的组织形式出发

考点1

根据幼儿园教育活动的不同组织形式，可以分为：

（1）**集体活动**：是由教师有目的、有计划地组织全班幼儿在同一时间、同一空间下所进行的统一的活动。此类活动一般计划性较强，组织比较严密，时间比较固定。

（2）**区角（小组）活动**：是由教师创设一定的环境，提供相应的材料并给予一定的间接影响的教育活动类型。如多功能活动室、活动区、活动角等，儿童可以在同一时间单元里选择不同的活动内容，一般组织比较宽松自由，时间相对自由，儿童可以相互合作也可以个别操作。

（3）**个别活动**：是根据个别儿童的特殊需要安排和进行的教育活动，一般包括具有特殊才能或发展有障碍儿童的个别教育以及部分供儿童自由选择的区域活动。

## 三、幼儿园教育教学的方法

考点2

**观察**

这种方法可辅导幼儿学会运用视觉、听觉、味觉、嗅觉、触觉等感官去认识所选定的观察对象，获得直观形象。观察法是幼儿获得感性经验的主要途径。

**实验**

幼儿园的科学实验主要是利用一些生活中常见的物品或材料，让幼儿通过自己的操作，进行尝试和探索。

**游戏操作**

游戏操作是以游戏的方式引导幼儿参与活动，进行操作学习。游戏操作是一种在玩中的学习：（1）给幼儿自己探索的空间；（2）让幼儿在活动过程中有愉悦感。

**参观**

参观是教师根据教育目标的要求，组织幼儿到园外，如自然界、生产现场、社会生活场所等去学习的活动。

**谈话、讨论**

谈话与讨论是教师和幼儿双方围绕一个问题或主题，自由地发表自己的想法、意见，表达自己的感受、体验，进行相互交流的过程。

**讲解、讲述**

讲解是运用口头语言向幼儿说明、解释事物或事情。讲述是运用语言向幼儿叙述事实材料或描绘所讲的对象。

## 四、幼儿园教育活动的手段

考点 3

幼儿园教育教学的手段随着现代科学技术的发展与应用，特别是多媒体电脑与现代视听设备结合的电化教学设备，极大地丰富了幼儿园的教育教学手段。目前，在幼儿园普遍使用的视听媒体(教具)主要有以下几种：

**1. 实物**

实物是最能让儿童有真实感受的教具，对儿童发展来说，这是最有价值的与环境互动的媒体。儿童用眼睛看、用耳朵听、用鼻子嗅、用舌头尝、用皮肤来感觉物质的冷热、软硬、光滑与粗糙等，获得对真实世界的认识与感受。

**2. 图书**

儿童图书包括故事书、科普图书以及其他各种反映儿童生活或供儿童学习的画册等。

**3. 挂图、图片、照片**

在确实没有实物或实物无法带到教室的情况下，可以用挂图、图片、照片来代替，但要注意恰当地使用。

**4. 幻灯片、录像带**

幻灯片是使用较多的电化教具。它的特点是制作简单，价格低廉，使用时可以依据实际情况自由控制画面。另外，还可以通过放映录像带给儿童提供真实的画面，但时间不宜过长。

**5. 自制教具**

教师根据教育教学需要，自己设计和制作一些教具。

**6. 多媒体信息技术**

采用电脑、实物投影仪等集声、光、电、影于一体的现代信息技术作为教育手段，儿童非常喜欢，合理使用效果很好。

## 五、幼儿园教育活动的途径

考点 4

幼儿园教育活动是通过多种途径来实施的，具体来说至少包括以下几种：

**1. 教师专门组织的教育教学活动**

它是教师依据课程目标和内容，有计划、有组织地设计和安排活动，以引导儿童获得有益的学习经验。它具有目标明确、内容精选、计划性强、教师的组织指导作用明显等特点。这类活动主要用于帮助儿童获得新知识、新技能，并能整理、扩展、提升儿童原有的经验。

**2. 游戏**

游戏是学前儿童最喜爱、最适合其年龄特点的活动，其中蕴含着巨大的发展价值。游戏作为学前教育的一种基本途径，其前提是教师要充分尊重儿童游戏的愿望与需要，支持和保护儿童游戏的权利，给予充分的时间、材料等的保证，还原游戏的本来面目。否则，其教育价值会大打折扣。

**3. 日常生活活动**

除教师专门组织的教育教学活动及游戏外，儿童在其他各项活动，如进餐、盥洗、睡眠、交往等活动，同

样蕴含着巨大的发展价值。幼儿园的教育目标和内容很多是通过日常生活完成的，尤其是儿童良好的生活习惯的形成，社会性行为规范的养成等。儿童在幼儿园的日常生活，应该成为教育的一个重要途径，这也是幼儿园教育与中小学教育的一个重要区别。

**4. 其他类型活动**

除了上述的教学活动、游戏、日常生活活动外，幼儿园还开展其他类型的活动，如节日活动、劳动、外出活动、亲子活动、家长开放日活动等。

**5. 家、园、社区的合作**

家庭、托儿所或幼儿园、社区是学前儿童生活、学习的主要场所。儿童的发展是它们彼此之间共同作用、和谐一致的结果。因此，教师应树立大教育的观念，与家庭、社会建立合作伙伴关系，相互尊重，真诚合作。

# 第二节　幼儿园教育活动设计中的目标和内容

（本节共 4 个考点）

## 考向分析

本节主要介绍幼儿园教育活动设计中的目标分析、幼儿园教育活动设计中的内容分析等相关知识。相关知识考频分析如下表：

| 考点 | 考试频率 | 题型 | 重要程度 |
| --- | --- | --- | --- |
| 幼儿园教育活动内容选择的原则 | 1 | 单项选择 | ★ |

本节知识主要以单项选择题的形式考查。单项选择题考查的比较精细，考生在复习的时候要认真。

## 思维导图

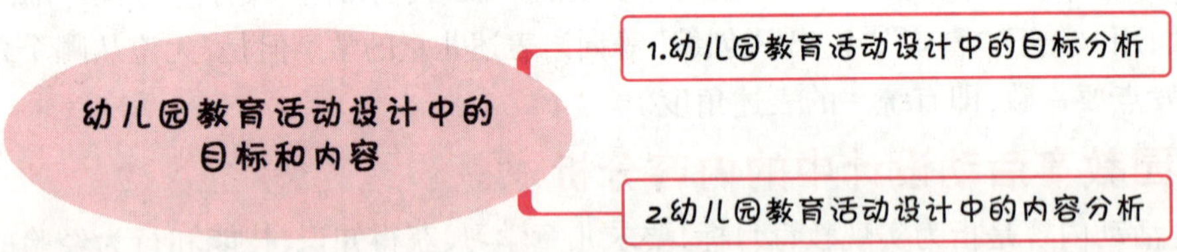


## 考点精讲

### 一、幼儿园教育活动设计中的目标分析

#### （一）不同层次的教育目标

（1）幼儿园的教育目标；（2）儿童五大领域（健康、语言、社会、科学和艺术）各领域的教育目标；（3）幼儿园教育活动目标。

#### （二）幼儿园教育活动设计中的不同目标取向

考点 1

（1）行为目标；（2）生成性目标；（3）表现性目标。表现性目标即展开性目标。

第六章

### (三)幼儿园教育活动目标的表述

考点 2

**1. 目标表述的基本要素**

目标表述包括三个构成要素即行为、条件、标准。“行为”说明学习者通过教学以后将能做什么,以便教师能观察学习者的行为,了解目标是否达到。“条件”说明这些行为在什么条件下产生。“标准”则指出了合格行为的最低标准。

**2. 目标表述的具体要求**

幼儿园教育活动目标是通过本次教育活动所期望儿童获得的某些发展,所以,应根据儿童的年龄特点、原有水平和能力、教育活动的内容和性质来确定具体的活动目标。在教育实践中,编写、表述教育活动目标应把握以下基本要求。

(1)要清晰准确、可检测,不能用活动的过程或方法来取代

一个完整的目标表述包括行为、条件、标准等,其中的核心要素是行为的表述。有些教师在编写活动目标时有一种现象,就是用活动的过程或方法手段去代替行为的结果,混淆了它们之间的区别。

(2)具有可操作性,避免过于笼统、概括和抽象

从幼儿园目标体系来看,从低到高,各层次目标是越来越笼统、概括、抽象,作为最具体、最底层的幼儿园教育活动目标,其特点就是具体、明确,具有可操作性,能具体指导、调控教师的教学过程。否则,也就丧失了其作用。而在教育实践中,许多教师只是照搬照抄,把教学大纲或学年工作计划的要求当作具体某教育活动的目标,混淆了各层次目标的要求。

(3)一个目标要通过多种活动实现,一个活动要指向多种目标

教育活动目标与相应的活动内容并不是一一对应的关系,换句话说,并不是一项活动只达到某一个目标;一个活动目标仅仅只能通过某一个活动来完成。幼儿园教育活动具有综合性和整体性等特点,所以,在确定教育活动目标时,教师应善于统整各个教育活动,围绕一个目标,协调各种活动为之服务,同时还应最大限度地发挥某一活动的教育功效,使得一项活动能实现多方面的教育任务。

(4)从统一的角度表述目标

教育活动包含了教师的教和儿童的学两方面的活动,那么,在表述活动目标时,我们既可以从教师的教这一角度出发确定活动目标,表述教师期望通过教育活动帮助儿童获得学习结果;也可以以儿童的学为出发点,指出儿童在学以后应该知道的和能够做到的表现。一般,我们常用“教育”“帮助”“激发”“要求”等词语表述教师的教;用“学会”“喜欢”“说出”“创编”等词语表述儿童的学。但是,无论从哪个角度表述活动目标,都应注意出发点要一致,即有统一的表述角度。

## 二、幼儿园教育活动设计中的内容分析

幼儿园教育活动内容是指为实现教育目标,要求儿童学习、获得知识、技能和行为经验的总和。对于幼儿园教育活动内容的理解,可以从两方面把握:

(1)内容是为目标服务的,教育目标是选择教育活动内容的依据,内容的选择和编排应以实现目标为原则,保持与目标的一致性;

(2)幼儿园教育活动内容不仅仅包括学科的知识和技能,还包括儿童在学习过程中所形成的态度、价值观以及相应的行为方式,以保证儿童身心的全面发展。

对幼儿园教育活动内容的分析以教育活动目标为基础,旨在规定儿童学习内容的范围、深度揭示学习内容各组成部分的联系,以保证达到教育活动的内容效度。具体来说,学习内容的范围是指儿童必须达到的知识和能力的广度。

### (一)教育活动内容的类别与分析

根据布卢姆教育目标分类系统,把教育目标分为“认知学习领域”目标、“动作技能领域”目标和“情感态

度领域”目标三个方面，相应地，教育活动内容也可分为认知的学习、动作技能的学习和情感态度的学习。

**1. 认知类教育活动内容的分析**

美国教育心理学家加涅在《学习的条件》一书中。从学习的结果出发，把认知学习分为言语信息、智力技能和认知策略三类。

言语信息的教学。教师应注意对各种信息知识加以分类和组织，有顺序、有条理地传授，将有助于儿童的学习和记忆。

言语信息和智力技能不同，言语信息与知道“什么”有关，而智力技能与“怎样”知道有关。言语信息的学习是从不知到知，由知之甚少到知之甚多的过程；智力技能的发展则是从简单到复杂，从低级到高级的过程。

各种智力技能的复杂程度是不同的，但它们是相互依存、层层递进的，所以，掌握较简单的智力技能是学习复杂技能的先决条件。在教学中，教师应循序渐进，帮助儿童从最简单的辨别技能开始，逐步获得其他智力技能。

认知策略并不是通过某一方面内容的学习或通过某一活动的组织，在一天、一个星期就完全学会的。认知策略的培养应在言语信息、智力技能获得的基础上进行，并且要与具体的学习内容相结合，与解决问题的技能相结合。教师在教学中，应注重创设问题情境，使儿童在具体的解决问题的过程中，学会反思、调控自己解决问题的方式，逐步获得认知策略。

认知策略和智力技能也不同，智力技能指向于外，是人们运用符号解决问题，处理外部世界的能力；而认知策略指向于内，是人们自我控制和调节，处理内部世界的能力。

**2. 情感态度和动作技能类教育活动内容的分析**

情感态度和动作技能的学习往往与认知学习交织在一起。从情感态度的学习看，为激发儿童形成某种情感态度，也需要他们了解其意义和作用，表现出相适应的行为，所以，情感态度的学习是以认知学习和动作技能的学习为基础的。从动作技能学习看，不仅仅是获得一些简单的外显反应，而且还要掌握关于某一动作技能的相关知识，如功用、动作要领、注意事项等，在此基础上，不断由简单到复杂加以训练、协调，才能较好地掌握动作技能。

情感态度类的学习内容与认知学习和动作技能的学习密不可分，渗透在幼儿园的各种教育活动之中。例如，幼儿园社会活动“我是中国人”，其中不仅有让儿童知道中国人的外貌特征，中国在地图上的位置，中国的人口、民族、汉字等认知类的学习内容；同时在学习的过程中也包含激发儿童作为中国人的自豪感，初步培养儿童的爱国主义情感等情感态度类的教育内容。

动作技能类的教育活动内容在幼儿园的体育活动和韵律（或舞蹈）活动中表现得最为充分。教师根据一定的教育活动目标和儿童的年龄特点，设计编排这些活动内容，使儿童能逐步掌握动作要领，培养各种动作技能。

总之，认知学习、动作技能的学习和情感态度的学习并不是孤立的，而是相互联系、相辅相成的。教育活动中，教师一方面要学会分析不同学习内容的特点；另一方面还要明确它们之间的关系，以全面完成各项教学任务，使儿童在知识、技能、情感、态度等各方面都能获得发展。

### （二）幼儿园教育活动内容选择的原则　考点3

教育活动内容的选择是一项复杂的工作。选择时要考虑多重因素，兼顾社会发展、幼儿园工作、儿童、家长等各方面的需要，以保证活动内容的科学性和适宜性。

**1. 时代性原则**

幼儿教育是面向未来的奠基教育，从儿童终身学习和发展的角度而言，幼儿园教育与以后的学校教育之间需要衔接。随着时代的发展和科学技术的不断进步，新的适合幼儿认知和开展的活动内容越来越多，因此，幼儿园教育应不断吸收、补充或更新教育内容，以适应时代发展变化的要求。而且现在的孩子无论是

知识经验的储备,还是技能的发展,都比以前的幼儿有更大的变化和提高,这就要求教师在选择教育活动的内容时,要突破现有教材或内容的限制,选取反映现代幼儿特点的内容,这样才能培养出符合教育目标和社会发展的未来人才。

**2. 生活性原则**

幼儿园教育活动内容应该主要来源于现实生活,教育活动应该是促进幼儿美好生活的积极手段。衡量幼儿发展最核心的依据是幼儿在现实生活中的表现。因此,幼儿园教育活动应从现实生活中挖掘教育资源、选择教育内容,把各种教育内容与幼儿的现实生活联系起来,把教育活动和幼儿的生活结合起来。幼儿园教育活动内容的选择必须以儿童的生活经验为基础,遵循各年龄段儿童在认知、情感态度、能力、个性和社会性发展方面的一般规律,提出既与儿童原有经验相适应又有利于儿童主动建构的活动内容,同时,要协调好社会生活经验与儿童个体生活经验之间的矛盾。

**3. 兴趣性原则**

幼儿的年龄特征决定了兴趣是直接支配他们学习的最大内在动力,有了兴趣,幼儿就有了主动参与活动的愿望和积极的态度。首先,要关注幼儿的兴趣,从他们感兴趣的事物中选择教育价值丰富的内容。活动内容的兴趣性增强,可以更好地引发幼儿主动学习、快乐发展,使学习活动变得轻松、愉快,让儿童在自觉自愿、积极主动中获得健康发展。其次,教师要将必要的活动内容转化为幼儿的兴趣,有些活动内容从幼儿长远的发展来看是必要的,但不见得所有的孩子都感兴趣,这就需要教师尽量把它们转化为幼儿的兴趣。

**4. 内容和目标相一致的原则**

活动内容是实现活动目标的手段,活动目标一旦确定,就要求选择与之相符的内容来保证它的实现。教师在选择内容时首先要考虑选择这个内容是为了实现哪一个或哪几个目标,这个内容是否与目标有关联,是什么样的关联,是否还有关联更密切的内容等。其次,教育内容与目标并非是一一对应的关系。一项活动目标往往需要多项活动内容才能实现。因此,围绕某一目标来选择内容时教师需要考虑还有哪些内容可以促进这一目标的实现。如"能进行简单的分类"这一目标,就需要通过图形分类、颜色分类、玩具分类、食物分类、服装分类等多种多样的内容逐渐达成。同样,一项活动内容也可能指向多项目标,所以,在选择某一内容时还需要考虑这一内容还可以达到哪些目标。

**5. 因地制宜原则**

幼儿园在选择教育活动内容时,应尽量选取那些能反映幼儿园周围环境和社区特点的,能充分利用当地的各种教育资源和条件,使教育活动的内容区域化、本土化的内容。同时,教师也要善于从所在地区的自然环境、历史背景、社会设施及资源中挖掘与选择教育活动内容和材料,体现地方性、乡土性、民族性。



**真题对接**

【2018 年下半年真题】教师在重阳节组织幼儿到敬老院探访老人,这反映幼儿园教育活动内容选择的什么原则(　　)

A. 兴趣性　　B. 时代性　　C. 生活性　　D. 发展性

【答案】C

### (三)幼儿园各领域教育活动内容的特点

考点 4

**1. 幼儿园教育活动内容具有广泛性和启蒙性**

幼儿园教育的内容是广泛的,涉及儿童所接触的自然环境、社会环境、文学艺术等方方面面,具有广泛性、丰富性;但从儿童的认识水平和儿童阶段的教育任务看,这些教育内容又是粗浅的,具有启蒙性,教育过程中,并不强调教育内容的系统性和抽象逻辑性。因而,教师要根据幼儿园教育任务和儿童的年龄特点,选择适合于儿童身心发展特点的教育活动内容,创设丰富的环境,提供条件和机会,帮助儿童初步认识周围的

环境，从而激发他们的探求欲望，形成良好的学习态度和习惯，为进一步学习打下坚实的基础。

**2. 幼儿园教育活动内容具有综合性和整体性**

（1）幼儿园教育内容相对分为五个领域，不同领域又包含自身不同的内容，但这些内容是相互联系的，构成一个完整的统一整体。（2）儿童的学习也是综合的，儿童在进行某一领域，如“语言”领域的学习时，并不只是学会讲故事、说儿歌，而且也获得了其他领域，如艺术、社会、科学领域的知识经验。（3）即使是在某一领域内，也包含着认知类、情感态度类和动作技能类的学习内容，促进儿童在知识、技能、情感、社会性等各方面得到发展。

**3. 幼儿园教育活动内容具有生活性和生成性**

与中小学教育不同，儿童的学习侧重感性经验、直接经验的积累，他们是通过游戏、观察、操作在一日生活的活动之中获得各方面发展的，具有突出的生活性。同时，在丰富的社会生活之中，儿童在亲身接触认识各种事物，形成已有知识经验的基础上，在不断拓展其认识范围，生成新的、超出原有教育内容的知识经验。所以幼儿园教育内容不是静止的、一成不变的，而是灵活、动态、可生成的。

## （四）幼儿园教育活动内容的设置与编排

作为以促进儿童发展为过程的幼儿园教育活动，活动内容的选定和设置是影响教育活动效果和儿童发展的重要因素之一，因此，关于教育活动内容的设置和编排也就成为教育实践者和教师工作的核心任务之一。由于当前的幼儿园课程和教育活动已经打破了原有的学科逻辑结构，呈现以学科及领域整合为特色的主题框架结构，在此，对于教育活动内容的设置和编排也将以主题线索的教育活动为训练的前提。

**1. 从兴趣入手**

由于儿童、情境以及师幼互动交往的动态使得幼儿园教育活动过程充满了变化的因素，充满了无法预知的衍生性和创造性，因此，教育活动从本质上说是动态的、发展变化的，它是根据儿童的兴趣需要而设置的，生成性是教育活动的本质价值，而儿童的兴趣正是生成的前提和基础。

值得一提的是，在幼儿园教育活动设计中，兴趣既是活动的驱动力，也是出发点。从儿童的兴趣入手设计活动已经成为教师们熟记于心的一条原则，但是，实际情况却并不完全乐观。在幼儿园所见到的教育活动中，不乏“虚构兴趣”的存在，即兴趣或成为活动开始时的一种点缀；或沦为教师利用的教学手段和儿童即时娱乐的工具；或为满足于单纯的情感需要。

如果说从教材入手设计和编选教育活动内容更多体现的是教育活动的预设，那么，从儿童的兴趣入手设计和编选教育活动内容则更多体现的是教育活动的生成性。从生成的理念出发，教师在教育活动内容的设定中应当以儿童的兴趣为活动生成的出发点，以儿童感兴趣的活动主题带动和引导儿童的发展。

**2. 从经验入手**

作为一个主动的学习者，儿童是在与周围环境相互作用的过程中获得经验的，儿童的学习也离不开他们的经验基础。因此，教育活动内容的设置和编选也必须考虑到以儿童的经验为基点，所设定的活动内容应贴近他们的生活经验范围，只有来自于儿童生活经验的内容才能引发他们的探究兴趣，符合他们的认知水平，唤起他们的表达、表现欲望，进而获得可能的发展。

**3. 从教材入手**

教材文本是课程转化为教育活动的中介，一般来说，教材也是教师选定教育活动内容的主要依据之一。幼儿园教材虽然种类不同，但无论何种教材一般都能够显示出其为教师设计和选定教育活动内容的指南和服务功能。教材能够提供给教师一个内容范围以及教育活动的具体内容，提供给教师不同的主题素材和活动提示，但教师要把它真正变为适合儿童需要、促进儿童发展的活动内容，还需要教师的再次筛选、加工和设计。因此，从教材内容的呈现来看，还是需要教师通过自己的“工作”将教材内容所蕴含的意义、背景和内在关系转变为儿童的学习需要和学习过程。

**4. 从联系入手**

在设计和安排教育活动内容时，从联系入手包括两层含义：（1）指需关注活动内容中所涉及的概念之间

纵向发展的联系,确保由已知到未知,由整体到部分,由一般到个别,不断分化。一般来说,从已知的、较一般的整体中分化出细节,要比从已知的细节中概括整体容易些,学习内容的编排如果从那些最一般、最具有包容性的概念入手,他们往往能在多样的学习情境中为儿童的认知结构提供固定点,帮助儿童进行类属学习,即把新知识归属于认知结构的某一适当部位,并使之相互联系。(2)指注意教育活动内容之间的横向联系,从横向方面加强活动内容所涉及的相关概念之间的联系,以及知识、技能、情感各部分内容之间的协调衔接,以促进儿童融会贯通去学习,并保证儿童的协调发展。

## 第三节　学前儿童健康教育

(本节共4个考点)

### 考向分析

本节主要介绍幼儿园健康教育的目标、幼儿园健康教育的组织形式等相关知识。

本节知识可能以单项选择题、简答题和论述题的形式考查。单项选择题考查的比较精细,考生在复习的时候要认真;简答题和论述题考查系统知识的掌握程度,这部分内容需要考生理解记忆。

### 思维导图

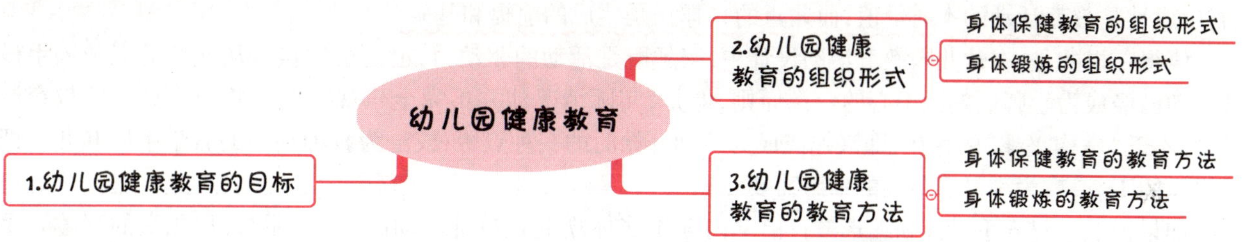


### 考点精讲

第六章

幼儿园健康教育主要是指:在幼儿园中,根据儿童身心发展特点,以提高儿童健康认识、改善儿童健康态度、培养儿童健康行为、保持和促进儿童健康为目的的系统的教育活动。

#### 一、幼儿园健康教育的目标

##### (一)幼儿园健康教育的总目标

《纲要》明确指出幼儿园健康教育的总目标是:(1)身体健康,在集体生活中情绪安定、愉快;(2)生活、卫生习惯良好,有基本的生活自理能力;(3)知道必要的安全保健常识,学习保护自己;(4)喜欢参加体育活动,动作协调、灵活。

##### (二)幼儿园健康教育的年龄阶段目标　考点1

小、中、大班儿童的身心发展各有其典型特征,学前健康教育目标应充分考虑儿童的年龄特点,对不同年龄段的儿童提出不同层次的要求。

**1.小班**

(1)学习洗手、洗脸、整理衣物,喜欢自己进餐、如厕、入睡,有一定的独立性,养成喝水的习惯。

(2)了解自己身体的各种器官及功能，知道身体不舒服时要告诉成人，并乐于接受疾病的治疗；爱吃各种食物；接受成人有关的提示，学习避开活动中可能出现的危险因素。

(3)日常生活中愿意与人交往，知道轮流玩，初步体验与老师、小朋友相处、共同游戏的乐趣。

(4)愉快地参加户外活动，在有趣的游戏中充分锻炼，自然协调地走、跑，并初步掌握跳、爬、钻、投掷、平衡、攀登等基本动作。

**2. 中班**

(1)形成基本的生活自理能力。学会使用筷子，能独立有次序地穿、脱衣物、鞋袜和整理床铺，正确使用手绢、毛巾(餐巾)、便纸等，有做事的成功感。

(2)了解自己身体的主要器官及功能，乐意配合疾病的预防和治疗；爱吃各种食物，知道不同的食物有不同的营养；在活动中学会保护自己，对危险的标志与信号能做出及时的反应。

(3)主动与人交往，会使用礼貌用语；能与同伴合作，会谦让，能感受同伴的喜与忧；愿意参加各类活动，大胆地表达自己的见解，保持积极、愉快的情绪；初步学会简单评价同伴的行为。

(4)积极主动地到自然环境中充分活动，不怕寒暑；在跳、爬、钻、投掷、平衡、攀登等各种有趣的活动中发展动作的协调性。

**3. 大班**

(1)保持仪表整洁，能与同伴保持环境整洁，会动手整理自己的生活场所；养成良好文明的进餐、睡眠、排泄、盥洗等生活、卫生习惯。

(2)了解身体主要器官及自身生长的需要，并初步掌握自我保健的有关常识和简单方法；对食物的营养有初步的认识，具有初步的自我控制饮食的意识；学习沉着地处理日常生活中有可能出现的紧急情况。

(3)能文明、大方地与人交往，以积极恰当的方式参与或发起活动；尊重别人的意愿，比较自觉地控制自己的情绪和行为；学习解决活动中同伴间的纠纷，并学会评价自己与他人；愿意学习同伴的优点，与同伴建立起友好的关系。

(4)精力充沛地坚持参加各种体育锻炼，动作协调、灵活，具有对环境气候的适应能力，体验创造性地进行体育活动的乐趣。

## 二、幼儿园健康教育的组织形式

考点2

**1. 身体保健教育的组织形式**

幼儿健康教育必须通过集体教学形式，传播健康知识、培养健康态度、训练健康行为、解决幼儿普遍存在的健康问题。此外，还可以通过日常教育形式对幼儿进行健康教育。

**2. 身体锻炼的组织形式**

最常见的幼儿身体锻炼的组织形式是幼儿体育教学、幼儿早操活动和幼儿户外体育活动。幼儿体育教学是一种有目的、有计划、有组织的体育活动。幼儿早操活动内容丰富多样，包括幼儿做操和开展晨间及其他身体锻炼活动。幼儿户外体育活动是非正规性教育活动，指除幼儿早操活动外的其他户外体育活动形式。除了这三种最常见、最基本的幼儿身体锻炼的组织形式外，幼儿园还可以开展幼儿体育活动区活动、幼儿室内体育活动、幼儿运动会、幼儿远足或短途游览等其他形式的活动。

## 三、幼儿园健康教育的教育方法

考点3

**1. 身体保健教育的教育方法**

幼儿健康教育注重幼儿将获得的知识和形式的态度转化为良好的行为习惯。下列方法是在幼儿健康

教育过程中常常采用的。

(1)动作和行为练习法。让幼儿对已学过的基本动作、基本技能、健康行为与生活技能等进行反复练习,从而加深理解,形成稳定的动作、行为习惯。

(2)讲解演示。具体形象地向幼儿讲解粗浅的健康知识,并结合身体动作或实物、模型加以演示,从而帮助幼儿尽快掌握有关技能技巧,提高幼儿对健康的认识水平。

(3)情境表演。教师或幼儿就特定的生活情境加以表演,然后让幼儿思考分析情境中所涉及的健康教育问题。

(4)讨论评议。让幼儿参与健康教育过程,为他们提出问题、发表意见、自己得出结论提供机会。

(5)感知体验。幼儿通过感觉器官认识、辨别事物的特性。

**2. 身体锻炼的教育方法** 考点4

(1)讲解法。教师用语言组织幼儿的活动,指导幼儿掌握活动的名称和练习的内容,理解动作要领和做法。

(2)示范法。教师以个体动作为范例,使幼儿看到所要练习和掌握的动作技能的具体形象、结构和完成的先后顺序等。

(3)练习法。练习法是在教师的指导下,幼儿做练习,以实现健康教育目标的方法,是体育活动中最基本、最重要的方法。

(4)语言提示和具体帮助法。语言提示是在幼儿进行练习时,教师用简短明确的语言提示和指导幼儿正确活动的方法。

(5)游戏法。游戏法是指以游戏形式组织幼儿进行身体锻炼的方法。

(6)比赛法。比赛法是指在比赛条件下进行练习的方法,一般在中、大班采用。

(7)领做法。领做法是教师边示范讲解,边组织幼儿按教师要求进行练习的方法。

(8)信号法。信号法是指用口令、哨音、音乐、鼓声、拍手等声响来帮助和指导幼儿进行身体锻炼的方法。

在开展活动时,应注意综合运用多种方法,并根据幼儿的情况、活动的内容、组织形式、幼儿的活动方式,以及场地、器械等具体情况灵活运用。



## 第四节 学前儿童语言教育

(本节共8个考点)

### 考向分析

本节主要介绍学前儿童语言教育的含义、学前语言教育目标的层次结构、专门的语言教育内容、幼儿园语言教育的方法、幼儿园语言教育活动的设计与实施等相关知识。

本节知识可能以单项选择题、简答题和论述题的形式考查。单项选择题考查的比较精细,考生在复习的时候要认真;简答题和论述题考查系统知识的掌握程度,这部分内容需要考生理解记忆。

## 思维导图

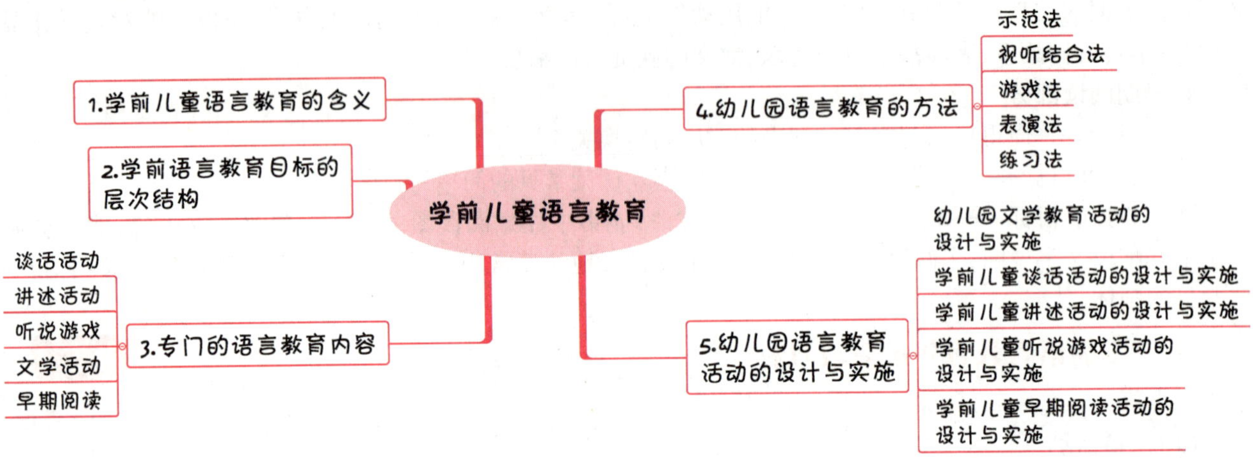


## 考点精讲

### 一、学前儿童语言教育的含义

狭义的学前语言教育只把 3～6 岁儿童掌握母语口语的过程，特别是把 3～6 岁儿童早期掌握母语的听说训练和教育作为主要的研究对象，对 3～6 岁儿童加强口语听说训练。广义的学前语言教育把 0～6 岁学前儿童的所有语言获得和学习现象、规律以及训练与教育作为主要研究的对象，对 0～6 岁儿童应加强听、说、读、写的训练。

### 二、学前语言教育目标的层次结构

学前语言教育目标一般可以分解为总目标、年龄阶段目标和具体活动目标三个不同的层次。

#### （一）学前语言教育总目标（终期目标）　考点 1

学前语言教育的终期目标有时也称为学前语言教育目标。它是语言教育所期望的最终结果，是学前阶段语言教育任务要求的总和。可以将总目标划分为四个方面：倾听、表述、欣赏文学作品和早期阅读，并从以下方面进行实施。

**1. 倾听部分**

认知目标——懂得别人对自己说话时要注意倾听。

情感、态度目标——喜欢听，并积极有礼貌地听别人对自己说话。

能力与技能目标——能集中注意力、有礼貌、安静地倾听；能听懂普通话，能分辨不同的声音和语调；能理解并执行别人的指令。

**2. 表述部分**

认知目标——懂得用适当的音量说话，有积极的表述愿望。

情感、态度目标——喜欢与他人交谈，在适宜的场合积极、主动、有礼貌地与人交谈。

能力与技能目标——会说普通话，发音清楚，语调准确，能运用恰当的语句和语调表述意见和回答问题，能用完整、连贯的语句讲述图片和事件。

**3. 欣赏文学作品部分**

认知目标——懂得文学作品中运用的是规范而又成熟的语言；阅读和聆听文学作品能增加知识，明白

事理,并能感受到语言艺术的美。

情感、态度目标——乐意聆听和阅读文学作品,积极参与文学作品学习活动。

能力与技能目标——理解文学作品的内容,体会文学语言的美,积累文学语言;初步了解文学常识,会区别不同类型的文学作品及其构成要素;能用动作、语言、美术、音乐等不同表现方式,积极反映对文学作品的理解;学会编构故事,表演故事以及诗歌、散文的欣赏与仿编活动等。

**4. 早期阅读部分**

认知目标——懂得口语与文字和图书的对应与转换关系。

情感、态度目标——对图书和文字产生兴趣,喜欢认读常见的简单的独体汉字。

能力与技能目标——掌握阅读图书的基本方法;能集中注意阅读图书,倾听、理解图书内容;能学会制作图书并配以文字说明;了解汉字的书写风格,主动积极地认读常用字;能按规范笔顺书写自己的姓名和一些常见的独体汉字。

### (二)学前语言教育年龄阶段目标 考点2

**1. 小班**

(1)谈话活动

①学会安静地听同伴说话,不随便插嘴;

②喜欢与同伴交谈,愿意在众人面前讲话;

③能听懂并愿意说普通话;

④在教师的引导下,学习围绕主题谈话,能用短句表达自己的意思;

⑤初步学习常见的交往语言和礼貌用语。

(2)讲述活动

①能够运用各种感官,按照要求去感知讲述内容;

②理解内容简单、特征鲜明的实物、图片和情境;

③愿意在众人面前讲述;

④能正确地讲述内容的主要特征或主要事件;

⑤能安静地听老师或同伴讲述,并用眼睛注视讲述者。

(3)听说游戏

①乐于参加游戏活动,在游戏中大胆地说话;

②发准某些难发的音,初步掌握方位词及人称代词,学习正确运用动词;

③在游戏中尝试按照规则运用简单句说话;

④养成在集体活动中倾听别人讲话的习惯,能听懂并理解较简单的语言游戏规则。

(4)文学作品学习活动

①喜欢欣赏文学作品,愿意参加文学活动,对文学作品的语言感兴趣;

②能初步感受文学作品的语言,了解故事、诗歌和散文是不同体裁的文学作品;

③学习理解文学作品的情节内容或画面情节,能用语言、动作、表情等方式表达自己对文学作品的理解;

④在文学作品原有的基础上扩充想象,仿编诗歌、散文中的一句或续编故事结尾。

(5)早期阅读活动

①喜欢看书,了解看书的基本方法,能初步看懂单幅儿童图画书的主要内容;

②能用口头语言将儿童图画书的主要内容说出来,开始感受语言和其他符号的转换关系;

③对文字感兴趣,能在成人的启发下认读最简单的文字;

④在活动中以描画图形的方式练习基本笔画。

**2. 中班**

(1)谈话活动

①能集中注意力,耐心地倾听别人谈话,不打断别人的话;

②乐意与同伴交流，能大方地在众人面前说话；

③能说普通话，较连贯地表达自己的意思；

④学会围绕一定的话题谈话，不跑题；

⑤学会用轮流的方式谈话，不抢话，不乱插嘴；

⑥继续学习交往语言，提高语言交往能力。

(2)讲述活动

①养成先仔细观察，后表达的习惯；

②逐步学会理解图片和情境中展示的事件顺序；

③能主动地在众人面前讲述，声音响亮，句式完整；

④学习按照一定的顺序讲述实物、图片和情境的内容；

⑤能积极地倾听别人的讲述内容，善于发现异同，并从中学习好的讲述方法。

(3)听说游戏

①在游戏中巩固练习发音，正确运用代词、方位词、副词、动词、连词和介词等；

②能说简单而完整的合成句；

③能听懂并理解多种游戏规则；

④学习较迅速地领悟游戏中的语言规则，并能及时做出相应的反应。

(4)文学作品学习活动

①喜欢不同形式的文学作品，主动积极地参加文学活动；

②了解文学作品语言与日常生活语言的不同，进一步感受文学作品的语言美；

③学习理解文学作品的人物形象，感受作品的情感基调，能运用较恰当的语言、动作、绘画形式表达自己的理解；

④能根据文学作品提供的线索，扩展想象，仿编或续编一个情节或一幅画面。

(5)早期阅读活动

①能仔细观察图画书画面的人物情节、看懂单页多幅的儿童图画书的内容，增强预知故事情节发展和结局的能力；

②懂得爱护图书，知道图书的构成，有兴趣模仿制作图画书；

③在阅读过程中初步了解汉字的由来和简单的汉字认读规律，并有主动探索汉字的愿望；

④喜欢描画图形，尝试用有趣的方式练习汉字的基本笔画。

**3. 大班**

(1)谈话活动

①能主动、积极、专注地倾听别人谈话，迅速掌握别人谈话的主要内容，并从中获取有用的信息；

②能主动地用普通话与同伴交流，态度自然大方；

③能围绕话题谈话，会用轮流的方式交谈，并用恰当的语言表达自己的情感，与同伴分享感受；

④逐步学会用修补的方法延续谈话，进一步提高语言交往水平。

(2)讲述活动

①通过观察，理解图片、情境中蕴涵的主要人物关系和思想感情倾向；

②有重点地讲述实物、图片和情境，突出讲述的中心内容；

③在众人面前讲话态度自然大方，能根据场合的需要调节自己讲话的音量和语速；

④讲话时语言表达流畅，不停顿，用词、用句较为准确。

(3)听说游戏

①在游戏中学习正确运用反义词、量词和连词等，并能说完整的合成句；

②养成积极倾听的习惯，迅速把握和理解游戏中较复杂的多重指令；

③不断提高倾听的精确程度,准确掌握和传递有细微差别的信息;

④游戏中按照规则迅速调动个人已有的语言经验编码,并进行迅速的语言表达。

(4)文学作品学习活动

①乐意欣赏不同体裁、不同风格的文学作品,在文学活动中积累文学语言,并尝试在适当场合运用;

②在理解文学作品人物、情节或画面情境的基础上,学习理解作品的主题或感受作品的情感脉络;

③初步感知文学作品语言和结构的艺术表现特点,开始接触文学作品的艺术语言构成方式;

④依据文学作品提供的想象线索,联系个人已有经验扩展想象,并创造性地进行表述。

(5)早期阅读活动

①能与同伴合作制作图画书,进一步了解图画书的构成;

②清楚图画书中的画面与文字的对应关系,开始有兴趣阅读图画书中简单的文字;

③积极学认常见的汉字,进一步了解汉字认读的规律,提高观察模拟的能力,并注意在生活中运用已获得的书面语言;

④掌握基本的书写姿势,在有趣的图形练习中做好写字的准备。

### (三)学前语言教育活动目标

学前语言教育的具体活动目标一般由教师自己制定,它是指在某一具体的教育活动中要达到的目的。有时候,具体活动目标是一次活动中要完成的任务,但也有可能是一组相近的活动或一个主题系列活动的目标,它们使具体的教育内容紧密地联系在一起。无论哪一种活动,都含有一定的要求并通过教师的活动计划和教育实践得以体现。应当说,具体活动目标是为年龄阶段目标、语言教育目标服务的,是总目标和年龄阶段目标的最终分解和具体化,语言教育正是通过每一个具体活动落实到儿童身上。因此,具体活动目标的积累便构成了年龄阶段目标,乃至语言教育目标。每一次具体活动目标的实现,都向完成年龄阶段目标和语言教育目标迈进了一步。

## 三、专门的语言教育内容

考点3

**1. 谈话活动**

谈话活动创设的是日常口语交往情景,要求儿童调动自己已有的经验。围绕一定的话题倾听他人的意见,表达自己的想法。谈话活动的重点目标在于培养儿童运用口头语言与他人交际的意识、情感和能力,内容涉及两个方面:(1)围绕自己熟悉的人或事进行谈话;(2)就某一熟悉的场景发表个人的观点和想法。

**2. 讲述活动**

讲述活动主要为儿童创设正式的口语表达情景,使儿童有机会在集体面前表达自己对某一图片、实物或情景的认识、看法等,学习表述的方法和技能。(1)这类活动培养儿童认真倾听的习惯和完整、连贯、清楚的表述能力,促进其独白语言的发展,内容涉及用简单明了的语言,把某一实物的特征、功用解说清楚;(2)用比较恰当的语言讲述图片或影片中的主要人物、事件;(3)用生动形象的语言,讲述处在某一情境之中的人物的形态、动作。

**3. 听说游戏**

听说游戏为儿童提供一种游戏情景,使儿童在游戏中按一定规则练习口头语言,培养儿童在口语交往活动中的快速、机智、灵活的倾听和表达能力。听说游戏涉及以下语言教育内容:(1)巩固难发的音和方言干扰音,练习声调和发声用气;(2)扩展、丰富词汇量,练习词的用法,在游戏中尝试运用某些结构的句子,锻炼语感。

**4. 文学活动**

文学活动从某一具体文学作品入手,为儿童提供一个全面学习语言的机会,使他们在理解感受作品的过程中,欣赏和学习运用文学作品提供的有质量的语言。文学活动着重培养儿童的欣赏文学作品能力以及利用文学语言表达想象、表达生活经验的能力。文学活动涉及的语言教育内容包括:(1)在欣赏儿童诗歌、散文的基础上,仿照某一首诗歌或一篇散文的框架,编出自己的诗歌或散文段落;(2)童话故事和生活故事的学

习、表演或仿编和续编;(3)通过对话、动作、表情进行故事表演,体验作品的情节变化和人物情感的变化。

**5. 早期阅读**

早期阅读活动利用图书、绘画,为儿童创设一个书面语言环境,使儿童有机会接触书面语言,了解语言的基本文化内涵。早期阅读活动重点培养儿童对书面语言的兴趣,引导他们逐渐产生对汉字的敏感性,丰富他们前阅读和前书写的经验。

早期阅读包括以下内容:(1)前图书阅读;(2)前识字;(3)前书写。

## 四、幼儿园语言教育的方法

考点4

**1. 示范法**

示范法是教师通过自身规范化的语言,为幼儿提供学习语言的榜样,让幼儿始终在良好的语言环境中自然地模仿学习。

**2. 视听结合法**

视听结合法是指教师提供材料让幼儿直接感知物体,并配合教师的语言讲解帮助幼儿学习语言。

**3. 游戏法**

游戏法是指教师运用有规则的游戏,指导幼儿学习语言的一种方法。

**4. 表演法**

表演法是指在教师的指导下,幼儿学习表演文学作品以提高口语表达能力的一种方法。

**5. 练习法**

练习法是指有意识地让幼儿多次使用同一个言语因素(如语音、词汇、句子等)或训练幼儿某方面言语技能、技巧的一种方法。

以上是几种比较常见的语言教育方法,教师在实际运用中,需要根据幼儿园具体条件、本班幼儿语言学习的特点和实际水平,选择恰当的教育方法,有针对性地进行语言教育。

## 五、幼儿园语言教育活动的设计与实施

### (一)幼儿园文学教育活动的设计与实施

考点5

**1. 文学欣赏活动的设计与实施**

(1)文学作品的传递

文学作品的传递方法有:①成人口述作品(作品浅显易懂或儿童具有一定的相关知识经验);②结合教具演示(内容具有较强的知识性,恰恰儿童在这样的经验上比较欠缺,不易理解作品内容);③播放录音、录像和情境表演(唤起儿童脑中的表象和情感体验)。

(2)多通道参与,相互作用

主要有以下几种方法:①作品欣赏与教学媒体相结合;②作品欣赏与音乐活动相结合;③作品欣赏与游戏相结合;④欣赏作品与美术活动相结合。

(3)通过形象的解释帮助儿童理解作品

在文学作品中,教师可以选择形象鲜明并为儿童所喜爱的角色,通过对作品形象的解释分析,帮助儿童更好地去理解作品的内涵。

(4)采用适宜的提问方式

①针对儿童的经验提问;②针对细节提问;③针对作品主题或情节提问;④针对作品中的语言提问;⑤针对生活原型与作品形象进行比较的提问。

**2. 文学创造活动的设计与实施**

(1)复述和朗诵

教师可以采用如下方式来帮助儿童进行有效的复述:有变化地反复欣赏同一个文学作品;参与和作品

有关的系列活动;积累不同语境中的表达经验;成人的语言榜样;在音乐伴奏中学习朗诵;在日常生活中自由分散地利用玩具和道具练习复述和朗诵,互相评议、互相模仿。

(2)表演

表演一般由复述自然转入,可以分层次进行:①情境对话;②根据作品或自创作品进行出声或不出声的表演,包括个人的哑剧表演;③主要人物形象的立体动态塑造;④作品段落的表演;⑤作品完整形象的表演。

(3)创编

儿童的作品创造是作品与儿童各种经验的结合。创编大致可分为四种类型:扩编和续编;仿编;转换编构;独立完整编构。扩编是通过想象和联想,对原作品某些部分进行扩充。续编是让儿童根据故事的开头和发展编出结尾或者是情节高潮部分,或者在原有诗歌的基础上继续编出新的段落。仿编活动是儿童在文学欣赏、理解文学作品内容及构成的基础上的一种创造性学习活动。转换编构是指我们可以安排将艺术符号相互转换的活动,将画面或乐曲转换成故事或诗歌。独立完整编构是不凭借语义和作品,只凭儿童独立想象和联想构思而成的,如同绘画中的意愿画。

**3. 儿童故事活动过程设计**

儿童故事活动过程设计思路应遵循儿童文学作品网络活动设计思路,循序渐进,由浅入深地引导儿童完整掌握作品。由于时间有限,儿童故事活动过程设计应将重点放在第一、二层次,即学习欣赏、理解体验上,第三层次迁移和第四层次创造性运用语言可安排在延伸活动环节或者主题活动中,也可安排在第二课时进行,具体如下:

(1)导入:创设情境,引出故事

教师运用一定手段,设置一定的情景,引起儿童想急于了解故事的浓厚兴趣,教师常见的导入手段有:直观教具引入,猜谜引入,表演引入,提问引入等。例如,童话《会动的房子》,教师首先可提问“房子会动吗”,引起儿童兴趣,导入故事。

(2)教师生动有感情地讲述故事

教师要表现出对故事极大的兴趣,辅以适当的直观教具,用生动有感情的语言完整讲述,语言要熟悉而准确,几遍讲述的语言要一致,便于儿童完整记忆。教师几遍讲述故事的方式不应雷同,以免让孩子觉得枯燥而不感兴趣。

(3)理解故事

通过挂图、教具、故事表演和描述性、思考性、假设性的三层次提问等方式,帮助儿童理解故事的主题、情节、人物性格特征等。例如,童话《会动的房子》教学活动中,首先教师以提问“房子会动吗”引出故事,第一遍讲完故事后,教师可进行描述性提问,如“故事的名字是什么”“故事中有哪些人物”“它们先后到过哪些地方”“听到了什么声音”,帮助儿童首先了解故事内容大意;在第二遍讲述完故事后教师可进行思考性提问,如“房子为什么会动”“这是一只什么样的小松鼠,你喜欢它吗,为什么”“这是一只什么样的乌龟,你喜欢它吗,为什么”,引导儿童理解故事的主题、人物性格和心理特征等;最后,在儿童围绕故事进行表演游戏等活动后,教师可用假设性提问,引起儿童想象、讨论,如“乌龟还会带小松鼠到哪儿去,它们还会听到什么声音”“假如你是小松鼠,你会叫乌龟带你到哪儿去”,鼓励儿童大胆想象,将故事主题与现实生活结合,让儿童体会到大自然的博大美妙和生活的美好。

(4)围绕故事开展系列创造性语言活动

为帮助儿童理解掌握故事,教师可以在理解或延伸环节安排活动,如故事表演游戏、复述故事、创编故事、续编故事。

由于儿童编故事需要一定的生活知识经验作基础和语言表达能力,更需要儿童充分的艺术想象力和思维能力以及故事图示结构的理解,不同年龄的儿童编构故事能力差异导致儿童故事续编具有年龄班特点。

①小班:编结局,即儿童根据个人对故事语言、情节、人物、主题的理解,在故事即将结束时为故事想象编构一个结局。

②中班:编高潮和结局,即编“有趣情节”。教师在讲述故事时到高潮部分时戛然而止,提醒儿童想象可能编构的部分。

③大班:编完整故事。由于大班已经比较普遍地掌握了故事编构的情节开展方式,所以大班儿童可以编构完整故事,只要儿童编构的故事基本具有语言、情节、人物和主题等构成要素即可。教师应给儿童提供一些背景材料,以助于儿童编构故事。

创编和续编虽然对儿童的创造想象有共同的促进作用,创编的难度更大,对儿童的知识、能力的要求更高,故在儿童故事编构教学中,小、中班应以续编为主,大班以创编为主。

### (二)学前儿童谈话活动的设计与实施

考点6

**1. 谈话活动的基本特征**

(1)谈话活动应拥有一个具体的儿童感兴趣的中心话题;

(2)拥有较丰富的谈话素材;

(3)注重谈话的多方交流;

(4)谈话活动应拥有宽松自由的交谈语境与交流气氛;

(5)谈话活动中教师起间接引导的作用。

**2. 谈话活动设计与实施的步骤及指导**

(1)创设谈话情境,引出谈话话题

教师需要营造出一个宽松自由的谈话氛围,创设生动、有趣的谈话情境:①用实物或直观教具创设谈话情境;②用语言创设谈话情境;③用游戏或表演的形式创设谈话情境。教师需要注意创设谈话情境的方式,注意创设的情境与谈话话题之间的关系。

(2)鼓励儿童围绕话题自由交谈

①教师应当放手让儿童围绕话题进行自由的交谈;②鼓励每位儿童积极参与谈话,真正形成双向的或多向的交流;③适当增加儿童做动作的机会;④注意自由交谈中的个别差异。在活动过程中,教师不能袖手旁观,其职责是教师必须在场;教师参与谈话;还可以简单发表个人见解。

(3)引导儿童围绕中心话题逐步拓展交谈内容

这是谈话活动的重点内容和核心。在儿童运用已有的知识经验充分地交谈后,教师要适时地将儿童集中起来,以提问或启发的方式帮助儿童学习新的谈话技能和谈话规则,掌握正确的谈话思路和方法。

(4)教师隐性示范新的谈话经验

在通过逐层深入拓展儿童谈话内容的基础上,教师可以通过隐性示范向儿童提供谈话范例,帮助儿童掌握新的谈话经验,使儿童的谈话水平进一步提高。例如,“我喜欢的图书”,教师可以谈一谈自己喜欢哪一本书,喜欢的原因是什么。

### (三)学前儿童讲述活动的设计与实施

考点7

**1. 讲述活动的目标**

根据讲述活动的特点和儿童语言发展的需要,在讲述活动中要着重培养儿童以下三方面的能力:

(1)培养儿童感知理解讲述对象的能力

讲述活动,能促进儿童对讲述对象进行认真的观察与感知,然后通过运用概念、想象、判断、推理等多种思维形式的活动,获得一定的认识,并通过与同伴的交流进一步丰富对讲述对象的认识。例如,讲述活动“风筝上天”,教师出示图片,让儿童结合对风筝的认识,了解风筝的外形、玩法、制作风筝的材料,然后,让儿童分组交流风筝是什么样的,怎么放飞风筝。儿童通过相互交流,从不同角度加深了对讲述对象的感知,同时,对儿童语言和其他方面发展都会产生极大的促进作用。

(2)培养儿童独立构思与清楚完整地表达的意识、情感和能力

①在集体场合自然大方地讲话。②使用正确的语言内容和形式进行讲述。③有中心、有顺序、有重点地讲述。儿童在讲述活动中,可以发展独立进行构思和清楚完整表达的语言能力,可以提高他们的表述行为水平,促进语言发展。

(3)培养儿童掌握对语言交流信息清晰度的调节技能

讲述活动中要求儿童在活动中要善于倾听别人的讲述是否与自己相同,是否与讲述内容一致;要求儿童根据不同的语境和听者的反应来调节语言表达方式,以保证交流信息的清晰度。例如,依据生活经验讲述"有趣的线条",由于每个孩子操作绳子、用绳子弄出的图形都不一样,而且由此想象出的东西也不一样,因而,讲述就需要在倾听别人讲述的基础上调节自己的信息,大胆想象出与他人不同的东西。又如,讲述"春天的阳光"与讲述"有趣的星期天"不一样,看图讲述和情景表演讲述也有差异。可以说,每一次具体的讲述活动,都对儿童提出了感知语境变化的具体要求,儿童在学习讲述的过程中,逐步锻炼自己对语言变化的敏感性,培养能随语言环境变化而调节自己表述方式的能力。

**2. 讲述活动设计与实施的步骤及指导**

(1)感知、理解讲述对象

感知、理解讲述对象,主要是通过观察的途径进行。这里所说的观察,大部分是通过视觉汲取信息,许多看图讲述、实物讲述、情景表演讲述,都是先让儿童仔细观察图片、实物、情景表演来感知理解讲述对象。这些主要是通过视觉通道获得的,但也不排斥从其他感觉通道去获得认识,如听觉、触觉、味觉、嗅觉等。

(2)运用已有经验自由讲述

在儿童感知理解讲述对象的基础上,教师指导儿童运用已有的经验进行讲述。这一步骤的活动组织,要求教师尽量放手让儿童自由讲述,给他们以充分的机会,实践并运用已有的经验讲述。它是儿童讲述自由发挥的阶段,教师要改变过去讲述活动几个人讲多数人听的被动、单调的局面,儿童自由讲述对活跃活动气氛,帮助教师了解每个儿童的讲述水平,提高儿童参与活动的积极性都起到重要作用。组织儿童运用已有经验自由讲述的方式有很多,主要包括集体讲述、分组讲述、个别交流等。

(3)引进并学习新的讲述经验

新的学习经验,是每次讲述活动学习的重点。通过前两个层次的铺垫,教师可以根据本次活动目标的要求,帮助儿童学习新的经验。新的讲述经验主要是指讲述的思路和讲述方式。

(4)巩固和迁移新的讲述经验

在讲述活动中,仅仅引进新的讲述经验是不够的,还需要提供幼儿实际操练新经验的机会,以利于他们更好地获得这些经验。因此,讲述活动的最后一个步骤是巩固和迁移新的讲述经验。

总之,在四个步骤的讲述活动组织中,有一个内在的完整的组织程序。可以说,每一次幼儿学习新的讲述经验,都在每次活动中获得操练、实践,以利于巩固、迁移,并且在下一次讲述活动中再次尝试运用。通过这种"滚雪球"的积累过程,幼儿的讲述能力会不断得到发展。



### (四)学前儿童听说游戏活动的设计与实施 考点8

**1. 创设游戏情境,引发儿童兴趣**

可用物品、动作或语言创设游戏情境。

**2. 阐述游戏规则,明确游戏玩法**

教师在阐述游戏规则的时候需要注意:(1)用简洁明了的语言讲解;(2)要讲清楚听说游戏的规则要点和游戏的开展顺序;(3)教师用较慢的语速进行讲解和示范。

**3. 教师指导儿童游戏**

教师指导儿童游戏,有利于儿童在活动过程中熟悉游戏规则,进一步明确和掌握游戏的玩法,掌握在游戏中运用语言交往的基本思路,从而为独立开展听说游戏做好充分准备。

**4. 儿童自主游戏**

此阶段中,教师已从游戏领导者的身份退出,处于旁观的地位。在观察儿童游戏时,注意对个别不熟悉规则的儿童进行及时的指导点拨,帮助这些儿童尽快地加入到游戏的队伍中去,真正成为游戏活动的一员。同时,教师也需要注意发现儿童在游戏过程中可能出现的矛盾与纠纷,及时予以解决,以免因角色分配不当或其他问题影响游戏顺利进行。此外,教师在场本身便对儿童产生一定的激励作用,可以使他们意识到自己所参与活动的价值,而当教师给说对的儿童以点头、微笑以及拍手的鼓励时,这些体态语言能在更大程度上激发儿童活动的积极性,保持参加游戏的兴趣。儿童自主游戏活动可以根据每一个听说游戏的具体要求来考虑适当的活动形式。例如,以集体活动的形式进行游戏,全班儿童均可参与其中;以小组形式开展游戏,教师可让儿童自己结合,选择适当场地进行活动;同时,也可以以一对一结伴的方式进行游戏。采用何种活动形式,取决于儿童参与活动的最佳效果。哪种方式能够促使儿童更主动积极地活动,哪种形式有利于儿童口语练习,教师都应在设计活动时予以充分考虑,进行周密的策划。

## (五)学前儿童早期阅读活动的设计与实施

**1. 早期阅读活动的内容**

从学前儿童早期阅读活动的目标出发,早期阅读活动的内容包括为儿童提供三个方面的阅读经验,即前图书阅读经验、前识字经验和前书写经验。冠以"前"字,是表示与那种正式的、大量的、系统的书面语言学习有根本的区别。

(1)前图书阅读经验

一般而言,图书是书面语言的载体。但儿童阅读的图书,是由文字和图画两种符号系统构成的,具有图文并茂的独特内容。我们可以利用儿童感兴趣的、丰富多彩的图画书籍来帮助儿童学会阅读图书,提高阅读的能力。

在儿童阅读图书的过程中,至少要帮助儿童学习几种行为经验:翻阅图书的经验、读懂图书内容的经验、理解画面和文字与口语有对应关系的经验、图书制作的经验等。

(2)前识字经验

集中、快速、大量地识字是小学阶段的学习任务,我们反对在幼儿园里专门集中地让儿童识字,这是教师应该特别注意的问题。

幼儿园的早期阅读活动向儿童提供的前识字经验包括:①知道文字有具体的意义,可以念出声来,可以把文字和口语对应起来;②理解文字的功能;③粗晓文字的来源;④知道文字是一种符号,它与其他符号系统可以转换;⑤知道文字和语言的多样化;⑥了解文字的构成规律等。

(3)前书写经验

尽管儿童期不要求儿童学习写字,但是获得一些有关汉字书写的信息仍然必要,这可以为儿童进入小学正式学习书写做好准备。

在早期阅读活动中,儿童要学习的前书写经验包括:①认识汉字的独特书写风格,如能将汉字书写区别于其他的文字;②知道汉字的基本框架结构,如左右结构、上下结构等;③了解书写的最初步规则,学会按规则去写字;④知道书写汉字的工具,知道使用铅笔、钢笔、圆珠笔、毛笔书写时的不同要求;⑤学会用正确的书写姿势写字等。

**2. 早期阅读活动的设计与组织**

(1)早期阅读活动设计与实施的步骤及指导

①儿童自己阅读

在阅读活动开始时教师首先创设让儿童自己阅读的机会,让儿童自由地"接近"阅读活动的内容,观察认识阅读对象,获得有关的信息。让儿童自己阅读并不意味着教师可以撒手不闻不问,而是要更巧妙地起到引导作用。可以说,儿童是在教师的具体指导下开始观察认识活动的,教师可以用提问的方式,用问题引

导儿童的思路,提出观察的要求,提示他们观察认识的途径,或以操作演示等方式引导儿童完整地、安静地阅读。

②教师与儿童一起阅读

在儿童自己阅读之后,教师可视具体情况选择小组或集体的形式,带领儿童一起阅读。其目的是在儿童自己观察认识接触到的书面语言信息的基础上带领儿童进一步学习理解这些书面语言信息。在这一环节中,教师可按照自己的理解和设想,将要求儿童掌握的书面语言知识信息贯穿到阅读的过程中去。教师的作用在于帮助儿童明确此次阅读的内容,并正确地掌握书面语言的信息。

③围绕阅读重点开展活动

每次阅读活动均有一定的重点,事先教师应做到心中有数。在师幼共同阅读后,教师可以多种形式组织儿童围绕阅读重点开展活动,如讨论、表演、游戏、再创造等,着重帮助儿童深入地掌握学习内容和正确的学习方式,加深对所学内容的印象。

④归纳阅读内容

归纳阅读内容是总结性的活动环节,它的主要作用在于帮助儿童巩固消化所学的内容,是整个活动中不可缺少的组成部分。归纳阅读内容方式有多种,如游戏式、对话式、竞赛式、展示欣赏式。教师在归纳总结时还应注意激发儿童主动参与的积极性,对儿童未能掌握的问题,以巧妙的方式引导儿童发现它们,并继续思考学习。

⑤阅读活动的延伸

延伸活动的目的是保持儿童的学习兴趣,帮助儿童在生活中应用。延伸活动可以在区角中进行,也可以在日常生活活动或其他教育活动中开展,还可以在家庭亲子活动中实施。

(2)早期阅读教育活动的指导要点

①幼儿园阅读活动的指导

作为早期阅读教育的指导既要合乎儿童学习的基本规律,又不能对不同的儿童、不同的活动用同一个模式、同一种方法。应该在注重实践活动和活动中的师生互动、亲子互动、生生互动的阅读教育活动指导大前提下,重视以下早期阅读教育活动的指导要点。

第一,尊重差异——为每个孩子提供合适阅读的环境。

第二,激发兴趣——让每个孩子尝到阅读带来的快乐,对阅读产生浓厚的兴趣。

第三,促进交流——使每位教师、家长和儿童自己投入到阅读活动的指导过程中。

第四,鼓励应用——与儿童的生活紧密联系,在儿童的生活中去运用。

②对家庭亲子阅读活动的指导

第一,直接指导。定期培训:用家长座谈会、家长在学校的时间,使家长全面了解早期阅读教育的目标、途径、内容与方法,使家长明确儿童早期阅读对其发展的重要性。

小组指导:这主要针对亲子阅读中普遍存在的问题利用接送孩子的时间进行小组辅导。

材料展示:阶段展示孩子的阅读材料,让家长了解儿童在园的阅读情况,拓宽家长对孩子进行阅读教育的思路。

经验交流:组织家长进行家庭阅读经验交流,丰富家长教育孩子的方法。

第二,间接指导。即利用家园联系栏、家长信箱或家长开放日、印发阅读资料等方法帮助家长了解和学习家庭教育经验。

第三,个别指导。由于儿童的阅读兴趣、习惯、态度和能力各有差异,为收到最佳的教育效果,使每个儿童都能有所发展,可针对不同的家长做具体的个别辅导。例如,教给家长观察自己孩子的方法,以便其针对自己孩子的情况采取相应的方法,根据亲子阅读中不同的阅读情况由教师写留言或评语;指导家长共做亲子活动材料,如制作不同主题的“我们自己的书”等。

# 第五节　学前儿童社会教育

（本节共4个考点）

## 考向分析

本节主要介绍幼儿园社会教育目标的结构、社会教育的主要类型、学前社会教育的方法等相关知识。

本节知识可能以单项选择题、简答题和论述题的形式考查。单项选择题考查的比较精细，考生在复习的时候要认真；简答题和论述题考查系统知识的掌握程度，这部分内容需要考生理解记忆。

## 思维导图

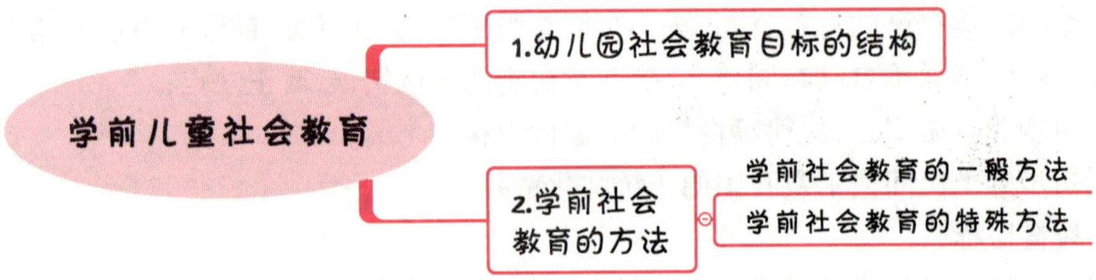


## 考点精讲

幼儿园社会教育是指以儿童的社会生活事务及其相关的人文社会知识为基本内容，以社会及人类文明的积极价值为引导，在尊重儿童生活，遵循儿童社会性发展的规律与特点的基础上，由教育者通过多种途径，创设有教育意义的环境和活动，陶冶儿童性灵，培育有良好社会理解力、社会情感、品德与行动能力的完整和健康的儿童。幼儿园社会教育具有潜移默化的特点。

### 一、幼儿园社会教育目标的结构

#### （一）幼儿园社会教育年龄阶段目标

考点1

**1. 小班社会教育目标**

（1）引导儿童初步了解自己身体主要部位的特征和功能，初步懂得自我保护；

（2）引导儿童知道自己是幼儿园的小朋友，初步萌发儿童的独立性和最基本的自我控制能力；

（3）引导儿童逐步熟悉集体生活环境，认识集体中的同伴与成人，初步了解他们与自己的关系，使儿童初步适应集体生活；

（4）使儿童保持愉快的情绪，不爱哭、不怕生，愿意与他人交往，鼓励儿童积极参与集体生活；

（5）引导儿童初步掌握日常生活中常用的礼貌用语，使儿童能初步有礼貌地同他人交往，见了老师和长辈会问好；

（6）使儿童初步了解和掌握基本的卫生要求，养成初步的卫生习惯；

（7）使儿童初步懂得主要的交通安全常识；

（8）培养儿童初步的学习习惯，引导儿童遵守最基本的学习活动规则；

第六章

(9)激发儿童从事简单的自我服务劳动的兴趣,引导儿童初步了解父母和老师的劳动;

(10)教育儿童初步懂得不提无理要求、不无故发脾气;

(11)引导儿童与同伴共同活动,不争夺或独占玩具。

**2. 中班社会教育目标**

①使儿童能初步认识自己与他人的异同;

②使儿童能初步了解自己与他人的情绪,初步懂得同情和关心他人;

③萌发儿童最基本的自我控制能力,引导儿童初步懂得不损害同伴;

④引导儿童初步了解周围主要的社会机构、设施,初步知道它们与人们生活的关系,萌发儿童最初的爱家乡的情感;

⑤引导儿童初步了解重大的节日,并使儿童感受节日的快乐;

⑥初步激发儿童与他人交往的愿望,引导儿童在与同伴及成人交往中,能初步准确地使用礼貌用语;

⑦引导儿童初步懂得与他人合作,初步懂得分享和谦让;

⑧引导儿童了解周围成人的劳动,鼓励儿童学做一些力所能及的事,初步养成爱劳动、爱惜劳动成果的习惯;

⑨鼓励儿童大胆表达自己的见解,使儿童初步能克服困难,完成任务,鼓励儿童能有始有终地做一件事;

⑩引导儿童初步学会评价自己与同伴,引导儿童初步能承认错误,改正缺点;

⑪引导儿童初步养成诚实、守纪律等良好的品德行为;

⑫引导儿童初步感受民间艺术及我国的传统文化精品。

**3. 大班社会教育目标**

①使儿童初步了解自己的成长及成人为此付出的劳动,激发儿童爱父母和老师及其他长辈的情感;

②引导儿童初步学会控制自己的情绪和行为,初步学会紧急情况下的应变办法;

③引导儿童了解自己所在的集体,初步懂得应做对集体有益的事,培养儿童初步的集体荣誉感和责任感;

④引导儿童主动、准确地使用礼貌用语,能以恰当的方式与他人交往,和同伴友好相处;

⑤引导儿童主动照顾、关心小班和中班的小朋友;

⑥引导儿童了解周围的社会生活,让儿童初步了解社会机构、社会成员和他们的劳动及其与人们生活的关系,萌发儿童尊敬、热爱劳动者的情感;

⑦引导儿童初步了解我国的民族及丰富的物产,萌发爱祖国的情感;

⑧引导儿童初步了解国家间的友好往来,萌发爱好和平的情感;

⑨引导儿童初步学会分辨是非,初步懂得应向好的榜样学习,萌发初步的爱憎感;

⑩使儿童初步能遵守各项规章制度,初步会以规章制度对照自己与他人的行为;

⑪引导儿童喜欢从事力所能及的劳动,初步懂得爱惜劳动成果,爱惜公物;

⑫引导儿童初步感知家乡的自然和人文景观,初步了解我国主要的自然人文景观、萌发对民族文化的喜爱及保护自然社会环境的初步意识;

⑬引导儿童初步感知世界著名的人文景观及优秀艺术精品,萌发对世界文化的兴趣。

## (二)学前社会教育目标的分类结构 考点2

我们从总目标中分化出自我意识、人际交往、社会环境与社会规范认知和多元文化四大类别。各大类别的目标陈述如下:

**1. 自我意识**

(1)引导儿童初步了解有关自己成长的最基本的知识;

(2)初步培养儿童的自信心、自尊心及独立性,以及最基本的自我控制和应变能力;

(3)引导儿童正确认识自己,能够进行准确的自我评价;

(4)学会用恰当的方法表达自己的爱好、需求、情绪和情感。

**2. 人际交往**

(1)愿意与他人共同游戏、活动并友好相处;

(2)善于与人交往,懂得问候、交谈、与人合作及参与活动的技巧,掌握几种交往策略;

(3)能主动帮助弱小同伴,乐于帮助有困难的小朋友、老人和残疾人,经常自愿地与他人分享玩具、食物等;

(4)鼓励儿童主动地参与各项活动,培养诚实、勇敢、守纪等基本品质,培养儿童开朗的性格;

(5)引导儿童初步了解自己所在的集体,使儿童逐步适应并喜欢集体生活,初步产生对集体的关心喜欢之情。

**3. 社会环境与社会规范认知**

(1)知道自己的成长与家人的关系,感激父母长辈的辛勤养育之恩;

(2)初步了解家庭、幼儿园,认识周围不同职业人们的劳动及其与自己生活的关系,尊重他们的劳动,产生初步的热爱劳动者的情感;

(3)引导儿童初步了解并逐步掌握基本的交通规则、学习活动规则、生活规则等;

(4)引导儿童初步了解并掌握基本的公共卫生规则,树立环境保护意识;

(5)逐步懂得正确与错误之分,激发儿童初步的是非感、爱憎感。

**4. 多元文化**

(1)初步感受具有代表性的社区文化;

(2)初步了解祖国传统的民俗节日、人文景观、少数民族和文化精品等,对祖国的传统文化感兴趣;

(3)初步感受世界著名的人文景观及优秀的艺术作品,对世界文化感兴趣;

(4)初步了解世界是由许多国家和民族组成的,萌发热爱和平的情感;

(5)愿意接触或了解不同国家、不同种族的外国人,感受他们的风俗习惯。

## 二、学前社会教育的方法

### (一)学前社会教育的一般方法

考点3

所谓一般方法是指适用于学前儿童教育的一切领域,即各领域都可采用的教育方法。学前社会教育常用的主要教育方法有以下七种:

**1. 讲解法**

讲解法是指教师以口头言语对社会教育内容进行系统和生动的解释,以使儿童较系统地理解社会教育的内容和意义,掌握正确的行为准则和方法,也便于指导其行为。这是社会教育中最经常使用的一种方法。

**2. 谈话法**

谈话法是指在学前社会教育中,通过师幼对话的方式对儿童进行教育的一种方法。教师可以向儿童提出问题,也可以解答儿童的问题,不受时间、地点和人物的限制。

**3. 讨论法**

讨论法是指在学前儿童的社会教育中,儿童在教师的指导下就社会性问题、现象互相启发、交换看法以获取知识的一种教育方法。讨论的具体方式有成对交换意见、分小组讨论、全班讨论三种。

**4. 观察、演示法**

观察、演示法是指在学前社会教育中,教师依据社会教育目标,向儿童出示实物、图片、直观教具、录像等可以使他们感知的材料,使儿童通过观察获得相应的社会知识、社会情感及社会行为的一种教育方法。

**5. 参观法**

参观法是学前儿童在社会教育过程中,教师根据一定的教育目标组织儿童到幼儿园外观察社会现象,

让儿童在对实际事物或现象的观察、思考中获得新的社会知识和社会规范的教育方法。

**6. 行为练习法**

所谓行为练习法是指教师在学前社会教育过程中,组织儿童按正确的社会行为规范要求自己,通过参加各种活动和交往受到实际锻炼,以形成儿童良好的社会行为习惯的方法。这种方法是形成和巩固儿童社会行为最有效的方法。

**7. 强化评价法**

强化评价法是指通过对学前儿童社会行为的评价对儿童进行社会教育的方法。儿童在社会生活中,经常受到各种环境的刺激和影响,有些可能是积极的、正面的影响,使儿童相应地形成良好的社会行为;有些可能是消极的、负面的影响,使儿童相应地形成不良的社会行为。也就是说,在儿童身上存在积极的和消极的两种影响。那么,儿童要想成为符合社会要求的人,就需要成人按照社会行为规则,不断对儿童的行为进行调整。还要用正确的评价,激发儿童上进心,促进他们良好社会行为的形成和发展,同时也能抑制不良社会性的产生和蔓延,这是学前社会教育常用的一种方法。

### (二)学前社会教育的特殊方法 考点4

学前社会教育是儿童全面发展教育的有机组成部分之一,它与其他领域的教育密切相关,有许多相同的地方,但它有其自身的规律和特点,正因为学前社会教育的特殊性,决定了它有一些不同于其他领域教育的独有方法。这些方法有着较强的针对性,体现了学前社会教育自身的特点。

**1. 榜样示范法**

榜样示范法是指在学前社会教育中,教师用他人的好思想、好行动和英雄事迹去影响和教育儿童,形成良好社会品质的方法。因为儿童的模仿性很强,具体、生动、直观的典型易于感染儿童,激发他们向榜样学习的热情。因此,设置一定的社会情境,树立一定的榜样,使儿童有意无意间进行模仿,可以有效地促进儿童良好社会品质的形成和发展。

**2. 角色扮演法**

角色扮演是指个人试着设身处地地去扮演另一个在实际生活情景中不属于自己角色的行动过程,从而形成角色所需要的某些经验和行为习惯。在学前社会教育过程中的角色扮演就是教师要创设现实生活中的某些情境,让儿童扮演一定的社会角色,使儿童表现与这一角色一致的且符合这一角色规范的社会行为,并在此过程中使他们能够亲自体验他人的角色,从而更好地理解他人的感受和处境,体验他人在不同情境下的内心情感,以此掌握自己承担的社会角色所应遵循的社会行为规范和道德要求。

**3. 陶冶熏染法**

陶冶熏染法是利用环境条件、生活气氛及教师本身的言行举止,对幼儿进行积极感化、熏陶、发挥潜移默化影响的教育方法,包括环境陶冶法和艺术感染法。

(1)环境陶冶法

环境陶冶法是通过优美的自然环境、良好的社会环境和教育者有意识地创设教育情境,对幼儿进行社会化培养的一种教育方法。

俗语"近朱者赤,近墨者黑"道出了环境对人的影响作用。幼儿的情感发展很不成熟,需要依赖一定的教育环境和教育工作者的正确引导,幼儿好模仿,易受环境影响。如果幼儿园的小朋友大都是团结友爱、和睦相处、爱清洁、守纪律,那么个别幼儿的不和谐也会慢慢与周围环境协调起来。例如,在园内开展各种活动,每逢"三八"妇女节,请幼儿讲讲"我的好妈妈",引导孩子给妈妈献上一朵花,送上份礼物;每逢"五一"劳动节,引导幼儿观察教师、保育员、炊事员的工作,带孩子们到工厂、百货大楼等了解工人叔叔、阿姨们劳动的意义;"国庆节",在园内举办"小小画展",组织歌唱祖国的音乐会等。

(2)艺术感染法

艺术感染法是利用音乐、绘画等艺术形式的感染力,渗透幼儿心灵,淡化说教,淡化教育的痕迹,而着重

心灵的感染和熏陶，激发幼儿的情感，并使之化作行动的一种教育。艺术感染法的特点是以美诱人、以情感人、情感换位，以此来达到培养儿童对美好艺术的追求与爱好，促进儿童对人生的美好体验，通过审美体验提升审美素养，获得人文素质的提高，进而实现人格的自我塑造的目的。

艺术包括文学、音乐、美术、舞蹈等，这些都是人类智慧的结晶，也是幼儿教育的主要形式。因此，在教育中，要选择符合幼儿心理特点的、有趣的、有教育意义的故事、童话、图片等艺术作品，以具体、生动形象的方式帮助幼儿分清是非，明白道理，影响和塑造美好心灵，这对提高他们的道德认识是十分有利的。

**4. 共情训练法**

**共情训练法**是指通过一些形式让学前儿童去理解和分享他人的情绪体验，以使学前儿童在以后的生活中对他人的类似情绪能主动、习惯性地自然理解和分享的方法。

共情训练的方式是多样的，讲故事、续编故事、情境演示、生活情境体验、主题游戏等都可以被用来进行共情训练。

**5. 价值澄清法**

美国心理学家、教育学家路易斯·拉斯教授在对传统的价值观教学法进行研究分析的基础上，提出了一种新的价值观教育法，即“价值澄清法”。它针对纷繁复杂的现代社会中，家庭、学校传授的各种做人的行为规范和准则与儿童所见所闻的种种相背离的社会现象，以及现代社会中不断变化的各种刺激导致价值观的混乱，提出只有通过儿童心理内部价值澄清，才能建立自己清晰的价值观和恰当的生活方式。实践证明，这种方法不仅灵活、方便、简单，而且非常生动、有趣、可行，是当前对儿童进行价值观教育的一种非常有效的方法。

## 第六节　学前儿童科学教育

（本节共6个考点）

### 考向分析

本节主要介绍学前科学教育目标的层次结构、学前科学教育的内容、学前科学教育的方法、不同年龄阶段学前儿童科学学习的特点等相关知识。

本节知识可能以单项选择题、简答题和论述题的形式考查。单项选择题考查的比较精细，考生在复习的时候要认真；简答题和论述题考查系统知识的掌握程度，这部分内容需要考生理解记忆。

### 思维导图

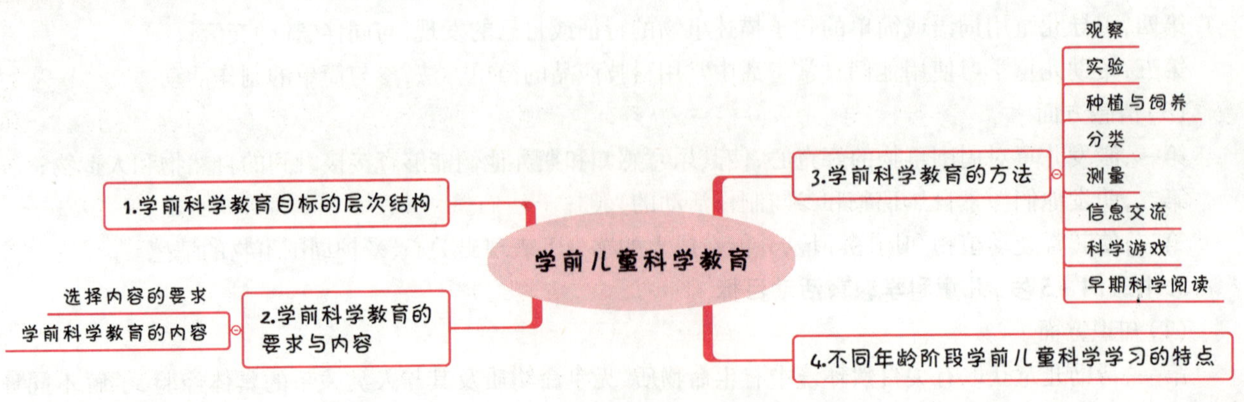

## 考点精讲

### 一、学前科学教育目标的层次结构

学前科学教育的目标按其层次,可以分解为学前科学教育的总目标、年龄阶段目标、单元目标和活动目标四个层次。

#### (一)学前科学教育的总目标

学前科学教育的总目标,是学前阶段科学教育总的任务要求。它原则性地指出在学前阶段进行科学教育的范围和方向,是科学教育所期望的最终结果,具有较强的特殊性和相对的独立性。学前科学教育的总目标是学前教育总目标的一个组成部分,与总目标在方向上是一致的、相辅相成的。学前科学教育的总目标,是在整个学前教育阶段中,通过一系列的科学教育活动的过程来实现的,因此,在学前阶段进行科学教育都应以总目标为指导思想。

#### (二)学前科学教育的年龄阶段目标

考点1

**1. 2~3 岁儿童科学教育活动目标**

(1)保护好奇心,支持儿童的触摸、爬动、操作、摆弄玩具和物品的行为;

(2)提供丰富的感觉刺激,发展感觉能力、注意力;

(3)初步掌握与生活经验相贴近的日常概念和科学常识,如知道一些与生活贴近的自然现象和科技产品以及动、植物的名称;

(4)形成一和多的数概念,形成白天、晚上的时间概念。

**2. 小班(3~4 岁)儿童科学教育活动目标**

(1)知识方面

第一,引导儿童观察周围常见的个别自然物(动、植物和无生命物质)的特征,获取粗浅的科学经验,初步了解它们与儿童生活、与周围环境的具体关系;

第二,引导儿童观察周围常见自然现象的明显特征,获取粗浅的科学经验,并感受它们和儿童生活的关系;

第三,引导儿童观察日常生活中直接接触的个别人造产品的特征及用途,获取粗浅的科学经验,感受它们给生活带来的方便。

(2)方法技能方面

第一,帮助儿童了解各种感官在感知中的作用,学习正确使用各种感官感知的方法,发展感知能力;

第二,帮助儿童掌握根据一个或两个特征从一组物体中挑选出物体并归为一类的分类方法;

第三,帮助儿童学会通过目测等简单方法比较物体的形体大小和数量的差别;

第四,引导儿童用词语或简单的句子描述事物的特征或自己的发现,与同伴、教师交流;

第五,帮助儿童学习使用他们日常生活中常用科技产品的简单方法,参与简单的制作活动。

(3)情感方面

第一,激发儿童对周围事物的好奇心,使其乐意感知和摆弄他们能够直接接触到的自然物和人造物;

第二,萌发他们探索自然现象和参与制作活动的兴趣;

第三,使其喜爱动植物和周围环境,并能在成人的感染下表现出关心、爱护周围事物的情感。

**3. 中班(4~5 岁)儿童科学教育活动目标**

(1)知识方面

第一,帮助儿童获取有关自然环境中有生命物质、无生命物质及其与人类关系的具体经验,了解不同环

境中个别动植物的形态特征和生活习性；

第二，帮助儿童了解四季的特征及其与人们生活的关系，观察简单的理化现象，获取感性经验；

第三，引导儿童获取周围生活中常见科技产品的具体知识和经验，初步了解它们在生活中的运用。

(2)方法技能方面

第一，帮助儿童学会综合运用多种感官感知事物特征，发展观察力；

第二，帮助儿童学会按照指定的标准，对物体进行简单分类；

第三，帮助儿童学习运用简单的工具进行测量的方法；

第四，引导儿童用自己的语言描述自己的发现，并与同伴、教师交流；

第五，指导儿童学习使用常见科技产品的方法，运用简单工具进行制作活动。

(3)情感方面

第一，发展儿童的好奇心，引导儿童探究周围生活中常见的自然现象、自然物和人造物，愿意参加制作活动；第二，培养儿童关心、爱护动植物和周围环境的情感和行为。

**4. 大班(5~6岁)儿童科学教育活动目标**

(1)知识方面

第一，帮助儿童初步了解不同环境中的动植物及其与环境的相互关系；

第二，介绍儿童周围生活中的环境污染现象和人们保护生态环境的活动；

第三，帮助儿童获取有关季节、人类、动植物与环境等关系的感性经验，形成四季的初步概念；

第四，引导儿童探索周围生活中常见的理化现象，获取有关的科学经验；

第五，让儿童接触周围生活中的现代科学技术，及其在生活中的运用。

(2)方法技能方面

第一，使儿童能主动运用多种感官观察事物，学会观察的方法，发展观察力；

第二，使儿童能按照自己规定的不同标准对物体进行分类；

第三，帮助儿童学习使用各种工具进行测量，掌握正确的测量方法；

第四，引导儿童用完整、连贯的语言与同伴、教师交流自己的探索过程和结果，表达愿望，提出问题和参与讨论，以及能够表达发现的愉快，能够和他人交流和分享；

第五，引导儿童学习使用常见科技产品的方法，运用简单工具和多种材料进行制作活动，能够发现物品和材料的多种特性和功能，并能表现出一定的创造性。

(3)情感方面

第一，激发和培养儿童好奇、好问、好探索的态度；

第二，激发儿童对自然环境和现代社会生活中的科技产品的广泛的兴趣，能自己发现问题、提出问题、寻求答案；

第三，使儿童喜欢并能主动参与、集中于自己的科学探索活动和制作活动；

第四，培养儿童主动关心、爱护周围环境的情感和行为。

以上所述各年龄班科学教育目标仅代表一般的情况，不能机械地、绝对化地理解。儿童的发展是一个连续的过程，不同年龄班的教育目标既要体现年龄的差异，也应体现连续性。教师可根据具体情况加以灵活改变。

### (三)学前科学教育的单元目标

学前科学教育的单元目标一般有两种：一种是“时间单元”，是在一段时间内，如一个月或一周内要达到的目标，相当于“月计划”或“周计划”中的科学教育目标；另一种是“主题活动单元”，是在一组有关联的科学教育活动全部结束后所要达到的目标。在目前的整合课程模式下，“时间单元”的目标模式已不多见，但还是会在一些幼儿园看到在一个阶段的教育活动中，融入时间单元的科学教育目标的做法。而“主题活动

单元”的做法就比较多见。

### (四)学前科学教育的活动目标

学前科学教育的活动目标一般是指一次具体的科学教育活动所要达到的目标,是根据学前科学教育总目标和年龄阶段目标或单元目标,并且结合具体教育活动内容的特点,以及儿童的特点制定的具体的、可操作的目标。虽然它是具体教育活动的目标,但也应该能反映学前科学教育总目标和年龄阶段目标的要求。而且教育活动目标应该体现和上层目标之间的联系,是上层目标的具体化。

以上四个层次,构成了一个金字塔式的学前科学教育目标的层次结构。各阶段性目标之间是相互衔接的,体现了学前儿童心理发展的渐进性。下层目标与上层目标之间、局部目标与整体目标之间是协调一致的。每层目标都是上一层目标的具体化,低层次目标的实现最终能促使高层次目标的实现。

## 二、学前科学教育的要求与内容

### (一)选择内容的要求

考点2

**1. 科学性和启蒙性**

科学性和启蒙性是学前科学教育内容选择的首要要求。所谓科学性是指学前科学教育的内容应符合科学原理,不违背科学事实。所谓启蒙性是指学前科学教育的内容应是粗浅的而不是系统的科学知识,应是儿童可见、可直接探索的内容,不能超越儿童的发展水平和理解能力。

所以,我们必须从科学性和启蒙性两个方面的要求来选择学前科学教育的内容,体现“科学启蒙”的特点。具体地说:(1)科学启蒙就是要选择儿童可以直接探索的内容,让儿童通过自己直接的探索活动,在力所能及的范围内学科学;(2)科学启蒙就是要选择儿童可以理解的内容,将复杂、深奥的科学道理寓于简单、明显的现象中,让儿童通过具体的经验获得对科学知识的粗浅理解;(3)科学启蒙就是要选择儿童日常生活中熟悉的内容,引导其发现日常生活中的科学内容。

**2. 时代性和民族性**

所谓时代性是指学前科学教育的内容应适当反映时代与科技进步的新知识。所谓民族性是指科学教育的内容应对保存、传播和发展我国的优秀民族文化传统有所体现。

学前科学教育中的很多内容都可以体现时代性和民族性,我们在选择内容时,可以从以下几个方面加以考虑:(1)结合儿童的生活向儿童介绍现代的先进科学技术,特别是我国在现代科学技术的成就;(2)向儿童介绍科学技术的发展,让儿童在古今的对比中体会现代科学技术的先进和古代人民的智慧;(3)引导儿童认识我国的具有民族特色的物产,或当地有名的物产。

**3. 广泛性和代表性**

所谓广泛性是指学前科学教育的内容应尽量涉及多个方面,确保能让儿童获得广泛的科学经验。所谓代表性是指学前科学教育的内容应能典型地反映某领域的基本知识结构。

在选择学前儿童科学教育的内容时,怎样才能做到广泛性和代表性的结合呢?(1)从广泛的范围中选择内容;(2)衡量所选内容的代表性;(3)考虑各部分内容的均衡性。均衡的教育内容,既能体现代表性,也能体现广泛性,所以在选择内容、安排计划时,一定要考虑这一点。

**4. 地方性和季节性**

所谓地方性和季节性是指学前科学教育的内容应具有鲜明的地方特色和季节特点。

地方性和季节性是学前儿童科学教育内容选择的一个独特而又首要的要求。那么,在实践中应如何体现这一要求呢?我们认为,地方性和季节性的要求,不仅应该在选择内容时有所体现,更应该在编排内容时有所体现。

在选择教育内容时,不能照搬照抄现成的材料,而要注重从当地的自然和社会资源中挖掘和选择有价值的教育内容。结合当地、季节特点选择内容,要会灵活地替换教育内容,即用当地儿童熟悉的事物代替相

应的教育内容。在编排教育内容时,则要根据当地的季节变化,安排教育内容的计划。

### (二)学前科学教育的内容

考点3

幼儿科学包括科学探究和数学认知两大领域,应注重引导幼儿通过直接感知、亲身体验和实际操作进行科学学习。

**1. 儿童常见的自然现象及其与人类、动植物的关系**

儿童常见的自然现象包括:季节现象;气候现象(雨、雪、霜、雷电、彩虹等);理化现象(空气与风、电、光、声、磁等)。

**2. 儿童周围的物质世界及其相互关系以及生态环境教育**

儿童周围的物质世界即大自然,包括:有生命物质(动物、植物、微生物);无生命物质(岩石、沙、土、水等);宇宙和星球(日、月、星辰等)。环保教育应渗透于上述三项内容之中,主要包括:

(1)使儿童知道地球上的水资源是有限的,可以供人们饮用的淡水资源更加有限,懂得保护水资源,节约用水;(2)认识几种珍稀动植物,知道它们数量减少的原因,懂得要爱护野生动植物;(3)了解废弃物不处理对人类的危害,知道废弃物可以分类回收利用,变废为宝;(4)了解土壤对动、植物的作用及土壤污染对人类健康的影响;(5)初步了解植树造林对人类的重要意义,懂得保护森林的重要性;(6)初步理解什么是环境污染,环境污染的具体体现及其对人类的影响,掌握保护环境的基本方法。

**3. 儿童日常生活中常见的科技产品及其对人类的影响**

其主要包括:家庭生活中的科技产品及其功用;社会生活中的科技产品及其和人类生活的关系等。

**4. 人体的奥秘及其保护**

以感官教育为主,主要包括:感官的结构和功能;感官的运用及感知能力的培养;保护感官。此外,还有初步的性别教育、性教育和安全教育等。

## 三、学前科学教育的方法

考点4

### (一)观察

学前科学教育中观察的方法是指教师有目的、有计划地组织和启发儿童运用多种感官,去感知客观世界的事物与现象,使之获得具体的印象,并在此基础上逐步形成概念的一种方法。

观察主要有两种方式:一种是借助于感官进行直接观察,另一种是通过仪器进行间接观察。直接观察的优点在于没有中间环节,因而可以避免仪器等中介造成的误差。观察的类型从不同角度可有多种分法:(1)从观察的时间分,可以分为间或性观察和长期系统性观察;(2)从观察的对象分,可以分为个别物体的观察和比较性观察;(3)从观察的空间分,可以分为室内观察和室外观察(也称实地观察)。以上分类之间有交叉现象,如室外观察同时也可以是对个别物体的观察,室内观察也可以是比较性观察等。

### (二)实验

学前科学教育中实验的方法是在人为控制条件下,教师或儿童利用一些材料、仪器或设备,通过简单演示或操作,对周围常见的科学现象加以验证的一种方法。实验的操作和演示过程是简便易行的,是带有游戏性质的。

根据实验的不同目的,实验方法可以分为两种:探索性实验和验证性实验。根据实验过程中实际的操作者来分,可以把实验分为教师演示实验和儿童操作实验两种。

**1. 儿童操作实验**

**儿童操作实验**是指儿童亲自动手操作,参加全过程的实验,实验的性质比较简单,常带有游戏性。儿童在动手操作过程中,熟悉实验材料的性质和使用方法,充分观察实验过程中的变化,并可以重复操作,多次尝试,进行科学探索。在儿童操作实验中,选用的设备材料要齐全、够用,时间要充裕,以便每个儿童都有反复尝试的机会,并具有安全性。

**2. 教师演示实验**

教师演示实验是指由教师操作实验的全过程,儿童观察实验的过程、现象、变化和结果的一种形式。它主要用于难度大,较为复杂的实验。教师在演示时,必须注意操作的动作要正确、熟练,速度要慢,不做不必要的动作,同时结合简洁、明了的语言说明,边演示边讲解,演示的进行程序要清楚。实验结束时,教师要对实验过程进行小结,帮助儿童理解科学现象。演示实验要考虑儿童的观察角度、使用的设备大小、材料的替代性等问题。老师应先做预备性实验,以确保实验的成功。

### (三)种植与饲养

学前科学教育中的种植方法是指儿童在园地、自然角(或用泥盆、木箱等)种植花卉、蔬菜和农作物等的活动。学前科学教育中的饲养方法是指儿童在饲养角里喂养和照管习性温顺的动物的活动。

常见植物的栽培管理主要包括:常见植物的播种、管理、收获等内容,如参加选种、浸种、移栽、浇水、松土、除草、追肥、收获、留种等工作。常见动物的饲养管理主要包括:帮助收集饲料、喂养、管理,学习简单的饲养技能,并观察小动物的外形特征、动作和生活习性,培养爱护小动物的感情。自然角的动物应选择个体小、管理方便、无危险、便于喂养、幼儿感兴趣而且便于幼儿观察的种类,最好随季节的变化经常更换种类,使幼儿能接触到更多的小动物。例如,美丽的热带鱼类,可爱的小乌龟,漂亮的小鸟,也可以是小泥鳅、小蚯蚓、小蚂蚁、蜗牛等小动物。

### (四)分类

学前科学教育中分类的方法,是指儿童把具有某一个或几个共同特征的物体聚集在一起,以学习科学的一种方法。分类既是儿童学习科学的一种方法,也是儿童需要发展的一项重要技能。在学前科学教育中,常用的分类类型有挑选分类、二元分类、多元分类三种。

### (五)测量

学前科学教育中的测量是指通过观察或运用简单的测量工具,对物体进行简单的、初级的测定。它包括:长度测量、重量测量、体积测量(体积是物体的长、宽、高三度空间的数量,而数量既指物体或容器包含的体积,也指该物体所占据的空间)。具体来说,测量包括测量物体的大小、长短、高矮、粗细、轻重等内容。

测量的类型:观察测量;非正式量具测量;正式量具测量。

### (六)信息交流

信息交流是指儿童将所获得的有关周围环境的信息,以语言的或非语言的形式来进行表达和交换。学前科学教育中信息交流的类型,除了运用语言的方式以外,还运用手势、动作、表情及图像记录等非语言方式进行。



### (七)科学游戏

学前科学教育中的游戏即科学游戏,是指运用自然物质材料和有关的图片、玩具(科技玩具)等物品,进行带有游戏性质的操作活动,是对儿童进行科学教育的一种有效方法。自然材料包括水、石、沙、土、竹、木、树叶、贝壳、果实等。

根据科学游戏利用的材料分:(1)利用实物进行的游戏;(2)利用图片进行的游戏;(3)利用科技玩具进行的游戏;(4)口头游戏;(5)情境游戏;(6)多媒体互动游戏。

根据科学游戏的作用分:(1)感知游戏;(2)分类游戏。

### (八)早期科学阅读

早期科学阅读是指儿童通过阅读寓有科学知识的作品,包括故事、儿歌、谜语等,以学习科学的一种方

法。早期科学阅读的类型:科学诗;科学童话;科学故事;谜语;科普画册;录像。

## 四、不同年龄阶段学前儿童科学学习的特点

### (一)3~4岁儿童科学学习的特点

考点5

**1. 认识处于不分化的混沌状态**

复杂多变、形形色色的客观世界,在刚入园的小班儿童的头脑中,往往是一片不分化的混沌状态,他们对一些物体的现象分辨不清,常常"指鹿为马"。例如,有的儿童把绿草、绿叶叫作"绿花";有的儿童认识柳树后,把其他的树也叫作"柳树";还有的把树干叫作"木头"。因此,他们常爱向成人提问:"这是什么?""那是什么?"

**2. 认识带有模仿性,缺乏有意性**

3~4岁的儿童不仅不会有意识地围绕一定的目的去认识某一事物,而且还不善于根据自己的所见、所闻、所知来表达自己的认识,调节自己的行为。总是爱模仿别人的言行。别人说小灰兔是小白兔,他也说是小白兔;别人摇小树苗,他也跟着去摇小树苗。有时,由于分辨能力差,爱模仿,甚至导致发生无意伤害动植物的行为。例如,有一个小男孩,在家看到爸爸刮胡子后,自己也学着给小鸡"刮胡子"(鸡身上的毛),以致差点送了小鸡的命。

**3. 认识带有明显的拟人化倾向**

由于3~4岁儿童的感知受自我中心的影响,所以他们常以自身的结构去理解科学物体的结构,以自己的生活体验去解释科学现象,对有生命的东西和无生命的东西辨不清,认识带有明显的拟人化现象。例如,看到皮球从积木上滚下来就说:"它(指皮球)不乖。"指着四条腿的动物说:"它有两只手,两只脚。"

**4. 认识带有表面性和片面性**

3~4岁儿童的认识易受情绪的影响,其注意往往比较容易集中在具有鲜艳色彩、会发出悦耳声音、能动的、他们感到喜欢的事物上。因此,3~4岁儿童一般对动物的兴趣胜于对静态东西的兴趣,对他们不感兴趣的事物或特点,似乎视而不见,这就使其认识必然带有表面性和片面性,影响对事物的主要方面和主要特征的认识。

### (二)4~5岁儿童科学学习的特点

考点6

**1. 好奇好问**

随着身心的发展,4~5岁儿童比3~4岁儿童显得更加活泼好动,好奇好问,对大自然产生浓厚的兴趣,什么都想去看看摸摸,逐渐会学习运用感官去探索、了解新事物。在向成人的提问中,不但喜欢问"是什么",而且还爱问"为什么"。例如,会问:"为什么鸟会飞?""为什么洗衣机会转动?"还常常会刨根问底,探个究竟。

**2. 初步理解科学现象中表面的和简单的因果关系**

4~5岁儿童,一般已能从直接感知到的自然现象中理解一些表面的和简单的因果关系。例如,知道了"种了花,不浇水就要死""因为鸟有翅膀,所以能飞"。但是,他们还难以理解科学现象中内在的和隐蔽的因果关系。因此,4~5岁儿童对于科学物体与现象,易受其形状、颜色、大小和活动等外部的非本质特征的影响,而做出错误的因果判断。例如,认为"树摇了,所以刮风了""乒乓球会浮在水上,因为乒乓球是红的,是滑的""火车会动、会叫,它是活的东西"。

**3. 开始根据事物的表面属性、功用和情境进行概括分类**

4~5岁儿童在已有感性经验的基础上,开始能对具体事物进行概括分类,但概括的水平还很低。其分类的根据主要是具体事物的表面属性(如颜色、形状)、功用或情境等。例如,在利用图片进行分类时,儿童把苹果、梨、桃归为一类,认为"能吃,吃起来水多";把太阳、卷心菜归为一类,认为都是"圆的";把玉米、香蕉、小麦归为一类,认为都是"黄颜色的";把太阳和公鸡放在一组,认为"太阳一出来,公鸡就喔喔叫"。可

见,4~5 岁儿童对事物的概括分类,具有明显的形象性和情境性的特点。因其不能从事物内在的和本质的属性上进行抽象概括,所以也就不能正确地按客观事物的分类标准进行概括分类。

### (三)5~6 岁儿童科学学习的特点

**1. 有积极的求知欲望**

5~6 岁儿童对周围世界有着积极的求知探索态度。他们不但爱问:"是什么?""为什么?"而且还想知道:"怎么来的?""什么做的?"往往可以听到儿童提出这样一类问题,如问:"为什么月亮会跟着我走?""鱼儿为什么能在水里游?""电视机里的人怎么会走路、说话的?"有的儿童在做科学小实验时,能够想出用不同的方法去探求实验的结果。有的儿童喜欢把玩具拆开,想看看其中的奥秘。对自然现象的起源和机械运动的原理等开始感兴趣,渴望得到科学的答案。

**2. 初步理解科学现象中比较内在的、隐蔽的因果关系**

5~6 岁儿童已经开始能够从内在的、隐蔽的原因来理解科学现象的产生。例如,在解释乒乓球从倾斜的积木上滚落时说:"乒乓球是圆的,积木是斜的,球放上去就会滚。"说明已能从客体的形状与客体的位置之间的关系,即"圆"与"斜"的关系中寻找乒乓球滚落的原因。但由于科学现象中的因果关系比较复杂,即使到了 5~6 岁,儿童对不同科学现象中因果关系的理解水平也不可能一致,而且对日常生活中所不熟悉的复杂的因果关系也还很难理解。

**3. 能初步根据事物的本质属性进行概括分类**

通过有目的的教育,随着抽象逻辑思维的发展,5~6 岁儿童开始能够根据事物的本质属性,按照客观事物的分类标准进行初步的概括分类。例如,把具有坚硬的嘴,身上长有羽毛、翅膀和两条腿,人们饲养的鸡、鸭、鹅归为家禽类;把身上有皮毛、四条腿,人们饲养的猫、兔、猪归为家畜类。儿童阶段,由于受知识、语言、抽象概括水平的制约,对类概念的掌握还是比较初级和简单的,不能掌握概念全部的精确含义,缺乏掌握高层次类概念所需要的、在概括基础上进行高一级抽象概括的能力。因此,到了 5、6 岁,仍不可避免地会出现一些概念外延上的错误。例如,有的孩子只能把家畜、家禽概括为动物,而把昆虫排斥在动物之外,认为昆虫是虫子,不是动物。

从以上儿童科学学习的特点,对儿童科学教育有以下几点启示:儿童科学学习不仅是可能的,同时也是儿童的兴趣和需要。儿童通过科学学习,能获得各方面的发展。教师应根据科学教育的总目标,制定符合儿童认知水平的科学教育年龄目标,选择内容,确定教法,并遵循由近及远、由浅入深、由具体到抽象的原则,逐步加深和提高要求。同时,教师还应在科学教育过程中结合实际情况灵活地掌握和做出必要的调整。



## 第七节　学前儿童数学教育

(本节共 5 个考点)

### 考向分析

本节主要介绍学前数学教育概述、学前数学教育的目标、数学教育活动内容选择的要求、学前数学教育的方法等相关知识。相关知识考频分析如下表:

| 考点 | 考试频率 | 题型 | 重要程度 |
|---|---|---|---|
| 量度教学 | 1 | 单项选择 | ★ |

本节知识主要以单项选择题的形式考查。单项选择题考查的比较精细,考生在复习的时候要认真。

## 思维导图

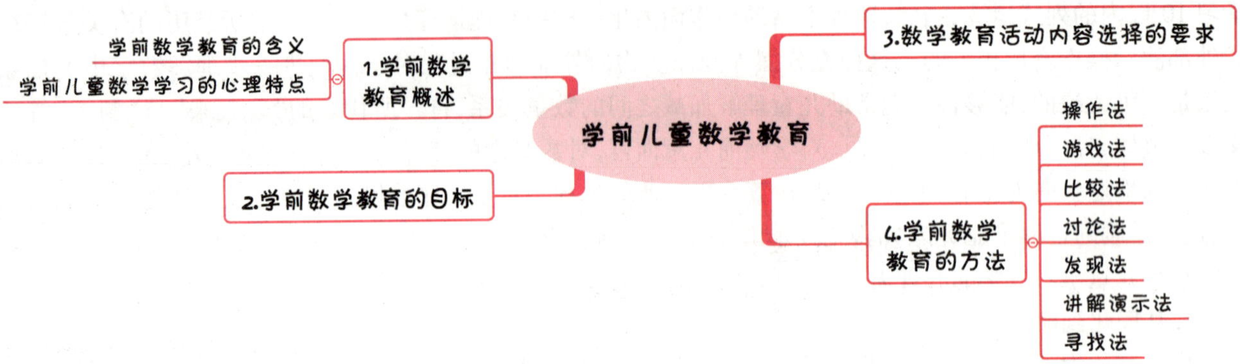


## 考点精讲

### 一、学前数学教育概述

#### （一）学前数学教育的含义

学前数学教育是儿童全面发展教育的一个重要组成部分。它是将儿童探索周围世界的数量关系、空间形式等需求纳入有目标、有计划的教育程序，通过儿童自身的操作和建构活动，以促进他们在认知、情感、态度、习惯等方面整体、和谐的发展。

#### （二）学前儿童数学学习的心理特点　考点1

儿童逻辑思维的发展为学习数学提供了一定的心理准备。同时，儿童逻辑思维发展的特点又使儿童在建构抽象数学知识时发生困难，为此，必须借助于具体事物的影响，使那些和具体事物相联系的知识能够内化于头脑，成为具有一定数概括意义的数学知识。这样，儿童学习数学的心理特点，就具有一种过渡的性质。具体表现为以下几点：

**1. 从具体到抽象**

学前儿童的思维主要是以形象思维为主，对物体的认识往往需要借助具体直观的材料，但数学知识却是一种高度抽象的知识，需要摆脱具体事物的其他无关特征才能获得。它与儿童对数学知识的理解恰恰需要借助于具体的事物，并且容易受到具体事物的影响的特点正是一对矛盾。这种矛盾在小年龄儿童身上表现得更突出。例如，小班儿童往往能说出家里有爸爸、妈妈、爷爷、奶奶、自己，但却不容易抽象出家里一共有几个人；有些儿童在学习数的组成时，也会受日常经验中的平分观念的影响，如某个儿童认为“3”不能分成2份，“因为它不好分，除非多一个下来”。由此说明，儿童还不能从事物的具体特征中摆脱出来，从而抽象出数量特征，这种由事物的具体特征而带来的干扰，将随着他们对数学知识的抽象性质的理解而逐渐减少。

**2. 从个别到一般**

学前儿童数学概念的形成，不仅存在一个逐渐摆脱具体形象，达到抽象水平的过程，同时也存在一个从理解个别具体事物到理解其一般和普遍意义的过程。例如，有些儿童在按数取物的活动中往往会认为与一张数字卡（或点子卡）相对应的只能取放一张相同数量物体的卡片，把数字与个别物体相对应，而没有理解为可以取多张，只要数量相对应就行。实际上，对于其他数学知识的学习，儿童也经历了同样的概括过程。

**3. 从外部动作到内部动作**

我们经常可以观察到，有些小年龄儿童在完成数数的任务时往往要借助外显的动作，如用手一一点数，

扳手指数等;有些孩子在理解数的分合关系以及简单的数运算时,也需要借助对物的具体操作动作才能够完成,如对小年龄儿童来说,涉及数运算的列式计算就有困难,但若是采用实物操作进行简单的数运算就比较容易。而到了大班,随着年龄的增长和数经验的逐渐积累,一般儿童都能在理解符号基本意义的基础上学习10以内的列式运算,当然,这种不借助动作而内化完成的心理运算是与儿童初期所经历的有关数运算的外部演示操作密切相关的。这种充分摆弄操作实物的外部动作过程对于他们进一步理解数字中的抽象关系是不可或缺的,能够很好地帮助儿童理解加减之间的数量关系,符号所代表的"合起来"与"剩下"等意义以及整体与部分间的关系。可见,对学龄前儿童而言,对数概念的理解和学习是一个从外显的、具体的动作运算水平逐步向内化的、抽象的心理运算水平过渡的过程。对于某些数概念和能力发展较迟缓的儿童来说,这一过渡的过程可能更持久、缓慢。同时,也可以看到,应当给年幼儿童尽可能提供动作水平上的操作,它既符合儿童学习数学的心理需要,也更有助于儿童对数概念的理解与掌握。

**4. 从同化到顺应**

皮亚杰认为,同化和顺应是儿童适应外部环境的两种不同形式。所谓同化,是指个体将外部环境纳入自身已有的认知结构中;所谓顺应则是指个体改变已有的认知结构去适应外部环境。在儿童与环境的相互作用中,这两种反应形式是同时存在的,有时同化占主导,有时顺应占主导。可以说,个体的认知发展正是一个以同化和顺应为机制的自我调节的平衡化过程。

在儿童学习数学,理解抽象数概念的过程中,同化和顺应的反应形式也是其心理特点的显现特征之一。儿童在完成一个涉及数的任务时,如儿童在比较两组物体数量多少的过程中,往往是以其原有的认知图式和结构去同化它,采用目测的认知策略去解决这一问题,当获得成功时,也就是其认知获得平衡的过程。

**5. 从不自觉到自觉**

所谓"自觉",指的是对自己的认知过程的意识。儿童往往对自己的思维过程缺乏自我意识。主要是因为其动作还没有完全内化,他们对事物的判断还停留在具体动作的水平,而没有能上升到抽象的思维水平。其思维的自觉程度是和其动作的内化程度有关的。这种"不自觉"的特点往往在小年龄儿童身上显现得更为突出。如有些孩子在用语言归纳或表述自己的"数行动"或操作结果时,其自我意识,即自觉程度较差,会出现不一致的状况。这正是因为这个年龄的儿童在掌握数概念的过程中尚未能从具体的事物中抽取出其本质的、抽象的特征来理解,而停留在具体经验上、外部动作上,没有思维和语言上的抽象内化来支持的话,儿童在抽象、概括的表述上是有困难的。作为教师,应当了解学前儿童的这一心理发展特点,充分认识到语言尤其是抽象、概括的数学语言在数概念获得中的关键价值,鼓励儿童在操作活动中用语言概括、表达、交流,以不断提高儿童对其动作、思维的意识程度,促进儿童的内化,帮助儿童认知由"不自觉"向"自觉"过渡。

**6. 从自我中心到社会化**

正是因为学龄前儿童认知和思维的"自觉"意识程度不高,其概括和内化水平有限,也就由此表现出他们在思维上的"自我中心"化特点,只关注于自己的动作且不能很好地内化,更不可能关注到同伴的数思维或与同伴产生基于合作、交流、有效的"数行动"。因此,帮助儿童在发展数认知能力的过程中"去自我中心",提高社会化程度是非常重要和关键的。

对于学前儿童来说,"去自我中心"从自我中心到"社会化"是其思维抽象性发展的重要标志之一。当儿童能够在头脑中思考自己的动作,并具有越来越多的意识时,他才能逐渐克服思维的自我中心,努力理解同伴的思想,从而产生真正的交流和合作,同时,在交流与互学中得到启发。

## 二、学前数学教育的目标

### (一)学前数学教育的总目标

考点2

数学作为科学领域中的一个重要部分,其总目标也同样涵盖了儿童发展的认知、情感与态度以及操作技能三个方面,具体表述如下:

**1. 认知方面的目标**

(1)帮助儿童从生活和游戏中感受事物的数量关系,获得有关物体形状、数量以及空间、时间等方面的感性经验,体验到数学的重要和有趣;

(2)培养儿童运用数的相关经验解决问题的能力,发展儿童初步的逻辑思维能力以及用适当的方式表达、交流操作和探索过程、结果的能力。

**2. 情感与态度方面的目标**

(1)培养儿童对周围生活中事物的数、形、量、空间与时间等的兴趣,喜欢参与数字活动与游戏,具有好奇心、探究欲;

(2)初步培养儿童形成交流、合作的意识。

**3. 操作技能方面的目标**

(1)培养儿童正确使用数字活动材料的技能;

(2)培养儿童养成做事认真、仔细、坚持、克服困难等良好的学习习惯。

### (二)学前数学教育的年龄阶段目标

考点3

**1. 小班**

(1)学习按物体的一个特征进行分类;

(2)学习按物体量(大小、长短)的差异进行4个以内物体的排序,学习按物体的某一特征进行排序;

(3)认识“1”和“许多”及其关系;

(4)学习用一一对应的方法比较两组物体的数量,感知多、少和一样多;

(5)学习手口一致地从左到右点数4以内的实物,能说出总数,能按实物范例和指定的数目取出相应数量的物体,学习一些常用的量词;

(6)认识圆形、正方形、三角形;

(7)学习以自身为中心区分上下、前后、里外的空间方位及认识早、晚的时间概念,知道早、晚有代表性情节的日常变化;

(8)愿意参加数学活动,喜欢摆弄、操作数学活动材料,能在老师帮助下学习按要求拿取、摆放操作材料。

**2. 中班**

(1)认识10以内的数字,理解数字的含义,会用数字表示物体的数量;

(2)学习10以内的基数:顺着数、倒着数、学习目测数群,学习不受物体空间排列形式和物体大小等外部因素的干扰,正确判断10以内的数量,感知和体验10以内自然数列中相邻两数的等差关系;

(3)学习10以内的序数;

(4)认识长方形、梯形、椭圆形;

(5)学习按某一特征的肯定与否定进行分类,学习概括图形的两个特征,能按两个特征对同一类物体进行逐级分类;

(6)学习按量(粗细、高矮等)的差异进行6以内的正逆排序,学习按特定的规则排序;

(7)能听清楚老师的话,能按照要求进行活动,并学习按照要求检查自己的活动;

(8)能安静地倾听老师和同伴的讲话,学习用语言表述自己的操作活动过程和结果;

(9)观察、比较、判断10以内的数量关系,逐步建立等量观念,运用已有的知识经验,解决新的问题,学习新的知识,促进初步的推理和迁移能力的发展;

(10)能自己选择小组活动,即能根据各个小组的活动情况,确定自己去哪组活动,在日常生活中,喜欢选择数学游戏活动;

(11)能主动地、专心地进行数学操作活动,并对自己的活动成果感兴趣,在教师的引导下,能注意和发

现周围环境中物体的量的差异,物体的形状以及它们在空间的位置等等。

**3. 大班**

(1)学习 10 以内的单数、双数、相邻数以及认识零;

(2)学习 10 以内数的分解和组成,体验总数与部分数之间的等量关系,部分数与部分数之间的互补和互换关系;

(3)学习 10 以内数的加减,认识加号、减号,理解加法、减法的含义,初步掌握 10 以内加减运算的技能,体验加减互逆关系;

(4)学习按物体两个以上特征或特性进行分类,并学习按标记进行逐级分类;

(5)初步感知集合的交集、并集关系及包含关系;

(6)能按物体量的差异和数量的不同进行 10 以内正、逆排序,初步体验序列之间的传递性、双重性及可逆性关系;

(7)认识几种常见的立体图形(正方体、球体、长方体、圆柱体),能根据形体特征进行分类;体验平面图形与立体图形之间的关系;

(8)学习等分实物或图形,学习自然测量;

(9)学习以自身为中心和以客体为中心区分左右,会向左、向右方向运动;

(10)能认识时钟,学会看整点、半点,学习看日历,知道年、月、星期的名称和顺序;

(11)能听清楚若干操作活动的规则,能按规则进行活动,能按规则检查活动的过程和结果,并能参加较多小组的活动;

(12)能清楚地讲述操作活动过程和结果;

(13)能在老师的帮助下归纳、概括有关的数学经验,学习从不同角度、不同方面观察与思考问题,能通过观察、比较、类推、迁移等方法解决简单的数学问题;

(14)积极、主动地参加数学问题的讨论,学习有条理地摆放、整理活动材料;

(15)能与同伴友好地进行数学游戏,能采取轮流、适当等待、协商等方法协调与同伴的关系。

## 三、数学教育活动内容选择的要求

考点 4

**1. 学前数学教育活动内容应具有启蒙性**

向儿童进行数学教育,其目的很明确,主要是让儿童掌握一个了解和认识世界的工具。让儿童通过数学学习得到更好的发展,学习数学的有关知识,则不是这一年龄阶段的主要目的。因此在选择数学教育活动内容时,必须注意内容的启蒙性。我们所说的学前数学教育应具有启蒙性,也就是指儿童应对有关数学教育内容有所感知、有所体验,对这些教育内容获得较丰富的感性经验,而不是让儿童在此阶段对数学的某一内容形成科学的概念。

儿童需要的是在生活和游戏中感受事物的数量关系,对周围环境中的数、量、形等产生兴趣,体验到数学的有趣和重要,在丰富多彩的活动中,获得和积累有关的数学经验,逐步建构初步的数概念。

**2. 学前数学教育活动内容应具有生活性**

数学教育内容应具有生活性,这是指数学教育活动内容应与儿童的生活实际紧密联系,这些内容应该是儿童所熟悉的,也是他们所能理解的,让他们感受到数学可以解决人们生活中遇到的问题。数学反映的是客观世界的数量关系和空间形式。在丰富多彩的现实世界中,任何物体、任何现象都与数学有着密切的联系。在儿童的日常生活中,和数学有关的问题也是时时处处都存在着的。例如,这是一棵大树,那是一棵小树;今天班上有 3 个小朋友没有来;手帕是正方形的,毛巾是长方形的等。儿童在与环境的接触中获得了许多数学感性经验。

在学前数学教育中,有很多内容可以很好地联系儿童的生活实际。学前数学教育活动内容如果能注意与儿童的生活实际相联系,不仅会让他们感到学习的内容是熟悉的,激发起他们学习的兴趣,同时也会使儿

童感到数学就在他们身边，数学是很有用的，使他们更加注意、发现周围环境中许多与数学有关的事物和现象。所以，教育应该增进儿童对他们所处世界的了解，并要引起他们继续学习的兴趣和愿望。

**3. 学前儿童数学教育内容应具有可探索性**

学前数学教育活动内容应具有可探索性、可猜想的因素，应提出需要儿童解决的问题。例如，教师让儿童用同一数目、不同大小的种子排队，排好后他们发现，两队的长短竟然不一样；它们的数目一样多，为什么排成队后会有长有短呢？经过仔细观察比较，他们发现了，颗粒大的种子占的地方大，排的队就长，而颗粒小的种子占的地方小，排的队就短。在这一活动中，通过儿童的探索和发现，他们获得了这样的经验：用某一物品排队，队列的长短不仅与物品数目多少有关，还与物品本身的体积大小有关。因而这样的活动内容对儿童的发展具有积极的影响。

**4. 学前数学教育活动内容应具有系统性**

儿童的数学教学学习虽具有启蒙性质，但也应注意数学知识的系统性和逻辑性。在教育活动内容的选择和安排上，应遵循数学知识的逻辑和儿童学习的逻辑顺序，体现先易后难、循序渐进、前后联系的特点。例如，儿童学习数的知识，他们必须具备一些基本的逻辑观念。儿童通过对应、排序、分类等活动获得了一些前数学经验，为数的学习做好心理准备。在此基础上，儿童学习数的内容，开始学习重点在感知物体的数量，理解数的实际意义，进而儿童可以认识数的顺序、数与数之间大小关系。在大班，儿童学习数的组成和加减，对整体与部分的关系有了进一步感知和体验。经过这样的学习过程，儿童形成初步的数概念。

在学前数学教育中，教育内容的选择和安排要注意数学知识的系统性，但绝不能将这一教育成人化、书本化、正规化。在学前阶段，儿童学习的数学知识应是感性的、经验性的知识。

## 四、学前数学教育的方法

考点5

**1. 操作法**

**操作法**是指提供给儿童合适的材料、教具、环境，让儿童在自己的摆弄、实践过程中进行探索，获得数学感性经验和逻辑知识的一种方法。操作的方法多种多样，按其性质可分为示范性操作、验证性操作、探索性操作、发散性操作，按其组织形式又可分为集体操作和个人操作。

幼儿从多次与材料的相互作用过程中，将外部的展开的动作逐渐向内部的压缩的方式发展，形成了可在心理上进行的、内化的、可逆转的动作。所以说，在幼儿数学学习中，操作具有重要的作用，是幼儿学习数学的基本方法。

**2. 游戏法**

**游戏法**是根据儿童好动的天性，具体形象的思维特点，将抽象的数学知识寓于儿童感兴趣的游戏中，让儿童在自由自在、无拘无束的各种游戏活动中学习数学的一种方法。它是儿童数学学习中的一种十分重要的途径和方法，它能更有利于调动儿童的学习积极性，激发儿童的学习兴趣，体现出儿童学习特点和身心发展的和谐。

**3. 比较法**

**比较法**是学前数学教育中被普遍采用的一种教育方法。比较是思维的一个过程，是通过对两个或两个以上物体的比较，让儿童找出它们在数、量、形等方面的相同和不同。如比较两根绸带的长短，比较三个相邻数间的大小等。在比较过程中，儿童首先要在比较的两个（或两个以上）对象间建立起联系，才能做出判断，因此比较的过程也促进了儿童的思维发展。

**4. 讨论法**

在数学教育中，讨论是引导儿童有目的、探讨性地主动学习数学的一种重要方法，它是一种多边的活动过程，可以是教师与儿童，也可以是儿童与儿童间的讨论，它能够起到互相交流，互相启发，共同探究的作用，进而促进分析、归纳，有利于儿童初步数概念的形成及思维的发展。

**5. 发现法**

**发现法**是在教学过程中,教师不把数学的初步知识和概念直接向儿童讲解,而是引导儿童依靠已有的数学知识和经验去发现和探索并获得初步数学知识的一种方法。这种方法充分调动儿童学习的积极性和主动性,培养儿童数学学习的自主探索精神及独立解决问题的能力。

**6. 讲解演示法**

讲解演示法是教师通过语言和运用直观教具把抽象的数、量、形等知识加以说明和解释,具体地呈现出来的一种教学方法。它是讲解与演示相结合的方法,因为抽象的数概念是不宜对儿童仅仅用单纯口头讲解的方法,况且演示本身也离不开成人口头语言的讲解。

**7. 寻找法**

寻找法是让儿童从周围生活环境和事物中寻找数、量、形及其关系或在直接感知的基础上按数、形要求寻找相应数量的实物的一种方法。它也是学前数学教育中经常使用的一种基本方法。

**知识视野**

**量度教学**

1. 学前儿童感知量的发展过程

(1)从明显差异到不明显差异

学前儿童对物体量的感知很早就开始了,2~3岁的儿童已对生活中许多物体的量有所感知和体验,但这种认识在早期仍带有很大的局限性,主要表现为缺乏分化和不精确。3岁左右儿童对量的明显差异能够感知和区分,能够在差异明显的变量中辨别区分出最大、最小、最长、最短的。随着年龄的增长,对差异不明显的量进行区分。

(2)从绝对到相对

儿童在感知、区别量的过程中还表现出一个重要的特点,即对量概念的理解缺乏相对性。如小年龄的儿童常常会说:"我的玩具最大。"只有当儿童在对两个物体的选择、比较、逐步过渡到三个或更多物体的比较时,才能逐步理解量的相对性。

(3)从模糊不精确到逐渐精确

儿童在生活中积累了关于物体大小和长短的不同经验,而且能区分它们,但有时还不能用准确的词汇来表达它的意义。如3~4岁的儿童常常用大、小来代替长度等其他变量的准确名称,如把粗铅笔说成是大铅笔,把长毛巾说成大毛巾。儿童在语言、词汇运用和表述体现为从不精确到逐步精确的发展特点。

2. 教学建议

(1)教幼儿目测比较物体。

教幼儿区别物体的大小、长短、厚薄、粗细、高矮等特征时,让幼儿用视觉观察比较。物体的大小、长短、粗细、厚薄、宽窄等都具有不变性和相对性,所以幼儿感知这些特点,一般来说是比较困难,因此在教学中,应该先让幼儿进行实物对比。教具选择上从差别大的过渡到差别小的;从实物(幼儿经常接触的物体)过渡到实物图片,最后是几何形体的比较。

(2)教幼儿触摸比较物体。

引导幼儿直接感知区别物体的特征。例如,认识球,让幼儿双手仔细地抚摸球,感知球所占据的空间的不同从而区别外形大小,同时用正确的语词表述。

(3)和分类、排序结合,巩固对量的认识。

(4)教幼儿运用自然数测量的方法比较物体。

所谓自然测量是指利用自然物直接测量物体的量。常用的自然物有棒棍、绳子、铅笔、脚步、手、碗、瓶、小桶等。

**真题对接**

【2018年上半年真题】在引导幼儿感知和理解事物"量"的特征时,恰当的做法是(　　)

A. 引导幼儿感知常见事物的大小、高矮、粗细等　　B. 引导幼儿识别常见事物的形状

C. 和幼儿一起手口一致点数物体、说出总数　　D. 为幼儿提供"按数取物"的机会

【答案】A

第六章

# 第八节　学前儿童音乐教育

（本节共 7 个考点）

## 考向分析

本节主要介绍学前音乐教育活动的主要类型、学前音乐教育目标、学前音乐主要教育活动的设计与组织策略等相关知识。相关知识考频分析如下表：

| 考点 | 考试频率 | 题型 | 重要程度 |
| --- | --- | --- | --- |
| 幼儿园歌唱材料的选择 | 1 | 单项选择 | ★ |

本节知识主要以单项选择题的形式考查。单项选择题考查的比较精细，考生在复习的时候要认真。

## 思维导图

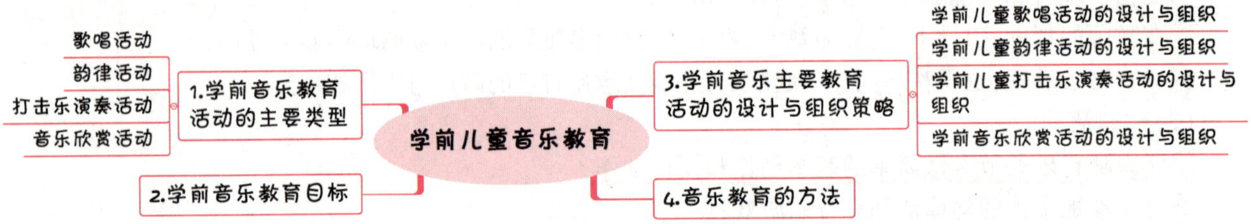


## 考点精讲

### 一、学前音乐教育活动的主要类型　考点 1

**1. 歌唱活动**

歌唱是人类表达、交流思想感情的最自然的方式之一，也是儿童表达自己思想的一种方法。对于儿童来说，歌唱是他们童年生活中不可缺少的一个重要组成部分。歌唱活动既能给儿童的生活带来无穷的乐趣，同时，还具有重要的教育价值，它能在潜移默化的审美熏陶中陶冶儿童的情操、启迪儿童的心智、完善儿童的品格。因此，歌唱活动是学前音乐教育的一个重要内容。

**2. 韵律活动**

韵律活动是指在音乐的伴奏下以协调性的身体动作来表现音乐的活动。一般包括律动、舞蹈及其他节奏活动三个方面。德国著名的音乐教育家奥尔夫说过，音乐教育应开始于动作。确实，在学前儿童的音乐活动中，身体动作和音乐往往是密不可分的，动作是儿童表达和再现音乐的一种最直接、最自然的手段。韵律活动既能够满足儿童对音乐参与、探究的需要，使儿童获得表现和交流的快乐体验，又能够促进儿童身体运动能力和协调性的发展，以及培养儿童的音乐感受力、表现力和创造力。因此，学前儿童韵律活动能力的发展是一个渐进的过程，体现出一定的年龄阶段特点。

**3. 打击乐演奏活动**

打击乐器是儿童最容易掌握的乐器之一。打击乐演奏活动是以身体大肌肉动作参与为主，运用一定的

节奏和音色,通过打击乐操作来表现音乐的一种活动。它是儿童表达音乐的一种最自然、最直接的工具,也是令儿童感到快乐的活动。儿童打击乐演奏能力既是儿童节奏能力发展方面的一个表现,也是儿童音乐感知、理解及创造音乐能力的具体体现。

**4. 音乐欣赏活动**

音乐欣赏是音乐活动的重要组成部分之一。学前儿童的音乐欣赏,是让他们通过倾听音乐对作品进行感受、理解和初步鉴赏的一种审美活动。音乐欣赏不仅可使儿童接触更多的优秀音乐作品,开阔他们的音乐视界,丰富他们的音乐经验,发展他们的想象、记忆和思维能力,而且还能在音乐欣赏的过程中,培养儿童听觉的敏感性和良好的倾听习惯,培养儿童对音乐稳定而持久的兴趣以及初步的审美情趣和审美能力。因此,音乐欣赏是与其他音乐活动紧密联系的极富教育价值的音乐活动。

## 二、学前音乐教育目标 考点2

### (一)学前音乐教育年龄阶段目标

**1. 小班**

(1)歌唱活动

①学习用正确的姿势、自然的声音歌唱,并基本做到吐字清楚、唱准曲调和节奏(音域在 $c^1 \sim g^1$ 之间);

②能跟着歌曲的前奏整齐地开始和结束;

③在有伴奏的情况下,能独立地、基本完整地唱熟悉的歌曲;

④能初步理解和表现歌曲的形象、内容和情感;

⑤在教师的帮助、引导下,能够为熟悉、短小、工整而多重复的简单歌曲增编新的歌词;

⑥喜欢自己歌唱,也喜欢与同伴一起歌唱,并能注意使自己的歌声与集体相一致。

(2)韵律活动

①能跟随音乐的节奏做简单的基本动作和模仿动作;

②喜欢参加集体的韵律活动和音乐游戏;

③学习一些较简单的集体舞;

④初步尝试和体验用动作、表情和姿态与他人交流的方法和乐趣。

(3)打击乐演奏活动

①学习并掌握几种最常用的打击乐器(如碰铃、串铃、铃鼓等)的演奏方法;

②喜欢操弄打击乐器,喜欢参加集体的打击乐演奏活动;

③能够为简单、短小的二拍子和四拍子的歌曲、乐曲伴奏;

④初步学会识别指挥开始和结束演奏;

⑤了解并遵守集体的打击乐演奏活动中的一些基本规则,如乐器取放的恰当位置等。

(4)音乐欣赏活动

①能初步感受性质鲜明、结构短小的歌曲或有标题的器乐曲的形象、内容和情感,并产生一定的外部动作反应;

②喜欢倾听周围生活中的各种声音,并用自己喜欢的方式(嗓音、动作等)来表达;

③乐意参与集体的音乐欣赏活动,并积极尝试和体验音乐欣赏过程的快乐。

**2. 中班**

(1)歌唱活动

①能用正确的姿势、自然的声音歌唱,并做到吐字清楚、唱准曲调和节奏(音域在 $c^1 \sim a^1$ 之间);

②在有伴奏的情况下,能独立而完整地演唱,并初步学会接唱和对唱;

③在集体的歌唱活动中能够注意控制自己的音色,使自己的歌声与集体的声音相协调;

④能学习用不同的速度、力度和音色变化来表现歌曲的形象、内容和情感;

⑤能够为熟悉、短小、工整而多重复的简单歌曲增编新的歌词，并能尝试独立地将新编的歌词填入曲调中唱出；

⑥喜欢自己歌唱，也喜欢在集体中歌唱，并能大胆地、独立地在集体面前表演。

(2)韵律活动

①能跟随音乐的节奏做简单的基本动作、模仿动作和舞蹈动作；

②喜欢参加集体的韵律活动和音乐游戏；

③学习一些基本的舞蹈动作和集体舞；

④享受并体验用动作、表情和姿态与他人交流的方法和乐趣，初步尝试用创造性的动作自发地随音乐自由舞蹈的乐趣；

⑤能够在动作表演过程中学习使用一些简单的道具。

(3)打击乐演奏活动

①进一步学习并掌握一些打击乐器(如木鱼、响板、沙球等)的演奏方法；

②喜欢操弄打击乐器，喜欢参加集体的打击乐演奏活动；

③能够用乐器为二拍子、三拍子、四拍子的歌曲和乐曲配不同的简单伴奏；

④进一步学会识别指挥开始、结束和变化演奏；

⑤能初步尝试部分地参与打击乐演奏配器方案的讨论；

⑥能较自觉地遵守集体的打击乐演奏活动中的一些常规，养成爱护乐器的态度和习惯。

(4)音乐欣赏活动

①能感受性质鲜明、结构短小的歌曲或器乐曲的形象、内容、情感，并产生一定的联想，用外部的动作加以反应；

②能初步了解并辨别进行曲、舞曲、摇篮曲等不同风格音乐的基本性质；

③喜欢倾听周围生活中的各种声音，并能大胆地用自己喜欢的方式(嗓音、动作等)来表达；

④乐意参与集体的音乐欣赏活动，并积极尝试和体验音乐欣赏过程的快乐；

⑤初步学习运用不同的艺术表演形式(如文学、美术、韵律动作等)来表达对音乐的感受和理解。

**3. 大班**

(1)歌唱活动

①能用正确的姿势、自然美好的声音歌唱，并能正确地表现歌曲的节奏、旋律和歌词(音域在 $c^1 \sim c^2$ 之间)；

②在没有伴奏的情况下，也能独立而完整地演唱，并初步学会领唱、齐唱、轮唱和简单的两声部合唱；

③能用不同的速度、力度和音色变化来表现歌曲的形象、内容和情感，能注意到歌曲的字、词及乐句的变化，较恰当地表现不同性质、不同风格的歌曲的意境；

④能够为熟悉而多重复的歌曲增编新的歌词，并能即兴地、独立地将新编的歌词填入曲调中唱出；

⑤喜欢歌唱，能大胆地、独立地在集体面前进行歌唱表演，并能在集体中尝试用不同的合作表演形式歌唱。

(2)韵律活动

①能跟随音乐的节奏较准确地做各种稍复杂的基本动作、模仿动作和舞蹈动作组合；

②喜欢参加集体的韵律活动和音乐游戏，喜欢自发地随音乐自由舞蹈；

③进一步丰富舞蹈动作语汇，在掌握一些基本的舞蹈动作和集体舞的基础上，学习一些含有创造性成份的稍复杂的舞蹈组合；

④能够积极体验用动作、表情和姿态与他人交流的方法和乐趣，并在合作表演的过程中尝试用创造性的动作大胆、主动地表现；

⑤能够在动作表演过程中学习选择并较熟练地使用一些简单的道具。

(3)打击乐演奏活动

①进一步学习并掌握更多打击乐器(如三角铁、双响筒、钹等)的演奏方法;

②喜欢并积极参与集体的打击乐演奏活动,能部分地参与打击乐演奏配乐方案的设计;

③能正确地根据指挥的手势开始、结束和变化演奏;

④能在集体的打击乐演奏中有意识地注意在音色、音量和表情上与集体相协调一致;

⑤能自觉地遵守集体的打击乐演奏活动中的一些常规,养成爱护乐器的态度和习惯。

(4)音乐欣赏活动

①能较准确地感受性质鲜明、结构适中的歌曲或器乐曲的形象、内容和情感,并产生一定的联想,用外部的动作加以反应;

②能进一步丰富并加深对进行曲、舞曲、摇篮曲等不同风格、不同性质的音乐的认识;

③喜欢倾听周围生活中的各种声音,并能用嗓音和动作等表现方式进行创造性的表达;

④能主动、积极地参与集体的音乐欣赏活动,享受并体验音乐欣赏过程的快乐;

⑤能够运用不同的艺术表演形式(如文学、美术、韵律动作等)来大胆表达对音乐的感受和理解。

### (二)学前音乐教育单元目标

学前音乐教育单元目标一般有两种:一种是指“时间单元”,即在某一时间段(如一个月)内所要达到的音乐教育目标;另一种是指“主题单元”,即在一组有关联的主题活动系列中所要达到的音乐教育目标。

单元性音乐活动是一种综合形式的音乐活动,但它指的不是内容的综合而是音乐本身的综合,即在某一单元时间内(例如,2~3周或更长),有计划、有目的、有针对性地围绕某一音乐要素,综合听、唱、说、动、奏等音乐实践,组织丰富多样的音乐教育活动。

主题性音乐活动是根据某一阶段幼儿园全民教育内容的需要,确定一个教育主题,围绕这一主题去选择适合本班儿童年龄特征,在音乐程度上循序渐进的,是儿童的演唱演奏能力所及的,具备音乐艺术审美情趣的,与主题内容有关的音乐教材,组织音乐活动。

### (三)学前音乐教育活动目标

学前音乐教育活动目标,即指某一具体的音乐教育活动所要达到的目标,它与上一层目标紧紧相扣,共同组成一个金字塔式的目标层,也是教师根据课程领域目标这个指向,在具体活动中制定的一种实然性的教育标准或要求。

## 三、学前音乐主要教育活动的设计与组织策略

### (一)学前儿童歌唱活动的设计与组织 考点3

歌唱能力的发展主要包括:歌词、音域、节奏、音准、呼吸、情感体验与表达、独立性、合作性以及创造性等九个方面。理想的音乐教育能够全面地促进这些方面的发展,使儿童能够舒适地、有理解力地和有感情地歌唱。

**1. 幼儿园歌唱材料的选择**

(1)歌唱活动材料的审美性

审美是音乐的核心,为幼儿歌唱活动所选择的歌曲,应符合音乐艺术审美的基本要求。首先,歌曲的旋律应优美动听,能吸引幼儿学唱的兴趣,给欣赏者与演唱者美的享受。歌曲艺术审美的要求不仅体现在歌曲的旋律上,还体现在歌曲歌词的艺术美,即歌词朗朗上口、极具韵味,或优美抒情、幽默诙谐、富有情趣。同时歌曲的词曲结合应和谐一致。

(2)歌唱活动材料的教育性

幼儿喜爱歌唱,歌曲对幼儿心灵的影响是潜移默化的。歌曲的教育性并非单纯指歌曲的歌词一定要具

第六章

有德育教育的意义，但是幼儿园音乐教育所选择的歌曲应该都是健康向上的，能激发幼儿对生活的热爱与向往，熏陶幼儿高尚美好的情操。幼儿十分喜爱《迷路的小花鸭》《小蚂蚁避雨》等歌曲，这些歌曲对他们的品行教育正如春雨润物，自然而深远。

(3)歌唱活动材料的适宜性

为各年龄幼儿选择的歌曲，应适宜其歌唱能力的发展水平，并在此基础上逐步促进幼儿歌唱能力的发展。

①歌词的选择。为幼儿选择的歌曲，其歌词一般应具备以下几个特点：

首先，歌词反映的主题与形象应单一，并是幼儿熟悉、理解并感兴趣的。幼儿的年龄小，生活经验有限，适宜选择一些他们生活中熟悉、能够理解并感兴趣的主题作为歌唱活动的题材，才能吸引幼儿的兴趣，并易为幼儿所理解接受。

其次，内容与文字富有童趣并易为幼儿所理解和记忆。所选歌曲的歌词文字应简单、能为幼儿所理解，歌词结构简单，多重复，歌词篇幅短小易记，有象声词等这类歌曲幼儿学得快、记得快，同时也为幼儿提供了更多的编唱机会。

最后，歌词形象鲜明，适宜用动作表现或进行游戏。幼儿天性好动，感情外露，因此唱唱跳跳、唱唱玩玩自然成为他们最喜爱的一种音乐表现活动。

②曲调的选择。为幼儿选择的歌曲，其曲调一般应具有以下几个特点：

首先，曲调的音域应适宜幼儿演唱，有利于幼儿唱出自然优美的歌声。教师应根据各年龄班幼儿的音域，选择符合他们最佳音域的歌曲，避免幼儿演唱过高或过低的音，以保护幼儿的声带。

其次，曲调的节奏较简单，能适应幼儿的歌唱能力与成长的需要。为4岁以下的幼儿选择的歌曲，节奏应主要由二分音符、四分音符、八分音符组成；为4~6岁幼儿选择的歌曲，可以适当增加一些附点音符、十六分音符、切分音符等难度较大的节奏，末期还可选择带“弱起”节奏的歌曲。

再次，曲调的旋律较为平稳。幼儿一般不适宜演唱旋律起伏太大的歌曲，宜选择较为平稳的旋律，4岁以下的幼儿演唱歌曲的音程跳进多为三度及以下的音程，小二度的音程也不适合4岁以下的幼儿演唱，4~6岁的幼儿可以演唱四度、五度与八度音程，但不宜演唱六度、七度以及连续大跳的音程。

最后，曲调的结构较短小工整。幼儿一般不适宜演唱结构过于长、大的歌曲。为4岁以前的幼儿选择的歌曲，以含2~4个乐句为宜，总长度8小节左右，而每一乐句的长度最好相当；为4~6岁幼儿选择的歌曲，可以有6~8个乐句，总长度增至16~20小节左右。

幼儿歌曲曲调的结构一般较工整，乐句与乐句之间，在长度上是相等的，在节奏上是相同或相似的，大年龄的幼儿歌曲偶尔也可以有些不工整的乐句，但总体上应以工整为主。4岁以前的幼儿所唱的歌曲一般多为一段体或一段体的分节歌，之后幼儿可以演唱一些简单的二段体以及三段体的歌曲，但仍以一段体为主。

(4)内容、形式、情绪与风格的丰富性与多样性

为幼儿选择的歌曲，题材应广泛，既有反映幼儿喜爱的动物、植物以及自然界变化的歌曲，也有反映幼儿的日常生活、游戏、学习等题材的歌曲，还有反映社会生活、节日、幼儿熟悉的成人劳动生活等题材的歌曲。为幼儿选择的歌曲，形式也应多样，独唱、齐唱、对唱、接唱、轮唱、双声部合唱等多种演唱形式都应让幼儿有所感受。

为幼儿选择的歌曲，情绪也应丰富多样，每一年龄段的幼儿都应有感受和表现活泼欢快、优美抒情、安静甜美、雄壮有力等各种情绪的歌曲，从而丰富幼儿的艺术体验，增强幼儿歌唱表现能力。

此外，教师还应根据本班实际，选择一些富有中国各民族风格以及国外脍炙人口且民族风格浓厚的幼儿歌曲，组织幼儿进行感受与表现。

真题对接

【2018 年上半年真题】教师在组织中班幼儿歌唱活动时,合理的做法是(　　)

A. 要求幼儿用胸腹式联合呼吸法唱歌　　B. 鼓励幼儿用最响亮的声音唱歌

C. 鼓励幼儿唱八度以上音域的歌曲　　D. 要求幼儿用自然声音唱歌

【答案】D

**2. 幼儿园歌唱活动的导入**

(1)动作导入。该方法主要适应于词曲简单、多重复,歌词内容直接描述动作过程的或比较富于动作性的歌曲。

(2)歌词创编导入。该方法主要适应于歌曲内容简单、多重复,歌词的语法结构清晰、单纯,具有某种语言游戏性质的歌曲。

(3)情境表演导入。该方法主要适应于歌词内容所表现的是可以"一目了然"的情境或事件的歌曲。

(4)故事讲述导入。该方法主要适应于歌词内容稍偏重表现情境或事件发展的细节,更适合使用讲故事的方法来让儿童接受的歌曲。

(5)歌词朗诵导入。该方法主要适应于歌词中的词语及逻辑顺序比较细致、复杂,而情境性、故事性又不够明显,不适合儿童整体、直觉把握的歌曲。

(6)游戏导入。该方法主要适应于传统音乐游戏中伴随游戏边玩边唱的那些歌曲。歌曲内容多为游戏中的动作、人际关系、游戏方式或规则等。这样的内容十分适合歌曲学习和游戏学习的互相强化。

(7)填充参与导入。该方法的适应面比较窄,一般比较适合于歌曲中含有不断重复出现的简单而特点鲜明的词曲。

(8)副歌前置导入。该方法主要适应于带有副歌的、比较大型的歌曲作品。

(9)无意义音节玩唱导入。该方法适应面较广,使用的目的主要是增加情趣和降低困难,但使用不当也会造成"适得其反"的效果。

(10)直观形象导入。该方法使用得当可以起到激发情趣、增进理解、帮助记忆的效果。

### (二)学前儿童韵律活动的设计与组织　考点4

韵律活动能力的发展主要包括:身体运动能力、独立性、合作性以及创造性等四个方面。理想的音乐教育能够全面地促进这些方面的发展,使儿童能够自如地舞蹈和舒适地与其他人共同舞蹈。

在学前音乐教育活动中采用的韵律动作一般可分为:基本动作、模仿动作和舞蹈动作。

基本动作是指儿童在反射动作基础上发展起来的生活动作,如走、跑、跳、摇头、点头、弯腰、曲膝、击掌、招手、抓握等。

模仿动作是指儿童在表现特定事物的外在形态和运动状况时所用的身体动作,如鸟飞、鱼游,刮风、下雨,花开、树长等。此外,儿童模仿日常活动的动作,如洗脸、刷牙,拍球、打气等。模仿成人活动的动作,如锄地、撒种,骑马、打枪,织网、采茶,开飞机、开火车等。

3~4 岁儿童最感兴趣的是模仿动作。因为他们所关心的不是动作的本身,而是该动作所表现的熟悉事物。所以,在为 4 岁以前儿童选择韵律动作时,应以模仿为主。

以上这两种动作是 3~5 岁儿童韵律活动的主要学习内容。

舞蹈动作是指经过多年的演化和进步,已经程式化了的艺术表演动作。这类动作多数比较适合于 5~6 岁的儿童学习。幼儿园各年龄班儿童学习的舞蹈动作主要是一些基本舞步。如 3~4 岁学习小碎步、小跑步;4~5 岁学习蹦跳步、垫步、踵趾小跑步、侧点步;5~6 岁学习进退步、溜冰步、交替步、跑跳步、跑马步、秧歌十字步等。

**1. 幼儿园韵律活动材料的选择**

(1)动作

①为学龄前儿童选择的动作类型:一般情况下,年龄较小的儿童比较适宜多选用基本动作和模仿、象征性动作。随着儿童年龄的增长可逐渐增加舞蹈动作所占的比例。

②为学龄前儿童选择的动作难度:一般情况下,年龄较小的儿童比较适宜先从单纯的、不移动的、上肢的、大肌肉的、分解的、独立平行的动作开始入手。随着儿童年龄的增长逐渐增加复合的、移动的、下肢的、小肌肉的、整合的、人际配合的动作。

(2)音乐

①为学龄前儿童选择的音乐结构一般应该是:节奏鲜明;乐句、乐段清晰、单纯、工整;速度适宜。

②为学龄前儿童选择的音乐形象一般应该是:优美动听;性质鲜明;风格多样。

(3)道具

①为学龄前儿童选择的道具一般是:便于使用,不妨碍做动作;便于获得,不浪费资源;便于儿童自己管理。②为学龄前儿童选择的道具的特点是:可一物多用,有益于激发想象、渲染气氛;既不过于粗制滥造,又不过于精致逼真。

**2. 幼儿园韵律活动的导入**

(1)观察导入。该方法主要适应于让儿童在观察具体事物的外部形象或运动状态后,立即用自己的动作创造性地进行表现的活动。

(2)回忆导入。该方法主要适应于让儿童在回忆有关具体事物的外部形象或运动状态后,再用自己的动作创造性地进行表现的活动。

(3)基本动作复习或练习导入。该方法主要适应于从复习某个熟悉的动作开始练习新动作学习的活动,或直接从观察新动作示范开始的新动作学习活动。

(4)队形复习或学习导入。该方法主要适应于从复习某个熟悉的队形开始练习新队形学习的活动,或直接从感知、理解新队形开始的学习活动。

(5)舞谱导入。该方法主要适应于帮助儿童理解舞蹈符号;学习使用舞谱来帮助自己学习舞蹈的活动;通过舞谱来促进舞蹈学习的活动。

(6)动作创编导入。该方法主要适应于发展儿童的动作创编兴趣和动作创编能力的活动。

(7)游戏导入。该方法主要适应于动作或队形的教学,可以用游戏的方法来进行的活动。

(8)故事导入。该方法主要适应于情节性比较强的韵律动作组合的学习或创编活动。

(9)音乐欣赏导入。该方法主要适应于音乐的结构比较复杂、音乐与动作结合的要求比较高的韵律动作组合的学习或创编活动。

### (三)学前儿童打击乐演奏活动的设计与组织　考点5

打击乐器演奏能力的发展主要包括:操作乐器的能力、合乐性、合作性以及创造性等四个方面。理想的音乐教育能够全面地促进这些方面的发展,使儿童能够掌握最基本的应用打击乐器与音乐交流、与他人交流的意识和能力。

**1. 幼儿园打击乐器演奏材料的选择**

(1)乐器

在为学前儿童选择打击乐器时一般应考虑:乐器的音色要好;乐器的形状、大小、重量要适合学前儿童持握;乐器的特定演奏方法要适合特定年龄儿童运动能力的发展水平。

(2)音乐

在为学前儿童选择有关音乐时一般应注意:节奏清晰、结构工整、旋律优美、形象生动鲜明;多为年龄较小的儿童选择他们已经比较熟悉的歌曲、韵律活动曲或欣赏曲;为儿童选择的含两个及两个以上乐段的乐

曲,段落之间最好对比鲜明。

(3)配器方案

为学前儿童选择的打击乐曲配器方案一般应具有以下特点:①适合学前儿童使用乐器的能力;②适合学前儿童对变化做出反应的能力;③配器音响效果与原来的音乐相协调;④配器本身富于趣味性、新颖性和整体统一性。

**2. 幼儿园打击乐器演奏活动的导入**

(1)总谱学习导入。该方法主要适应于原配器创作比较复杂、精美、完善的打击乐作品。

(2)总谱创编导入。该方法主要适应于原设计比较单纯,可以让儿童有更多创造性表达机会的打击乐作品。

(3)主要声部学习导入。该方法主要适应于本身含有主次两个部分,其主要部分本身比较复杂、精美、完善的打击乐作品。

(4)主要声部创编导入。该方法主要适应于本身含有主次两个部分,主要部分比较单纯,可以让儿童有更多创造性表达机会的打击乐作品。

(5)音乐欣赏导入。该方法主要适应于原创意本身比较复杂、精美、完善,更值得儿童欣赏或更值得用来教儿童学习怎样欣赏的音乐作品。

(6)故事导入。该方法主要适应于具有更多形象或情节描写性的打击乐作品。

(7)韵律活动导入。该方法主要适应于适合改编成打击乐作品的韵律活动曲。

(8)歌唱导入。该方法主要适应于适合改编打击乐作品的歌曲。

### (四)学前音乐欣赏活动的设计与组织 考点6

音乐欣赏能力包括:倾听、理解、创造性地表达和个人音乐趣味倾向等四个方面。理想的音乐教学能够全面促进这些方面的发展,使儿童能够形成有关的初步意识和能力。倾听是儿童必须具备的一个非常重要的基本技能。它是对儿童实施音乐教育的基本出发点,也是开展音乐欣赏的前提和基础。

**1. 幼儿园音乐欣赏材料的选择**

(1)音乐作品

①总的考虑。每一首作品是否适合于特定儿童的感知、理解能力发展的实际需要,是否符合其他基本的教学要求;所有被选入课程的作品在总体上是否符合内容、形式和风格的丰富多样,比例、结构和布局是否合理。

②歌曲的考虑。内容、形象、情绪应为儿童所熟悉、喜爱和愿意接受的;歌词应为儿童所理解的;将来儿童会再接触到并会给儿童以长久性的美好感觉。

③配器乐曲的考虑。内容、形象、情绪应为儿童所喜欢和愿意接受的;音响应该是美好和刺激适度的;篇幅是比较短小的,结构上重复式的,如A—B—B、A—B—A等,必要时可以对一些作品进行截选或缩编。

(2)辅助材料

音乐欣赏的辅助材料一般有:动作材料、语言材料、视觉材料三种。

①动作材料

通过跟随音乐做动作的方式参与到音乐进行的过程中去,这是学前儿童感知、理解和表现音乐最自然、最重要的途径之一。与韵律活动不同的是,在欣赏活动中,选材条件侧重于能帮助儿童增强对音乐的感知和体验。即动作与音乐在节奏、旋律、结构、内容、情感等方面的一致性。所以,在为欣赏活动选材时,一般不宜选择对儿童来说比较复杂、陌生的动作,而应选择绝大多数儿童都能自然做出的动作。

此外,在音乐欣赏活动中,应经常让学前儿童有机会自己独立的选择动作,独立地对音乐做出反应。因此,在为欣赏活动选材时,有时只需选择动作反应的性质,不需确定具体的动作,如欣赏一首优美的抒情音乐,只需确定儿童所做动作的性质应是柔软、连贯、绵长、自由的即可。

②语言材料

语言材料在这里是特指含有艺术形象的有声文学材料，如故事、散文、诗歌、民谣等。

在音乐欣赏活动中，语言材料的考虑应侧重于能帮助儿童增强对音乐的感知和体验，因此，选择语言辅助材料的首要条件是：从音乐出发，与音乐欣赏的要求相一致。这里所讲的"一致"，不仅在于文学作品本身的结构、内容、形象和情感与音乐相一致；同时也在于讲述或朗诵文学作品时，语言的音调、节奏、力度、音色、风格等因素与音乐也相一致。

选择语言辅助材料的其次条件是：语言优美，文学性强，能为学前儿童理解与喜爱。在音乐欣赏活动中，应经常让学前儿童有机会自己独立地选择语言，独立地对音乐做出反应。在这种活动中，教师往往只需按音乐欣赏的要求选择划定大致的范围，如欣赏一首优美抒情的音乐，只需确定儿童语言所描述的形象和描述时所使用的曲调应是优美的即可。

③视觉材料

视觉材料形象具体，既可在时空中静止（如图画、雕塑等）；又可在时空中流动（如录像、可活动的教具操作等）。形象具体，便于学前儿童感知和理解；能在时空中静止，便于学前儿童从容不迫地反复观察，有利于精细感知和记忆；能在时空中流动，便于与音乐同步流动展开形象，有利于帮助学前儿童感知和理解音乐形象的动态化。

在音乐欣赏活动中，视觉辅助材料选择的考虑，主要侧重于帮助儿童增强对音乐的感知和体验，因此，选择的首要条件仍旧是：从音乐出发，与音乐欣赏的要求相一致。这里所讲的一致，是指视觉材料的线条、构图、造型、色彩、形象、内容、情绪都应与音乐相一致。如果视觉材料是在时空中流动的，其运动的方式也应与音乐相一致。

选择视觉辅助材料的其次条件是：形象生动有个性，艺术感染力强，能为学前儿童所理解和喜爱。另外，还需考虑制作、购买材料时，精力上和经济上的条件是否允许等。

在音乐欣赏活动中，有时也可让学前儿童自己独立地创作视觉艺术作品，并以此来表达他们自己对音乐的感受。在这种活动中，创作的要求应与音乐欣赏的要求相一致，如在欣赏一首回旋曲时，欣赏的要求是感知和理解乐曲的结构，就应要求儿童在美术创作中尽力反映出这种结构。

**2. 幼儿园音乐欣赏教学的导入**

(1)从完整作品开始。该导入模式比较适合于结构单纯、清晰的作品以及不太注重感知体验细节的教学设计。

(2)从作品的某个部分开始。该导入模式比较适合于结构稍复杂的作品，以及比较注重感知体验细节的教学设计。这些被作为开始的部分可以是：一个节奏型；一个旋律动机；一个乐句或一个乐段等。

(3)从某种辅助性材料开始。该导入模式是与专门性的教学设计相对应的，其中一般又可分为：从其他音乐活动（如歌唱、奏乐、韵律活动、音乐游戏）开始的设计；从文学活动开始的设计；从美术活动开始的设计。

## 四、音乐教育的方法

考点7

音乐教育的方法较丰富，这里主要介绍示范和听唱教学法。

(1)示范。教师范唱时应使用正确的歌唱技巧，感情真挚，让幼儿在心理上有听唱的准备；使每个幼儿都在自己的视线之内；清唱、操作教具唱、配伴奏唱结合进行。一般范唱三次左右。

(2)听唱教学法。听唱教学法分为整体教唱和分句教唱。运用听唱教学法时，最好两种方法结合使用，以整体教唱为主。

# 第九节　学前儿童美术教育

(本节共4个考点)

## 考向分析

本节主要介绍学前美术教育目标、学前美术教育活动的主要类型、学前美术教育的方法等相关知识。相关知识考频分析如下表:

| 考点 | 考试频率 | 题型 | 重要程度 |
|---|---|---|---|
| 从象征期到图式期,儿童画的特殊表现 | 1 | 单项选择 | ★ |

本节知识主要以单项选择题的形式考查。单项选择题考查的比较精细,考生在复习的时候要认真。

## 思维导图

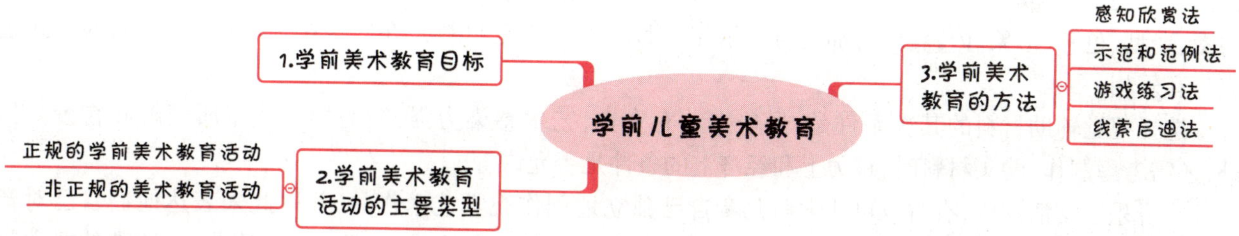


## 考点精讲

### 一、学前美术教育目标

#### (一)学前美术教育总目标

考点1

**1. 认知目标**

(1)知道不同的材料、技巧以及活动过程之间的差异性;(2)能够讲述不同的材料、技巧以及活动过程会产生不同的效果;(3)知道运用美术媒介和技巧,通过活动过程,与人交流思想、表达情感;(4)知道以安全和适当的方式使用材料和工具;(5)懂得视觉形象特征之间的差异,知道美术表达想法的目的;(6)能够初步讲述不同的表达特征和组织方式是如何导致不同的结果的;(7)知道从美术作品中能获得各种经验,能享受到视觉艺术的美;(8)体验视觉艺术与各种文化之间存在着历史的或其他特殊的联系。

**2. 情感目标**

(1)喜欢用“美术语言”表达自己的想法和感受;(2)能体验美术作品的线条、形状、色彩、质地等;(3)对美术活动能感兴趣,并积极投入创作、欣赏和评价活动;(4)能产生与美术作品含义相一致的感受,并能表达这种感受;(5)喜欢各种不同风格的美术作品。

**3. 技能目标**

(1)能选择材料和象征性符号表达自己的思想和情感;(2)能初步学会运用线条、形状表现力度、节奏与和谐;(3)能初步掌握一定的秩序和变化规律进行美术创作;(4)能初步感受和欣赏到美术作品中形象的美

学特征;(5)能对自己或他人的美术作品做粗浅的美学评价。

**4. 创造目标**

(1)能根据自己的意愿,自由地进行美术创作;(2)能使用各种象征性符号,并加以组合和变化,创造与众不同的艺术形象;(3)能使用色彩,自由表现自己的情感和幻想;(4)能综合运用多种美术媒介进行美术创作;(5)在欣赏和评价自己或他人的美术作品时,能讲述自己独特的观点。

## (二)学前美术教育年龄阶段目标

考点2

托幼机构的美术教育活动在内容上包括三个既相对独立又相互联系的领域,即绘画、手工和欣赏。下面介绍各领域的年龄阶段目标。

**1. 绘画活动**

(1)小班(3~4岁)儿童绘画活动目标

①引导儿童参加绘画活动,体验绘画活动的快乐,培养他们对绘画活动的兴趣,并养成大胆作画的习惯。

②引导儿童认识油画棒、蜡笔、水彩笔、水粉画笔和纸等绘画工具和材料,掌握其基本使用方法,养成正确的握笔方法和作画姿态。

③引导儿童学会画线条(直线、曲线、折线)和简单形状(圆形、方形等),并用于表现日常生活中熟悉的、简单物体的轮廓特征。

④引导儿童学会认识红、黄、蓝、橙、绿、棕、黑、白等颜色并选用多种颜色作画。

⑤学习区分并尝试画出主体色和背景色,培养他们对使用颜色的兴趣。

⑥引导儿童学会在画面的中心位置安排主要形象,并把它画大些。

(2)中班(4~5岁)儿童绘画目标

①引导儿童在小班的基础上进一步学习多种绘画方法(如蜡笔画、水粉画、水墨画等),体验绘画的快乐。

②引导儿童学习用各种线条表现感受过的物体的基本结构和主要特征。

③引导儿童学习认识12种颜色并学会辨别同种色的深、浅,学习用较丰富的颜色作画。

④引导儿童初步学习在画面上安排物体的上下、左右关系。

(3)大班(5~6岁)儿童绘画活动目标

①引导儿童学习利用多种绘画工具和材料,运用不同技法表现自己独特的思想和感受,体验创造的快乐。

②引导学习完整地表现感受过的或想象中的物体的动态结构和简单情节。

③引导儿童学习深浅、冷暖颜色的搭配,并初步学习根据画面的需要,恰当地使用颜色表现自己的情感。

④引导儿童学习表现前后、远近等简单的空间关系及主体与背景的关系。

**2. 手工活动**

(1)小班儿童手工活动的目标

①引导儿童参加手工活动,体验手工活动的快乐,培养他们手工活动的兴趣并愿意尝试各种手工工具和材料。培养儿童安全、卫生、整洁的手工活动的习惯。

②引导儿童学习用浆糊、胶水等粘贴沙子、种子等点状材料。

③引导儿童体验泥的可塑性,学习用搓、团圆、压扁、粘合的方法塑造简单的立体物象。

(2)中班儿童手工活动目标

①引导儿童正确使用多种手工工具和材料,使他们喜爱各种手工活动。

②引导儿童用比小班丰富、复杂的点状材料(如木屑、纸屑、泡沫屑等)粘贴出简单的物象。

③引导儿童在小班的基础上学习用纸折出(按中心线折、双正方折、双三角折)剪贴出简单的物象。

④引导儿童在小班的基础上学习用捏的方法塑造简单的立体物象,并学习用泥塑造平面的物象。

第六章

⑤引导儿童初步学习用其他点状、线状、面装和块状的自然物和废旧材料制作玩具。

(3)大班儿童手工活动目标

①引导儿童较熟练地使用和选择手工工具和材料,创造性地表现自己的意愿。

②引导儿童学习用多种点状材料拼贴物象,表现简单的情节。

③引导儿童学习用多种技法将纸折出物体的各个部分,组合成整体物象。

④引导儿童学习用目测的方法将纸等面状材料分块剪、折叠剪来拼贴平面的物象或制作立体的物象。

⑤引导儿童学习用伸拉的方法并配合其他泥工技法塑造结构较复杂的物象,表现主要特征和简单细节。

⑥引导儿童综合运用各种工具、材料和技法制作教具、玩具、礼品、服饰、道具等布置环境,并注意装饰美。

**3. 美术欣赏活动**

(1)小班欣赏活动目标

①引导儿童参加美术欣赏活动,体验美术欣赏活动的快乐,培养他们集中注意力欣赏的习惯。

②引导儿童欣赏具有鲜明色彩和简单造型的物品和美术作品,使他们能对这类形象感兴趣。

③引导儿童欣赏同伴的美术作品。

(2)中班欣赏活动目标

①引导儿童欣赏与他们的生活经验有关的、能理解的成人美术作品、同伴美术作品、日常生活中的玩具、生活物品、节日装饰、环境布置等,产生与作品等相一致的感觉和情感。培养他们关注具有美感的事物。

②引导儿童欣赏并初步理解作品形象和作品主题的意义,使其知道美术作品能反映现实生活和人的思想感情。

③引导儿童初步欣赏并感受作品中形象的造型美、色彩的变化与统一美、构图的对称与均衡美。

(3)大班欣赏活动目标

①引导儿童学习欣赏感兴趣的绘画、工艺、雕塑、建筑等艺术作品,培养他们初步发现周围环境和美术作品中的能力。

②引导儿童了解作品简单的背景知识,进一步感受和理解作品的形象和主题意义,知道美术作品如何反映现实生活和人的思想感情。

③引导儿童欣赏并感受作品中形象的造型美、色彩的色调及其情感表现性、构图的对称、均衡、韵律与和谐美。

④引导儿童积极主动参与美术欣赏活动,学习用语言、动作、表情等表达自己对作品的感受和联想。

## 二、学前美术教育活动的主要类型 考点3

一般来说,学前美术教育活动可分为正规的美术教育活动和非正规的美术教育活动两类。

正规的学前美术教育活动,可以通过幼儿园课程中与美术直接有关的学科或领域(如美术、艺术等)进行,也可以通过课程设置中的其他各学科或领域(如语言、健康、社会、音乐、科学、品德教育等)进行。学前美术学科或领域的教育根据教育内容的不同,可以分为绘画活动、手工活动、美术欣赏活动。

### (一)正规的学前美术教育活动

**1. 绘画活动**

**学前儿童绘画活动**是教师引导学前儿童用各种笔、纸等工具和材料,运用线条、造型、色彩、构图等艺术语言创造出视觉形象,从而表达创作者的思想、情感的一种活动。

**2. 手工制作活动(手工活动)**

**学前儿童手工制作活动**是教师引导学前儿童使用各种手工工具和材料,用剪、撕、贴、折、塑等手段制作出平面或立体的物体形象,从而发展学前儿童动作的灵活性、协调性,培养他们实际操作的能力以及工作的计划性和条理性的一种教育活动。

**3. 欣赏活动**

学前儿童美术欣赏活动是教师引导学前儿童欣赏和感受美术作品、自然景物和社会环境中的美好事物，丰富儿童的美感经验，培养其审美情感、审美评价能力和审美创造能力的一种教育活动。

## （二）非正规的美术教育活动

幼儿园中非正规的美术教育，主要是通过儿童在活动区的自由活动、幼儿园美术环境的创设，以及教师对儿童随机进行的集体的或个体的美术指导等方式进行。幼儿园非正规的美术教育活动通常有以下几种：

**1. 幼儿园环境布置活动**

环境创设的目的是引发和支持儿童与周围环境的互动，因此，儿童是环境创设中不可缺少的参与者。儿童参与幼儿园环境的规划和设计，可使他们对所属的环境做出最好的探究和了解，也有利于儿童主动、自发地参与活动。

**2. 美术角和美术室活动**

美术角是幼儿园区角活动中常见的一种形式。美术角的开设，主要是为了满足那些对美术有兴趣的儿童的需要。美术角材料的投放要多样化，以满足不同儿童的需要。美术角活动内容应根据各年龄班的基本美术教育活动的目标和内容定期更新。美术室的设置要根据幼儿园的实际条件而定，一般设在有较大活动空间的幼儿园。美术室可以是专门的活动室，如泥工活动室、画架绘画活动室，也可以是综合的活动室，如把美术室划分为绘画区、手工区和欣赏区。

**3. 随机的美术指导**

随机的美术指导，这是指教师对儿童在自由活动时间内所从事的美术活动的指导。日常生活中，教师可抓住每一个机会对儿童进行随机的美术教育。例如，午餐后带孩子在园内散步，和儿童谈论一年四季景色的变化，随机欣赏孩子们带来的新玩具、穿着的漂亮衣服，以及老师的发卡、丝巾等。

**知识视野**

**学前儿童绘画能力的发展阶段与特点**

1. 涂鸦期

年龄范围：1.5～3岁。

阶段含义：是指儿童从单纯的肌肉运动（玩笔画线阶段），转变为对图画的想象、思考阶段。

表现特征：此阶段儿童从不能控制画笔和所画出的线条，到能手眼配合初步的控制，并对所画出的“画”发生视觉上的兴趣，产生形象上的联想。涂鸦期又分为无意涂鸦、控制涂鸦、命名涂鸦三个阶段。

儿童涂鸦期的绘画，看起来一般没有具体的形象，主要是由一些自由的点线构成。在成人看来就像是在纸上胡涂乱画，但这样的涂画经历对儿童来说已经有了很重要的意义，体现了他们最早期美术语言表达的状态，同时也是在为儿童的控制力与创造力的发展进行尝试与准备。此阶段，色彩的使用常出于喜爱或偶然，没有任何意图，不过命名涂鸦中色彩能产生对不同物体的想象。

2. 象征期

年龄范围：3～5岁。

阶段含义：儿童开始有目的地创造形体，用自己的样式符号（儿童图画中的形象）来尝试表现物体的阶段。

表现特征：此阶段儿童已不仅仅是依据画面形象进行联想、想象，他们开始根据自己的观察角度与知识经验来表现物体，他们所绘形象从成人的角度看如同“符号”，而且符号抽象、简单、夸张、多变，有些符号难以辨认，而有些符号又极富典型特征。这常常是和他们的身体、心智发展相对应的。

（1）画面构思过程不稳定

在他们的图画中往往强调重要、主要、有意义部分的表现，画面空间呈现无序状态，色彩的使用常出于兴趣，偶尔和情感有关。这一时期，儿童绘画的水平是不稳定的，有时好时坏的现象。另外，在象征期，除画面有如上不稳定现象外，儿童绘画的构思过程也极不稳定，这种不稳定表现在如下几个方面：①动笔后构思；②事先构思和随意涂画穿插；③绘画内容转移；④形象含义易变；⑤易受他人影响。

(2)画面形象排列方式的发展变化

形象排列方式的发展变化是儿童构图发展的重要方面。所谓排列方式,是形象在画面上的位置关系和形象相互之间的关系。不同的排列方式都有着鲜明的直观特征,反映着儿童空间概念的不同水平。其发展顺序如下:①零乱式;②平行式;③并列式;④散点式;⑤多层并列式;⑥遮挡式。遮挡式是儿童期最高的构图形式,以这种方式构图的画面有了清晰明确的前后关系。

3. 图式期(概念画期、定型期或形象期)

年龄范围:5～8岁。

阶段含义:儿童逐渐形成并发展绘画表现的“样式”的阶段。

阶段特征:在这一阶段中,儿童通过自身的观察、理解与多次实践,开始以较为固定的样式描画事物,因此也常常被称为概念性的表现阶段。

概念画期的儿童开始了大胆的作画尝试。成人要理解他们的表现方式,多引导儿童进行观察,鼓励他们根据自己的想象进行大胆创作,切不可一味地临摹成人的模式或画法。对儿童在表现过程中出现的困难,要及时合理地进行指导。在作品情节方面的分析,要尽量客观,多听、多归纳、多记录,有助于成人了解儿童在绘画表现上的差异。此阶段儿童绘画表现的常见特征有:

(1)拟人化表现

儿童的画中,人的特征表现在各个事物上。如站立的动物、长着人脸的鱼、戴眼镜的太阳等。

(2)透明式的表现

将重叠或被挡住的事物也描画出来,也被称为X光式的表现。例如,一幅画中,爸爸盖着被子躺在床上,但看上去爸爸就如同盖了一块透明的塑料布一样。生病的爸爸即使盖着被子也不能没有身体,这就是儿童的心理在图画中的反映。

(3)展开式的表现

儿童不能以透视的观念绘画,绘画仅基于认识与经验,所以,他们的画中经常会把从多个角度观察的结果,组合在一张画中。

(4)强调式的表现

儿童为在画中强调表现某一意图,不会顾及画中形象的大小、比例、内容等是否合理。这样的画常常会令人感到很夸张。

(5)装饰性的表现

儿童经常会以色彩、线条、图形等在画面上进行装饰性的描画。

(6)美梦式的表现

儿童经常会将现实中无法实现的愿望寄托于画中。如在画中打败怪兽、在画中穿上了妈妈的高跟鞋、在画中长出了翅膀和鸟儿一起飞翔。

## 三、学前美术教育的方法

考点4

**1. 感知欣赏法**

**感知欣赏法**是教师通过艺术性语言的描述,引导儿童运用多种感官观察、感知艺术作品和周围环境中事物的造型、结构、色彩、运动模式等审美特征,提高其敏锐的审美感知能力和深刻的审美体验能力的方法。

教师在引导儿童感知欣赏时,要注意依据不同年龄儿童的心理特点和实际水平,用语言引导儿童按整体—局部—整体的顺序进行欣赏,从开始时的个别物体的欣赏逐步过渡到一组物体的欣赏,并且反复、连续地进行。

感知欣赏法的使用应注意与科学认知相区别。在科学认知活动中,儿童通过各种感官感知的客观事实,形成的科学概念,强调的是“真”;而感知欣赏法主要是通过感知事物的审美属性,其目的不是形成科学概念,而是让儿童获得敏锐的审美感知能力,强调的是“美”。

**2. 示范和范例法**

示范是教师把美术过程中的难点、重点直接操作给儿童看,利于儿童在直接模仿的条件下,学习一些参加美术活动必须的、关键的、技术性的措施。

第六章

教师在示范时，应注意与语言、讲解密切结合，动作清晰、准确，必要时动作夸张一些，让每一位儿童都能看见。示范时能让儿童较快掌握技能，但教师示范越多，儿童创造越少。所以，教师必须谨慎使用示范法。教师应注意只对难点进行示范，不要全过程地示范，并且示范应富有启发性，避免儿童消极模仿。

范例是提供儿童观察欣赏的直观教具，可以是教师的范画，也可以是实物、照片、图片、图书等。好的范例可以帮助儿童了解、感受事物的审美属性，充实其视觉形象，丰富儿童创作内容；还可以帮助儿童学习和体验多种艺术手法，提高审美能力。因此，选择范例应有一定的标准：

(1)范例应有美感；(2)范例应是形象鲜明而清晰的，能反映事物的基本结构与特征的，能帮助儿童掌握其基本形象的；(3)范例的描绘方法应适合儿童年龄特点，是儿童能理解与接受的；(4)范例应是多样化的，能从不同侧面反映事物的形态，可以启发儿童的思路。

**3. 游戏练习法**

**游戏练习法**是指通过游戏的形式，让儿童在愉快、积极的状态下习得美术技能，把视觉形象改变为视觉——运动形象，提高手眼协调能力，培养儿童对美术活动兴趣的方法。

游戏练习法的使用是灵活多样的，游戏性的命题、游戏化的练习方式、对美术成果的游戏性的处理以及美术活动中的游戏性材料的使用等都可以把美术和游戏结合起来。

**4. 线索启迪法**

**线索启迪法**是教师在某种刺激下，激活儿童的思路，唤醒他们沉睡的经验，进入美术创造的思考过程的方法。运用这种方法能引发儿童去联想，对儿童的美术构思和作品内容的丰富性具有重要的作用。

运用这种方法的要求是：(1)必须激发儿童丰富的联想。(2)教师提供的线索要与儿童已有经验有适度的相似性或关联性。因为新的经验图式，总是与过去所知觉到的各种形状的记忆痕迹相联系。(3)教师应提供多样化的线索。如为儿童创设一定的情境，提供一个故事、一首儿歌、一首歌曲、一个形状、一个点或一条线等，引起儿童想象的兴趣和动机。多种多样的线索促使儿童展开丰富的联想，塑造出各种不同的形象，有助于发展儿童的创造性思维能力。

**知识视野**

**从象征期到图式期，儿童画的特殊表现**

1. 表象符号的形成

儿童表象符号的形成，是在儿童把握了物体的本质和基本特征后，形成概念，并用简化的线条符号，把自己的直觉描摹出来，这是一个相当复杂的认知过程，是儿童抽象化能力发展的萌芽。这个过程与人类在掌握事物的共同属性形成概念，用符号表达出来的历程是相当一致的。尤其是某些十分具体、十分直觉的概念。这些符号成为超越时空的语言。从原始到现代，从儿童到成人，都可以理解和使用这一类符号。这类符号的形成，除了直觉地掌握那些事物的“形的属性”以外，不可否认地，它还包含了两种因素：模仿和本身对该事物认知的经验。

2. 感觉的强调和夸张

从发展心理学的观点来看，幼儿期被认为是感觉敏锐，反映强烈的时期。不但视觉、味觉、嗅觉等十分灵敏，而且皮肤薄，皮肤上各种感觉器官已接近成熟期。所以触觉敏锐，并且有强烈的反映。由于具有以上的特点，很自然，儿童在绘画中，就会把他们的强烈感觉略带夸张地表达出来，构成儿童画中一个特殊的世界。

“吃西瓜”这张作品反映的是一块又红又大的西瓜和吃西瓜人的两排十分尖锐的牙齿。于是，画面强调的西瓜画得比人还要大，牙齿在人的脸上占了突出的位置。这时，发生的困难是手怎么样去捧这片西瓜呢？作者只好把捧西瓜人的手作了变形处理，手臂变得又长又弯，才能恰好把这片西瓜捧住。

3. 主观印象的表现

当儿童受环境中某些事物的强烈感动，引起他的兴趣时，即使那些事物已不在眼前，但他心中所存留的感觉经验，依然十分清晰，他会很直觉地选取知识经验中的某些事物特征表达出来，并由此组成了对该事物的一种相当稳定而持久的印象。这种知觉的恒常性一旦形成，不管距离远近，不论换了怎样的角度，在他们的知觉经验中仍然保持原有的形状。从儿童图画的形状、大小、色彩中，可以看出其影响。

**真题对接**

**【2016 年上半年真题】**一名幼儿画小朋友放风筝，将小朋友的手画得很长，几乎比身体长了 3 倍。这说明了幼儿绘画的特点具有(　　)

A. 形象性　　　　B. 抽象性

C. 象征性　　　　D. 夸张性

**【答案】**D

# 第十节　综合教育与因材施教

（本节共 3 个考点）

## 考向分析

本节主要介绍综合教育的概念、综合教育的方法、综合教育的意义、因材施教等相关知识。

本节知识可能以单项选择题的形式考查。单项选择题考查的比较精细，考生在复习的时候要认真。

## 思维导图

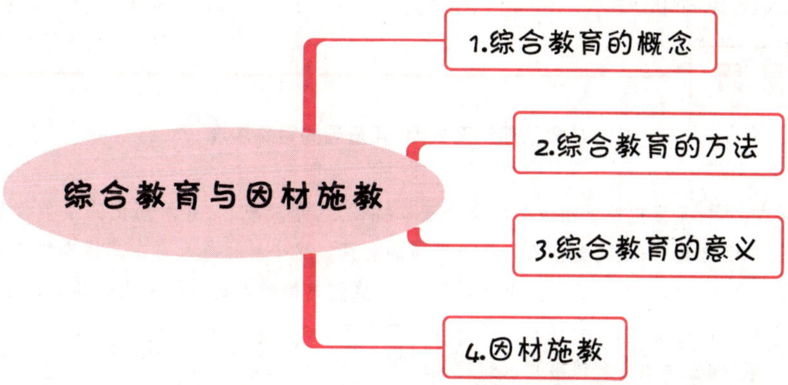




## 考点精讲

### 一、综合教育的概念

综合教育就是把教育的主体、客体、中介及家庭、社会环境等各种教育要素整合起来，以幼儿的直接经验和实际生活为基础，有机地构成一系列教育主题，以幼儿身心的均衡发展为最高目的，在强化课程整体系统功能的思想指导下实施的教育。

### 二、综合教育的方法

考点 1

#### (一)三个方面的综合

三个方面的综合是指教育内容的综合，教育手段、形式、方法的综合，教育过程的综合。

(1)综合教育既保留了分科教学的基本形式,强调了各领域特点和自身体系,理顺了纵向关系;又强调了各领域之间的联系与配合,加强了横向联系。

(2)教育手段、形式、方法的综合。综合教育主张综合运用多种教育手段、形式和方法,整合各种教育效果,以取得整体的教育效应。

(3)教育过程的综合。对各领域的整合应贯穿于整个教育过程。具体表现在综合考虑教师的"教"与幼儿的"学",教育内容与环境创设,还要综合考虑幼儿知识技能的获得、能力的培养和情感、社会性的发展。

### (二)三个层次的综合

三个层次的综合是指主题活动、一日活动、个别活动的综合。

(1)主题活动的综合是指每个阶段以某一主题综合各方面教育,使相关内容有机组合。主要包括三种类型:①多学科综合;②跨学科综合;③超学科综合。

(2)一日活动的综合是指把一日生活中的各项活动组成连续的教育过程,不停留在互相分割的各个片断上。

(3)个别活动的综合是指每项活动应尽可能在各个部分自然的有机联系中进行,一环扣一环,层层递进。

## 三、综合教育的意义

考点2

(1)综合教育从幼儿发展的整体性出发,思考教育效果的整体性,从而整体地思考教育目标、教育内容、教育方法和手段之间的联系和作用,使幼儿教育更好地发挥整体功能,这种课程模式能提高教师整体驾驭幼儿教育的能力。

(2)综合教育课程十分重视各领域之间的联系,各教育因素的联系,以及幼儿园和家庭、社会间的联系,防止在教育和教学过程中的相互割裂,从而充分发挥教育因素的整合功能。

(3)综合教育课程可以在一个阶段相对集中地开展某方面的活动,让幼儿获得的信息相对集中,这既便于幼儿在学习过程中对信息进行编码、储存和运用,也有利于幼儿的积累、思考、提炼和归纳。

## 四、因材施教

考点3

每个幼儿在行为、兴趣、爱好、才能等方面都有自己的特点,幼儿教师要想取得良好的教育效果,就必须了解每个幼儿的独特性,做到因材施教。只有尊重孩子的成长规律,了解孩子,关注个体差异,才能使幼儿身心健康成长,促进其全面和谐发展。

# 第十一节　幼儿园教育活动中师幼关系与互动的原理和策略

(本节共4个考点)



## 考向分析

本节主要介绍师幼互动、师幼关系等相关知识。相关知识考频分析如下表:

| 考点 | 考试频率 | 题型 | 重要程度 |
|---|---|---|---|
| 师幼关系的意义、建立良好师幼关系的策略 | 1 | 论述 | ★★ |

本节知识主要以论述题的形式考查。论述题考查系统知识的掌握程度,这部分内容需要考生理解记忆。

## 思维导图

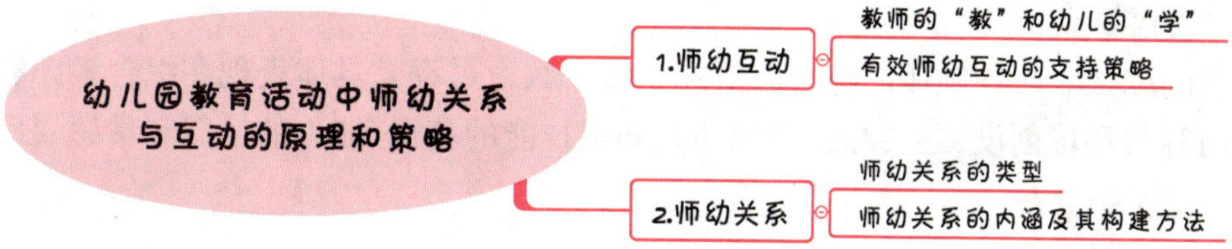


## 考点精讲

### 一、师幼互动

#### (一)教师的“教”和幼儿的“学”

考点1

幼儿园教育活动中包含着教师的“教”和幼儿的“学”这两类活动。教师在教,幼儿在学,两种活动不可分割地交织在一起。

师幼互动是指发生在师幼之间的交互作用和影响。幼儿园师幼互动是指发生在幼儿园的教师与幼儿之间的相互作用、相互影响的行为和过程的综合。

**1. 教师“教”的活动**

教师的“教”,就是教师对幼儿施加教育影响。“教”的活动主要通过两个途径进行:一是直接“教”,二是间接“教”。

(1)直接“教”的方式

直接“教”的方式是指教师按照教育目的,直接把教育的内容传递给幼儿。

直接“教”时要注意的问题:

①变单向的“教”为双向的交流

为改变教师单方面讲、幼儿只用耳朵听的单一模式,应使用启发式教学,多给幼儿发表意见、提问及师生讨论的时间;幼儿教师要注意根据幼儿的反馈,灵活地调整教育方法和自己的教育行为。

②变单一的言语传授为多样化的教育手段

为改变偏重言语讲授的现象,教师应当重视使用非言语的身体动作、表情等,如对幼儿点点头肯定、拍拍肩鼓励、微笑以示赞赏等;多使用简单有趣的直观教具和材料,教师具体形象的演示要和幼儿的动手操作相互配合,而不是教师做、幼儿看;导入多样化的教育活动,特别是多种游戏活动,让幼儿除听之外,能有操作、练习、模仿、实践的机会,通过看看、说说、做做、玩玩,消化理解所学的间接知识,并转化为自己的直接经验。

③重视情感效应

幼儿是否听教师的话、是否专心上课,主要取决于教师对幼儿的情感态度。幼儿如果受到教师的批评、指责远远多于鼓励、表扬,其学习情绪、自尊和自信心都会受到损害。

④重视幼儿的个别差异,因人施教

幼儿极大的个别差异要求教师与每个个体有特殊的、不同于他人的作用方式,年龄越小越是如此。因此,必须改变过多地使用集体活动的形式。

⑤重视随机地“教”

直接“教”的方式绝不是只限于在正规的场合和作业课上,灵活地利用一日生活中的各种机会进行自然

地、有针对性地“教”，往往更切合幼儿的实际，更容易实现个别教育。

⑥直接“教”和间接“教”相结合

直接“教”和间接“教”都各有利弊，而两者的有缺点恰恰可以互补，因此两种方式应当结合起来使用。另外，在教育活动中，幼儿的学习方式是在不断变化的，“接受学习”和“发现学习”不断地交替出现，有时甚至交织在一起。因此，教师只有把直接“教”与间接“教”两种方式结合使用，才能有效地帮助幼儿学习。

(2)间接“教”的方式

所谓间接的“教”，指教师不是把教育内容直接讲给幼儿听，而是通过环境中适当的中介，如利用环境中的玩具、榜样、幼儿关心的现象或事件的作用等，迂回地达到教育目的。

间接“教”要注意的问题：

①与直接“教”的方式相结合

由于间接“教”的方式自身存在一些缺点，这就要求幼儿教师要恰当地结合直接的言语传授，以提高幼儿知识的准确性、明确性和概括性。

②正确的角色定位

在使用间接“教”的方式时，教师主要是幼儿活动的观察者、支持者、合作者，只在必要时才直接给幼儿提供一些帮助等。

③环境适应幼儿的年龄特点和个别差异

活动中满足幼儿个别差异最有效的途径，就是活动的形式、内容、材料的多样化，教师指导的个别化、个性化。

(3)教师是“教”的主体

教师是“教”的活动的领导者、组织者。在备课或活动准备阶段，教师以幼儿为调查研究的对象，根据幼儿的发展水平、兴趣、需要、经验等来计划活动，制定教案，创设环境；在上课或活动过程中，教师有目的、有计划地对幼儿施加教育影响，并根据幼儿的反馈主动调整“教”的内容、方式，控制整个教育过程的走向，引导幼儿向着目标的方向发展。因此，在“教”的活动中，教师是“教”的主体，而幼儿则是“教”的对象，是教育的客体。

**2. 幼儿“学”的活动**

教师的“教”是为了幼儿的“学”，如果幼儿不学，或者学了没有效果，那么，教育就失败了。因此，要有效地“教”，必须了解幼儿学习的规律和特点。

(1)幼儿是自身学习的主体

无论教师直接地“教”还是间接地“教”，幼儿都是自身学习的主体。对教师所教的内容，幼儿是否接受，接受到什么程度，主要依赖于幼儿的兴趣、经验、认知能力、情感等，而不是取决于教师的意志。

(2)幼儿的“接受学习”和“发现学习”

①接受学习。**“接受学习”**是指学习者主要通过教师的言语讲授获得知识、技能、概念等的学习方式。如果教师能按照幼儿的身心特点来讲课，让幼儿发挥主体性，学有兴趣，把教师传授的东西积极地消化、吸收，转化为自己的东西，而不是死记硬背，幼儿这样的学习是主动的、有意义的学习。把“教师讲、幼儿听”笼统地斥为机械灌输的说法是不对的。

②发现学习。**“发现学习”**是指幼儿通过动手操作、亲自实践、与人交往等去发现自己原来不知道的东西，从而获得各种直接经验、体验以及思维方法的学习方式。在幼儿期，这是比“接受学习”更适合幼儿的一种学习方式，特别有利于发挥幼儿的主体性，如激发幼儿的学习动机、发展其分析和解决问题的能力、培养主动参与的积极态度等。因此，幼儿的学习是否有意义，关键是教师能否激发幼儿的主动性，而不在于教给

幼儿采用哪种学习方式。

(3)影响幼儿学习的内外因素

影响幼儿学习的外部因素主要有家庭条件、幼儿园教育水平、幼儿园环境条件的好坏等。影响幼儿学习的内部因素主要有两方面,即智力因素和非智力因素。

**3.“教学的主人”和“学习的主人”的关系**

幼儿教师在幼儿教育过程中处于主导地位,发挥着领导、组织、教育、养护等作用。幼儿教师闻道在先,肩负着教养幼儿的任务与职责。因此,在其与幼儿的互动关系中,教师处于主导地位。而幼儿在幼儿教育过程中处于受教的地位,尽管幼儿在师生互动关系中不是主导方面,但幼儿是学习的主体,幼儿学习积极性、主动性的发挥状况,直接影响教师教育的质量。幼儿教师的主导作用和幼儿主动积极性的发挥,两者相互制约、相互依存。幼儿教师主导作用的充分发挥,是幼儿主动积极性形成的前提条件;反过来,幼儿的主动积极性是幼儿教师发挥主导作用的基础,是衡量幼儿教师主导作用的一个标尺,也是幼儿教师发挥主导作用所要达到的目标之一。

## (二)有效师幼互动的支持策略

考点2

所谓师幼互动的策略是指教师在应对具体的师幼互动关系情境时,为有效促进幼儿的发展所采取的具体行动和方法。由于师幼互动情境具有多样性、复杂性,因此,师幼互动策略也必然是多样化的。

**1. 激励式互动策略**

对于幼儿来说,参与活动的兴趣是其通过活动获得发展的基本前提,因此,激发幼儿学习和活动的兴趣也就成为教师与幼儿互动中的一个首要问题。所谓激励式互动策略是指教师为激发幼儿的活动兴趣,鼓励幼儿的持续性活动而与幼儿进行的互动行为。一般可以包括以下几个具体策略:

(1)情境感染

幼儿的学习兴趣与学习愿望总是在一定的情境中发生的,适宜的情境能够引发幼儿参与活动的兴趣。教师可以通过情境的创设和感染去激励幼儿的学习与活动兴趣。在不同的活动中,对不同年龄的幼儿,情境感染的策略可以有所不同:探究式的学习活动一般可以创设问题情境,表现体验为主的活动可以借用故事情境的感染,而概念建构为主的活动则可以通过生活情境的渗透入手。

(2)语言催化

师幼互动的方式可以分为语言互动和动作互动两大类。相对来说,语言互动比动作互动更重要,这是由幼儿的年龄特点所决定的,而且动作互动可能缺乏情感的交流和沟通,有可能陷入刺激—反应的消极模式中。因此,语言在教师与幼儿的有效互动中是一个重要的支持因素。在互动中,教师应当运用生动形象富有感情的语言激励幼儿的活动兴趣。

(3)情感分享

由于幼儿的年龄特点和身心发展特点所限,他们在参与活动的过程中往往会更需要和依赖于成人的帮助和支持,而这种支持往往也包括情感态度上的支持和肯定。因此,教师在与幼儿进行以激励为目的的互动时,不能忽略了情感的投入,情感的交流和分享是有效互动的重要支持策略之一。教师在与幼儿互动的过程中,语言、动作、态度、情感的投入缺一不可,而且情感的融入往往能够使幼儿更觉亲近、信任和依恋,使幼儿在分享教师情感的同时,主动接纳教师的意见,吸收教师的经验。此外,在交谈互动中的情感分享对建构平等民主的师幼关系具有积极的意义,它也有助于教师以此为途径去寻找恰当合适的教育契机,以提高教育质量和效果。

**2. 追随式互动策略**

幼儿是教育活动的主体,教师的作用在于创设环境与条件,引发与支持幼儿的自主性学习和探索。因

此，教师应当在与幼儿的积极互动中减少和避免直接的要求或指令，以平等宽容的心态追随幼儿，在观察分析幼儿的基础上与之展开有效的互动，进而促进幼儿的自主发展、主动学习。

(1)环境创设

环境是最重要的教育资源和发展条件之一，随着教育改革的逐渐深入，教师们也已经充分地认识到了环境对儿童发展的作用和价值，并着力于在幼儿园为幼儿构建和创设合适的环境。然而，当教师们在着重研究环境创设的同时，可能忽略了师幼互动中环境的作用和价值。实际上，一个优秀的教师应当能够充分利用环境的因素，在互动中让幼儿自己发现环境、享受环境以及在环境中自主地学习。创设合理的互动环境是提高师幼互动质量的一个重要条件。①教师要创设能够支持幼儿自我探究的环境。可以通过对幼儿日常生活和行为表现的观察，发现幼儿的兴趣，也可以通过与幼儿的交流和谈话，了解幼儿的需要，以此为前提，为幼儿及时创设基于他们需要和兴趣的探究环境。②教师要创设能够引发幼儿积极与材料和他人进行互动的环境，鼓励和支持幼儿通过活动环境中的充分互动去发现问题并解决问题。

(2)变换调整

所谓变换调整的策略是指教师及时根据幼儿在活动中的表现和出现的问题，变换原先的应对策略，以更好地满足幼儿活动与发展的需要，尽可能照顾到幼儿个体的需要与幼儿全体的需要之间的关系。如在幼儿的自主性探索活动中，让幼儿结伴以小组形式开展活动是经常出现的，教师在观察幼儿小组活动开展的过程中发现在不同的情境下幼儿会产生不同的问题：小组人数与活动规则要求不符怎么办？有的幼儿想要临时加入其他小组怎么办？教师期望的小组组成成员与幼儿期望的小组组成成员有矛盾怎么办？小组中的有些成员无法很好地进入小组的探究活动怎么办？类似的问题虽然都是关于活动组织形式的，但因为对象、环境、内容等方面的不同就会在不同的互动情境中产生完全不一样的问题，因此，教师在面对这些问题与幼儿展开互动时，就需要采用变换调整的策略。例如，有时让幼儿在自然情况下按意愿分组；有时需要建议幼儿根据活动进程灵活分组；有时需要根据内容逐步细化，灵活改变分组的人数规定或允许幼儿在一定的情况下有自己的活动空间，等等。

(3)耐心等待

在追随幼儿、引导幼儿主动地进行探究和学习的互动过程中，教师适时适度地耐心等待也是很重要的一种策略。一般来说，在幼儿自主学习、发现问题、尝试实验、积极验证的活动过程中总会遇到一些困难，当幼儿求救于作为指导者和支持者的教师时，教师是直接地给予提示或答案，还是间接地将问题抛回给幼儿，鼓励和耐心等待幼儿自己发现和探寻呢？这是教师们常会面临的具体问题。

(4)及时反思

反思是教师对发生在具体教育情境中的问题的思考和探究，它是教师教育能力体现的一个重要方面，而在日常教育过程中的师幼互动情境也是引发教师反思的主要情境之一。一般来说，反思是基于观察与记录的，教师要在互动中真正做到跟随幼儿、支持幼儿、提携幼儿，就必须及时地对自己和幼儿的互动行为进行反思，从互动过程带给幼儿的影响去推断自己的行为的适宜性和合理性，真正建构起良性和谐的师幼关系。

**3. 挑战式互动策略**

要建立有效的师幼互动，教师的支持性策略除了“鼓励”“追随”以外，“质疑”“挑战”也是相当重要的。在互动中，教师若能够捕捉恰当的教育时机，在“质疑”的基础上给幼儿一个具有“挑战性”的平台，就能够进一步地推进幼儿的问题解决和思维发展。

(1)问题质疑

学起于思，思源于疑，幼儿的积极思维往往是从疑问开始的，有疑问才能激发起幼儿探索和解决问题的

愿望。教师在与幼儿互动的过程中,适时适宜的问题质疑,可以引发幼儿进一步思考、商量、冲突,直至解决问题。教师的问题质疑能够在恰当的时候保护幼儿的探究兴趣,使幼儿的无意性探究变为更有意义的学习。

(2)启发思考

在教育活动的互动过程中,经常可以听到教师问幼儿:"你发现了什么?""你有什么问题吗?"这个问题你是怎么想的?""你有什么办法解决?"……教师作为活动的指导者,通过问题情景的创设,启发幼儿积极思考和交流是极其重要的策略之一。教师可以借助具体情境,通过开放性的问题以及丰富多样的材料,激发幼儿不断思考、主动探索,从中培养幼儿良好的学习习惯和探索精神。这些问题在一个恰当的情境中被自然地引发出来,由此教师也不失时机地抛出了启发幼儿进步思考和探究的问题。在这样的有效互动中,既保持了幼儿探究的兴趣,同时又进一步推进和生成了幼儿新的探究活动。

(3)推动深化

在以幼儿自主探索为主的教育活动过程中,教师应当善于观察幼儿的兴趣和需要,在幼儿的经验水平上帮助他们即时生成既有兴趣又有挑战的主题内容。但是,由于幼儿的年龄特点所限,他们的探究内容、思维方式、参与态度等往往会表现出不稳定、不全面、不深入的特点。作为教师,在与幼儿的支持性、挑战性互动中有效地深入推进幼儿的学习和探究是一项十分重要的策略。教师的"推动深化"策略应当是灵活机智的,是针对不同的活动情境和背景的,应当根据幼儿的经验水平、活动材料,活动时间和空间以及幼儿的活动情绪等因素综合考虑。①当幼儿的探索问题比较零碎或仅仅停留在表面时,教师可以采取主动参与或加入活动的方式,以合作者的身份和幼儿一起讨论、一起交流,以体现"推动深化";②当幼儿由于对材料的陌生或探究的问题引发争论而无法继续活动时,教师可以用启发式、开放式的问题鼓励幼儿的讨论和争议,激起幼儿新旧经验之间的认知冲突,以体现"推动深化";③当幼儿因为对活动形式或其他因素的影响而降低或丧失活动的兴趣时,教师可以通过材料环境的调整、语言的激发与鼓励等支持幼儿持续活动,以体现"推动深化"。

## 二、师幼关系

### (一)师幼关系的类型

考点3

**1. 严厉型**

这一类型的教师在师幼交往的目的、发现意识、交往方式方面得分较高,但在交往的宽容性方面得分比其他三类要低很多,交往的情感性方面得分中等。表现在师幼交往中,教师缺少对幼儿的情感支持,通常比较冷漠,而批评和惩罚较多。

**2. 灌输型**

此类型的教师除了宽容性略高于严厉型之外,其他几项得分都很低,特别是在师幼交往的目的、情感性上与其他类型差异很大。表现为重知识传授,很少根据幼儿的实际情况调整教育活动,在集体教育活动中总是说得多,使儿童的自主探究很少。

**3. 开放学习型**

此类型的教师在师幼交往的方式、宽容性、发现意识、情感性等方面的得分也很高,特别是在宽容性和情感性上得分是四种中最高的,在交往的目的性上以知识为中心,表现为非常重视幼儿知识的获得,并鼓励幼儿自主探究、自我发现。

**4. 民主型**

此类型的教师在各方面的得分都较高,特别是在师幼交往的目的(非知识中心)性、发现意识方面处于最高水平,表现为更重视幼儿的全面发展,并能充分理解和尊重幼儿的兴趣和需要。

## (二)师幼关系的内涵及其构建方法

考点4

**1. 师幼关系的内涵**

师幼关系是指幼儿教师与幼儿在保教过程中形成的比较稳定的人际关系。与亲子关系的自然性不同,师幼关系是一种职务性人际关系。它是一种"教学"关系,但又不是教育者与被教育者之间的事务性关系,而是带有明显的情感性特征。

**2. 师幼互动与师幼关系**

师幼互动或师幼交往与师幼关系有十分密切的联系。一方面,师幼互动或师幼交往是师幼关系形成的必要条件,没有师幼之间的互动或交往,师幼之间就不可能形成良好而稳定的关系;另一方面,在日常生活中各种形式的师幼互动或师幼交往是师幼关系形成的过程,师幼互动或师幼交往的性质、程度、过程等影响着师幼关系的性质和质量。师幼关系取决于师幼互动或师幼交往的过程和内容。

**3. 良好师幼关系的特征**

(1)互动性

互动和交往是指行为之间的直接的相互作用、相互影响。师幼关系的互动性体现在相互性和双向性上。教师与幼儿真正的互动是一种双向的交流活动,在活动中进行沟通、交流、理解,彼此都表达自己的情感、体会、态度,并对对方产生一定的影响。教师不仅是问题的提出者、建议者、陈述者,同时也是接收者、倾听者。幼儿不仅是问题的接收者、回答者、执行者、倾听者,同时也是发问者、建议者、陈述者。

(2)民主性

在优质师幼关系中,教师与幼儿是"主体"与"主体"的"我—你"的平等关系,幼儿常常感受到教师的民主作风。民主性表现在教师与幼儿自由交流、讨论,共同制定活动计划和规则,以平等的身份参与幼儿的探索活动。一个成功的幼儿教师与幼儿是"忘年交",是幼儿群体中的一分子,他保持着一颗童心,与幼儿一起游戏、讲故事、说悄悄话。教师是"平等的首席"。

(3)互主体性

教师与儿童的互主体性(主体间性)是在活动中得以实现的,进一步讲,互主体性只有在相互交往的活动中才能体现出来。在相互交往中,教师必须把幼儿看作是他本人,必须强迫自己意识到,对方是一个独特的存在,一个基本上与其他人不同的存在,是以一种只属于他自己的方式存在的人。

互主体性体现为从对方那里得到体认,彼此映照,从对方那里"看到"自己。有的时候,一些孩子会主动向老师表达自己的问题、想法、意见、建议、主张等,并希望得到教师的回应。教师的回应对于幼儿来说十分重要,也是考查教师与幼儿关系是否体现互主体性的重要标准。幼儿期待教师的回应,不仅希望受到教师对自己的表达的重视,更想知道教师对这些表达的相应观点,希望从教师那里证明自己的表达所具有的意义。教师的主体性与幼儿的主体性之间能够通过一定的交往行为得到相互体认。

(4)分享性

优质师幼关系是主体之间的一种相互理解、融通、分享的关系。主体间相互认识、相互理解。教师与幼儿彼此倾听对方的表达,彼此分享对方的经验,体谅对方的心灵感受,在分享中双方获得新的生命体验和意义。

"师者,所以传道授业解惑也",长期以来人们把师幼关系理解为认识关系。在当代新的哲学思想下,师幼之间不仅仅是一种认识关系,更是一种交往关系,是一种共同创造意义的关系。

"对话"不仅仅是双方狭隘的语言交流,而是师幼双方各自向对方的精神世界的敞开和彼此接纳,是一种真正意义上的精神平等与沟通。这种沟通,双方都获得对世界、人生的理解,在人格上都走向一个新的成熟阶段,双方都获得发展。

(5)激励性

良好师幼关系的一个显著特点就是教师与幼儿之间在一定的活动中的相互激发。对师幼关系来说，能够表示彼此"激发"的词有很多，如"相遇""相映""碰撞"等，师幼关系中的"激发"主要体现于教师与儿童之间不同观点、意见、见解的相遇、相映、碰撞。一方面彼此激发对方的思考，另一方面在原有观点、意见、见解的基础上激发出对于双方来说都是新的观点、意见和见解。

**4. 师幼关系的意义**

(1)幼儿从与教师的关系中获得关爱

幼儿从教师的爱心、接受、保护中，获得精神需要的满足。教师对幼儿的关爱是在一定师幼关系中实现的。脱离一定的师幼关系就不可能存在对幼儿真正的关爱。

(2)幼儿获得来自教师的安全感

幼儿的安全感主要是指心理上的安全感，一般情况下，这种安全感来自于幼儿可信赖的成人，尤其是当幼儿处于具有一定挑战性的环境状态下。教师充满期待和关爱的眼神、目光、微笑、点头等都是幼儿学习和发展的动力。幼儿从良好的师幼关系中获得心理上的安全感。

(3)教师的榜样作用来自于一定的师幼关系之中

教师要发挥应有的榜样作用需要与幼儿建立平等交往的关系，教师以关怀、接纳、开放的态度与幼儿相处，让幼儿深深感受到教师的行为方式和态度。教师对自己的要求要高于对幼儿的要求，对幼儿的要求也是对自己的要求。只有建立良好的师幼关系，教师才会大方而诚实地承认自己的过失，敢于真诚地向幼儿道歉，真正体现教师的榜样作用。

(4)良好的师幼关系有助于教师对幼儿给予更多的理解与关注

如果教师与幼儿建立了一种良好的关系，教师自然会理解孩子们的所作所为，并会对孩子们的行为做出适当的反映。比如，用语言、目光、微笑、点头及其他身体语言给幼儿以赞赏、鼓励、安慰或阻止、劝说、建议等，对幼儿的行动表示支持或不支持。没有良好的师幼关系，孩子的某些行为可能会变得不可理解、不屑于教师的关注。

(5)良好师幼关系有助于教师帮助幼儿建立幼儿之间的同伴关系

帮助幼儿建立良好的伙伴关系是教师的职责，教师与幼儿的关系也会影响幼儿同伴关系。不良的师幼关系可能破坏幼儿之间的关系。

良好的师幼关系则会促进幼儿同伴之间的关系。例如，在处理幼儿之间的矛盾纠纷时，在良好的师幼关系基础上，教师不会指责幼儿中的任何一个，而是试图用自己的观点来帮助幼儿理解小朋友之间应该如何处理矛盾。如果教师能够经常与儿童进行面对面的、心平气和的谈话，儿童也会逐渐学会如何解决发生在同伴之间的纠纷了。

**5. 建立良好师幼关系的策略**

要建立良好师幼关系，教师必须树立正确的教育观念，并且从与幼儿的交往或互动的过程中采取相应的策略。

(1)关爱幼儿

关爱幼儿是对幼儿教师的基本要求，也只有在关爱幼儿的基础上才有可能与幼儿建立良好的关系。教师对幼儿的关爱，可以消除幼儿对教师的顾虑，敢于亲近教师、信赖教师，建立安全感。幼儿需要关爱，尤其是那些缺乏安全感的孩子，更需要得到关爱。例如，幼儿入园适应过程中最常见的问题就是分离焦虑和不适应集体生活。教师的关心、爱护会使幼儿有安全感，从而获得情感上的满足；使幼儿能够接受教师，把教

师当作陌生环境中可依赖的保护者，为良好师幼关系的形成奠定最初的基础。

关爱给幼儿带来自信、安全、信任感，同时也形成了幼儿对教师的信赖关系。因此，教师对幼儿的关爱不是体现在一时一事之中，而是体现在教师与幼儿互动的整个过程之中。

(2)与幼儿经常性的平等交谈

教师应在日常生活中对幼儿感兴趣的事物、话题与幼儿平等、亲切地交谈，这种形式的互动有利于良好师幼关系的形成。之所以强调与幼儿在日常生活中进行交谈或谈话，是为了强调交谈或谈话的随意性、自由性、平等性。因为在随意、自由、平等的交谈中，有利于师幼之间的良性互动，有利于师幼之间良好关系的形成。此外，教师面对幼儿要坦白诚实。

(3)参与幼儿的活动

如前所述，师幼关系是以教师与幼儿之间一定的互动或交往活动为基础的，离开师幼之间的互动或交往活动，我们所说的“师幼关系”也就不复存在。教学活动固然可以说是师幼之间的一种互动或交往活动，但这只是教师主导的活动，对于形成优质的师幼关系来说是远远不够的。在幼儿园的教育活动中，有许多是幼儿自主的活动，如游戏活动、活动区活动以及幼儿的个别活动等，教师应该积极地参与到幼儿自主的活动中去。这要求做到：

①以普通的活动参与者心理参与

在幼儿自主的活动中，教师不能只是一个指导者、顾问，同时更应该是一个学习者，虚心向幼儿学习。师幼关系虽然包括教师对幼儿进行指导的意义，但并不总是指引与被指引的关系，而应该是平等的人与人之间的关系。教师能够以普通的活动参与者的心态参与到幼儿自主的活动中去，有利于与幼儿建立平等的师幼关系。

②积极主动地与幼儿交往

教师与幼儿交往的态度影响师幼交往的效果与师幼关系的性质。因此，为了建立良好的师幼关系，教师首先应以亲切、平等、尊重的态度积极主动地与幼儿交往，注重与幼儿之间积极的情感交流。一方面可以使幼儿在心理上消除对教师的隔阂，接受教师；另一方面也可以使幼儿感到教师的关注，密切师幼关系与情感。

③对幼儿和幼儿的活动真正关注并感兴趣

关注和感兴趣是一种发自内心的情感和态度，其外在表现是教师与幼儿交往时所处的位置，他(她)的身体朝向、手势、面部表情，甚至是所用的感叹词等。当教师真正关注幼儿和幼儿的活动时，他就会有意识地观察与了解幼儿的需要和愿望、幼儿的情绪情感状态及幼儿感兴趣的活动与话题，就能够做到不仅身体上，而且心灵上贴近幼儿，心理上参与到幼儿正在进行的活动中去。这时教师对于幼儿及幼儿活动的关注和兴趣就能够通过一系列的外在表现自然而然地流露出来并为幼儿所感受，从而为积极师幼关系的建立奠定良好的情感基础。

(4)与幼儿建立个人关系

教师与个别幼儿的关系，尤其是与班级里特殊的幼儿的关系，常常会影响着教师与其他幼儿的关系，教师应该设法与个别幼儿建立良好的个人关系，并以个人关系影响与其他幼儿的关系。由于这个孩子与教师的关系比较密切，教师不仅能够让其在有关的活动中充分展示他的活跃的一面，同时也由于这种密切的关系，使该幼儿感受到教师对他的期望，他能够努力学习自律，克服自己的不良行为。这样的孩子往往在幼儿同伴中有一定的影响力，他与教师的密切关系会影响到其他幼儿与教师保持一种良好的关系。

当然，教师要能够处理好自己与个别幼儿和自己与其他大多数幼儿之间的关系，以个别关系带动与其他幼儿的普遍关系，而不能因个别幼儿的关系去损害与其他大多数幼儿的关系。

(5)积极回应幼儿的社会性行为

教师应该对幼儿的行为做出适当的反应,尤其是一些社会性行为,如具有合作、谦让、互助、负责、正直、友好、勇敢等特征的行为,教师应给予积极的关注和回应。对于幼儿积极的社会性行为,教师应该给予肯定和赞赏,并设法引起社会性赞同,扩大其影响;对于幼儿消极的社会性行为,教师也应该做出恰当的反应,使幼儿感受到教师的态度和价值取向。对幼儿的行为做出积极的回应,不仅是对幼儿行为本身的一种评价,同时也是为了加强师幼互动,强化师幼关系。这要求做到:

①理解与宽容地对待幼儿的错误

教师对幼儿所犯错误处理不当会对和谐师幼关系的建立产生消极影响。教师首先应认识到幼儿是成长中的个体,其身心发展尚不成熟,因此,犯错误是在所难免的。以这种理解、宽容的心态对待幼儿的错误,教师就能心平气和地帮助幼儿分析错误产生的原因,幼儿也就能更心悦诚服地接受教师的批评。同时,由教师的理解所引发的师幼之间的情感沟通也有助于师幼关系向积极方向发展。但是,理解与宽容并不意味着放任或放纵。创建和谐师幼关系的最终目的是促进幼儿发展,因此,教师在理解幼儿的基础上还应对幼儿进行有针对性、及时、适宜的指导和帮助,使幼儿能在改正错误的过程中不断成长。

②帮助幼儿形成良好的同伴关系

群体性是幼儿在托幼机构生活的一个主要特点,也是教师应当重视利用的教育资源。第一,良好的同伴关系能够为幼儿提供大量、积极的相互作用的机会,有利于幼儿学习和认知的发展,也可以使幼儿学会交往、学会合作,使幼儿的行为向分享、关心、同情等友好积极的方向发展,对学前儿童社会性发展具有积极的作用;同时也有利于教师对活动的组织和教育,使教师有可能投入更多的时间和精力与幼儿对话、沟通,倾听并理解幼儿,在与幼儿的交往中更多地关注幼儿的需要、兴趣、观点和见解。第二,幼儿间良好的同伴关系可以在班级中营造温暖、积极、支持的环境,有利于幼儿产生积极主动与教师交往的心理氛围,能够引发幼儿更多积极的交往动机和行为,幼儿与教师之间的关系也更为积极。

③帮助幼儿摆脱不良行为习惯

幼儿的性格、认知能力,尤其是行为特征往往是师幼关系形成的前因。某些父母对幼儿过于娇宠、纵容,致使幼儿刚入园时具有任性、霸道、攻击性强等不良行为习惯,教师和这些幼儿往往在交往初始阶段就建立起不良的师幼关系,这种关系会对幼儿发展造成消极影响,使师幼关系恶化,进而在师幼关系与幼儿发展之间形成恶性循环。教师作为教育者,应主动引导幼儿发展,而不应为幼儿的不良行为所牵制。因此,教师应增强发展性反思意识,对于具有不良行为特征的幼儿要有耐心、有恒心,并且要经常对自己与每个幼儿建立起的师幼关系进行反思,当发现自己与某些幼儿建立的是不良师幼关系时,应从改变自己对幼儿的态度和行为入手,对不良师幼关系进行主动的调整。

此外,教师对幼儿应一视同仁,因人施教;教师应做到以身作则,为人师表。



**真题对接**

【**2015年下半年真题**】试述积极师幼关系的意义,并联系实际谈谈教师应如何建立积极的师幼关系。

【**参考答案**】参见内文。

## 强化练习

| 建议用时 | 实际用时 | 设定分值 | 实际得分 |
|---|---|---|---|
| 60 分钟 | | 74 分 | |

### 一、单项选择题(每小题 3 分,共 9 分)

1. (　　)是最能让儿童有真实感受的教具,对儿童发展来说,这是最有价值的与环境互动的媒体。

A. 实物　　B. 图书

C. 挂图　　D. 自制教具

2. 教师在大班幼儿已有超市购物的经验基础上,组织开展一节社会活动“逛超市”,引导幼儿学会理性消费、合理消费、按需消费。此教育活动内容的选择是从幼儿的(　　)入手。

A. 教材　　B. 兴趣

C. 联系　　D. 经验

3. 关于“单一科目”目标的说法,不正确的是(　　)

A. 幼儿园“单一科目”教学活动由教育活动设计者设计,强调单一概念和技能的教学

B. 以教师为中心设计教育活动,幼儿学习的自主性、主动性难以发挥

C. 在真正意义上满足每个幼儿的兴趣和需要

D. 教育活动设计者所关注的主要问题是以知识和技能为主线的各学科目标

### 二、简答题(本大题共 15 分)

简述幼儿园教育教学的途径。

### 三、材料分析题(本大题共 20 分)

一天,班上的一个小朋友从家里带来了一只漂亮的手表。自由活动时他的手表吸引了很多小朋友的目光,他大方地将手表展示给大家欣赏。不一会儿,大家就手表上显示的几点几分争执了起来。其中的一位小朋友找到了老师,大家在老师的引导下观察了长针和短针的指向,最终确定了手表上正确的时间。事后,教师顺着孩子们的意愿组织了谈话活动“有趣的钟表”。在谈话中,孩子们认识到钟表是可以帮助我们掌握时间的。了解了钟表有很多种类:闹钟、挂在墙上的钟、手表、怀表等。认识了钟表中的数字、指针。紧接着又生成了数学活动“认识钟表”,在数学活动中教师给孩子们提供了可操作的钟表模型。孩子们在教师的引导下动手操作,尝试自己认读时间,初步建立了时间刻度概念。为了让孩子们体验分、秒、时的长度,又开展了“有趣的一秒钟”“一分钟可以干什么”“一个小时有多长”等活动,孩子们在游戏、交谈中逐渐感知了时间的概念。

另外,在区域活动中,教师提供了时钟模型和图表,供孩子们在游戏中操作。在孩子们有了一定的时间概念后,教师让幼儿尝试着认识钟表:“11:30 我们要吃午饭,等时间到了小朋友们互相提醒。”“今天下午 3:30 集合,有戴手表的孩子记得提醒老师哦!”教师把数学知识融入了幼儿的日常生活中。

请分析材料中教师的教育行为。

### 四、活动设计题(本大题共 30 分)

对于幼儿来说:“敢于探究和尝试”是需要培养的学习品质之一。请以“各种各样的筷子”为主题,设计一个中班科学教育活动。

## 参考答案

### 一、单项选择题

1. A【解析】略。

2. D【解析】略。

3. C【解析】幼儿园“单一科目”教学活动的局限性是难以在真正意义上满足每个幼儿的兴趣和需要。尽管在活动设计时顾及幼儿的年龄特征和个体差

异,但由于活动是活动设计者预先设定的,不管设计多么合理和完美,都不可能适合每个幼儿的发展水平和需要。

## 二、简答题(答案要点)

(1)教师专门组织的教育教学活动;

(2)游戏;

(3)日常生活活动;

(4)其他类型活动;

(5)家、园、社区的合作。

## 三、材料分析题(答案要点)

(1)在材料中,教师捕捉到了生活中的教育契机,并自然地生成了数学教育活动。孩子们在教师的引导下动手操作,基本掌握了分针和时针的运转关系;孩子们能正确地辨认整点、半点,初步建立了时间概念。

(2)在孩子们初步形成时间概念后,教师在生活中潜移默化地引导孩子运用数学知识,如自己掌握吃饭时间、每天到园的时间等,真正达到学以致用。材料中教师的做法既可让幼儿获得初步的数学知识,又可逐步提高幼儿解决问题的能力。

## 四、活动设计题(参考答案)

各种各样的筷子(中班)

(一)活动目标

(1)通过看看、摸摸、玩玩使幼儿辨认各种筷子,了解筷子的特点与用途,并学习归类。

(2)让幼儿练习使用筷子,初步学会拨、夹物品,做到持筷姿势正确。

(二)活动准备

幼儿自带的不同材料制成的筷子、每组一样可以夹的物品(如:一组蚕豆、一组花生、一组玻璃球、一组纸条等)。

(三)活动过程

1. 观察各种各样的筷子,将幼儿所带筷子布置成展览会

(1)看看桌子上有什么?我们来把它布置成展览会。

(2)交流:你带的筷子是什么样的?用什么做的?有什么用处?

2. 讲述:各种各样的筷子

(1)今天,有这么多的筷子,我们一起看看、摸摸、比一比、想一想,这些筷子有什么不同?

(2)归纳:筷子的样子不一样,材料不一样,用处不一样。但有什么是一样的?

(3)筷子有什么用?(餐具、欣赏、敲击)

(4)这么多的筷子给我们的生活带来了方便。

3. 探索如何使用筷子(学习使用筷子)

(1)你会用筷子吗?幼儿试用后讲述。

(2)示范、讲解持筷的方法。

①手捏在筷子的中下方,不要太低也不要太高。两个筷子捏的时候不要分的太远,中指和大拇指碰头,食指和其他手指辅助捏紧。

②自己练习,教师个别帮助。

(3)幼儿分六组进行用筷子练习夹蚕豆、花生、玻璃球、纸条、绒线等。

(自己一组的熟练后,可到其他组练习)教师给予指导,纠正不正确的姿势。

(四)活动延伸

(1)在区域活动中继续投放材料供幼儿操作练习。

(2)同幼儿一起将所带筷子布置在活动室后面的装饰墙上。

# 07 教育评价

## 题型分析与考情预测

从历年考试真题来看，本节的常考题型为单项选择题。

在备考时，考生应以这种题型为主，归纳相应知识点的可能考查题型。其中，单项选择题 0 ~ 1 道，以幼儿发展评价的方法为主。

# 第一节　幼儿园教育评价概述

（本节共4个考点）

## 考向分析

本节主要介绍幼儿园教育评价的目的、幼儿园教育评价的类型等相关知识。

本节知识可能以单项选择题、简答题和论述题的形式考查。单项选择题考查的比较精细，考生在复习的时候要认真；简答题和论述题考查系统知识的掌握程度，这部分内容需要考生理解记忆。

## 思维导图

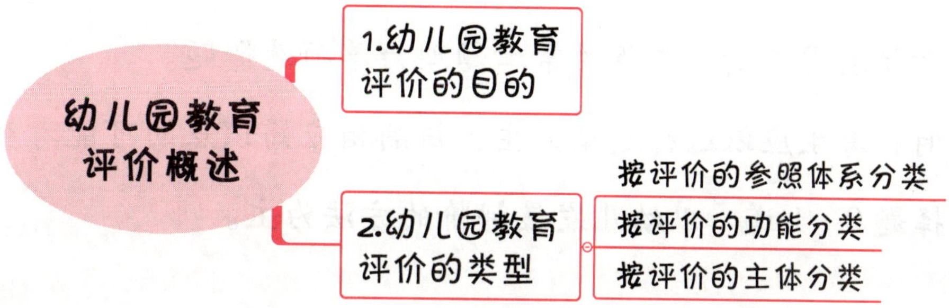


## 考点精讲

幼儿园教育评价是对幼儿教育的社会价值做出判断的过程，是以幼儿教育为对象，对其效用给予价值上的判断。

### 一、幼儿园教育评价的目的　考点1

幼儿园评价是幼儿园教育工作的重要组成部分，是了解教育的适宜性、有效性，调整和改进工作，促进每一个幼儿发展，提高教育质量的必要手段。幼儿园教育评价的过程是教师运用专业知识审视教育实践并发现、分析、研究、解决问题的过程，也是其自我成长的重要途径。

**1. 促进每个幼儿的发展**

幼儿园教育评价不是为了对幼儿进行选拔，而是旨在发现每个幼儿的智力潜力和特点，培养他们区别于他人的智能和兴趣，帮助他们实现富有个性特色的发展。

**2. 促进教师的自我成长**

对评价中的反馈信息进行分析，不足之处可立即加以调整、修改，以期重新获得良好的教育教学效果、取得的成绩等有利因素，可鼓励教师再接再厉，保持良好的工作情绪，促进教师成长。

### 二、幼儿园教育评价的类型

#### （一）按评价的参照体系分类　考点2

按评价的参照体系的不同可以将幼儿园教育评价分为相对评价、绝对评价、个体内差异评价。

第七章

**1. 相对评价**

相对评价是以某一集合的平均状况为基准，评价每个对象在这个集合中所处的相对位置。相对评价的标准来源于某群体，也只适用于该群体，常常以群体的平均水平为基点，群体的整体状况决定每个成员的水平。儿童的智力测验、标准化测验等都属于相对评价。

**2. 绝对评价**

绝对评价是在评价对象的集合之外确定一个标准，评价时将评价对象与这个客观标准进行比较，评价其达到标准的程度，从而做出价值判断。幼儿园实际工作中经常出现绝对评价。

**3. 个体内差异评价**

个体内差异评价是把被评价个体的过去和现在相比较，或将个体的有关各个侧面相互比较。这种评价充分照顾到了个体间的差异，在评价中不会对被评价者造成压力。但是，这种评价由于既不与客观标准比较，又不与其他被评价者比较，很容易使被评价者自我满足。

### （二）按评价的功能分类

考点3

按评价功能的不同可以将幼儿园教育评价分为诊断性评价、形成性评价和总结性评价。

**1. 诊断性评价**

诊断性评价是指在教育活动开始之前，为使其计划更有效地实施而进行的预测性评价，其目的在于了解评价对象的基本情况，为制订教育计划或解决问题搜集资料、做好准备。在幼儿刚入园时，教师会对幼儿发展水平进行摸底测试，以便了解幼儿发展情况，发现其发展中的一些特点，因材施教。像这种评价，便属于诊断性评价。

**2. 形成性评价**

形成性评价是指在教育活动过程中评价活动本身的效果，目的在于及时了解教育活动过程中的情况，以便及时地获取反馈信息，适时调节控制，以缩小工作过程与目标之间的差距，并通过评价研究工作进程，总结经验教训，及时改进工作。形成性评价又叫"即时评价"，是一种在计划实施过程中不断进行的动态评价。

**3. 总结性评价**

总结性评价是指在完成某个阶段教育活动之后，对其成果做出价值判断。也就是以预先设定的教育目标为基准，对评价对象达到目标的程度进行评价。这种评价的目的在于全面了解该阶段的成果，以向决策者提供信息。总结性评价关心的是教育活动的结果，常常是对被评价对象做出鉴定，或对被评价对象划分等级，预测其未来发展的可能性，等等。如幼儿园进行某项科研后进行的成果验收、幼儿园办园等级评定等就属于总结性评价。

### （三）按评价的主体分类

考点4

按评价的主体不同可以将幼儿园教育评价分为自我评价、他人评价。

**1. 自我评价**

自我评价是指被评价者自己根据评价指标，参照一定的标准，对自己的情况进行评价。这种评价简便易行，有利于激发被评价者的自信心。但是，自评主观性比较大，易出现评价过高或过低的现象。

**2. 他人评价**

他人评价是指被评价者之外的其他人或组织对被评价者进行的评价。各级教育行政部门的领导评价，督导系统的督导评价，以及专家、同行的评价和幼儿园管理者对员工、幼儿的评价等，都属于他人评价。与自我评价相比较，他人评价要客观些，但一般来讲，他人评价的组织比较困难，花费的人力、物力多。

# 第二节　幼儿发展评价的方法

（本节共5个考点）

## 考向分析

本节主要介绍测验、观察法、谈话法、作品分析法、档案评估法等相关知识。相关知识考频分析如下表：

| 考点 | 考试频率 | 题型 | 重要程度 |
| --- | --- | --- | --- |
| 观察法 | 1 | 单项选择 | ★ |
| 作品分析法 | 1 | 单项选择 | ★ |

本节知识主要以单项选择题的形式考查。单项选择题考查的比较精细，考生在复习的时候要认真。

## 思维导图

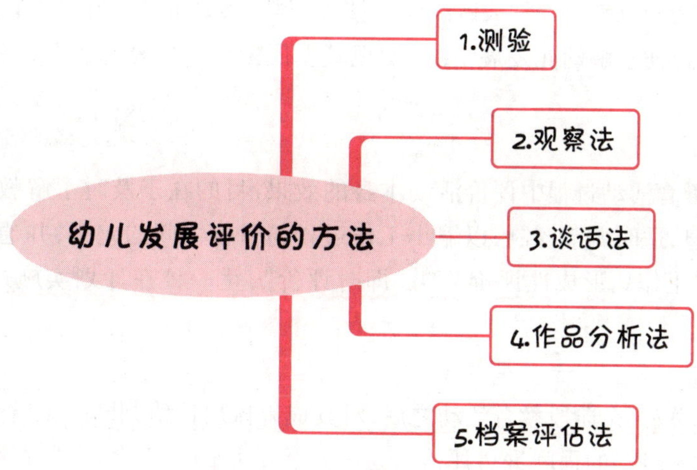


## 考点精讲

### 一、测验

考点1

**测验**是对幼儿身体、认知、语言、社会性发展等方面的测量。它是幼儿园教育评价的一种重要工具，主要包括标准测验和教师自制测验两大类。

(1)标准测验是专门组织人力、物力，由教育专家制定的测验。例如，比纳的智力量表。

(2)教师自制测验是在幼儿园教育评价中，教师为了了解本班幼儿在某些方面的发展情况，可以自制一些测验题目，对评价对象进行测查。例如，要评价幼儿“形状与数概念”的理解能力，教师可在幼儿小组或个别活动时，出示相关材料，有目的地对幼儿进行测试和提问，记录幼儿的反应，并做出评价。

### 二、观察法

考点2

**观察**是在自然条件下有目的、有计划地对观察对象或行为进行考察、记录、分析的一种方法。这是在幼儿发展评价中最主要的评价方法。因为幼儿的发展表现往往在其日常外显行为中，与年龄较大的儿童相

比，幼儿的语言能力和自我表达能力有限，所以对幼儿发展的评价，应以幼儿在活动中自然呈现出的可观察到的外部行为为主要依据。观察主要有描述观察和抽样观察两种。(1)描述观察是对幼儿在日常生活中的自然行为进行观察记录。它可以分为日记描述与轶事描述。(2)抽样观察是一种严格、系统的观察方法，是观察者根据一定的标准，抽取一定的幼儿行为进行观察、记录和研究，从而获得对幼儿行为了解的方法。它包括时间抽样法和事件抽样法。

**真题对接**

【2014年下半年真题】评估幼儿发展的最佳方式是(　　)

A. 平时观察　　B. 期末测查　　C. 问卷调查　　D. 家长访谈

【答案】A

## 三、谈话法

考点3

**谈话法**是调查者通过与被调查者当面交谈来获取信息的方法。

(1)直接回答问题的谈话：一问一答的谈话，谈话者把准备好的问题一一提出来，提完一个让幼儿回答一个。

(2)选择答案的谈话：谈话者把询问的问题预先拟定成具体的选择题，以便供被调查者选择。例如：让幼儿从班上所有儿童中说出自己最喜欢的三个儿童。目的：评价全班幼儿社会交往能力的发展。注意事项：可让回答问题的幼儿站到全体幼儿面前，把全体幼儿看一遍后再说，避免幼儿遗忘同伴。

(3)自由回答的谈话：这种方法是围绕着一个或几个问题进行回答，直到了解问题为止。幼儿教师情况询问举例(幼儿对教师的评价)：你最喜欢班上的哪个老师？你为什么喜欢这个老师？别的小朋友喜欢哪个老师？他们为什么喜欢这个老师？

(4)自然谈话：这种谈话没有具体顺序和问答形式。

## 四、作品分析法

考点4

作品分析法是指教师和儿童合作收集儿童学年中不同时期具有代表性的阅读、描述、数学、美工和音乐作品，如绘画、泥塑、各种记录单、参观访谈的记录报告、儿童自创的书写符号、叙述自编故事时的录音带、创编舞蹈时的录像带、一张反映几个儿童正在合作探究某一实物时的摄影作品、集体创作或积木建构的照片、成人记录儿童描述的故事或事件等，把作品和教师的文字记录放在一起，可以帮助教师看出儿童的发展形式，确认儿童进步的情形。

在对托、小班儿童进行观察记录时，由于儿童的想法和内心活动都是通过动作来反映的，所以对儿童的作品或拍摄儿童行为的照片进行分析，就更能形象地说明儿童发展的情况。如果能做到以下四点，那么作品分析评估的现实性特征就会得到进一步加强，这四点为：(1)应允许儿童在作品中自由展现他已经掌握的与教学单元目标相关的技能；(2)儿童有足够的机会来表达他们已知的相关技能，并有时间来表现他们的技能；(3)作品本身具有可靠而有效的，能够反映儿童发展水平的指标；(4)儿童理解收集作品的目的，并能很好地了解教师期望他们作品中应包含的内容。

**真题对接**

【2015年下半年真题】教师根据幼儿的图画来评价幼儿发展的方法是(　　)

A. 观察法　　B. 作品分析法　　C. 档案袋评价法　　D. 实验法

【答案】B

## 五、档案评估法

考点5

档案袋是一种以儿童为中心的、可靠的评价,是以儿童真实生活的环境为背景的,而且表现儿童在一段时间内获得的成绩。它也是一种综合性的评价方法,融过程与结果为一体,兼容了多种具体评价方法,如观察记录法、谈话法、作品分析法等。儿童发展档案里的大部分内容都是儿童活动的实际作品。它代表了每个儿童努力的程度与有形的成就,呈现出一段学习的历史。教师将一些观察记录的资料,如书面报告、讨论的对话、制作的成品、一幅图画等收集整理后,进行评价,根据评价的结果做课程的修正,然后再进行评价。档案评估法把评价统整为学习历程的一部分,允许教师在儿童发展档案中反映儿童学习的偶发事件、学习的兴趣以及发现的喜悦。档案的资料可以真实地包括任何事物,它们有助于提供教师和儿童一学期或一学年来所进行的学习过程的广泛图像。在档案袋里有儿童针对某个话题或主题的讨论,参观或访谈的报告,也包括请家长根据教师设计的问卷进行反馈的信息,如儿童的爱好是什么、喜欢吃什么、平时会和家人分享在幼儿园里的哪些事情等。在家长来园参加活动时,可以让儿童和他们的父母讨论自己的发展档案。

# 第三节　教师教育行为评价的方法

(本节共2个考点)

### 考向分析

本节主要介绍课堂观察法、反思法等相关知识。

本节知识可能以单项选择题的形式考查。单项选择题考查的比较精细,考生在复习的时候要认真。

### 思维导图

### 考点精讲

## 一、课堂观察法

考点1

**课堂观察法**通过观察教师的课堂表现,系统地收集有关教师上课的教学思想、教学方法、课堂气氛、师生关系、学生参与程度以及教学效果等方面的信息,从而达到肯定优点、找出缺点,提高教学效果的目的,进而促进教师的成长。课堂观察法是传统的课堂教学评价经常采用的一种方法,但作为发展性教师教学评价方法的课堂观察,它与传统的课堂观察的最大区别在于评价目的不是区分优劣、对教师进行分等鉴定,而是为了促进教师的发展,因此在具体的应用中强调教师本人的参与,将自评与他评相结合,强调评价结果的反馈和认同,以此促进教师工作的不断改进。

体现发展性的课堂观察法，在具体评价中分为预备会议、课堂听课和课堂听课后的讨论三个阶段，每一个阶段又分为几个步骤。在课堂听课前的预备会议阶段，主要是明确课堂听课的目的，是为了提高教学质量和促进教师的发展，而不是为了评判教师上课的质量。预备会议的日程包括确定教学进度、确定教学目标、确定授课计划、确定困难和问题、确定听课方式、确定听课重点、确定课后讲座的时间和地点等七个方面。

课堂观察的实施阶段包括进入课堂、在课堂中按照事先拟定的计划和选择的记录方法，对所需的信息进行记录。进入课堂，是实施课堂观察的前提条件。教师一般对观察者有一种怀疑和戒备的心理，学生也会对观察者充满好奇，这些因素都会影响观察者对真实资料的获得。因此，进入课堂时应事先征得同意，并尽快与被评价者建立起相互信任的关系。

在课堂情境中，按照预先选定的记录方式对观察对象进行观察和记录是课堂观察的主体部分。观察者选择不同的记录方式决定了他在观察过程中具体的观察行为。记录方式基本可以分为定性和定量两类。定量观察的记录方式包括编码体系、记号体系或项目清单、等级量表。定性观察的记录方式包括描述体系、叙述体系、图式记录、工艺学记录。无论采取哪一种方法进行记录，观察者应当尽量克服来自观察工具、教育者自身以及来自外部环境的各种影响观察信度和效度的因素。

评价者和被评价的教师应在上课一结束便马上到事先安排好的讨论场所进行讨论，要保持轻松、友好的气氛。开始讨论时，评价者应询问评价对象本人对上课的看法，让评价对象对自己上课的过程进行自我评价、分析自己的优点和不足，然后向被评价对象介绍听课记录的事实、评语、建议等，一起分析教师的优点与不足之处，最后通过课后的讨论促使教师更加坦率地谈论他们的课堂教学工作，以提高教师的信心和自尊心，从而促进教师的成长。

## 二、反思法

考点2

**反思法**是指教师本人对课堂教学进行自我评价、自我反思，批判地审视自己在课堂中的教学行为，或给予肯定、支持与强化，或给予否定、思索与修正，从而不断提升教学实践合理性，促进自身的成长。教师全面地反思自己的教学行为时，会从教学主体、教学目的和教学工具等方面获得体验，使自己变得更成熟。教师反思自己的课堂教学有多种方式，常见的有如下两种：(1)教学札记。课堂教学结束后，写下自己教学中发生的重要事件，记录这些事件细节，尤其是那些记忆中特别生动的细节。(2)教学摄像。把自己的课堂教学过程用摄像机录制下来，这样，教师观看录像就像别人看自己一样，通过课后观看、分析、推敲录像，可以发现一些自己在课堂上发现不了的问题。

通过对自己课堂教学的反思，教师将更加了解自己，找到最适合于自己的教学方式，也将更确切地理解自己在教学中所遇到的困境。而掌握这些信息，可以帮助教师更好地洞察自己非常熟悉且习以为常的课堂教学实践，揭示自己在实际的课堂教学生活中所采用的而非应该尊崇的教育理念。

# 第四节　幼儿园教育评价应注意的问题

（本节即为考点）

## 考向分析

本节主要介绍树立正确的评价观，与日常教育工作相结合，充分、合理地运用评价结果等相关知识。

本节知识可能以单项选择题的形式考查。单项选择题考查的比较精细，考生在复习的时候要认真。

## 思维导图

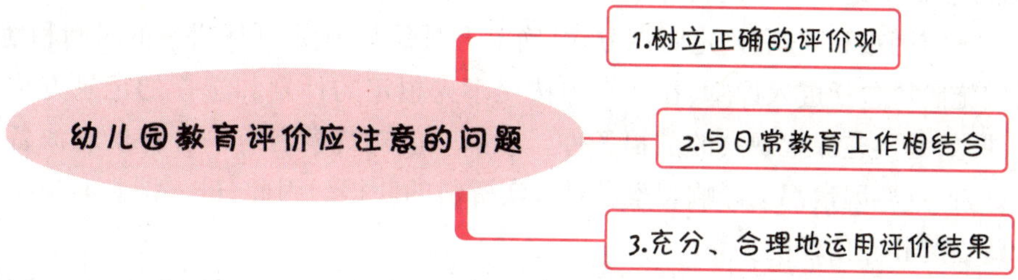


## 考点精讲

### 一、树立正确的评价观

评价就是一种价值判断,以什么样的评价观为指导,就会导致什么样的评价结果。因此,在进行幼儿园教育评价过程中,评价者首先应具有正确的评价观念。现代幼儿园教育评价的思想观念有了重大变化,主要表现在以下几个方面:

#### (一)评价功能的变化

注重评价在教育过程中的价值,评价的过程就是学习的过程;评价的标准不仅仅是一个目标,而且可以告诉被评价者应该怎样达到这个目标;评价的结果,主要是用来指导被评价者改进自己的行为,使之获得反思自己行为的依据,从而促进其发展;评价者和被评价者的关系从相互对立或紧张戒备的状态,变为相互尊重、协同和合作的关系,从而共同发展;评价的方式从注重他人评价向注重自我评价发展。

#### (二)评价目标的变化

评价目标重在发展,即以发展的眼光看待学前儿童和教师,注重促进每一位学前儿童和教师都获得最佳的发展。评价不是"选拔适合教育的儿童",而是"创造适合儿童的教育",不是鉴别教师的优劣,而是促进教师不断成长。

#### (三)评价内容的变化

这是指评价的指标和标准应该具有多样性,根据不同的心理学、教育学理论依据建构的评价,只要有利于适应不同的情况,有利于促进人的发展,符合教育发展规律的评价,都是可以尝试的。但是评价时应该注意其全面性,要全面、客观、辩证、科学地看待学前儿童发展和教师的教育工作。为适应社会对学前儿童综合发展与终身发展的要求,评价的功能不只是检查学前儿童知识、技能的掌握情况,更要关注学前儿童掌握知识技能的过程与方法,以及与之相伴随的情感态度和价值观的形成;要"承认和关注学前儿童的个体差异,避免用划一的标准评价不同的学前儿童,在学前儿童面前慎用横向的比较"(见《幼儿园教育指导纲要(试行)》)。同时,评价内容也拓展到幼儿园教育的各个方面,如教师与学前儿童人数的比例情况、教师资格和受培训的情况、教育活动组织的情况、学前儿童发展的情况等都要纳入评价范畴,进行综合评价。

#### (四)评价方法的变化

现在的评价较重视定性评价,实现定性与定量评价相结合,实现评价方法多样化。一段时期以来,幼儿园教育评价过分强调"量化",而人的发展具有特殊性,完全"量化"开来,对教师工作或学前儿童发展进行的评价是不恰当的,有时甚至是错误的。因此,幼儿园教育评价要注重评价中的人文因素的影响、注意量化评价的局限性,要将"量"的评价和"质"的评价结合起来。

#### (五)评价主体的变化

新的评价观念重视参与与互动、自评与他评相结合,实现评价主体多元化。在强调全员(管理人员、教师、学前儿童和家长)参与评价的同时,注重自我评价,其核心价值是促进人们客观地认识自我,不断地寻找新的生长点,获得在现有基础上的自我主动发展。在幼儿园教育评价中,自我评价可以促进学前儿童自我意识的发展,促进学前儿童和教师不断自我反思、自我教育,激发内在的动因;还可以弘扬民主气氛,增强主人翁意识,密切学前儿童、教师之间的关系及幼儿园与教师的关系。

### (六)评价类型的变化

注重对教育过程的评价,将对教育结果的评价与对教育过程的评价相结合,终结性评价与形成性评价相结合,实现了评价重心的转移。在教育评价工作中,人们往往只注意教育工作的结果,而常常忽视教育的过程,对怎样取得这种效果的方式方法不太关心,常常造成教师不顾儿童的身心特点去追求特定的教育效果,这是得不偿失的,因此,在教育工作评价中,既要注意教育工作的客观效果如何,又要考察教师是怎样达到这样的效果的,学前儿童在这一过程中又是怎样变化发展的,将对教育工作结果的评价与对教育工作过程的评价、学前儿童学习与发展的结果与学前儿童学习过程结合起来。

## 二、与日常教育工作相结合

幼儿园教育评价并不是超越幼儿园日常工作之外的额外工作,它本身就是教育过程的一个重要环节,要在日常活动与教育教学过程中采用自然的方法进行。这样做才能保证评价信息的真实可靠。幼儿园评价教师时,要随时关注教师施教的情况,并进行评价。教师或幼儿园在评价学前儿童的发展时也应随时观察学前儿童的表现,及时调整教育行为。将评价融入幼儿园日常工作,并不排斥某一阶段结束后的集中评价,两者应互为补充。

## 三、充分、合理地运用评价结果

学前儿童发展评价是否对幼儿园教育质量的提高起到促进作用,还要看如何利用评价的结果。例如,由于学前儿童对评价场景不适应等多方面的原因,对学前儿童的认知发展评价很难真正反映学前儿童认知发展水平,所以,教师在评价时要谨慎,不可给孩子乱贴标签,更不能将不成熟的评价结果公之于众,这样做会给孩子发展带来很大的消极影响。

因此,教师应以积极性的鼓励评价为主,特别是对那些发展落后的学前儿童,更应以正面肯定为主。学前儿童各方面能力的获得与发展,如良好的习惯、正确的发音等,都是引导鼓励出来的,而不是纠正、嘲笑出来的。

对教师评价结果的发布方式更要注意个别化,不能随意公布,造成教师的反感或紧张。应注意评价的诊断功能,引导教师通过评价发现自己的长处和不足,从而促进教师的成长。

## 强化练习

| 建议用时 | 实际用时 | 设定分值 | 实际得分 |
|---|---|---|---|
| 20 分钟 | | 21 分 | |

### 一、单项选择题(每小题 3 分,共 6 分)

1. 评价人员有目的地为评价对象确定一个主题,评价对象按照预定程序完成作品,通过对评价对象的作品进行分析,获取评价所需要的信息,从而对评价对象的发展做出评价的方法是( )

A. 作品分析法　　B. 测验法
C. 谈话法　　D. 档案袋评价法

2. 要评价幼儿"形状与数概念"的理解能力,教师可在幼儿小组或个别活动时,出示相关材料,有目的地对幼儿进行测试和提问,记录幼儿的反应,并做出评价。这种测验方法是( )

A. 标准测验　　B. 教师自制测验
C. 个体测验　　D. 专家测验

### 二、简答题(本大题共 15 分)

现代幼儿园教育评价的思想观念的重大变化,主要表现在哪几个方面?

## 参考答案

### 一、单项选择题

1. A【解析】题干所述内容体现了作品分析法的内涵。
2. B【解析】在幼儿园教育评价中,教师为了了解本班幼儿在某些方面的发展情况,可以自制一些测验题目,对评价对象进行测查。题干描述的是教师自制测验。

### 二、简答题(答案要点)

(1)评价功能的变化;(2)评价目标的变化;(3)评价内容的变化;(4)评价方法的变化;(5)评价主体的变化;(6)评价类型的变化。